从江巨洞

苗家铜鼓

迎宾酒

长桌宴

（左）深山古寨
（右上）带枪的岜沙苗族部落
（右下）岜沙镰刀剃头

金秋侗寨

苗家古寨上朗德

（左）铜鼓芦笙醉苗寨
（右）小憩

占里侗寨

国内最大的侗族村寨肇兴

侗寨鼓楼花桥

小黄侗寨千人演唱的侗族大歌

画面注文字的图片为"首届中国传统村落黔东南峰会"提供

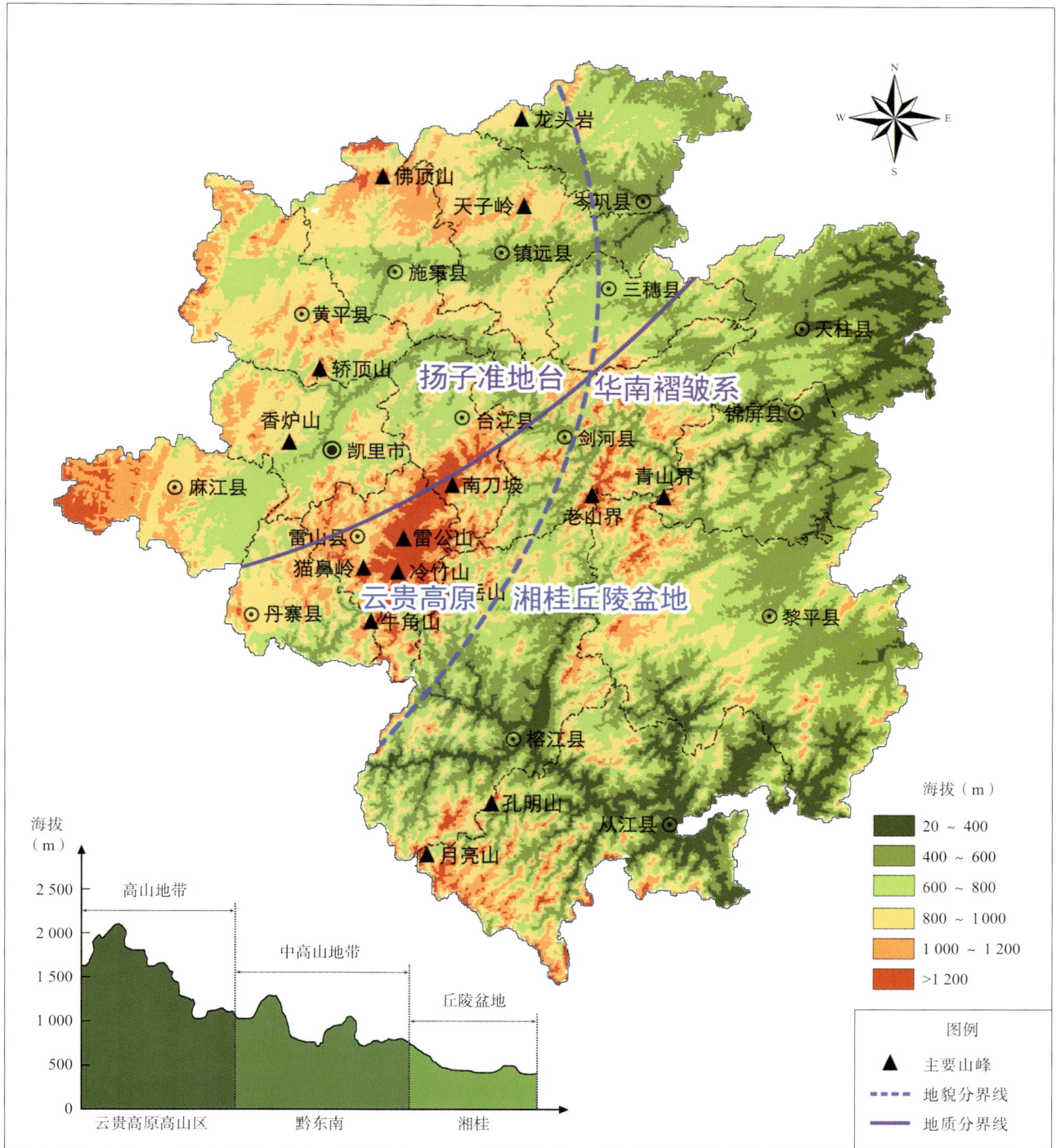

海拔（m）

海拔（m）	
■	20 ~ 400
■	400 ~ 600
■	600 ~ 800
■	800 ~ 1 000
■	1 000 ~ 1 200
■	>1 200

图例

▲　主要山峰
- - -　地貌分界线
———　地质分界线

图 1-2
黔东南州地质地貌示意图

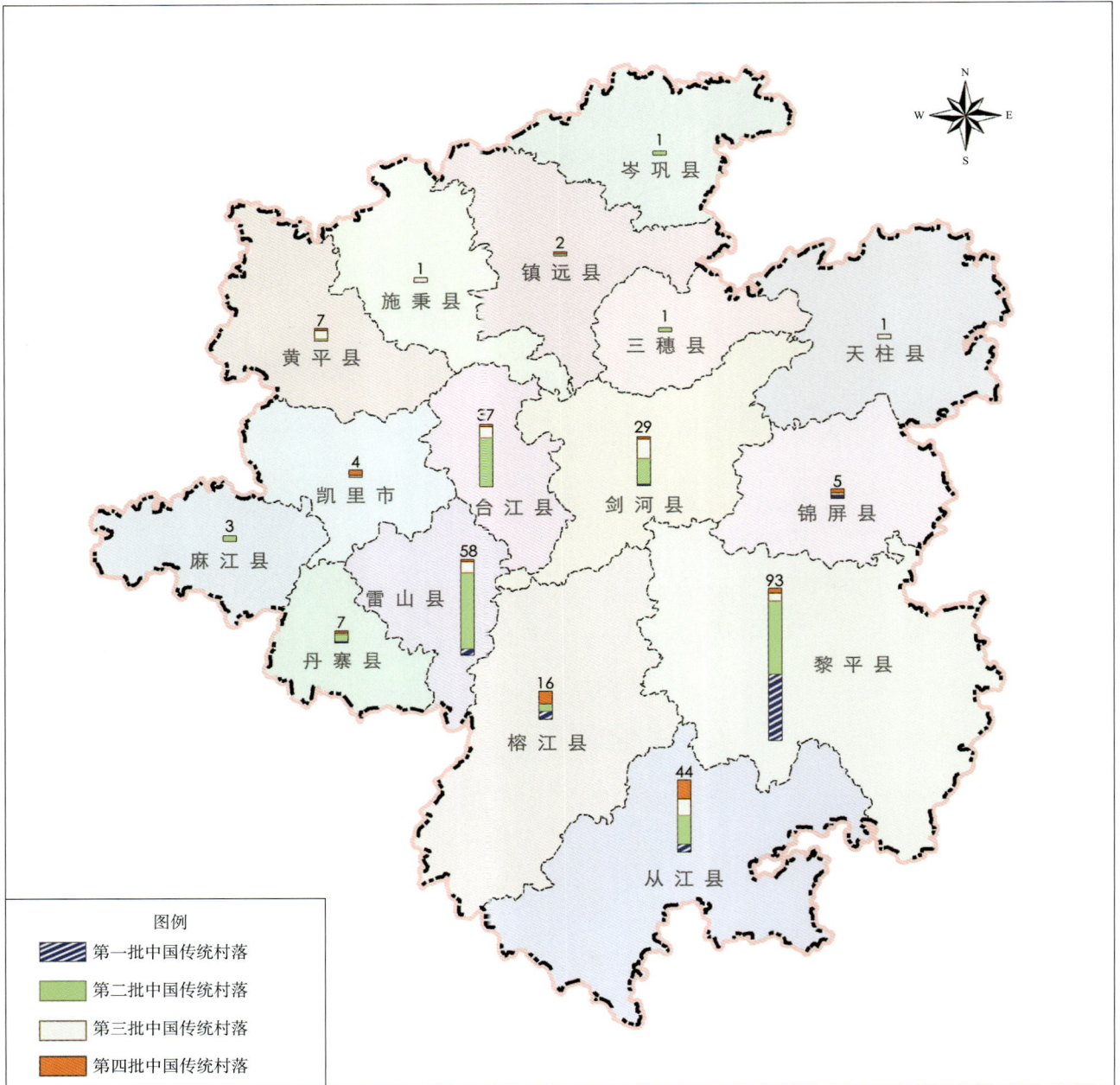

图 1-5
黔东南各县市传统村落数量分析图

图例

第一批中国传统村落

第二批中国传统村落

第三批中国传统村落

第四批中国传统村落

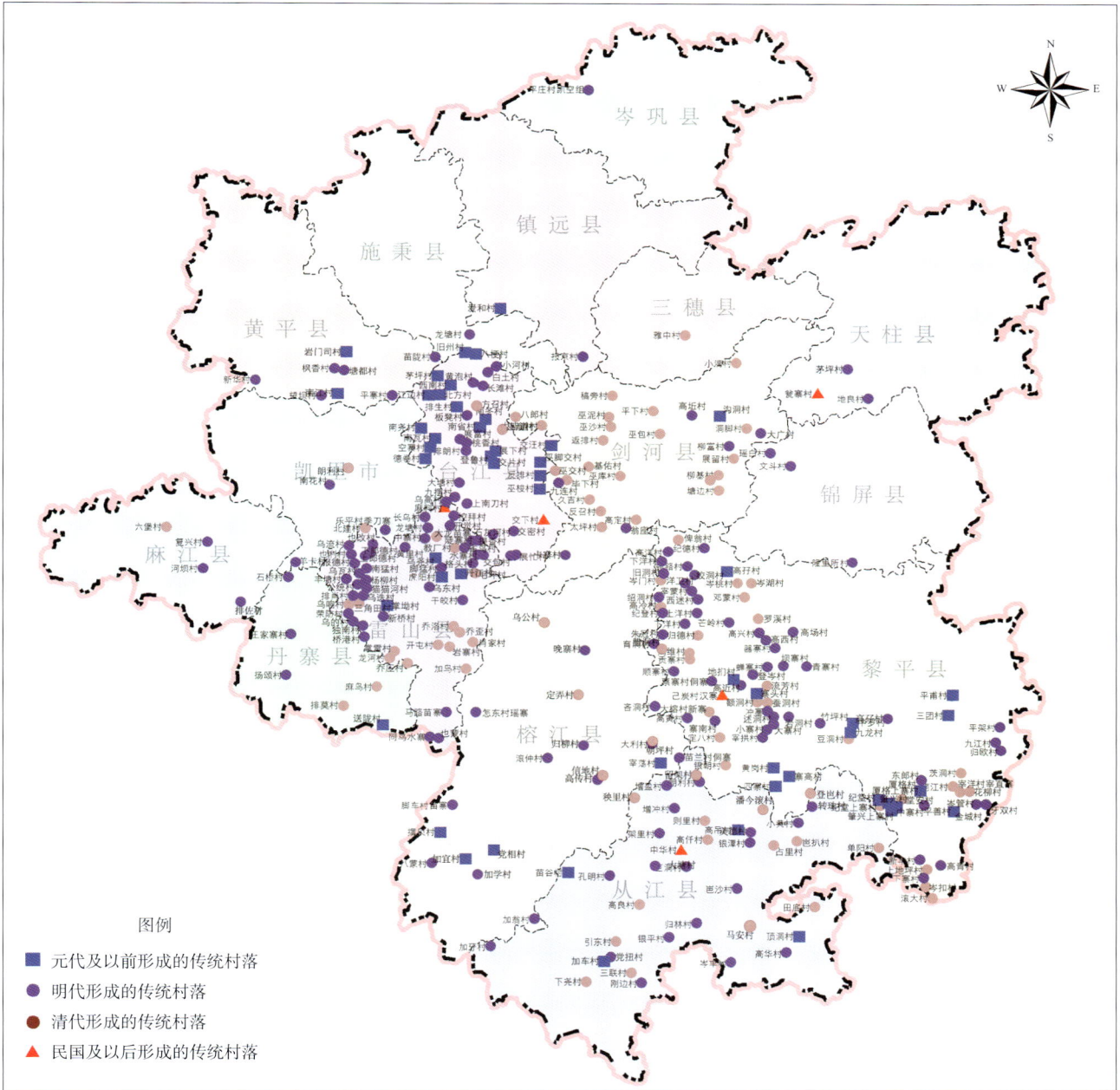

图 1-6
黔东南州传统村落成村年代分布图

岑巩县

镇远县

施秉县

三穗县

黄平县

天柱县

凯里市

台江县

剑河县

锦屏县

麻江县

雷山县

丹寨县

黎平县

榕江县

从江县

图例

- 苗族
- 侗族
- 壮族
- 水族
- 瑶族
- 汉族
- 仫佬族
- 混合民族

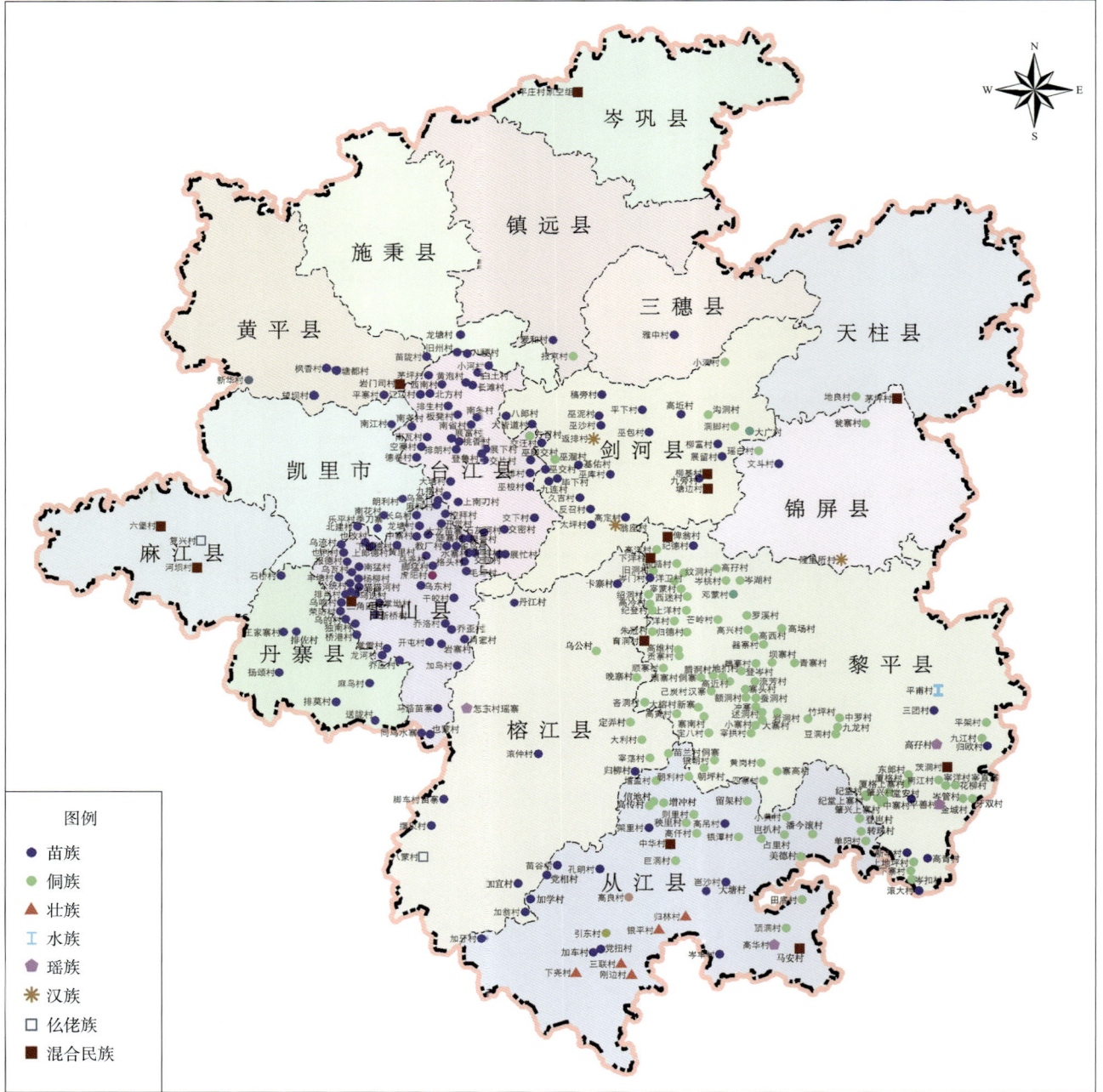

图 1-7
黔东南州传统村落民族属性分布图

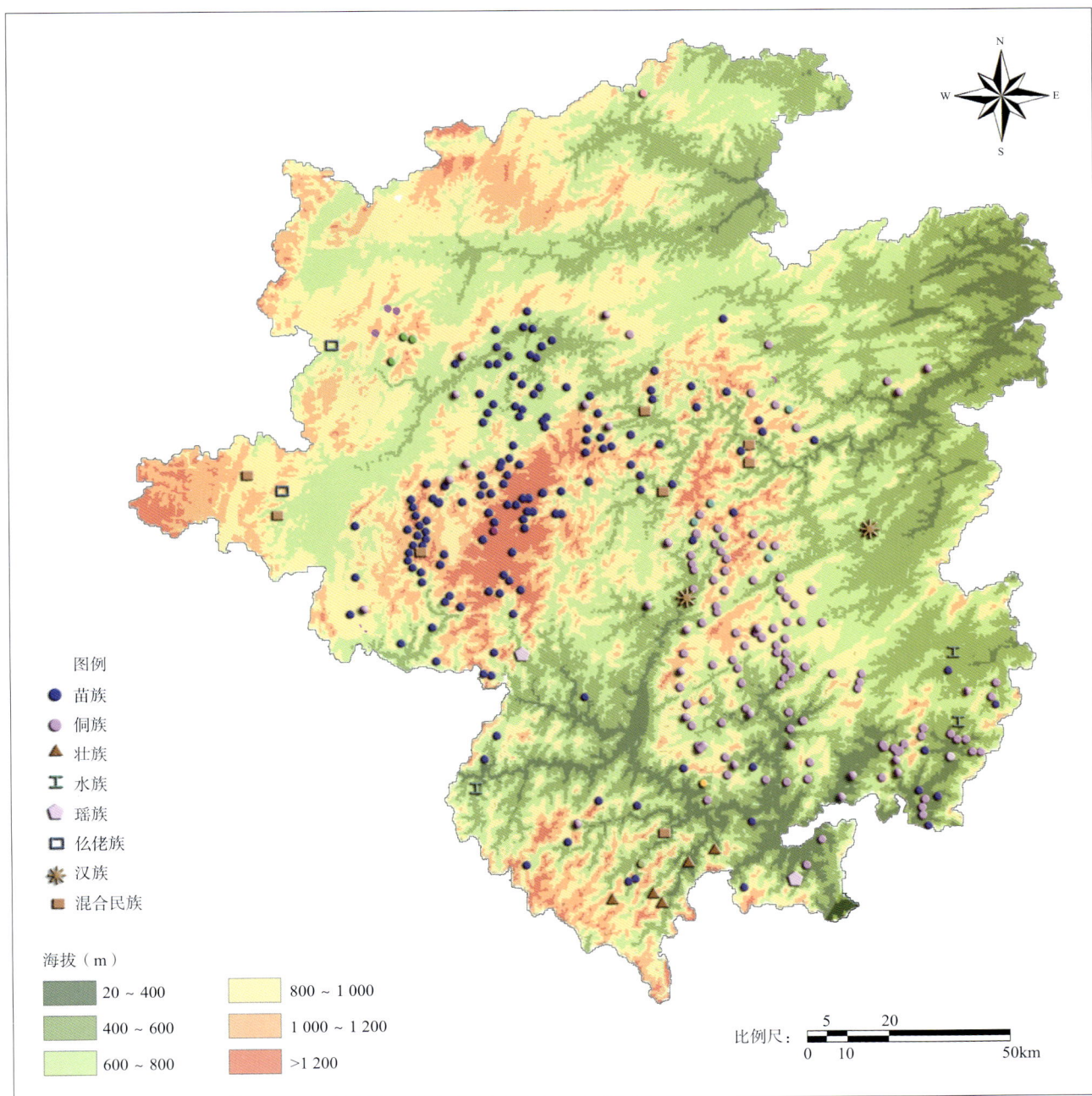

图例

- ● 苗族
- ● 侗族
- ▲ 壮族
- ⊥ 水族
- ⬠ 瑶族
- ▢ 仫佬族
- ✳ 汉族
- ▪ 混合民族

海拔（m）

- 20 ~ 400
- 400 ~ 600
- 600 ~ 800
- 800 ~ 1 000
- 1 000 ~ 1 200
- >1 200

比例尺：

0 10 20 50km

图 1-8
黔东南州传统村落自然地理与民族属性分布图

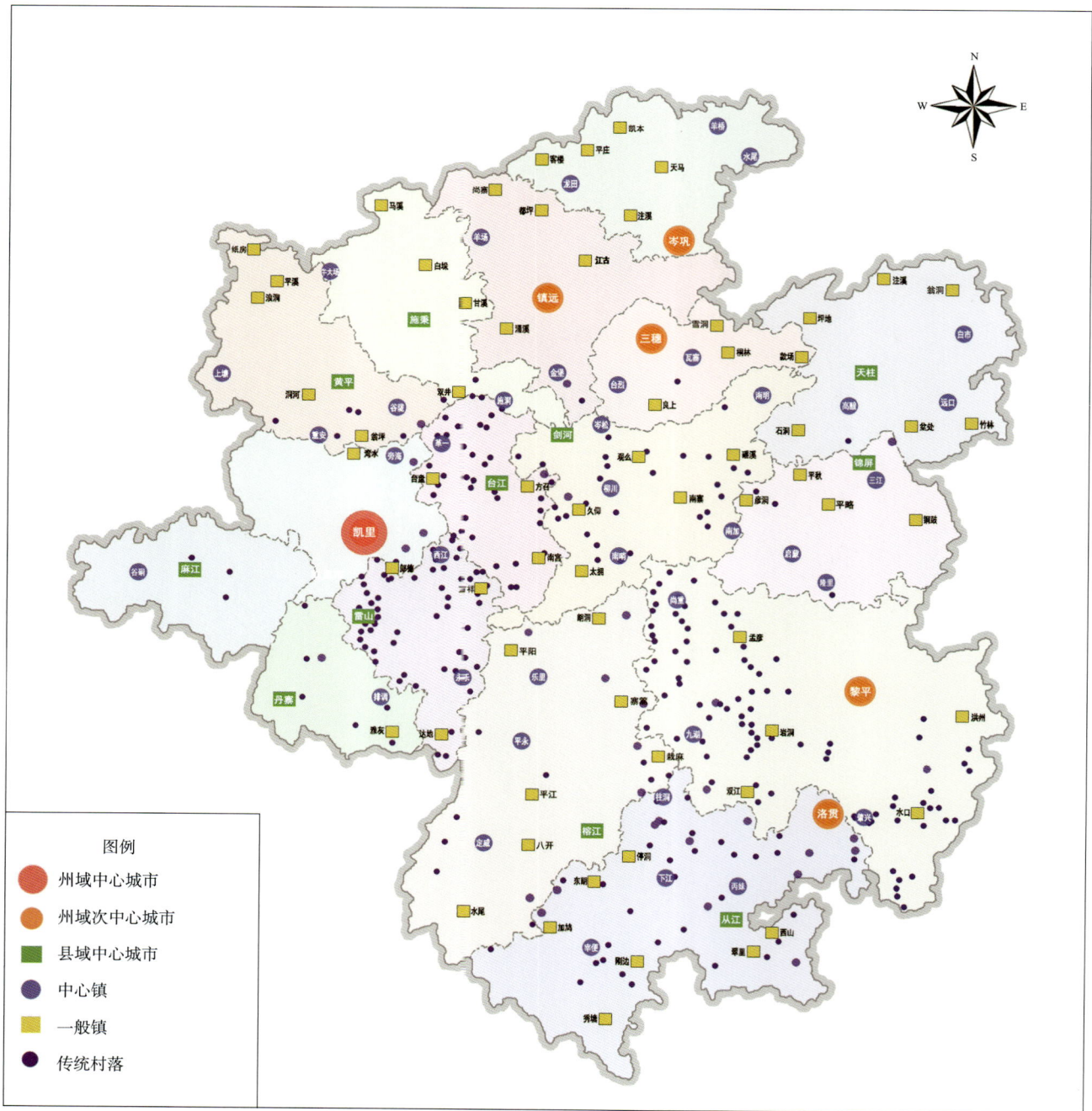

图例

- 🔴 州域中心城市
- 🟠 州域次中心城市
- 🟩 县域中心城市
- 🟣 中心镇
- 🟨 一般镇
- ● 传统村落

图 1-9
黔东南州城镇等级与传统村落分布图

图 2-1
黔东南州水系示意图

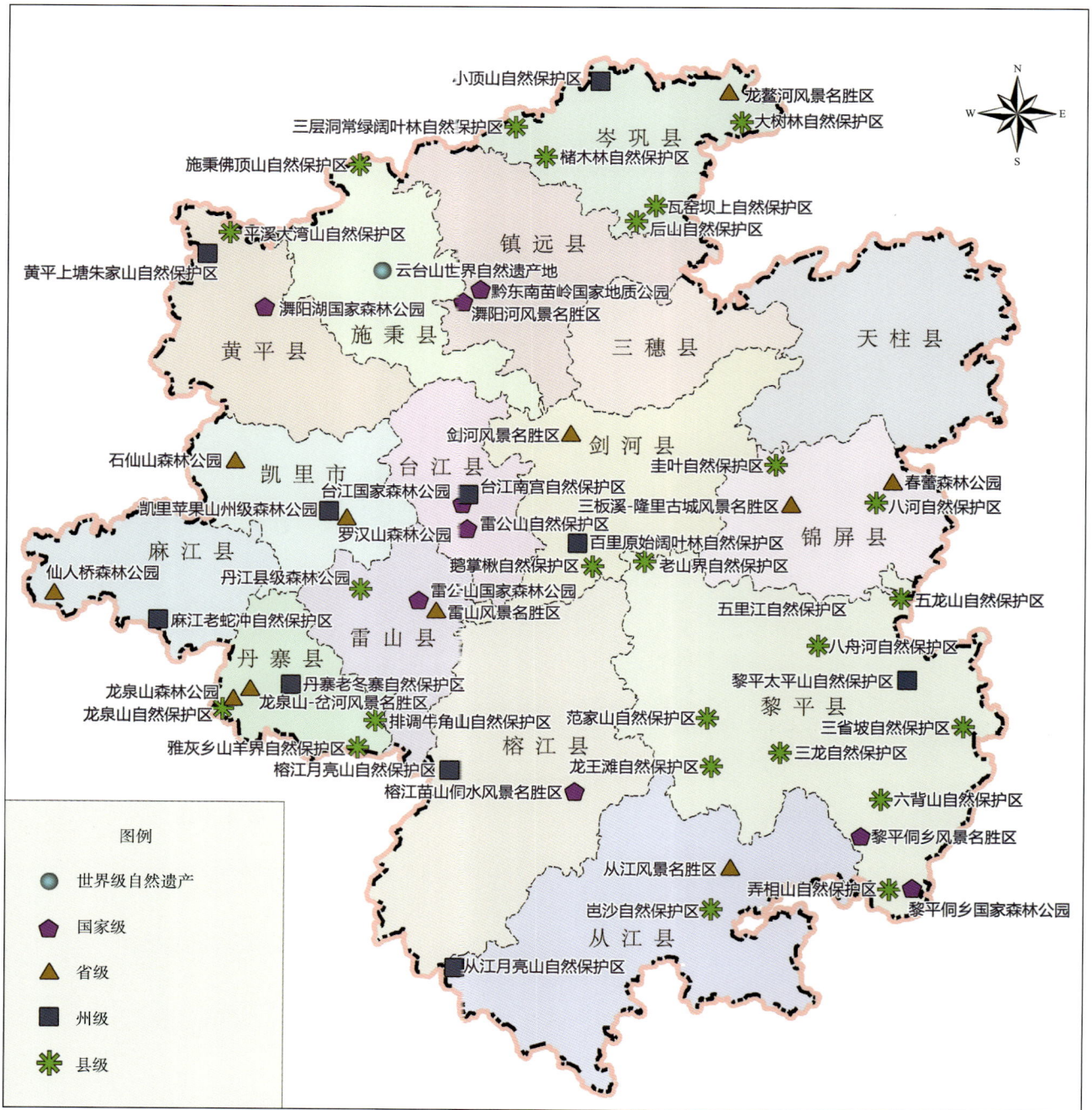

小顶山自然保护区
龙鳌河风景名胜区
三层洞常绿阔叶林自然保护区
大树林自然保护区
岑巩县
施秉佛顶山自然保护区
楮木林自然保护区
平溪大湾山自然保护区
镇远县
瓦窑坝上自然保护区
黄平上塘朱家山自然保护区
后山自然保护区
云台山世界自然遗产地
黔东南苗岭国家地质公园
潕阳湖国家森林公园
潕阳河风景名胜区
黄平县
施秉县
三穗县
天柱县
剑河风景名胜区
剑河县
石仙山森林公园
凯里市
台江县
圭叶自然保护区
春蕾森林公园
台江南宫自然保护区
八河自然保护区
凯里苹果山州级森林公园
台江国家森林公园
三板溪-隆里古城风景名胜区
罗汉山森林公园
雷公山自然保护区
百里原始阔叶林自然保护区
锦屏县
麻江县
瑞掌楸自然保护区
老山界自然保护区
仙人桥森林公园
丹江县级森林公园
雷公山国家森林公园
五龙山自然保护区
麻江老蛇冲自然保护区
雷山风景名胜区
五里江自然保护区
雷山县
八舟河自然保护区
丹寨县
黎平太平山自然保护区
龙泉山森林公园
丹寨老冬寨自然保护区
三省坡自然保护区
龙泉山自然保护区
龙泉山-岔河风景名胜区
范家山自然保护区
黎平县
排调牛角山自然保护区
三龙自然保护区
雅灰乡山羊界自然保护区
榕江县
榕江月亮山自然保护区
龙王滩自然保护区
六背山自然保护区
榕江苗山侗水风景名胜区
黎平侗乡风景名胜区
从江风景名胜区
弄相山自然保护区
岜沙自然保护区
黎平侗乡国家森林公园
从江县
从江月亮山自然保护区

图例

- ◉ 世界级自然遗产
- ⬠ 国家级
- ▲ 省级
- ■ 州级
- ✳ 县级

图 2-6
黔东南州自然遗产资源分布图

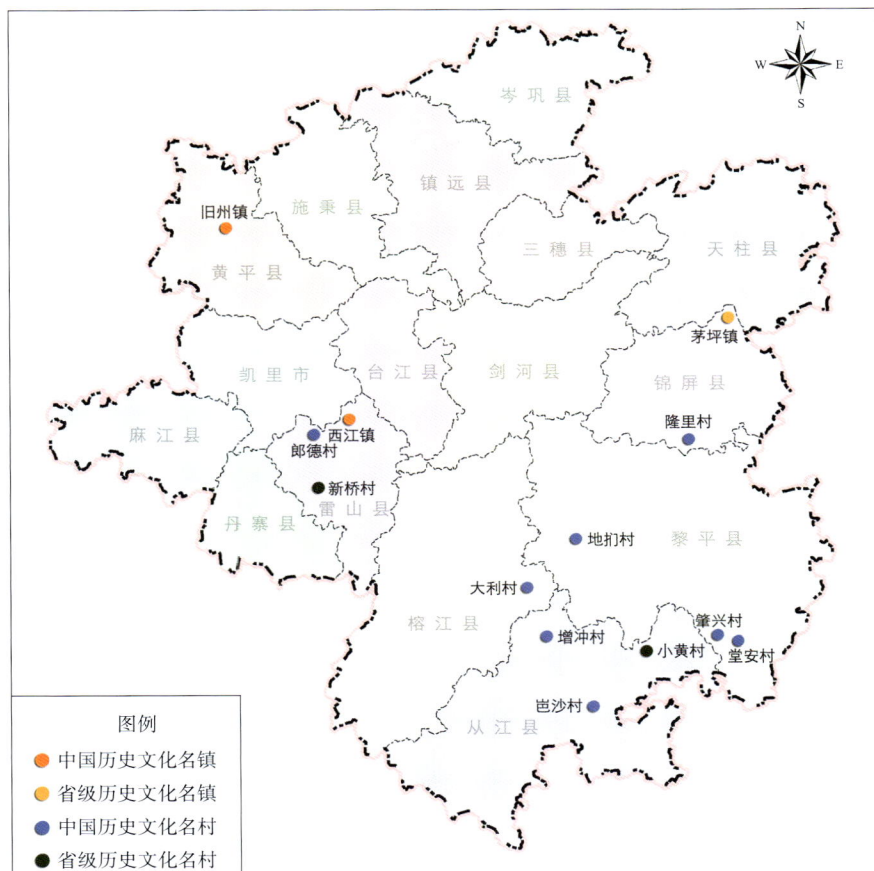

图 2-7
黔东南州历史文化名镇名村分布图

图例
- 🟠 中国历史文化名镇
- 🟡 省级历史文化名镇
- 🔵 中国历史文化名村
- ⚫ 省级历史文化名村

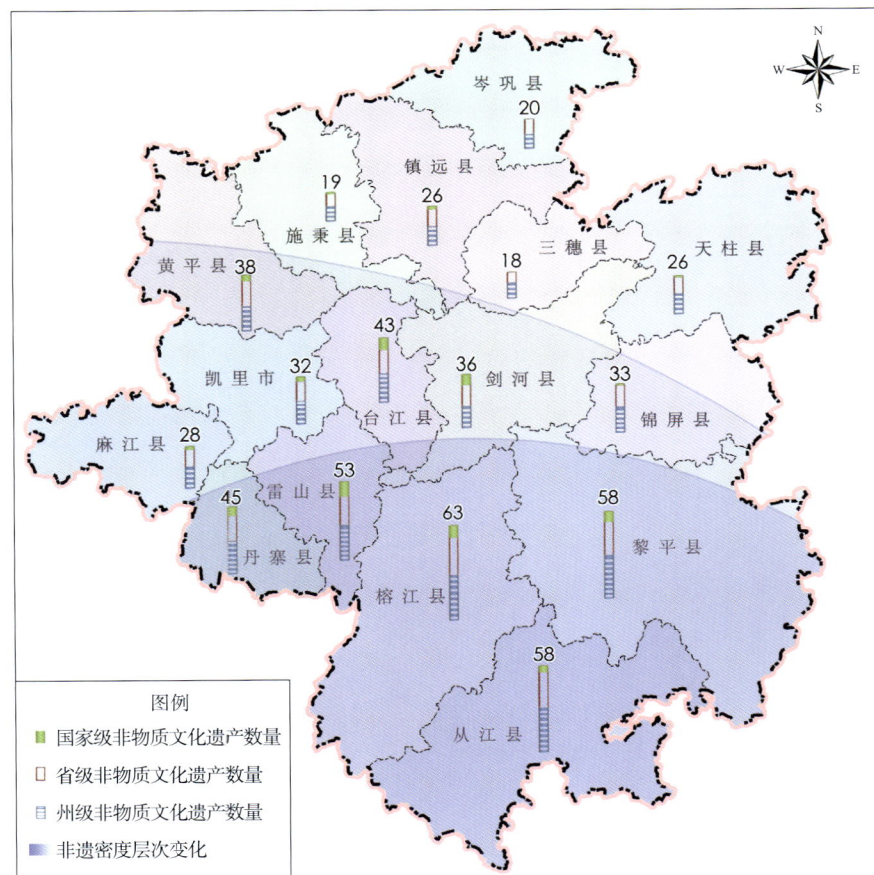

图 2-8
黔东南州非物质文化遗产数量分布示意图

图例
- 🟩 国家级非物质文化遗产数量
- ⬜ 省级非物质文化遗产数量
- ⬚ 州级非物质文化遗产数量
- 🟪 非遗密度层次变化

台江县登交村交片新寨

村寨选址（布局一）

| 山林 |
| 农田 |
| 村寨 |
| 河流 |

凯里市季刀村

村寨选址（布局二）

| 山林 |
| 村寨 |
| 农田 |
| 河流 |

台江县交包村

村寨选址（布局三）

| 山林 |
| 村寨 |
| 河流 |
| 农田 |
| 山林 |

雷山县南猛村

村寨选址（布局四）

山林		
	农田	
农田	村寨	农田
	农田	
河流		

黎平县高寅对

村寨选址（布局五）

山林		
农田	村寨	农田
	河流	
农田	村寨	农田
山林		

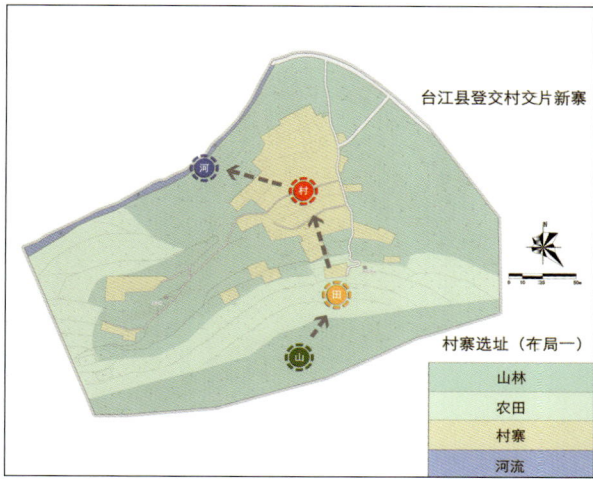

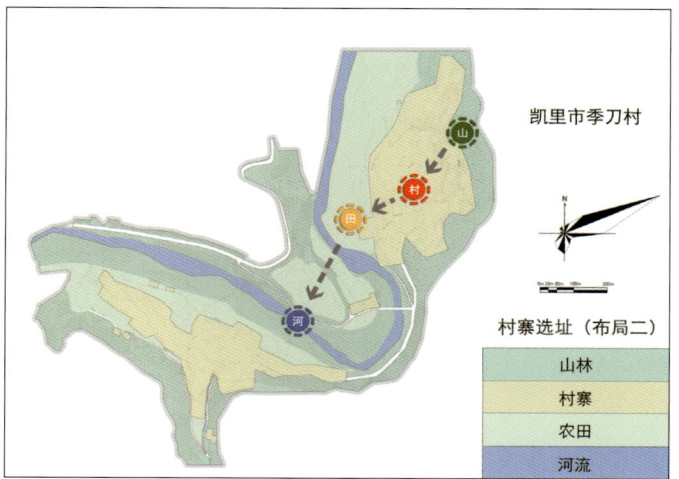

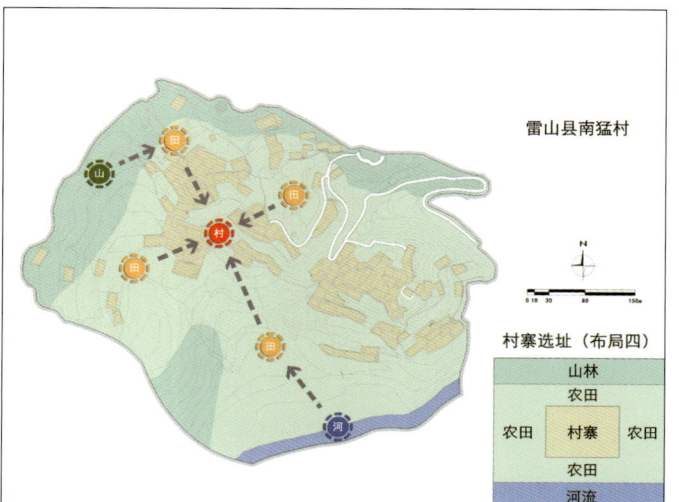

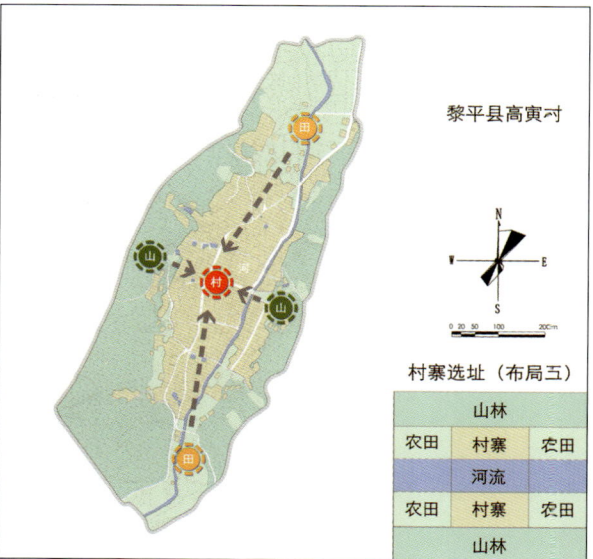

图 3-1
黔东南州传统村落选址布局示意图

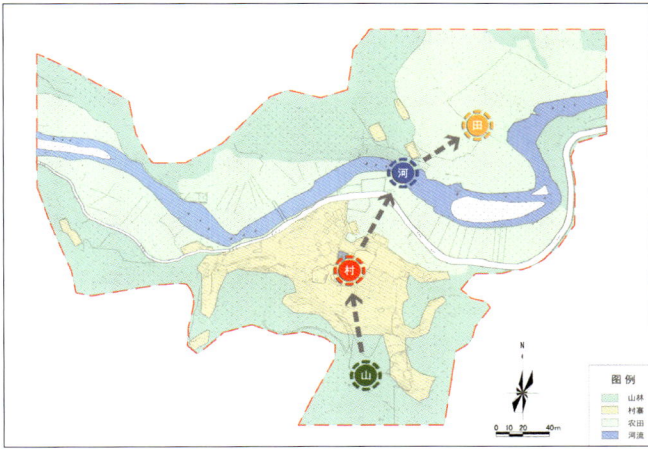

图 3-2 郎德上寨选址布局示意图

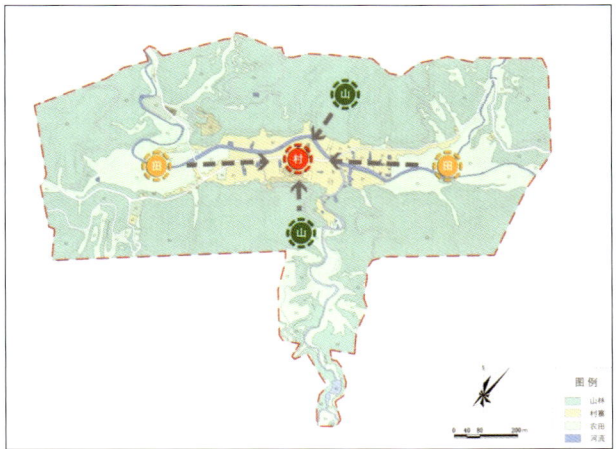

图 3-3 肇兴侗寨选址布局示意图

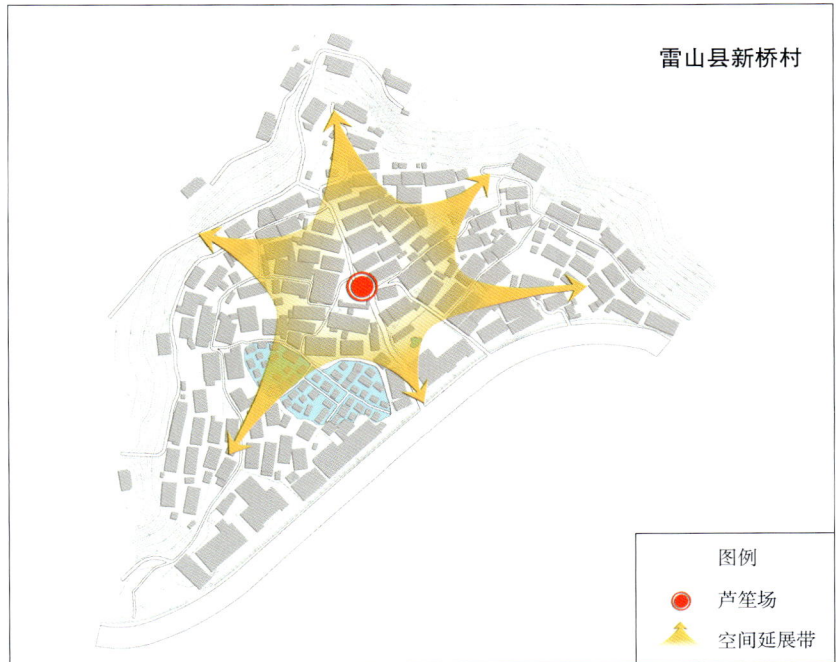

雷山县新桥村

图例
● 芦笙场
▲ 空间延展带

图 3-4
新桥村单核团聚式空间布局示意图

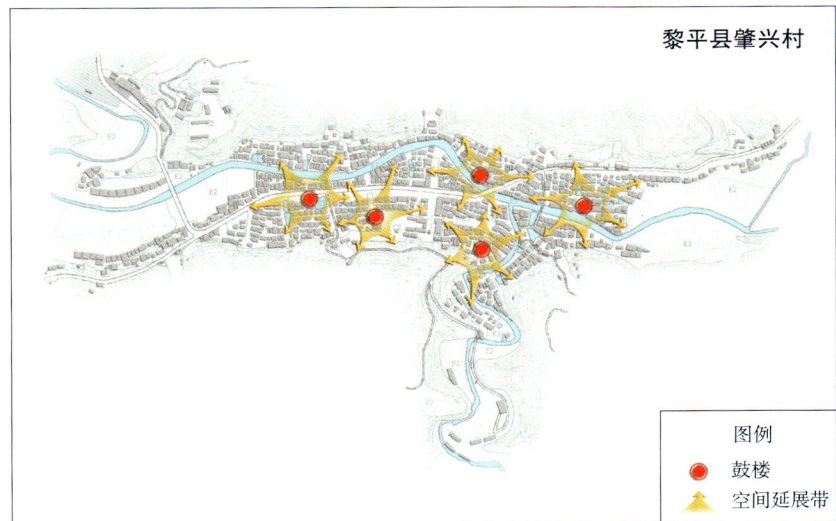

黎平县肇兴村

图例
● 鼓楼
▲ 空间延展带

图 3-6
肇兴多核团聚式空间布局示意图

图 7-1
保护区划划定图

图 7-2
保护范围区划图

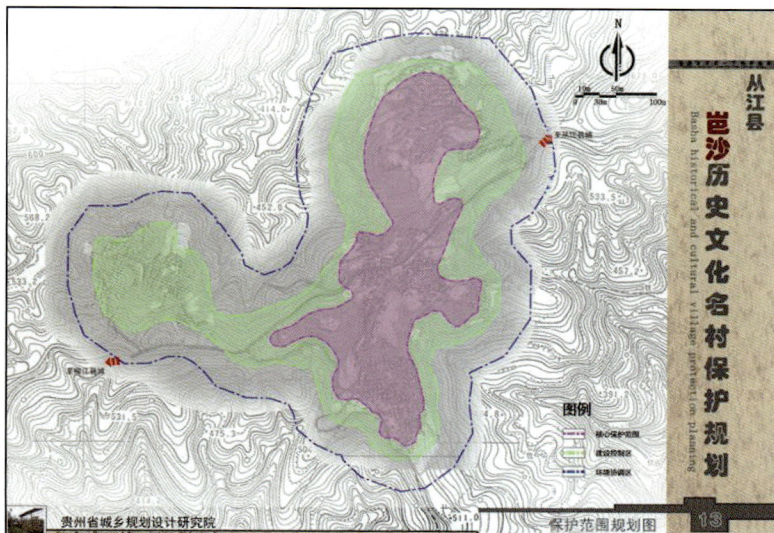

图 7-3
保护范围规划图

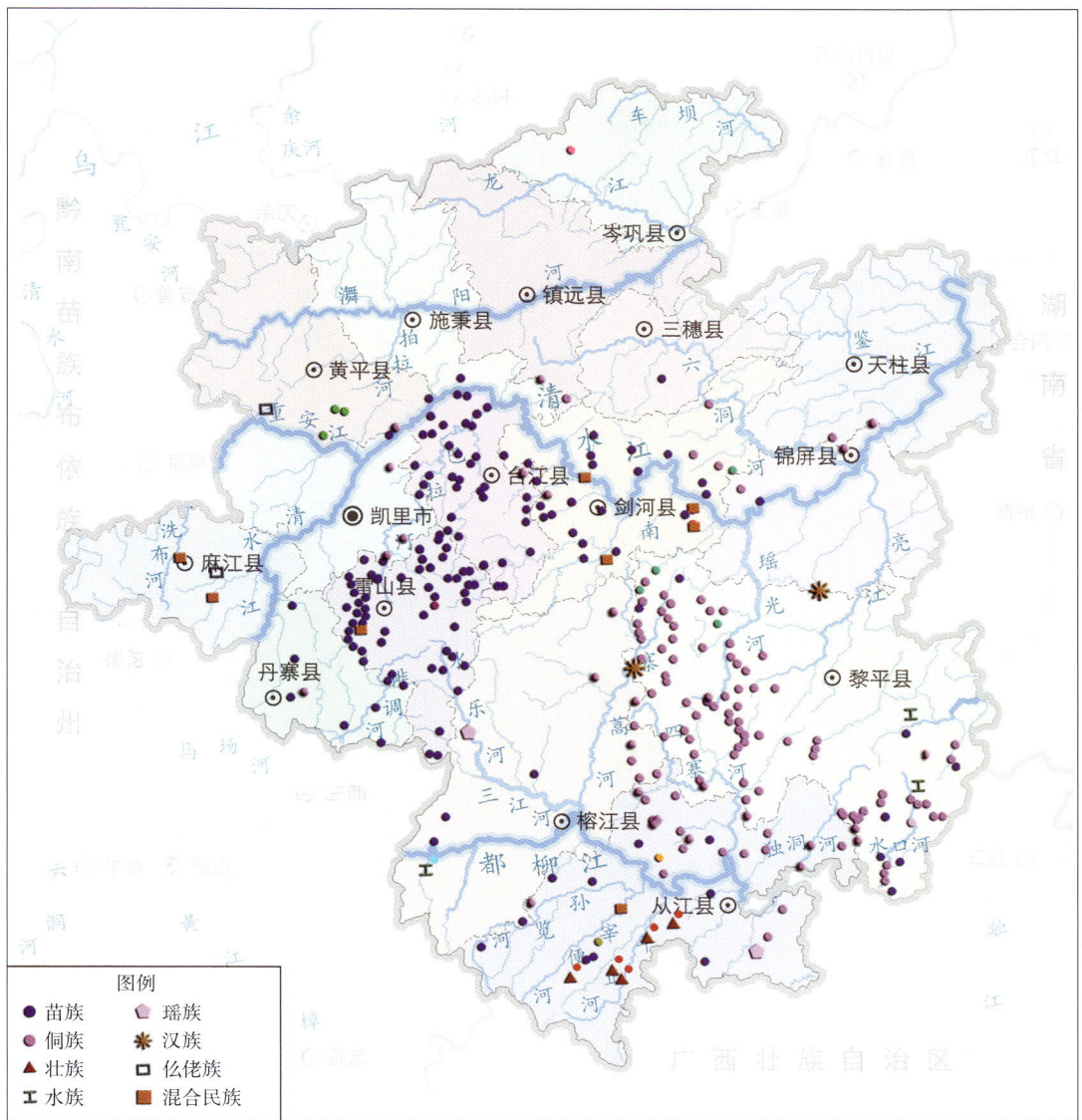

图 11-2
黔东南州传统村落与水系关系图

图例
- 苗族
- 侗族
- 壮族
- 水族
- 瑶族
- 汉族
- 仫佬族
- 混合民族

图 11-4
黔东南州传统村落空间格局图

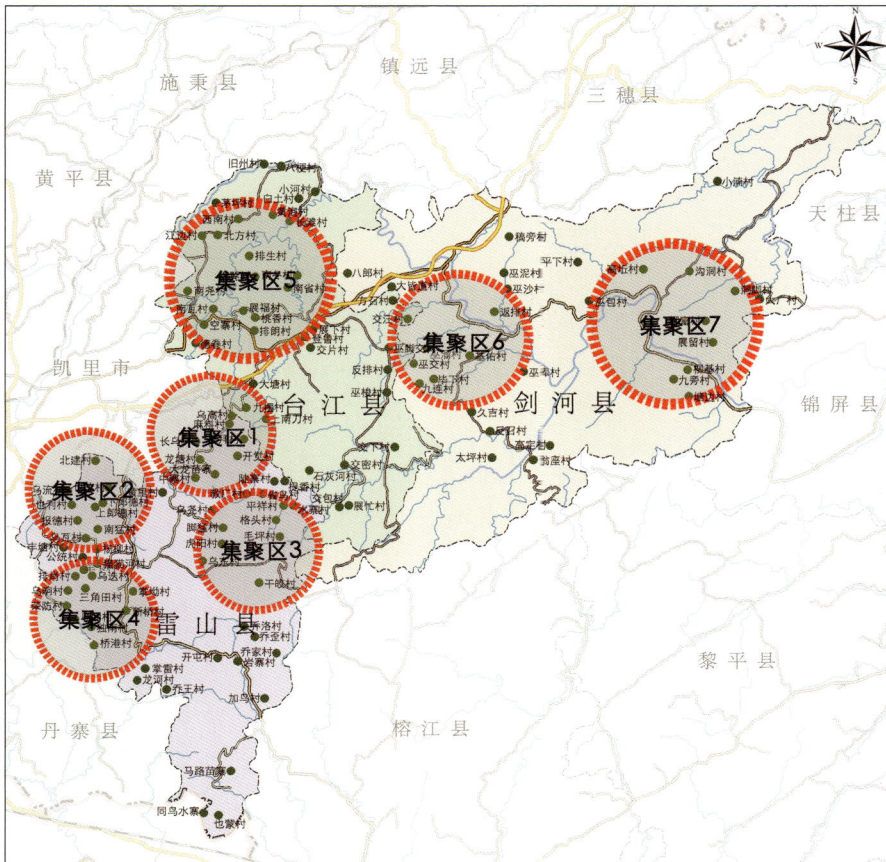

图 11-5
环雷公山苗族村落群域集聚区划分图

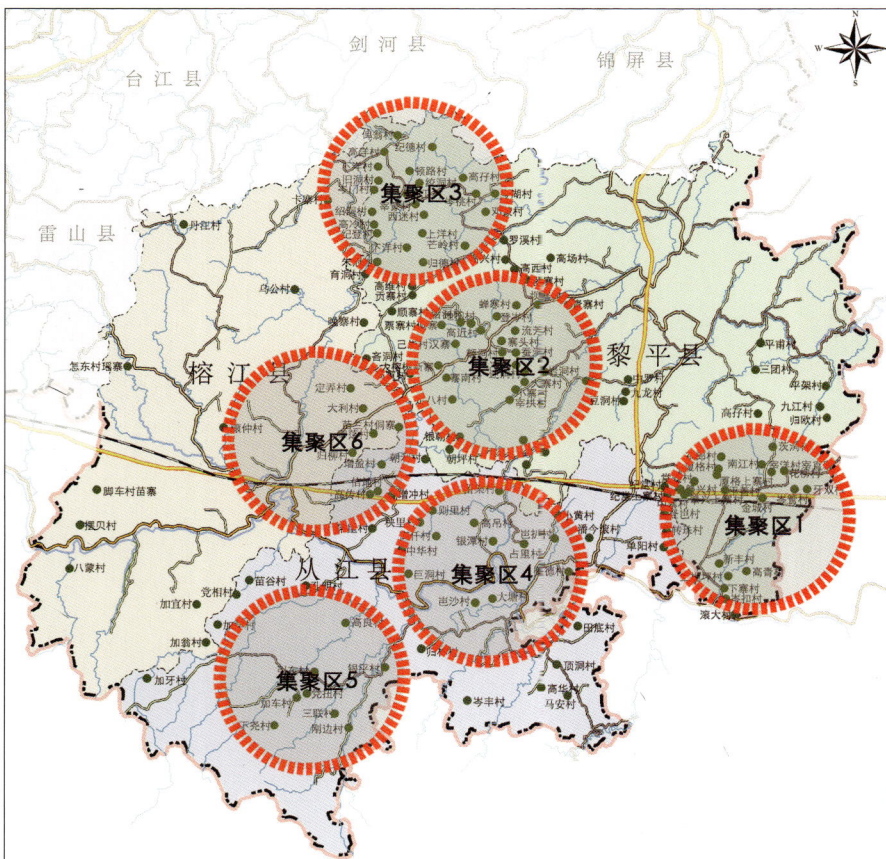

图 11-6
黎从榕侗族村落群域集聚区划分图

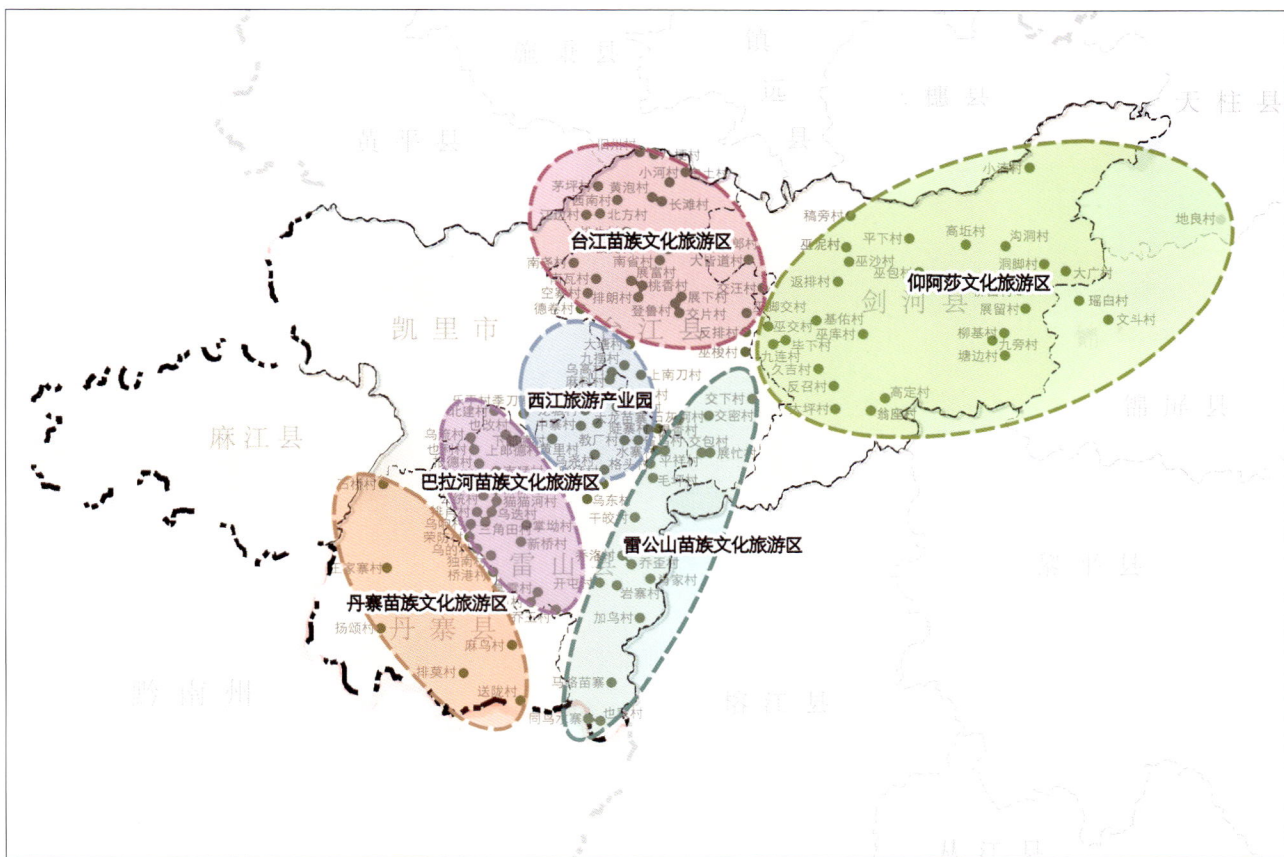

图 13-2
雷公山原生态苗族文化区项目策划示意图

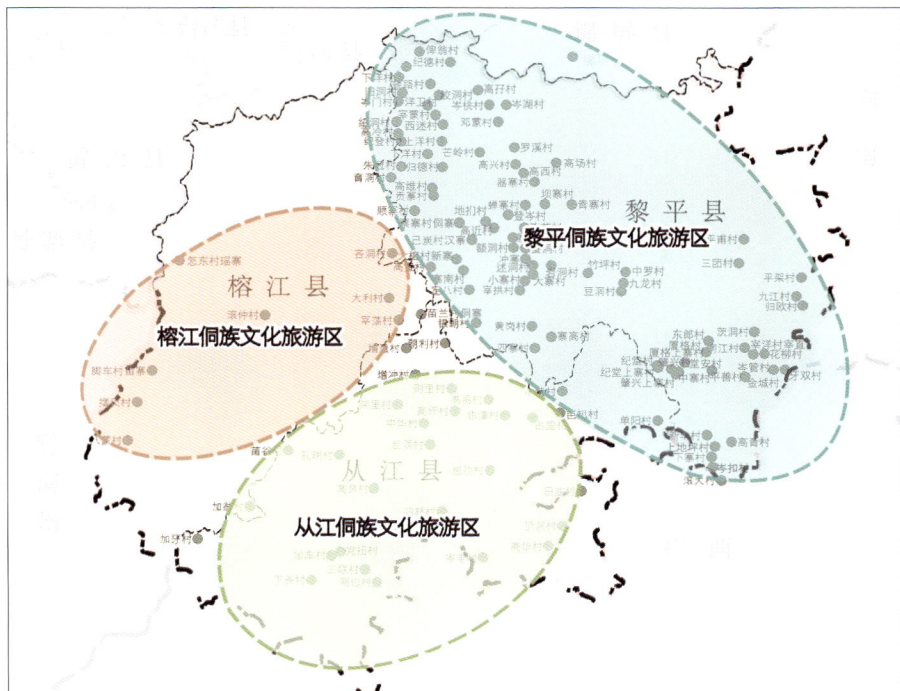

图 13-3
黎从榕原生态侗族文化区项目策划示意图

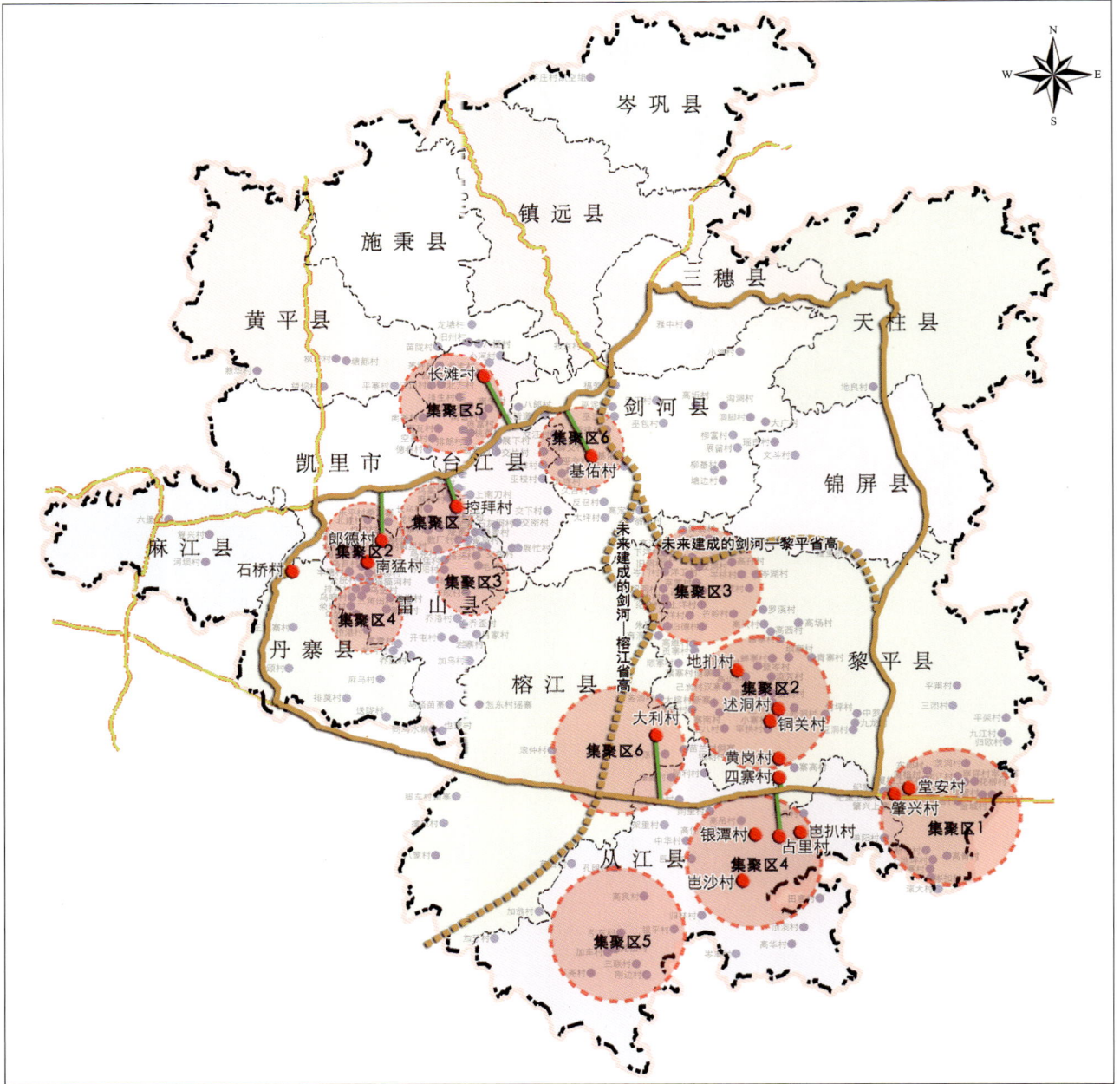

图 13-4
黔东南州传统村落精品旅游线路构想图

黔东南州传统村落保护发展战略规划研究

曹昌智　姜学东　吴　春　等著

中国建筑工业出版社

图书在版编目（CIP）数据

黔东南州传统村落保护发展战略规划研究 / 曹昌智
等著. —北京：中国建筑工业出版社，2017.12
ISBN 978-7-112-21569-0

Ⅰ. ①黔… Ⅱ. ①曹… Ⅲ. ①村落—保护—研究—
黔东南苗族侗族自治州 Ⅳ. ① K928.5

中国版本图书馆CIP数据核字（2017）第292954号

责任编辑：费海玲 张幼平
版式设计：京点制版
责任校对：张 颖

黔东南州传统村落保护发展战略规划研究
曹昌智 姜学东 吴 春 等著
*
中国建筑工业出版社出版、发行（北京海淀三里河路9号）
各地新华书店、建筑书店经销
北京京点图文设计有限公司制版
北京中科印刷有限公司印刷
*
开本：880×1230毫米 1/16 印张：23 插页：10 字数：637千字
2018年1月第一版 2018年1月第一次印刷
定价：88.00元
ISBN 978-7-112-21569-0
（31217）

课题支持　　中国城科会历史文化名城委员会

课题研究　　北京瑞德瀚达城市建筑规划设计有限公司

领衔主持　　曹昌智　姜学东　吴　春

撰稿制图　　胡　燕　陈　晟　常光宇　陈　华

　　　　　　李　丹　郭韶娟　王晓华　曹　玮

　　　　　　张艳琼　张　健　彭燕若　李晓焕

　　　　　　许少洋　高杰峰　王　鑫　葛　鑫

　　　　　　武云飞　史晓宁　马文宪

黔东南州参加人员

　　　　　　黄　杨　顾华先　龙家植　吴碧波

　　　　　　江银梳　龙景锡　丁　鹏　陆国昌

　　　　　　陈妮妮

统稿编纂　　曹昌智　陈　华　李　丹

本研究受黔东南苗族侗族自治州城乡规划局委托，特此致谢！

目　录

导言

一、研究背景和意义

黔东南苗族侗族自治州位于贵州省东南部的苗岭山区，东与湖南怀化、湘西毗邻，南和广西桂林、柳州、河池接壤，西连黔南布依族苗族自治州，北抵遵义和铜仁二市，辖区总面积 3.03 万平方公里。境内沟壑纵横，山峦延绵，重崖迭峰，流急滩多，属云贵高原向湘桂丘陵盆地过渡的中高山地带。

大自然禀赋使黔东南州拥有特殊的喀斯特地貌和丰富的生态资源，森林覆盖率指标高达63.44%，许多珍稀动植物及濒危物种得以幸存下来，生态环境居于全国前列。考古发现表明，在中华文明孕育、创生、发展中，贵州是古人类重要的发祥地之一，远古人类化石和远古文化遗存发现颇多。如在苗疆腹地剑河县域内发现有距今 5 亿年前的古生物化石群，在侗乡榕江县板寨发现有新石器时期遗址，凯里、麻江、黄平、岑巩和天柱均有无脊椎动物化石出土，在锦屏亮江出土了一批战国时期的青铜兵器及生产工具，在岑巩新兴和镇远勇溪出土了战国前的青铜甬钟。这些珍贵文物也充分展现了黔东南地区源远流长的历史，说明黔东南州各族人民的祖先很早以前就在这块土地上繁衍生息，并在劳动生活中创造了远古文明。

如今这里聚居着苗族、侗族、汉族、布依族、水族、彝族、回族、瑶族、藏族、景颇族、布朗族、傣族、壮族、佤族、土家族、仫佬族、独龙族、傈僳族、拉祜族、纳西族、畲族、阿昌族、哈尼族、锡伯族、普米族、蒙古族、怒族、基诺族、德昂族等 36 个民族，仍然传承着各族原始古朴的民族文化，蕴藏着丰厚的历史文化遗存。

黔东南州人口以苗族和侗族为主，是我国苗族、侗族人口最集中的民族自治州。据 2016 年统计，全州少数民族人口占总人口 80.3%，其中苗族人口占 42.5%，侗族人口占 29.5%。

作为中华文明源流的重要载体，黔东南州迄今保留着大量珍贵的历史文化遗存，在传承发展中华优秀传统文化中，彰显着特殊的历史地位和重要作用。据统计，截至 2015 年，全州拥有各类不可移动文物共计 975 处，其中全国重点文物保护单位 19 处、省级文物保护单位 59 处、州级文物保护单位 68 处、县级文物保护单位 829 处；另有 1 处国家级历史文化名城、1 处省级历史文化名城、2 处中国历史文化名镇、1 处省级历史文化名镇、8 处中国历史文化名村、2 处省级历史文化名村、309 个中国传统村落（含 2016 年 12 月新增第四批传统村落 33 个）。

与此同时，目前还有 30 个村寨被世界旅游组织评选为世界级乡村旅游村寨、5 个国家级生态村、14 个中国少数民族特色村寨，还有 23 个村寨被列入我国申报世界文化遗产预备清单，2 个世界生态博物馆村寨，即锦屏隆里所村和黎平堂安村。拥有联合国"人类非物质文化遗产代表作名录" 1 项，国家级非物质文化遗产 53 项 72 个保护点，数量占全省的近一半，排列全国地州（市）级第一位；省级名录 192 项 242 个保护点；州级名录 254 项 300 个保护点；县级名录700 项。有国家级项目代表性传承人 26 人，省级项目代表性传承人 104 人，州级项目代表性传承人 294 人。国家级民族文化生态保护实验区 1 个，国家级生产性保护示范基地 3 处，省级生产性保护示范基地 8 处，州级生产性保护示范基地 5 处。

虽然如此，但是由于黔东南地处我国偏远的西南边陲，藏身于云贵高原重峦叠嶂的茫茫群山中，信息阻隔，交通极为不便，因此形成了一个相对封闭的独立地理单元。早在春秋时代以前，这里即被史籍称为"南蛮"或"荆蛮"之地。此后历代又被视作"蛮烟瘴雨"的荒芜之域，山高路远，人迹罕至。直到进入 21 世纪，随着贵州省高速公路网和县乡级公路建设的加快，对外航线不断扩展增加，黔东南州始得以逐步打破高山屏障，加强了与省内各州、市间城镇的联系，敞开了通往内地的门户。时至今日，群山阻隔带来的交通不便、信息不畅和对省域外部环境闭塞的状况仍未根本改善，以致古往今来沉寂千年的黔东南"藏在深闺人未识"，依然让人们感到那么遥远、陌生和神秘。

黔东南州传统村落如同散落的珍珠，俯拾即是，其中最突出的特点是保持着多民族鲜活的原生态农耕文明，存续条件好，数量大、类型多、品质高。同时村寨分布灵活、通达性差、同质化强，交通和信息闭塞，又使保护与发展面临许多困难。

截至 2016 年，在国家先后公布的四批《中国传统村落名录》中，共有 4153 个村庄聚落榜上有名，其中黔东南州的传统村落数量为 309 个，占贵州省传统村落总数的 56.69%，占全国传统村落总数的 7.44%，与国内所有地州（市）相比首屈一指，独占鳌头。在黔东南州，仅黎平一县传统村落的数量即达 93 个，居全国各县（市）榜首。

黔东南州传统村落类型不仅有苗族、侗族、汉族、水族、瑶族、壮族、仫佬族、畲族等村寨，而且由于不同村寨的民族元素和地域元素存在着诸多差异，更使村寨选址、传统民居和历史环境要素变得多姿多彩。这些村寨和民居基本沿袭着祖辈一脉相承的传统格局、传统风貌、传统形制、传统材料、传统技艺、传统空间尺度和原生态的依存环境，保持着原汁原味的传统起居生活形态及农耕文化，真实性、完整性、识别性俱强，具有鲜明的民族文化和地域文化特色。像黔东南州这样，在一个地理单元内拥有数量如此之多、原真性如此之高的传统村落，国内实属罕见。黔东南州传统村落保护发展，对于传承和弘扬中华优秀传统文化，实现经济社会全面转型发展具有重要的现实意义和长远意义。

长期以来，我国经济建设沿袭了一种以高投资支撑高速度，强力拉动经济总量增长的粗放式旧模式，因此导致了资源破坏、环境恶化，人与自然的关系严重失衡。然而与多数地州（市）相比，黔东南州堪称国内极少的一方原生净土，传统村落保护发展拥有其他任何地区无法替代的基础优势条件。只要立足本地自然人文资源，扬长避短，后发趋势必然看好。与此同时，也应当清醒地认识到，村寨分布散、通达性差、同质化强而又忽视个性特点，以及对外信息十分闭塞，是黔东南州传统村落保护发展的短板。如何从实际出发，扬长避短，整合自然人文资源，是一个不容回避且亟待解决的重要课题。

黔东南州村寨聚落的空间分布，形成于漫长的历史岁月，受到社会变迁的深刻影响，反映了我国西南地区典型的农耕文化，凸显了民族特色和地域特色。各个不同民族基于农耕生产、生活方式和族群安全的需要，凭借各自的智慧和创造力，利用赖以生存的特殊地理环境，巧借地形，在"地无三里平"、可耕作的土地农田十分有限的条件下，采取零星分散方式进行选址建设，以满足耕作半径的基本需求，由此使星罗棋布的村寨隐匿深山，不露真容。加之农耕经济内在的自给自足特性，使一个个村寨成为独立的生产劳作和起居生活载体。另外由于古时交通不便，阡陌崎岖，村寨与村寨、村寨与乡镇的互动交往主要通过人们徒步于崖间小路，翻山越岭，长途跋涉，这导致各村寨交流较为困难。传统的出行方式一方面避免了外部世界对村寨带来的干扰，另一方面也对村寨融入外部世界形成了障碍。聚族而居是传统村落存续的基本特征。在黔东南州，一县或一镇的传统村落多以同一民族聚居。它们的建筑形态和文化内涵趋同，自然存在同质化现象，文化属性相同。如果没有深入的文化发掘和资源整合，很难彰显出村寨各自的特色魅力，寻找出具有一定竞争力的文化产业与发展乡村旅游亮点。

黔东南州传统村落的建筑多为干栏式木构建筑。村寨依山逐水而建，防火、防洪和防止山体滑坡，是其安全防灾的第一要务。长期以来，村民饮用水的问题也相当突出。在传统建筑保护修缮和整治中，如何保持建筑安全使用和传统历史风貌，尚需要更好的解决方案。

由于黔东南州大部分传统村落分布在雷公山、月亮山地区，受自然条件和区位交通的限制，基础设施、公共服务设施普遍滞后脆弱，改善基础设施和整治脏乱差的人居环境，需要投入相当大的人力、物力和财力。然而黔东南苗族侗族自治州是革命老区，至今尚未走出贫困。在 15 个县 1 个市中，除凯里市、镇远县外，其他 14 个县均属国家重点贫困县。面对现已公布的 309 个传统村落的保护需求，靠 9 亿多元的中央财政补贴款只是杯水车薪，而靠州财政和县财政，同样捉襟见肘。如何在政府主导下，运用市场机制，筑巢引凤，创造良好的投融资环境，建立合理稳定的资金渠道，是迫在眉睫的问题。

简而言之，在短短 4 年里，黔东南州数量众多的村寨列入《中国传统村落名录》，既是一份当之无愧的荣誉，更是一份沉甸甸的责任。

党和国家把传统村落保护发展作为弘扬中华优秀传统文化，涵养社会主义核心价值观，实现中华民族伟大复兴中国梦的一项重大举措，明确指出："制定专门规划，启动专项工程，加大力度保护有历史文化价值和民族、地域元素的传统村落和民居。"目前在住房和城乡建设部牵头的国家七部（局）指导下，推进传统村落保护发展的工作如火如荼，在全国各地蓬勃展开。贵州省委、省人民政府高度重视，坚决贯彻党中央和国务院的部署，不仅出台了关于加强传统村落保护发展的指导意见，成立了领导小组，而且出台了《关于加强传统村落保护发展的指导意见》，制定了《贵州省传统村落保护和发展条例（草案）》，并安排了 1 亿元保护发展扶持资金，重点用于支持传统村落保护发展规划的编制工作。2015 年 11 月 16 日和 2016 年 10 月，在贵州省委关心支持下，省人民政府先后在凯里市和黎平县肇兴镇主办了两次中国传统村落黔东南高峰论坛会，不啻为对全省传统村落保护发展工作的总动员和强力推进。

黔东南州成为国家七部（局）和贵州省政府重点关心支持的地区之一，面临着千载难逢的历史机遇和巨大的挑战压力。为此黔东南州采取了 5 项措施全面加强传统村落保护工作，一是摸底排查，熟悉家底；二是加强申报，项目支撑；三是服从规划，抓好建设；四是技术改造，开发利用；五是建立制度，长远保护。2015 年 2 月 26 日，又公布了《黔东南苗族侗族自治州传统村落保护实施办法》，开始组织《黔东南州传统村落保护发展战略规划研究》，制定了《黔东南州传统村落保护发展规划编制技术导则》。

根据国家七部（局）的规定，凡列入《中国传统村落名录》的村庄必须编制传统村落保护发展规划；规划成果通过国家七部（局）专家委员会技术审查后，列入中央财政支持范围，由财政部安排中央财政补贴资金，用于专项抢救保护工程。然而截至 2014 年，在黔东南州 276 个传统村落中，只完成了 186 个村寨规划，通过省部级技术审查并列入 2015 年中央财政补贴范围的仅有 38 个村寨。2016 年初，黔东南州已经基本完成前三批所有传统村落保护规划编制，其中 140 个传统村落通过省部级技术审查，并获取中央财政补助，通过率及获取补助数量较之前有所提高，但只占到总量的一半，仍显不足。直到 2016 年 6 月，才勉强达到国家主管部门的要求。2017 年 2 月，黔东南州完成了新增的 33 个传统村落的保护发展规划编制工作，并将成果上报专家委员会，进行技术审查，等待审查结果。

黔东南州传统村落保护发展规划存在的编制差距和突出问题，固然有编制经费不足、编制深度不够、编制质量差和技术力量薄弱、对编制单位技术资质监管不力等方面原因，但是根本症结是部分领导对传统村落保护发展的必要性和紧迫性认识不够。对中央财政补贴抱有不切实际的等、靠、要、"被动输血"的依赖性，没有充分利用中央补贴资金启动增强自身"主动造血"功能，给村寨注入活力，焕发生命力。于是眼睛向上盯着中央财政补贴资金，当地不舍得投入，而是频于应付保护发展规划编制，走了很大的弯路。

实际上，传统村落保护发展的深刻内涵在于秉持正确的保护发展理念，妥善处理传统村落文化遗产保护与经济社会发展的关系。尤其像黔东南州这样的贫困地区，在指导思想上，更应当把保护传统村落和发展农村经济，改善民生，促进村民脱贫致富紧密结合起来。编制传统村落保护发展规划，一定要在认真深入调查研究的基础上，建立翔实可靠的档案，确认保护对象，合理划定保护范围，采取分类保护整治措施，统筹考虑传统民居更新利用，结合当地资源禀赋和区位交通条件，发展创新产业和休闲经济。达到这一要求的前提，是首先深入研究、发掘、梳理、整合黔东南州自然人文资源，厘清思路，确定科学合理的保护发展思路与途径，从宏观层面总体把握传统村落保护发展的战略目标和走向，以行之有效的公共政策为支撑，指导传统村落保护发展规划的编制和实施。只有这样，才能做到事半功倍，摆脱困境，在不太长的时期取得显著成效。

纵观黔东南州传统村落的保护发展工作现状，不难发现林林总总的自然人文资源极其丰富多彩，但又缺少对相互之间内在联系的系统研究和对历史文脉的必要梳理、文化遗产资源的有效整合，以致在很大程度上影响了对传统村落的保护价值与发展定位，导致传统村落保护发展步步艰辛。

目前我国经济发展进入了新常态，处在爬坡过坎的关口。顺应推动增长、增加就业、调整结构的大趋势，抓住可以大有作为的重要战略机遇期，就能牢牢把握发展的主动权。面对我国经济发展新常态大趋势，抓住经济社会全面转型发展的历史机遇，组织《黔东南州传统村落保护发展战略规划研究》，高屋建瓴，运筹帷幄，对于厘清思路，指导各县市传统村落保护发展规划编制和实施，走文化遗产保护和经济社会发展并举兼得之路，进而提升黔东南州的知名度和核心竞争力，具有非同寻常的意义。只有从宏观层面认识和把握黔东南州乃至全省全国的经济、社会、文化大势，才能明确黔东南州传统村落究竟应该保什么、怎么保，才能进一步梳理整合文化遗产资源，发挥传统村落的优势，把黔东南州建成我国最具原生态特色的大西南休闲旅游后花园。

客观地说，黔东南苗族侗族自治州作为我国拥有传统村落数量最多，民族文化和地域文化最为丰富的地级州（市），最有条件也最有资格率先组织传统村落保护发展战略规划研究，深层探索我国传统村落保护发展的理论和实践问题。这将在推进我国传统村落保护发展工作方面首开先例，有重要的示范作用和借鉴意义。2015 年贵州省人民政府在《黔东南州传统村落保护发展战略规划研究》中期成果的基础上，通过在凯里主办中国传统村落黔东南高峰论坛会的方式，形成了具有普遍指导性的凯里宣言，已经对于我国传统村落保护发展产生了重要的影响。

二、研究目标和范围

1. 研究目标

本研究是针对现阶段黔东南州传统村落保护发展的实际需要引申而来，突出以问题为导向，围绕黔东南州传统村落保护发展工作设定研究目标。在认真研究分析与梳理整合黔东南州自然人文资源的基础上，针对现状存在的突出问题以及症结所在，审视既往、厘清思路，提供行之有效的决策依据。

本研究目标集中体现在 3 个方面：

（1）发掘梳理黔东南州自然人文资源，对传统村落保护发展合理定位

黔东南州是一个多民族聚居的相对独立的地理单元，拥有极其丰富的自然人文资源，内涵诸多的民族元素和地域元素，异彩纷呈、光鲜亮丽。虽然不同民族、不同地域的历史文化形态各异，但是经过漫长的历史岁月，相合一处、水乳交融，具有很强的关联度，共同构成了中华文明的有机整体，体现出黔东南州自然人文资源主脉多支和多元化的特征。

《黔东南州传统村落保护发展战略规划研究》对各类历史文化资源进一步发掘梳理，有机整合，从而探寻黔东南州传统村落独特的文化内涵以及形态表征，以期合理规划保护发展定位，扬长避短，采取针对性的保护整治措施，破解困扰黔东南州传统村落的保护整体风貌、消防隐患和村寨饮用水的难题，凸显黔东南州传统村落民族、地域文化特色和历史文脉传承。以黔东南州传统村落为载体，以苗侗民族风情为主打文化品牌，打造深度领略我国西南地区自然风光，感受少数民族农耕劳作和起居生活的体验地，使之成为我国西南地区原生态休闲旅游和度假养生的后花园，在把黔东南州培育成中国苗侗文化旅游中心的同时，大力推进养心养生养老健康产业发展。

（2）明确总体思路，促进传统村落保护与经济社会发展并举兼得

通过《黔东南州传统村落保护发展战略规划研究》，贯彻党的十八大精神和习近平总书记系列重要讲话，分别从宏观指导与微观运作 2 个不同层面，以及专业理论和公共政策 2 个不同领域深入研究，为帮助黔东南州传统村落摆脱保护发展困境，促进文化遗产保护与经济发展、改善民生、脱贫致富奔小康并举兼得，实现和谐双赢，提出具有前瞻性和创新性的决策建议。

研究报告内容将包括新时期黔东南州传统村落保护发展的战略思想、总体思路、合理途径、保护方法、运作模式、公共政策、策略选择、实施方案、重点项目、时序安排等一系列战略和策略。

（3）加强保护整治，促进黔东南州苗侗村寨申报世界文化遗产

遍布黔东南境内，以苗侗聚落为主的传统村寨及其干栏式建筑独具特色，千百年来始终延续传承着原生态的农耕劳作和起居形态，从村寨选址、传统格局和建筑营造，蕴含了系统深邃的文化内涵，为当今世界仅存的罕见人类文明创造。加之民族文化和民俗风情多彩多姿，底蕴深厚，为其他国家和地区的文化无法替代。其中苗人先祖在农耕时代之初创造的苗族古历比距今 6 200 年的埃及历还要早 3 800 多年，更比中国农历出现的时间年代早得多，并且延续至今。侗族木构建筑制作技艺和侗族大歌等均为国家级非物质文化遗产，且世界仅此一例。

《黔东南州传统村落保护发展战略规划研究》将以苗侗村寨为主要对象，全面评估历史价值、艺术价值、科学价值、保护状况、规划编制、相关制度、管理机制、存在问题等内容，对编制世界文化遗产申报文本，启动审议程序提出建议。

2. 研究范围

本研究的地域范围分为 3 个层次，即黔湘桂地区、贵州省、黔东南州。一是从历史地理层面切入，二是以民族和地域文化为主线，三是着眼于区域经济发展大格局。通过综合性研究分析，梳理黔东南州社会变迁历史文脉，抓住传统村落保护发展的根本，重点解决文化遗产保护与经济社会发展的主要矛盾，在黔东南州城镇体系规划架构下，协调集中连片的传统村落互动，统筹州辖行政区内的古遗址、文物保护单位、历史文化名城名镇名村和传统村落，以及风景名胜等空间资源之间的保护与利用。

三、研究内容和框架

本研究由国内知名专家领衔主持，整合专业学术团队，并邀请北京、上海、贵州有关资深专家学者共同参与，对黔东南州传统村落保护发展进行综合系统研究。研究过程和研究成果体现两大特点。

其一，秉持系统综合的思想理念 围绕黔东南州历史文化和沿革，选择政治、经济、社会、文化、历史、地理、考古、规划、旅游、哲学、艺术、法律、行政等多方位、多学科视角，对黔东南地区城镇体系、历史价值特色、乡村聚落形态、文化品牌效应和资源整合利用进行系统深入的研究，使研究成果言之有据。

其二，研究方法与研究成果坚持理论与实践相结合，突出思想性和操作性，既有理论指导，又有切实可行的实施办法，努力促成理论研究成果向社会实践成果转化。研究内容和方法不仅注重传统村落形态保护，而且注重传统村落文脉传承；着眼点在于有效保护传统村落承载的苗侗等族农耕文化遗产，致力推进具有黔东南州特质文化的发展繁荣，与此同时立足当地实际，促进产业创新发展，提升生活品质，加快黔东南苗族侗族自治州脱贫致富奔小康的建设。

1. 研究内容

全面系统地研究黔东南苗族侗族自治州形成、发展的历史脉络和现状，以及传统村落保护发展的时代背景，黔东南州城镇体系发展在经济新常态和新型城镇化进程中的大格局、大趋势，黔东南州自然人文资源及其特色区域定位，传统村落保护发展条件综合评价，秉持传统村落保护发展的正确理念，明确保护对象、划定保护范围，制定行之有效的保护措施，整合资源，开拓产业发展空间，以苗侗文化为主培育建设中华文明传承创新区，连通国内外开放高地，塑造具有黔东南州特质、体现时代特征的人文精神，增强引领我国西南地区崛起的核心带动能力，对未来保护和延续黔东南州传统村落的生命力，进行前瞻性探索。主要包括：

（1）黔东南州传统村落保护发展专题研究的必要性

贯彻党的十八大精神和习近平总书记系列重要讲话精神，着眼于经济新常态下国家大战略对黔东南州经济发展和文化繁荣的要求，梳理整合黔东南州历史文化遗产资源，探索促进黔东南州传统村落保护发展，弘扬中华优秀传统文化，加快推动以黔东南州苗侗文化为特色的中华文明传承区和休闲经济创新区建设的合理思路、途径和方法。

（2）黔东南州历史文化源流及其在中华文明的地位

围绕建设中华文明传承创新区，全释黔东南州历史文化的民族性和地域性特征，梳理黔东南州历史文化源头和流变轨迹，解析黔东南州历史文化的民族性、地域性、多样性、与中原文化的渊源，以及中华文明基本构成及传承创新区的内涵，探讨保护黔东南地区民族发展变迁及传统村落存续特征及其与中华文明之间的内在联系，论述彰显黔东南州特质文化、体现时代特征的人文精神的基础地位和作用。研究黔东南地区弘扬中华优秀传统文化的内容、途径及方式。进一步探讨黔东南州民族文化和地域文化在中华文明中的地位，打造独具特色的文化品牌。

（3）黔东南州传统村落价值与文化特色的解析评估

对黔东南州多民族文化形态特征和空间聚落群进行区划解构，发掘、梳理和提炼现有历史文化资源，评估黔东南州传统村落在中国古代和近代政治、社会、经济、文化发展中的重要价值特色；结合国家区域发展战略要求，通过分类定性比对分析，彰显黔东南州在中国传统村落中的特征、地位，探寻黔东南州城镇体系构成的历史因素和文化关联。

（4）黔东南州传统村落保护发展的历史和现状

回顾审视黔东南州传统村落保护发展的阶段特征，城镇体系规划架构下的传统村落层级与类型，工业化和新型城镇化进程对传统村落的影响，现代交通给传统村落保护发展带来的机遇和挑战，研究现行公共政策体系和保护管理体制，对传统村落保护规划编制与实施做出评估，总结传统村落保护发展的成效和经验。分别从村落外部环境、整体格局和历史风貌、历史建筑、文物保护单位进行剖析，指出面临的困难和症结。

（5）黔东南州传统村落保护发展战略选择与策略

分析经济新常态下黔东南州传统村落保护面临的机遇和挑战，立足宏观战略指导层面，明确黔东南州传统村落保护发展应当选择的正确理念和指导思想，对黔东南州传统村落保护发展兼得并举的科学思路、基本原则、合理途径和主要方法提出决策咨询建议。

与此同时，结合黔东南州传统村落保护发展的实际，深入研究国际社会保护文化遗产和制定保护规划的文献，借鉴国内外已有的成功案例，在传统村落保护理念、制度体系、管理体系、监管机制，以及传统村落渐进式更新、文物古迹保护展示、保护整治导引等方面，对黔东南州传统村落保护发展提供咨询策划。

（6）黔东南州传统村落保护发展公共政策研究

根据世界遗产保护文献、我国现行法律法规和规章规范以及相关文件和规划，结合黔东南州传统村落保护发展的现实条件，就促进黔东南州传统村落保护发展，建立公共政策保障与监管体系，完善政府主导、市场运作、公众参与、土地使用、房产管理、历史建筑和近现代优秀建筑的产权置换、更新利用等一系列公共政策内容，以及制定《黔东南州传统村落保护发展条例》地方性法规和相应政策措施，提出创新实施意见。

（7）黔东南州传统村落保护发展相关规划协调

分析研究黔东南州传统村落保护发展规划和黔东南州社会经济发展规划、城镇体系规划、土地利用规划、村庄规划、美丽乡村规划、历史文化村庄规划、民族文化村庄规划、特色旅游村庄发展规划等内在联系及衔接。以法定规划为基础，克服政出多门的监管障碍，阐明秉持正确的传统村落保护理念、发掘黔东南州历史地位和价值内涵；对在传统村落保护发展中如何理顺关系，有效整合资金和技术力量资源，统筹相关规划的衔接，实现"多规合一"，提出科学合理的意见。

评价目前传统村落保护发展规划编制工作存在的突出问题，针对性地指导保护规划编制要求、建档方法、编制步骤、基本内容和对规划成果的图文表达。

（8）黔东南州传统村落保护发展规划编制与实施

把握传统村落保护发展的基本原则，健全规划编制和实施程序，按照村落选址、传统格局和风貌、文物及历史建筑、传统建筑等不同层级，分别对保护范围内的现状建筑提出保护整治重点内容和措施、与新农村建设紧密联系的主从互补关系，以及州域文化遗产保护内容与要求，提出咨询指导意见，为编制和实施《黔东南州 传统村落保护发展战略规划》以及相关规划提供理论支撑。

（9）黔东南州传统村落集群式保护发展探索

黔东南州传统村落数量多、集聚程度高，在历史形成过程集聚区内村落血缘关系相对密切，呈现出民族文化和地域文化高度同质化特征，在方兴未艾的民族文化旅游中，很容易发生无序竞争。为此必须在黔东南州城镇体系规划的框架下，合理划定传统村落集聚区，进行分区指导。要研究不同集聚区的自然人文资源，合理划定类别，打破村村寨寨旅游开发的单一模式，整合集聚区具有共性优势的产业和独特的民俗文化，统筹规划，整体包装，改善外部交通条件和人居环境，突出各自村寨特色，包括采摘茶、果、山货，参与工艺制作、歌舞、节日集会等规模活动，充分发挥传统村落集群的规模效应，走向共同富裕。

（10）黔东南州传统村落保护发展近期项目策划

对传统村落体现传统格局形态和历史风貌的重点地段、重点文物保护单位以及黔东南州域历史文化遗产保护利用的主要项目作出时序安排，做到年年有亮点，年年见成效。同时研究通过相应政策和互动机制，发挥黔东南州传统村落的品牌带动作用，统筹做好雷山、台江、黎平等传统村落集群式的保护和利用，引领黔东南州传统村落的保护发展，塑造具有黔东南州民族和地域特质、体现时代特征的人文精神。

（11）黔东南州传统村落非物质文化遗产保护传承

充分发挥黔东南州非物质文化遗产在传承中华优秀传统文化，弘扬中华文明的作用。调查研究和归纳梳理黔东南州国家级非物质文化遗产的内容、类型、价值、特征、传承场所和传统路线，连同古地名、民俗文化等贵州省级非物质文化遗产资源传承方式、博物馆展示体系，传承场所建设等，提出具体保护建议。

（12）黔东南州传统村落产业发展和旅游资源整合

研究分析黔东南州经济结构和产业结构的基本状况与特点，及其在湘桂区域经济中的比较优势，贵州省域交通设施现状及未来发展对黔东南州经济发展的影响。探讨国家扶贫开发项目与传统村落保护发展相结合的途径。在保护传统村落的同时，充分发挥自然人文资源优势，将产业发展、旅游发展与民族、地域文化传承融为一体。大力发展特色农业和农产品加工业，面向全国市场，加强道路交通和信息网络建设，疏通外部渠道，让外界了解黔东南，熟悉黔东南，向往黔东南。通过整合旅游资源，优化旅游线路，开发有黔东南州民族和地域文化特质的旅游商品，打造旅游产业形象，推动黔东南州文化旅游提质升级，创造品牌特色。

2.研究框架

根据具体研究情况，本书共分为14个章节。

导言。主要介绍课题研究背景与意义、研究目标和范围、研究内容和框架。

第一章，黔东南州区域空间结构和传统村落分布。对黔东南州在大西南所处的地缘区位、黔东南州城镇体系结构进行分析。对黔东南州传统村落进行界定，分析黔东南州传统村落基本概况、形成原因及分布特征。

第二章，黔东南州历史文化源流演变及价值定位。分析黔东南州历史发展过程、城镇发展变迁以及地理环境要素优势。梳理自然遗产、历史文化遗产状况和非物质文化遗产的传承。分析黔东南州多元文化特色，提出黔东南州文化价值定位以及文化体系的建构。

第三章，黔东南州传统村落特色与价值评估。对黔东南州传统村落的价值与特色进行评估。

第四章，黔东南州传统村落保护工作评估。分析黔东南州传统村落保护历程、现状，总结传统村落保护发展经验，剖析传统村落保护发展问题。

第五章，黔东南州传统村落保护发展战略选择。分析新时期传统村落保护发展的历史机遇和挑战，确立保护与发展并举的科学思路，探索保护与发展的途径及方法。

第六章，黔东南州传统村落保护发展策略研究。探索传统村落物质文化与非物质文化更新和传承策略。

第七章，黔东南州传统村落保护发展规划编制指要。对黔东南州传统村落规划编制提出基本要求及其框架结构，设定历史文化名城保护与发展战略目标和分步实施步骤。

第八章，黔东南州传统村落保护发展的公共政策。评估黔东南州传统村落现有的公共政策，提出相关公共政策的创建和改善。

第九章，黔东南州传统村落保护发展模式和机制研究。分析黔东南州传统村落现有保护发展模式和机制，借鉴国内外经验，探寻更适合黔东南州传统村落保护发展的模式与机制。

第十章，黔东南州传统村落分级分类指导研究。制定黔东南州传统村落分级分类标准，划分等级、类别，同时对不同等级和类别的传统村落提出保护和发展的意见和措施。

第十一章，黔东南州传统村落集群式保护发展探索。提出集聚区划分的依据和路径，探索集聚区保护发展方式。

第十二章，黔东南州传统村落产业发展和旅游资源整合。探索传统村落产业创新方式，对旅游资源进行整合，探寻更加有益的旅游和产业发展模式。

第十三章，黔东南州传统村落保护发展项目策划。对接历史研究和相关上位规划要求，在项目策划上作出重点建设和近期建设安排。

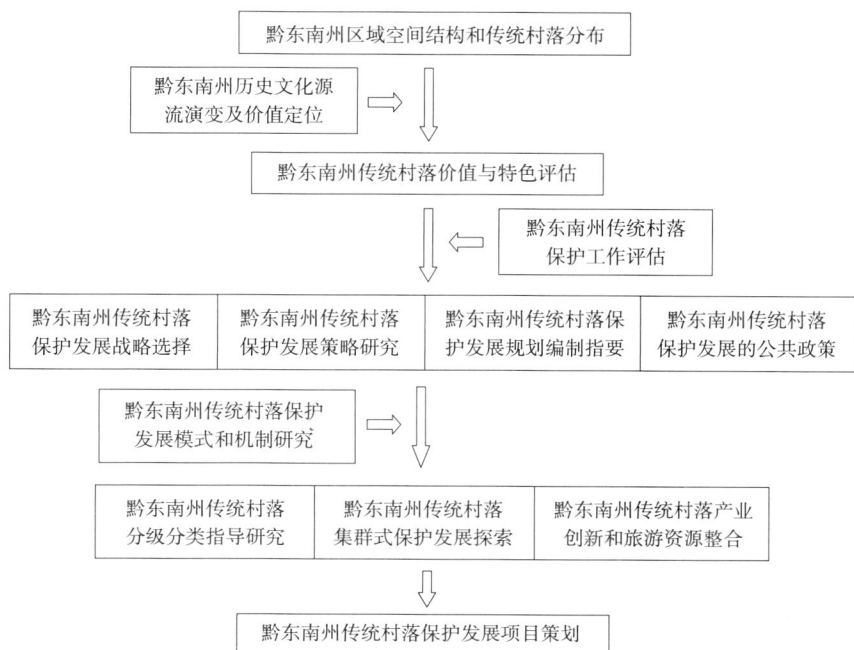

黔东南州传统村落保护发展战略规划研究路径

第一章　黔东南州区域空间结构和传统村落分布

第一节　黔东南州行政地理概述与城镇空间结构

一、黔东南州行政地理概述

1. 行政区划

黔东南州全称黔东南苗族侗族自治州，位于贵州省东南部，地处东经 107° 17′ 20″—109° 35′ 24″，北纬 25° 19′ 20″—27° 31′ 40″，东西宽 220 km，南北长 240 km，总面积 30 337 km²。东与湖南省怀化地区毗邻，南和广西柳州、河池地区接壤，西连黔南布依族苗族自治州，北抵遵义、铜仁两地区。首府为凯里市，下辖凯里市、黄平县、施秉县、三穗县、镇远县、岑巩县、天柱县、锦屏县、剑河县、台江县、黎平县、榕江县、从江县、雷山县、麻江县、丹寨县 1 市 15 县，9 个街道办事处，108 个镇，88 个乡（其中 15 个为民族乡）。截止到 2014 年，全州户籍人口为 466.2 万人，常住人口为 347.75 万人，常住人口中少数民族人口占 79.9%，其中苗族人口占 42.4%，侗族人口占 29.8%，另有汉族、布依族、水族、瑶族、壮族、土家族等其他民族，共 33 个民族，是一个以苗侗为主的多民族六聚居区。

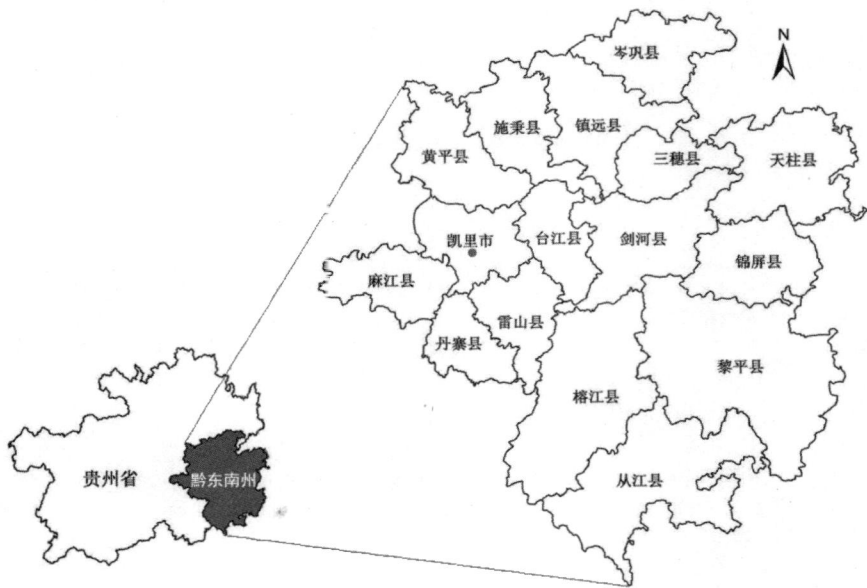

图 1-1　黔东南州行政区划图

2. 地质地貌

黔东南州位于我国西南地区，地处云贵高原东南边缘的苗岭山脉，属于云贵高原的高山区向湘桂丘陵低山区过渡的中高山地带。地势由西向东和东南降低，西部和中部的海拔高程一般为 800 ~ 1 200 m，东部、东南部海拔高程为 500 ~ 700 m，最高点为雷公山主峰黄羊山，海拔2 178.8 m，最低点为黎平县地坪乡井郎村水口河出省处，海拔 137 m。地貌类型以山地为主，中部雷公山区和南部月亮山为中山地带，西部和西北部为丘陵状低中山区，东部和东南部为低中山、低山、丘陵、盆地，其中低山占 75.9%，低中山占 19.2%，中山占 1%，丘陵占 2.7%，平原占 1.2%。境内主要山峰有雷公山、冷竹山、南刀坡、佛顶山、轿顶山、香炉山、龙头岩、老山界、青山界、牛角山、天子岭、高岳山、猫鼻岭、月亮山、孔明山等。

从地层上看，黔东南州地层发育齐全，自元古代到第四系均有分布，且富含化石，层序大多连续。地层从元古代的四堡群、下江群，震旦系至古生代的寒武系、奥陶系、志留系、泥盆系、石炭系、二迭系，到中生代的三迭系、保罗系、白垩系及新生代的第三系、第四系均有出露。其中震旦系分布在自治州西部的丹寨及台江—三穗、岑巩等地，黎平、从江一带亦有成片分布；寒武系地层分布较广泛，镇远—凯里—丹寨以西有大面积出露。同时境内有凯里翁项剖面、台

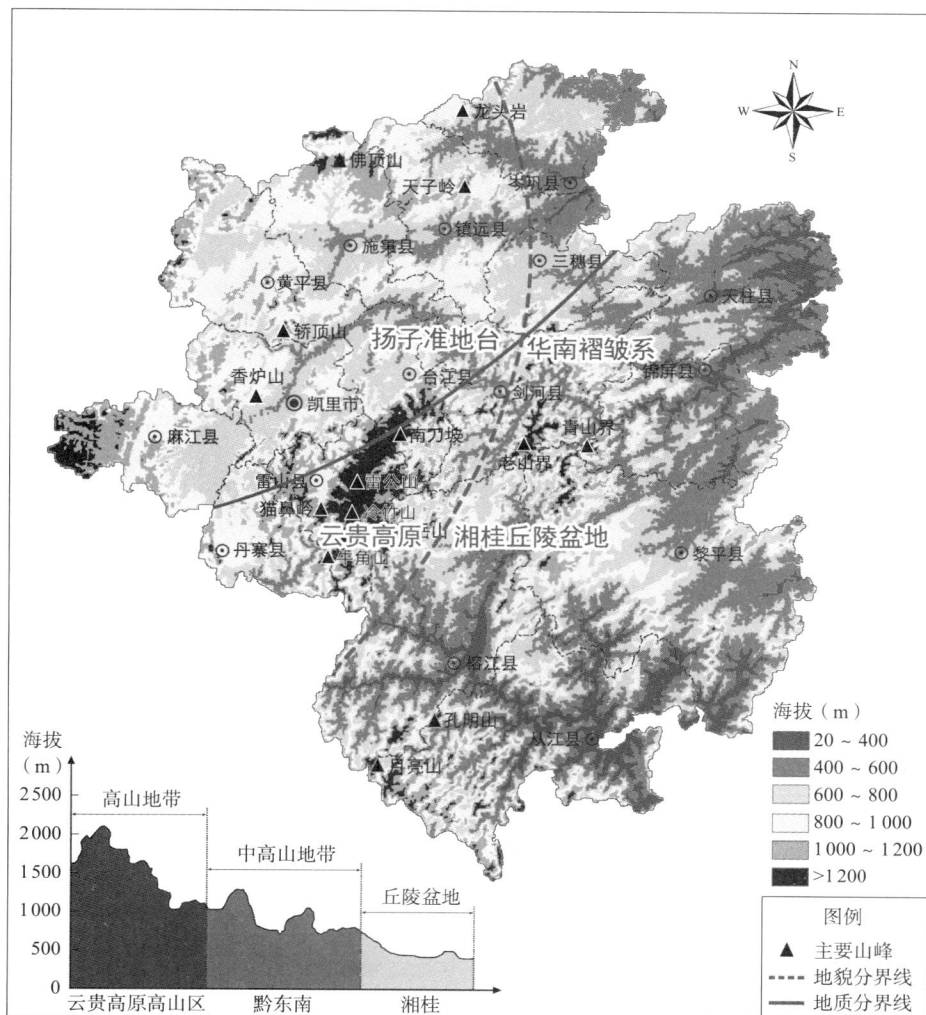

图 1-2　黔东南州地质地貌示意图

江番召剖面、隆里剖面等国内典型地层剖面，八郎中下寒武系国际层型剖面，丹寨南皋地区寒武系剖面、雷公山变质岩剖面、沉积岩剖面、从江火山岩剖面等。

从地质构造看，黔东南州地跨扬子准地台和华南褶皱带两个一级大地构造单元。境内地质构造可划分为顺层韧性剪切带、阿尔卑斯式褶皱、侏罗山式褶皱、过渡性剪切带、逆冲推覆构造及地垒-地堑式构造等组合类型。[①] 主要形态有断裂谷、断层盆地、背斜等，如革东-台烈断裂谷、施秉断陷盆地、榕江断陷盆地、西江断陷盆地、雷公山复式背斜等。

黔东南州在长达 14 亿年的地质历史中，经历了武陵、雪峰、加里东、燕山-喜马拉雅等多次构造运动，构造断层发育，加之后期河流等外力的作用，成就了黔东南州丰富的地质景观资源，主要有喀斯特地质景观、瀑布、峡谷、温泉、奇峰异岭、古生物化石等。其中喀斯特主要分布于镇远县焦溪、台江施洞、凯里挂丁、丹寨的复兴这一线以西北地区，类型主要是溶洞景观和喀斯特峰林及峰丛、峡谷等，如丹寨金瓜洞、黄平太平洞、岑巩万佛长廊溶洞、黎平天生桥、天柱金山溶洞等；瀑布有凯里平凉瀑布、剑河盘溪瀑布、丹寨排廷瀑布、黎平马尾滩瀑布、岑巩十里龙鳌河飞水等；峡谷有重安江十里古峡、潕阳河小三峡、黄平潕阳河水库"一线天"峡谷和飞云大峡谷等；温泉有剑河温泉、黄平浪洞温泉等；奇峰异岭有雷公山、云台山、香炉山、月亮山等；古生物化石有丹寨南皋地区中寒武统甲劳组的遗迹化石、岑巩县侏罗纪古动物化石、寒武

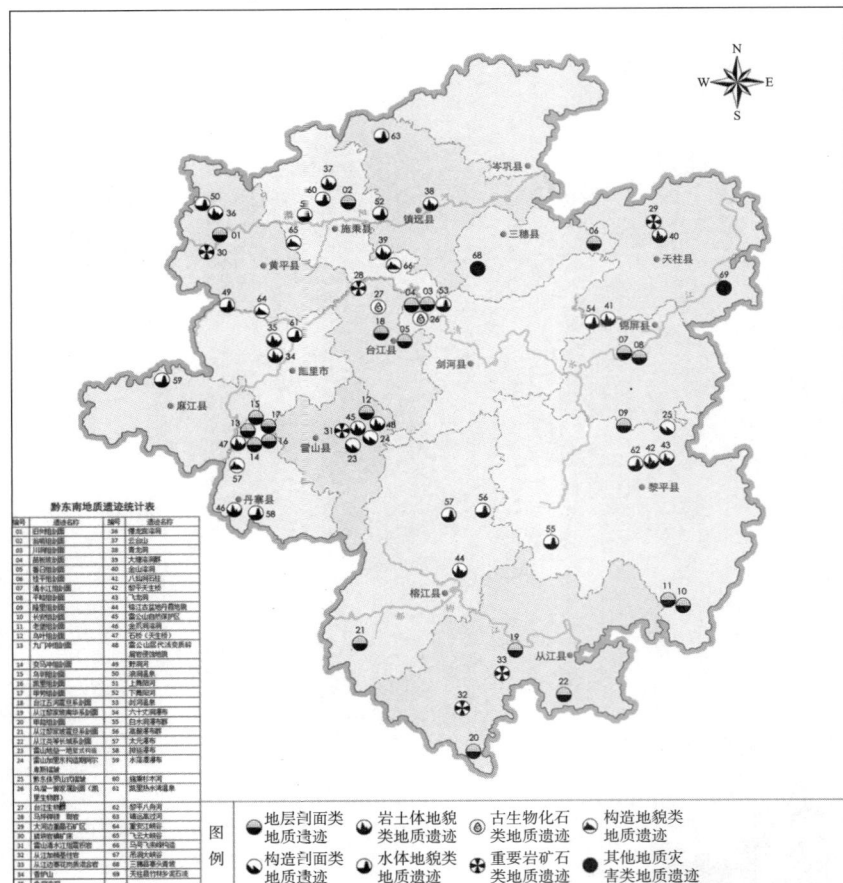

图 1-3　黔东南州地质遗迹分布示意图

① 戴传固，杨大欢.黔东南地区构造特征 [J]. 贵州地质，2001（1）.

纪台江古生物化石群、凯里古生物化石群、杷榔动物化石群、凯堂 - 翁项 - 虎庄志留纪化石群、渔洞 - 万潮石炭纪化石群、凯里江口二叠纪化石群等。[①] 此外，地质构造发育还造就了黔东南州丰富的矿产资源，现已探明的矿藏有煤、铁、金、汞、锌、铅、锑、铜、磷、石灰石、重晶石、白云石、黏土等四十余种，其中重晶石、石英砂、锑矿储量最为丰富，重晶石储量为全国第一。

3. 地缘区位

黔东南州位于我国的西南部，贵州省东南部地区，西、北部与省内地区黔南布依族苗族自治州、铜仁、遵义地区接壤，向东可进湖南，与湖南怀化地区相邻，往南能下广西，与广西柳州、河池地区毗邻，素有贵州"东大门"之称。

黔东南州历史悠久，早在新石器时代便已有了人类生活的痕迹。然而由于地理位置偏远，地质地貌复杂，境内沟壑纵横、山峦重叠、水流盘曲，造成交通极为不便，被视为荒蛮之地。秦汉之际，苗侗等少数民族先民分别从湖南、广西等地，通过长江流域和珠江流域形成的天然水道向黔东南地区迁徙，并由此向贵州西部、云南等地扩散，使黔东南州成为苗侗民族迁徙地和中转点。直至唐宋时期，这种带有民间性质的迁徙仍旧持续不断，黔东南州聚居人口陆续增多，在交通便利的水路沿岸出现零星的大型聚落，黔东南地区开始与周边地区有所交流与来往。司马迁在《史记·西南夷列传》中记载了当时西南地区的若干生活状况，他将西南各族以生存方式分为两部分：一部分为有耕田和邑聚，以农耕生产为主，过着定居生活的族群，另一部分为亦农亦牧过着半定居生活的族群。

唐宋时期云贵川地区已经形成多民族杂居的耕牧渔猎共同体，时常受到来自青藏高原强大的游牧民族控制和袭扰，这就使得历代中央政权对于西南边疆的安全问题不敢掉以轻心。忽必烈征服云南以后，中国西部边疆进一步受到中央王朝的高度重视。尤其贵州地接云南，是中原进入云南的一个重要门户，对有效控制云南起着举足轻重的作用。基于云南战略地位至关重要，元朝最高统治者大兴驿站制度，在云贵开辟驿道，主要用于中央政府与西南地方各种政务、经济、军事、军令、军情等公文信息传递、物资运输、军队调动、军队后勤补给和官员出差、调任与巡视，也是中央政府对西南边疆地区进行政治上控制的重要通道。元代以来，"入湖广道"是连接中原地区与云南地区的主要通衢孔道，它横跨云南、贵州、湖南三省，也是黔东南地区与外部世界往来的重要渠道。黔东南地区位于该驿道的东段，是西进贵州省的前沿阵地，大量人口的迁入改变了原来完全闭塞的状态，带动了经济发展和文化交流，黔东南州的地缘区位优势由此逐渐凸显出来。

明清两朝在元代的基础上加强了对西南地区的统治。这一时期黔东南地区水陆交通均得到较大的发展，经济贸易达到前所未有的繁荣昌盛，其中黔东南的镇远已成为"黔东门户、滇楚要冲"，古州（今榕江）成为粤盐销黔的总埠，黔东南地区已成为东进贵州、云南，南下广西的重要汇聚点和中转站。另外，随着人口的大量涌入、定居，黔东南州城镇体系格局初具雏形，形成了以沿河集镇为核心向四周驿道沿线分布的城镇体系空间格局。进入 20 世纪，特别是"五四运动"以后，一大批学者受西方民族学、人类学理论的影响，开始不断对中国境内特别是西南地区的苗族、瑶族、黎族、彝族、傣族、羌族、藏族、傈僳族、拉祜族、布依族、纳西族等少数民族的社会生活进行深入的实地考察，使国内外对大西南地区的少数民族有了更多了解。

---

① 杨廷锋.黔东南州旅游地质资源开发的研究 [J].贵州民族研究，2006（1）.

如今，在实施西部大开发和"一带一路"国家大战略的背景下，黔东南州连接国家主要交通干线，地缘区位优势愈加明显。其交通已从水、陆发展至水、陆、空多位一体的综合型交通大格局，对外交通将很快变得通达便捷，成为连接中原地区和西南边陲的纽带和中枢腹地；是云贵两省通往北京、上海和华东、华南的必由之路，也是中原地区和华东、华南进入云贵高原的最佳捷径；更是贵州省东联西进、对外开放的"桥头堡"，以及在实施东部沿海经济发展战略转移中信息和先进技术的"落脚点"，对促进黔东南州乃至贵州省产业结构的转换和国民经济结构的调整升级有重要作用。

二、黔东南州城镇空间结构

城镇体系，也称为城市体系或城市系统，指的是在一个国家或相对完整的区域中，由不同职能分工、不同等级规模，联系密切、互相依存的城镇组成的集合。黔东南地区自古以来，因其地缘区位及历史的原因，开发建设起步较晚，与沿海和中原地区相比，经济发展和城镇化进程一直相对滞后，因此城镇体系形成也比较缓慢。据史料记载，黔东南地区开始有规模化的聚落形成于苗、侗、水、瑶等先民的陆续迁入。唐宋时期，随着我国封建社会的显著发展和进步，黔东南地区主要河流附近开始出现少量的城镇型聚落并不断拓展。元、明、清时期，黔东南地区被纳入到中央统治管辖之内，经济社会发展随之达到了鼎盛，一大批中小城镇兴起，黔东南州城镇体系空间格局初具雏形。在历经百年的发展演变后，尤其进入21世纪以来，经济快速发展，城镇化进程不断加快，黔东南州城镇体系也逐步得到完善。在此基础上，根据州域内传统村落的分布特征和保护发展的需要，进一步整合州域自然人文资源，优化传统村落集群结构，发挥资源优势，改革创新思路，有利于走出一条具有黔东南州民族、地域特色的传统村落保护发展的路子。

2015年12月，贵州省人民政府批复了《黔东南苗族侗族自治州城镇体系规划（2015—2030）》（下简称《规划》）。批复要求：黔东南州要走贵州山地特色新型城镇化道路，要按照《规划》确定的州域城镇化战略方针，构建以凯里市为发展主核心，"镇远都市区"、"黎洛都市区"为增长极，北部"凯里-黄平-镇远"、南部"凯里-榕江-黎洛"、东部"天柱-锦屏-黎洛"3条城镇发展轴和西部、东北部、东南部3个州域发展次区域所形成的"一核两极、三轴三区"城镇空间格局，努力提高城镇化质量和水平，逐步形成布局合理、功能明确、结构优化、生态良好、设施完善、城乡协调的城镇体系。

1. 城镇空间布局结构

《规划》根据黔东南州地形及资源条件，立足区域交通格局、城镇及产业空间的现状分布基础，考虑跨越行政界限因素，确定"极核引领，通道支撑，分区协作，城乡互动"的城镇整体空间布局总体思路。并在此基础上，依托交通轴线，结合产业发展划分，跨越行政界限，形成"一核两极、三轴三区"的州域城镇空间布局结构。

"一核"即指将凯里市发展建设成为州域发展的主核心，成为辐射带动州域发展、参与区域协作竞争的主要载体，同时成为支撑州域城镇、产业发展的综合服务中心平台。

"两极"即培育镇远都市区和黎洛都市区，使之成为州域发展新兴的增长极。镇远都市区由镇远老城区、镇远青溪城区、三穗城区、岑巩城区和焦溪、滚马等乡镇组成，以青溪-三穗-岑巩城区为中心；黎洛都市区由黎平城区、从江洛贯新区和敖市、新化、中潮、永从等乡镇组成，

以黎平 - 洛贯城区为中心。

"三轴"即北部沿沪昆高速通道的凯里—黄平—镇远城镇发展轴、南部沿贵广高速通道的凯里—榕江—黎洛城镇发展轴、东部沿湘黔边界高速通道的天柱—锦屏—黎洛城镇发展轴，以北、南、东3条城镇发展轴带动州域城镇集群发展。

"三区"即西部次区域、东北次区域、东南次区域。西部次区域以凯里市（含麻江县）为核心，统筹协调丹寨、雷山、黄平和台江等的发展，是全州综合型、规模化城镇化发展地区，是城镇人口和生产、服务职能最重要的集聚区。东北次区域以镇远都市区为核心，统筹协调镇远、三穗、岑巩、施秉、剑河、天柱等县的发展，是贵州省面向中部、中东部和长三角地区的前沿，黔中经济区与黔东经济区衔接的重要节点和区域旅游组织中心，农村人口就地城镇化的重要区域。东南次区域以黎洛都市区为核心，统筹协调黎平、从江、锦屏和榕江等县的发展，是全国苗侗文化最具特色和代表性的区域之一，贵州省面向东南沿海和珠三角地区的前沿，全州重要的特色多样化扶贫型城镇发展地区，同时也是黔东南州创建生态文明示范区的重点区域。

黔东南州城镇体系空间布局整体较为均衡，凯里市、镇远都市区、黎洛都市区"一核两极"作为三大次区域的核心，对各区域发展具有重要的指导和引领作用。通过强化县域中心城镇与"一核两极"的联动，依托北、南、东部三条城镇发展轴，带动城镇集群发展，进而推动黔东南州的整体发展和建设。

2. 城镇等级规模结构

城镇等级规模结构，指的是区域中各城镇因自然或经济承载能力的不同而形成的不同人口集聚规模、占地规模以及不同作用力大小和吸引力强弱的相互联系的等级形态。它揭示出一个区域内城镇规模的分布规律（集中或者分散），即区域人口在城市中的分布特征，反映城镇从大到小的序列与规模的关系。一般城镇的规模越大，其等级层次越高。

依据黔东南州城镇体系规划说明书，黔东南州城镇等级结构划分为5个等级，即"州域中心城市—州域次中心城市—县域中心城市—中心镇—一般镇"。州域中心城市即凯里市，含麻江县，规划人口为80～100万人；州域次中心城市有镇远都市区和黎洛都市区，规划人口为15～20万人；县域中心城镇共9个，主要为各县的县城，规划人口为5～15万人；中心镇主要为发展基础和条件优越的小城镇，共有39个，规划人口为1～2万人；一般镇共66个，人口控制低于8 000人。

城镇等级规模的合理设定是保证充分发挥城镇职能的重要前提，有利于安排为生产和生活服务的各项设施，并能取得最佳的城镇积聚效应。同时，通过对城镇等级规模的研究，可以明确不同城镇的规模分布特征和发展规律，为制定城镇体系发展战略服务。

3. 城镇职能结构

城镇职能是指一个城镇在区域中起突出作用的功能。在区域城镇体系中，各城镇职能不仅反映了各城镇本身在国家和地区的政治、经济、文化种所具有的地位和担负的作用，而且通过有机组合，共同构成具有一定特色的地域综合体，这种有机组合就是城镇体系的职能分工结构。

《规划》从城镇地理位置、资源优势、区域环境等自身发展条件出发，将黔东南州城镇职能划分为综合型、旅游主导型、工业主导型、三农服务型、商贸主导型、交通主导型，其中综合型涵盖了县域中心及以上等级城市；旅游主导型主要为具有丰富人文景观、自然风光、著名文物古迹等旅游资源的小城镇；工业主导型指具有一定工业基础或是拥有矿产资源开采的小城镇；三农服务型是指工业基础薄弱，乡镇域农业发达，尤其以高附加价值种植业为特色的小城镇；商贸主导型是指市场服务能力强，在区域内有较大商流、物流且有小商品和农副产品集散传统的小城镇；交通主导型是指分布于公铁路沿线、地理环境优势突出，交通便利，容易形成物流、人流、信息流的小城镇。

城镇职能的合理分工有利于产业结构的调整和城镇优势和特色的发挥，黔东南州城镇职能多样，分工较为明确，尤其是小城镇的职能划分。但与此同时，我们不难发现，黔东南州县域及以上中心城镇的职能大多为资源开发型，且重构现象较为严重，科技含量高的行业及现代服务业发展缓慢。除凯里市以现代服务业为显著职能外，其他县域中心城镇的职能多为农特产品加工、旅游、建材加工、矿产资源加工。这些职能都以资源开发为基础，对自然资源的依附性强。因此黔东南州城镇体系在职能分工上有待进一步完善，合理分工，彰显各区域不同的特色与优势，提高城镇关联效率。

第二节　黔东南州传统村落概况与空间分布特征

一、黔东南州传统村落总体概况

传统村落是指拥有物质形态和非物质形态的文化遗产，具有较高的历史、文化、科学、艺术、社会、经济价值的村落。传统村落是我国数千年农耕文明的结晶，是农耕文明不可再生的文化遗产，同时也是先人们长期适应自然，与自然和谐相处的历史见证，承载着中华传统文化的精华，凝聚着中华民族精神，是维系华夏子孙文化认同的纽带，是祖先留给我们这一代人的珍贵遗产。然而随着工业化和城镇化进程的不断加快，在大批农民自发离土离乡从事非农业的时代，以及在政府大力推进新农村建设和旅游开发的热潮中，不少传统村落渐渐丧失了鲜活的历史记忆，失去了传统的农村聚落形态，致使灿烂的农耕文明黯然失色。面对我国传统村落不断遭到破坏和加快消失的严峻形势，保护传统村落和农耕文明，已然迫在眉睫，引起了党和国家的高度重视。

中国传统村落数量分布图

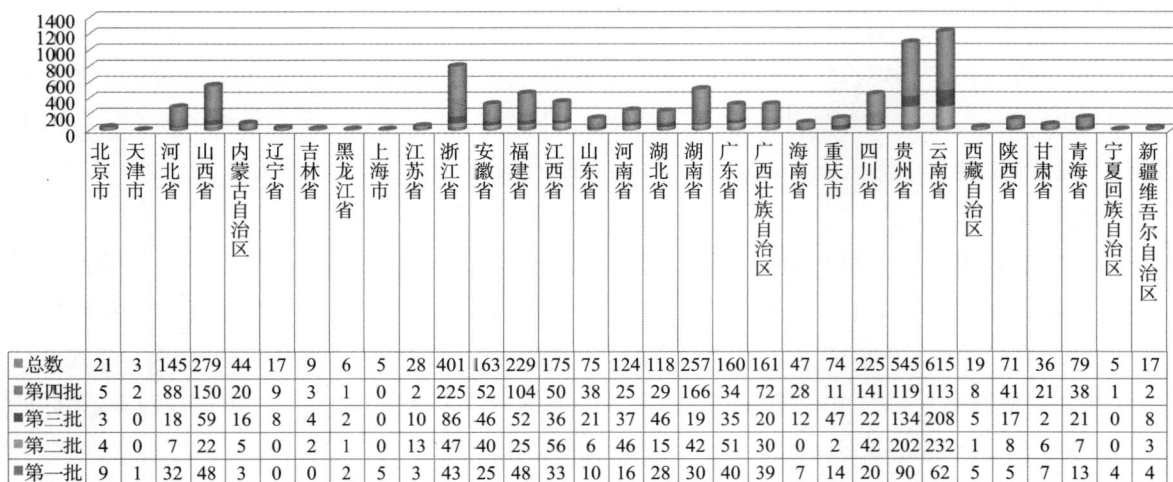

	北京市	天津市	河北省	山西省	内蒙古自治区	辽宁省	吉林省	黑龙江省	上海市	江苏省	浙江省	安徽省	福建省	江西省	山东省	河南省	湖北省	湖南省	广东省	广西壮族自治区	海南省	重庆市	四川省	贵州省	云南省	西藏自治区	陕西省	甘肃省	青海省	宁夏回族自治区	新疆维吾尔自治区
总数	21	3	145	279	44	17	9	6	5	28	401	163	229	175	75	124	118	257	160	161	47	74	225	545	615	19	71	36	79	5	17
第四批	5	2	88	150	20	9	3	1	0	2	225	52	104	50	38	25	29	166	34	72	28	11	141	119	113	8	41	21	38	1	2
第三批	3	0	18	59	16	8	4	2	0	10	86	46	75	36	21	37	46	19	35	20	12	47	22	134	208	5	17	2	21	0	8
第二批	4	0	7	22	5	0	2	1	0	13	47	40	25	56	6	46	15	42	51	30	0	2	42	202	232	1	8	6	7	0	3
第一批	9	1	32	48	3	0	0	2	5	3	43	25	25	33	10	16	28	30	40	39	7	14	20	90	62	5	5	7	13	4	4

图1-4　中国传统村落数量分布图

从 2012 年 5 月起，住房城乡建设部、文化部、国家文物局、财政部在全国范围内开展了有史以来第一次传统村落调查，并先后公布了第一批、第二批和第三批《中国传统村落名录》。截至 2016 年底，国家总计公布了 4 153 个传统村落。

从全国范围来看，我国传统村落数量分布南方明显多于北方地区，其中位居西南地区的云南省和贵州省占据全国第一和第二位，数量分别为 615 个和 545 个，占全国总量（第一批 646 个，第二批 915 个，第三批 994 个，第四批 1 598 个）的 14.80% 和 13.12%。黔东南州位于贵州省东南部，共有 309 个传统村落（第一批 60 个，第二批 165 个，第三批 51 个，第四批 33 个），占全省（第一批 90 个，第二批 202 个，第三批 134 个，第四批 119 个）的 56.69%，数量位居全省第一，约占全国的 7.44%，位居全国地级市第一。根据统计分析，黔东南州传统村落有以下几个特点：

其一，数量比重较大。黔东南州 309 个传统村落在 1 市 15 县均有分布，其中黎平县数量为93 个，位于全州第一；其次为苗族聚居区的雷山县、从江县、台江县，数量分别为 58 个、44 个和 37 个；数量最少的为位于黔东南州北部的汉族聚居区，如施秉县、岑巩县，均只有 1 个。从图中我们可以清楚地看出黔东南州传统村落整体的分布特点，即传统村落主要分布于以雷山县、台江县为中心点的苗疆腹地，以及以黎平县、从江县为中心的黎从榕侗族聚居区，北部的汉族聚居区只有零星的几个。

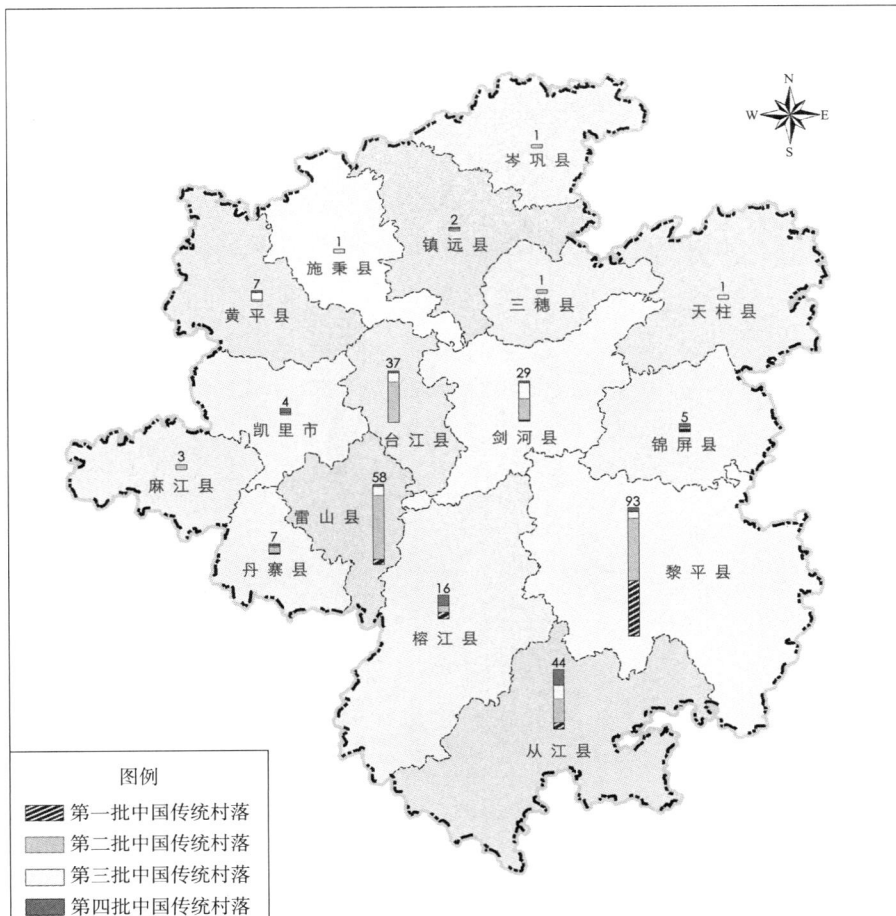

图 1-5　黔东南州各市县传统村落数量分析图

其二，始建年代较早。在黔东南州 309 个传统村落中，行政村有 278 个，占 89.97%。村落始建年代大都集中于明清时期，其中元代及以前始建的有 52 个，约占总数的 16.82%，主要分布在雷山县（3 个）、台江县（20 个）、丹寨县（1 个）、剑河县（1 个）、镇远县（1 个）、黎平县（17 个）、从江县（5 个）、榕江县（4 个）。明代始建的有 160 个，约占总数的 51.77%，超过一半，各县市除三穗县外均有村落形成，其中黎平县数量最多，共 47 个，其次为雷山县，为 39 个。清代始建的共有 92 个，约占总数的 29.77%，主要分布在黎平、雷山、从江、剑河等县，其中黎平县最多，为 28 个，其次为剑河县，共 23 个。民国时期及以后始建的村寨共 5 个，约占总数的 1.62%，分别为从江县中华村、黎平县己炭村汉寨、雷山县麻料村、台江县交下村、锦屏县瓮寨村。

黔东南州传统村落始建年代数量表（单位：个）　　　　　　　　　　　　　　表 1-1

地区	元代及以前	明代	清代	民国及以后	地区	元代及以前	明代	清代	民国及以后
凯里市	0	2	2	0	岑巩县	0	1	0	0
麻江县	0	2	1	0	三穗县	0	0	1	0
丹寨县	1	4	2	0	天柱县	0	1	0	0
雷山县	3	39	15	1	剑河县	1	5	23	0
台江县	20	15	1	1	锦屏县	0	4	0	1
黄平县	0	6	1	0	黎平县	17	47	28	1
施秉县	0	1	0	0	从江县	5	22	16	1
镇远县	1	1	0	0	榕江县	4	10	2	0

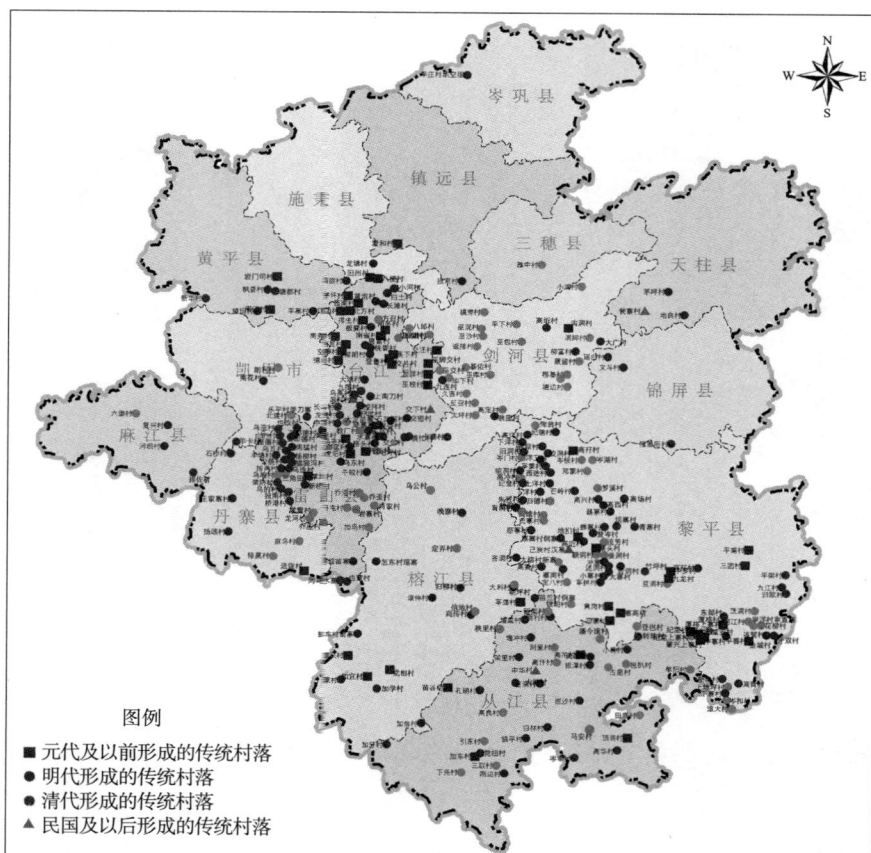

图 1-6　黔东南州传统村落成村年代分布图

其三，民族类型多样。黔东南州传统村落以苗侗村寨为主，包括苗族、侗族、汉族、壮族、瑶族、仫佬族、水族等民族村落，其中苗族村落数量最多，共166个，具有代表性的村寨有岜沙村、郎德上寨、格头村、提香村、南猛村等；其次为侗族村落，共114个，具有代表性的有增冲村、黄岗村、占里村、大利村、地扪村等。苗侗村寨总计280个，占黔东南州传统村落总数的90.61%。其他民族传统村落包括瑶族5个，分别为从江县高华村、黎平县金城村、高孖村、榕江县怎东村、麻江县河坝村；壮族村落5个，分别为从江县的归林村、刚边村、银平村、三联村、下尧村；仫佬族2个，分别为黄平县新华村、麻江县复兴村；水族3个，即从江县高良村、雷山县同鸟水寨和榕江县八蒙村；汉族村落1个，即锦屏县隆里村；另有多民族混居村落13个。

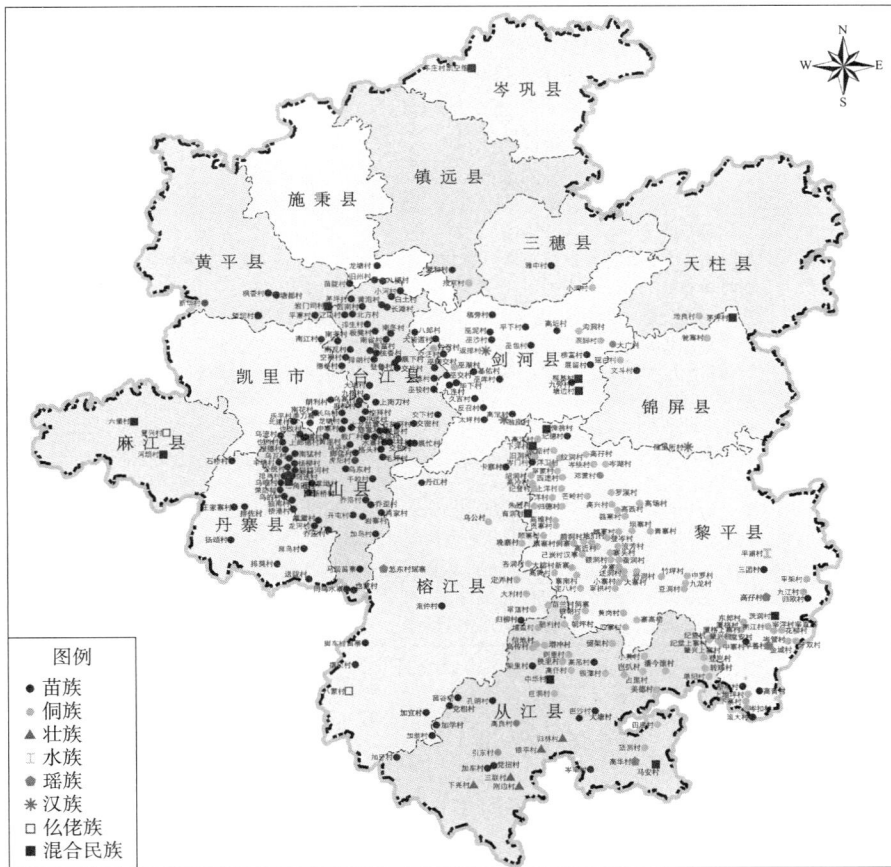

图1-7　黔东南州传统村落民族属性分布图

其四，遗产保存丰富。黔东南州传统村落是黔东南州30多个民族共同创造的文化遗产，拥有悠久的历史，深厚的文化底蕴，具有很高的保护价值，据统计，全州19处全国重点文物保护单位有9处坐落于传统村落中，分别为从江县的增冲鼓楼、高仟鼓楼、金勾风雨桥、宰俄鼓楼，锦屏县的隆里古建筑群，雷山县的郎德上寨古建筑群，榕江县大利村古建筑群，黎平述洞独柱鼓楼，黄平县岩门司城垣。另有14处省级文物保护单位、12处市级保护单位和78处县级文物保护单位（见表1-2），包含古建筑、古遗址、古墓葬、石窟寺及石刻、近现代重要史迹及代表性建筑，类型多样，内容丰富。黔东南州非物质文化遗产几乎均源于传统村落，以传统村落为文化载体，传承和发扬黔东南州非物质文化。

黔东南州传统村落文保单位一览表　　　　　　　　　　　　表 1-2

级别	名称
国家级	从江县：增冲鼓楼、高仟鼓楼、金勾凤雨桥、宰俄鼓楼 锦屏县：隆里古建筑群 雷山县：郎德上寨古建筑群 榕江县：大利村古建筑群 黎平县：述洞独柱鼓楼 黄平县：岩门司城垣
省级	丹寨县：石桥白皮纸作坊 剑河县：例定千秋碑、柳基古城垣 雷山县：雷公坪咸同起义遗址 黎平县：纪堂鼓楼、肇兴鼓楼风雨桥、高近戏楼、岑登粮仓群、流芳村古建筑群、吴文彩墓 从江县：则里鼓楼、增盈鼓楼和风雨桥 锦屏县：文斗古建筑群、龙大道故居
州级	台江县：九摆鼓楼、张秀眉故居、毛坪石桥 从江县：则里骈体墓、则里古井、表旦鼓楼、高传骈体墓 剑河县：大广坳红军战斗遗址 榕江县：宰荡鼓楼、摆贝苗王坟 黎平县：地扪母寨鼓楼、吴文彩故居
县级	台江县：交下义军营盘、古羊洞屯兵遗址、方白起鼓山遗址、八梗码头遗址、张秀眉头颅墓、长滩龙船棚、杨忠老宅、南瓦炼钢土炉遗址、铜錞于出土点、王牛羊蒋墓 丹寨县：扬颂祭尤坛、堵卡营盘遗址、排莫跳月堂碑、石永荣宅、银子洞崖画、排调土司衙门遗址、杨秀峰宅、王家民宅、余富廷宅、石学山粮仓、杨春福宅 从江县：朝利鼓楼、小黄营盘、敬献毛主席纪念堂香樟木纪念亭、金勾鼓楼、增冲寨脚花桥、占里古井、占里榕树井、岜沙芦笙坪、岜沙守墒坪遗址、新黔鼓楼、小黄今大井、彭里石瓢井、阳洞长官司遗址、加翁牛角井、宰养金左井、银潭下寨鼓楼、登岜鼓楼、信地早发桥、转珠石牛井、布厦萨坛、潘今滚石板古道、转珠下寨鼓楼、秧里鼓楼、高传萨堂、除暴安良碑、高传鼓楼、岜嘎炉营盘 天柱县：地良龙氏宗祠 剑河县：永兴桥碑、柳富碑记、三星桥、久吉民族村 黄平县：枫香寨哈冲坪、红岩堡 锦屏县：张应诏墓、文斗上寨六禁碑、文斗上寨诰封碑、瑶白定俗碑、彦洞牛堂碑、四里塘三营碑、文斗姜廷财民居 雷山县：丹江厅城遗址、千南桥民议财礼碑、向阳墓地 榕江县：八宝山苗民起义遗址、滚仲汛城垣、苗兰鼓楼、摆贝苗族自然寨、宰荡侗族自然寨、八蒙水族自然寨、大利侗寨、归柳下寨鼓楼、晚寨侗族自然寨 黎平县：高进鼓楼、高进花桥、青寨小寨鼓楼、平甫鼓楼（含莲花鼓楼）

二、黔东南州传统村落空间分布特征

黔东南州传统村落以苗族和侗族古村寨为主，同时还有一部分为汉族、畲族、水族、仫佬族、瑶族和壮族等 8 个民族的古村寨，各传统村落散落于黔东南州各市、县，呈现出一种"大杂居、小聚居"的分布状态。传统村落整体上离县道的距离最近，其次是省道，再次是国道，与高速公路的距离最远，即公路等级越高，传统村落的交通可达性越低，越是深山偏僻交通不便的地区，传统村落分布越密集。其中，苗寨大部分集中于雷公山一带的凯里、麻江、雷山、丹寨、台江、黄平等苗疆腹地，形成了以雷山为中心的苗族生活文化圈；侗寨主要分布在与湘桂交界的侗疆腹地黎平和月亮山以东的从江、榕江地区，形成了以黎平为中心的侗族生活文化圈。

黔东南州传统村落的空间分布特征主要受自然地理环境、民族迁徙分布等多重因素的影响。

其一，自然地理环境方面。黔东南州位于亚热带季风气候区，四季分明、气候宜人，雨热同季、降水较多，给人类繁衍生息带来得天独厚的优越条件。地处云贵高原的高山区向湘桂丘陵盆地过渡的中高山斜坡地带，海拔最高 2 178 m，最低 137 m，自然生态资源极为丰富。境内以山地、丘陵地貌为主，素有"九山半水半分日"之说。整体地势以雷公山（主峰海拔 2 178.8 m）为中心如同伞状向四周分布，同时呈西北向东南倾斜之势。东部地形多为低山丘陵，夹有较大河谷盆地；南部多为低山、低中山，峡谷多，盆地少，海拔较低，热量丰富；在其西部岩溶广布；北部多为低中心丘陵及山原河谷。

境域之内河流纵横，以清水江、潕阳河、都柳江为主干，大小江河2 900多条，分属2个水系，呈树枝状展布各地。苗岭以北的清水江、潕阳河属于长江水系支流，苗岭以南的都柳江位于珠江水系上游。山与水在境内相互碰撞与交融，不仅产生了风景秀丽的自然景观和丰富的自然资源，同时在山川河谷间自然生成了众多的坪坝谷地。大大小小的黔东南传统村落就坐落在峰峦起伏、江河纵横的高山、峡谷、丘陵、台地、坪坝与江河之畔，这些地方大都是各族先民最早迁徙至此的栖息地。于是村村寨寨呈现出依山傍水，沿着山地攀升或江河流向延伸，与自然地形地貌巧妙结合，使传统的乡村聚落与山、水、田、林有机地融为一体。黔东南州特殊的自然地理环境注定了传统村落必然以绮丽多姿的山寨形态为其鲜明特征，分布在大山深处、江畔河谷。它们或悬于山腰顺势分层筑台，或沿河谷坡地疏密相间散落，或横跨山脊顺山就势，或在河滩阶地自下而上梯次建造，或择弯曲河谷筑楼绵延，或巧借迂回扇形掩映于绿树丛中，或挽襟带山水独居半岛台地。各具特色的乡居形态充分彰显出黔东南州传统村落分布的多样性特征。

黔地自古多云雾，隐匿深山的黔东南州传统村落常年在云雾升腾缭绕中，犹如身姿曼妙的女子轻纱拂面，若隐若现，笼罩着神秘的色彩和柔美灵动的意韵，凸显了黔东南州传统村落独有的风采。黔东南州气候温和而又湿润，因水源涵养和水土保持条件优越，崇山峻岭，林木蔽日，植被茂密，用于房屋建筑的云杉树比比皆是。云杉耐阴能力强，适于黔东南州中高山区生长，纹理直，结构细，树干挺拔，且材质轻软容易加工，取材十分便利。因此是黔东南州干栏式苗侗民居建筑材料的最佳选择，成为传统村落木构梁架的主要承重构件。干栏式建筑因地制宜，在地坪上立木桩，高处架楼梁，房屋建筑开间小，进深浅，占地面积有限，外观形态和结构形式随地域特征与民族文化而灵活变通，适宜在黔东南州山区各种地形地貌安寨落户。由苗侗及各族智慧创造出的千姿百态的干栏式传统民居，组成了大小规模不一而格局风貌各异的村寨聚落，遍布在山巅谷地、江畔坪坝，与大自然禀赋的山、水、林、田浑然一体，如诗如画，融于天地之间，高低错落，疏密有致，构成了环境优美、风姿万千的山地聚落景观。

其二，民族迁徙分布方面。虽然西南地区的村寨聚落早已有之，可以上溯到春秋战国和秦汉时期，且自主选址，自发生成，并无时下统一的规划建设，但其空间分布有序，规律明显可循。及至今日，坐落在黔东南州境内的传统村落可谓星罗棋布，遍及山山水水，几乎无处不在。在这个多民族共同繁衍生息的空间地域，各族村寨交错杂居在一起，世代和睦相处，同时又因相互间历史文化和风情习俗的差异，以及社会变迁的深刻影响，致使聚落生成模式与分布规律按照一定的生产关系和社会关系呈现为一种不规则的弹性组群。组群或大或小，构成若干个由同一民族共同体居住生活的地理单元。联结组群内部的核心结构是血缘，以血缘为纽带，以文化为灵魂，聚族而居。一个宗族或者一个家族就是一个村落，且单姓村和主姓村居多，依然承袭着源自史前时代人类发展的宗亲根脉。

统计结果显示，黔东南州传统村落以苗侗民族为主，汉族次之。苗、侗、汉族村落覆盖了大部分地域，并且相对集中地聚居在黔东南州3个不同的地理单元内，各居一端，分布于别具特色的民族文化区。苗族村寨在海拔最高的山区，以雷公山为中心，清水江为轴带，环绕其周边重峦之上和沿江两岸。侗族村寨分布在地势渐缓的黔东南东部和南部月亮山麓大片地区，与

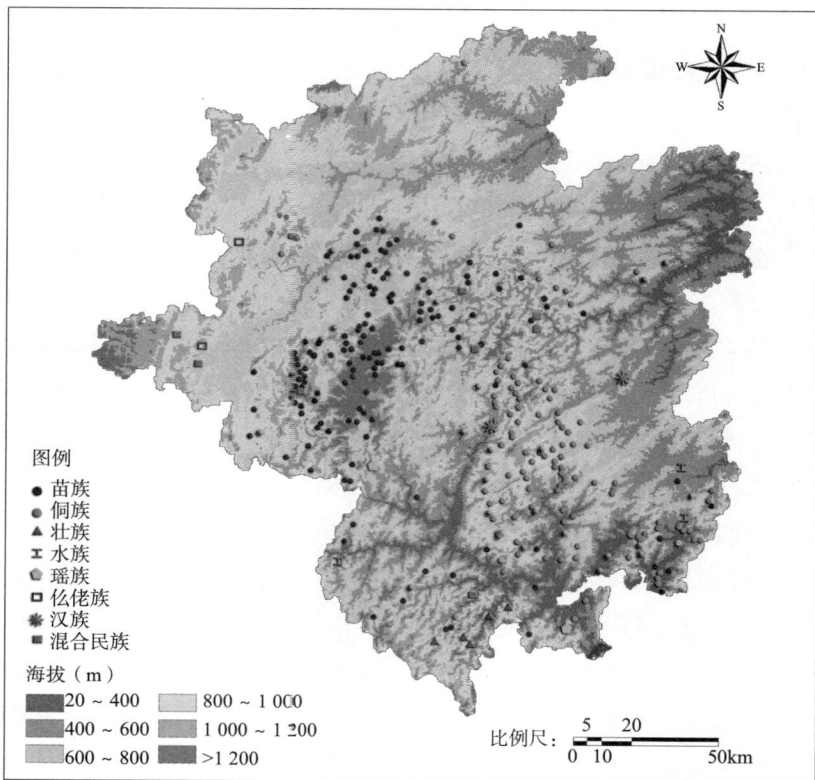

图 1-8　黔东南州传统村落自然地理与民族属性分布图

桂北接壤。汉族村落称作屯、堡、寨，主要分布在沿潕阳河、清水江流域古驿道和水路重镇附近，也有的村落零星夹杂在南部从江县。三大区块特征之所以形成，既有自然地理因素，也有历史文化因素，后者是造就这种空间格局的主导动力机制。

　　黔东南州传统村落大都集中于雷公山和月亮山一带及侗疆腹地，其中雷公山北侧沿清水江流域主要为苗族古村寨，分布于今雷山、台江、凯里、麻江、黄平等地，形成了以雷山为中心的苗族聚居区；苗族古村寨大多分布于半山（山腰），少数分布于山间或河谷，具有"一山一岭一水一村落"的分布特征。月亮山一带和侗疆腹地主要为侗族古村落，分布于今黎平、榕江、从江等地，形成了以黎平为中心的侗族聚居区；侗族古村落大多分布于地势较为平坦的盆地和谷地，这与侗族源于百越民族及其亲水而居的择居观也有很大的关系，"高山苗，水侗家，仡佬住在岩旮旯"便是对苗、侗及仡佬族择居最简单的释义。

　　苗族在我国古代历史上始终是一个倍受压迫甚至几乎被消灭的民族。澳大利亚民族学家格迪斯曾在《山地的移民》一书中说："世界上有2个苦难深重而又顽强不屈的民族，他们是中国的苗族和分布在世界各地的犹太族。"苗族的先民从上古时代就受到历朝历代统治阶级的排斥、压迫和追杀，以至被迫频繁迁徙避难，经济文化长期处于滞后状态。为了争得民族的生存权益，几千年间，苗族不惜代价，不屈不挠地掀起一次又一次激烈的反抗。正是由于轮番不断大大小小的镇压与抗争，迫使苗族养成了顽强的意志和强烈的忧患防范意识。历史上苗族入黔路线主要沿长江流域的上游支流沅水和清水江溯江而上，几经辗转才迁徙到黔地。尤其黔东南州地形相当复杂，沟壑纵横，山峦延绵，重峦迭峰，江河湍急，悬崖峡谷随处可见，以致官府无法进入黔地大兵团征战。正因为如此，这旦才成为苗族迁徙的最后领地，此处的苗族人大都聚居在雷公山脉和清水江流域的广大地区。苗族村寨空间分布的主要特征是依山而建，择险而居。集中在一起的民居层层叠叠，鳞次栉比，形成屋包山之势，背靠大山，挡风向阳，正面开敞，视野辽阔。部分苗民因安全防御需要，选择山巅、垭口、悬崖和半岛台地等地势险要之处安寨，以便居高临下，可退可守。就此形成了以苗族传统村落为代表的建在山腰和山顶之上的古老村寨，通常也被称为山寨。

另一方面栖居山区，农田耕地寸土如金。苗族在艰苦的生产生活条件下，把村寨建在不宜稻作的山上，尽可能留出山腰和山下土地开垦农田，解决居家生活衣食之虞。一般山寨择址要寨后有山，寨脚有河，在河上建板凳桥，河畔结合地形设置成群的水车、水碾。苗族先民充分利用资源条件，扬长避短，也体现了顺应自然规律，保护生态环境的自觉意识和聪明才智。

侗族源于我国岭南古老的百越民族。自秦始皇征战岭南百越人起，百越族在历代中央政权的军事进攻和政治压力下，渐渐往西北方向迁徙，经历了一个漫长的历史过程。其迁徙路线主要沿珠江流域支流溯江而上，最终到了湘、桂、黔交界处才定居下来。其中大部分侗民经由都柳江进入黔东南州境，这也是为什么聚居在黔东南地区的侗族主要集中于都柳江流域，以及都柳江以北、黔东南州东南部地区的原因。由于百越自古以来以"饭稻羹鱼"为其经济生活特点，且有善舟之习。百越人世居水网密布的江南和岭南江河湖泊交错地区，以及东南沿海，以船为舟，以楫为马，以稻作渔猎为生，创造了底部悬空，既可防湿热，又可防兽害，非常适应水网地区居住生活的干栏式建筑。所以侗族早期迁入黔东南州境时仍旧沿袭了百越族近水、亲水的遗传基因，选在山地丘陵相对平缓的环山河谷、溪流和近水坪坝处建房筑屋设村寨，很少直接建在山上。由于村寨地跨河溪两岸，或村寨隔河辟有农田，因此侗族村寨的村头寨尾必建桥梁连接交通，同时起着锁水、拦龙、护寨的作用。这就是侗族闻名于世的风雨桥，又称作花桥。然而，随着中原势力的不断侵入渗透，特别是到了明清时期，大量外来人口的不断涌入，世居在黔东南的侗族被迫迁往更加偏僻的山区。

据史料记载，早在宋、元时期，就有不少江南籍汉人，因战乱、灾荒或不堪忍受封建王朝的压迫和剥削迁入侗族地区。明洪武时期，为巩固其地方政权，在侗族地区利用原来的长官司，或派遣某些"随军有功"者充任土司，并实行"屯堡制度"，"拨军下屯，拨民下寨"，这些人员多属江西吉安府的汉人，江西来的汉人落籍于侗族地区，与侗族人民长期交往以及互相通婚，久而久之，被同化为侗族，成为今日侗族的主要成员。在黔东南州侗族村落调研的过程中，也发现许多侗族村落的先祖来自江西地区，这也从侧面证实了来源于江西的说法。例如黔东南州黎平县号称第一侗族大寨的肇兴，现有村民1 100多户、6 000多人，既是鼓楼之乡，也是歌舞之乡。寨中建有5座鼓楼，以鼓楼群最为著名，在全国侗寨中绝无仅有，被载入了吉尼斯世界纪录。但是这个距今已有840多年历史，如今最具代表性的古侗寨，其始祖恰恰是南宋正隆年间从江西迁徙至此的汉民陆浓暖。

黔东南地区出现大量汉族移民，与元代开始的屯田制有很大关系。明王朝初期，继续在贵州推行屯田制度，接着实行"改土归流"。据记载，洪武初因"古州苗乱"，为镇压少数民族反抗，明军攻进黔东南地区，实行"剿苗后屯田"政策，使之制度化，在清水江流域先后设置五开卫领六千所，随之建立军屯、民屯和商屯，使军户、民户人口大增。明亡清兴，承袭了屯田制。清朝更把苗疆作为开辟和治理的重点区域，将屯田重心移到了苗疆腹地，也就是今黔东南雷公山和清水江流域，包括凯里、雷山、麻江、台江、剑河、黄平、施秉、锦屏和黎平等地。军屯、民屯和商屯通常占据关隘要道和码头市镇等有利区位。故而与苗侗村寨多有穿插交错，重点沿清水江一线和在江北的黄平、施秉，以及潕阳河畔的镇远等地分布。这些军户和民户人口多为汉族，也有部分官兵与眷属为满族。如今列入《中国传统村落名录》的军屯、民屯和商屯为数很少，而且分布不够集中，零星散落，聚落格局、风貌形态与建筑装饰基本上都还保留着合院式、三开间的中原文化和徽文化特征。

综上所述，1 000多年以来，自然地理条件和政治历史原因使得黔东南州传统村落呈现"大杂居、小聚居"的分布状态。"大杂居"是从州域整体观之，33个不同民族的村落没有明确区划界限和地形标志，或犬牙交错，或插花混杂，似乎彼此难分，毫无规则。"小聚居"是按照中高山区、丘陵谷地和民族文化，以苗侗族村寨为主，兼有汉族村落，构成3个文化内质相同、空间结构相对集中的弹性组群。

除此之外，从黔东南州城镇体系结构看，传统村落有相当多分布于中心镇的周边，集聚特点突出。中心镇是指区位优势较好、经济实力较强、具有较好基础设施、较大发展潜力、对周边地区具有一定辐射力的区域重点镇。就我国新型城镇化发展阶段性特征分析，一般中心镇周边地区受经济发展辐射力影响，村落传统格局和历史风貌改变较大，甚至出现大量不协调建筑，破坏严重。这种状况在黔东南州尚不突出。主要原因是经济发展滞后。黔东南州属于国家重点贫困地区，也是国家精准扶贫的重点。长期以来中心镇缺乏外来资金、技术和现代信息的支持，非农产业发展非常有限，难以参与商品市场，尽管中心镇的社区公共设施基础较为完善，资源

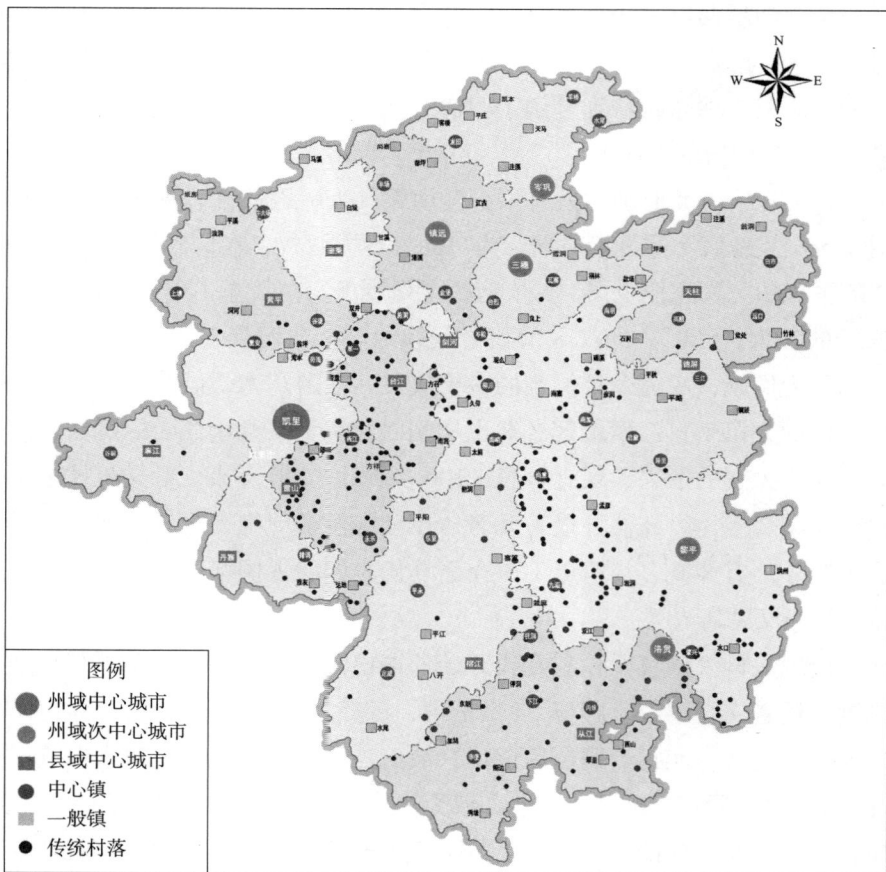

图例
● 州域中心城市
● 州域次中心城市
■ 县域中心城市
● 中心镇
■ 一般镇
· 传统村落

图1-9　黔东南州城镇等级与传统村落分布图

集中，且通达性较强，对上可承接县城，向下可直通各村，但是以目前的经济实力，对传统村落行政管理有余，主导保护发展仍力不从心。加之县乡公路等级低，通村交通十分不便，相比之下传统村落受到外界因素干扰也小，基本还保持着原始生态。在传统村落空间分布上，黔东南州以中心镇为核的众星捧月格局，提供了组团集聚式统筹推进的潜在优势条件。

黔东南州可以充分利用这一后发优势，依托中心镇的区位交通等公共资源，发掘并突出传统村落各自特色，切实加强保护，促进经济发展，改善村民生活。与此同时，务必正确引导，防止在加快中心镇工业现代化和新型城镇化中，盲目追求新农村建设和美丽乡村建设，破坏传统村落的自然人文资源和传统历史风貌。要重视传统村落传承已久的非物质文化遗产及其精神内涵，实现以镇领村，扬长避短，促进保护与发展并举兼得、和谐双赢的目标。

随着传统村落总体数量的增加和面临任务的迫切，黔东南州传统村落的这些特征在保护发展过程中越来越需要进行宏观审视和统筹考虑，以便从地区角度抓好传统村落保护发展工作。为此，课题经过分析梳理，认为黔东南州传统村落保护发展不仅要深入挖掘传统村落本身的价值特色，也要在地域、民族等方面把握本地区的自然人文价值定位，在当前城镇体系空间结构下以国家和地方相关战略的实施为契机，从整体上谋划全局，探索新的方法和途径，进一步发挥集群效应，破解各自保护发展难题。

第二章 黔东南州历史文化源流演变及价值定位

第一节 黔东南州历史地理基础研究

一、历史建制沿革

夏代，为荆梁之南境。

商代，属鬼方。

战国时期，隶属楚黔中郡。

秦代，北部隶属黔中郡，南部隶属象郡。

西汉，东北大部地区隶属武陵郡，西部隶属牂牁郡，南部隶属郁林郡。

隋代，分属牂牁郡、治安郡、沅陵郡。

唐代，置充州、应州、亮州、巫州、奖州等，隶属黔中道。

两宋，分属夔州路、荆湖北路和广南西路所辖，置有邛水县、乐古县、安夷县、黄平城等。

元代，分属湖广行省思州宣慰司、八番顺元宣慰司，四川行省播州宣慰司，置有镇远军民总管府、古州八万洞民总管府、黄平府和麻峡县等。

明代，置镇远府、思州府、黎平府、都匀府等，下辖各卫县，隶属贵州承宣布政使司。

清代，置清平县、镇远县、施秉县、青溪县、开泰县、锦屏县、天柱县、永从县、八寨厅、丹江厅、清江厅、古州厅、台拱厅、下江厅、黄平州、麻哈州，分属镇远府、思州府、黎平府、都匀府4府。

民国时期，共置施秉、镇远、雷山、岑巩、天柱、黎平、锦屏、榕江、剑河、台江、黄平、丹寨、麻江、炉山、三穗、从江16县。

1956年7月23日成立黔东南苗族侗族自治州，州人民政府驻凯里，至今辖1市15县。

黔东南州历史沿革演变表　　　　　　　　　　　　　表2-1

年代	地名	时间	隶属	备注
夏			荆梁之南境	
商			鬼方	
战国			楚黔中郡	
秦			黔中郡、象郡	
西汉			武陵郡、牂牁郡、郁林郡	

年代	地名	时间	隶属	备注
隋			牂牁郡、沅陵郡、治安郡	
唐	梓姜县		属奖州龙溪郡	今镇远东北，后废
北宋	福禄永从长官司	太平兴国二年（977年）	属古州	今黎平永从乡
	邛水县	大观元年（1107年）[一说政和八年（1118年）]	属思州	今三穗城区西南
	乐古县	崇宁四年（1105年）	属古州	今黎平县南，崇宁五年为从州治，政和初废
	安夷县	政和八年（1118年）	属思州	今镇远县，后废
南宋	镇远州	宝祐六年（1258年）	属播州	理宗宝祐六年十一月，筑黄平城，赐名镇远州，今黄平旧州，非今镇远
元	施秉前江等处长官司	至元二年（1265年）	属思州	
	镇远沿边溪洞招讨司	至元十二年（1275年）	属思州军民安抚司	不久后改名镇远军民总管府
	古州八万军民总管府	至元二十年（1283年）	属思州宣抚司	治今黎平罗里
	黄平府	至元二十八年（1291年）	属播州宣抚司	
	上黎平长官司	至治二年（1322年）	属思州安抚司	今黎平县西南黎平寨
	麻峡县	至元元年（后）（1335年）	属八番顺元安抚司	
	夭坝长官司	至正十三年（1353年）		今丹寨坝干
明	福禄永从长官司	洪武三年（1370年）	属思州宣慰司	
	邛水长官司	洪武五年（1372年）	属思州宣慰司	
	凯里长官司	洪武五年（1372年）	属播州宣慰司	
	五开卫	洪武十八年（1385年）	属湖广布政司	今黎平城区
	铜鼓千户所	洪武二十一年（1388年）	属五开卫	今锦屏县铜鼓乡
	清平长官司	洪武二十二年（1389年）	属平越卫	今凯里市西北
	天柱千户所	洪武二十五年（1392年）	属湖广靖州卫	
	铜鼓卫	洪武三十年（1397年）	属湖广都司	
	镇远府、黎平府、新华府、思州府	永乐十一年（1413年）	属贵州布政使司	1434年新化府并入黎平府
	永从县	正统七年（1442年）	属黎平府	今黎平县南
	施秉县	正统九年（1444年）	属镇远府	
	清平县	弘治七年（1494年）	属都匀府	
	麻哈州	弘治七年（1494年）	属都匀府	
	镇远县	弘治十一年（1498年）	属镇远府	
	天柱县	万历二十五年（1579年）	属湖广布政司靖州	
	黄平州	万历二十九年（1601年）	隶属镇远府	
清	锦屏、青溪、开泰3县	雍正五年（1727年）	属镇远府	由清浪、五开、铜鼓三卫改置
	丹江厅	雍正六年（1728年）	属都匀府	
	古州厅	雍正七年（1729年）	属镇远府	今榕江城区
	八寨厅	雍正八年（1730年）	属都匀府	今丹寨县老八寨
	清江厅	雍正八年（1730年）	属镇远府	
	台拱厅	雍正十一年（1733年）	属镇远府	
	下江厅	乾隆三十六年（1771年）	属黎平府	今从江县西下江镇

续表

年代	地名	时间	隶属	备注
民国	镇远县	民国 2 年（1913 年）	属黔东道	
	锦屏县	民国 2 年（1913 年）	属黔东道	改开泰县复为锦屏县
	台拱县	民国 2 年（1913 年）	属黔东道	1941 年改为台江县
	丹江县	民国 2 年（1913 年）	属黔中道	1914 年废
	麻哈县	民国 2 年（1913 年）	属黔中道	1930 年改麻江县
	剑河县	民国 3 年（1914 年）	属黔东道	
	八寨县	民国 3 年（1914 年）	属黔中道	1941 年改名丹寨县
	岑巩县	民国 19（1930 年）	属黔中道	
	三穗县	民国 20 年（1931 年）	属第八行政督察区	
	从江县	民国 30 年（1941 年）	属第十行政督察区	合下江县与永从县成
	雷山设治局	民国 33 年（1944 年）	属第一行政督察区	1949 年改雷山县，迁今址
中华人民共和国	黔东南苗族侗族自治州	1956 年	属贵州省	

从上表可知，黔东南州历史沿革演变是一个建构聚合的历程，地区在纳入中央王朝统治范围内的过程中是逐步深化行政管辖的。黔东南州自古处于我国西南蛮夷之地，远离中原地区，经春秋至秦汉的政治鼎革，该地区渐纳于中央政制。隋唐以前，中央政府虽行羁縻统治政策，但对该地区的治理相对较弱。自隋唐起，统治者对少数民族地区实行羁縻制度，黔东南地区有了明确记载的建制历史，不过虽然当时在今镇远东北设置梓姜县，但不久就废除了。宋随唐制，仍在黔东南地区实行羁縻政策，任命土官统治与流官监视，只要地区不形成威胁中央的统治力量，任其发展，因此在宋之前，整个黔东南地区处于极度缓慢的发展阶段。至元时，元政府在攻打南宋时，意识到西南地区对于南宋政权至关重要的支撑和保障战略地位，因此迅速加强对西南边区的军事攻势，加大军政控制，增辟驿道，方便交通。黔东南地区很快成为连接湖广和滇黔的重要咽喉锁钥，政权逐步扩张渗透。明初，为遏制土司力量和镇压地方叛乱，进一步加强中央集权，扩大有效管辖范围，明廷在贵州设置承宣布政使司，贵州成为省一级行政区划，黔东南州境设有大量府卫县等政治和军事机构，形成了府卫交错的局面，州境大部分地区已被纳入中央王朝统治的版图内。清雍正改土归流后，先后在黔东南地区设置了"新疆六厅"，将黔东南地区最后一块生苗腹地收归囊中，至此黔东南地区才全部正式纳入到中央王朝的行政管辖体系当中。民国时期，境内改置为 16 县，基本上奠定了今日黔东南州管辖范围。1956 年，经国务院批准，正式成立黔东南苗族侗族自治州，至此才有"黔东南州"这一行政区划名称，沿用至今。

二、区域发展历程

黔东南地区地处西南边陲，由于地理位置及历史原因，其开发建设要晚于中原地区和东南沿海，社会经济发展进度在很长一段时间内相当滞后，这也导致黔东南地区城镇的形成与发展也较为缓慢，并且呈现出若干特征。

1. 城镇发展历程

就地区行政与管理而言，黔东南地区在我国历史上主要经历了荒蛮时期、羁縻制度时期、土司制度时期、改土归流时期、民族区域自治时期 5 个发展阶段。

（1）荒蛮时期（隋唐以前）

黔东南州拥有悠久的历史，虽然文字记载不多，但考古发掘成果不少。在今苗疆腹地的台江县境发现了距今5亿年前的古生物化石群，锦屏县茅坪镇阳溪村发现了面积约1000m²的史前遗址，镇远县东关五里牌出土了新石器时代的骨针化石，榕江板寨发现新石器时期遗址，出土了石斧、石镞等文物，凯里、麻江、黄平、岑巩和天柱均有古脊椎动物化石出土。上述挖掘出土说明早在新石器时代，黔东南州境内便有了人类生存的痕迹。

春秋战国时期，中原地区多国并立，在今贵州一带陆续出现了古牂牁国、夜郎国和且兰国，黔东南地区亦有一部分地区处于其辖属范围，如今黄平旧州地区曾为且兰国的辖属地，其他大部分地区仍处于一种荒蛮的状态。战国中期，楚设黔中郡，中原统治势力开始向西南地区进行扩张，在锦屏亮江出土的一批战国时期的青铜兵器及生产工具和在岑巩新兴和镇远勇溪出土的战国前的青铜甬钟，说明在春秋战国列国纷争的时代，黔东南的东部和北部地区已开始被中原王朝统治势力渗入。

秦汉之际，中国进入大一统时期，中央集权与封建王朝势力迅猛增长，统治范围进一步扩大，此时的黔东南地区被划属郡治范围，秦时隶属黔中郡和象郡，两汉时隶属武陵郡、牂牁郡和郁林郡。然而事实上，封建王朝势力在当地是相当微弱的，并无实际统治。在行政区划上，今黎平县部分地区被划入秦所设镡成县的管辖范围。另外，秦汉至魏晋南北朝时期，黔东南地区随着苗、侗、水、瑶等民族先民的陆续迁入，形成了以部落聚族为主的聚落。

隋唐以前的荒蛮时期为黔东南州域内聚落形成的初期，百越、苗蛮等族群因战乱向西向南的迁徙是促使区域内聚落形成的重要原因，中原政权的行政管辖和军事扩张需要是影响区域发展的主要因素，黔东南地区这块荒蛮之地逐渐被纳入中原统治势力眼中。

（2）羁縻州制时期（隋唐至宋）

隋唐至两宋时期，是我国古代封建社会的一个鼎盛时期。无论是在政治方面还是经济文化方面，均有显著的发展和进步，同时也对西南边区包括黔东南地区的统治力度逐步加大，黔东南和外界的联系得以加强。黔东南地区的城镇发展步入新阶段，开始出现城镇型的聚落并不断发展壮大。

唐宋时期中央王朝对少数民族地区主要实施羁縻州制，该制度始于隋朝末年，唐朝已广泛使用，宋代得以进一步发展，至元、明时期则为土司制度逐渐取代。羁縻州制是统治者依据少数民族地区特殊性而制定的，该制度的优势在于既保留了少数民族传统的行政管理制度，又将少数民族地区纳入国家统一行政设置之中，对当时而言是一项行之有效的政策制度。据《新唐书》卷43《地理志·羁縻州》统计，唐代在全国先后设置了856个羁縻州府，其中北方占452府州，南方占404州。南方的势力小于北方，且比较分散。此时期在黔东南地区出现了有史料明确记载的建制，如唐时在镇远县东北所置的梓姜县，虽持续时间不长，但可谓境内行政建制之始；宋时在三穗城区西南置邛水县、黎平县南置乐古县、镇远县置安夷县。

此外，原出于对黔东南地区军事政治因素的考虑，加大了汉族的迁入，人口的迁入带去了先进的生产工具和技术，促进了黔东南地区的开发；同时随着与当地各少数民族交往的加深，移入黔东南地区的汉族逐渐融入当地少数民族中，被少数民族化。人口的增长、经济的发展、建制的完善，黔东南地区开始逐渐形成初具规模的城镇型聚落。此时的城镇聚落主要以境内三大河流为依托，集中于河流附近，主要在今镇远、三穗、黄平、黎平、榕江等地。

羁縻州制时期是黔东南地区城镇型聚落开始形成的时期，这一时期的城镇主要以军事和政治据点为主要职能，城镇之间在经济和文化上的联系相对较少，受自然和交通条件的限制，州境内各城镇对外联系总体较弱，区域城镇的发展封闭性仍然较强。同时，朝代更替和战乱也是影响城镇发展的重要原因，如南宋末年，南宋王朝在元军步步紧逼的形势下往西南退居，部分人马退入贵州境内，修建城堡以抵御元军，黄平城是时始筑，其建筑完全按中原军事城堡风格修建。

（3）土司制度时期（元至明初）

土司制度始于元代，是集历代王朝治理少数民族经验之大成，也是在宋代羁縻政策的基础上发展而来的，二者实质相同，均为"以夷制夷"，即利用土官治理土民，但土司制度比羁縻州制有更为严格的控制，如土司承袭需受中央考核，纳贡必须定时保量等。土司制度时期的时间界定为元至明初，具体包括整个元代、明洪武年间及明永乐十一年之前的时间。明永乐十一年（1413年），明廷乘思南宣慰司田宗鼎与思州宣慰司田琛二者为争夺两地边界的"砂坑"而发生暴乱之机，派兵南下镇压，将两思田氏土司革职查办，撤司设府，将思南宣慰司分设思南、铜仁、镇远、乌罗4府，思州宣慰司分设思州、石阡、新化、黎平4府，开启了中国改土归流的先河。虽然土司制度一直至清初才彻底被废除，但自明永乐十一年（1413年），土司制度不再为中央王朝主导的少数民族政策。

至元代，中国封建社会进入到晚期阶段，中央集权制度完善，全国统一，版图宏大，黔东南地区被纳入中央王朝的统治范围。此时，黔东南地区开辟了有史记载的第一条驿道"湘黔驿道"，经过州境内麻江、黄平、施秉、镇远、岑巩等地，朝廷也相继在境内黄平、偏桥、麻哈、古州等地置军屯田，促进了工农业生产的发展，此时在今凯里、麻江、施秉、岑巩、丹寨等县市内开始有建制。明洪武年间，明廷通过"移民就宽乡"的政策，在边疆大兴屯田，大量汉族移民通过军屯进入黔东南地区，黔东南地区汉族人口急剧增加，同时明廷为确保驿道畅通，沿驿道设置卫所，卫所城镇发展迅速。

土司制度时期是黔东南地区城镇发展的快速时期。出于对西南边区地理位置的重要性考虑，元明两朝加强了对西南边区的驻兵屯田，同时修建驿道，疏浚水路，使黔东南水陆交通得到进一步发展。政策上的倾斜加上交通的畅通，大量的外来人口开始涌入黔东南州，一批中小城镇兴起，此时的城镇仍以军事和政治据点为主要职能。

（4）改土归流时期（明、清至民国）

改土归流时期以明永乐十一年（1413年）在贵州地区开始实施改土归流政策为始，直至民国时期，贵州地方行政管理才最终完全取代了土司制度，其中明清时期是改土归流的高峰。以清雍正年间为重要转折点，此前黔东南地区并存着土司制度和改土归流制度，清代雍正时期开始加大改土归流力度，最终使黔东南州土司制度崩溃，并将整个黔东南地区纳入到中央王朝统治的版图内。此时期可以说是黔东南地区古代城镇发展的鼎盛时期。

明永乐十一年（1413年），废思州与思南两宣慰司改置8府，实施改土归流，黔东南地区为镇远、思州、黎平、新化（后并入黎平府）、都匀府所辖，各府下置各县，黔东南州各地均已被各府卫所辖，并出现府卫同城的现象，卫所城镇与府邑城镇并存发展。此外，随着水陆交通的开辟与完善，人口的往来加剧，黔东南地区经济活动日趋活跃，城镇场集日益繁荣，至明末清初，镇远已成为黔东经济中心和货物集散地，清水江的瓮洞、远口、王寨（锦屏城关）、清江（剑河城关）、施洞、重安、旁海，以及丙妹、古州等集镇乡场初见雏形。有明一代，黔东南城镇聚落发展迅速，城镇体系初具雏形。

清雍正四年（1726 年），云贵总督鄂尔泰建议清政府对西南少数民族地区大规模实行"改土归流"政策，以加强对少数民族地区的控制、清政府接受了这个建议，通过派去流官，加强对黔东南少数民族地区政治上的控制、经济上的掠夺和军事上的征服。在行政上设八寨（今丹寨境）、古州（今榕江）、台拱（今台江）、都江（今三都）、清江（今剑河）、月江（今丹寨境）6 厅。在军事上设置 9 个营，29 个汛，78 个塘，驻扎营兵 6000 多人。实行"缴军械、编户口、纳钱粮、定规约、设重兵、修城垣、安塘汛"等措施。黔东南地区在大兴改土归流后完全被纳入清廷的统治范围内，经济得到极大的发展，一大批中小城镇兴起，黔东南城镇聚落达到鼎盛时期，形成了以清水江、都柳江、潕阳河沿河集镇为核心向四周驿道沿线分布的城镇体系空间格局。

明清时期是黔东南地区现有主要城镇形成的重要时期，随着周边区域开发的不断深入，水陆交通空前发展，各城镇对外经济联系不断加强，城镇发展地位特征日益明显，城镇体系格局初具形成。这一时期，有以政治为中心的各府、州（县）所在地和以军事为中心的卫、所、屯、堡等城镇，同时也出现了许多经济重镇、文化重镇，如清水江沿岸的远口、卦治、革东、施洞、旁海、重安江、下司等；潕阳河沿岸的青溪、镇远、施秉、旧州等；都柳江沿岸的都江、古州等，陆路交通线上的清平驿、兴隆驿、偏桥驿等。

明清两朝的少数民族政策是黔东南地区城镇发展的重要因素，但同时也带来压迫和剥削，激起了黔东南少数民族人民的奋起反抗。明代洪武、正统等朝发生过多次大规模的侗族、苗族起义，清代的黔东南地区同样经历了雍乾、乾嘉和咸同 3 次大规模的战争和数十次小规模战争。虽然这些起义最后在统治阶级的残酷镇压下都失败了，各地区也被纳入了王朝国家的管理体系当中，但其积极的反抗精神动摇了明清统治，迫使中央统治者不得不对以往的民族政策作出调整，减少民族压榨和剥削。

黔东南州主要县市建制时间表 表 2-2

县市名	始建时间	县市名	始建时间
三穗县	宋大观元年（1107 年）	施秉县	明正统九年（1444 年）
镇远县	宋政和八年（1118 年）	天柱县	明万历二十五年（1579 年）
黄平县	元（前）至元二十八年（1291 年）	锦屏县	清雍正五年（1727 年）
麻江县	元（后）至元元年（1335 年）	雷山县	清雍正六年（1728 年）
岑巩县	元置思州安抚司	榕江县	清雍正七年（1729 年）
凯里市	明洪武五年（1372 年）	剑河县	清雍正八年（1730 年）
黎平县	明永乐十一年（1413 年）	丹寨县	清雍正八年（1730 年）
从江县	明正统六年（1441 年）	台江县	清雍正十一年（1733 年）

资料来源：各（市）县志、《中国古今地名对照表》、网络资料。

民国初年，黔东南城镇体系格局与清末时期相比，基本没有大的变化。随着公路、铁路等陆路交通的不断发展和完善，水路交通的滞后，公路沿线城镇的发展，黔东南地区核心城市由水路沿岸逐渐转向陆路交通枢纽地区，城镇体系格局开始转变。第三次国内革命战争时期，由于军事的需要，交通通信都有很大的发展，同时内战也使刚起步的经济城镇建设呈现倒退的倾向。

新中国成立初期，国家在经济方面采取了一系列的重大措施，黔东南地区农业、手工业和私人资本主义工商业得到前所未有的大发展，一大批国有企业和集体企业拔地而起，经济实力迅速增强，城镇建设加速发展。

（5）民族区域自治时期（1956年至今）

民族区域自治制度是社会主义制度下一项重要政治制度，是根据我国历史发展经验教训和现实条件需要而在少数民族人口聚居较多的地方实行的，它有利于保障民族平等和少数民族的权利。1956年7月黔东南苗族侗族自治州成立，定凯里为州首府。随着铁路的开通，工矿企业的大发展，促使黔东南崛起了一些新兴的工业城镇，凯里成为自治州物资集散中心，形成了以凯里为中心的区域城镇体系，包括1市15县，有7个街道办事处，94个镇，110个乡（其中17个民族乡）。

现今黔东南州的城镇体系空间结构是以凯里为中心，沿交通干线进行组织分布。凯里市是黔东南州政治、经济、文化、商贸、物流、信息流的中心，综合实力明显强于其他城镇，是区域城镇体系最大的增长极。其他城镇以凯里为中心沿交通干线分布，城镇辐射能力向四周逐渐衰减。目前，黔东南州城镇体系结构规模分布尚处于低水平均衡阶段，各级中心城镇辐射带动力较弱，城镇关联效率有待提高。

2. 城镇发展特征

（1）以沿河流为联系纽带转向以沿陆路为导向布局

黔东南州地处我国西南部山区，气候温润，阳光充沛，江河纵横，水源充足，植物生长茂盛，动物种类繁多，为人类生存和发展提供了丰富的自然资源。然边远的地域也使黔东南地区与外界隔绝，加之境内地势崎岖不平，山地、丘陵遍布，与外界的交流更加艰难。早期境内聚居的氏族部落主要有苗、侗、瑶等世居少数民族，这些氏族聚落择河流附近平地而居，近水源，靠大山，以确保充足的生存资源。

唐宋时期，随着中原政治的扩张，经济的进步，西南边陲地区逐渐进入中原王朝统治的视野，探索开发西南山区成为统治者的议事日程。在陆路交通落后的古代，水路交通为对外沟通的重要媒介。黔东南境内北、中、南三大河流为黔东南地区与外界交流打开缺口，成为对外的主要交通方式。人口流动、物质交换日趋频繁，沿河流域成为人流驻足地，聚拢成簇，形成聚落；也有将原世居民族赶往高山，独占其地形成聚落；还有与原住民融合，形成更大的聚落；开始形成以河流为纽带的布局特征。

元代"入湖广道"的开辟，使黔东南境内始有陆路交通的记载。至明清时期，境内水陆交通得到极大的发展，水路运输业十分频繁，除政府军粮、贡赋运输外，自由商品运输量较前增加，如大宗木材、食盐、土特产等商品，航运达到一定规模，沿河城镇发展迅速，形成了几个重要的中心点，如镇远成为黔东经济中心和货物集散地；古州成为食盐运销黔省的总埠；王寨（今锦屏）成为清水江木材贸易中心等。此外，明清两朝大兴军屯、民屯，沿驿道两侧设置屯堡、卫所，汉人源源而入，形成聚落。至清末，黔东南境内已形成了以河流为纽带向陆路分散的城市体系空间格局。

清末民初，随着铁路、公路等陆路交通的迅速兴起，水资源的日益枯竭、航道崩石堵塞，航运萎缩，优势消失，陆路交通取而代之成为主要的交通运输方式。沿河城市也因此日渐萧条，陆路交通附近开始形成大的城市聚落，境内城镇体系格局由以沿河为纽带的发展格局向沿公路布局转变。至今，已完全形成了以公路为导向的布局特征。

（2）由周边向内陆聚合

黔东南州城镇发展经历了一个由周边向内陆聚合的历程，这主要是其地形交通与统治者政策所导致的。

元代以前，黔东南地区民族与民族之间因受苗岭山脉、雷公山山脉以及"三江"的天然阻隔，民族间交往较少，范围也仅局限于居住地域相邻的民族。而与外界交流主要依赖于天然的水运航道，且主要集中于流域的下游地区，因此境内最早与外界沟通的地区为北部、东部和南部少部分地区，西部和中部内陆地区因山高地势起伏不定而受到限制，被称之为"生界"、"化外之地"。

至元代，统治者出于对西南边疆的军事战略需要，开始大力开发西南边疆，开辟"入湖广道"并沿途设立驿站，使黔东南北部地区陆路相通，搭建起滇黔与湖广地区陆路沟通桥梁，陆路的开通，人口的大量迁入（驻兵屯兵），加之潕阳河航运的发展，境内北部黄平、施秉、镇远、岑巩等县得到巨大发展，成为黔东南地区发展最快的区域。此外，位于黔东南东部地区的天柱、锦屏、黎平一带，因地处清水江下游地区，利用清水江航运与湖广地区相连，经济获得一定发展。此时整个黔东南地区北部和东部地区均有不同程度的发展，而西部、中部地区依旧处于一种相对封闭的状态。

明代，境内开辟了"靖州 - 黎平"、"镇远 - 黎平"两条驿道，使黔东南北部与东部地区陆路连通，同时使东部地区与湖广地区陆路相通，道路更加顺畅。清雍正改土归流后，黔东南"生界"地区被纳入统治系统，设立了新疆六厅。黔东南地区陆路交通得到全面发展，新开辟陆路交通路线十余条，主要以连接府与府、府与县（厅）以及县（厅）与县（厅）之间的驿道为主。此外在咸同苗族起义时期还增辟、凿宽、联通了 65 条支道，形成了以"湘黔驿道"为主线，连接各府州县的交通网。加之明清两代水路疏浚畅通，使整个黔东南州的水陆交通达到鼎盛，与外连接顺畅，与内四通八达，地理条件限制弱化，境内西部、中部内陆地区通过陆路与北部、东部相连，各民族间的交往得到进一步加强，经济也得到进一步的发展，内陆城镇聚落逐步形成并发展壮大。

（3）卫所城镇与府邑城镇同城并存

卫所制为明代最主要的军事制度，卫和所大多设在军事要冲，区内的人民成为军户，受卫和所管辖，有当兵的义务，平时农耕、练武，有战事时，则由朝廷调遣出兵。明初黔东南境内先后设置了镇远卫、偏桥卫、兴隆卫、清浪卫、五开卫、铜鼓卫、平溪卫、清平卫等卫所。这些随卫所设置而出现的城镇称为卫所城镇。另外，从永乐年间开始，明朝政府开始对贵州实行直接行政管理，对一些土司领地进行改土归流，列府置县，划分为不同的地方政区。黔东南境内则由镇远府、思州府、黎平府、都匀府、新化府（后并入黎平府）所辖，各政区治所发展成的城镇在此称之为"府邑"城镇。

卫所城镇是军事需求的产物，因此其设置与交通干线紧密结合；府邑城镇的职能在于监控子民，因此其地理分布上必须深入苗区腹地，散落于低山丘陵之中，交通颇有不便。此外，由于卫所城镇通常建成时间比较早，城镇规模比较大，因此到明代中期以后，卫所城镇因交通便利，城池高大坚固，具备了比府邑城镇更好的发展条件，越来越多的府、县开始将治所建于卫所城镇之内，从而形成了卫所城镇与府邑城镇"府卫同城"的现象。

黔东南境内"府卫同城"的现象不尽相同，视具体情况可分为以下几类：第一类为先设卫所、筑卫城，后置府邑于城，如黎平"洪武十八年立五开卫，以镇抚苗夷，十九年始筑土城，二十三年改以石，环城为池。永乐十一年建府治于城西，弘治八年（1495年）迁入城内，在五开卫治之南。"清平"洪武二十三年置清平卫，指挥司铎建土城，万历间修砌石城。弘治间改清平长官司为县于此。"第二类卫所、郡邑各有城，后郡邑迁与卫所同城，如思州府迁平溪卫"永乐十三年建思州府城于都坪，地处僻壤，隆庆三年（1569年）以供亿奔命之苦，知府张子中议迁府治于平溪卫城，然舍僻就冲，民苦益甚，至万历之五年复议还旧。"第三类为卫城、府城同处一地，形成二城制形态，如镇远"洪武二十三年设镇远卫，筑卫城于潕阳河南岸，隶湖广都司。永乐十一年置镇远府，嘉靖三十年（1551年）筑府城于潕阳河北岸，两城夹江而治，其间以津渡与桥梁相通，实为一城。"第四类为先设卫所，后将卫所改建为"府邑"，如天柱"天柱守御千户所，洪武二十五年五月置，隶湖广都司，万历二十五年（1597年）改为县。知县朱梓增筑其城，周围一百八十丈有奇。"[①]

"府卫同城"是明代贵州常见的行政设置现象。但至清代时，清朝政府抛弃了明朝的卫所制度，废弃了卫所机构，将卫所城镇直接设成了府州城区，至清雍正五年，将清浪卫和铜鼓卫改为青溪县和锦屏县后，黔东南境内所有卫城全部改置为"府邑"城镇，"府卫同城"现象随之消失。

三、区域发展影响要素

1. 自然地理要素

黔东南区域发展演变的首要要素是它独特的自然地理环境，一方面温润宜人的气候环境为各民族提供了林木、土产等生产生活资料，另一方面偏远崎岖的地理环境又造就了黔东南地区"与世隔绝"的生存环境。

黔东南州地属中亚热带季风湿润气候区，具有冬无严寒、夏无酷暑、雨热同季的特点。因地理位置和地势的不同，各地气温有一定差异，总体趋势是南部气温高于北部，东部气温高于西部。另外，由于境内山峦叠嶂，坡陡谷深，海拔高差悬殊，常形成"山下桃花山上雪，山前山后两重天"的山区气候。全州水系发达、河网稠密，主要河流有都柳江、清水江、潕阳河三大干流，以苗岭山脉为界，分属长江和珠江两大水系。潕阳河发源于瓮安县长林乡，清水江发源于都匀市谷江乡西北斗篷山，自西向东横贯州域流入湖南境内，分属长江水系；都柳江发源于黔南州独山县林场北面拉林，自西向东南流经榕江、从江两县流入广西境内，分属珠江水系。三大河流将整个黔东南州分成4个山区，潕阳河以北有佛顶山、弄相山；潕阳河与清水江之间有香炉山、云台山；清水江与都柳江之间有雷公山；都柳江以南地区有月亮山。山与水纵横交错，交相辉映。温暖湿润的气候，发达交错的水系，为黔东南地区动植物的生长提供了充足的水热资源。境内山清水秀，植被丰茂，类型复杂多样，分布交错。有雷公山、月亮山、云台山、佛顶山等原始森林，森林覆盖率达63.44%，被誉为"贵州高原上的翡翠"。

黔东南州地处云贵高原向湘桂丘陵盆地过渡地带，总体地势为北、西、南三面高东部低，境内最高点位于雷公山主峰黄羊山，最低位于黎平县地坪乡井郎村，海拔高差达2 040.8m。地貌以山地、丘陵为主，其中中部、西部、西北部地区以山地居多，而东部、东南部以丘陵、盆地为主。境内地质构造复杂，跨扬子准地台和华南褶皱带两大单元，大致以镇远羊坪—台江施洞—

① 钟铁军.释明代贵州之"州卫同城"[J].中国历史地理论丛，2004（1）.

凯里挂丁—丹寨复兴一线为界，其东南为华南褶皱带，其西北为扬子准地台。黔东南州是我国喀斯特发育核心地区，境内沟壑纵横，山峦连绵，重崖叠峰，高低起伏，交通不便。因受该地理环境的制约，黔东南州自古远离中央王朝的统治，又与外界沟通来往甚少，同时，境内各世居民族之间各自处于"不相统属"、"各长其部"的独立状态，相互之间交流融合较少。黔东南州的"与世隔绝"既表现为与州外与世隔绝，同时也表现为内部之间的相互隔绝。隔绝的地理使得黔东南地区未遭受大的侵入和破坏，优美秀丽的自然生态环境得以保存完整，犹如世外桃源。然与此同时，由于长期的隔绝与封闭状态，导致黔东南地区发展滞缓，城市形成和发展一直处于相对落后的状态。

2. 地区交通条件

黔东南州位于我国西南部，地理区位复杂不便，自古为蛮夷之地、羁縻之地、化外之地，远离中央王朝的统治，发展缓慢。自元始，元政府为稳定云南统治，加大了对贵州的控制和开发，黔东南州北部、东部地区逐步得到发展，王权力量逐渐渗入。明清之际，随着中央王朝对贵州的重视和开发力度的扩大，疏浚水路、开辟陆路，加强了黔东南地区与周边和中央的联系，至清雍正时期，黔东南州全部被纳入到中央版图，成为中央统治的重要地区之一。这一切均归功于政府政策的转变、水陆交通的完善。如今，黔东南州交通从水、陆已发展至水、陆、空多方交通，对外交通愈加便捷，区位优势凸显，已成为连接中原地区和西南边陲的中枢和纽带，贵州省东联西进、对外开放的"桥头堡"，东南沿海经济战略转移的"落脚点"，贵州的"东大门"。

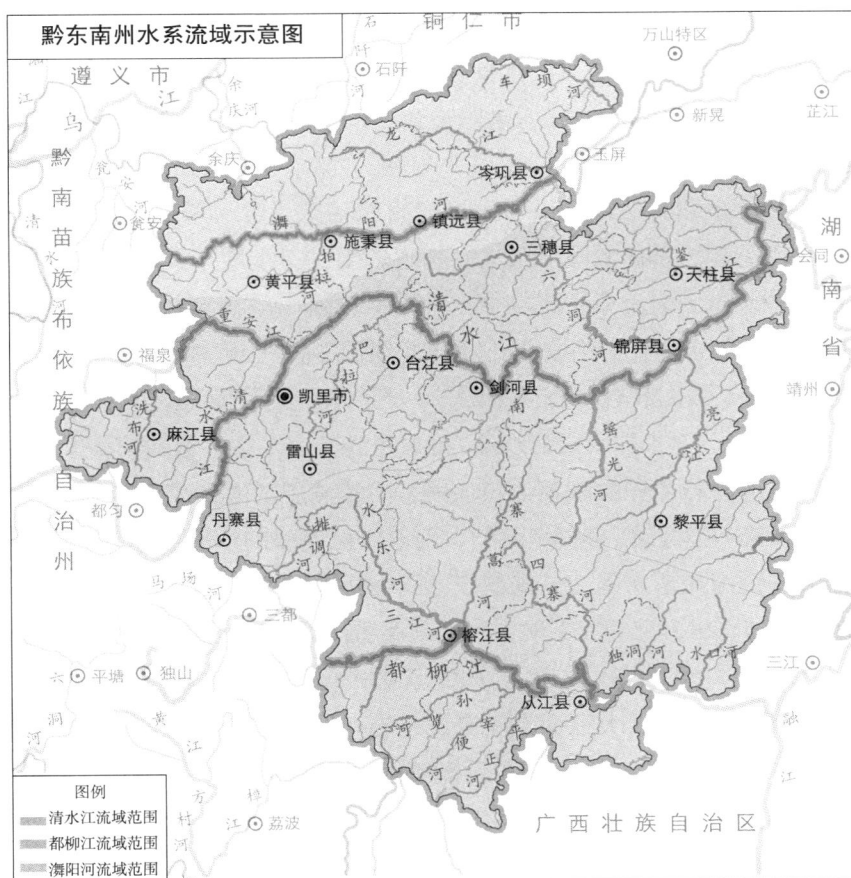

图 2-1　黔东南州水系示意图

水路方面，三大水运航道横贯州境。水路运输是我国古代兴起最早的交通运输方式，同时也是我国历史最长的运输方式，具有载量大、成本低、投资少、耗能少等优点。尤其是对于黔东南山地丘陵的地势，依靠天然的水路交通，是其与外界沟通的最主要方式。黔东南州水路交通主要为内河运输，境内主要有潕阳河、清水江、都柳江三大水上交通要塞，平行贯穿黔东南州的北、中、南地区，维系着整个黔东南州与外界的联系。其中潕阳河、清水江均为长江支流的上游，属于长江流域水系；都柳江为珠江支流上游，属于珠江流域水系。两大水系分别沟通了黔东南和中州大地、珠江三角洲地区。历史上，潕阳河曾是云贵高原与中州大地的重要通道之一，沿着潕阳河可快速便捷到达洞庭湖，再通过长江可通往富饶繁华的中原地区，素有"湘楚孔道"、"滇黔咽喉"的雅称。唐代时周边的县地皆以潕阳河为交往通道，官船、货船、客船皆在水上航行，潕阳河天然航道得到利用。清水江为沅江的主源，跨黔南、黔东南2自治州14县境，历为黔东南舟筏去湘鄂之通道。都柳江位于黔东南南部，为黔桂水路交通的主渠道，素有"黔桂故道"之称。

陆路方面，由外而内延伸串联州境。黔东南州古代陆路交通，始于何时无考。元代，出于对云南战略地位的高度重视，元朝最高统治者在设置行省系统统治机构的同时，更加注重内地通往云南的交通线路。由中庆经贵州普安达黄平道的"入湖广道"即在此背景下开通，并成为西南边疆联系内地的首选官道。至元二十八年（1291年），"入湖广道"开通并沿途设立驿站，线路大体经杨林、马龙、曲靖、塔剌迷、普安、普定（今贵州安顺）、贵州（今贵州贵阳）、葛龙（今贵州贵定）、麻峡、黄平达镇远（今贵州镇远），然后向东与辰州（今湖南沅陵）以东的常行站道对接，其中由贵阳通向湖广的驿道亦被称为"湘黔驿道"。清咸同农民起义时期（1854—1873年），大量的农民战争触发支道的开辟，据统计，此间增辟、凿宽、联通的支道共有65条。至清代后期，黔东南州境内陆路交通已从周边地区伸向内陆地区，府县与府县、府县与村寨、村寨与村寨之间均有道路相连，黔东南苗疆腹地封闭状态已被打开，与外界的联系进一步加强，同时也带动了商品贸易的繁荣。

元代以前，黔东南水陆交通处于一种相对封闭的状态，可利用的通道为天然的水路航道，然而天然的水路航道受自然条件的限制很大，速度较慢，连续性差，可利用程度较低，因此在元以前黔东南地区与外界的沟通和交流极少，封闭性较强。至元代，元廷注意到云南边区的重要战略地位，加大了对西南边疆的控制和开发，"入湖广道"的开辟使得贵州与内地相连，黔东南地区交通也得到开发，封闭状态被撕开了缺口。明清两朝为更好地控制稳定云南、贵州等地，设州府置驿站，同时加大了对水陆交通的整治，确保中央政府军事运输和信息传递。水陆的畅通，陆路的相连，使黔东南州与外界的联系逐步加强，不仅满足了中央统治者的需求，同时也使黔东南州经济得到前所未有的发展，舳舻千里，商旅不绝，黔东南州已成为湖广西进滇黔的重要塞道。随着现代化建设的快速发展，先进的交通运输工具和方式不断更新，全国区域网络逐步完善，黔东南交通得到前所未有的大发展，大大缩短与周边地区的时空距离。

3. 地理区位特征

黔东南地区的地理区位在很大程度上决定了它的区划变迁、政策导向和政治地位，因而整个地区的发展演变可以捕捉到这些因地理区位造成的特殊现象，并且在当前的国家与区域发展的大环境下，仍然对此产生着持续影响。

区划变迁方面，因政治势力的强弱变化，对于地方的行政管辖不断处于探索与深入的过程中。西南地区自古世居着若干少数族群，建有若干部落联盟性质的政治实体，如牂牁国、夜郎国、且兰国等，自先秦进入秦汉，郡县制的推行并未完全深入其统治腹地，因而出现一部分地区属于郡县制辖属，一部分属于番邦治下的局面。隋唐以后羁縻政策的执行也体现了地理区位的不同，黔东南东部地区因政治势力的介入成为经制州，而绝大部分西部地区仍属于羁縻州，这表明东部地区的战略意义逐渐凸显。元明以来，随着中央治理措施的进一步强化，州府建制不断增加，在清雍正改土归流以后，"苗疆腹地"也纳入到统一的地方行政管理体系之中。这个区划变迁过程，既是中原王朝不断扩张统治权威的结果，也是地区地理区位逐渐得到强化的体现。

政策导向方面，对中央政府而言，地区的区位往往影响着国家的政策导向和发展大计。西南地区自战国庄蹻入滇始，渐与中原开始密切往来。秦始皇兼并六国后继续向外扩张，派常頞通西南夷，开五尺栈道，势力直达夜郎、且兰等地。汉武帝经略西南夷，是在先解决北方匈奴威胁后再作出的决定，平定南越、滇国但保留了夜郎，至东汉灭夜郎后才在此置郡县。由于地方土著民族对中原王朝经略的激烈反抗，汉代出现的羁縻制度在唐宋时期得到广泛应用并于元代发展成为土司制度。唐宋对西南地区的羁縻体现为隋唐以来怀柔政策的延续，并且帝国倚仗重心在中原和江南，而元代土司制度则是蒙元远居北疆，依地方习性实行的民族地方政策。明清王朝为加强地方治理，遏制地方叛乱，推动社会融合，最终实行统一的地方管理制度，这对于促进统一多民族国家的形成是有积极意义的。

政治地位方面，都城要邑皆因其地理区位而闻名显著，大可通达全国，小可镇守一方。元代以前，因地处偏远山林地区，地方社会经济实力不足以与中原相抗衡，中央王朝在今贵州地区的统治力量相对较为薄弱，其对于全国性的政治格局影响不大，在实行郡县制的同时，多委任或任由地方土著首领治理，以安抚怀柔为主。元代土司的设立在强化上下贡属关系的同时也助长了土司力量的强大，于明初引发思州和思南田氏两土司之争并最终促成贵州建省。明朝政府充分认识到在贵州设省可以巩固西南边疆和国家长治久安的重要意义，朱元璋早在《平滇诏书》中就阐述："蔼翠辈不尽服之，虽有云南不能守也。"[1] 即说明经营好贵州，亦是更好地治理云南的治国方略。随着统一中央集权制国家的强大，对民族地方治理加大重视，西南边疆地区社会经济文化发展不断加速。但在民族压迫剥削与地方起义叛乱的漩涡之中，地方政治生态仍旧不稳定，尤以苗民起义最为显著。贵州以及黔东南地区的地理区位重要性在强化，其政治地位也在不断提高，从蛮荒之域到郡县州府再到民族自治州，体现的正是这样一个变化过程。

第二节　黔东南州主要民族历史源流

黔东南州以苗侗为主，多民族聚居。据史料研究，境内 33 个民族源流不一，大多迁徙而来，可以说黔东南州各民族的迁徙史就是黔东南州一部社会变迁史。同时也正是由于古代各民族的迁徙，才造就了今日黔东南州民族多元的特征。本节将对黔东南州主要民族的源流和迁徙进行论述，以期对其有较为深刻的认识。

一、苗族源流及迁徙

苗族是一个古老而又顽强的民族，数千年间历经沧桑，多次大举迁徙，如今主要分布在贵州、

---

[1] （清）张廷玉等撰. 明史. 卷 316. 贵州土司 [M]. 北京：中华书局，1984：8168.

湖南、云南、四川、广西、湖北、海南等省、区的山地丘陵地带。其中尤以贵州省最多，人口约为 368 万，主要集中在黔东南地区。这种聚居格局的形成有着深刻悠长的历史渊源。

文献记载和史料研究表明，苗族来源于远古时的"九黎"，尧、舜、禹时的"三苗"，商周时的"荆蛮"则为三苗的遗裔，与苗族有着同源关系，并包括有苗族先民。历史上，苗族曾经历了 5 次大迁徙，大致于第三和第四次迁徙过程中迁入黔东南州境内定居下来。据载，大约在距今 5000 年以前，由黄帝、炎帝、蚩尤分别领导的各氏族部落联盟占据着不同的区域。其中以蚩尤为首的"九黎"族群主要活动于黄河下游一带，在向黄河中游地区发展时，与沿着黄河东下的炎黄部落不断发生尖锐的利益冲突，终于爆发激烈的生死大战—涿鹿之战。蚩尤战败被杀，其余部仍和尧、舜、禹为首的部落联盟长期进行抗争，却因未能建立起独立的民族政权，拥有强大的实力，更无力"问鼎中原"，屡次失败，被迫南迁至长江中下游地区，形成了被称之为"三苗"、"有苗"或"苗民"的新部落联盟，并见诸史册。这是苗族先民的第一次大迁徙。

南迁的苗族先民在"左洞庭，右彭蠡"一带逐渐强盛起来，并号称"三苗国"，与尧、舜、禹为首的华夏集团再次发生冲突。经尧、舜、禹 3 代的不断"征伐"、"窜三苗于三危"[①]、"放驩兜于崇山"[②]，"三苗"集团被瓦解。在与华夏集团的冲突中，夏禹大有灭绝三苗之势，二者相战 70 多天，三苗惨遭杀戮，"三苗之亡，五谷变种，鬼哭于郊"[③]、"三苗将亡，天雨血，夏有冰，地拆及泉，青龙生于庙，日夜出，昼夜不出"[④]、"三月不见日"[⑤]，可见当时战争之惨烈。这次战争将苗族有生力量基本歼灭，剩余一部分被俘虏，另一部分向南逃至鄱阳、洞庭两湖以南的江西、湖南崇山峻岭之中隐居下来，被称为"南蛮"、"荆蛮"或"荆楚"，形成苗族历史上的第二次大迁徙。

春秋战国时期，"五霸"、"七雄"展开了激烈的争夺战，据统计，"春秋各国，大小战争凡二百十三次；战国大小战争二百二十次"[⑥]。频繁的战争给各族人民带来无尽的灾难，尤其秦灭楚后，作为楚国主体居民的苗族大规模向西南迁逃，逃入人烟稀少的武陵山区，沿澧水，溯沅江，进入了今湘西、黔东、川东南和鄂西一带。现有足够证据证明，早在 2000 年前的秦汉时代，苗族先民就已大量聚居在湘西、黔东这个当时被称作"五溪"的地区。于是史书便将居住在这里的包括苗族先民的部族统称为"五溪蛮"或者"武陵蛮"。这是苗族历史上的第三次大迁徙，也是苗族先民转向黔东南迁居的历史起始时期。

秦汉至唐宋时期，封建王朝不断扩展疆域，继续往西南扩张，经久不息地向"五溪蛮"、"武陵蛮"大举用兵"征剿"。连年的战争和沉重的赋税，迫使聚居在这里的苗族先民流离失所，不得不向五溪深处再度西迁。其中一支沿着潕水即潕阳河西上，迁至镇远、思州（今岑巩县）以及思南等地区。《黔南识略》卷十六《思南府》记载，"汉时，思南等地尚陷武陵蛮中"。又据《思南府志》卷一说，"府旧为蛮夷所居，自（田）祐恭克服之后，芟夷殆尽"。另一支则沿着沅溪（今清水江）西上迁至黔东南雷公山地区。苗族先民到达黔东南后，见此地山高谷深，江深岩险，不能飞渡的两岸绝壁，是一个与外界隔绝，躲避兵祸的好地方，一部分人便在这里定居下来，另一部分人继续向更远处迁徙，进入黔北、黔西、广西、云南等地，分布比较分散。这是苗族

① 石朝江.苗族历史上的五次迁徙波 [J].贵州民族研究，1995（1）.转自《尚书·舜典》。
② 石朝江.苗族历史上的五次迁徙波 [J].贵州民族研究，1995（1）.转自《史记五帝本纪》。
③ 石朝江.苗族历史上的五次迁徙波 [J].贵州民族研究，1995（1）.转自《荀子·论衡》。
④ 石朝江.苗族历史上的五次迁徙波 [J].贵州民族研究，1995（1）.转自《古本竹书纪年》。
⑤ 石朝江.苗族历史上的五次迁徙波 [J].贵州民族研究，1995（1）.转自《金匮》。
⑥ 石朝江.苗族历史上的五次迁徙波 [J].贵州民族研究，1995（1）.转自蓝文徵《中国通史》。

历史上的第四次大迁徙，大量的苗族先民定居于黔东南地区或从黔东南转战其他地区。

元明清时期，由于兵祸及天灾等原因，苗族继续从武陵、五溪地区迁入贵州、广西和四川，并由贵州、广西及川南经过不同路线进入云南，又由云南、广西徙入越南、老挝和泰国，这是苗族第五次大迁徙。①

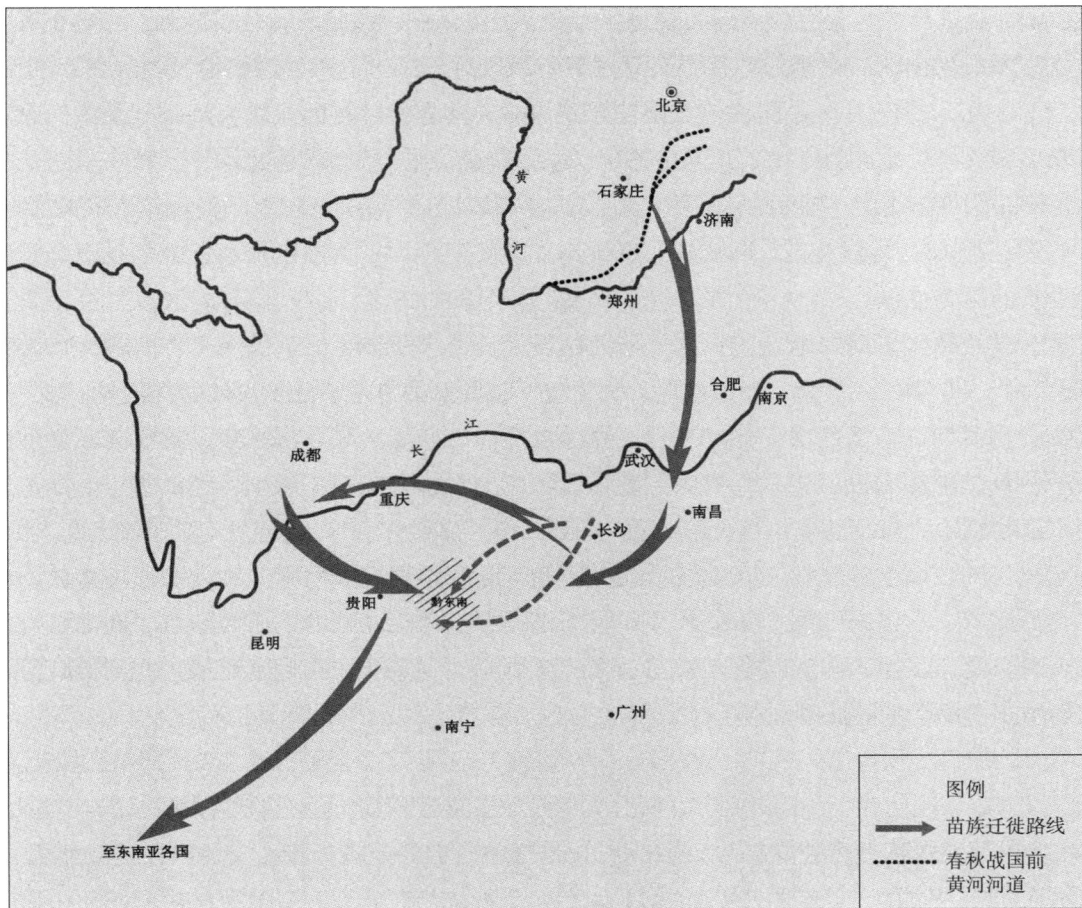

图 2-2　黔东南苗族迁徙路线示意图

苗族历史上的大迁徙路径主要是由北向南再往西、西南迁徙，而苗族进入黔东南地区的路线大约有 2 条：苗族迁徙到洞庭湖区后，一部分由洞庭湖区出发，沿湘、潇、资水而上，到达五岭西部地区，再顺江而下，或经陆路而至都柳江下游，然后溯都柳江前进，到达今天的榕江及黔东南其他地区；另一部分由洞庭湖区顺沅江、清水江而上，抵达黔东南地区。由于自东汉以来苗族就集中居住在黔东南地区，故历史上黔东南一向被称为"苗疆腹地"。

关于苗族的族源和苗族历史上经过的苦难大迁徙，在其千百年来民间传唱的"古歌"里，就有许多追述苗民远祖曾在湖泊众多的平原生活，以及怎样经历千难万险流离颠沛，迁徙到现在居住地的内容。"古歌"满怀深情地唱到："日月向西走，山河往东行，我们的祖先啊，顺着日落的方向走，跋山涉水来西方"，就是苗族历史大迁徙的真实写照。

---

① 石朝江 . 苗族历史上的五次迁徙波 [J]. 贵州民族研究，1995（1）.

二、侗族源流及迁徙

侗族是一个历史悠久的民族，历史上称谓繁多，据史书记载，秦时称为"黔中蛮"，汉代称为"武陵蛮"、"五溪蛮"，魏晋时期称为"僚"，宋代称之为"仡伶"或"佶伶"，明清两代称之为"峒蛮"、"峒苗"、"峒人"或泛称为"峒"。新中国成立后，正式定名为"侗族"。关于侗族的族源，史学界一直存在着不同的看法，但大多数人认同侗族是从古代百越的"骆越"和"西瓯"支系发展而来的。百越是春秋至秦汉时期中原人对长江中下游及以南地区各种民族的泛称。公元前333年，楚威王兴兵伐越，大败越国，尽取吴越之地。自此，越人流散到南方一带，分化成众多的支系。从此时开始，文献中便出现了"百越"这一个新的称谓。

据考古发掘和历史文献表明，黔东南大部分侗族地区早在春秋战国至秦汉，即属黔中郡。自秦始皇征战岭南百越人起，百越族在军事进攻和政治压力下，渐渐往西北方向迁徙，经过了一个漫长的历史过程。

秦、汉两朝曾先后向南方用兵，战争规模很大。一次是在秦始皇统一六国后命尉屠睢率兵南伐，在长达3年的战争中，百越族群终因力量不敌而四散逃避，迁至今湘黔桂边境；第二次是汉武帝统治时期，本已臣服汉朝的南越王举兵叛乱，汉武帝发兵征讨平叛。秦汉之际激烈的征讨战争使百越地区的社会组织结构遭到破坏和瓦解，百越各族民不聊生，四散逃亡，被迫迁徙到中央王朝统治力量的薄弱山区，其中百越族系中的"西瓯"和"骆越"支系沿红水河、龙江、都柳江河谷溯江而上，迁徙到崇山峻岭的大西南，陆续定居在今日黔、湘、桂边境地区，成为侗、壮、布依、水等族先民。其中大部分侗族先民沿着珠江流域水系逆流而上，经由都柳江进入黔东南州境，这也是为什么聚居在黔东南地区的侗族主要集中于都柳江流域，以及都柳江以北、黔东南州东南部地区的原因。

另外，据广泛流传于侗族地区的民间传说和地方史志记载，随着中原势力的不断渗入，越来越多的汉人进入侗族地区，被原住侗族同化，无论是在服饰、语言以及生活习俗方面，均与侗族相同，因此在今侗族地区亦有其祖先来自江西之说，主要来源于江西吉安府泰（太）和县或吉水县。

早在宋、元时期，就有不少江南籍汉人，因战乱或灾荒以及不堪忍受封建王朝的压迫和剥削迁入侗族地区。明洪武时期，为巩固其地方政权，在侗族地区利用原来的长官司，或派遣某些"随军有功"者充任土司，并实行"屯堡制度"，"拨军下屯，拨民下寨"，这些人员多属江西吉安府的汉人，《黎平府志》记载，当时府属的潭溪、新化、洪州、欧阳、隆里、亮寨、中林、古州、湖耳、三郎等地，计有正副长官司15人，籍隶江西者13人，其中又有11人是太和县的。江西来的汉人落籍于侗族地区，与侗族人民长期交往以及互相通婚，久而久之，被同化为侗族，成为今日侗族的主要成员。在黔东南州侗族村落调研的过程中，也发现许多侗族村落的先祖来源于江西地区，这也从侧面证实了来源于江西的说法。

诚然，黔东南和湘西、桂北的侗族也有一部分先民属于土著人。新石器考古发掘和文献著述，均表明春秋战国至秦汉时期，在相互接壤的这一地域，长期繁衍生息着的"黔中蛮"和"五溪蛮"、"武陵蛮"中，就有百越族。如桂北的龙胜县和三江县在历史上即被称作"百越苗疆"地。今融水县古称融县。据《融县志》记载，"融水于周以前属百越地，原为百越之族。"可见侗族的族源来自古老的百越民族，如今聚居在黔东南的大部分侗族由外地大迁徙而来，小部分侗族的祖上则属于土著先民。

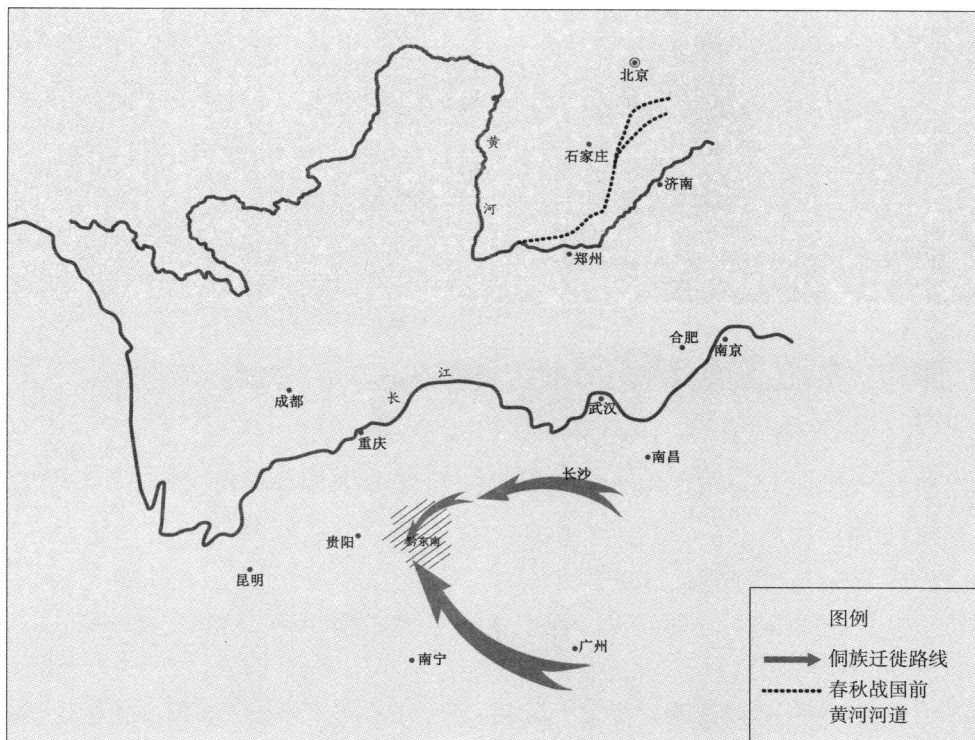

图 2-3　侗族迁徙示意图

三、汉族迁徙及影响

秦汉之前，黔地汉人极少。秦灭楚国，曾使楚国部分汉人西遁入黔。秦统一中国，遂在今贵州设置"黔中郡"，并在云南也设郡县，故开"五尺道"从四川宜宾经由黔地，直通云南曲靖附近，引进了一批数量不多的移民。但是汉人大量涌入贵州，始于汉武帝的"开西南夷"。两汉期间累派大军拓疆入黔，"移民实边"，实行"寓兵于农"和"屯田守之"政策，陆续移民多达数万人。魏晋时期南徙的地方性移民集团不断。唐宋时期又迁入一批汉人，遍布乌江以北。唐代置黔州都督府，宋改夔州路绍庆府，借以节制黔北及黔东北，还在黔地设立若干经制州进行直接统治，汉人从此纷纷进入。元代开始设省以后，在贵州沿袭了肇始于汉代的屯田制度和隋唐时期的"土流并治"。不过明代以前，移入贵州的汉人在"夷多汉少"的社会背景下，大都也"变俗易服"，久而久之渐渐被少数民族同化，成为少数民族中的一部分。

明清时期，特别是清雍正以来，随着中国边疆的稳定与开发，人口迅速增长以及清水江航道的开辟等原因，外来的汉人大规模迁入黔东南地区，人口急剧增加。明初，朱元璋掌权后，为巩固中央政权，控制边疆，通过"调北征南"、"调北填南"、"移民就宽乡"等政策，对人烟稀少的地区进行大规模的移民，其中江浙、福建、江西等地为主要输出区，两湖、川、黔、滇等地为主要的移民输入区。黔东南地区汉族的大量迁入便是在该背景下开启的。此时的大移民为典型的政府行为，具有强制性。

明永乐年间到明末农民起义之前的 200 多年里江西等省移民仍源源不断地迁入两湖、贵州、四川等地，强度虽不似洪武年间，但因持续时间长，总量可观。这些移民主要是为了在经济上寻求发展，江西等地赋税重，两湖、贵州等省荒地却可随意圈占开垦，且赋税轻、逃税机会多，

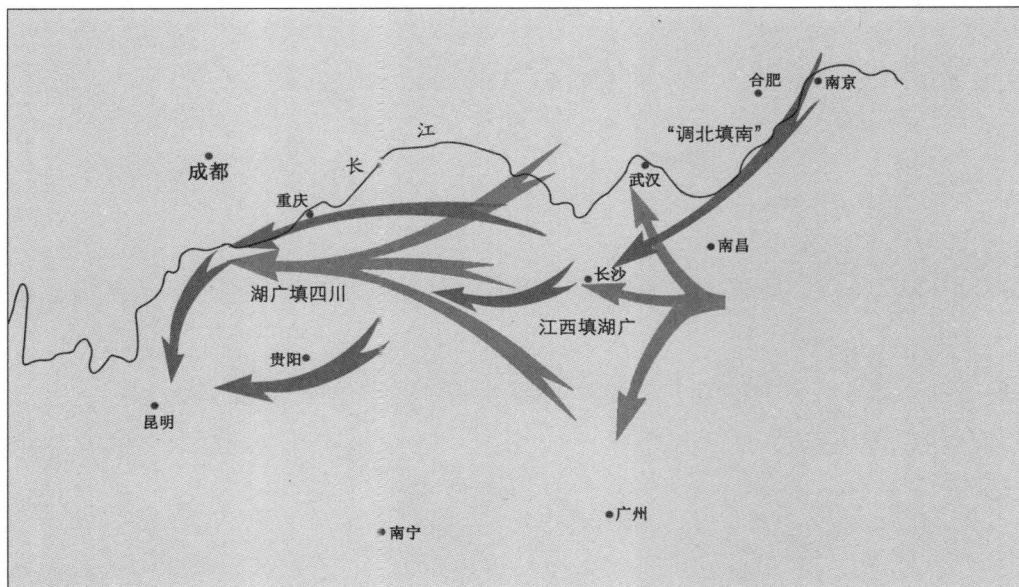

图2-4 "江西填湖广、湖广填四川"与"调北填南"示意图

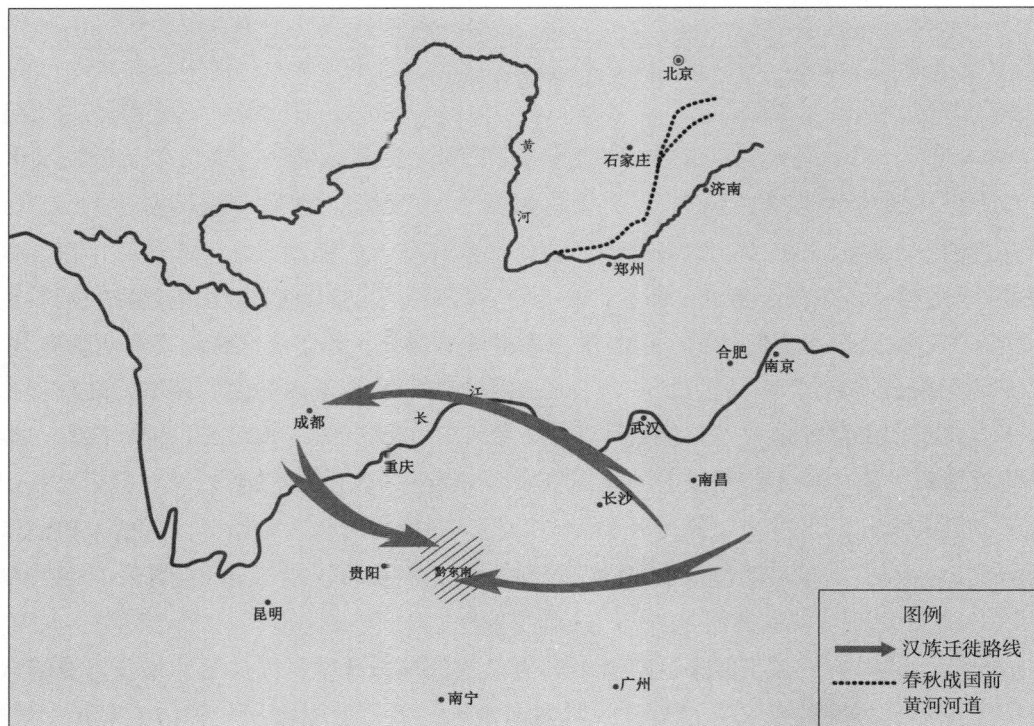

图2-5 黔东南州汉族迁徙示意图

致使大量移民西迁。总之，出于经济考虑是这个阶段移民的一大特点，大部分属于自愿迁徙。此时除普通的农业移民外，还出现了许多商业移民，大量的商人涌现，商贸活动兴盛。

明末农民起义及水旱蝗灾，再次把迁入两湖推向高潮，魏源在《古微堂外集》卷六《湖广水利记》中言："当明之季世，张贼屠蜀，民殆尽，楚次之，而江西少受其害。事定之后，江西人入楚，楚人入蜀。故当时有'江西填湖广，湖广填四川'之谣。"明末清初，张献忠与明军的长期厮杀使得蜀中人口锐减，之后南明王朝的支持者又在四川组织力量抗击清军，四川几乎为之一空。清初，鉴于明清之际战争造成的破坏，四川以及其他地区出现大量无主荒地，清政府采取了鼓励移民垦荒的政策，招民开垦，因此形成规模浩大的"湖广填四川"的移民运动。"湖广、广东、江西等省之民，因本地歉收米贵，相率而迁移四川者不下数万人"[1]。雍乾之际，广东、福建两省几乎每年都有成批百姓挈伴入川。

黔东南州地处黔湘交界处，地理交通不便，人烟稀少。明代大量汉族的迁入开启了汉人大规模移居黔东南州的历史。清雍正时期，为削弱土司、控制"苗疆"，加强统治，实施改土归流，设置"新疆六厅"，实行屯田制，黔东南州"生界"被开发出来，打破其封闭状态，大片地区人烟荒稀，移民浪潮促使大量汉族客民涌入，人口十倍甚至百倍地增长。总体而言，黔东南州明清两代汉族的迁徙既离不开"江西填湖广、湖广填四川"移民浪潮的推动，同时也是移民浪潮的组成部分。

汉族人口的大量迁入使黔东南州的社会、经济、文化等方面发生了极大的变化，产生了利弊兼有的重要影响，主要表现在以下几个方面：其一，促进了地区经济的发展。汉族人口的大量迁入为黔东南地区带来了先进的生产工具和技术，改变了农耕方式，加速了农业经济和商业贸易的发展。其二，促进了汉族与少数民族的融合。随着汉族人口的不断迁入，黔东南州各民族出现了彼此融合相互同化的现象。如黔东南州北部侗族地区被大量汉族的文化因素同化，形成北侗民族，而地处南部的侗族人民则将汉族同化，依旧保持其原有的侗族文化，被称之为南侗民族，南侗与北侗均属于侗族，但二者在居住、祭祀等方面又有所不同。其三，促进了文化教育事业的发展，提高了民族文化素质，改革了风俗，规避了陋习。其四，破坏了生态环境。汉族人口的大批移入，为生存不计后果地在高山峻岭、岩石之中毁林开荒，严重破坏了生态的平衡。其五，加剧了民族间的矛盾。汉族的大量迁入一方面促进了民族间的融合，但与此同时，也产生了尖锐的民族矛盾。外来移民利用自身的特权和优势，兼并土地，霸占水利、矿产资源，占夺当地少数民族的生产和生活资料，破坏了当地民族的正常生活和经济发展，导致民族矛盾不断激化，爆发多重起义。

四、其他主要民族源流

瑶族：瑶族是一个历史悠久的民族，关于其原始居住地在哪，各民族学家看法不一，但可以肯定的是秦汉时期，瑶族先民已分布于华中地区的湖北、湖南一带，特别是洞庭湖、长沙武陵和五溪等地，为武陵蛮或五溪蛮的重要组成部分。南北朝时被称为"莫瑶"，唐代姚思廉在《梁书·张瓒传》中写道："零陵、横阳等郡有莫瑶蛮者，依山险而居，历政不宾服"。这是最早见于我国史书的瑶族名称，宋代称"瑶"。唐宋元时期，瑶族仍主要分布在湖南境内的洞庭湖一带，但已有部分瑶族逐渐迁徙到湘南、粤北、桂林一带。明清时期，由于封建统治阶级的政治压迫和经济剥削，以及刀耕火种游耕农业生产方式、自然灾害等方面的影响，瑶族被迫大规模向西南边疆的广西、云南、贵州和东南亚的越南、老挝等地迁徙，其迁徙主要有以下路径：一是从湖南、福建向广东、广西、越南迁徙；二是从湖南进入广西或广东，再到云南、老挝、越南；三是由湘南沿湘黔桂边界入桂、黔；黔东南州境内的瑶族便是明清时期从湘南迁徙而来的。

---

① 王纲. 大清历朝实录四川史料（上册）[M]. 成都：电子科技大学出版社，1991：316.

水族：水族自称"睢"，汉语译为"水"。历史上，水族曾被称为"溪洞之民"、"蛮"、"僚"、"苗"等，"水族"之称最早见于明代，清中叶后称"水家苗"、"水家"，中华人民共和国成立后称"水家族"，1956年时正式定名为"水族"。据史料及古老传说考证，水族由古代"百越"中的一支"骆越"发展而来的。早期居住在广西邕江流域一带，后因避战乱，经今河池、南丹，沿龙江溯流而上，至黔桂都柳江上游的三都、荔波、独山、榕江等地定居，今黔东南州都柳江两岸的水族便来自于此。此外，明清时期迁入的大量汉族人口与当地水族通婚成家，融入到水族之中，因此今不少水族同胞也有"来自江西"之说，该点与侗族较为类似。

仫佬族：历史上，生活于贵州及黔东南地区的仫佬族一直被称为木佬人。魏晋时期迁入今黔桂边境一带的越人与原来居住在这一带的濮人错居杂处，经济、文化逐渐接近，各民族特征逐渐淡化，被统一称为僚人。《开阳县志祸》载："晋代邛筜间有山僚……其种漫延于今之黔粤，分为仡佬、木佬、仡当、仡兜诸部"，说明仡佬、木老等诸部为"山僚"之后。木佬在元代以后的称呼很多，如"木摇"、"木娄"、"木老"等。据清《黔南纪略》记载，黄平州7种民族，平越州5种民族，麻哈州5种民族，清平县4种民族和凯里3种民族中，均有木佬的记载，说明在清时木佬已遍布黔东南地区。新中国成立后，据民族识别发现，出现在贵州及黔东南地区的木佬人，实与广西的仫佬族同属同一民族，族源相同，也就是说木佬人与仫佬族和其他的壮侗语族诸族有着共同的先民，即春秋战国时期的古百越民族。秦汉以后，相继以西瓯、骆越、伶僚等名称出现，而在魏晋时期，黔东南地区及贵州已普遍分布着仫佬族人。

彝族：彝族是中国西南地区人口最多的少数民族，发源于滇，发达于蜀。考古学和人类学的研究表明，云南"元谋人"的后裔随着采集、渔猎等生存活动的开展，一些群体逐步向四面八方迁移。而世居云南的彝族就是元谋人的直系后裔。在古代中国是具有重要影响的一支少数民族。及至唐朝，彝族进入了发展史上的一个重要阶段，不仅在中国西南建立了长达200多年的南诏国，而且在宋朝实行大一统的情况下，一些彝族先民还建立起了几个较小的地方政权。明清时期彝族地区经济得到了很大发展，同时也因反抗中央政权推行的"改土归流"政策和阶级压迫，多次爆发了彝族人民起义。民国时期云南终于成了彝族相对独立的省份。由于历史上彝族活动的主要地区在云南，因此与云南接壤的黔西南也有彝族散居，逐步扩展到贵州各地，于是黔东南州也有了零星彝族住地。

布依族：布依族来源于古"百越"。这个民族在历史上曾有多种称谓，秦汉以前称"濮越"或"濮夷"，汉晋时期称作"僚"，唐宋年间又称为"蕃蛮"，元、明、清至民国时期又称"八蕃""仲家""侬家"和"布笼""笼人""土人""夷族"等。然而布依族仍沿袭秦汉时的族名，自称是"濮越"或"濮夷"。布依族和壮族有同源关系，同属百越族中的"骆越"分支，语系与史书记载的骆越语相同或极为近似。布依族迁徙到贵州以后，主要分布在黔南和黔西南地区，如今也有少量在黔东南的都柳江一带散居。

壮族：壮族的来源可以追溯到2 000多年前百越族群中"骆越"和"瓯越"2支。在不断演进发展过程中，壮族的远祖呈现出了多元态势，东汉时的俚和"乌浒蛮"，隋唐时的"俚僚"及"蛮僚"等，以及汉民族的融入，都是壮族的先民。尤其唐代加强对岭南地区的统治后，把岭南道分为岭南东、西2道，设王府经略使于广州，下分5管，其中桂、邕、容3管都是壮族先民集中居住的地区。至今我国绝大部分壮族仍分布在广西壮族自治区，只有为数很少的壮族迁至贵州黔东南地区。

畲族：关于畲族的族源问题历来众说纷纭，莫衷一是。或谓之蛮人后裔，或认为越人后裔，还有古闽人说、"东夷"中的"徐夷"说、多元说等。但以分子人类学基因分析判断，畲族的起源属于苗瑶族群，而非百越族群。从炎、黄和尧、舜、禹的传说时代开始，畲族就一直和苗瑶同流发展。到春秋战国及秦汉时期，与畲族关系最大的东支瑶族，南下进入两广境内。后又迁往福建、浙江。直到汉晋之际，也就是公元 2 世纪至 6 世纪，畲族才从苗瑶族群分流出来。明清时畲族大量出现在闽东、浙南。显然无论哪一种观点，其共同结论即畲族并非贵州土著。如今生活在黔东南地区的畲族也是由域外迁徙而来。

综上所述，从历史源流分析，黔东南州各民族主要隶属于汉藏语系，大致可分为 3 种：一是来源于上古时期黄帝部落和炎帝部落的后裔，即汉族，属汉藏语系中的汉语族；二是来源蚩尤部落后裔的"三苗"或"蛮"，这类民族主要为以苗瑶语为母语的苗、瑶、畲 3 个民族，隶属于汉藏语系中的苗瑶语族；三是来源于战国秦汉时期位居南方地区的古百越各支系，包括壮傣语支的壮族、傣族、布依族，侗水语支的侗族、水族、毛南族、仫佬族，黎语支的黎族等，隶属于汉藏语系中的壮侗语族。从民族迁徙上看，黔东南州的民族迁徙史就是一部中国古代社会变迁史。如今的黔东南州作为一个相对独立的地理单元，是历经悠长邈远岁月，由多民族迁徙聚居逐渐形成的移民地域。历史上的人口大迁徙带给黔东南的社会基本特征凸显了多民族相融共生和民族文化的多样性。这一特征集中体现了贯穿于中华民族生存发展过程中求同存异、兼收并蓄的博大胸怀和包容精神，彰显出中华文化源远流长、多元开放、海纳百川的鲜明特质。

第三节　自然与文化遗产资源梳理

黔东南州境内拥有着丰富的自然与历史文化遗产资源，素有"歌舞之州、森林之州、神奇之州、百节之乡"的称号，1992 年被联合国保护世界乡土文化基金会列为世界少数民族文化保护圈及全球 18 个"返璞归真，回归自然"首选旅游目的地之一，被专家学者誉为"人类疲惫心灵栖息的家园"、"原生态民族文化博物馆"。黔东南州自然与文化遗产资源主要分为 3 类：自然遗产、物质文化遗产和非物质文化遗产。详细的遗产资源简介见文末附表内容。

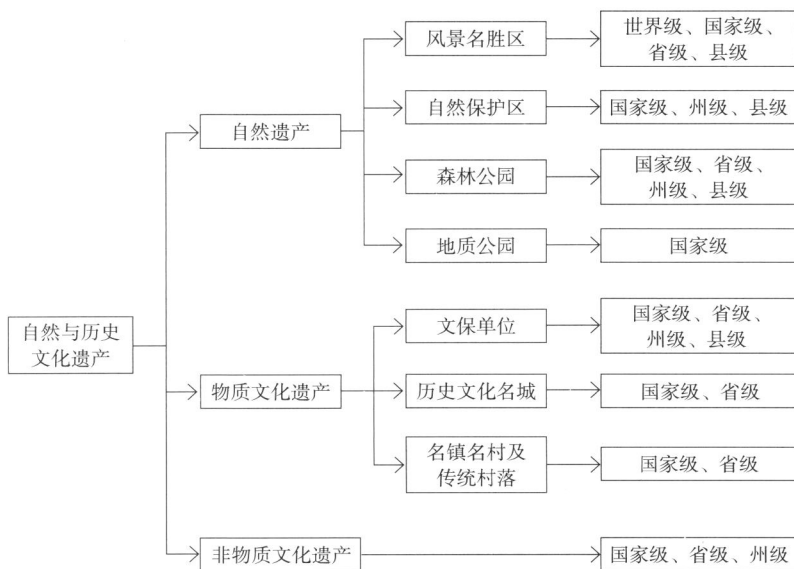

一、自然遗产分布

自然遗产是指从美学或科学角度看，具有突出普遍价值的，有自然和生物结构或这类结构群落组成的自然面貌；地质、自然地理结构或明确划定的濒危动植物生长区，天然名胜或明确划定的自然保护区。黔东南州自然遗产类型多样，内容丰富，拥有世界级、国家级、省州县不同级别的风景名胜区、自然保护区、森林公园、地质公园等自然遗产。

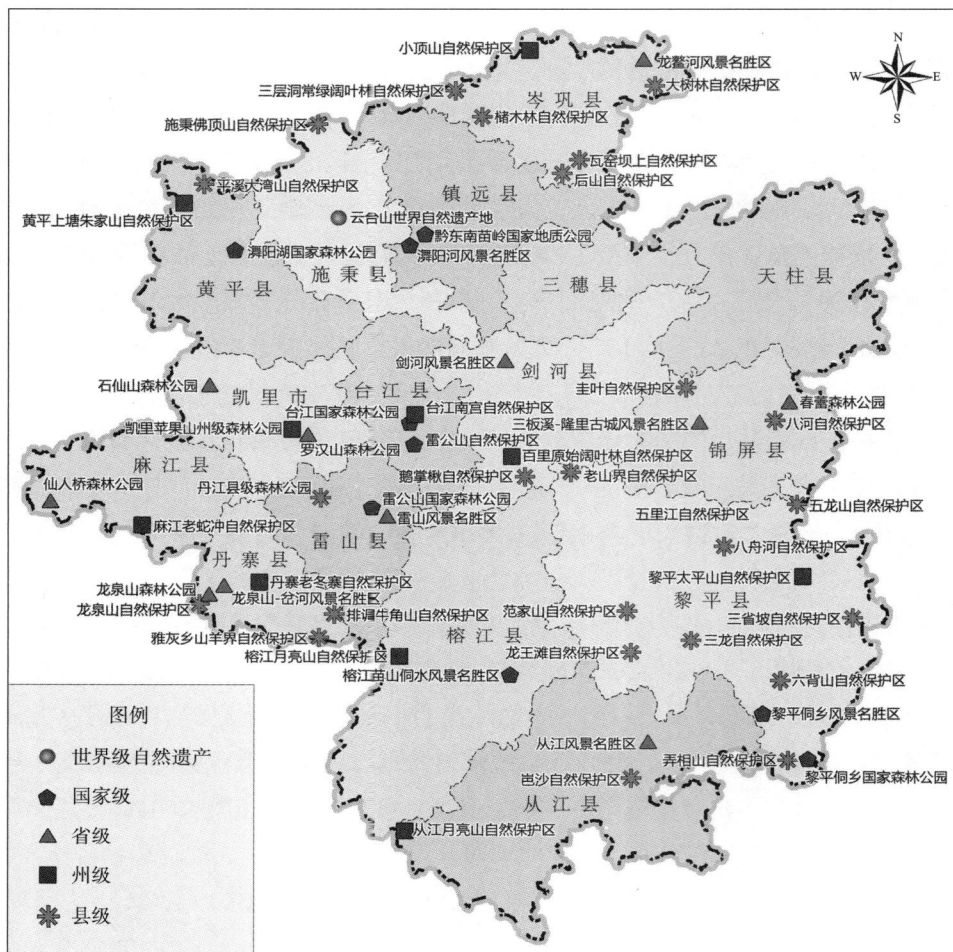

图 2-6　黔东南州自然遗产资源分布图

据统计，目前黔东南州共拥有 9 处风景名胜区，其中国家级风景名胜区 3 处、省级风景名胜区 6 处；22 处自然保护区，其中国家级自然保护区 1 处、州级自然保护区 9 处、县级自然保护区 12 处；森林公园 11 处，国家级 4 处，省级 5 处，州级 1 处，县级 1 处；另有世界自然遗产 1 处；国家级地质公园 1 处。代表性遗产有：施秉云台山、潕阳河风景名胜区、黎平侗乡风景名胜区、榕江苗山侗水风景名胜区、雷公山自然保护区、雷公山国家森林公园、黎平国家森林公园、台江南宫森林公园以及黔东南苗岭国家地质公园等。

优美的自然生态环境，丰富的自然遗产资源，是黔东南州的一大特色，是其旅游业发展的重要条件。目前，黔东南州已形成了以潕阳河风景名胜区为中心的生态旅游区，以凯里为中心的苗族风情旅游区和以黎平为中心的侗族风情旅游区。"两高"、"两铁"的开通，将极大地推动黔东南州旅游业的发展，州内自然风景资源的保护和规划也愈加重要，因此对黔东南州自然遗产资源的梳理将更加有利于资源的保护、整合、开发、利用，促进旅游业的发展。

二、物质文化遗产状况

物质文化遗产又称"有形文化遗产"，即传统意义上的"文化遗产"，据《保护世界文化和自然遗产公约》界定，物质文化遗产主要包括历史文物、历史建筑（群）和人类文化遗址。黔东南州拥有丰富的物质文化遗产，通过对其资源的整合与梳理，可将资源归纳为3类：一是各级文物保护单位，二是国家级、省级历史文化名城，三是各级名镇名村及传统村落。各类物质文化遗产散落于黔东南州各个地区，呈现出"大分散、小聚集"的分布特征。

1. 文物保护单位

黔东南州历史文化积淀深厚，至今仍保留"魏晋遗风、唐朝发型、宋代服饰、明清建筑"的风格与习俗，物质文化遗产丰厚，文物古迹众多。据统计，全州有不可移动文物保护单位975处。其中全国重点文物保护单位19处，省级文物保护单位59处，州级文物保护单位68处，县级文物保护单位829处。这些文物古迹主要包含有古遗址、古墓葬、古建筑、石窟及石刻、近现代重要史迹及代表性建筑等，其中古建筑遗存数量最大，占文保单位总数的近一半，共462处；其次为古遗址及近代重要史迹及代表性建筑，分别为165处和154处，另有104处石窟及石刻，75处古墓葬及15处其他文物古迹。

黔东南州自然遗产资源一览表　　　　　　　　　　　　　　　　表2-3

类别	等级	数量	名录	所在市县
世界自然遗产地	世界级	1	云台山世界自然遗产地	施秉县
风景名胜区	国家级	3	㵲阳河风景名胜区	镇远、施秉、黄平3县
			黎平侗乡风景名胜区	黎平县
			榕江苗山侗水风景名胜区	榕江县
	省级	6	龙鳌河风景名胜区	岑巩县
			雷山风景名胜区	雷山县
			三板溪-隆里古城风景名胜区	锦屏县
			龙泉山-岔河风景名胜区	丹寨县
			从江风景名胜区	从江县
			剑河风景名胜区	剑河县
自然保护区	国家级	1	雷公山自然保护区	雷山县
	州级	9	麻江老蛇冲自然保护区	麻江县
			黄平上塘朱家山自然保护区	黄平县
			榕江月亮山自然保护区	榕江县
			从江月亮山自然保护区	从江县
			丹寨老冬寨自然保护区	丹寨县
			台江南宫自然保护区	台江县
			黎平太平山自然保护区	黎平县
			小顶山自然保护区	岑巩县
			百里原始阔叶林自然保护区	剑河县

续表

类别	等级	数量	名录	所在市县
自然保护区	县级	12	岜沙自然保护区	从江县
			龙泉山自然保护区	丹寨县
			排调牛角山自然保护区	
			雅灰乡山羊界自然保护区	
			施秉佛顶山自然保护区	施秉县
			三层洞常绿阔叶林自然保护区	岑巩县
			楮木林自然保护区	
			大树林自然保护区	
			瓦窑坝上自然保护区	
			后山自然保护区	
			平溪大湾山自然保护区	黄平县
			鹅掌楸自然保护区	剑河县
森林公园	国家级	4	雷公山国家森林公园	雷山县
			潕阳湖国家森林公园	黄平县
			黎平侗乡国家森林公园	黎平县
			台江国家森林公园	台江县
	省级	5	龙泉山森林公园	丹寨县
			春蕾森林公园	锦屏县
			罗汉山森林公园	凯里市
			石仙山森林公园	
			仙人桥森林公园	麻江县
	州级	1	凯里苹果山州级森林公园	凯里市
	县级	1	丹江县级森林公园	雷山县
地质公园	国家级	1	黔东南苗岭国家地质公园	黄平、施秉、镇远、剑河、台江、雷山6县

全国重点文物保护单位19处，包括：（1）古建筑：增冲鼓楼、高仟鼓楼、宰俄鼓楼、金勾风雨桥、三门塘古建筑群、旧州古建筑群、飞云崖古建筑群、岩门司城垣、锦屏飞山庙、隆里古建筑群、郎德上寨古建筑群、大利村古建筑群、青龙洞古建筑群、镇远城墙、地坪风雨桥15处；（2）近现代重要史迹及代表性建筑：和平村旧址、黎平会议会址、述洞独柱鼓楼3处；（3）其他：重安江水碾群1处。

省级文物保护单位59处，包括诸葛洞纤道、雷公坪咸同起义遗址等5处古遗址；何腾蛟墓祠、吴文彩墓2处古墓葬；柳基古城垣、锦屏文斗古建筑群等34处古建筑；例定千秋碑、华严洞摩崖2处石窟寺及石刻；石桥白皮纸作坊遗址、龙大道故居等15处近现代重要史迹及代表性建筑和1处其他类文保单位，即加榜梯田。

州级文物保护单位68处，包括古遗址5处，古墓葬5处，古建筑38处，石窟寺及石刻6处，近现代重要史迹及代表性建筑14处。类型多样，内涵丰富。

2. 历史文化名城

黔东南州境内目前拥有2座历史文化名城，一座为国家级历史文化名城——镇远；另一座为省级历史文化名城——黎平。

（1）镇远

镇远历史文化名城位于潕阳河畔，四周环山，城内潕阳河自西向东呈"S"形蜿蜒贯穿全城，河北岸为旧府城，南岸为旧卫城，形成了"一水分两城，九山抱一水"、山水城浑然一体、天人合一的独特的太极图古城风貌。1986年被国务院批准为中国历史文化名城。

镇远古城是一个完全由名胜古迹集成的"传统文化迷宫"，有八大会馆、四洞、八祠、九庙、十二码头与府卫古城垣、吴王洞、四宫殿、古全井、古戏楼等名胜古迹近200多处，主要历史名胜包括青龙洞，中元禅院，万寿宫，祝圣桥，香炉岩，天后宫，府卫古城垣，吴王洞，四宫殿（东方战神庙），和平村，周达文故居，古城中的寺庙、庵堂、馆祠、亭阁、宫阙、古民居、古巷道、古码头等，观赏价值与科考价值俱高，其建筑风格为青砖黛瓦、高封火墙、飞檐翘角、雕梁画栋，每一块青石板，每一块青砖都记载着历史，诉说着千年古城的沧桑。与此同时，镇远古城还是一个多元文化融合的古城，汉民族与侗族等20多个少数民族和睦相处，中原文化、荆楚文化、巴蜀文化、吴越文化、闽粤文化、土著文化与城外文化的融会，使镇远成为多民族、多宗教、多社会的博物馆。

（2）黎平

黎平历史文化名城位于黔东南州东部地区，位于清水江、都柳江两大河流中间，是东下湖广、西上云贵的交通要塞，为历代商贾云集之地，市场相当繁荣，文物古迹众多，历史文化底蕴深厚。1991年被评为贵州省首批省级历史文化名城。

黎平古城环山绕水，气势雄伟，风光旖旎，气候宜人。古城为明洪武初年所建，保存较为完整。古城空间沿城内5个山头的山地坡度展开，形成高低错落、丰富多彩的山地空间布局，道路和建筑顺应地形和等高线的走向而生长，蜿蜒变化，自由灵活，主干道平街位于城内最低最平坦处，古城整体空间与山体融为一体，形成了"古城山间卧，碧水绕城行"和"七十二井缀五墩"的天人合一的城市格局和"四街九巷"的街巷格局。境内风景秀丽，文物丰厚，南泉山叠嶂丛林，花草奇异；八舟河晶莹透彻，沁人心脾；喀斯特地貌，黎平一绝；天生桥巍然矗立，堪称世界之最；清代建筑群鳞次栉比，错落有致，青石板街跌宕起伏，曲折幽深；吊脚楼千柱落地，飞檐凌云；寺庙祠堂庄严雄伟，气度不凡；古石刻、古井、古寺、庙、坛、祠、塔、楼、阁、桥、亭、宫、堂、馆等无不展现和映射出古城独有的风貌与悠久的文化。

3. 名镇名村及传统村落

截止到目前，黔东南州共有中国历史文化名镇2处，分别为黄平县旧州镇、雷山县西江镇；省级历史文化名镇1处，即锦屏县茅坪镇；中国历史文化名村8处，分别为锦屏县隆里所村、榕江县大利村、黎平县肇兴村、堂安村、地扪村、从江县增冲村、岜沙村、雷山县郎德村；省级历史文化名村2处，即从江县小黄村、雷山县新桥村。

（1）名镇名村

黔东南州名镇名村分布分散，从民族属性上分析，主要可分为汉族、侗族、苗族及混合4种类型。其中，汉族型有隆里所村，隆里古村始建于明洪武十八年（1385年），是明代盛行的军事制度即卫所制度下修建的军事城堡，完整地保存着明清时期的规划布局和民居建筑群，形成了有别于中原文化和当地少数民族文化的亚文化群，是少数民族地区的汉文化社区，被称为"汉文化孤岛"，对研究中国古代建筑和城镇规划具有重要的科研和艺术价值。

侗族型村镇主要为历史文化名村，具体有大利村、肇兴村、堂安村、地扪村、增冲村和小黄村，这些名村主要分布于黔东南州东南部地区，各村均保持着侗族传统的建筑风格和民俗风情，是研究少数民族地区侗族文化的重要实例。

苗族型村镇有中国历史文化名镇西江镇，中国历史文化名村郎德村，省级名村新桥村，这些苗寨完全保留了历代苗族建筑古朴典雅的吊脚楼和奇丽淳厚的民族风情，是研究苗族建筑和苗族文化的代表地，科研、艺术、历史价值俱高，其中西江镇驻地西江村为我国最大的苗寨，被称为"千户苗寨"；郎德村之郎德上寨整个寨被评为全国重点文物保护单位，新桥村为超短裙苗的代表，其水上粮仓更是独树一帜，成为中华农耕建筑史上的一大景观，吸引着诸多民族民俗学者、建筑艺术学者、旅游者前往观光科考。

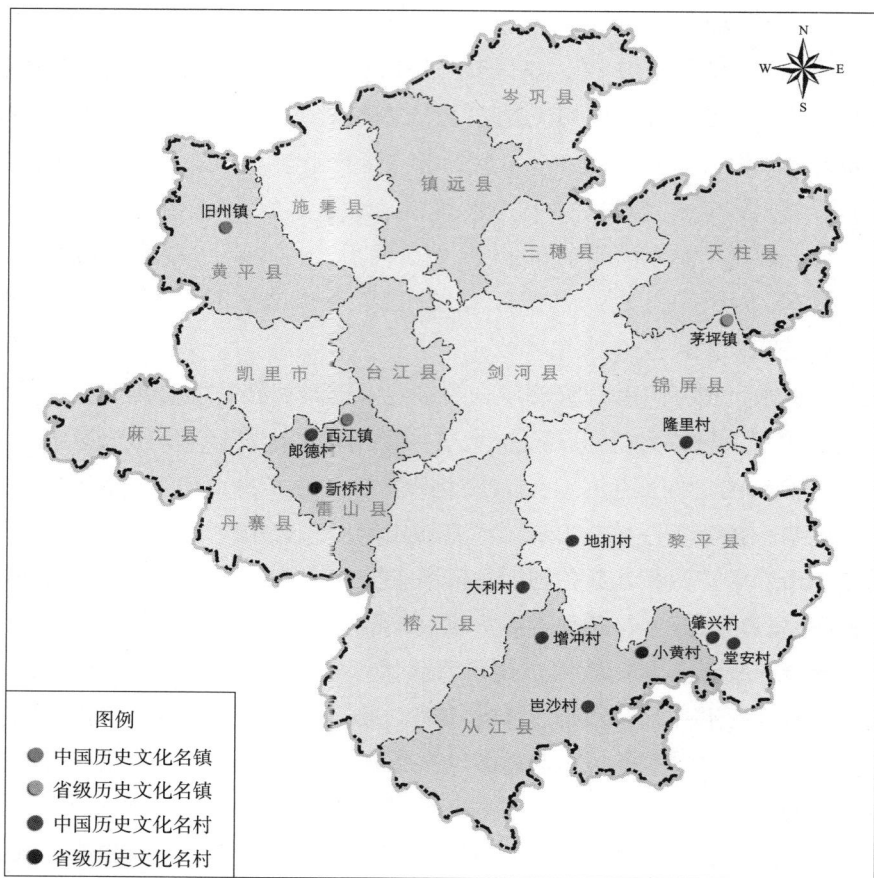

图 2-7　黔东南州历史文化名镇名村分布图

混合型村镇有国家级名镇黄平旧州镇和锦屏茅坪镇，二者均为苗、侗、汉等民族的混合体。从交通区位上看，二者均为古代水陆交通要塞，其中旧州镇位于㵲阳河畔，茅坪镇位于清水江河畔，水路交通的发展对其影响至深。黄平旧州镇位于㵲阳河上游河畔，历史悠久、文化深厚、经贸发达，是一个"以政兴商"的城镇，历史上曾为㵲阳河上游的政治、文化、商贸中心。境内资源丰富、古迹众多，其中旧州古建筑群被列为全国重点文物保护单位。现存古城为明初所筑，为明代卫所的遗存，是在千户所的基础上发展成的一个古商业城镇，城内古建筑多为典型容（印）形建筑，造型壮观优美，精致典雅，别具特色，颇具规模，为研究中国古代建筑史提供了丰富的实例。锦屏茅坪镇位于县境东北部，为锦屏海拔最低点，清水江穿境迂回而过，是一座因水因商而盛的城镇，是明清以来贵州最著名的木材商埠，至今仍保存着大量木商文化遗迹，被誉为"清水江木商文化博物馆"。古镇内至今尚存有上百栋建于木材贸易兴盛时期的窨子屋和多条蜿蜒在房子之间的青石板道，将湘黔文化、荆楚文化、江淮文化以及当地苗侗文化融为一体，既有江南地域的瑰丽神奇，又有北方文化的器宇轩昂，是研究我国木商文化、建筑文化及苗侗文化的重要基地。此外，茅坪镇还是我国早期工人运动领袖、龙华二十四烈士之一——龙大道烈士和红六军团十八师师长龙云烈士的故乡，具有浓厚的红色革命精神与情怀。

（2）传统村落（详见第一章第二节）

三、非物质文化遗产传承

1.非物质文化遗产内容及分布

非物质文化遗产，是民族精神的重要标识和民族历史文化的活化石，蕴涵着国家、民族特有的价值观念、审美追求和情感记忆，承载着国家、民族文化生命的密码，是民族精神和人民智慧的生动体现。黔东南州非物质文化遗产是黔东南苗、侗及其他民族在长期同自然界和社会发展的过程中，形成积淀的文化成果。近年来，黔东南州政府积极贯彻"保护为主、抢救第一、合理利用、传承发展"的工作方针，对非物质文化遗产的保护与传承采取了积极的措施，如积极全面普查，建立非物质文化遗产档案及数据库；完善四级名录和代表性传承人体系；加大遗产宣传交流力度；制定颁布相关条例和办法等，极大地推动了黔东南州民族文化和文化遗产保护工作。

2003年联合国教科文组织第32届会议正式通过的《保护非物质文化遗产公约》将人类非物质文化遗产划分为5大类：口头传统和表现形式，包括作为非物质文化遗产媒介的语言；表演艺术；社会实践、礼仪、节庆活动；有关自然界和宇宙的知识和实践；传统手工艺。

黔东南州是贵州乃至我国民族文化的富集地区，具有数量大、类别多的特征。据统计，如今黔东南州拥有联合国"人类非物质文化遗产代表作名录"1项，即侗族大歌；国家级非物质文化遗产53项72个保护点，数量占全省的近一半，排列全国地州市级第一位；省级名录192项242个保护点；州级名录254项300个保护点；县级名录700项。国家级项目代表性传承人26人，省级项目代表性传承人104人，州级项目代表性传承人294人。国家级民族文化生态保护实验区1个，国家级生产性保护示范基地3处，省级生产性保护示范基地8处，州级生产性保护示范基地5处。

黔东南州国家级非物质文化遗产分类表　　　　　　表2-4

遗产类别	遗产名称
民间文学	苗族古歌、刻道、仰阿莎、珠郎娘美、苗族贾里
传统美术	苗绣、剪纸、苗族泥哨、侗族刺绣
传统音乐	侗族大歌、侗族琵琶歌、苗族飞歌、芦笙音乐、多声部民歌
传统舞蹈	苗族芦笙舞、木鼓舞、铜鼓舞
传统戏剧	侗戏
传统体育、游艺和竞技	赛龙舟
传统手工技艺	苗族蜡染技艺、苗族吊脚楼营造技艺、苗族芦笙制作技艺、苗族银饰锻制技艺、皮纸制作技艺、枫香印染技艺、侗族木构建筑营造技艺、银饰制作技艺、苗族织锦技艺、民族乐器制作技艺
传统医药	瑶族医药、苗医药、侗医药
民俗	苗族鼓藏节、苗族姊妹节、侗族萨玛节、苗族独木龙舟节、苗年、苗族服饰、侗年、四月八、月也、苗族栽岩习俗、侗族服饰、三月三、侗族宽约

从图 2-8 中可知，黔东南州非物质文化遗产主要分布于"黎 - 从 - 榕"侗族腹地和以雷山县为中心的苗族腹地，且以两腹地为中心逐步向外缩减，呈现扩散式缩减分布状态，其中位于苗侗腹地交界处的榕江县所承载的非物质文化遗产最为丰富，共 63 项，位于东北部的三穗县数量最少，为 18 项。此外，黔东南州非物质文化遗产分布特征还具体表现在，其分布传承地主要集中于苗乡侗寨，存在于这些少数民族村寨社会生活的方方面面。

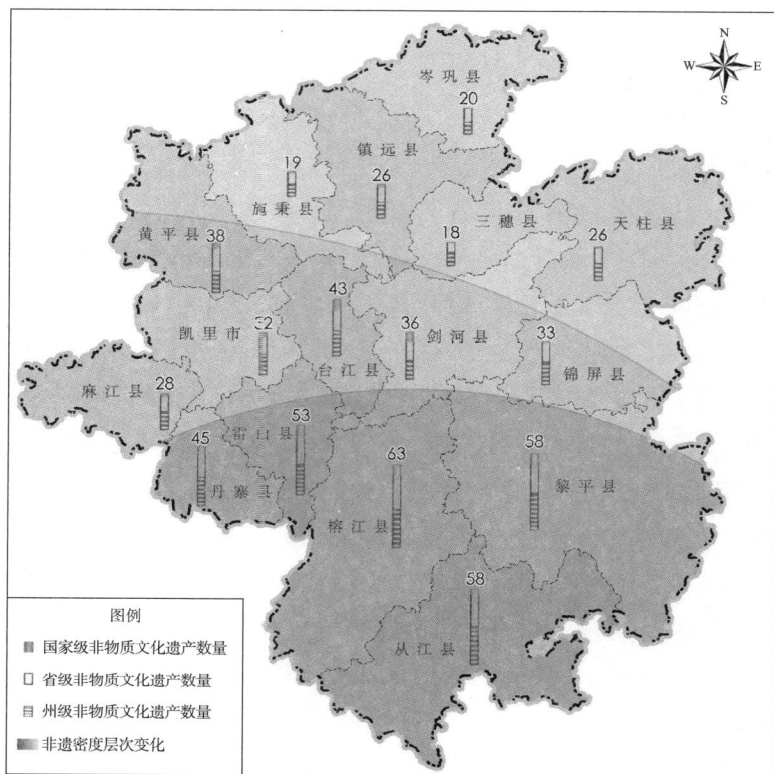

图 2-8　黔东南州非物质文化遗产数量分布示意图

2. 非物质文化遗产特色价值分析

非物质文化遗产有诸多特征，它是一个地区的民众对历史的共同记忆和认识，是对物质生产、生活的情感表达，是对本地区风土人情的经验概括。这些在民众中传承已久的非物质文化遗产具有完好的人文内涵和社会功能，蕴涵着民族和族群的历史渊源、精神价值、思维方式和审美情趣，体现了文化特质和文化交融，反映了不同地域、不同民族、不同经济社会发展阶段聚落形式的历史过程，真实记录了民间手工技艺、传统民俗民风和原始空间形态等，具有很高的研究和利用价值。

民间文学　指民众在文化生产和社会生活里传承、传播、共享的口头传统和语辞艺术。从文类上来说，包括神话、史诗、民间传说、民间故事、民间歌谣、民间叙事、民间小戏、说唱文学、谚语、谜语等。民间文学是地域文化的活态传承，黔东南州民间文学内容十分丰富，仰阿莎、珠郎娘美、苗族古歌、刻道等都久负盛名。如仰阿莎传说，仰阿莎为苗族美神，其传说为苗族古代叙事长诗，该长诗被苗族誉为"最美的歌"，是我国少数民族民间文学的一朵奇葩，在我国民族民间文学史上占有一席之地，影响面大，意义深远。珠郎娘美是根据流传于侗族地区珠郎娘美爱情故事改编成的侗戏剧本，通过对主人公珠郎和娘美悲欢离合曲折坎坷人生的描写，多方面、多角度地反映了19世纪侗族社会的风土人情及各种人物的生活状况、思想状况、道德观念及复杂关系，揭露了当时的地主阶级社会结构和伦理关系，堪称侗族文学史上的《梁山伯与祝英台》《罗密欧与朱丽叶》。刻道的内容主要是"刻木歌"，是苗族十二路酒歌之一《开亲歌》的中间部分，也是这路歌最精彩的一节，其中实地反映和记录了古代苗族"姑舅表婚"的历史轨迹，是一部古老的苗族婚姻史诗，也是苗族社会的"婚姻法典"。

传统美术 指的是运用传统手段所作出的绘画、雕塑、工艺品和建筑等。黔东南州传统美术主要包括刺绣、剪纸和苗族泥哨，其中刺绣包括苗绣和侗族刺绣，侗族刺绣是一种用引针穿刺，将各种彩色丝线或棉线附着在织物表面之上，构成各种图案纹样的工艺技法，是中国少数民族刺绣中的重要分支。这种工艺技法不受底布经纬组织的限制，可以较为自由地发挥作者的构思和艺术才能，其种类丰富、造型新颖、色彩绚丽，观赏与实用价值并举。黄平苗族泥哨是以当地优质黄泥做基本原料，通过纯手工艺搓捏成型、木屑煅烧、上色涂油等多道工序制作而成，形式多样、色彩丰富，具有鲜明的地方民族特色与极高的收藏价值。

传统音乐 传统音乐是一定音乐思想特殊本质的集中体现，是音乐思想意识的结晶。黔东南州代表性传统音乐有侗族大歌、苗族飞歌、侗族琵琶歌以及各类情歌、山歌等。苗族飞歌是黔东南州苗歌中瑰丽的钻石，歌曲艺术的珍品。音调高亢嘹亮，豪迈奔放，曲调明快，有强烈的感染力。歌词以颂扬祖国大好河山和歌颂坚贞爱情及表达男女青年之间的爱慕之情为主，多用在喜庆、迎送等大众场合，见物即兴，现编现唱。侗族琵琶歌分布于侗族南部方言地区，可分为抒情琵琶歌和叙事琵琶歌两大类。其歌唱内容几乎涵盖了侗族历史、神话、传说、故事、古规古理、生产经验、婚恋情爱、风尚习俗、社会交往等各个方面，世代传承，歌脉悠远。由于各地琵琶歌使用的琵琶型号和定弦不同，土语不同，演唱场所不同，运用嗓音不同，因而形成多种不同的风格。而琵琶歌唱词体现了侗族诗歌的高超水平，是研究侗族社会人类学、民族学、民俗学的重要资料。

传统舞蹈 传统舞蹈大多是依靠模仿，技艺口传心授地一代一代相传，很多没有具体的文字和图像将舞蹈的形式、动作记录下来，因此其在传承的过程中，易丢失和发生变化。黔东南州传统舞蹈舞种丰富，具有代表性的舞蹈有芦笙舞、铜鼓舞、木鼓舞和锦鸡舞等。以铜鼓舞和木鼓舞为例，铜鼓舞是苗族民众中流传最广，影响最大的古老舞种之一，是以鼓手有节奏地击鼓，由鼓点的节奏变化而引起舞蹈者的动作和队形变化的一种舞蹈。舞步矫健有力，舞姿粗犷灵活，动作幅度大，情绪饱满，充分体现了当地人民豪放、朴实的民族性格，抒发了他们纯洁快乐的思想感情。反排木鼓舞是一种祭祀性舞蹈，源于祭鼓节，历史久远，由原始图腾信仰和万物有灵的宗教意识发展而来，由5个鼓点章节组成，即"牛高抖"、"牛扎厦"、"厦地福"、"高抖大"、"扎厦耨"5个舞种。由于反排木鼓舞与苗族祭鼓节相生相伴，也是祭鼓节重要的活动环节，因此，它是连接苗族社会过去、现在和未来重要的文化形态纽带，保护和抢救它，具有深远的社会历史意义和现实意义。然而由于现代政治、经济、外来文化、舞台艺术需求、学校教育的影响，传统舞蹈面临着严峻的挑战，有的舞种处于濒危状态，如不及时地抢救和保护，有可能艺绝，因此迫切需要立项保护。

传统戏剧 指的是人们在长期的发展过程中，形成的以民间歌舞、说唱和滑稽戏3种不同艺术形式综合而成的艺术表现，起源于原始歌舞，由文学、音乐、舞蹈、美术、武术、杂技以及表演艺术综合而成，其特点是将众多艺术形式以一种标准聚合在一起，在共同具有的性质中体现其各自的个性。黔东南州非物质文化遗产的传统戏剧中最具代表性遗产为侗戏。侗戏是侗族人民在长期的劳动生活中创造并喜闻乐见的艺术形式，是在侗族民间说唱艺术"嘎锦"（叙事歌）和"嘎琵琶"（琵琶歌）基础上，接受汉族的戏曲影响而形成，具有独特的民族风格，被赞为"一朵夺目的民间艺术奇葩"。目前在侗族地区，多数村寨都有群众自己组织的业余侗戏班，但随着社会的变革和现代传媒的发展，侗戏不再在民众的娱乐生活中占据绝对优势地位，加之侗族没有文字，其传承脆弱，因此有必要设法加强其保护与传承。

传统手工技艺　指一门有着悠久文化历史背景的技术、技能，并必须经过一定的深入研究学习才能掌握的技艺，如针灸、按摩、中药、茶道、刺绣、剪纸等。每一门技艺都烙着民族的印记。黔东南州传统手工技艺极其丰富，其中具有代表性的技艺有：苗族蜡染技艺、苗族银饰锻制技艺、苗族织锦技艺、侗族木构建筑营造技艺等。以蜡染技艺为例，苗族蜡染技艺是苗族世代传承的传统技艺，历史悠久，主要采用靛蓝染色的蜡染花布，青底白花，大多将蜡染成品作衣饰，具有浓郁的民族风情和乡土气息，是中国独具一格的民族艺术之花。然而随着旅游业的快速发展，蜡染手工艺制品被当作特色旅游纪念品推向市场。为了满足市场需要和追求经济收益，粗劣的蜡染制品大量涌现，对技艺的有序传承构成了威胁。对此，蜡染技艺亟待得到真正的保护和合理的开发。

传统医药　传统医药是每个国家传统文化的一部分，并且是执业者世代相传的应用实践。受其保健人群的接受性也是世代继承的。因此，传统医药是自然区域性的，而不是从一种文化向另一种文化传播的。黔东南州传统医药主要有瑶族医药、侗族医药和苗族医药。瑶族医药是瑶族人民经过世世代代的摸索积累，慢慢形成的一套民族医药，具有鲜明的民族特色和地方特点，是中国传统医学重要组成部分之一，其中最具代表性的为瑶族药浴，该药浴集聚 30 多种中草药，具有清热解毒、祛风散寒、舒筋活络、滋补气血、强筋健骨等功效，深受人民的喜爱。

民俗　指一个民族或一个社会群体在长期的生产实践和社会生活中逐渐形成并世代相传，较为稳定的文化事项，可以简单地概括为民间流行的风尚、习俗。黔东南州民俗内容丰富多样，主要包括民族风俗、节日习俗、传统礼仪等。以节日习俗为例，据统计，黔东南州节日聚会全年有 390 多个，且每个节日聚会均有其一整套不同的节日习俗，其中万人以上的节日有 128 个，"大节三六九，小节天天有"，被誉为神奇之州、百节之州和民族民间的歌池舞地，被世界旅游组织誉为"文化大餐，山水盛宴"。其中苗族节日中有芦笙会、爬坡节、姊妹节、苗年节等，侗族节日中有泥人节、摔跤节、林王节、侗年节等，以及水族的端节，瑶族的盘王节等。

黔东南州非物质文化遗产数量大，类型多样，且主要集中于少数民居聚居的苗乡侗寨，具有鲜明的民族文化和地域文化特色。黔东南非物质文化遗产作为黔东南州重要的文化遗产内容，州政府及下属各市县对遗产保护工作均采取了积极的保护措施，同时也取得了部分成效。然而面对旅游业的快速开发，部分地区基于经济效益，盲目跟随，致使许多非物质遗产趋于形式主义，内涵失真，使历代传承的文化在无形中慢慢丧失，亟待采取制止措施，加强保护。此外，由于苗侗等少数民族大部分无文字，传承均由师徒代代口头相传，传承人的丧失将直接导致非物质文化的消失，对此需加大投入，改变和创新传承方式，扩大传播范围。非物质文化遗产保护的最终目的在于发展，在保护和传承的基础上，致力于将无形文化资源物化，使之成为有形资源，实现非物质文化遗产的社会价值、文化价值和经济价值。

第四节 黔东南州自然人文特色探析

一、黔东南州自然人文价值特征

长时期以来，关于黔东南州所具有的自然人文价值和地位一直含混迷茫，缺乏清晰认识和深度解析。目前虽然已经编制了《黔东南州州域城镇体系规划》以及各县市总体规划，根据各县市的实际情况明确了相应的城市职能，但是对于整个黔东南州的价值定位至今尚未作出一个科学合理的整体评价。究其原因，是没有深入发掘研究自然人文资源，梳理历史文脉，提炼文化特质。

黔东南州各市城区市定位　　　　　　　　　　　　　　　　　　表 2-5

凯里市 麻江县	贵州东翼地区民族文化振兴、旅游开发脱贫、承接转型升级的重要中心城市，具有世界影响力的苗族文化中心城市和侗族文化传承地；贵州东部重要的旅游服务中心和新型工业化基地，区域性中心城市；黔东南州的政治、经济、文化中心与交通枢纽。以发展新型工业和旅游服务业为主导的现代化城镇群
镇远县	黔东南州乃至贵州省对接中东部省区的重要节点与交通枢纽，是支撑州域东北部城镇、产业发展的综合服务平台，以生态文明为理念的镇远新型现代化工业新城，发展旅游服务、农特产品加工、商贸物流为主的城镇群
黎平县 从江县	黔东南州重要交通枢纽，州域东南部重要城市，中国苗侗文化重要展示地，以旅游服务、农特产品加工、新型建材、新材料为导向的城镇群
黄平县	州域西北部交通枢纽和商贸中心，以现代物流、旅游服务为主导产业的人文历史城市
丹寨县	是凯里城市经济圈的重要卫星城镇之一，"两高"快速通道上的重要节点，新型工业化示范基地，生态宜居城市
雷山县	世界苗族文化的中心，具有浓郁地方民族风情的国际旅游城市
锦屏县	山水宜居城市，黔东南州重要自然山水和历史文化旅游城市
施秉县	黔东南州北部以发展旅游服务、农特产品加工为主的山水城市
剑河县	贵州省重要的旅游目的地，黔东南州区域旅游节点城市，以温泉疗养、旅游服务为主，民族特色鲜明的园林旅游城市
榕江县	黔东南州南部的重要资源型城市，以木材加工、绿色食品加工、农副产品加工、林产品加工、民族工艺品工业为主的城市
天柱县	黔东湘西区域性循环经济、生态农业、教育文化、特色旅游基地城市，中国重要的钡化工产业中心，以旅游服务和矿产资源开采加工为主的城市
台江县	贵州东部重要的旅游节点城市，具有苗疆风情特色和山地滨水风貌的风景园林城市

注：上述各市城区市定位来源于《黔东南州州域城镇体系规划》中对各市城区市职能的定位

本研究经过深入调查探讨，在尊重和吸收考古发掘成果的基础上，对相关历史文献和学术论文进行了认真检索梳理、整合研究，认为黔东南州的价值和地位集中体现在其自然资源和人文资源上，其中自然资源价值集中体现在其原生态人居环境的稀缺性，是现今我国城乡生活环境中罕见的一方区域净土和地处大西南的最佳生态宜居后花园之一；而人文资源价值则突出地表现在以苗侗为主的各族人民在黔东南州这片悠久而又古老的土地上长期生产劳作和繁衍生息，留下了丰厚的民族文化遗产，创造了底蕴深厚的民族文化和地域文化，丰富了中华文明。为此我们认为黔东南州自然人文价值主要表现为自然生态的原真性和民族文化的多样性。

1. 自然生态原真性

黔东南州是地处我国大西南的原生态后花园，罕见的一方多彩净土和世界最佳旅游目的地之一，拥有着极为突出的自然生态价值。

黔东南州地处我国大西南，自然禀赋得天独厚，生态价值突出。境内峰峦连绵，江河纵横，山清水秀，景象万千。特殊的地质条件带来了千姿百态的峰丛、峰林、石林、溶洞、溶洼、天生桥、暗河等多种地貌，或雄、或险、或奇、或秀，风光旖旎，处处展示着景致迷人的奇观，造就了大美黔东南风光绚丽、多彩多姿的特色。与此同时，黔东南州地跨长江和珠江两大流域，以雷公山为分水岭，是两江支流上游重要的生态屏障，河网密度为贵州省之最，即使崇山峻岭之上，也不乏潺潺溪流和奔泻而下的江河水系，并且多数江河具有较强的水环境容量和自净能力，达国家水质一、二类标准的超过95%，这不仅为黔东南州提供了清澈干净的水利资源，同时也滋润出优美的自然生态环境。

黔东南州隶属于我国亚热带季风湿润气候区，全州年平均气温在14 ~ 18℃之间，冬无严寒、夏无酷暑，雨量充沛，气候温和，森林覆盖率高达64.33%，居全省之首，享有"森林之州"的美誉。空气质量优良天数占全年的99%以上，空气负氧离子含量是全国平均水平的22倍，是一个天然的大氧吧。黔东南州不仅森林资源丰富，生物种类也相当多，堪称祖国的绿色宝库。据统计，黔东南州内有各类植物2 009种，其中野生植物资源达1 000余种，有篦子三尖杉、厚朴树、香樟、银杏、鹅掌楸等国家重点保护树种37种，占到全国的10.5%，贵州省的90.2%，另有400余种药用野生植物，太子参、松茯苓、杜仲等天然名贵药材，可见其植被类型的丰富性和生物种类的多样性。黔东南州丰富的自然资源不仅为黔东南州美丽画卷增添了浓墨重彩的一笔，同时也为世居民族生产生存奠定了基础。

在黔东南州这片大地上共有9个世居民族，分别为苗族、侗族、水族、布依族、土家族、畲族、壮族、仫佬族、瑶族，这些民族世代居住在这块绿色土地上，与后来陆续迁居到这里的其他民族相融共生，创造了丰富多彩的原生态民族文化。这些民族不约而同地传承着中华民族共有的"天人合一"理念，和大自然相依为命，深知对大自然的尊重和善待。这些民族大多崇拜自然，相信万物有灵，甚至将山川河流、土地、古树、巨石、桥梁、水井都奉为崇拜物，认为世间万物与他们的劳作生产和居家生活息息相关，至今恪守着祭山、祭水、祭石、祭树等习俗。

他们依山傍水建造村寨，因山就势开垦梯田，按照最大限度保留地形地貌和环境要素的理念，把山、水、林、田和村寨完美地结合在一起，集自然风光、民族风情、人文景观于一体，充分体现出人与自然和谐共生的关系。村寨或者背风面阳建在山巅，或者顺着山势起伏散落在山腰，或者沿河临溪坐落于山麓，掩映在一片片郁郁葱葱的木林间。层层叠叠的梯田在漫漫云海笼罩下绕山蜿蜒而行。一个个村寨和一处处农田就是一道道风景线。置身其中，总会令人感慨万千，俯仰天地，融于诗画，返璞归真，重返大自然。

由于黔东南地处我国西南一隅的云贵高原，区位交通极为不便，经济发展比较缓慢，因此长期处于相对封闭状态，很少受到高速经济增长和快速城镇化带来的过度开发的冲击和干扰。在全国各地大批传统村落迅速消失的严重态势下，黔东南州苗侗和各族人民依然坚守自我，呵护着被视若生命的人居环境，原生态的自然环境才得以完整幸存，留下了这一方多彩净土。

黔东南州原生态的自然环境和多彩的人间净土吸引了来自世界各地的游客，据统计，2014年，黔东南州旅游总人数达3744.58万人次，其中，国外旅游人数达17.37万人次，旅游总收入达314.89亿元，占据当年黔东南州全州生产总值（701.71亿元）的近一半，黔东南州已然成为一个旅游大州。如今，黔东南州在"十二五"的成就下，将继续深入实施"旅游活州"的战略，充分发挥黔东南州原生态的自然优势和丰厚的民族文化，大力创新山地旅游业态，打造"大美黔东南"

文化旅游品牌，把黔东南州建设成世界知名的山地旅游目的地和最具民族特色的山地旅游大州。

2. 民族文化多样性

黔东南州是孕育我国以苗侗民族为主的多民族融合发展的摇篮，苗侗民族文化的传承中心和世界苗侗文化遗产原真集萃的核心地，是展示和传承中华优秀传统文化的范例。

我国拥有 56 个民族。汉族人口最多，占全国总人口的 92%，其他 55 个少数民族人口占全国总人口的 8%。其中苗族 942.6 万人，侗族 288 万人，分别居少数民族人口第 4 位和第 11 位。苗侗 2 个民族人口总和逾千万，主要集中聚居在贵州黔东南州。据 2010 年全国人口普查数据显示，贵州省为我国苗侗族人口最多且最为集中的省区，其中苗族人口为 3 968 400 人，占全国苗族人口总数近一半，约 42.10%，位列第一；侗族人口为 1 431 928 人，占全国侗族总人口的 49.72%，位居全国首列；不愧为我国苗侗民族的大本营。

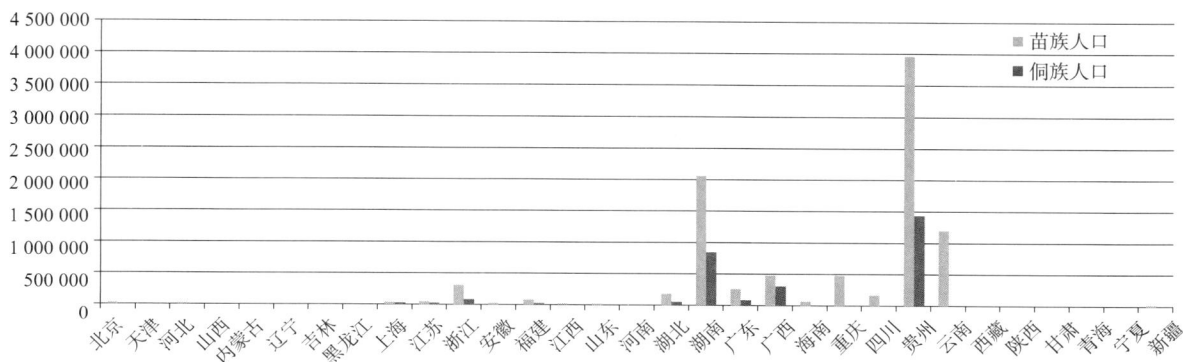

图 2-9　全国各省、区、市苗侗民族数量分析图

黔东南州位于贵州省西南部，2010 年，黔东南州总人口达 3 480 626 人，其中苗族人口多达 1 464 995 人，占州总人口的 42.09%，占全国苗族总人口的 15.54%；侗族人口有 1 010 352 人，占州总人口的 29.03%，占全国侗族总人口的 35.08%。与此同时，通过与其他州市级苗侗民族聚居地的比较，我们发现，黔东南州苗侗民族不仅数量最多，在分布密度上也是最高的地区。因此可以说黔东南州为我国苗侗民族人口最多且最为集中的地区。

全国主要苗族聚居地人口统计表　　　　　　　　　　　　　　　　表 2-6

地区	总人口	少数民族		苗族	
		人数	占总人口 %	人数	占全国苗族总人口 %
黔东南苗族侗族自治州	3 480 626	2 746 875	78.92	1 464 995	15.54
黔南布依族苗族自治州	3 231 161	1 806 956	55.92		
黔西南布依族苗族自治州	2 805 857	1 113 895	39.70		
铜仁市	3 092 365	2 165 149	70.02	450 786	4.78
湘西自治州	2 547 833	1 967 096	77.21	863 141	9.16
邵阳市	7 071 826	458 168	6.48	354 267	3.76
恩施土家族苗族自治州	3 290 294	1 798 987	54.68	164 844	1.75
文山壮族苗族自治州	3 517 941	2 016 089	57.31	481 239	5.11

注：根据 2010 年第六次全国人口普查数据资料整理。

全国主要侗族聚居地人口统计表   表 2-7

地区	总人口	少数民族		侗族	
		人数	占总人口 %	人数	占全国侗族总人口 %
黔东南苗族侗族自治州	3 480 626	2 746 875	78.92	1 010 352	35.08
铜仁市	3 092 365	2 165 149	70.02	361 132	12.54
怀化市	4 741 948	1 832 289	38.64	81 648	28.35
邵阳市	7 071 826	458 168	6.48	25 970	0.9
恩施土家族苗族自治州	3 290 294	1 798 987	54.68	50 255	1.74
柳州地区	3 758 704	1 920 156	51.08	326 478	11.35
河池地区	336.92 万	282.64 万	83.89	4 779	0.16

注：根据 2010 年第六次全国人口普查数据资料整理。

此外，黔东南州也是一个以苗、侗为主的多民族多元文化融合共生的地区。大量苗、侗民族及其他民族居民的集聚使得黔东南州民族呈现多元的特征，各民族的交融与共生创造了丰富多彩的多样民族文化。

由于历史及地域区位交通的原因，黔东南地区长期以来处于"闭关自守"的状态，经济社会基本上处在区域内自我循环，原生民族人文生态系统受外来文化干扰少，保存较为完整。在几千年历史的演进中，以苗侗为主的各民族塑造了丰富多彩的具有本民族特色的原生民族文化，内涵丰厚，灿若星辰，各民族文化在这里共存共荣，相互融合，使黔东南州成为一个多元文化融合区。其中苗族人民创造了以稻作文化为核心的物质文化、以《苗族古歌》为核心的精神文化和以"议榔"为核心的制度文化，内含多姿多彩的民间音乐、奔放豪迈的民间舞蹈、盛大喜庆的节日聚会、种类繁多的民族服饰、精美绝伦的民族工艺以及古朴浓郁的风情民俗；侗族形成了以鼓楼、花桥为代表的建筑文化，以侗族大歌为代表的精品音乐文化，以琵琶谈唱、侗戏表演为代表的曲艺文化，以"侗款"典籍制度为核心的制度文化，以"祭萨"活动为主的祭祀文化，以"蛋浆亮布"为标识的服饰文化，以腌鱼、腌肉、羊瘪、油茶等为嗜食风味的饮食文化，以"芦笙会"、"赶歌场"、"过侗年"等内容丰富的节日集会文化和以"吃相思"、"行歌坐夜"等形式多样的社交习俗文化。

此外其他少数民族也形成了具有本民族特色的民族文化，如瑶族的医药、隔冬、瑶年，土家族的傩戏、唢呐节，畲族粑槽舞，水族的石雕等，这些都是各民族文化的代表，均已列入国家级、省级、州级非物质文化遗产保护名录。另外，汉族作为黔东南三大主体民族之一，在历史的迁徙过程中，将中原文化、湘楚文化等带入黔东南地区，与当地少数民族文化相互融合、和谐共生，促进当地发展，其中具有代表性的有镇远历史文化名城、黄平旧州历史文化名镇、锦屏隆里历史文化名村，这些都是汉文化在黔东南地区的集中表现，是研究黔东南地区汉文化的重要实例。

在相融共生的同时，黔东南各民族历来秉持求同存异的理念，取长补短，兼收并蓄，极大地促进了民族大融合，使中华文明在不断传承创新中发扬光大。纵观我国古代历史，黔东南州各族的迁徙互动过程，经历了"汉化夷"和"夷化汉"2 个阶段。主要是在明代以前，汉人进入被称之为蛮夷的苗疆（即今黔东南）地域，无论是起因于战事，还是官府戍兵屯田，或者入黔经商，因为最初人口的构成"夷多汉少"，故而汉人久居苗疆，适应当地土著生产生活方式，语言和习俗被夷化，渐渐转为苗、侗等民族。然而即使如此，转化为苗、侗或其他民族后的汉人，仍旧保留着中原文化、吴越文化和湘楚文化的传承基因，不同程度地彰显着儒家思想文化。例如前述"黎平第一侗寨"的肇兴，如今虽然已是典型的侗族大寨，但是追根溯源，其先祖陆浓暖本是祖籍江西的汉民，迁徙至此建寨定居840多年，后裔转为侗族，却还保留汉姓，并且深受汉族宗法制度影响，将陆姓宗亲分为五大房族，分居在5个被称为"团"的自然片区，每团各建一座鼓楼，按照儒家思想崇尚的"仁、义、礼、智、信"对五大房族排序冠名，分别称作仁团、义团、礼团、智团、信团。久居在黔东南地区的"宋家苗""蔡家苗""龙家苗"大多也是"变服从俗"的汉族后裔，迄今居家厅壁仍供有"天地君亲师"神位。还有一些苗、侗、瑶、壮、土家族和仡佬族等，传统民居虽属干栏式建筑，然而建筑形制和外在形态特征并非"吊脚楼"，而是采用一堂二室的合院式布局，结合当地习俗稍加变异，就是融入汉族中原文化的实例。同时在民族融合过程，苗族文化对汉族中医、其他民族的服饰、歌舞、戏曲和工艺，及中华文化做出了重要贡献。

这种多民族求同存异，和谐共生，多元融合的社会生活反映在黔东南州的方方面面。由此可见，黔东南州不愧为彰显中华文化多元开放包容性特征的活化石。特别是作为孕育我国以苗侗民族为主的多民族融合发展的摇篮，苗侗民族文化的传承中心和世界苗侗文化遗产原真集萃的核心地，具有不可或缺的重要历史地位。

二、黔东南州历史文化多样性及其内质特征

1.黔东南州历史文化多样性特征

文化是凝结在物质之中又游离于物质之外的，能够被传承的国家或民族的历史、地理、风土人情、传统习俗、生活方式、文学艺术、行为规范、思维方式、价值观念等，是人类之间进行交流的普遍认可的一种能够传承的意识形态。原生状态文化创造者在独特的环境和条件下，选择"最优"的方式和途径，创造出各具特色的文化，而这些各具特色的文化长期持续形塑着不同的族群。黔东南州是我国原生态民族文化州，聚居着苗、侗、汉等几十个民族，各民族在黔东南这片古老而又神奇的土地上，和谐共处，相互成长，依靠集体的智慧和聪明才智创造出异彩纷呈的物质文化和精神文化。统观黔东南州及各民族的历史发展，可归纳出以下多种重要文化：稻作文化、民族文化、移民文化、地域文化、红色文化、建筑文化、医药文化等。

黔东南州主要历史文化　　　　　　　　　　　　　　　　　　　表 2-8

名称	内容	
稻作文化		稻作文化是我国存在地域最为广泛的农耕文化类型，它是农民在长期农业生产中形成的一种风俗文化。黔东南苗侗先民是我国最早种植水稻的民族之一。苗族早在"三苗"时期，就已掌握了水稻种植技术，在"三苗"文化遗迹的屈家岭文化，发现了500多 m² 烧土内拌入了密结成层的稻谷壳。经科学鉴定，这些稻谷属粳稻品种。苗族先民西迁黔东南山地后，为适应黔东南山地环境，将江湖平原的稻作文化移植于黔东南山地，形成了黔东南苗族古村落周围层层梯田的稻作文化，这是苗族为适应生境所作的农耕文化变迁。侗族先祖百越民族一直居住于我国南方地区，经营着江南稻作文化，侗族先民西迁至黔东南地区，依旧保持着先祖择平地、聚水而居的习性，日出而作、日落而息，继承着先祖创造的赖以生存的农耕文化。目前在黔
	东南地区随处可见的层层梯田已成为黔东南州一道亮丽的风景线。	

名称	内容
民族文化	民族文化是各民族在其历史发展过程中创造和发展起来的具有本民族特点的文化。黔东南州素有"民族大观园"之称，境内聚居着苗族、侗族、水族、布依族、土家族、畲族、仫佬族、壮族、瑶族9个世居民族和以汉族为代表的24个非世居民族，"民族特色（民族文化）村寨"遍布苗乡侗寨，具有文化遗产价值的民族村寨星罗棋布。黔东南州各民族世代居住于此，各自形成了具有本民族特色的历史文化、音乐文化、服饰文化、民俗文化、饮食文化、建筑文化等多样民族文化，民族风情浓郁。如无伴奏、无指挥、多声部复调演唱的侗族大歌，刺绣精美、美轮美奂的苗侗服饰；苗族的"芦笙节"、"鼓藏节"，侗族的"吃相思"、"祭萨"，水族的"瓜节"、布依族的"土地神节"等民俗活动；以腌鱼、腌肉、酸汤等为嗜食风味的饮食文化以及以苗族吊家楼、侗族木楼、鼓楼、花桥为代表的建筑文化。其中侗族大歌被入选联合国"人类非物质文化遗产代表作名录"；黎平高屯天然石拱桥和述洞侗族的独柱鼓楼、榕江车江八宝寨古楼等被收入了世界吉尼斯纪录；这些都是黔东南州民族文化的典型代表。
移民文化	移民文化是移民社会产生的观念形态文化，即移民社会中人们的精神活动及其产品。黔东南州是一个由移民迁徙铸就的聚落区域，境内主要民族苗、侗、汉族均为移民而至。其他民族也大都由黔东南以外地区迁徙而来。早期苗侗等少数民族的迁徙奠定了黔东南州的民族基础，苗侗民族将黄河流域和长江流域的文化带入偏远的黔东南山区，并在迁徙的过程中以及适应当地自然生态环境的过程中创造出属于黔东南地区的民族文化内涵。在现存的许多苗侗民歌中饱含着大量对苗侗民族大迁徙的记忆；苗族妇女百褶裙上的三大圈花纹代表着苗族先祖早期的三次大迁徙。明清时期，大量的汉族迁入黔东南地区，不仅带去了先进的技术和工具，提高了劳动生产力；同时还将中原文化、湘楚文化和闽粤文化输入进来，加强了少数民族地区与外界的交流，促进了外来文化与当地少数民族文化的融合，创造出多民族的文化特色。黔东南州境域内各市县现存为数众多的外省会馆（如江西会馆、湖广会馆、福建会馆、四川会馆等），既是黔东南移民文化的见证，也是研究明清时期经济文化的重要载体。
地域文化	地域文化一般是指特定区域源远流长、独具特色，传承至今仍发挥作用的文化传统，是特定区域的生态、民俗、传统、习惯等文明表现。它在一定的地域范围内与环境相融合，因此打上了地域的烙印，具有独特性。黔东南州位于我国西南边陲，地处云贵高原向湘桂丘陵盆地过渡地带，境内沟壑纵横、山峦延绵、重崖迭峰、地势崎岖，山多平地少，历有"九山半水半分田"之说，且历来不为统治者关注，是一个相对独立且封闭的自然单元。黔东南州是一个移民而成的城市区域，各民族在迁徙时都带着原始文化，由于地理条件的不同，该文化为适应新的环境而做出改变，形成新的地域文化。如苗侗族先民原居于黄河平原地区和长江流域，村寨民居皆择平地临水而建，然西迁至黔东南后，为适应当地生态环境，不得不改变原有建筑择址和建筑形式，从而形成新的建筑文化，造就了黔东南独具特色的苗侗民族建筑。同时，在不断迁徙的过程中，还形成了独特的宗教信仰、民族文学、民族歌舞等丰富的地域文化。
红色文化	红色文化是中国共产党在血与火的革命年代领导人民群众创建的中国特色先进文化，其内涵丰富，博大精深。黔东南州红色文化代表主要有在革命战争年代在黔东南形成的革命文物、革命战争遗址、纪念地、人物故居以及凝结在其中的革命精神、革命传统和文化氛围。从形式上来看，黔东南红色文化可分为物化形态的红色资源和精神形态的红色精神。物化形态的红色资源主要指革命志士、革命烈士及其信用之物，以及革命旧址和遗址等，如黎平会议会址、榕江红七军军部旧址、镇远抗战遗址和平村、上海龙华上下四烈士之一龙大道烈士故居、红六军团十八师师长龙云烈士纪念馆、三穗杨至诚将军故居、纪念馆等。精神形态的红色精神主要指红色文化的观念形态和精神 指向，是红色资源所承载的人民群众在中国共产党的正确领导下，在解决实际问题中所依靠的知识、信仰、价值和规范，它是红色文化的精髓，是红色文化深层内在的文化形态，如黎平会议精神的内涵——实事求是、敢于斗争，独立自主、勇于创新，民主团结、顾全大局。黎平会议是长征初期重要的历史事件，标志着党和红军实现重大战略转折的开始。

名称	内容
建筑文化	 建筑文化是人类文明长河中产生的一大物质内容和地域文化特色的靓丽风景线，是人类生活与自然环境不断作用的产物。建筑文化遗产蕴含着巨大的文化价值，是一个地区历史、哲学、社会、风俗的集中反映。黔东南地区历经千年考验的苗、侗民居建筑是黔东南传统建筑文化的典型代表，是自然条件、民族渊源、宗教文化、习俗意识等融合下的产物，是民族文化遗产中不可或缺的重要组成部分。苗、侗民族在漫长的历史演变中，创造了造型精巧、风格各异的建筑，是我国现存数量最集中、规模最宏大的干栏式建筑群。其巧妙的空间布局，轻巧优美的体型组合，精湛的结构和构造，就地取材的建筑理念，极具民族文化内涵和智慧。苗寨的曲栏回廊、吊脚楼、亭阁式的谷仓和木架禾晾，侗寨的六檐、八檐鼓楼和长廊风雨桥等都是苗侗民族的建筑瑰宝，体现了苗、侗工匠们高超的建筑工艺水平，蕴含着丰富的建筑文化特色。目前，黔东南州苗族吊脚楼营造技艺与侗族木构建筑营造技艺均已列入国家级非物质文化遗产名录。
医药文化	黔东南州医药文化由黔东南州丰富的药用物种资源和各民族医药共同构成。作为贵州省中药材主产区，黔东南州拥有丰富的药材资源，被誉为"天然药库"。据统计，现已查明的中药资源共有 2 831 种，占贵州省的 60%，全国统一普查的 363 种重要品种及贵州省下达的 93 种重要品种中，黔东南州占 328 种。全州中药材总蕴藏量达 1 080 万 t，藏量占全省的 59.2%，其中植物药 116 万 t，动物药 0.05 万 t，矿物药 946 万 t，尤以茯苓、何首乌、天麻、半夏、毛慈菇、桔梗、天冬、百合、前胡等几十种地道药材而闻名，"雷公山百合粉"为历史上进贡的山珍，半夏在日本享有免检殊荣，桔梗被列为贵州省十大名药，茯苓获得国家外经贸部颁发的"优质产品证书"。黔东南州丰富多样的药用物种资源为黔东南州医药的产生和发展奠定了物质基础，在保有丰富的药用物种资源的同时，迄今黔东南州还比较完整地保有着原真的苗族医药、侗族医药和瑶族医药。这些医药作为单一的民族医药，其来源于生活、实践于生活、超脱于生活，是各民族文化的精华和民族智慧的象征，为世人留下了丰富的民族医药资源，在我国民族医药宝库中占据了重要作用。目前，黔东南州苗族医药、侗族医药、瑶族医药均已被列入国家级非物质文化遗产名录。

黔东南州是苗侗民族人口最多的自治州，也是全国苗侗民族人口最集中的地区。苗侗先民历经千辛万苦辗转迁居于黔东南境内，并在此扎根繁衍生息，逐渐壮大，创造了内涵丰富、底蕴深厚的民族文化。虽然苗侗民族没有自己的文字，但他们把本族的历史、迁徙的记忆等全部铭刻在自己的服饰、音乐、舞蹈中，让这些无形的文字一代又一代地将苗、侗民族历史与文化传承至今。综观黔东南州苗、侗民族文化，主要体现在民族服饰、民族歌舞、节日集会、宗教信仰、社会制度、饮食习惯、民间工艺等方面。

黔东南州主要民族文化　　　　　　　　　　　　　　　　　　　　表 2-9

名称	内容
民族服饰	黔东南苗族服饰是苗族的文化符号，蕴含着丰富的文化内涵。每一种苗族服饰都是每一个苗族亚族群或次亚族群的标志。苗族服饰基本的特征是男装简朴、女装豪华且以裙装为特色。除三穗寨头苗族着大筒裤裤装外，其余都着裙装。苗族妇女服饰依裙子的长度可分为长裙系服饰、中裙系服饰、短裙系服饰 3 大系 11 亚系 30 多次亚系，各次亚系下又分无数款式服饰。侗族服饰约近有 100 种，其中妇女服 饰大致分为裤装、裙装 2 种类型，可细分为对襟裙装、右衽大襟裙装、右衽大襟裤装、交襟左衽裤装几大类。侗族男装主要为"对襟窄裤式"，直领、对襟、袖窄，对襟上的纽扣一般为布扣，随年龄不同而扣子的颗数和口袋的个数均不同。

名称	内容
民族歌舞	黔东南的民族歌舞极富有特色，是能歌善舞的民族。苗族民歌主要有"飞歌"、"游方歌"、"多声部情歌"、"古歌"、"酒歌"、"嘎百福歌"、"大歌"、"龙船歌"等，其中"飞歌"是黔东南苗族声乐的瑰宝，音调高亢嘹亮，豪迈奔放，曲调明快，有强烈的感染力。苗族舞蹈以苗族芦笙舞、木鼓舞、板凳舞、铜鼓舞为主，其中芦笙舞是黔东南苗族最普及的舞蹈，男女老少都会。此外，优美动听的芒筒、夜箫、木叶等均为苗族人民喜爱的民族乐器。 侗族大歌是侗族民歌中最出类拔萃的歌种，以优美的曲调和多声部以及模拟自然界声音的演唱方式而为广大群众所喜闻乐见，被誉为"清泉闪光的音乐"，"是掠过古梦边缘的旋律"。侗族大歌以其表演的场合、表达的内容、表演的形式等不同，又可分为"鼓楼大歌"、"礼俗大歌"（包括"拦路歌"、"踩堂歌"、"酒礼歌"）、"叙事大歌"、"声音大歌"、"童声大歌"、"戏曲大歌"等大歌种类。侗族民间舞蹈主要有芦笙舞、多耶舞、赐鱼舞、狮子舞、龙灯舞、羽毽舞等。此外芦笙、侗笛、琵琶、果吉、胡琴、土扬琴等均为侗族人民喜爱的乐器。
节日集会	黔东南苗族节日种类繁多，一年四季都有，按性质分类，有祭祀性、生产性和娱乐性节日3大类。按时间编排，农历正月有春节、"大年"；二月有"敬桥节"、"姊妹节"、"翻鼓节"；三月有"姊妹节"、"三月坡节"、"种棉节"；四月有"四月八敬牛节"；五月有"端午节"、"龙船节"；六月有"吃卯节（吃新节）"；七月有"吃新节"、"七月半（中元节）"；八月有"中秋节"、"吃新节"；九月有"重阳节"，十月有"苗年"，冬月有"苗年"，腊月有"除夕"，等等。另有芦笙会、爬坡会等节日集会。节日众多，集会盛大。侗族地区节日主要有"春节"、"六月六"、"吃新节"、"鼓藏节"、"侗年"以及"中秋芦笙会"、"赶歌会"、"踩歌堂"。在节日集会上开展演侗戏、唱大歌、吃相思等活动。此外，侗族人喜斗牛，以斗牛为乐，在每年春秋两季都会举行盛大的斗牛集会。
宗教信仰	苗族原始宗教包括"宇宙神灵"观念、"万物有灵"观念、"灵魂不灭"观念、"祖先崇拜"、"自然崇拜"和"人造物崇拜"等内容，其中前三者是苗族纯精神世界的文化信仰。苗族人普遍有崇敬"圣山"、"神山"、"神林"、"风水树"、"风水林"、"神树"等自然崇拜，许多地方以枫树为神树，房屋主梁必为枫树；另外每个孩子都有"岩妈"、"树爹"，逢年过节加以祭祀，祈求保佑。侗族宗教属于原始宗教范畴，以自然崇拜、人物崇拜、人造物崇拜和神灵崇拜为主要形态。自然崇拜包括图腾崇拜、植物崇拜和无生物崇拜。人物崇拜包括祖先崇拜和英雄崇拜。侗族的英雄崇拜，主要表现在对"萨岁"的供奉上，对"萨岁"的祭祀活动称为"祭萨"。人造物崇拜主要表现于侗族先民认为石凳、石碑、桥梁、水井等都有其灵性，这些物体可以保佑人得安康，其中侗寨鼓楼是侗族人造物崇拜的最为突出的表现，建村必先建鼓楼。
社会制度	苗族以"议榔"为核心的制度文化指的是社会控制制度，包括"理老"、"寨老"、"议榔"和"神判"4个既相互独立又相互联系的制度，它是苗族社会调整人与人关系的基础和柱石，具有鲜明的苗族的特征。"理老制"是苗族重要的社会制度，是苗族习惯法的重要支柱，主要负责财产、山林、婚姻等民事纠纷和械斗、群殴、凶杀、强奸等治安案件的"裁决"和"执行"两大部分事务。"寨老"是历史上苗族村寨中负责主持制定维护村寨社会治安、公私财产和伦理道德的乡规民约，主持召开村民大会制裁违背村规民约的人和事，调处村民内房族之间纠纷，代表本村寨调处与邻村寨之间的矛盾和纠纷的德高望重的长者，一般由村寨中年高德劭者担任，有公推和自然形成两类。"议榔"是苗语"构榔"的音译，意为"集中起来制度规矩"，是苗族社会中一种以地域为基础，在一定地域内由村寨首领们共同议定规约、通杀牛祭祖后使之变成"神"的意志，由"神"的力量对"人"进行管理从而实现对社会控制的一种社会制度。 侗族地区主要有"寨老"制度和侗款制度。"寨老"是侗族内部基本的社会制度之一。"寨老"是侗族村寨的自然领袖。一个寨子一般有几个德高望重的寨老。寨老的产生属于自然形成，主要职责是处理本寨内部事务以及与外寨的关系，即负责主持制定维护村寨社区社会治安、公私财产伦理道德的乡规民约，主持召开村民大会制裁违背村规民约的人和事，调处村民内宗族之间纠纷，代表本村寨调处与邻村寨之间的矛盾和纠纷。侗款是侗族制度文化最集中的反映，是侗族以地域为纽带的村寨内部或村与村、寨与寨之间的地方联盟组织，即款组织，"款首"是自然领袖。侗款是侗族的"习惯法"，涉及侗族人与人、与社会、与家庭、与婚姻、与生产生活息息相关的内容，对于维护侗族社会内部的安定，强化道德观念和惩恶扬善等方面起到积极的作用。

名称	内容
饮食习惯	苗侗民族饮食习惯相近，都喜食糯米，糯米种类有红糯、黑糯、白糯、秃壳糯、旱地糯等，其中香禾糯最有名。苗族、侗族人喜食"酸辣"味道，酸汤由粮食发酵或番茄和红辣椒腌制而成。黔东南苗族最特色的菜式有酸汤鱼、腌汤肥肠、腊肉、香肠、腌韭菜根等；侗族最有名的菜式包括腌鱼、腌肉、血灌肠、"牛瘪"、"羊瘪"、烧鱼、红肉、酸菜等。特色食品有炸辣子、魔芋豆腐、麻栗豆腐、黏口苔、山药豆腐、米粉、豌豆粉、糍粑等。苗族、侗族同胞善用香料植物，因此当地各种菜式具有鲜明的民族特色，香料植物主要包括木姜子、吴茱萸、香蓼、柠檬草、薄荷、茴香、花椒、胡椒等；食补用药主要有天麻、"夜寒舒"、当归、山药等；食用野生动物有野猪、竹鼠、竹鸡、花子鸡等。此外苗族侗族人喜用粮食烤制白酒，还利用当地各种名贵中药及特产，制成特色酒。
民间工艺	黔东南苗族侗族民间工艺包括蜡染、刺绣、剪纸、根雕、木版，箫笛、二胡、唢呐、鼓、芦笙、花灯、独木船、陀螺、银饰制造等。蜡染所用黄蜡来自蜜蜂，白蜡源自白蜡虫。蓝色染料为十字花科植物菘蓝、爵床科植物马蓝，黑色染料有大戟科乌桕，黄色染料有姜黄、石榴、栀子等。民间造纸原料常用竹类（苦竹、慈竹等）、麻类（破旧麻布）、松（马尾松）、构皮（构树）以及禾本科多种草本植物，民间造纸以三穗县，丹寨县著名，石桥古法造纸是其中的代表。芦笙使用白竹、毛竹、笋壳竹、苦竹、杉木、桦槁树皮等制作；根雕选用的树种有黄杨、檀木、榉木、柏木、榆木等。至今黔东南苗、侗民族许多民间艺术和工艺被入选国家级非物质文化遗产名录，如苗族蜡染技艺、刺绣、剪纸、银饰锻制技艺等。

2. 黔东南州历史文化内质特征

黔东南苗族侗族自治州是我国自治州中总人口和少数民族人口最多的自治州，也是我国苗、侗民族人口聚居最多的地区，居住着全国近五分之一的苗族人口，三分之一多的侗族人口，有中国最大的苗寨——西江千户苗寨和最大的侗寨——肇兴千户侗寨。苗、侗民族自古迁徙至此，繁衍生息，世代相传，与其他民族和谐相处，相互融合，苗壮成长，繁衍壮大，创造出多姿多彩的原生民族文化，丰富了中华民族文化的内容，是中华民族传统文化的重要组成部分。现据黔东南州历史文化内涵，概其文化形态表征，可将黔东南州多元历史文化内质精髓提炼为："善存革新、自信自强、平正守信、和谐秉中"。

善存革新

善存革新主要体现在以苗、侗为主的各民族迁徙、村寨建筑选址及其特征方面和苗历的发明和创造上。黔东南州苗、侗各民族受战争驱逐、民族压迫而不断迁徙。如苗族人民由北向南，再由东向西迁徙，由平原地区迁徙至高原地区，为保族护种，因势而变，在重重危难中将苗族保存下来。此外，苗、侗等民族迁居黔东南后，为适应当地自然地理环境和躲避屠杀，村寨建筑由平地迁至山中，由低山迁至中山再至高山，一直顺应形势改变策略，体现出苗、侗等民族人民顺变善存的生存本领。

另外，苗族人民在不断的迁徙过程中还创造了独特的苗族历法。该历法是苗族先民长期与自然斗争和在社会生活、农业生产等实践中积累的智慧和经验的科学总结，比距今6 200年的埃及历还要早3800多年。主要采用十二进制和独具一格的八十四进制，年平均长度同太阳回归年长度365.25一致，准确率极高。如今，黔东南地区的苗民依旧采用苗历来记时、推断凶吉、确定各种节日和赶场日，应用在生产、生活的方方面面。

自信自强

自信自强主要体现在明清及近代黔东南少数民族反对民族压迫的反抗斗争以及对本民族文化的自信。明清时期，黔东南这片封闭的山区逐渐被打开，外来势力逐渐侵入，民族剥削赋税徭役日益沉重，生活资源日渐侵蚀，百姓生活艰难，食不果腹，民不聊生，为反抗压迫，各民族团结一致，揭竿而起，仅清代就发生了雍乾、乾嘉、咸同3次大起义，其余小起义更是数不胜数，表现出各民族人民不畏强暴、敢于斗争、顽强拼搏的精神，使得苗、侗各民族克服重重困难，转危为安，在黔东南这片古老的土地上生息发展。

此外，自信自强还体现在各民族对本属民族文化的自信自强，各民族经历了漫长的迁徙和外来文化的侵入后，依旧保持着本属民族文化，并将其传承至今，这是一个民族拥有强大凝聚力的表现和对本民族文化的自信，如苗族人民现行使用的苗历、生病时求助的苗医等。

平正守信

平正守信即公平正直、诚实守信，是构建社会主义和谐社会的重要基础。以"议榔"为核心的苗族社会制度和以"侗款"为核心的侗族社会制度是黔东南州历史文化民主平等的主要体现。苗族社会制度主要包括"理老"、"寨老"、"议榔"和"神判"，侗族社会制度包括寨老制和侗款制，这些制度是苗、侗民族原始民主自治的依据和习惯法，每个寨老需要高超的品行和过人的智慧，都是通过村民商讨共议，在民主平等的前提下，推举选拔出来的，既能公正合理的解决内部人事纠纷，又能调解与外寨的矛盾，是公平正义的化身。

另外，平正守信还表现在村民对村规民约的制定和遵守。村规民约是以维护社会的安定和谐，促进全村各项事业的全面发展为目的，通过召开村民大会，以公平公正为前提，自由平等，民主决策，自主制定的，具有较大的约束力、控制力。村民需履约践诺，遵循共同制定的乡规民约，否则将受到惩罚。

和谐秉中

黔东南地区聚居着我国33个民族，各民族在黔东南这块神秘的土地上，和谐相处，共同发展。在政治上，由于历史和地理环境等因素，各民族形成了自己相对独立的族类聚居，遵循着各自自治制度，彼此互不侵扰，各自安居，和谐共处。经济上，随着交通系统的不断完善，商品交易日趋频繁，彼此之间你来我往，加强了各族之间的联系，共同发展。文化上，在保持各自主流文化特色的同时，融合吸收其他民族的文化，去粗取精，共同传承，如少数苗寨已建有侗家形状的鼓楼和风雨桥。此外，和谐秉中还表现在苗乡侗寨人居与自然的和谐统一，尤以苗、侗建筑为甚。无论是在选址布局还是房屋空间结构上，依山傍水，因地制宜，与自然浑然一体，天人合一，充分融入周围的景物中，形成了一个统一的整体，体现出人与自然的和谐共生。

3."一核三区多元"历史文化体系空间分布特征

历史文化体系是指在一定的空间地域范围内，由内在密切关联的各种文化元素、文化集丛结成，有别于其他空间地域文化的相对独立的文化系统。通过黔东南州历史文化体系研究，不难发现，历史文化空间分布呈现的"一核三区多元"特征，即以苗、侗民族文化为核心，苗族文化主流区、侗族文化主流区和汉族文化主流区为3大区域，以及黔东南州诸多文化所蕴含的多样性。"一核三区多元"既是对其空间分布特征的抽象概括，也是从整体上认识黔东南州民族文化和地域文化的重要视角。历史文化区域指的是蕴含历史文化、特征鲜明、并相对集中的空间地域范围，不以行政区划界定，不按行政区划分类。

特征	类别	主要内容
一核	苗、侗民族文化	民族服饰、民族歌舞、节日集会、宗教信仰、社会制度、饮食习惯、民间工艺等
三区	苗族文化主流区	苗绣、银饰、飞歌、芦笙舞、吊脚楼等
	侗族文化主流区	刺绣、银饰、侗族大歌、琵琶歌、鼓楼、风雨桥等
	汉族文化主流区	会馆、屯堡、古城、赛龙舟等
多元	稻作文化、红色文化、建筑文化、医药文化、移民文化、木商文化、屯堡文化等	

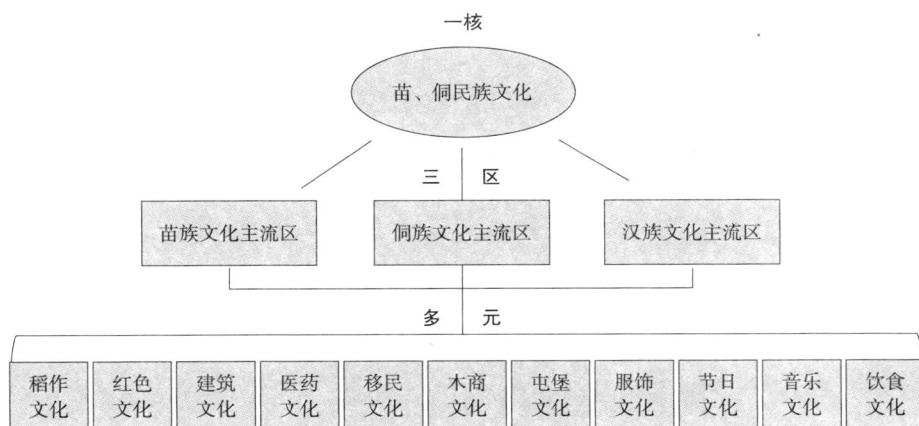

图 2-10　"一核三区多元"文化结构示意图

一核：即以苗侗民族文化为核心。苗、侗民族是黔东南州最主要的民族，占州总人口的一半多，且分布广泛。苗、侗民族早在秦汉时期便已迁居黔东南境内，扎根立足，世居于此。在漫长的历史发展长河中，在与大自然的相处适应、与外来侵略势力的抗争中，黔东南苗、侗民族求存顺变、团结自强，依靠集体的力量和才智创造出了绚丽多姿的原生态民族文化，极具民族与地域特色。苗、侗民族文化为黔东南历史文化主流，承载着所属民族生存与发展的经验和智慧，是黔东南州民族文化的结晶与象征。

三区：以地理特征为特点的苗族文化主流区、侗族文化主流区和汉族文化主流区。黔东南州的历史在某种意义上可称为一部移民史，历史上三大主体民族苗、侗、汉均由域外迁徙而来，在此繁衍生息，彼此融合，并形成各自的聚居区。以山水自然要素为基础划分，黔东南州各民族的分布基本上以清水江为界，汉族主要分布在苗岭山脉以东及清水江以北地区，主要聚居在今镇远、施秉、岑巩等地；而苗、侗等少数民族则主要分布在清水江以南地区，其中苗族主要分布在清水江以南的雷公山山区，主要聚居在雷山、台江、凯里、丹寨、麻江、剑河等地，侗族主要分布在清水江下游及月亮山山区，主要聚居在黎平、从江、榕江、

图 2-11　三区分布示意图

锦屏、天柱等地。三大民族在各自的聚居地形成了以主体民族为特色的文化主流区，使其文化主流区有了不同于其他地区的文化特质。另外需要说明的是，三大文化主流区的划分并不代表每个文化主流区仅有一种文化现象，在汉族文化主流区内也存在苗、侗等其他少数民族的文化，但在汉族聚居区内所体现的主流文化为汉族文化，因此将其划分为汉族文化主流区，与此同理，苗族文化主流区与侗族文化主流区内也存有其他民族的文化现象。

多元：以移民文化、红色文化为代表的多元文化特色。黔东南州传统文化具有多元性特征，除以苗、侗为主的原生民族文化外，还有稻作文化、红色文化、建筑文化、医药文化、移民文化、木商文化、屯堡文化等，囊括历史、政治、经济、军事、社会等各个方面，其具体文化形态有城址、建筑、文书、碑刻、人物及其相关历史人物活动等。黔东南州传统文化的多元性是黔东南民族内部和民族之间文化变迁与整合的结果，自身民族文化的创造及与聚居地之异质文化的碰撞、转化与融合，使黔东南州在漫长的历史发展中形成了丰富多元的传统文化。

第三章　黔东南州传统村落特色与价值评估

第一节　黔东南州传统村落特色分析

　　黔东南州传统村落数量众多，内涵丰富，是我国传统村落分布最为集中、保存最为完好、最具特色的地区之一，具有巨大的资源优势和研究价值。黔东南州传统村落主要以苗、侗民族村寨为主，千百年来，这些以苗、侗聚落为主的传统村寨始终延续传承着原生态的农耕劳作和起居形态，"男耕女织"、"日出而作，日落而息"，同时也创造出丰富多彩的民族和地域文化，体现着黔东南州的历史文化与精神内涵。本节将以黔东南苗、侗两大民族聚居的传统村落为对象，依据传统村落评定标准从自然环境与村落选址、传统格局与整体风貌、传统建筑及非物质文化遗产4个方面对黔东南州传统村落的特色进行分析。

一、自然环境与村寨选址特征

　　传统村落形态是在特定的自然地理条件以及人文历史发展的影响下逐渐形成的，村寨的选址布局及其景观正是这种自然、地理和人文、历史特点的外在反映，是这些错综复杂、千变万化的诸多因素综合作用的结果。"高山苗，水侗家，仡佬住在岩旮旯"、"依山傍水、择险而居"等既是对苗、侗民族择居最简单的释义，同时也表达出苗、侗等民族村寨选址特征。统观黔东南州传统村落，其村寨选址布局不外由以下3个方面的因素所决定，即自然生态环境、历史迁徙、宗教信仰及风水。

　　1.适应自然生态环境的村寨选址

　　黔东南苗侗村寨是黔东南州乡土文化的具体表现，而自然生态环境是构成这一"乡土文化"的客观因素，自然和生态环境是促进和制约文化形成和发展的物质因素。从自然地理环境上看，黔东南地区地处中低纬度的云贵高原东部斜坡，这里地势高峻、溪流纵横、山峦连绵、森林资源丰富，生物种类繁多，造就了黔东南州天然的氧吧，同时也为早期迁徙至此的世居民族塑造了一个天然的庇护所，为世居民族原始的渔猎火耕生活方式提供了优越的条件。

　　同时，黔东南州隶属中亚热带温润季风气候区，气候温和、雨量充沛，河流众多，为黔东南州提供了丰富的水资源，有利于水稻种植，随着火耕逐渐转变为水耕，为了获取更多的可耕之地，人们常将平坦之地作为耕作之用，因此，我们常常见到村寨建于山势较为陡峭之处，而农田处于较为平缓之地，然而由于黔东南州山多平地少，许多村寨没有平地可耕，因此在许多村寨出现了依据地形而建的层层梯田，有腰带梯田、石砌梯田、鱼鳞梯田等。这些梯田不仅为居于高山中的村民们提供粮食，同时也成为优美的自然景观。因此，在黔东南州常有"九山一水一分田，一分道路和庄园"、"开门见山，出门爬山"、"山下桃花山上雪，山前山后两重天"等民谚，形象生动地概括出黔东南地区气候复杂、多山多雨、湿润的自然条件以及高山、坡地、岩坎纵横，田土面积有限的地貌环境。①

黔东南州山多平地少，耕地更稀少的地理环境特征，对村落的选址建造必然带来居址和耕地的矛盾，为了节省出更多的耕地，养育更多的人口，苗、侗等民族不得不将平地多用于耕种，将村寨建于山中，形成黔东南地区具有突出特色的山地村寨。综观黔东南州传统村落选址，其村寨与山、水、农田之间的关系在自然地理环境的影响下大致可以分为5类布局：第一类布局为村寨选址于农田与河流之间（见图3-1布局一），如台山县交下新寨、雷山县陡寨村等；第二类布局为村寨选址于山体与农田之间，河流居下（见图3-1布局二），如凯里季刀苗寨、黎平县平架村等；第三类布局为村寨选址于山体与河流之间，农田居下（见图3-1布局三），如雷山县郎德上寨、新桥村、黎平述洞村、增冲村、从江下尧村、榕江八蒙村、台江县交包村等；第四类布局为村寨四周均被农田所包裹（见图3-1布局四），该类村寨多出现于居于中高山的苗寨，如雷山县开屯村、提香村、南猛村、黎平县堂安村等；第五类布局为村寨由两山所夹，农田居于两侧，河流穿寨而过（见图3-1布局五），该类村寨多出现于位于盆地山谷等狭长地带的侗族村寨，如黎平的肇兴侗寨、地扪村、高寅村等。

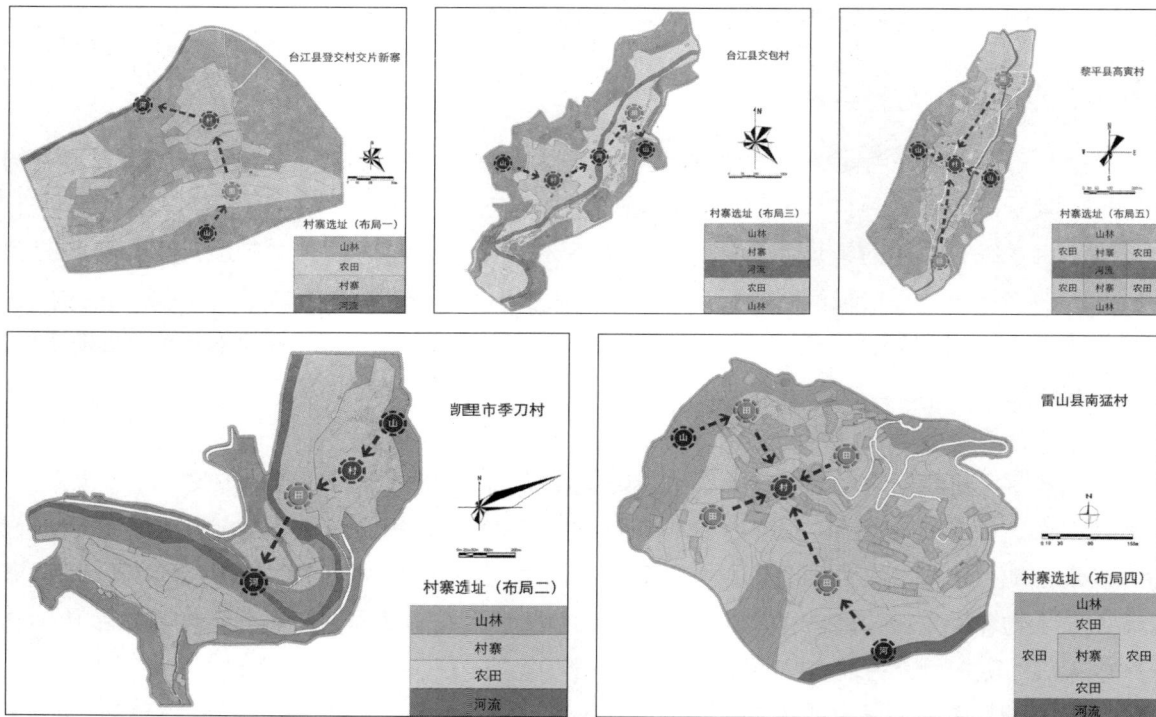

图3-1　黔东南州传统村落选址布局示意图

现以雷山县郎德上寨、黎平肇兴侗寨为例，解析苗侗村寨选址特征。

苗族村寨选址布局十分灵活，不拘一格。注重顺应地形，因势利导，基本不会劈山填壑，随意改变地形地貌。建筑避阴向阳，沿山体等高线自如伸展，因地势变化疏密相间，高低错落。通常建房地点以一村一寨作为边界，利用自然形成的山沟或者山冲划定界限。建房选址充分考虑风向、日照、水流、山势、树木等环境要素对于居住生活的影响。多数村寨都会朝南或者朝

① 罗德启. 贵州民居 [M]. 北京：中国建筑工业出版社，2008：36.

东建造，甚至还会专门请"苗巫师"看"风水"，用罗盘确定方位。

例如，雷山县郎德上寨地处苗岭主峰雷公山麓的巴拉河的支流望丰河畔。望丰河位于村寨北部，由西向东从寨前流过，是农田灌溉的主要水资源。整个村寨背山面水，南面背靠主峰，也是护寨山的"报吉山"，两边扶倚左右次峰，西面为"干容炸当山"，东面为"养干山"，北面朝向案山"干育山"，整个村寨顺山势而筑，犹如安坐于太师椅上。村前是清澈见底的溪流，沿着溪流安置石磨碾房。隔着溪流通过一座花桥，便是大片耕作的稻田。村寨与山、水、田形成山—村—水—田之布局，即前文所述的第三种类型。

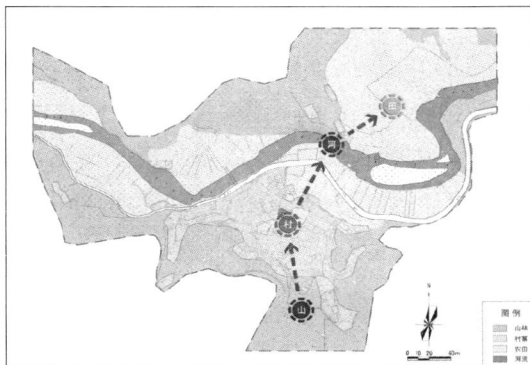

图3-2　郎德上寨选址布局示意图

侗寨和苗寨不同，属于典型的血缘聚落。村寨规模大小不一，多则五六百户，少的只有几户或者十几户人家。村寨选址根据所在地形特点，要求背山、面水、朝阳，一般分为地型村寨与河谷坪坝型村寨两类。山地型村寨靠近水源，依山就势，沿山体等高线层层叠叠呈跌落状营建，并顺势在横向曲直不一自主延展。河谷坪坝型村寨多选择在河流冲积而形成的谷地和小型坪坝处，沿着河道走向呈狭长线状分散布局。

黎平肇兴侗寨属于河谷坪坝类型。整个村寨坐落在低山峡谷之中，谷地海拔350 m，四面环绕的山峦海拔高度在800 m以上，为典型"溪峒"的地理环境。村寨东南是麒麟山和弄抱山，东北面是虎形山，或称"七背山"，西面为西关山。由东向西和由南向北的2条山溪，从大山的褶皱中流下，在谷地里汇合形成肇兴河，肇兴河将肇兴侗寨一分为二，向西关山山脚流去，在远处的坝区里汇入八洛河，再汇入都柳江。肇兴侗寨夹峙于低山峡谷间，沿肇兴河岸依河而建，农耕稻作均在谷地东、西山口以外，沿着山势开垦出一片片梯田。肇兴侗寨的空间布局特点是将村寨建于整个河谷坪坝中部，周边山体、农田环绕，溪流河水穿寨而过。

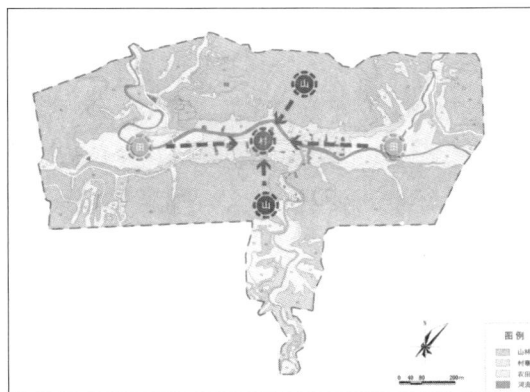

图3-3　肇兴侗寨选址布局示意图

温润多雨的自然气候造就了黔东南地区山林茂密，树木簇拥，古树参天，空气清新的环境，是古村落择山而居的优良选择。茂密高大的古树，其盘根错节的发达根系，有利于缚石固土，防止居境滑坡和水土流失，保证村落的安全；同时有利于村落取薪用材，便于人们上山打猎，补充肉食。此外，当村落受到侵扰时，人们还能迅速逃离和隐藏。同时，黔东南州村落的选址与树的关系也是非常密切的，少数民族对树的崇拜非常多见，对树种的选择也是不一样的。如苗族一般以枫树崇拜为主，也有大榕树、樟树等，树一般为古树，古树树干粗大，枝繁叶茂、寿命长，代表着兴旺发达、健康长寿、吉祥等，这也是人们崇拜古树的精神缘由。在对树的崇拜中，人们常把树定为守寨树、龙脉树、风景树，而对树的崇拜方式有祭拜、以树命名、树上悬挂吉祥物、认树为父母等。

另外，在贵州的自然资源中，湿地资源也是不能忽视的一项，在 2012 年统计的数据中，贵州湿地总面积为 20.97 万 hm²，拥有 4 个湿地类 15 个湿地型，分别是河流湿地、湖泊湿地、沼泽湿地和人工湿地，其中河流湿地 13.81 万 hm²、湖泊湿地 0.25 万 hm²、沼泽湿地 1.10 万 hm²、人工湿地 5.81 万 hm²。其中，黔东南州以 3.76 万 hm² 占全省湿地总面积的 17.9%，成为贵州湿地资源最丰富的地区。湿地中多是以河流、湖泊湿地为主，而这与沿河依水而生存的村落就有了直接的联系，所以在黔东南州，很多的村落是坐落于湿地这个大环境之下的，原真的生态环境，为黔东南这一生态型传统村落的大家庭增色不少。

2. 历史背景及移民因素影响下的村寨选址

黔东南州传统村落是黔东南州一部看得见其面貌、传统的历史书，其历史背景及移民等社会因素对黔东南苗、侗山地村寨选址的影响是不可忽视的。

从苗族历史来看，苗族源于黄河流域的九黎后裔，历经由北向南、由东向西的 5 次大迁徙，动荡不定的历史因素造成了苗族群体居安思危的心理和高度的防卫意识。为了在内忧外患中更有效地保护自己，不仅在苗族社会内部形成了颇具实力的军事政治联盟，还凭借高山密林等天然屏障安营扎寨，借助自然环境的防御优势来增强村寨本身的自卫能力，这种选址的防卫意识和效果是显而易见的，所以苗族村寨大多选择高山地区聚居，地势险要，因而有"高山苗"之称。"择悬崖凿窍而居，不设茵茅，构竹梯而上下，高者百仞"、"行黔西五尺道，道左右高山蠹蠹，皆苗所蒔居"等历史文献的记述[①]，均为历史上描述苗族居于高山的记载。

从侗族历史上看，侗族源于百越灵族，百越民族为古代中原人对长江中下游以及以南地区各种民族的泛称。黔东南州侗族来源于百越民族的"西瓯"和"骆越"支系，自岭南梧州、浮州一带聚族迁徙溯江而上，历经千难万险，迁居于此。于是侗族先民继承了百越族的生活习俗，选择营建村寨的地点"非有城郭邑里也，处溪谷水之间，篁竹之中"[②]、"山行而水处"的传统。因此侗族村寨的选址自然与苗族择高山而居有所不同，侗族更加倾向于选择山谷、平坝、盆地，临水而居，这也是黔东南苗、侗两大灵族村寨择址较为明显的区分。此外，据调研显示，黔东南地区许多侗族村寨为明清时期汉族人民迁徙转化而成，其村寨选址在适应当地自然条件的前提下，受汉族农耕文化的影响，延续了汉族人民择平地、临水而建的习俗。

此外，苗侗民族在不断被迫迁徙的过程中，伤亡、饥饿、疾病、俘虏造成人口越来越少，生存环境越迁越差，为了民族的生存、延续和发展，迁徙的民族先民不得不聚族而居，以增进族群感情和牢固血缘关系，强大对外力量。因此黔东南州苗侗等民族村寨大多数"聚族而居、自成一体"。寨子不论大小，不但少与异族夹杂而居，而且一寨多为同姓家族，个别异姓者，也大都是族亲，造成了早期苗、侗村落聚族而居的生存特点。与此同时，苗侗先民在迁徙的过程中一方面传承着自己原有的村落文化，另一方面为适应生境，不得不吸收当地的村落文化，从而形成兼具 2 个村落文化的特征。如苗族古村落既有北方地平居的村落文化色彩，又有南方干栏居的村落文化色彩。

3. 宗教信仰及风水观念影响下的村寨选址

由于生产力低下，经济与文化落后，早期苗、侗先民改造自然的能力还很弱，自然环境的障碍直接影响了人们对生存环境的选择。对大多数人而言，山地被当作是神的驻留场所，可望

① 王媛. 贵州黔东南苗族传统山地村寨及住宅初探 [D]. 天津：天津大学工程，2005：16.
② 《汉书·严朱吾丘主父徐严终王贾传》

而不可及，只能对之顶礼膜拜，由此产生了自然崇拜、祖先崇拜等原始宗教信仰，如对祖先、土地神（山神）、树神（枫树、杉树、松树）、岩神、桥神等的崇拜。这些宗教信仰不仅影响着人们在村落选址上采取对地形的利用和对地势的依托，同时也影响着对房屋的建造。

黔东南州侗族人民在原始宗教信仰中有着对树神的原始崇拜，因而侗寨多有古树，名曰"风水树"；杉木为吉祥树，侗民视其为"杉仙"，鼓楼仿其树形，建房优先考虑杉木。苗族房屋建造过程充满了宗教色彩，如在择基定向、筑基动土时，需请"巫师"点香化烛，祭拜土地神；平房中柱必须是枫树；顶梁必须是杉木；作为中柱和顶梁的树必须笔直挺拔，枝繁叶茂，顶尖不折，这蕴含着苗族居家丰顺、健康长寿、子孙繁衍的文化要求；中柱砍伐要先于树下点香化纸祭拜山神和树神，求得许恕；枫树被视为苗族祖先蚩尤的化身，包含了蝴蝶妈妈生蛋造化人间万物的文化传说内涵，是苗民的树神。此外，对山神、地神和树神的祭拜，是苗族原始宗教万物有灵的具体表现，充满神秘的色彩。

人们对自然环境，如山地的山峰、脉络走向、坡度、等高线、土质、水源、湿度、温度以及自然领地屏障等特质的认识，是长期逐渐形成的，并由此得出人与自然环境之间关系的规律，风水理论因此而产生。尽管风水理论长期留存在汉民族传统中，但是苗、侗民族也自发形成了朴素的风水思想，只是不如汉文化的风水理论那么系统化。苗族"风水学"认为向阳、背山、向水的地域是宝地，适合建造居住建筑，而山腰、汇聚溪流且潮湿的山凹是"藏风闭气"的宝地，适合生产劳动，于是，很多苗族聚落都出现了半山腰型背山面水的选址特征。苗族人民认为，山与水是大自然的产物，是神，必须重视尊重他们，因此，许多苗寨会将"风水"与自然环境结合，请"苗巫师"看"风水"、以罗盘定方位，考虑到风向、日照、水流、山势、林木等居住相关因素，择址定居，尽可能朝东或南。郎德上寨村落择址便是苗族风水观念的典型代表。

侗族认为理想的村寨基址应该是后有靠山前有朝宗，左右有砂山护卫，明堂方广平畅，溪河似玉带环抱，水口紧固。绵延起伏的山脉为龙脉，山势绵延而来至坝区或河流边戛然而止的地方称之为"龙头"，在"龙头"前面环绕的溪流和开阔的坝子边划地起屋，称之为"坐龙头"，若后山山势凶猛，便在后山多蓄古树篁竹，作为"风水林"，以"镇凶邪"。此外，侗族人民还通过修桥、立亭、改道等方法完善、补救"风水"，认为溪水源源流去，会把财源带走，便在河流和溪涧上设风雨桥，锁住水口；隘口穿风而过，会把财气漏掉，则在风口处修建凉亭，堵住风口；因太阳东升西落，多选择从东面或南面修路进寨，很少选择西面和北面。

侗族村寨的基址大多趋同于"风水"中的理想村寨基址，彰显着风水观念对村寨择址和建构筑物的深刻影响。以黎平纪堂村为例，纪堂村属黎平肇兴乡，位于麒麟山西端的一块凹地，人们认为龙脉顺山而上于此，故坐落之地被视为"龙口"。纪堂村分为上寨、下寨、寨头3个部分，上寨坐落之地被视为"龙"的舌尖，所建鼓楼要矮；下寨所居之地被视为龙之下颌，所建鼓楼要高；而寨头则为龙的左额部，建立的鼓楼也要矮，且4根中柱不能落地，人们认为只有这样，才能使村子蒙福受祉，人丁兴旺，生活富裕。

综上所述，黔东南州传统村落选址布局是对黔东南州自然地理环境的适应，是历史发展与迁徙的必然选择，同时深受宗教信仰及风水观念的影响；既体现出苗侗民族顽强不屈，努力拼搏的生存状态，同时也体现出苗侗民族因地制宜，与自然和谐共处的生活理念。简而言之，黔东南州苗、侗传统村落择址特征可概括为"依山而建，择险而居；临近水源，有土可耕；风水为上，兼顾环境；聚族成寨，自成一体。"

二、传统格局与风貌特征

1. 村落空间格局

不同的自然环境对村落的外部形态有不同的影响，导致村与村之间形态上的差异，同时也会造成村落物质空间的多种要素，如街、巷、广场等景观上的区别。从黔东南州苗、侗民族聚落现今的形态不难看出，黔东南苗侗传统村落空间格局大致可归纳为有明确中心的团聚式空间布局和无中心的均质式空间布局。

团聚式空间布局即村落有明确的中心，这个中心可能是单数，也可能是复数，团聚式空间布局形态多以侗族传统村落为主，部分苗族村寨也有。侗族村寨主要以鼓楼为中心向外连续延伸，辐射构成蜘蛛网状格局；苗族村寨主要以铜鼓场和

雷山县新桥村

图例
● 芦笙场
▲ 空间延展带

图 3-4　新桥村单核团聚式空间布局示意图

芦笙坪（场）为中心向四周扩散，如雷山县新桥村就以芦笙场为中心，向四周延展的团聚式村落。团聚式空间布局具有向心性特征，这种布局方式给村民一种领域感、安全感，增强了族内成员之间的联系。

图 3-5　黎平堂安村全景图

黎平县肇兴村

图例
● 鼓楼
▲ 空间延展带

图 3-6　肇兴多核团聚式空间布局示意图

图片来源：http://share.iclient.iferg.com/news/shareNews?aid=102396858

对于侗族传统村落而言，若一个村落只有一个鼓楼，则该村落为包含一个中心的一个组团，属单核团聚型村落，这类村落规模不大，一般约几十户，常为处于发展初期或由大村落分裂出来而形成的村落，也有受地理条件限制，发展至一种平衡状态的村落。如黎平县堂安村即为单核团聚型村落，该村是由厦格上寨鼓楼大家族外迁形成的，村寨以鼓楼和戏台形成的公共空间为中心向四周扩散。

当一个村落有多个中心时则构成多核团聚型村落，即村落由若干个组团单位构成，每个组团各有中心。以黎平肇兴侗寨为例，肇兴侗寨为我国最大的侗寨，其先民陆浓暖从江西迁徙，历经千辛万苦，最后定居肇兴，村寨以陆姓为主，先后发展成 5 个团，按照民间奉行的"五常"命名，取名为仁团、义团、礼团、智团和信团，一个团代表着一个房族，每个团各自建有自己

的鼓楼,以一个鼓楼为中心聚居一寨,形成多核团聚型村落。

均质式空间布局即无中心的村落,这类村落主要是受地形地貌的影响,据等高线依山而建,形状无定,房屋相互少有制约,布置疏密悬殊较大,是一种不规则的、松散的建筑群体。该类型村寨主要以苗族村落为主,侗族村寨较少。

苗族村寨大多居于山腰上,山势崎岖不平,通过利用山地地形,因地制宜,合理布局,从而巧妙地解决山居的矛盾和困难,这不仅体现出苗族人民的智慧,同时也反映出人与自然的和谐共处。以雷山县开屯村为例,雷山县开屯村坐落于雷山山麓西南部冷竹山脉"富排牛山"半山腰,村寨坐北朝南,面对群山。雷榕公路从寨中穿过,建筑群房屋整体布局比较密集,依山而建,自由分布。

图 3-7　开屯村全景图

图片来源:http://www.qww.qdnrbs.cn/2015ctcljjleis/105409.htm

侗族均质式村落主要为村落规模尚小且未建立起有序列空间的村落,以及聚居在州境北部地区和靠近中心集镇的村寨,这些侗寨几乎均无鼓楼,缺少公共建筑,村落建筑群呈现均质分布。

2. 村落街巷肌理

道路与街巷是村落空间格局的重要因素,一个聚落的街巷系统空间是根据历史发展逐渐完善的过程。一个发展完善的聚落,其街巷系统大致可分为3级:第一级是与外界联系的交通空间,路面较宽;第二级为进寨以后居民的主要步行空间;第三级为主干道分支到达每个居住建筑的次要步行空间,此级步行空间较狭窄且零散。

苗、侗传统村落中的道路在多数情况下是房屋先行,待房屋建成之后,再由人们惯常的足迹踏出道路,没有固定的模式,以方便实用、结合环境为主。由于黔东南州传统村落大多坐落于地形起伏较大的山坡之上,建筑通常会顺着等高线呈梯级排列,道路网络则由平行等高线的横向道路、垂直等高线的纵向道路以及为减缓道路坡度与等高线任意斜交的道路所组成。其中平行等高线的横向道路常有一种"半边街"的布局,即建筑在坡的一边建造,道路一侧依附于建筑物壁立的台基,另一侧则随山势顺坡而下;垂直等高线的纵向道路则在高程上不断变化,时而平缓,时而陡峭,站在低处犹如向上攀登,站在高处向下望,又有居高临下之感;此外,为了缓解道路坡度,通常使用"之"字形的折线道路形式,尤其是在建筑相当密集,而高程又相差较大的连接地。

图 3-8　郎德上寨街巷

街巷肌理是展现村落景观和风貌的重要因素,深受两侧建筑的影响。黔东南州传统村落民居建筑尺度虽然不是很大,但由于其道路曲折狭窄,促使其街巷的空间、比例尺度相差较大,常常造成曲径通幽的视觉感受,加之木板壁,悬山顶的山面,显得更加封闭、幽静,充满和平宁静的生活气息。此外,由于地形起伏不定,促使村落街巷除平面曲折外又增加了高程的起伏变化,街巷空间更加变化多端。

简而言之，黔东南苗、侗山地村寨道路布局自由，不占房基，不损地貌，而且联系方便，曲折自如的变化造就了村寨内外各种丰富生动的村寨景观，展示着山地村落传统风貌。同时各村寨在自身发展的过程中，自觉或不自觉地顺应自然条件不断地调整与自然环境之间的关系，使整个村寨和建筑等人工景观十分协调地融合在大自然的环境之中，求得与自然统一和谐的效果，从而创造出景观风貌丰富多样，地理特征突出的自然村寨景观。

三、传统建筑特征

黔东南州传统村落中最具代表性的传统建筑类型为干栏式建筑，主要包括苗、侗传统民居建筑和公共建筑。如苗族的"吊脚楼"和侗族的"木楼"、"鼓楼"和"风雨桥"、"戏台"等，这些建筑均为木质结构建筑，且不用一钉一铆，框架由榫卯连接，依山就势而建，展现着木匠工人的高超技艺。本节将从传统村落苗、侗民居建筑的来源、布局、内部结构、工艺、装饰及公共建筑（鼓楼、风雨桥）等方面进行分析，探讨黔东南州传统村落传统建筑的特色。

1. 源起

干栏式建筑最早起源于我国的"穴居"文化系统，是北方地平居文化和南方干栏居文化结合的产物，分布在气候潮湿的地区。这类建筑底部全部悬空，是在木（竹）柱底架上建筑的高出地面的房屋。干栏式建筑最主要的特点是便于人畜分离，可以防止蛇、虫、洪水、湿气等的侵害。建筑一般分上下两层，底层架空，一般用木、竹料作桩柱、楼板和上层的墙壁。底层大多不用墙壁围合，供饲养牲畜和堆放各种杂物。墙壁也有用砖、石、泥等从地面砌起来的。屋顶为人字形，覆盖以树皮、茅草或小青瓦。楼上是具有起居功能的堂屋及卧室。堂屋为居家中心，设有火塘，供家人烧火做饭；外有开敞的前廊和晒台，增加活动空间。

（a）原始巢居　　　（b）橧巢　　　（c）干栏

图 3-3　巢居向干栏式转变示意图

黔东南州苗族居住的"吊脚楼"，严格地说属于"吊脚半边楼"，是干栏式建筑的一种，称为"半干栏式"建筑。干栏式建筑是指上层建筑全部由下层支柱托起。而"吊脚楼"倚山而建，形如一人靠山而坐，躯干为楼的主体部分，小腿悬于前边，犹如楼的"吊脚"支柱，俗称"假足"，为山居民族适应崎岖环境的一大创造。

侗族"木楼"则起源于我国古代"巢居"文化系统。"木楼"凭空而起，是真正的"干栏式"建筑；其特点"占天不占地"，上大而下小，这在黔东南南侗族地区尤为突出，木楼层层出挑，每层楼上都有挑廊，檐水抛得很远，其形制及功用都缘起于原始时期的树。

2. 建筑布局

在黔东南州传统村落中，主要有传统公共建筑和传统民居两大类。由于民族的不同，村落中的公共建筑类型有所差异，民居的建造形式也有所不同。黔东南州传统村落中以侗族、苗族居多，现以这两个民族的建筑布局为例来展开。

侗族为了迁徙避乱，选择了在黔湘桂交界处的崇山峻岭中安身立命。村落的整体风格是对外封闭而对内开放。侗族的寨门、寨墙在黔东南各民族中是少有的，它们的存在就是对外封闭的物化表现，它既不允许寨外的人进入，又限制了寨内人与外界接触。侗寨多依水而建，在侗族迁徙定居的过程中逐渐吸取当地建造经验，也融合了苗、汉等建筑文化，形成现在侗

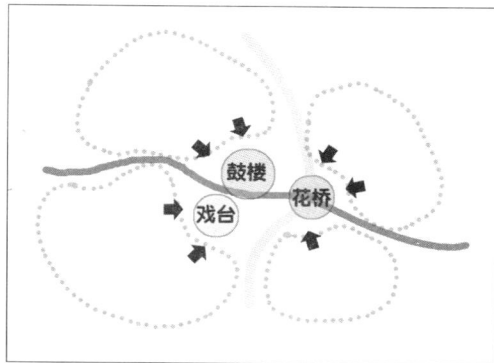

图 3-10 侗族空间格局示意图

族独有的建筑特点。如肇兴侗寨，河流在村庄中心川流而过，内部民居密密麻麻、首尾相接，民居间的街巷狭小、阴暗，显得很局促，而代表"集体"的活动空间则是骤然放大，开敞而又热烈，花桥、鼓楼前的鼓楼坪、戏台前的小广场与前者形成了鲜明的对比，仿佛在召唤着人们赶快进来。这些开放空间是为了人们"聚集"而产生，反过来又促成了人们的"聚集"。简而言之，侗寨的鼓楼、花桥、戏台是侗族村寨中不可缺少的公共建筑，并以此形成相应的公共活动空间的中心。

苗族祖先面对抵御外来入侵、山多平地少等历史、地理原因，为了保护自己、少占耕地，村落大多修建在易守难攻的山上，具有"一山一岭一村落"的分布特点。苗族村落在村寨建筑布局时多考虑与山地的结合，顺等高线而铺开，离河流有一定距离，平缓地带多为田地。在苗族村寨中芦笙坪及铜鼓坪是不可缺少的，苗族是一个能歌善舞的民族，在各种节日欢庆时，都会在坪上集会庆祝。芦笙舞是苗族最有代表性的舞蹈，也是苗族人最喜爱的民间舞蹈。同时苗族将铜鼓视为神器，是祖先、太阳、生命等的象征，在苗族文

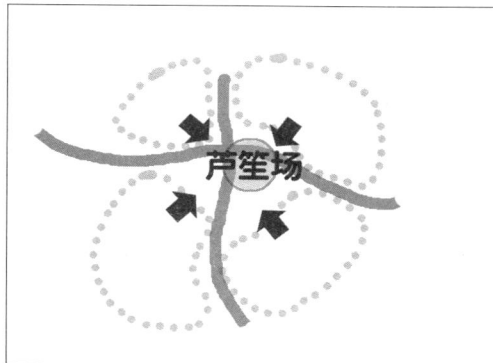

图 3-11 苗族公共空间格局示意图

化中有重要意义，每当在铜鼓坪祭祀祖先或神灵时，敲击铜鼓载歌载舞为传统习俗。因此在苗寨芦笙场或铜鼓坪为其公共活动的中心。

3. 建筑结构

如上所述，黔东南州传统村落中的建筑类型主要为民居建筑和公共建筑，由于功能不同，所以建筑形制也会不同。

（1）民居建筑

侗族的木楼通常有二三层，两端有偏厦，四面逐层悬挑，由底层至顶层作一层层的悬挑，形成下小上大的外观形态。由于侗族聚居地多为山区且气候多雨潮湿，为防湿气、毒蛇虫兽的侵袭，底层多架空不住人，只用来饲养家禽、安置柴草、放置农具和重物等。二层是主体使用层，是侗家人饮食起居的地方，由堂屋、宽廊、卧室等构成。内设卧室，外人一般都不入内。卧室的外面为堂屋，设有火塘，是全家人炊饮、烤火取暖之处。三层为阁楼层，主要贮存粮食或堆放杂物，有些人家还会再作分割布置，隔出一两间作儿女的居室。侗族民居由于地势平坦，采用入口轴线方向为导向的平面布置形式，即宽廊 - 火塘间 - 寝卧空间等，构成以火塘为中心的"前 - 中 - 后"并联序列。

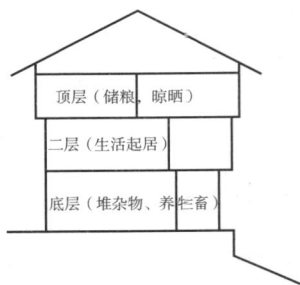

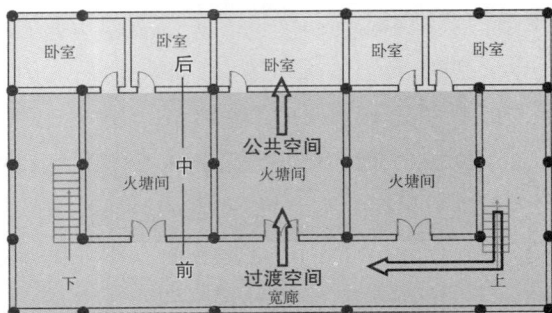

图 3-12　侗族建筑结构示意图

苗族吊脚楼一般以四排三间为一幢，有的除了正房外，还搭了一两个"偏厦"。每排木柱一般9根，即五柱四瓜。每幢吊脚楼，一般分3层，上层储谷，中层住人，下层楼脚围栏成圈，堆放杂物或关养牲畜。苗族民居虽然也采用上住人下养蓄的居住方式，但由于苗族有"粘触泥土、接地脉龙神"的生活习俗，所建房屋大多数前部分架空，后部分与坎坡或自然地面相连。苗族人认为这样建房才会人丁兴旺。苗族楼面与地面相连，而侗族民居底部为全部架空，这是两者居住层面的根本区别。苗族民居依山而建，进深不够，空间较小，因此人们强调以堂屋为中心，采用"左-中-右"的平行空间序列，形成放射性格局。

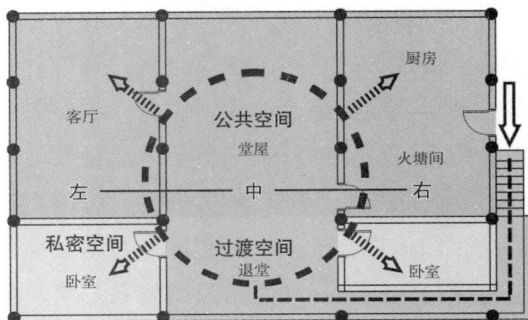

图 3-13　苗族建筑结构示意图

在过渡空间方面，苗族民居利用退堂、挑廊、敞廊等半室外空间，使室内空间获得最大限度的延伸，并同室外空间相融合，形成富于变化的效果。从封闭的堂屋内空间出来，经过退堂半户外空间，再折至曲廊空间，至户外；其空间序列获得了封闭-放大-收束-开放的带韵律性的变化，增加了家居的生活情趣。[1] 侗族民居设置宽廊，一端与楼梯连接，一侧与廊道平行布置的火塘间、卧室等使用空间连通，这种房屋的布局与当地湿热少风的地理环境密切相关。半开敞式的宽廊可以改善室内封闭性，提升心理环境和扩展视觉境界，宽廊似围合又通透，似独立又依存。[2] 宽廊是侗族民居内外空间的中介，除作为休息、手工劳作空间外，还具有社交和联系室内其他空间的多种功能。

---

① 罗德启：《贵州民居》，中国建筑工业出版社2008年版，第134页。
② 罗德启：《贵州民居》，中国建筑工业出版社2008年版，第138页。

图 3-14 苗族民居美人靠和侗族民居廊道

（2）公共建筑

在公共建筑中，侗族的鼓楼和花桥建造最为独特，除此以外戏台、萨堂也充分体现了侗族的民族特色。

鼓楼：侗族鼓楼是黔东南州传统村落最具代表性的木质结构建筑。鼓楼是侗族村寨的标志，是象征族性群体的标志性建筑物，是侗寨社会、文化、政治的中心。鼓楼通体为全木质结构，不用一钉一铆，采用杠杆原理，层层支撑而上，结构严密坚固，可达数百年不朽不斜。鼓楼在侗族人民生活中占有极其重要的地位，是村寨的公共活动中心，侗家人从习俗礼仪、娱乐社交到要事议定、制定款约等均离不开鼓楼。当村寨遇到重要事情，比如制定乡规民约、调解民事纠纷，或者火灾、失窃等此类紧急情况时，便派人登上楼顶的小阁敲打皮鼓，人们从不同的鼓声节奏中分辨出发生了什么事情，并作好准备前往鼓楼集中。每逢节庆时，全族的男女老少都聚集到鼓楼里来娱乐，男女歌队在这对唱"大歌"，在鼓楼前的坪场上吹芦笙、唱歌跳舞，其乐融融。

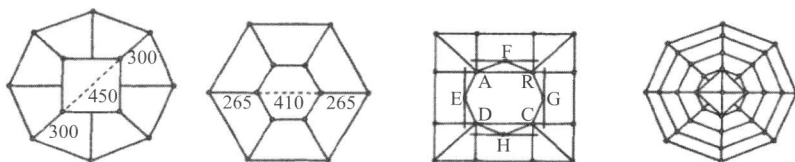

图 3-15　鼓楼平面基本形状示意图

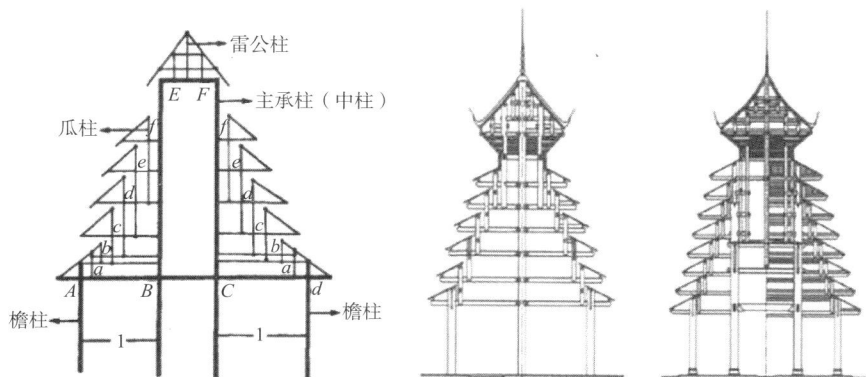

图 3-16　鼓楼立面形状示意图

　　鼓楼属于木质多层式高亭形结构，其外形层数均为奇数，有 3、5、7 层等；而平面多边形多为偶数，有 4、6、8 边等；还有部分是底层为 4 边形，到了上部变为 8 边形的样式。鼓楼立面与平面数字一奇一偶，这与侗族对数的认识和性质有关，他们认为奇数是阳性，偶数则代表阴性，一座庄严的建筑应该是阴阳相济，对称和谐的。以上鼓楼样式多分布于贵州侗族村落。现存的鼓楼多为清初至当代的建筑，从大木作的结构体系和屋面的构造做法角度可划分为两大类型：类型一为抬梁穿斗混合式；类型二为穿斗式。其中类型一还可以根据梁架的局部特征划分为"穿型"及"梁型"，类型二可分为"非中心柱型"和"中心柱型"鼓楼。其中"中心柱型"鼓楼还包括"独柱"鼓楼和"回"形鼓楼。什么样的结构类型直接导致了鼓楼的基本造型特征，如歇山、悬山、攒尖等的屋面形式就与之密切相关，单鼓楼的筑造技术就具有很高的研究价值。

图 3-17　榕江车寨鼓楼（阁楼式）和从江增冲鼓楼（密檐式）

　　风雨桥：苗寨喜欢依山而立，侗寨则大多修在河溪两旁，跨水而居。因此，侗寨就出现了石拱桥、石板桥、竹篾桥等。而最富民族特色的便是风雨桥。侗乡风雨桥是侗族人民标志风物，风雨桥又称花桥，亦叫福桥，以其能避风雨并饰彩绘而得名，是侗族民居建筑文化的一个缩影，也是侗族民居建筑中具有强烈地域特征和民族文化特色的又一公共建筑。风雨桥桥梁由巨大的石墩、木结构桥身、长廊和亭阁组合而成，是一种集桥、廊、亭三者为一体的桥梁建筑，是侗族桥梁建筑艺术的结晶。这种桥由下、中、上 3 部分组成。下部是桥墩，用大青石围砌，以料石填心，呈六面形柱体，上下游均为锐角，以减少洪水的冲击。除石墩外，全部为木结构，用榫卯嵌合。中部为桥面，采用密布式悬臂托架简支梁体系，亦全为木质结构。桥梁跨度一般不超过 10m，以适应有限的木材长度。上部为桥面廊亭，采用榫卯结合的梁柱体系连成整体。廊亭木柱间设有座凳栏杆，栏外挑出一层风雨檐，既增强桥的整体美感，又保护桥面和托架。桥架就放在桥墩上面，而桥墩与桥台之间没有任何铆固措施，只凭桥台和桥墩起着架空的承台作用。桥多横跨于溪河之上，作为交通建筑，方便行人过往歇脚，供人们平时休息交往，同时也是娱乐社交和迎宾的重要场所。

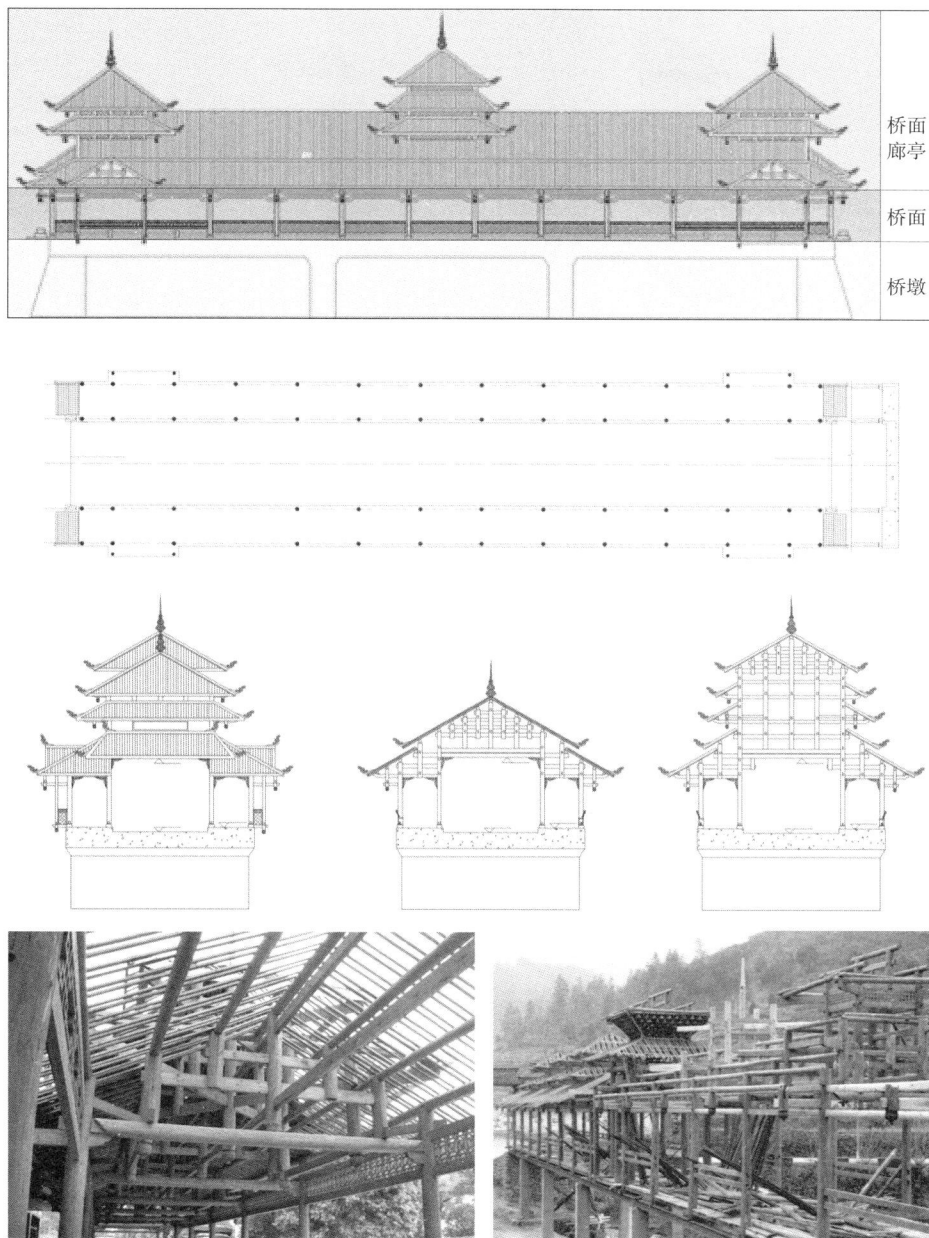

图 3-18　风雨桥立面、平面剖面及木结构示意图

4. 工艺和装饰

黔东南传统村落的建造工艺，一方面体现在纯木结构的工艺上，一方面体现在不同功能类型建筑的建筑工艺上。

如苗寨吊脚楼，苗族在修建吊脚楼中有成套的建房工序，如筑屋基、备料、发墨、拆枋、凿眼、立房、上梁、盖瓦等，技艺独特而精湛，让人惊叹。一座木结构房屋、穿斗式吊脚楼的修建，需要巧手的好木匠。纯木镶嵌、毫无瑕疵的吊脚楼存在时间可达上百年之久。然而伴随着经济、社会的发展，文明程度的提高，追求生活质量的同时，修建吊脚楼的技艺却逐渐消失，钢筋混凝土慢慢吞噬了传统的村落文化，保护传统建筑营造技艺任重道远。目前保存完好的吊脚楼大多位于传统古村落中，在传统古村落的聚集地区，吊脚楼可称为"民族建筑博物馆"。

| 起架 | 固定 | 铺板 |
| 楼面 | 屋面 | 围板 |

图 3-19　吊脚楼施工过程

鼓楼或风雨桥在建造上就更加讲究和复杂。鼓楼的平面几何角度，起坡的比例，收分的大小等，这些都是木构建筑建造上的精美艺术，值得研究。

装饰是建筑本身的一种外在美。苗侗民居在装饰上极富浓郁的民族色彩，与吉祥文化有关。苗族民居全宅装饰重点部位在于退堂，朴素又不失活跃。美人靠挡板和脚撑制作精细，雕镂简单几何纹饰。退堂上部设置顶棚，使得空间布局更为完整。檐板挑枋也常雕刻齿纹、蝉肚纹等纹饰。门窗的装饰大多作镂花几何纹样棂格，窗户后面糊上白纸，简洁大方。

图 3-20　美人靠

侗族民居整体装饰风格较为简约和洗练，装饰重点在吊柱上，吊柱又称"垂花柱"，下部20cm处雕刻金瓜、鼓、莲花等刻工精巧、形式各异的图案。同一栋木楼中吊柱雕饰阳刻阴刻参杂，图案规整，线条流畅。成排的雕花柱头犹如"流苏"轻舞，增强了木楼悬吊之美感。柱头的雕饰别具风格，用双面浅浮雕刻成，主题有猪头、龙头、鸟雀、象鼻等形象。窗棂花心与栏板装饰，以"亚"字纹、冰裂纹、菱花纹等最为多见。这些雕饰增强了木楼的神韵和气势。

图 3-21　侗居门窗

除了基本的门、窗、栏杆，少数民族在屋脊、瓜柱、室内等均有装饰。苗侗民居装饰虽然在绘画和雕刻上的技艺略显粗糙，但表达的主题流露出苗侗人民的喜好和对美好生活的向往，韵味无穷。

在公共建筑上，黔东南侗族鼓楼装饰在题材内容上没有严格的等级和制式，其内容主要反映了侗族人民的日常生活、精神信仰和图腾崇拜，体现了侗族人乐观向上的创作心境。鼓楼装饰造型或具象或抽象，在韵律、节奏、对比、重复、均衡、连续、穿插、疏密等方面，都符合美学规律。

图 3-22　鼓楼绘画

简而言之，黔东南州苗、侗干栏式建筑是在漫长的历史长河中发展演变而来的，是黔东南州传统建筑的典型代表，是民族建筑文化不可或缺的重要组成部分。巧妙的空间布局、独特的结构组合，就地取材的建筑理念，精湛的营造技艺，厚重的民族文化内涵，使其在硕果丰厚的中华传统建筑中独树一帜，成为我国传统建筑的瑰宝。干栏式民居之间隐藏着古老民族文化的历史解码，造型精巧、风格各异、古朴典雅的鼓楼、风雨桥、戏楼等，蕴含着鲜明的民族特色和丰富的艺术特征。苗、侗传统建筑是苗、侗民族文化的重要载体，对研究我国传统建筑文化具有非常重要的历史和艺术价值。

四、非物质文化遗产特征

黔东南州非物质文化遗产是黔东南州各族人民尤其是苗、侗等少数民族在长期同自然界和社会发展的过程中，形成积淀的文化成果，是一笔宝贵的精神财富。黔东南州传统村落是黔东南州非物质文化遗产的聚集地和展示区，据统计，黔东南州95%以上的非物质文化遗产均源于黔东南州传统村落，各类非物质文化存在于传统村落的方方面面，展示着传统村落的历史文化及民风民情。统观黔东南州传统村落非物质文化遗产，可将其特征归纳为丰富性、广泛性、多元性和民族性。

丰富性主要表现为黔东南州非物质文化遗产资源种类繁多，内涵丰富。在国务院公布的第一、二、三批国家级非物质文化遗产名录中，黔东南州共有53项72个保护点被列入国家级非物质文化遗产名录中，数量占贵州省的近一半，在全国地州市级中排列第一；州内还有省级非遗192项，州级非遗254项，县级非遗700项；黔东南州被称为我国非物质文化遗产的"聚宝盆"。此外，黔东南州非物质文化遗产涵盖非物质文化遗产的所有项目，包括民间文学、传统音乐、传统舞蹈、传统戏曲、传统技艺和民俗等，如民间文学有：苗族古歌、苗族"刻道"、苗族"古歌古词"神话等；民间音乐有苗族飞歌、多声部情歌、侗族大歌等；民间舞蹈有反排木鼓舞、苗族锦鸡舞、畲族粑槽舞等；传统戏剧有侗戏、岑巩思州喜傩戏等；民间美术有雷山苗族服饰、剑河苗族锡锈、台江苗族刺绣等；传统工艺有雷山苗族芦笙制作、雷山苗族银饰加工、雷山西江千户苗寨建筑艺术、丹寨南皋石桥古法造纸、黎从榕的侗族鼓楼花桥建筑工艺等；民俗有苗族鼓藏节、苗族姊妹节、剑河革东苗族水鼓节、锦屏隆里花脸龙、榕江侗族萨玛节、榕江苗族茅人节、雷山苗年节、黎平的鼓楼节等；民间传统体育竞技有天柱侗族勾林、黎平侗族摔跤节等。

广泛性是指分布的广泛性，黔东南州各传统村落均有非物质文化遗产的分布，可以说，黔东南州非物质文化遗产几乎都以传统村落为承载地和传承区，几乎村村寨寨都有歌舞、有节日，黔东南州"歌舞之州"、"百节之州"的美誉也由此而来。此外，一种非物质文化遗产不只是在一个村落传承，而是分布于同一民族属性的各个传统村落，如侗族大歌，侗族大歌是侗族多声部民间歌曲的统称，具有多声部、无指挥、无伴奏的特点，2009 年被入选联合国"人类非物质文化遗产代表作名录"，主要聚集于以黎从榕为核心的侗族腹地，具有代表性的村寨有黎平黄岗村、小黄村等；以芦笙舞为代表的传统舞蹈，主要聚集于以雷公山为中心的苗疆腹地，具有代表性的村寨有雷山县郎德上寨、南猛村、从江县岜沙村等。

多元性主要表现为黔东南州非物质文化遗产类型的多元，同时也表现在同一文化遗产所蕴藏内涵的多元化。以侗族祭萨为例，祭萨是侗族宗教信仰的重要内容，侗族有"立寨必欲设坛、坛既设，则乡村得以吉"之说，因此在黔东南地区，几乎每个侗族村落均设有萨坛或萨堂，可见"萨"对于侗族人民的重要性。然而对于"萨神"的界定，不同的侗族村寨有着不同的神祇属性，有将"萨"认定为原始母性神、祖先神、女英雄神的。如黎平纪堂村下寨的萨堂便是对收复失地而牺牲的七位女英雄的祭祀；黎平高寅村将一位名叫"杏妮"的女英雄作为祭萨的对象；榕江大利村萨坛祭萨则为祭祀拓荒建寨的先祖，即杨氏九兄弟。

民族性是指某一个民族独有的，深深打上该民族烙印的，体现特定民族的独特的思维方式、智慧、世界观、价值观、审美意识、情感表达等因素。黔东南州是一个多民族聚居的地区，全州共有 33 个民族，每一个民族都因其所处自然和社会环境的不同而保持着特殊的生产、生活和感情表达方式，因而拥有独特的非物质文化遗产。如侗族大歌是侗族人民歌唱的方式，苗族飞歌是苗族人歌唱的方式；苗族服饰根据不同的支系所呈现出的民族特色不同，颜色有尚青、尚黑、尚红、尚蓝的，裙子有短裙、长裙、中长裙的，形制有编制型、织制型、缝制型、拼合型和剪裁型的，据统计，黔东南州苗服不下 200 种，是我国和世界上苗族服饰种类最多、保存最好的区域，被称为"苗族服饰博物馆"。

第二节 黔东南州传统村落价值评估

中国传统村落是农耕文明的精髓和中华民族的根基，蕴藏着丰富的历史文化信息与自然生态景观资源，是我国乡村历史、文化、自然遗产的"活化石"和"博物馆"，是中华传统文化的重要载体和中华民族的精神家园。在《关于切实加强中国传统村落保护的指导意见》中，传统村落的价值得到政府明确，被认为"传承着中华民族的历史记忆、生产生活智慧、文化艺术结晶和民族地域特色，维系着中华文明的根，寄托着中华各族儿女的乡愁"。

黔东南州传统村落有着悠久的历史，承载着璀璨的民族和地域文化，彰显着和谐的人居聚落空间，其价值弥足珍贵，主要有历史价值、文化价值、社会价值、科学价值、艺术价值和经济价值。

一、历史价值

黔东南州传统村落是黔东南州规模最大的"另一类文化遗产"，是黔东南州物质文化遗产和非物质文化遗产的复合载体，是黔东南州历史文化的集中体现。从历史价值来讲，黔东南州传统村落是各民族在农耕文明时代传承至今的文化财富，其村落传统建筑及其技艺、历史遗存、民风习俗、宗教信仰等，无不反映和记录着黔东南地区社会发展的历史进程和各民族走向文明社会的步履。

首先，黔东南州传统村落作为苗、侗等民族的主要聚居地，既是黔东南州传承和弘扬中华民族农耕文明的根基和主要载体，又是黔东南州古代社会民族发展变迁历史的实物佐证。

苗族、侗族、汉族是黔东南最主要的民族构成，三大民族的迁徙史直接反映着黔东南州历史的发展变迁。苗、侗民族作为黔东南州最早迁入的世居民族，其部族的发展壮大奠定了黔东南州聚落形成的基础，开启了黔东南州城镇发展的文明曙光。明清时期，出于政治和军事的需要，中央王朝加大了对水陆交通的开辟和疏浚，黔东南州对外交流愈加便捷，来往密切，汉族人口蜂拥而至。大量汉族人口的迁入一方面造成了对苗、侗等世居民族的压迫，迫使苗、侗等民族不得不迁徙到更加偏僻的山区，但另一方面也带来了先进的外来文化（如中原文化、荆楚文化、湘湖文化等）和先进的生产工具，改变了黔东南州原始的生产生活方式，促进了黔东南州经济和社会的发展。与此同时，外来文化与本地文化经过不断摩擦和融合，促就了黔东南州特有的民族地域文化。

其次，黔东南州传统村落少数民族的抗争史就是黔东南州的一部战争史。黔东南州各民族的发展饱含着辛酸和压迫，从先秦时期苗侗等民族受难于战争而不得不不断地迁徙，到为反抗民族歧视和民族压迫，争取民族解放民族平等，与历代封建王朝、帝国主义、反动派进行了长期的、艰苦卓绝的斗争，黔东南州少数民族的抗争为黔东南的历史谱写了光辉的篇章。据史料记载，黔东南少数民族的抗争史主要集中于明清时期，从明洪武五年（1372年），古州八万诸洞侗族人民爆发了起义，揭开了反抗民族压迫斗争的序幕，到清咸丰五年（1855年）爆发的咸同起义，黔东南少数民族的大规模的农民起义不下数十次，而小规模的战斗更是数不胜数。这些战斗以传统村落为起点，以少数民族为领袖和主力，积极反抗。目前，黔东南州传统村落中依旧保存着许多战斗遗址和战时营地，如雷山县的雷公山咸同起义遗址、榕江县的八宝山苗民起义遗址、台江县的交下义军营盘、丹寨县的堵卡营盘遗址等，这些都是黔东南州少数民族抗争的历史见证。

二、文化价值

每一个民族都有自己独特的文化，传统村落是民族文化的载体。人们长期共同生活在这里，感情和利益相融，形成共同的生活方式、淳朴的民风，如日常生活习惯，风土人情，宗教信仰等，这些非物质要素所构成的文化都保存在，传统村落这一独特的载体之中。黔东南州传统村落文化价值主要体现在，黔东南州传统村落文化遗产是黔东南州传统文化的重要板块，是非物质文化遗产的重要载体，是黔东南州多元文化的主要源泉，也是生态文明中人与自然和谐共处模式的代表；同时，黔东南州传统村落还是展示黔东南州各民族风情的活态博物馆。

黔东南州传统村落作为黔东南州物质文化遗产和非物质文化遗产的聚集地和展示区，拥有着极其丰富的文化内涵，承担着承载和传承苗、侗等民族文化的重任。黔东南州民族文化是黔东南州最核心且最具代表性的地域文化，主要体现在民族服饰、民族歌舞、节日集会、宗教信仰、社会制度、饮食习惯、民间工艺等方面，既有物质形态的文化表现，也有非物质形态的文化表现，其中物质形态文化主要表现于传统村落的"村落建筑、道路规划、农田规划、农耕器械、自然景观、文化景观"，如吊脚楼、鼓楼、风雨桥、寨门、梯田、农具、服饰、银饰、祭坛等；而非物质形态文化则主要表现于"村民在长期的生产生活实践中所创造出来的独有的语言文化、风俗、习惯、文娱活动形式、家规家训、宗族礼制以及只能保存在村民脑海中的历史记忆"，如舞蹈、音乐、传说、手工技艺、习俗等。[①] 这些物质形态和非物质形态的文化无不展示着黔东南州深厚的文化底蕴和多彩多元的文化内涵，黔东南州传统村落已成为黔东南州苗侗等民族文化的重要载体。

此外，黔东南州传统村落还是展示黔东南州各民族风情的活态博物馆。黔东南州境内居住着 33 个民族，传统村落民族主要由 8 个民族构成。这些民族在黔东南州这一古老的区域内共同繁衍，相融共生。无论是生活起居，还是精神娱乐，都保持着各民族传统的文化精髓，展示着各民族的不同风采，犹如一个活态的民族风情博物馆。同时，各民族在保持自己本民族文化特色的同时，又会吸收其他民族的文化，去粗取精，共同传承，因此，黔东南州传统村落民族文化常常体现出多民族文化融合的结果，如侗族的鼓楼借鉴了汉族传统建筑中的殿、亭、塔的样式，出现了密檐式的鼓楼，歇山式顶，攒尖式顶等；苗族村寨以前无鼓楼这一建筑，受侗族村寨的影响，逐渐在一些苗族村寨内出现鼓楼建筑，苗、侗风雨桥形制也趋于相同，这些都体现着各民族之间的文化交流。

三、社会价值

著名古建筑专家罗哲文先生说过："古村落体量虽小但五脏俱全，是完完整整的中国社会最基层的形态"。一个完整的传统村落其实就是当时一个地方传统社会完整的缩影。黔东南州传统村落最大的社会价值就是延续至今的古代乡村社会基层自治管理制度及以血缘为纽带而形成的宗族文化。

受封建社会宗法制度的深刻影响，黔东南州传统村落大多以血缘关系为纽带聚族而居，把众多的家庭、家族、宗族连接为若干血缘族群，形成一种无形的社会内在凝聚力和极为严明有效的等级秩序。同时为了更好地管理宗族和构建良好的社会秩序，各民族在历史的发展过程中逐步形成了各民族所特有的社会管理制度，其中苗族以"议榔"为核心的社会制度以及侗族的"寨老"和侗款制度具有突出代表性。

苗族"议榔"制度是苗族内部的一种抵御外辱和自治法权的活动，是苗族古代形成的立法组织和执法组织的综合体。历史上，苗族的法律条例都是通过"议榔"来拟定和实施的，

---

① 夏周青.中国传统村落的价值和可持续发展探析[J].中共福建省委党校学报，2015（10）.

是管理苗族事物，规范苗族行为，促进苗族内部和谐、团结，反抗外来侵略、压迫和剥削的重要支撑。侗族"寨老"和侗款制度是侗族人民维护村寨秩序、解决矛盾纠纷、协调各种关系建立起的一种政治规范，同时也是侗族人民行使公共权力的政治组织，具有原始、民主、自治的特点，是社会发展的产物。如今，苗、侗等民族依旧保留和行使着这些基层管理制度，发挥着维护村寨和平、稳定村寨和谐、团结族人的社会作用，是我国社会基层管理工作的宝贵经验。

此外，黔东南州传统村落中各民族所形成的诸如尊老爱幼、睦邻友好之类的优秀中华传统道德观念以及由家训族规逐渐演变而成的符合社会主义制度的乡规民约，同样具有重要的社会价值，这些对基层的社会自治和现代化基层社会治理体系的构建有着极大的促进和借鉴作用。

四、科学价值

黔东南州传统村落科学价值主要表现在村落和建筑选址所蕴含的科学的规划理念和传统建筑的营造技艺上，其中村落和建筑选址因地制宜、顺应自然、融于自然的规划理念至今仍对社会主义现代化建设和城镇化发展具有很大的启示作用和借鉴价值，而不需一钉一铆、榫卯相连的木构营造技艺更是我国古代建筑史上的一大成就，展现出惊人的科学理念，具有很高的研究价值。

黔东南州传统村落文化遗产作为历史发展的产物，是对历史进程不同时代生产力发展状况、科学技术发展程度、人类创造能力和认知水平的原生态的保存和反映。在农耕文明里，耕地和水是两大极其重要的生产生活资料，因此乡村聚落常常依山临水而居。黔东南州山多平地少，为了获得更多的耕地和水源，村落或依山就势，沿山坡鳞次栉比，层级而上；或近山傍水，建筑随地形自由伸展。组合形式灵活多变，建筑布局因地制宜，虽形态各异、不拘一格，但在随意中有规律、变化中有统一，整体协调一致，规划布局极具科学性。此外，黔东南州传统村落还饱含着"天人合一""人与自然、社会和谐共生"的哲学思想，尊重自然、善待自然，又善于利用自然资源，使村落、耕地、生产生活与自然山水有机融合，形成人与自然和谐共存的生态人文环境大格局，体现着传统村落建筑规划空间格局的科学性。同时，这种顺应自然又充分利用自然资源的可持续发展理念在我国当下现代化建设和城镇化建设大拆大建的浪潮中具有重要的指引和借鉴作用。

黔东南州传统村落传统建筑大多为木构建筑，有干栏式的民居、鼓楼、风雨桥、戏台等，式样美观，技艺精巧，体现了工匠们高超的建筑工艺水平和精神寄托。以侗族木构建筑营造技艺为例，侗族木构建筑营造技艺是侗族民族民间传统文化的表现形式。在侗族木构建筑中，建筑师（墨师）不用绘制图纸和制作模型，整体构思全在脑海中，仅凭手上一把自制小角尺，用一条楠竹破开刻制的丈尺和一支竹片蘸墨笔，成百上千、长短不一、大小不等的梁、柱、枋、板、眼等，均由施工木匠们用手锯、凿子、斧头、木刨及长头控镐在"木马"上制作而成。在建筑搭建过程中，不用一钉一铆，完全采用榫卯连接技术，便能使整个建筑稳固支撑，这不仅体现出工匠们高超的技艺，也反映出木构建筑科学合理的结构比例关系。此外，侗族工匠在木构建筑造型设计中遵循均衡、对称、和谐的规律，并且注意运用直线、斜线、曲线、折线进行多重的组合构图，构成了比例协调、均衡对称、规整完美的建筑造型艺术，充溢着朴实自然、稳定规范的形式美感。

五、艺术价值

黔东南州传统村落作为农村典型的生活聚落空间，其建筑有许多惊人的艺术成就，尤其是木结构的民族传统建筑，工匠们通过艺术手段在木构建筑的各个部分，如屋脊、挑手、檐部、柱头、榫头、栏杆、门窗等，采用凿刻、雕塑、绘画、叠砌等多种手法，构成不同的花纹图案。这些图案构图严谨，组合规整，均衡对称，造型生动，加上刀法娴熟，工艺细腻，线条流畅，既代表地域独特的民俗特色和文化内涵，又具有雅俗共赏的特性，其艺术手法充满农村生活情趣，地方风格明显，具有强烈的装饰效果和艺术感染力。

以侗族鼓楼为例，侗族鼓楼是侗族村寨最具标志性的公共建筑，充分体现了侗族的历史与文化，展现了侗族村寨先进的技术以及最高的艺术成果。首先，从形体上看，千楼有别，互相竞秀。美的事物，首先是具有自己的特点的形象，它的物质材料都各按照一定的规律组成，形成独具审美特性的形式。黔东南州侗族鼓楼有楼阁式、厅堂式、门阙式和密檐塔式，其中密檐塔式最为常见。鼓楼外部平面有四边形、六边形、八边形，都是偶数，立面重檐少则一层，多则十几层、二十几层，皆为奇数，如榕江三宝鼓楼多达 21 层。[①] 鼓楼的顶有攒尖顶、歇山顶、悬山顶等，攒尖顶上还可分为双叠顶和双层暗顶，顶竖宝葫芦，形似花钵植物幼杉。总之，各鼓楼各有特色，千楼有别，各展风流。其次，从装饰上看，彩绘丰富，质朴清雅。侗族鼓楼虽说结构简练，但装饰却相当讲究。楼顶上，翼角上，封檐板下以及一、三重檐之间，都有独具匠心的彩塑和彩绘。有的还在瓴檐、檩枋、四壁或门上绘龙、画凤、雕麒麟、绘鸟兽、画花卉、雕山水人物等。彩绘内容有飞禽走兽、花鸟虫鱼、人物故事、狮子麒麟，还有侗乡风情画，如对大歌、踩歌堂、赛芦笙、牛打架、演侗戏、抬"官人"等，绚丽多彩，琳琅满目。单就鼓楼的彩塑、彩绘，就是一部不可多得的民间美术作品。[②]

此外，黔东南州传统村落许多非物质文化遗产也表现出惊人的艺术成就，如民族服饰、刺绣、银饰等。以苗绣为例，苗绣是苗族民间传承的刺绣技艺，也是苗族历史文化中特有的表现形式之一，其工艺独特，技艺精巧，为中国服饰文化的瑰宝。苗绣主要用来镶嵌服装的衣领、衣襟、衣袖、帕边、裙脚、护船边等部位，亦可用它来缝制挎包、钱包等。其图案丰富，色彩鲜明，图案内容的选择是人们审美意识的反映，借丰富的物象来反映喜庆、吉祥、人寿、年丰、友谊等生活内容，主要有兽类、花果类、鸟类、福、禄、寿、喜、康、自然景物、人物、建筑物以及传说中的仙人善神和他们的道具等。色调亦带有强烈的夸张色彩，常不按照真实物体的颜色配色，而是按其氏族的审美要求，大胆而灵活地加以运用；其色彩讲究冷暖的对比，注重在强烈的对比之中取得一种色彩美的协调，造成一种古朴又绚丽多彩的效果，具有极高的审美和艺术价值。

六、经济价值

传统村落是村民聚居之地，其最明显的特征是存在满足村民生产生活的建筑、街道、广场等物质环境，这些物质环境是村民聚居的载体。黔东南州传统村落规划布局取法自然，依山傍水，在选址、布局以及内部装饰各方面都折射出"天人合一"的理念追求。"人 - 村落 - 环境"构成

---

① 罗德启. 贵州民居 [M]. 北京：中国建筑工业出版社　2008：97.
② 罗德启. 贵州民居 [M]. 北京：中国建筑工业出版社　2008：98.

了一个和谐的整体，实现了居住与环境的平衡，为寻找精神家园的城市游客提供了一种人性回归的可能。徜徉其间时，可以体验当地民族生活的别样风韵，感受其博大精深的传统文化，触摸先人的建筑技艺和智慧，从而获得感情上的愉悦和精神上的陶冶。可见，每个传统村落都具有潜在的旅游价值，在合理的利用与开发后，可带来经济效益的创收。

黔东南州传统村落丰富的自然资源、历史遗存、文化资源和不可再生属性使其天然成为黔东南州传统村落所在地区潜在的特色旅游资源。通过结合当地经济社会发展的实际，因地制宜、因时制宜，对这些传统村落进行科学、合理的开发和推广，使之成为当地特色的旅游景点，吸引更多的游客来参观，大力发展生态旅游经济。这既给相对保守和落后的传统村落带来新的生机，同时又提高了传统村落的原住民家庭收入，乃至为地方经济的发展开辟新的道路。

2008年9月，贵州省第三次旅游发展大会在西江苗寨隆重召开后，"天下西江"之名蜚声国内外，西江旅游业迅猛发展。至2009年10月，西江旅游团数从零组团发展到4 429个团队，景区日均接待游客2 902人次，比大会前增长了9.2倍；总人数达到110万人，比会前增长了6倍；旅游综合收入达到2.5亿元，增长了9.3倍；仅仅一年的时间，西江的旅游业已经发生了翻天覆地的变化。截至2014年，西江景区旅游综合收入已达到21.36亿元。西江苗寨旅游业的开发与发展不仅为其带来了巨大的经济效益，人民的收入得到提高，同时也使原住民的生活水平和环境得以改善。实践证明，开发旅游业对于黔东南古村落的发展是一种可行的模式。如今，在高压的社会环境中，返璞归真已成为人们追求的生活方式，黔东南州拥有着自然禀赋的生态资源，各传统村落应在保护自然环境的前提下，深入挖掘村落文化的基础上，打造村落特色，寻求适合本村落旅游发展的新模式，避免盲目开发，以免带来适得其反的结果。

黔东南州传统村落经济价值还体现在"通过对传统村落中具有传统特色生产生活方式或者特色物产遗产进行可持续的再开发，使其重新焕发出活力，走出传统村落，参与市场经济，为传统村落乃至当地政府的经济发展贡献力量"。[①] 比如传统村落中的银饰加工锻制、刺绣、芦笙制作、泥哨制作、蜡染等手工技艺，可通过结合现代技术手段，对这些特殊的、依然对人类社会发展有促进价值的技艺进行改良和推广，使之生产出符合现代社会生产生活需求的商品，从而创造经济利益，提高传统村落居民收入，帮助传统村落居民摆脱贫困；从另一方面讲，这也是对传统村落历史文化遗产的一种发扬性保护。

---

① 夏周青. 中国传统村落的价值和可持续发展探析 [J]. 中共福建省委党校学报，2015（10）.

第四章　黔东南州传统村落保护工作评估

第一节　传统村落保护工作回顾与现状剖析

黔东南苗族侗族自治州位于贵州省东南部，被赞为原生态资源保存最为丰富完好的一方净土。黔东南州传统村落历史源远流长，文化底蕴深厚，民族特色鲜明，生态环境优美，具有很高的保护价值。

一、保护工作的缘起和阶段特征

21 世纪以来，随着我国经济高速增长和新型城镇化进程的强势推进，不少地区的领导急功近利，不尊重农民意愿，不顾客观规律，使城镇化走上"化地不化人"的歧路。他们甚至不惜以牺牲文化遗产和农耕文明为代价，在农村极力推行大跃进式的新型城镇化，实行强制性的迁村并点，大量地拆除传统村落和传统建筑，致使传统村落的社会组织形态、聚落结构形态遭受了严重的破坏。传统村落保存数量大量减少，乃至相继迅速消失，严重威胁到了中华文明的根基。据不完全统计，2000 年至 2010 年，我国自然村的数量由 363 万个减至 271 万个，仅仅 10 年间已锐减 90 万个自然村，其中不乏蕴含深厚历史文化底蕴的传统村落。这种状况引起了党和国家的高度关切，2012 年 5 月，根据国务院的部署，由住房和城乡建设部牵头主抓，文化部、国家文物局、财政部等共同参加的国家四部局联合启动了全国传统村落的调查，先后 3 批审定并公布了《中国传统村落名录》，为我国传统村落的保护发展找到了新的出路。自此拉开了对我国传统村落保护工作的序幕。截止 2016 年底，我国已有 4 153 个村落被列入《中国传统村落名录》，覆盖全国 31 个省、自治区和直辖市。

在此期间，黔东南州委、州人民政府十分重视传统村落的保护发展工作，坚决贯彻落实党中央、国务院的战略部署，已将 309 个古村寨申报成为中国传统村落。同时公布了《黔东南苗族侗族自治州民族文化村寨保护条例》、《黔东南苗族侗族自治州民族文化保护办法》等地方性法规，出台了《黔东南苗族侗族自治州传统村落保护实施办法（试行）》、《黔东南州"十三五"期间加强传统村落保护发展实施方案》、《黔东南州传统村落保护发展规划编制导则》等文件，大力推进传统村落的保护发展工作。经过不断的实践和探索，黔东南州对传统村落的保护工作积累了丰富的经验，也取得了瞩目的成就。

回顾新中国成立以来黔东南州古村落和传统村落的保护工作，大致可以划分为以下 3 个阶段：

1. 新中国成立到 20 世纪 90 年代——自然保留的初始阶段

这一时期，贵州省在文化遗产保护方面，采取完全由国家财政负责的体制和政策。但是由于这一阶段我国经济基础比较薄弱，没有太多资金投入文化遗产的保护，加之此时人们的保护意识尚处于初始阶段，对文化遗产的保护一直局限在文物古迹个体保护的范畴，对于古村落并未树立起整体保护意识，古村落基本处于自然保留的状态，未得到有效保护。

黔东南州是我国苗侗民族比较集中的区域，也是我国传统建筑中干栏式建筑最为集中的地区。但是由于地处交通不便的云贵山区，长期经济社会发展滞后，迄今仍旧属于国家重点扶贫的地区。古村落传统民居普遍采用木质结构作为承重系统，很容易受到自然风化的影响，又因无力维修和更新，以致渐渐腐蚀损毁。加之水火风雪之灾，对于传统民居带来很大威胁。这一时期，人们还没有保护古村落的意识，在传统的农耕经济下顺其自然，自主修补祖屋村舍，基本上原汁原味地保持了古村落的格局和风貌。即使改革开放带来了经济建设快速发展，由于黔东南外部环境迟迟没有得到改善，不具备吸引资金、技术的条件，尽管加快工业化背景下大规模经济建设和城镇化如火如荼，但是对于遍布在崇山峻岭的古村落并没有产生多大影响。古村落整体破坏程度较小，依然保持着传统的农耕劳作和起居生活方式。直到20世纪80年代后期，黔东南州区位交通条件稍好的古村落才开始尝试进行旅游开发。立足于本地资源，发挥丰富多彩的原生态自然和民族文化资源优势，探索通过发展旅游摆脱贫困的出路。例如最早起步的郎德上寨从1987年开始，以苗族独特的建筑风貌和充满民族风情的歌舞吸引游客，很快取得了意想不到的良好效果，从而为黔东南古村落保护发展奠定了基础，带来了希望。总之，这一时期黔东南州古村落保护和发展力度都不大，还处于迷蒙状态，尤其缺乏保护古村落和传统民居的自觉性，并未真正形成明确的保护意识和发展方向，古村落的保护发展处在自然保留的初始阶段。

2. 20世纪90年代至2012年——开发为主的探索阶段

1991年，贵州省结合自身资源优势，提出了"以旅游促进对外开放和脱贫致富"的旅游业发展指导思想，并将"旅游扶贫"作为贵州省长期坚持的发展战略。旅游业作为黔东南州一个高增值、高就业、高效益的新兴特色产业，为古村落的保护发展提供了巨大的契机。

黔东南州委、州人民政府为加快发展经济，在保护和发展古村落上进行了一系列尝试。2008年9月从保护民族文化村寨切入，颁布了《黔东南州民族文化村寨保护管理条例》，同年12月颁布了《黔东南州民族民间文化优秀传承人管理与认定办法（试行）》。各县也出台了相关的条例和保护办法，实施"四个一百"工程和"十个一"工程，加大对古村落保护和发展的扶持力度。

黔东南州古村落长时期处于极度贫穷的困境，使其在党和国家推进全面建设小康社会的战略布局中成为贵州省的重点扶贫对象，引起了高度重视。这一时期，黔东南州抓住机遇，在贵州省委、省政府的领导下，积极争取省直相关部门的支持帮助，充分响应国家和贵州省对贫困山区的旅游扶贫政策。努力探索古村落保护发展新出路。1994年黔东南州被国家批准为首批改革开放实验区，州人民政府随之出台了一系列促进经济发展的优惠政策，为黔东南州民族村寨的保护提供了良好的经济支撑，一方面产业结构得到一定程度调整，向有利于古村落旅游扶贫倾斜；另一方面加大基础设施资金投入，加快县、乡和村庄的公路交通建设，改善古村落外部环境，使古村落的交通可达性得到大幅度提升，从而为黔东南州古村落的保护发展提供了良好基础。

在这一时期，黔东南州针对古村落民族文化和民俗风情的开发，进行了富有成效的探索。首先，成立了相关文化保护组织，例如州政府成立了苗族文化保护委员会，之后发展为非物质文化遗产中心。民间成立了专门的苗疆艺术团，并且开展民族文化进校园，研发乡土教材等相关项目，大力推进民族文化的保护与传承，为传统村落的保护提供了积极的政策基础，营造了浓厚的民族文化氛围。其次，通过召开全省旅游产业发展大会，大力推动旅游业的发展。地处黔东南州雷山县的西江千户苗寨被确定为重点扶持的古村落。

雷山县西江千户苗寨位于雷公山山麓，距离省会贵阳 260 km，距离黔东南州州府凯里 35 km，距离雷山县城 36 km。由于过去交通闭塞，与世隔绝，鲜为人知，完好地保留了苗族传统的古村寨、起居生活形态和古老的民族风俗。在尚未进行旅游开发前，从贵阳乘汽车去西江千户苗寨车程需要一天时间。20 世纪 80 年代，外界对西江千户苗寨还知之甚少，唯有少数人类学和民族学的研究人员进入过西江考察。也有个别影视工作者和画家进入西江苗寨拍摄、写生。90 年代后期，才开始出现背包族和探险者跋山涉水，去西江千户苗寨自助游或者采风，游客数量逐年增长，2006 年全年游客人次已由几千达到了数万。这无疑令人看到了极大希望。因此 2008 年 9 月 26 日，政府主导的贵州省第三届旅游产业发展大会暨第一届多彩贵州·中国原生态国际摄影大展、第二届中国贵州凯里原生态民族文化艺术节同时在西江千户苗寨隆重召开，从黔东南州州府凯里至西江的公路也一并通车，极大地促进了西江千户苗寨旅游业飞跃性的发展。从 2008 年 9 月 26 日至 11 月 20 日，进入西江的游客达 49.85 万人次，是 2007 年同一时段 4.2 万人次的 11.5 倍。① 近年来，每年慕名至西江的中外游客超过了 70 万人次。昔日依赖自给自足农耕经济的西江苗寨很快脱离贫困，走向富裕，发生了巨大变化。

西江苗寨的示范作用立竿见影，带动了一大批古村落。顿时乡村民族文化旅游在黔东南州竞相兴起，迅速掀起了旅游开发热。

古村落的保护由村落自然保留初始阶段发展到以开发为主的探索阶段后，其主要特征是以发展村落旅游经济为着眼点，通过创造经济效益扶植贫困地区的思维模式带动古村落的发展，很容易忽视古村落保护。这一时期古村落的历史文化价值还没有得到应有的重视，对于古村落在发展过程中如何与村落文化遗产保护相互促进，还未梳理出明确的认识，处在粗放式的开发探索阶段。

3. 2012 年至今——保护与发展并举阶段

粗放式的旅游开发必然导致古村落的传统建筑和生存环境受到破坏，改变苗寨原本苗族人民从事农耕生产和起居生活的传统形态，致使中华文明的传承走上一条以盈利为目的，注重经济效益而忽视文化传承的偏路，最终失去古村落保护的意义。2012 年以来，国家主管部门和各界研究学者高度关注传统村落保护与旅游开发的关系，推进可持续的健康发展之路。截至目前，住房和城乡建设部牵头主抓，会同国家相关部局已组织开展了 4 次传统村落摸底调查，制定了切实加强中国传统村落保护的指导意见，不断加大监管力度，促进传统村落的保护和发展。

为了贯彻落实党中央关于保护和弘扬中华优秀传统文化的精神，贵州省人民政府于 2015 年 4 月，专门印发了《省人民政府关于加强传统村落保护发展的指导意见（黔府发）〔2015〕14 号》（以下简称《意见》）。决定成立贵州省传统村落保护发展工作领导小组，以统筹推进传统村落保护工作，及时研究解决工作中遇到的重大问题。2015 年省住房和城乡建设厅根据住房和城乡建设部印发的《传统村落保护发展规划编制基本要求（试行）》，组织编制了《贵州省传统村落保护技术指南》，要求在传统村落保护发展规划中明确建立技术档案，确定保护内容，划定保护范围，进一步规范了传统村落规划编制方法。

在黔东南州，州委、州政府高度重视传统村落保护发展。自开始申报《中国传统村落名录》始，黔东南州政府相关部门除配合各级部门上报中国传统村落申报材料外，还结合州情制定了指导

---

① 贺能坤. 民族村寨开发的基本要素研究 [J]. 贵州民族研究，2010（1）.

传统村落保护规划编制的《黔东南州传统村落保护发展规划编制导则（试行）》、《黔东南苗族侗族自治州传统村落保护实施办法》等地方性法规和政策性文件，加强黔东南州传统村落的保护发展。在传统村落消防规划上，为规范各县市传统村落消防规划编制，黔东南州编制了《黔东南州传统村落消防规划编制技术指引》，目前已经有65个村落完成了传统村落消防专项规划编制，传统村落的遗产保护得到了切实加强。

除此之外，黔东南州政府在传统村落保护管理机制、发展路径上做出了努力探索。2015年成立了黔东南州传统村落保护领导小组，由分管副州长担任组长，各相关部门为成员单位，在州住房城乡建设局设立领导小组工作办公室；[①] 并建立了村寨建设联席会议制度，成立村寨建设保护中心，组建了传统村落保护联盟，积极争取中央补助资金，加强指导传统村落项目建设。在发展路径探索方面，黔东南州进行了多方探索，尤其是2015年、2016年两届"中国传统村落·黔东南峰会"的成功举办，为黔东南州传统村落的保护发展搭建了新平台，取得了丰硕的成果。

2015年11月16日，由贵州省人民政府主办、黔东南州人民政府承办、省各厅局协办的首届"中国传统村落·黔东南峰会"在黔东南州凯里市正式召开，此次峰会以"保护·传承·发展——传统村落与现代文明的对话"为主题，共收获了十大核心成果，一是发表《中国传统村落峰会·黔东南宣言》，宣言由50位专家学者联名发布，力争成为中国传统村落保护发展的标杆性、纲领性文献，助推贵州黔东南州成为中国传统村落保护发展的典范性标志性地区；二是成立"中国传统村落保护发展联盟"，引起全国乃至全世界对传统村落保护传承发展的重视和思考；三是建立中国传统村落保护发展基金，为中国传统村落保护传承发展提供可持续发展保障，实现"文化保护"与"产业经济"有机结合；四是编制《黔东南州传统村落保护发展战略研究纲要》，从规划层面探索中国传统村落保护传承发展新模式；五是发出《推动黔东南苗族村寨侗族村寨加快列入申报世界文化遗产名录倡议书》，将传统村落保护传承发展工作上升到一个新的高度；六是推出《我们的家园——黔东南传统村落》文集，深刻阐述黔东南中国传统村落的内涵；七是推出一部反映黔东南传统村落风土人情的音画情景剧——《守望乡愁》；八是出版中国传统村落——《记载乡愁（一）》黔东南篇摄影集，首期摄影集将涵盖黔东南60个传统村落，从视角层面充分展示黔东南传统村落风貌；九是发布推介《对话乡愁》宣传片，以实景的形式，对黔东南传统村落进行全方位、多角度的展示；十是制作发布一部以黔东南传统村落青年男女爱恋、人与树互滋共养为题材的微电影——《树图腾》，反映黔东南少数民族本真的生活观念、生态理念。黔东南州首届峰会的胜利召开不仅为黔东南州本地传统村落的保护发展提供了规范、方向和建议，推进了黔东南州传统村落的保护与发展，同时对整个中国传统村落的保护和发展也具有深远的影响。

继首届峰会后，2016年10月13日，黔东南州在黎平县肇兴侗寨召开了第二届"中国传统村落·黔东南峰会"，此次峰会以"共创共建共享——构建传统村落保护与发展新型关系"为主题，旨在进一步探索找准传统村落保护与发展有机结合的好路子。峰会共举办了"中国传统村落·黔东南峰会"主论坛、"选择黔东南——2016国际金融家50人年会"、"联合国教科文组织——乡村保护国际论坛"、举办传统村落主题艺术展、举行"慈善助学晚宴"等系列活动，通过募捐慈善资金推动黔东南州贫困民族地区教育事业的发展。此次峰会是贵州省贯彻落实党和国家关于传统村落保护系列重要精神的重要举措。通过这次峰会黔东南州塑造了峰会品牌，扩大了峰会

---

① 引自《2015年黔东南州开展传统村落保护发展工作情况汇报》。

在国内、国际的影响力，为实现乡村旅游脱贫积累了经验，同时，借助峰会契机，邀请国内一流专家为黔东南州"量身打造"10个传统村落示范村，将这10个村串成一条游线，形成"十村一线"布局，在全国率先推出首条传统村落旅游精品线路，得到住建部、省建设厅的肯定，为黔东南州传统村落的保护发展开启了新篇章。

自2016年以来，黔东南州不断强化传统村落的保护发展工作，如2016年3月印发的《关于印发＜黔东南州"十三五"期间加强传统村落保护发展实施方案＞的通知》，明确了"十三五"期间传统村落保护发展的总体要求、重点任务、实施部署、保障措施；4月印发了《关于对黔东南州2016年传统村落"十大项目"和传统村落保护传承发展"十大平台"进行责任分解的通知》；同月拟定了《2016年黔东南州传统村落保护发展实施方案》，明确了指导思想、目标任务、工作重点、保障措施；8月，为加强黔东南州传统村落档案管理，有效保护和利用传统村落档案，促进传统村落保护和发展，由住建局和州档案局联合拟定了《黔东南州传统村落档案管理办法（试行）》；11月，为实现传统村落在保护中发展，在发展中保护，围绕如何总结推进第二次峰会传统村落发展示范村建设经验，带动更多传统村落保护发展，扩大示范村建设规模及成效，黔东南州传统村落保护发展工作领导小组办公室草拟了《黔东南州加快推进传统村落保护发展的实施意见》，内容由指导思想、基本原则、总体目标和实施步骤、重点任务、保障措施5部分组成。此外，根据省政府2016年10件民生实事，黔东南州还对州内100个传统村落的消防进行了改造。

简而言之，在这一时期，传统村落概念的提出科学规范了古村落保护工作，并且使之得到前所未有的关注度。黔东南州凭借其独特的资源优势，在传统村落遗产的保护、规划编制以及村落发展上努力探索，确定了保护的内容，不断深化保护思路，优化调整保护机制，保护的实践不断取得新的突破。虽然目前还存在一些问题，但传统村落保护工作整体上正在逐步形成一条保护与综合发展相结合的道路。

综上所述，黔东南州传统村落的保护由最初的自发摸索阶段发展至今，中间经历了粗放式的旅游发展阶段，现在正在探索保护发展并举的途径。黔东南州从最初的古村落保护，到目前的传统村落保护，逐渐把加强传统村落保护作为保护和传承农村传统文化和加强乡村建设的重要工作来抓，并且以摸底排查、加强申报、服从规划、技术改造、建立制度5项措施指导传统村落保护工作。这些思路既在州城镇体系规划中有所体现，同时还出台了政策文件指导传统村落保护发展规划的编制，逐步形成了传统村落保护与发展并举的长效机制。

二、传统村落保护现状评估

传统村落的保护核心依然是历史文化遗产的保护，本次研究对黔东南州传统村落保护现状的评估内容包括自然环境、传统村落整体风貌、格局、传统建筑、非物质文化遗产等，涵盖传统村落中的历史、文化、习俗、工艺、生态、建筑、景观等多个方面。

1. 自然环境

传统村落是具有悠久历史、典型民族特色、完整标志性建筑的农村聚落。自然环境作为传统村落的生存载体，在很大程度上印证着传统村落保护的成果。黔东南州传统村落的外部生态空间由自然生态环境和农业生态环境两大体系构成。村民的选址和人工营造均为满足农业生产诸要素为目的，充分体现了黔东南独特的生态观和农业观。

黔东南州苗族、侗族等少数民族对于自然环境、山水格局等生态条件往往有着较高的自然崇拜，村民对自然环境的保护意识也相对较高。加之黔东南州地处多山的地理环境下，受到现代工业影响较少，村落的自然环境得到了良好的保护。目前，黔东南州传统村落传统的农耕生活方式没有发生较大改变，山、水、农田之间基本还处于原始的生存关系，村落自然环境并未遭到明显破坏。对于一些开展旅游的传统村落，因其主要发展乡村旅游，依赖于村落优美的自然环境，因此对自然环境的保护更加注重，例如从江县加榜梯田。

图4-1　从江县加榜梯田

总体来说，黔东南州传统村落的自然环境保护状况良好，山体水系与传统村落之间格局关系维持着原始的形态。黔东南州传统村落与所处地形地貌、山水等自然环境和谐统一，肌理清晰，格局完整，具有较高的历史价值和审美价值。

2. 传统格局及整体风貌

传统村落的整体风貌保护通常包括村落的空间格局、自然环境和建筑风格，即保护其具有鲜明个性的形态特征与景观特征。随着社会的不断进步，经济的迅速发展，村落的路网、布局、用地等各个方面，与现代生活方式产生越来越多的冲突。相对于遗产的保护，村民往往更加注重生活的需求，因而去改变村落传统的事物，以致村落的传统格局及整体风貌遭受到不同程度的破坏。

近年来，随着黔东南州的经济发展水平得到了很大程度的提高，村落中普遍实现现代化配备，传统村落生活状态得到明显改善。当现代化技术在改善村民生活水平的同时，也在影响着村落的传统格局和整体风貌。一些村落面对快节奏的旅游开发，传统村落整体风貌的保护与经济发展的矛盾日益尖锐。从山体、水体、植被等自然环境，到传统建筑、街巷等人工环境，再到民俗文化、生活习惯等社会环境，大规模的旅游开发给传统村落带来了一系列的干扰与破坏，这不仅使传统村落失去了原本古朴的格局、风貌，也给传统村落的评定和保护工作带来了麻烦。

图4-2　从江县岜沙村基础设施

图4-3　雷山县猫猫河村整体风貌

在传统村落保护发展中，经常会出现一些现代建筑风格的游客服务中心、饭店、超市等建筑。这些建筑的体量、材料、色彩等都与周边民居建筑不协调，这些零星的"另类建筑"，足以破坏整个村落的历史风貌。此外，村中的公共设施也与村落风貌相去甚远，例如电线杆、现代化太阳能路灯、五颜六色的塑料垃圾桶等，这些公共设施一般不是单独存在，而是遍布村落的每个角落，并且村子的经济状况越好，公共设施的现代化程度越高，与村落的协调性就越差。在提高村民生活质量的同时，应更多地考虑将这些现代元素融入传统村落中，利用传统村落中的特色，创新现代化的东西，使村落整体风貌保持协调。

另外，村落内部许多民居建筑出现了年久失修的情况，极大地影响了建筑的美感和整体风貌，并造成了不同程度的安全隐患。同时，村内许多新建民居的风貌与原有建筑差别较大。新建筑在材料上普遍使用砖、水泥，在颜色二亮度过高，在体量上过大，甚至在功能布局上也摒弃了传统的民族建筑的结构。相对于外层零星的公共建筑，这些新建民居"渗入"村落内部，对村落整体风貌的影响程度更甚。此外，现代生活方式对传统格局也有一定的影响。例如，黎平县堂安村，村民为使货物便于运输，在原有青石板台阶的旁边修筑一条水泥路直通村落内部，这种"一路两治"的做法严重破坏了村落的传统街巷格局。

3. 文物保护单位

黔东南州历史文化内涵深厚，文物古迹众多，全州共有不可移动保护单位 975 处。近年来，黔东南州政府相当重视文物保护工作，施行了一系列文物保护相关政策，同时积极进行保护机构的建设，不断加强文物保护单位的保护管理。但是由于黔东南州传统村落复杂的地质条件和城镇化进程加速等因素影响，黔东南州传统村落文物保护单位的保护情况仍不容乐观。

图 4-4 增冲鼓楼现状图

图 4-5 榕江县大利村建筑

首先，文物自然损坏现象严重。文物保护单位处于地质条件不是很好的传统村落之中，导致文物的基础脆弱，抵御自然灾害的能力较弱，加之这些文物保护单位多为木结构建筑，与民居间距过小，火灾隐患突出。在损坏的文物中，很大一部分是文物建筑由于常年失修，而且历经风吹雨淋，导致损坏现象严重，而且这也致使文物不能发挥它原有的作用。例如从江县增冲村的增冲鼓楼，鼓楼本体的残损已经很严重，基础出现轻微不均匀沉降，石台面部分碎裂、移位。木结构普遍出现较为严重的糟朽和虫蛀现象，处于关键部位的雷公柱有严重的劈裂，导致楼冠整体向东北方向倾斜，影响到了稳定性；部分屋面漏雨、各重檐垂脊均有裂缝和松动情况，脊饰大部分脱落；彩画大面积水渍、开裂、脱落。[①]

---

① 杜凡丁，赵晓梅. 文化遗产保护中的"人"增冲鼓楼文物保护规划中的一些尝试 [J]. 遗产视野，2011（2）.

其次，村民的文物保护意识普遍不高。传统村落中的文物保护单位，大都位于村落的公共空间，而且这些文物保护单位经常是作为村民日常生活中的一部分，如鼓楼、风雨桥等，甚至就是由村民居住的房屋组成的，比如郎德上寨古建筑群、大利村古建筑群等。因此，这些文物保护单位的保护难度更大。一方面，文物部门进行管理维护很不方便；另一方面，村民对于自家使用的建筑完全没有建立起文物保护的意识，在日常生活中对其进行不当的维修、改造等行为，不可避免地对文物造成不同程度的损害。

4. 传统风貌建筑

传统风貌建筑包括村落古民居、公共建筑等。黔东南州传统风貌建筑集干栏式吊脚楼、鼓楼、风雨桥于一身，依山而建，傍水而居，形成了吊脚楼群落式民居建筑形式，极具历史文化与建筑工艺价值。随着生活水平的提高以及传统村落民俗旅游开发的建设，传统村落在一定程度上受到了严重冲击，普遍存在一种"大开发大破坏，小开发小破坏"的现象，传统风貌建筑便是首当其冲，生存环境和建筑本体保护状况都不是很好。

首先，传统风貌建筑存续条件差。黔东南地区的建筑群落以木构建筑为主，在潮湿多雨的情况下，建筑本体的木材料很容易受到雨水的浸泡而腐蚀，甚至有些年代久远建筑的屋顶由于使用杉树皮覆盖，早已破烂不堪。不仅如此，村落中建筑聚集成片，在村民用火、用电增多的情况下，很容易引发火灾，以致造成大面积的建筑烧毁，比如镇远县的报京侗寨，建筑群在2014年已被烧毁。

图 4-6　榕江县宰荡村图

图 4-7　丹寨县石桥村

其次，传统风貌建筑的不当整修、改造，甚至拆除现象普遍。近年来，传统村落村民的经济状况得到了较大程度的提高，村民迫切需要改善自己的生活质量和居住条件。一些村民手中的传统风貌建筑在未经相关部门允许的情况下进行改造，甚至拆后重建，并且倾向使用砖、水泥等建筑材料，使建筑丧失了原有风貌。

最后，新建建筑虽然也属于传统的干栏式建筑，但在体量上已经与传统的小巧而精致的建筑有所不同。原因是有些地理位置相对较好的居民为开旅馆赚钱，已经等不得房屋损坏而迫不及待地拆旧建新了，新的建筑宽敞明亮可以收取租客更多的费用。另外，新建筑色彩也有较大偏差，铝合金材质的开门、开窗现象仍十分普遍，部分村落使用类似木色颜料涂漆墙面以达到村落风貌协调的目的，但这些建筑在建筑群中仍可明显分辨出来，这种后天的刻意雕琢还是无法实现原始朴实无华的风格，不可借鉴。

图 4-8　丹寨县石桥村　　　　　　图 4-9　黎平县肇兴村

传统风貌建筑是传统村落保护的基础，对于风貌建筑，要加强村民的保护意识，进一步完善相关的管理、监督机制，聘请专业人士为建筑的修缮、更新进行指导，同时深入研究村落出现传统风貌建筑损坏，各种不同情况的成因，从源头杜绝传统风貌建筑的破坏。

5. 非物质文化遗产

黔东南州的非物质文化遗产遍布全州各地，内容涉及民间文学、民间音乐、民间舞蹈等十大类别。黔东南非物质文化遗产虽然分布广，但又因民族不同、地域差异而呈现出不同的分布和保存状态。目前，传统村落内的非物质文化遗产虽然保存丰富，但是众多项目已处于严重濒危的状态，面临着巨大困境。

首先，非物质文化遗产面临传承危机。非物质文化遗产作为无形的活态文化存活在传承人的技艺和记忆中，口传心授是其传承的重要渠道，因此传承人是民间文化代代薪火相传的关键。目前，黔东南州一些非物质文化遗产也面临失去原有的生存土壤和社会环境而逐渐走向消亡的困境。比如，在一些村落，少数民族家庭的小孩从咿呀学话开始就学汉语，不再讲本民族语言，孩子在初中之后就不愿再穿本民族的服装；又如，苗族的多声部情歌，由于年轻人大多外出打工，不再进行"游方"等活动。一些国家级非物质文化遗产项目甚至已经到了"人亡艺息"的地步。苗族古歌国家级的 5 位传承人已离世 3 位；苗族刻道国家级的 2 位传承人中也只有 1 位在世。[①]这些传承人大都年事已高，记忆模糊，传承活动受到限制，技法和工艺面临失传。

其次，非物质文化遗产的保护资金投入不足，保护工作步履维艰。资金投入不足是黔东南州非物质文化遗产保护面临的最大难题。全州除了把州级传承人的生活补贴纳入财政预算外，没有专门的非物质文化遗产保护经费，虽然国家和省级财政补助每年约有 1 000 余万，传承人传承补助费每人每年 5 000 元，但这对于非物质文化遗产丰富的黔东南州来说仍是杯水车薪。由于资金缺乏，州内非物质文化遗产的保护处境困难，不仅经济效益难以体现，社会公益性作用的发挥也成问题。

第二节　传统村落保护发展的主要做法与问题

一、传统村落保护发展的主要做法

迄今黔东南州列入《中国传统村落名录》的传统村落数量稳居全省第一，在全国地级市中

---

① 范生娇. 黔东南非物质文化遗产现状及保护对策研究 [J]. 凯里学院学报，2014（5）.

也独占鳌头，对黔东南州传统村落的地位和知名度有着很大的提升。近年来，黔东南州政府紧紧围绕传统村落核心价值的深入挖掘和展示，凝聚社会共识、加大资金投入、创新保护思路，统筹传统村落保护利用与经济社会发展，为我国传统村落的保护利用工作提供了有益的借鉴和启示，黔东南州传统村落保护的主要经验如下：

1. 州政府高度重视推进传统村落保护发展

黔东南州委、州政府高度重视传统村落保护发展工作，认真贯彻贵州省委、省政府的重要战略决策，一手抓建立健全工作机制，一手抓规划编制。2015 年专门成立了传统村落保护领导小组，由分管副州长姜学东任组长，各相关部门为成员，下设办公室，州辖各市县也相应成立了领导机构，并设立了村寨建设保护中心、传统村落保护联盟等机构，统筹加强传统村落保护工作。相继制定了《黔东南州传统村落保护实施办法（试行）》《黔东南州传统村落保护发展规划编制导则》《黔东南州传统村落保护发展调度办法》，建立了黔东南州村寨建设联席会议制度，按照"示范引路，点面结合，稳步推进"的方法，实行"一月一调度，一季一督查，半年一小结一年一考评"，大力开展传统村落保护发展，把工作落在了实处。与此同时，州政府还将传统村落保护发展纳入了《黔东南州国民经济和社会发展第十三个五年规划》，不仅根据国家四部局关于切实加强中国传统村落保护工作的指导意见，安排各市县组织编制传统村落的保护发展规划，并且针对遍布黔东南的传统村落普遍处在贫困线上、基础设施差、保护发展十分繁重的存续现状，邀请国内知名专家主持《黔东南州传统村落保护发展战略规划研究》，深入梳理整合自然人文资源，探索总体思路、途径和保护发展模式。此外，还积极筹备承办了两届"中国传统村落黔东南高峰论坛会"。

2. 各级政府整合资源进一步强化资金投入

黔东南州政府一是按照"整合资源、捆绑资金、统筹使用、各记其功"的办法，采取以县为单位，充分整合各方资源，积极筹措各个渠道的资金，将扶贫生态移民、农村危房改造、产业发展、交通水利、文化教育、财政"一事一议"、扶贫开发项目等捆绑在一起，投入传统村落保护发展；二是通过积极争取中央财政补助资金 8.28 亿元，完善传统村落基础设施建设和生态环境保护；三是拓宽融资渠道，主动与黔东南州农发行对接，融资 100 亿元，优先实施包括传统村落在内的 100 个村寨建设，以期破解资金难题。据统计，截至 2015 年，黔东南州已有 173 个传统村落通过规划技术审定，获得中央补助资金 51 900 万元，另外获得"农村综合改革转移支付资金"5 550 万元、"农村环境保护专项资金"5 670 万元。2015 年以来，黔东南已整合中央、省、州三级传统村落农村环境保护等资金 5.81 亿元，专项用于全州前 3 批 276 个传统村落的基础设施建设，村落人居环境得到大幅改善。

为加强指导全州已获中央补助资金的传统村落项目建设实施，黔东南州制定了《黔东南州传统村落保护实施方案》，明确总体目标、重点任务、实施步骤、保障措施等内容。同时，州人民政府本着因地制宜，科学合理利用的原则，把环境整治和保护村落特色紧密结合起来，加强指导传统村落项目建设，全力推进全州传统村落保护发展。在已获得两批中央资金补助的中国传统村落中，主要加强寨内步道、消防、饮用水、污水和垃圾处理、风雨桥、鼓楼、文物修缮等工程建设。

为切实做好黔东南州传统村落等重点民族村寨和文物保护单位消防安全保护工作，州政府下发《关于安排 281 个中国传统村落等村寨和 18 个国家级文物保护单位 26 个省级文物保护单位消防资金的通知》，按照先重点后一般的原则，由州级对每个村寨安排 10 万元，县级安排 10 万元，重点用于村庄风貌保护，落实鸣锣喊寨等消防经费补助。①

除此之外，黔东南州在实施传统村落保护发展过程中，要求各县市整合资金优先实施消防基础设施建设，全州启动了农村消防设施建设和 50 户以上木质结构连片村寨房屋的"电改"工作。2007 年以来，全州共投入 5.85 亿元将传统村落具备的优势转化为提高村民收入的门路，积极探索保护、发展、利用相结合的可持续发展的路子。

3. 建立健全传统村落的村民自治保护机制

村落作为乡村社会生产生活的空间载体和群居方式，主人是祖祖辈辈生息繁衍在村落的村民。村落是村民的家园、归宿与赖以生存发展的根本。因此保护传统村落的文化遗存，传承历久弥新的农耕文明，不断发展传统村落经济，改善社会民生，必须尊重村民对乡土的感情，依靠村民呵护家园的自觉性，充分发挥村民自治管理作用，加快建立传统村落的村民自主保护机制。中国乡村历代就有村民自治的精神和传统。村民自主、自发地组织起来，处理村落中共同面临的治安、经济、社会、教育、礼俗等问题。黔东南州少数民族村寨居多，自古以来各民族几乎也都有传统的寨规款约，通过对山林、河流、农田、房屋等生存环境和风俗习惯、邻里关系、生活秩序等村寨内事务，进行规范和自治。例如传承至今的苗族"榔规"、侗族"仪款"、布依族"议榔制"、瑶族"石碑律"，都是行之有效的村民自治方式。在黔东南州，许多传统村落制定有村规民约，并且都会自觉遵守，已是沿袭千百年来的生活常态。这种自治方式给传统村落保护发展提供了基本保障，也为建立健全传统村落的村民自治保护机制，奠定了良好基础。

有鉴于此，黔东南州政府从实际出发，在已制定的《黔东南苗族侗族自治州民族文化村寨保护条例》基础上，继续加强民族文化村寨的规划、保护、建设、管理和利用，2015 年进一步出台了《黔东南苗族侗族自治州传统村落保护实施办法》。明确规定："组织制定村规民约，指导、督促村民按照传统村落保护要求，合理使用历史建筑。"将村规民约作为推进传统村落保护发展的重要举措，寻求自下而上全方位互动的自治保护机制。在组织黔东南州传统村落编制完成保护发展规划的同时，不断完善村规民约，规范村落群众行为。如从江县政府倡导村民积极参与，实行民主自治管理。根据传统村寨的村民自觉劳动实践和生活习惯，引导村民逐步制定和完善村民公约，用以规范农房建设、村寨治安、环境保护、节庆活动，减少群众争吵、打架和破坏村寨环境卫生等不文明行为。

近年来，黔东南州村规民约对传统村落的保护发挥了巨大作用。黔东南州村规民约中既有直接涉及传统建筑保护的规定，也有通过防火规约间接对传统建筑进行保护，还有对本民族传统圣地的特别保护的条款，②总体来说涵盖传统村落自然环境、格局、风貌、传统建筑、非物质文化遗产等方面的保护。当前在黔东南州各级政府的支持下，通过发挥村规民约的自我约束作用，传统村落保护更加规范化，保护效果更加显著。

4. 加强文化建设弘扬传统村落的精神意涵

黔东南州政府把传统村落保护同组织创作文化活动紧密结合起来，使保护物质文化遗产和保护非物质文化遗产相辅相成，传承和弘扬村落具有民族特色的传统文化。

---

① 引自《2015 年黔东南州开展传统村落保护发展工作情况汇报》.

② 董迎轩，周真刚. 黔东南少数民族村规民约对其传统建筑的保护 [J]. 贵州社会科学，2013（3）.

2015年6月，榕江县政府举办了"贵州传统村落与非物质文化遗产保护发展高峰论坛"，就贵州传统村落与非物质文化遗产的保护发展达成了《榕江共识》。会议创造性地提出"传统村落是物质文化遗产和非物质文化遗产的综合载体"，把传统村落与非物质文化遗产保护作为系统工程统筹协调，统一实施，强化实施传统村落文化遗产保护工程意识。2016年1月，天柱县积极申报了5个州级首批非物质文化遗产保护传承教育示范基地，极大促进了各示范基地做好四十八寨歌节、侗族北部方言歌会、注溪山歌、阳戏、稻鱼并作习俗的传承和保护工作。

在政策上，黔东南州努力探索建立适合传统村落与非物质文化遗产保护发展的资金投入机制。除省里设立传统村落保护发展扶持资金外，各级政府财政也逐步加大资金的投入力度，通过政府财政主导、企业捐助、旅游反哺、群众筹资等方式拓宽资金投入渠道，使传统村落与非物质文化遗产保护得到持续的资金投入支撑。

在出版宣传上，与媒体合作进行文化交流。如与旅游卫视合作拍摄"让世界听见·民族音乐黔东南寻访之旅"的3期节目；在英国伦敦大英博物馆演讲厅举行"大美黔东南"苗族侗族文化交流会，还与英国利物浦大区政府签署了《友好城市合作关系备忘录》。此外，出版文化遗产系列丛书，如《神秘古朴的家园——黔东南民族文化村寨掠影》、《六洞九洞侗族村寨》、《苗岭山区雷公山山麓苗族村寨》等，加强对黔东南州传统村落民族历史文化的宣传力度。

黔东南州在传统村落非物质文化方面的建设，为传统村落的保护寻找到一条新的途径。一方面，深入挖掘传统村落文化特色，也是对传统村落的一种保护；另一方面，对村落非物质文化的宣传，更是传承了传统村落的历史内涵，乃至中华民族的优秀文化。

二、传统村落保护发展的问题分析

黔东南州传统村落保护发展取得了一定的成效，体现为基础设施和人居环境正在得到较大提升，村民的居住生活质量逐步得到改善。但是也应清醒地看到，随着推进传统村落保护发展的步步深入，各市县也面临着一些新的困难和严峻挑战。目前在黔东南州传统村落保护发展中暴露出了一些不容忽视的突出问题，大致归纳如下：

1. 推进传统村落保护发展的总体思路迷茫

在全国范围组织传统村落调查和认定，推进传统村落保护发展，还是第一次。既无成熟经验，也无成功范例。从2012年开始启动，各省、自治区、直辖市迅速掀起了传统村落保护发展的大潮，极大地促进了黔东南州的传统村落工作。黔东南州不仅拥有非常丰富的地域文化和民族文化资源，而且入选《中国传统村落名录》的传统村落数量稳居国内前列，但是由于这项全新的工作几乎是在黔东南州政府和数十万村民毫无思想准备的情况下展开，许多问题还来不及思考，尤其是数百个古村寨相继获得中国传统村落殊荣，相互之间的自然人文资源条件存在较大差异，因此对于黔东南州传统村落究竟该保护什么？如何保护？怎样发展？以及黔东南州传统村落蕴含的重要价值和特质文化究竟体现在哪里？传统村落保护发展与民族文化村寨建设、新农村建设、美丽乡村建设、旅游扶贫又是什么关系？政府应当采取哪些公共政策？怎样编制传统村落保护发展规划？如何切实加强传统村落保护？如何强化保护监管工作？村民宅基地问题以及各级财政补贴专项资金怎么解决和使用？如此等等，一切都在突兀起来的茫然中，缺乏清晰的总体思路，从而导致推进传统村落保护发展顾此失彼，存在很大的盲目性。

有鉴于此，黔东南州在指导传统村落保护发展工作时出现了一定的实际问题。各级政府的政策统筹、平台搭建不足，以致第一产业始终停留在低端的初始阶段，新兴旅游产业的无序竞争，传统村落宝贵的遗产资源未得到有效利用。甚至面对一些村寨出现急功近利、过度开发，违背传统村落保护基本原则，严重破坏传统村落整体格局、历史风貌和传统民居的混乱状况，主管部门监管不力，或者视而不见，或者束手无策。黔东南州在传统村落工作起步阶段，很大程度上存在重申报数量，轻调查研究，忽视规划编制和实施，发展模式单一化的倾向以及对传统村落自身历史文化内涵尚未深入挖掘，传统村落非物质文化遗产无以为继，慢慢消失的现象。

2. 编制传统村落保护发展规划的差距较大

为了科学指导，有序推进中国传统村落保护发展工作，住房城乡建设部于2013年9月印发了《传统村落保护发展规划编制基本要求（试行）》。作为专项规划，包括传统村落基础资料建档、保护规划和发展规划3个方面的内容。但是由于这项编制基本要求尚未细化到国家标准规范，加之面对诸多传统村落保护发展规划的繁重编制任务，黔东南州疏于规划编制单位的技术资质监管，结果编制人员素质参差不齐，在没有规划编制经费的基本保障条件下，大部分规划编制深度不够，质量普遍较差，甚至出现常识性错误等问题，近半数传统村落在国家四部局技术审查会上因为规划不达标，不能顺利通过列入中央财政补贴的名单，造成多次返工，直接影响了有效推进传统村落保护发展工作。突出反映在以下两点：

其一，传统村落基础资料登录和建档质量不高。收集整理翔实资料，建立技术档案，是开展保护发展工作的基础。技术档案包括文字内容，还包括图片、图纸录音和影像资料。传统村落建档的目的在于有效地利用基础资料，进行分析评估，找到存在的问题，提炼每一个传统村落的价值特色，采取针对性的规划措施和公共政策，保护发展传统村落。同时技术档案也是对日后保护发展工作成效进行比对考核的重要依据。目前黔东南州传统村落虽然大都建立了技术档案，有些已经实行挂牌保护。但是按照建档要求，多数传统村落内容缺项，数据不准，分析不到位，书写不规范。有些图文不对应，没有反映传统村落整体历史风貌的图片。对于传统格局和历史文化要素体现不够，不仅影响了编制传统村落保护发展规划，难以启动保护整治项目，而且给日后建设管理造成了困难。

其二，编制传统村落保护发展规划工作粗放，没有认真研究贯彻基本要求。对传统村落现状分析内容不完整，尤其是没有把握住现状存在的主要问题。在保护规划内容中，确定传统村落保护对象不够明确，特别是传统格局和历史风貌的整体性保护、公共空间、文物保护单位、比较典型的传统建筑保什么、怎么保、亟待解决的问题是什么，缺乏合理判断。保护范围往往划定不尽合理，甚至不理解保护范围的基本概念和正确方法。多数规划提出的保护整治措施针对性和操作性不强，泛泛而谈，生硬套用历史文化名城保护规划规范。在发展规划内容中，对传统村落自然人文资源的价值及其利用注意不够，忽视特色产业发展和特殊资源开发，不顾当地实际条件，盲目进行旅游开发规划，在大部分村庄规划了游客服务中心、停车场、民族风情演艺中心、展示馆、民俗宾馆（客栈）等。采用混凝土路面改造山寨道路，把城市行道树、建筑小品、路灯、草坪引进传统村落。不适当地一概用城市给排水管线解决山地村寨的上下水问题。这些都明显暴露出规划编制质量差的弊端。

3. 发掘传统村落历史文化内涵的深度不够

保护传统村落，传承中华文明，首先要深入研究发掘历史文化内涵和特色。黔东南州是一个以苗族和侗族为主的多民族相融共生的大家庭，具有鲜明的文化多样性特征。而且每一个民族都有一部迁徙演进的历史，共同造就了极其丰厚的历史文化底蕴。这就需要深入发掘黔东南州传统村落的历史文化内涵，对各个传统村落分别抽丝剥茧，梳理文化脉络。同时对文化遗产资源进行整合，彰显各自民族特色，从而合理确定保护、传承的内容。目前这一方面的工作显然还不到位。尽管已经发掘和打造了一些传统村落的独特文化品牌，例如"中国民间歌舞艺术之乡"郎德上寨、"我国最后的一个枪手部落"岜沙苗寨、"千年侗乡第一寨"肇兴等，但是仅仅依靠几个传统村落，不足以体现黔东南州各族传统村落的全部文化内涵，反映不出民族文化的多样性特征，也不足以带动黔东南州全州域的传统村落保护发展。

黔东南州传统村落以苗族、侗族村落为主，还有一部分汉族、瑶族、壮族、水族、仫佬族等传统村落。这些传统村落的形成、选址、建筑格局、民风民俗等都有深厚的文化底蕴，需要进一步深入挖掘。传统村落的特质文化应当梳理明确，从而将其保护方向、传承的内容清晰地展现出来，寻求符合各个村落自身的保护方法，为创新黔东南州传统村落保护思路提供可靠的依据，促进传统村落保护发展。

4. 引导传统村落保护发展工作的模式单一

黔东南州传统村落长期处在交通和信息十分闭塞的地理环境，经济发展也一直比较滞后，基本延续着稻作为主的农耕生产，主导产业是种植业。在大部分基层干部和村民群众看来，有了中国传统村落这个品牌，和原来的经济生活状态并没有多少区别，唯一能够产生经济效益的保护发展出路就是开发旅游。特别是在20世纪80年代和21世纪初，黔东南州雷山县先后因发展旅游富裕起来的上郎德苗寨和西江千户苗寨，带来极强的示范效应。

值得重视的是，在黔东南州，越来越多的传统村落纷纷效仿这2个村寨，尤其是西江苗寨的做法，走上了单一旅游开发的路子。这些村落没有认真结合自身特色具体分析，忽视与其他产业整合以及长期持续发展的理念，甚至导致无序竞争，这对黔东南州传统村落的保护发展及其传承本地特色文化极其不利。甚至就连已经在挪威的国际援助下，锦屏县隆里所村和黎平县堂安村原本采取生态博物馆模式保护古村落，并且已经获得明显成效的情况下，也走上了大力进行旅游开发的路子。黎平县肇兴侗寨在2012年申报中国传统村落时，国家四部局派出专家组实地考察鉴定，整个大寨还原汁原味保留着古朴的侗寨历史风貌。但是随着被列入《中国传统村落名录》，却盲目照搬西江千户苗寨的做法，不顾黎平县政府和肇兴乡政府的一再说服劝阻，居然随意在传统村落核心保护区建起多层砖混结构的民宿客栈。黔东南州其他一些传统村落也都不同程度地出现了过度旅游开发的倾向，在经济利益驱动下，采取大规模开发方式，拆除了一些具有保护价值和民族特色的传统民居，造成不可挽回的损失，既破坏了传统格局、历史风貌和历史环境要素，也破坏了传统村落文化遗产的真实性。

旅游开发是传统村落保护发展的一条快捷途径，但不是唯一途径。而且在旅游开发中必须把握好度，有序引导和强化监管，不能放任自流，监管失控。只有始终秉承正确的保护发展理念，传统村落的文化遗产保护和经济社会发展才会出现新的前景。在推进传统村落保护发展工作中，必须坚持对传统村落切实有效的保护，使保护整治与适度开发相结合，以保护促利用、以利用强保护，实现传统村落保护发展的良性循环。黔东南州自然人文资源极为丰富，传统村落保护发展的途径和方法也应各有不同，需要在政府正确引导下，紧紧结合自身资源条件、文化内涵、民族特色、历史遗产、特色产业、特色产品、特色工艺、民俗风情等优势条件，探索与之契合的多元化保护发展模式。

5. 实施传统村落保护指导意见的措施乏力

我国在传统村落保护方面，尽管还没有出台一部专门的法律法规，且尚未纳入法制轨道依法监管，但是从国家到省、市（州）都有相关法律法规可以作为依据。特别是 2007 年以来，全国人大相继修订了《文物保护法》和《城乡规划法》，并公布了《非物质文化遗产保护法》。国务院在《文物保护条例》的基础上，进一步公布了《历史文化名城名镇名村保护条例》。根据这些法律法规，2014 年《住房城乡建设部·文化部·国家文物局·财政部关于切实加强中国传统村落保护的指导意见》（建村字 [2014]61 号）印发。贵州省委、省政府十分重视这项工作，随后出台了《省人民政府关于加强传统村落保护发展的指导意见》（黔府发 [2015]14 号），对全省传统村落保护发展做出了安排部署。黔东南州党委、政府也很快制定了《黔东南州传统村落保护整体实施方案》。所有这些，都为黔东南州传统村落的保护发展奠定了坚实的基础，提供了可靠保障。

在黔东南州的实际工作中，由于传统村落分布广，数量多，技术力量比较薄弱，各级管理部门人员少，专业素质有待提高，因此贯彻落实法律法规和实施国家四部局的指导意见力不从心，对于传统村落发生的传统格局、历史风貌和传统民居破坏发现不及时，处理不得力，在一定程度上造成了保护管理失控。例如部分村民在传统村落新建很多砖石和砖混结构的建筑，违反了指导意见和保护发展规划关于传统建筑历史风貌控制的要求，而且普遍随意性强，没有办理任何审批手续私搭乱建。但是这些建筑之所以能够建成使用，甚至形成风气而不被追究责任，其中一个重要原因是没有严格按照指导意见落实责任制，传统村落的保护规划执行力度不强，工作迟滞。尤其面对个别村寨发生村民群体自发组织起来进行违法建设，公开抵制执法部门依法行政，上级政府和主管部门却显得束手无策，甚至听之任之，息事宁人，酿成违法建设屡禁不止和持续蔓延的严重后果，得不到尽快制止纠正，无异于助长了违法行为。

黔东南州主抓传统村落保护发展的管理机构、公务人员在数量和素质上明显存在不足，依法行政能力不强，管理制度、管理体制和管理机制还没有理顺完善，需要在探索传统村落保护发展途径和方法的实践中进一步改革创新。

第五章 黔东南州传统村落保护发展战略选择

传统村落是黔东南州历史文化特色的重要基本面，在已经过去的"十二五"期间，黔东南州传统村落取得了较好的发展，尤其是在旅游的带动下，经济水平得到显著的提高。在"十三五"时期，随着新常态下国家西部大开发战略以及大扶贫、大数据、大健康战略的不断推进，传统村落的保护与发展面临着新机遇和新挑战并存的局面。在这一背景下，进一步深化改革，转换思路，抓住机遇，迎接挑战，找到适合自身发展的科学合理道路，是黔东南州传统村落发展的必由之路。

第一节 新常态为黔东南州传统村落保护与发展带来新机遇

一、国家发展战略为黔东南州带来新的机遇

十八届五中全会综合分析了"十三五"时期我国发展环境的基本特征，认为我国仍处于可以大有作为的重要战略机遇期。西部大开发战略和大扶贫、大数据、大健康战略也在此背景下得以进一步的深入发展。黔东南州位于西部大开发的涵盖范围内，并且由于黔东南州的实际发展需求与国家重点发展战略不谋而合，精准扶贫、大数据等战略为黔东南州，特别是黔东南州传统村落的保护发展带来了前所未有的重大机遇。

国家"十三五"规划纲要明确提出加快城市群建设发展理念，其中的"黔中城市群"更是为黔东南州发展带来新的契机。规划纲要提出："推动民族地区健康发展。把加快少数民族和民族地区发展摆到更加突出的战略位置，加大财政投入和金融支持，改善基础设施条件，提高基本公共服务能力。支持民族地区发展优势产业和特色经济。加强跨省区对口支援和对口帮扶工作。促进少数民族事业发展，大力扶持人口较少民族发展，支持民族特需商品生产发展，保护和传承少数民族传统文化。"[①] 规划纲要的实施将为黔东南州传统村落，尤其是少数民族村落的发展指明新的道路，深入贯彻落实"十三五"规划和一系列国家发展战略，是当前和今后黔东南州发展的重要方向。

其中，西部大开发就是能够为黔东南州发展带来重大机遇的一项国家级战略。西部大开发总体规划是党中央、国务院面向新世纪西部地区城市发展作出的重大决策，具有十分重大的经济意义和政治意义。在西部大开发的初始阶段，贵州省优化基础设施，改善生态环境、提高科技教育，投资环境取得初步改善，经济增长速度达到全国平均增长水平。例如贵州省 2012 年的

---

① 引自《中华人民共和国国民经济和社会发展第十三个五年规划纲要》。

生产总值比 2000 年增长了 584.79%。与此同时，黔东南州也取得斐然的成绩，特别是在一些促进经济发展的基础设施建设上，比如交通设施，建设了一批高速公路、快速铁路，取得了突破性进展，但基础设施严重滞后仍然是制约黔东南州经济社会发展的最大瓶颈。在新一阶段的西部大开发中，西部大开发战略进入冲刺阶段，黔东南州将迎来新的黄金发展机遇。因此，在新常态下，黔东南州应紧抓西部大开发的战略机遇，加大基础设施尤其是交通设施的建设力度，这对黔东南州旅游产业的发展至关重要。

大扶贫战略、大数据战略、大健康战略实施的不断深入，也将为黔东南州的发展带来重要契机。实际上，"大扶贫·大数据"正是十三五期间贵州省最大的发展战略。习近平总书记在 2013 年于湖南湘西考察时，首次提出了"精准扶贫"理念。2015 年习总书记调研贵州省，强调要科学谋划好"十三五"时期扶贫开发工作，并提出六个精准和五个一批的精准扶贫脱贫基本方略。贵州是全国贫困人口最多、贫困面最大的省份，在脱贫攻坚战中任务艰巨。在总书记重要思想指引以及精准扶贫战略的实施下，为确保贵州省到 2020 年如期脱贫，全面建成小康社会，黔东南州"以旅游促进贫困地区脱贫致富"的扶贫方式更具现实意义并且切实可行。

大数据正在成为信息技术的新热点，产业发展的新方向，产业变革的新引擎，将对人类生产生活和经济社会发展产生巨大影响，贵州省在此方面风生水起。2016 年，贵州省委根据中央的要求，并结合实际，明确提出了实施大数据战略行动，打造全国大数据发展战略策源地、政策先行区、创新引领区和产业聚集区的目标。从最接地气的数据中心、呼叫中心，到高端的大数据交易中心、"云上贵州"、大数据博览会，再到国家发改委、工信部、中央网信办 3 部门批复同意贵州建设全国首个国家级大数据综合试验区，大数据正在成为贵州后发赶超的大引擎和大机遇。

此外，大健康战略也为黔东南州的发展带来有利机遇。随着"十三五"规划建议正式落地，健康中国正式升级成为国家战略，大健康产业也迎来了快速发展的机遇期。贵州省良好的生态环境，尤其是黔东南州丰富的历史人文资源，在大健康战略实施背景下有着巨大的先天优势。黔东南州应充分抓好大扶贫、大数据、大健康战略行动，实现科学发展、转型发展、跨越发展的需要，发挥自身生态环境优势，推动黔东南州产业结构调整、打造黔东南州经济社会发展升级版。只有这样才能在新一轮信息技术和产业变革洪流中，抢占先机、赢得主动，才能更多地分享到大产业、大机遇、大变革带来的红利。

总体来说，国家"十三五"规划中提出的城市群发展理念，以及党中央、国务院提出的西部大开发战略以及大扶贫、大数据、大健康战略，基本秉承了相同的发展理念，十分符合黔东南州的实际发展方向，为以传统村落资源为优势的黔东南州的发展提供了千载难逢的机遇。黔东南州应坚定走生态文明崛起的跨越式发展之路，将自然资源和民族文化结合，从整体战略的高度谋篇布局，找到适合黔东南州传统村落保护发展的正确道路。

二、文化产业大发展为传统村落带来新局面

2011 年，党的十七届六中全会通过的《中共中央关于深化文化体制改革、推动社会主义文化大发展大繁荣若干重大问题的决定》提出，要加快发展文化产业，推动文化产业成为国民经济支柱性产业。《决定》指出："发展文化产业是社会主义市场经济条件下满足人民多样化精神文化需求的重要途径"。党的十八届五中全会通过的《中共中央关于制定国民经济和社会发展第

十三个五年规划的建议》，又把"文化产业成为国民经济支柱性产业"和"中华文化影响持续扩大"纳入了"十三五"时期全面建成小康社会新的目标。

2013年，国家主席习近平进一步指出，提高国家文化软实力，关系"两个一百年"奋斗目标和中华民族伟大复兴中国梦的实现。努力夯实国家文化软实力的根基、努力传播当代中国价值观念、努力提高国际话语权是建设社会主义文化强国，提高国家文化软实力的根本指引。

文化是国家的根脉，渗透在经济、政治、军事、外交等一切社会事务和社会活动中，是经济发展和社会进步的一种巨大的驱动力量，对于国家的稳定、延续和发展起着基础作用。面对激烈的国际竞争，只有重视和认识文化的价值，才能在各种思想碰撞中掌握主动权，有效应对各种挑战。中华优秀传统文化是中国文化软实力的核心，尤其是现代核心价值观的源泉和根基，应当深入发掘，大力弘扬，寻找传统文化与现代文明，以及经济社会相适应的结合点，真正将优秀传统文化转化成为自觉实现的价值观。而要达到这个目的，必须依托文化事业和文化产业两大支撑，在促进文化事业不断繁荣的同时，大力发展文化产业，以文化产业为文化传承的载体，引领精神，支撑职能，满足人们对文化产品和文化服务的消费需求。

当今世界文化产业呈现出3个新趋势，一是文化产业已成为一些发达国家国民经济和社会发展的支柱产业；二是跨国文化产业集团将成为影响国际文化市场构成的重要力量；三是文化产业的数字化、网络化趋势正在给文化产业的存在形态和发展带来革命性变化。这种新趋势不可避免地深刻冲击着我国文化产业的发展。在全国范围内，区域文化产业竞争全面展开，文化产业非均衡发展态势进一步突出。在这样的宏观大背景下，黔东南州处在我国大西南多彩贵州的重要地域，如何找准自己的位置，确定未来战略举措，把推进传统村落保护发展作为重要抓手，使之成为驱动黔东南州经济社会实现跨越式发展的一个巨大动力源，至关重要。

一般来说，文化产业要到工业化的高级阶段才具备发展条件，现阶段贵州还处在工业化的初期，文化产业发展水平低于全国平均水平。鉴于经济欠发达、开放度不够的省情特征，文化产业整体基础差、起点低、总量小、实力弱，规模化、集聚化和专业化程度都不高。文化产业资源固然丰富，但是缺乏深度整合利用，"多彩贵州"的系列文化主题活动的成果还没有在产业化上很好体现。为此，党的十八大以来，贵州省委、省政府根据中央精神，立足本省实际，正在把握文化产业的发展规律，充分发挥贵州特色文化资源的比较优势，坚持文化自觉自信，走一条以改革创新为动力，以品牌建设为引领，以文化和旅游及相关产业融合发展为特色的文化产业跨越发展之路。其中以文化旅游为引擎，以文广新等常态文化产业为支撑，以演艺动漫为潜力的新兴文化产业将成为全省经济发展中最具活力、最具发展潜力的产业之一，逐步形成自己的鲜明特色和发展模式。

黔东南州的文化产业发展资源对"多彩贵州"最具代表性，突出体现为自然生态原真性和民族文化多样性两大显著特点，因此大力发展生态文化产业和民族文化产业，对于加快贵州省文化大发展大繁荣有着不可忽视的示范引领作用。当前，如同中共贵州省委宣传部课题组建议的那样，有必要着力抓好一批融合发展的重大项目，打造精品品牌，推动文化产品"走出去"，并将这些筹划作为贵州省文化产业跨越发展的主要任务。黔东南州完全有条件先试先行，重要的战略举措之一就是抓住机遇，推进传统村落保护发展。

传统村落是黔东南州自然文化遗产信息量最大，分布最广，最能够全面展示"多彩贵州"自然生态原真性和民族文化多样性的空间物质载体，不仅具有大西南少数民族在农耕文明进程中创造的乡村聚落特征，而且具有珍贵的历史价值、艺术价值、科学价值、社会价值、文化价值、审美价值和经济价值，是中华民族多元开放精神的集中体现。在我国农耕生产和乡村生活的数千年传承中，黔东南州传统村落是多民族聚落形态及历史文脉的鲜活标本，是自然文化遗产的"活化石"和"博物馆"。

推进传统村落保护发展，固本培元，在有效保护传统村落自然文化遗产的基础上，加快乡村经济建设步伐，提升村民生活品质，事关黔东南州经济社会协调发展和全面实现小康建设的宏伟目标。被列入《中国传统村落名录》村落的村民，一方面通过保护祖祖辈辈传承下来的遗产，追溯生息养育自己的传统村落历史文化，将使村民更好的了解自身、家族乃至民族的价值，牢固树立保护优秀传统文化的意识，增强本民族文化自信；另一方面村民作为传统村落的主体和自然文化遗产的直接传承人，又能够准确地为发展传统村落文化产业，传播黔东南州自然生态原真性和民族文化多样性，提供弥足珍贵的信息。在推进传统村落保护发展工作中，各级政府可以合理有效地整合利用传统村落的资源，引导这些村落适应经济新常态下的产业发展和乡村社会转型，提高村民思想文化素养。通过深入发掘传统村落历史文脉与文化内涵，彰显传统村落各自特色，打造文化品牌，适度进行旅游开发，在增加村民收入的前提下，壮大集体经济，加快黔东南州传统村落脱贫致富奔小康的整体水平。

与此同时，黔东南州传统村落同时具备的自然人文两大要素，使之成为发展文化产业的一种无可替代的优势旅游资源，拥有文化旅游产业开发的巨大潜力，对于满足旅游者休闲度假旅游和文化体验交流的需求，都是极具吸引力的理想旅游目的地。黔东南州应当在统筹规划谋发展的战略布局中，针对各市、县传统村落的具体条件，招商引资，吸收外来资金技术。传统村落是极具开发产业价值、旅游价值、文化价值的风水宝地，需要进一步完善传统村落保护发展规划，按照规划中确定的近期重点项目，精心筹划组织，开辟传统村落保护发展的多元化投融资渠道，打造出千姿百态的产业园和旅游地。

综上所述，黔东南州自然文化资源丰富，优秀历史遗产众多，特别是传统村落所承载的历史文化信息，成为发展村落乃至黔东南州经济的有利条件。通过传统村落保护的研究，结合村落的保护和利用，黔东南州传统村落在发展文化产业方面大有作为，有望成为黔东南州传统村落的特色优势产业和支柱产业，带动区域脱贫致富，走上可持续发展的道路。

三、黔东南州传统村落保护发展的自身优势

毋庸讳言，黔东南州在面积 3 万 km² ，拥有数百个中国传统村落的地域内，自然人文资源如此纯净和丰富多样，其比较优势是其他任何地级城市不可比肩而立的。在当前和今后全国范围大力推进中国传统村落保护发展的大格局中，黔东南州的传统村落作为贵州省以改革创新为动力，以品牌建设为引领，以文化与旅游及相关产业融合发展为特色的欠发达地区跨越发展的先行区，已经得到了贵州省委、省政府的高度重视和全力支持，正在被逐步推向新的高度。目前虽然我国传统村落保护发展尚处于初期，但是对于占据中国传统村落数量10.8%的黔东南州来说，无疑是一次极其难得的发展机遇。

就国内发展的大环境而言，国家给予了黔东南州发展十分有利的政策支持。大扶贫、大数据、大健康战略的深入开展，都将为有着丰富传统村落资源优势的黔东南州带来新的机遇。此外，2015 年习近平总书记视察贵州时做出的"协调推进四个全面战略布局，守住发展和生态两条底

线"的重要讲话，也为经济新常态下西部大开发中的黔东南州指明了发展方向。黔东南州许多特色优势产业和重大项目也已纳入西部大开发和贵州省规划建设盘子，凯里市和麻江县现已纳入黔中经济区。这一系列宏观的大环境，蕴藏着诸多黔东南州传统村落民族文化发展的重大机遇。黔东南州丰富的生态人文资源既是黔东南州宝贵的精神财富，也是发展的先决条件和独特优势，黔东南州唯有立足资源禀赋和市场需求，紧密结合国家发展战略，才能实现发展和生态"两条底线一起守、两个成果一起收"的发展目标。

黔东南境内最大的资源优势就是原生态民族文化和保存较好的原始生态环境，黔东南州需依托这些独特优势，结合国家战略和区域合作的大背景，坚持"旅游活州"战略，大力弘扬"中国原生态苗侗中心文化"，把建设原生态民族文化的世界旅游目的地、原生态民族文化创意产业聚集地作为黔东南州传统村落的目标，全方位营造原生态民族文化氛围，着力发展环境友好型、生态友好型产业，推进生态产业化、产业生态化，以旅游产业转化一产，优化二产，孵化三产，实现全产业链带动。

对于传统村落的保护发展工作，黔东南州积极结合国家、省级发展战略，突出实施大扶贫、大数据、大健康三大战略行动，稳步推进保护工作开展的深度和广度。2015 年 12 月，黔东南举行"黔东南州大扶贫大数据大健康产业项目专题推介会"，极大地促进了黔东南州经济发展的前景。在大扶贫战略指导下，黔东南州以 2016 年至 2018 年为重点攻坚期，主要目标是全州实现精准脱贫 82 万人以上；在大健康战略下，黎平县以新常态思维抢抓大健康产业发展制高点，成立了贵州侗乡大健康产业示范区，为传统村落保护发展带来重要的经济发展动力；黔东南州委、州政府办公室还出台了《关于开展服务重点工程和重点企业大行动》等五措施推动大数据产业发展。此外，黔东南州作为拥有传统村落数量最多的地级市，已经逐步意识到保护传统村落的重要意义，对传统村落发展的期望程度也愈发高涨，为传统村落的保护发展提供了良好的群众基础。

除此之外，黔东南州传统村落拥有许多政府及企业扶持的发展项目。2016 年，黔东南州共有 130 个传统村落被列入国家七部局公布的中央财政支持范围的中国传统村落名单。贵州大区意定黔东南州作为阿里农淘重点支持地区，实施阿里巴巴"千县万村"农村淘宝项目。在此基础上，黔东南州供销社系统充分运用互联网 +，发展农村电子商务，转变供销社传统的经营方式，加强电商网络和物流配送体系建设，形成线上线下的融合发展，努力实现"网货下乡，黔货出山"的目标，旅游电商 OTO 实体店、微信电商和淘宝网的经营完善，为黔东南州传统村落挖掘具有强竞争力的自身发展优势提供了条件。

在地理区位上，黔东南州地处黔、湘、桂三省（区）结合部，素有"贵州东大门"之称，是云贵川通往湖南、两广的主要通道。黔东南州境内拥有黔桂铁路，湘黔铁路，320、321 国道，并已相继建成贵新高等级公路和凯麻、玉凯、厦蓉黔东南段高速公路，"十二五"期间已实现"县县通高速"目标，建成和在建高速公路里程占全省的五分之一。特别是厦蓉高速公路、贵广快速铁路和沪昆客运专线的建设，明显改变了黔东南州的地缘条件，大大缩短了与珠三角、长三角的空间距离。黎平机场、凯里黄平机场已经正式通航，天柱机场也已开工建设，未来黔东南州将实现机场东、南、西全方位覆盖，区位优势日益凸显。在拥有巨大交通发展潜力和极其丰富的历史文化遗产资源的优势下，"十三五"期间的黔东南州，在传统村落的保护与发展上，拥有巨大的发展机会。

　　黔东南州传统村落的保护发展，需利用自身优势树立区域发展理念。首先，当前形势下，黔东南州区域信息与战略资源共享的形势逐步形成。所以，应当积极融入区域发展战略，在区域市场一体化建设中，充分发挥传统村落自身的地域文化和民族文化比较优势，在激烈的竞争中寻求合理分工。其次，加快区域产业有序转移与转型，以及资源的再次配置，促进地区城镇化与人口再就业，积极推进成体系、有创新的多类型传统村落地域文化和民族文化产品，服务生产生活、审美艺术，推动传统村落的产业发展转型，为创新多类型的传统村落的地域文化和民族文化产品提供面向区域、面向世界的机遇。

第二节　新时期传统村落保护与发展面临的挑战

一、思路性偏失致使风貌破坏

　　黔东南州村寨旅游开发经历了约 30 年的发展历程，期间州政府做了大量保护工作，进行发展探索的努力，取得了一定成效。但是对于新时代下的传统村落，由于城市化进程推进、村落空心化等因素影响，在村落保护过程中出现许多问题，以致部分传统村落风貌遭到破坏。

　　回顾村寨保护与发展工作的历程，按照科学发展观重新审视和深刻反思，不难发现，黔东南州对传统村落保护发展存在着认识上和理论上的缺失。在传统村落文化遗产保护发展上，片面强调保护而忽视可持续发展，或一味追求发展而忽视保护，人为地将传统文化保护与经济发展对立起来，甚至把保护等同于守旧，把发展视同为破坏。在片面的发展观和认识论下，几乎难以寻找到一种符合内在规律的、保护发展相结合的途径。

　　指导思想的缺失或者偏失，会直接导致村落保护利用陷入困境。盲目追求经济的增长导致村落风貌、格局的破坏，其对传统村落的影响远远大于经济收益，这种指导思想偏失的后果往往造成民族文化的庸俗化开发、盲目开发、错位开发、破坏式开发等一系列问题。比如黎平县的肇兴村，在 2012 年还以舒适优美的山水农田自然人文环境著称，但是近年来，旅游开发占用了其大量农田，为发展旅游而在村寨入口处修建的大型寨门广场破坏了原有的自然人文环境。2012 年之前，肇兴村寨街道两侧还是以居住为主的居民建筑，如今都已成为商业街，里面贩售的多为村民去邻近的城镇购买的成批量生产的旅游产品，当地特色文化并未得到有效开发，失去了应有的特色，沦为普通的商品旅游区。此外，当地极具特色的侗族民族建筑也存在粗制滥造的危险。这些不当的行为造成了村落风貌的严重破坏，究其原因，还是村落在保护发展过程中缺乏正确的指导思想，盲目以旅游开发为导向造成的。

　　传统村落的保护管理往往需要政府投入大量财政资金，加强基础设施建设，整治居住环境，提升环境质量，维护和修缮历史建筑、传统建筑，这很容易导致地方将文化遗产当作旅游资源进行开发建设。在未制订科学合理的保护利用规划情况下，盲目对传统村落进行旅游开发，简单采取商业化模式运作——"把古迹当景点，把遗产当卖点"，将传统村落变成赚钱的新路。[①]一味追求高额的经济效益，过度开发传统村落搞旅游，必然会在一定程度上破坏民族文化和生态环境，这种现象在黔东南州比较普遍。加之政府没有明确的指导思想去积极地引导村落合理

① 周乾松. 我国传统村落保护的现状问题与对策思考 [J]. 中国建设报，2013（3）.

发展，致使经济效益、社会文化效益、环境效益之间的矛盾越发突出。传统村落保护发展应该处理好这三者之间的关系，同时正视并解决三者发生冲突的根结所在，做到有的放矢。

传统村落的保护和发展具有经济利益、文化诉求、社会效应等多个方面协同共生的复杂性，因此必须有科学合理的指导思想对其加以规范引导。目前来说，黔东南州传统村落普遍面临着指导思想缺失的问题，村落保护管理制度还不健全，监管力度不强，这就使黔东南州在传统村落保护方面走了一些弯路，但是传统村落管理者应当认识到这项工作的重要性，积极有效地应对这场挑战，以正确思路为指导，建立起"创新保护，科学发展"的长效机制。

二、粗放式开发造成恶性发展

传统村落的自然风貌、村落整体格局和传统建筑，是保护和发展传统村落工作的基础前提。但近年来，部分地方存在过度开发，盲目开发传统村落获取经济利益，使村落的自然风貌和整体格局受到了不同程度的破坏。

在推进传统村落的保护发展的过程中，人们往往把保护传统和发展旅游完全等同起来，简单地理解为保护传统村落旨在发展旅游，而发展旅游就应该尽快获得经济效益，误以为保护就是为了赚钱，于是把传统村落的文化遗产当成了摇钱树。甚至不惜以牺牲文化遗产为代价，陷入了过度旅游开发和商业开发的困境，形成恶性循环，造成严重危害。毫无疑问，一些经典、有特色、适合旅游的传统村落可以发展旅游，但是绝不可把旅游当作传统村落发展的唯一出路。传统村落是脆弱的人文资源，不能一味追求收益最大化而破坏不可再生的文化遗产。联合国对文化遗产采取的态度是合理"利用"，而不是盲目"开发"，因此始终要把村落保护作为前提，在切实保护历史真实性的前提下，发挥其文化的精神功能和文化魅力，从而获得客观的经济收益。

忽视文化遗产价值，以牺牲文化遗产为代价，大规模改造，拆真建假进行旅游开发是传统村落保护中的通病。近年来，一些旅游开发公司把传统村落当作新的旅游开发地，进行粗放式旅游开发建设，传统建筑拆建利用无序，维护质量粗糙低劣，并在此过程中随意地改变村落原生态文化，擅自进行迁建、移建，新建"仿古街"、"假遗存"，严重破坏传统村落原真性文化特征和原生态自然环境。[①] 村民对传统村落的发展意识也仅仅停留在旅游开发的初级层次，例如在西江千户苗寨成功使当地村民获得旅游收益后，其他村落的村民对旅游开发无比热衷。一旦旅游开展起来，不仅开发商，村民也开始新建餐馆、民宿等建筑，甚至将原有建筑进行修整、加盖高层，传统村落的保护变得舍本逐末。

村落无规划地扩充建筑、占领土地发展旅游，严重破坏了传统村落风貌。具体表现为，有的在新农村建设中缺乏保护意识，结果建成一个新村导致原有村落风貌消亡；有的旅游开发过度，建"新"景区破坏了村落自然格局和传统风貌，少数民族标志性建筑物如村落寨门、吊脚楼、禾仓等民族建筑不再原汁原味，种种不当开发与中国传统村落保护传承理念背道而驰。

"重开发轻保护"的商业化过度开发和监管不到位，导致传统村落遭到"旅游性破坏"。由于长期以来传统村落开发主要依靠旅游，而人们的保护意识又比较淡漠，对传统建筑价值的认识仅仅停留在创造经济效益上，而对于其丰富的历史、科学、社会、艺术等价值知之甚少。黔东南州传统村落保护发展过程中最突出的问题就是重古建轻文化，即重视传统村落文物保护，

---

① 周乾松. 我国传统村落保护的现状问题与对策思考 [J]. 中国建设报，2013（3）.

忽视服饰、饮食、生活起居等民俗的深层次开发。而且"重开发利用，轻保护管理"的现象相当普遍，一些具有重要价值的传统建筑因保护管理不善遭到损坏，与此同时还面临着旅游性、开发性的破坏，正在走上文化遗产"加速折旧"、"文化变异"之路。

传统村落是具有经济、历史、文化、科学、艺术、经济、社会等综合价值的宝贵遗产资源，对传统村落科学合理的保护利用不应停留在粗放式的旅游层面上。黔东南州传统村落的发展应追求的是一种综合效益，即经济效益、社会文化效益和环境效益的多重组合。所以，在此综合效益的引导之下，应积极转变传统村落旅游产业开发模式，挖掘传统村落特色文化资源，用文化带动旅游，促进传统村落的可持续发展。

三、多种诉求导致矛盾激化

受现代文明影响，许多传统村落原住民对都市生活越发崇尚，由此引发了与传统村落保护传承相冲突的系列问题，比如为改善人居环境而破坏古建筑或原始村落风貌，为修房建屋而拆毁百年老房等。村民多种诉求与传统村落保护存在越来越多的新矛盾，这在黔东南州传统村落均有不同程度体现，总体呈现为愈演愈烈之势。

应当指出，虽然传统村落属不可移动文物的范畴，然而主宰传统村落沉浮衰荣的不是物，而是人。原住民作为传统村落存续发展的主体，是历史文脉传承之根。无论文物保护单位，历史建筑，还是传统风貌建筑，所有历史文化遗产承载的信息都要通过原住民在保护与更新中保持活力。没有一定数量的原住民及其传统的生活形态，很难保留村落原有文化生态，村落便失去了活态传承的真正意义。然而，近年来随着现代生活方式的影响，村民对生活条件提出了新的要求，原有的传统村落居住形态、经济模式已经不能满足日益多元化的民众需要。传统村落保护利用要与改变贫困落后面貌、改善农民生活需求相结合，既要高度重视乡土建筑的抢救保护，又要热切关注群众民生，合理安排保护利用项目;既要科学整治村落格局风貌及其自然生态环境，又要加强村庄基础设施建设。

在城镇化伴随工业化发展的道路上，农村成为城镇与工业发展的广阔劳动力市场，传统村落同样如此。大量农村劳动力弃农务工涌向城市，对于这一部分人而言，他们逐渐接受了城市生活方式，尤其在居住条件方面适应了现代社会钢筋水泥的楼房生活，对于传统房屋不再适应。在家乡改造甚至拆迁旧式传统建筑，摒弃祖辈生息的传统村落生产生活方式，致使传统村落格局和风貌的破坏。而对于长期生活在村寨内的人来说，他们则希望在保留原有住宅的基础上，通过发展商品旅游获得一定的经济效益来改善生活居住条件。而对于以开发传统村落为目标发展旅游、商品经济的商人来说，他们则希望通过营建新村，将传统村落内居民搬迁来达到彻底开发的目的。因此，针对传统村落的保护与发展，不同的主体呈现出不同的诉求，在政府、商人、村民等共同参与的村落保护开发中就呈现出矛盾激化的趋势。

政府要主动发挥调节和监管的作用，尤其是黔东南地区的14个县还处在国家重点扶贫状态，不能只靠"输血式"的政府资金扶持脱贫致富。要善于抓住经济转型发展机遇，立足本地自然和人文资源优势，创新产业发展的村寨，实现各方共赢。在此过程中一定要注意协调好各方利益，明确传统村落保护开发的特殊性，做好村落文化开发普及工作，及时制止传统村落保护开发中的不良行为。积极主动改善村民居住条件和环境，合理有序引导开发商的旅游开发模式，以保护生态环境和村落传统格局为核心理念，引向生态旅游层面。

传统村落承载的自然人文资源成为黔东南村寨摆脱贫困的重要动力。尽管传统村落保护发展尚处于初期，但是对于拥有如此大量传统村落的黔东南州而言，仍然不失为一个难得的发展机遇。切实保护传统村落，促使单一农业劳作向多元产业转型，有利于传统村落走上整体保护与可持续发展的道路。

第三节　黔东南州传统村落保护与发展并举之路

一、探索科学合理的思路势在必然

传统村落是中华优秀传统文化的重要组成部分，蕴藏着丰富多样的历史和自然生态文化，传统村落大发展经历了一个动态的历史过程，因此也必须用动态的、发展的眼光看待传统村落，制定适合黔东南州州情的传统村落保护与发展相结合的道路。

近年来，人们对尊重历史、保护遗产、传承文明逐渐形成共识。在"十二五"时期，黔东南州人民政府敏锐地抓住传统村落这一重要历史文化遗产，发挥自身优势，进一步促进黔东南州社会经济的发展。尤其是在 2015 年黔东南州举办以"保护·传承·发展——传统村落与现代文明的对话"为主题的首届"中国传统村落·黔东南峰会"，搭建起保护传统村落这一珍贵的农耕文明和自然资源遗产的有效平台，进一步审视了传统村落在现代化进程中的重要价值，深入探究传统村落保护、传承和发展的出路，展现贵州传统村落特色，彰显出贵州保护传承发展的理念。除此之外，加强传统村落保护，深入研究解决传统村落保护与发展的战略，被提上了州委、州政府的重要议事日程。在政府部门的领导下，黔东南州相关部门为传统村落管理和编制传统村落保护发展规划做出巨大努力。毫无疑问，所有这些运筹帷幄的举措和推进规划研究编制工作，都极大地推动了黔东南州传统村落的保护。

然而也要看到，由于长期以来对传统村落保护与可持续发展之间的辩证关系，以及黔东南州传统村落保护与发展的总体思路缺乏深入研究，要解决保护意识问题，提升黔东南州传统村落文化软实力，仍然需要付出艰辛的努力。对于如何依法保护传统村落，按照保护规划要求采取切实有效的措施搞好保护整治工作，进一步惠及民生，更是需要战略目光。

进入 21 世纪新时期新阶段的黔东南州，要想从根本上彻底摆脱传统村落保护与经济发展两难的境地，从迷茫徘徊的十字路口走出来，必须站在历史发展和时代进步的高度，以科学发展观重新审视过去，思考未来，更新理念，创新思路。这是黔东南州传统村落经过多年探索历程和不断思考后的必然选择。

二、创新保护与发展思路遵循原则

创新思路具有鲜明的科学性和前瞻性。对于黔东南州传统村落保护与发展思路的创新，不是对既往工作思路的简单调整，更不是对经过实践证明行之有效的保护方法和发展措施的否定。它是基于黔东南州传统村落的区位、形态及属性特征，将其价值取向与发展途径有机融合，置于当代经济全球化、社会信息化和国家保护文化多样性的大趋势、大环境、大背景下审视研究，在科学理论指导下，从黔东南州的实际出发，确定符合传统村落发展客观规律的战略指导思想、方向和框架。显然，创新思路应当遵循尊重历史、正视现实、崇尚科学、顺应规律、民生为本的原则。

1. 尊重历史

促进黔东南州传统村落保护与发展，必须尊重黔东南州的历史和文化，始终把保护传统村落、抢救濒危遗产放在第一位。用服饰记载历史，用歌舞传承文化，积淀了千百年的历史是黔东南州蕴含的精神财富，不论何时，都要以最积极的心态去保护、展现、传承。尤其不能把现代化建设和尊重历史对立起来，只顾眼前利益，舍弃千百年来传承到现在的文化内涵，以牺牲历史文化遗产换取功利和经济的发展。

2. 正视现实

促进黔东南州传统村落保护与发展，应当建立在村落格局和历史风貌的基础上，坚持一切从实际出发，正确认识黔东南州传统村落保护的现实状况，客观分析并慎重评价传统村落的传统格局、建筑高度、建筑体量、建筑形式、建筑色彩等现状条件，以及对重点文物保护单位和传统村落整体风貌实施抢救、保护、整治的可行性，从而实事求是地确定保护思路、原则、内容、方法和措施，合理开发利用传统村落文化遗产资源，为黔东南经济建设和社会发展服务，避免因不切实际的保护要求使保护工作陷入困境。

3. 崇尚科学

促进黔东南州传统村落保护与发展，必须坚持崇尚科学，反对愚昧无知，切实贯彻落实科学发展观，坚持科学的认识论和方法论，以人为本，全面、协调、可持续发展。应当反思过去，总结历史经验，既要改变因袭守旧的陈腐理念，又要摈弃急功近利的盲目发展观和落后的村落管理理念，按照经济社会和村落发展的客观规律，妥善处理近期利益和长远利益的关系，把加快经济发展和推进村民生活水平结合起来，统筹事关传统村落保护与发展的各部门联动和各方面工作。以科学的管理机制和管理方法，有效地保护黔东南州传统村落，使其得以健康发展。

4. 顺应规律

促进黔东南州传统村落保护与发展，一定要顺应村落形成历史和发展的客观规律。充分认识保护和发展应与时俱生，与时并存。坚决纠正把保护视为守旧、发展等同破坏的错误观念，避免把保护历史文化遗产与加快经济发展对立起来，以尊重历史、传承文明、服务当代、创造未来作为指导黔东南州传统村落保护与发展的认识主线，不断探索保护与发展有机结合的方式，创新保护与发展并举兼得的合理途径。

5. 民生为本

黔东南州传统村落的保护与发展，立足点和归宿点在于改善民生。最终考虑到的是村民的生活质量，因此对于历史文化遗产的研究发掘，确定科学合理的指导思想、途径和方法，都必须以民生为本。传统村落保护与村落生产生活密切相关，村落的使用者、传承者是村民，因此无论在工作的哪个阶段，都应当以村民的需求和利益为根本出发点。在传统村落保护利用中，无论是制定各项规划，还是在制定相应政策，都要保障村民的知情权、参与权和监督权，倾听民众的意见，积极引导广大村民通过土地转让、承包、入股等方式，使村民群众受益，带领民众为保护和传承黔东南州历史文化特色作出贡献。要坚决制止盲目土地开发和大拆大建行为，最大限度地避免对村民的财产造成侵害。

三、保护与发展并举兼得思路要义

黔东南州传统村落保护与发展体现了时代进步的必然规律。随着 21 世纪我国全面建设小康社会宏伟目标的逐步实现，黔东南州传统村落要坚持在科学发展观的指导下，立足本地区特殊的历史和人文资源优势，将历史文化传承融入传统村落发展规律。

由此，黔东南州传统村落的保护与发展并举兼得思路要义主要有以下几点：

其一，黔东南州传统村落保护与发展之间是辩证的关系，村落的发展要以保护为前提，没有合理的保护就做不到健康的发展。良好的保护能够促进发展的可持续，而健康的发展又能促进保护更加科学合理。保护与发展互为表里，缺一不可，共同构成一个螺旋，推动村落保护发展工作向前推进，最终促进村落文化的保护与传承。

就目前情况来看，黔东南州要加强对传统村落风貌、传统建筑的保护，将提升保护环境，倡导保护行动落到实处。进一步明确黔东南州传统村落的重大历史价值，挖掘地域文化特色，在此基础上结合大扶贫、大数据、大健康三大战略实施的良好契机，大力发展村落特色的民族文化，打造传统村落品牌。在保护中发展，在发展中保护，打破发展即破坏、保护即落后的思维怪圈，促进文化遗产保护与经济社会发展并举兼得，和谐双赢。

其二，保护黔东南州传统村落的最终目的是要传承黔东南的优秀历史文化，弘扬历史文化遗产所具有的文化内涵和精神特质。保护与发展的关系犹如皮与毛的关系，皮是根本，"皮之不存，毛将焉附"。传统村落之所以被列入《中国传统村落名录》，是因为它的历史文化的真实、完整以及丰富。任何历史文化遗产的存在及其所承载的历史信息，都具有唯一性、不可再生性和不可替代性。如果不能很好地保护这些历史文化遗产，中国传统村落这个名号就只剩空壳，更新发展也就更无从谈起了。

保护文化遗产也是为了弘扬我国传统文化，黔东南历史文化遗产不仅带有本地区的地域、民族特色，同时也对中华文化有重要影响。黔东南州民族支系繁杂，素有"三里不同风，十里不同俗"之说，传统村落的个性，在黔东南州体现得尤为鲜明。典型代表有中国最后的一个带枪部落——岜沙村（苗族），中国生育文化第一村——占里村（侗族），以及锦屏隆里古城（汉族），至今仍完整保留着明清规划布局的防御型汉文化民居建筑群，仍旧延续江南的生活习俗等。这些都蕴含着丰富的、真实的、完整的历史信息，是黔东南州传统村落可持续发展的文脉与生命。因此，传统村落保护不仅仅是对遗产本身的保护，也是对遗产所包含的文化价值的传承和发扬。

其三，黔东南州传统村落保护与发展需充分结合黔东南州不同区域实情进行科学合理规划。黔东南州地广物博，民族风情多样，不同的村落在寻求保护发展途径时应根据自身具体情况，选择不同的发展路径，不可一并趋同。同时也可借鉴在保护发展方面具有一定经验的村落，如郎德上寨、岜沙村等。其中，郎德上寨的保护与发展是在充分研究分析自身拥有大量国家级文保单位的基础上，结合苗族文化精粹展示，并以"工分制"为基础打造民族村寨旅游开发模式，保存特色并扩大优势，逐步形成了极具地域特点的文化旅游。黔东南州其他传统村落的保护与发展也要突出文化遗产保护、利用、服务的主体，以发展文化创意产业和旅游产业作为发展传统村落的新亮点。

四、确定黔东南州传统村落保护方法框架

《传统村落保护发展规划编制基本要求（试行）》规定："明确5年内拟实施保护项目、整治改造项目以及各项目的分年度实施计划和资金估算。提出远期实施的保护项目、整治改造项目以及各项目的分年度实施计划。"由于传统村落保护在我国兴起较晚，文件并未明确指出保护层

次，但参照《历史文化名城名镇名村保护规划编制要求（试行）》相关内容，编制传统村落保护规划应根据村落传统格局和整体风貌、文物保护单位、传统风貌建筑 3 个层次确定保护方法框架。做好黔东南州传统村落保护工作，要以保护规划为指导，在汲取历史经验的基础上，拾遗补阙，完善由宏观到微观的保护层次和内容，确定系统完整的传统村落保护方法框架。

对于传统格局和整体风貌的保护层次要求，主要是保护和延续村落的街巷格局、历史风貌及与其相互依存的地形地貌、河流水系等自然景观和环境，这是遵守整体性保护原则的基本要求。在环境上，注重传统村落生态环境的延续性，保护人与自然和谐相处的生产生活方式。在传统村落大力推进植树造林、退耕还林、水土流失治理、村庄绿化等重点生态工程，加强对古树名木、风景林和水源涵养林的保护；结合环境污染治理设施建设 3 年行动计划的实施，在传统村落实施一批垃圾污水处理等环境整治项目，治理文化遗产周边、公共场地、河塘沟渠等公共环境，实现村容美化。在建筑上，保护整治和修复村落传统街道，对构成村落历史风貌的石阶、树木、山体、水系等要素进行修复，彰显村落整体历史风貌。要做到以上内容，当务之急还是要抓紧编制和实施传统村落保护发展规划。

对于满足文物保护单位的保护层次要求，传统村落具备一定的有利保护条件。不同于城市中的工业飞速发展引发的城市扩张，大部分传统村落保留着传统的农耕生活，在此基础上，文物保护单位相对不易遭到严重损害。但仍需提高警惕，因为随着工业社会的迅速发展，文物保护单位必然会受到不同程度的威胁。因此，应积极为这些文物和历史建筑探索新的保护模式，以求在当今现实状况下寻找到最合理的保护利用方式。地方政府应出台相关保护政策措施，引导村民、学者、开发商等村落保护开发主体树立正确的保护意识，并积极地参与到保护与开发的工作中来，达到既保护好传统村落遗产，充分发掘其历史、研究、教育、审美、观赏等价值，又能够为不同的参与主体创造价值。

传统风貌建筑是传统村落保护层次的重要组成部分，也是传统村落保护的基础。作为构成传统村落最基本的单元，传统风貌建筑的保护修复直接关系到传统村落保护的成败。黔东南州少数民族传统村落众多，村落就是民族及其文化的所在地，而这些优秀文化更多地体现在他们的民居上，如功能、建材、构造、形制、色彩等方面。因此，传统村落民居的保护关系到传统文化的传承，应当尽快根据村落实际情况建立保护标准和登录制度，实行测绘建档，挂牌保护，同时加大监管力度。

上述 3 个保护层次是传统村落保护的核心。除此之外，还要按照传统村落保护的其他主要内容，对与之关联度密切的山川形胜地理环境和各类历史环境要素、传统文化以及非物质文化遗产进行切实有效的保护传承。

综上所述，确定黔东南州传统村落的保护方法框架，要本着能保则保、能多保则多保的思想理念，围绕 3 个基本保护层次，结合黔东南州实际，系统完整地进行保护监管。要坚持对地理环境要素、传统格局及其整体风貌、文物保护单位和历史建筑与非物质文化遗产等统筹兼顾，保护与发展并重，不可偏废。要区别不同民族、习俗的传统村落编制保护发展规划，采取具有针对性的保护措施。

五、明确黔东南州传统村落保护发展思路

黔东南州传统村落数量多，自然条件、保护现状、道路交通等实际情况都有所差别。如果

每个村落都企图通过发展旅游来达到脱贫致富，是不现实的，只会导致村落竞争加剧，不利于全州传统村落的保护发展与文化传承。因此，黔东南州传统村落应立足村落自身现实条件、文化特色，将村落特色环境、特色文化、特色产业、特色工艺等具有鲜明辨识度的亮点，融于现代村落发展之中，同时注意结合优惠政策导向，探索出适宜村落保护与良性发展的模式。

在总结黔东南村寨保护历史经验的基础上，针对黔东南州传统村落在保护与发展过程中存在的主要问题以及症结所在，黔东南州传统村落保护与发展总体思路拟定为：立足本地资源，激活内生动力，加强社会合作，促进活态传承。

1. 立足本地资源

黔东南州历史文化遗产数量丰厚，地域分散，传统村落众多，但存续状态凌乱破碎，形态特征看似关联性不强。因此长期以来在众多传统村落保护中，对历史文化价值、特色及其相互之间的内在联系发掘整合不够，缺乏清晰完整的认识。以致实施保护工作片面，没有总体把握统领、突出保护工作的重点。针对这方面的欠缺，要把整合传统村落内在的历史文化渊源作为保护的突破点。就是要以村民为主体，从本村拥有的自然资源和人文资源出发，包括本村的自然景观、特色农业和农产品、村庄聚落形态、传统干栏式建筑和传统手工艺等，进行全面保护、深入利用，而不是完全寄希望于等、靠、要，依赖中央财政补贴和外来企业资金的注入。本地自然、历史文化资源不仅是保护的前提，更是发展的动力。

2. 激活内生动力

传统村落保护与村民生产生活有着十分紧密的联系，因此，在传统村落保护与发展过程中，必须充分发挥出寨老等村民自治组织和村寨内基层行政组织的职能。村寨内基层行政组织作为最了解传统村落内部实际情况的行政机关，在村内有较强的组织力，可以引导村民接受和践行正确的保护发展理念。而寨老制度作为村寨历史遗留的村民自治组织，在村寨的日常活动中发挥着重要的道德约束作用。发挥村民自治组织和基层行政组织的主体作用，引导村民树立正确的传统村落发展理念，激发村民保护与发展传统村落的意识，对村民进行商品意识教育，广开融资渠道，与市场接轨，让村民充分享有村落发展带来的经济、环境等条件的改善。同时需要注意的是，避免外来企业以资金投入的方式对村落进行控股，独享本村资源，与村民发生利益冲突。

3. 加强社会合作

在信息化高速发展的当今社会，传统村落的保护发展更离不开与外界社会的合作。因此，摆在传统村落眼前的现实道路要求其放开思路，以开放包容的态度和省内外企业、研究机构、大专院校、国内和国际组织建立合作关系。通过整合资源、集聚人才，获取技术和资金支持、打通市场信息渠道，实现传统村落和外界的有效合作，在引进资金和技术的基础上有序开展传统村落的保护、开发、治理工作，深入挖掘村落和民族文化内涵，通过自身文化的特异性吸引外来人来此参观调研，实现多方共赢。尤其注意要邀请专家参与，由专家和政府共同研讨和制定保护传统村落与发展规划等一系列关乎村落发展思路与途径的问题。

4. 促进活态传承

传统村落保护与发展的最终目的是促进村落的活态传承，也就是将传统村落自身蕴含的历史、艺术、文化等内涵按照以人为本的方式传承下去。传统村落保护不能照搬照套保护文物的办法，对没有列为文物保护单位和历史建筑的传统民居，实行不符合实际情况的限制，也不能为了单纯追求经济利益，把村民全部迁到新建社区，将传统村落单纯地改造成为企业盈利的旅游景点，抛弃村民传统的起居生活形态，大搞旅游商业街的开发建设。这势必导致特色文化的加速衰落，不利于传统村落文化的活态传承。因此，在针对黔东南州传统村落保护与发展利用过程中，不能单纯地将村落发展的模式单一商品化、外来化，而是应该保留村落原有风味和印记，在保护利用过程中注重村落的精髓文化的挖掘利用，集中展示出村落的独特魅力，促进优秀传统文化的活态传承。

第六章　黔东南州传统村落保护发展策略研究

第一节　黔东南州传统村落保护发展总体策略

一、传统村落保护发展总体策略

黔东南州传统村落数量大、分布广，在全国州市一级无人能比，这已是不争的事实。但是同时也要看到，这些传统村落内在的文化内涵、价值特色，以及外在的保护状况与发展条件，又存在着很大的差异，既有整个村寨被公布为全国重点文物保护单位，也有一般民族文化村寨；传统村落内保存文物、历史建筑和传统建筑的完整程度也不尽相同，有些完整度高达90%以上，有些完整度处于70%至90%之间，有些完整度甚至不到60%。不少民族村寨除了传统民居，还有鼓楼、戏台、风雨桥等公共建筑，但更多的村寨仅保有大量传统民居。此外传统村落中各自的历史环境要素类型和数量也悬殊很大。因此推进传统村落保护发展不能笼统地等量齐观，眉毛胡子一把抓，应当在认清黔东南州保护发展传统村落的现实条件和困境的基础上，认真总结黔东南州传统村落保护发展实践经验，制定出适合黔东南州传统村落保护发展策略，为其保护发展提供方向性指导。为此将黔东南州传统村落保护发展的总体策略确定为："州域统筹、分级分类、集群推进、多元发展"。

1.州域统筹

黔东南州传统村落呈现着"大杂居、小聚居"的分布特点，其传统村落广泛分布于州内的1市15县中，因此在促进其传统村落保护发展时，应当以州域全局的视角来进行统筹，以免厚此薄彼，造成不必要的矛盾。在具体实践中，传统村落保护发展应当由州政府牵头，统筹考虑传统村落的保护发展工作，包括统筹政策措施制定、统筹村落建档保护、统筹资金归集使用、统筹文化教育宣传、统筹产业发展布局、统筹旅游扶贫开发等。如统筹村落建档保护时需要州政府在前期申报传统村落调查的基础上，采取"全面、规范、有序"的普查方法和步骤，对辖区内传统村落进行"三不漏"（即不漏村镇、不漏线索、不漏项目）全面普查，弥补档案中尚不完善的缺项内容，特别是历史文脉、民族元素及其价值特色，进一步拾遗补阙，完善所有传统村落的建档工作。与此同时，州政府还应将传统村落保护发展工作作为当前以及今后政府工作的一项重要议程，以充分调动各县市传统村落保护发展的积极性，把握传统村落保护发展的总体趋势，尊重和适应个体差异。

2.分级分类

对传统村落进行分级分类，以确定传统村落之间的个体差异，针对性地提出保护发展的措施，这是面对繁重的工作任务,防止简单化一的粗放式指导管理的必然选择。分级分类进行保护整治,要对各类保护项目进行评估，将各类保护工作划分为不同的级别和类型，从最根本、最迫切的任务着手，逐步深入、细化保护工作。目的在于避免一哄而上，不分轻重缓急，缺乏合理秩序，在当前政府无力对全部传统村落进行同等条件保护发展的情况下，避免传统村落的进一步破坏。黔东南州传统村落需分片区、分块进行，先易后难，逐步拓展传统村落保护工作的深度和广度，进行分级分类整治，以实现最好的保护，最优的发展。在具体操作过程中，组织有关部门和专家学者深入实际，系统梳理传统村落遗产，根据不同民族和地域文化特色，做好传统村落保护的价值评估工作，抓紧研究建立价值体系、分级分类评定标准，对所有传统村落进行甄别、分类、评级。

3. 集群推进

传统村落集群式发展，是依据黔东南州自然环境变化多样、民族成分丰富、特色突出且保有量大的实际情况而采取的区域协调发展的新思路。黔东南州传统村落以苗侗村寨为主，其中苗族传统村落主要集中于环雷公山地带，侗族传统村落主要集中于黎从榕月亮山一带，其村落聚簇特征鲜明。加之黔东南州传统村落大多以血缘为纽带聚居，其民族文化同质化明显，在寻求发展道路上常常选择相同的发展模式和路径，各自为政，既易导致恶性竞争也容易造成资源的浪费，为此，针对黔东南州传统村落该具体情况，我们提出了集群式的保护发展路径，以集群的方式推动传统村落的保护和发展。传统村落集群式保护发展是在一定区域内依据各传统村落不同的资源特色，采取不同的发展模式，弱化区域内同质现象，突出重点、厚植传统村落资源优势，以实现各传统村落共同发展的目的。

4. 多元发展

综观中国传统村落保护发展措施，基本以旅游业为主要发展方向，黔东南州也不例外。黔东南州拥有着得天独厚的自然禀赋和多姿多彩的民族文化，为其发展旅游业提供了天然的优势，但同时也应当看到，黔东南州交通闭塞，区位条件相对落后，能发展旅游业的大多为交通便利的村落，加之黔东南州传统村落旅游资源相似度强，全都发展旅游业是不现实的也是不合适的。单一的旅游模式已不能满足村落发展需求，寻求多元发展模式势在必行。多元化的发展模式是实现传统村落遗产资源保护以及扶贫脱贫的主要途径，能够根据不同村落的现实条件采取符合实际的适配模式，注重传统村落的差异，通过多种模式的对比选择，总结归纳确定出最优最佳方案，使不同的传统村落得到合理的保护、开发和利用，在保护遗产资源的同时促进传统村落可持续发展。

二、广择文化遗产利用方式

诚如前文所说，黔东南州传统村落保护与发展是辩证统一的关系，保护是为了发展，发展是为了更好的保护与传承，而促进保护与发展相结合的关键则在于，为其历史文化遗产寻找保护与发展之间相互促进、相得益彰的合理利用方式，通过传承古代文明的适当途径和方法，与服务现代城镇化和创造现代文明有机融合，实现历史文化文脉的传承和文化遗产的有机更新，从而调动农民积极性，让保护成果惠及村落全体村民、社会共享。

选择或确定历史文化遗产利用方式，应当认真研究其历史文脉，以文化遗产蕴含的文化内质、使用功能、保护价值与保护状况为标准，建立相应的评价体系和技术规范。本课题主持人曹昌智先生曾在《历史文化名城的形态保护与文脉传承》一文中，通过总结国内外对文化遗产的利用方式，把文化遗产的合理利用概括为：观瞻、实用、体验、纪念、复合5种方式。借此，我们将以此5种方式为基础，结合黔东南州传统村落自然生态特征和历史文化特征，阐述黔东南州传统村落文化遗产的利用方式。

观瞻方式：顾名思义，观瞻方式主要用于供游客参观、瞻仰、鉴赏、研究的文化遗产。黔东南州传统村落文化遗产运用观瞻方式主要表现于两个方面：一是具有文物价值的古建筑、古遗址、工业遗址和碑刻等，如鼓楼、风雨桥、戏台、吊脚楼等传统建筑，柳基古城垣、丹江厅城遗址等古遗址，南瓦炼钢土炉遗址，文斗上寨诰封碑、六禁碑等，这些文化遗产形态特色鲜明，文化内涵丰厚，都可以通过按其原貌修缮保护，将其辟为文物景点，作为历史的记载和实物佐证，供游客观瞻和研究；二是非物质文化遗产的观瞻，黔东南州传统村落非物质文化遗产丰富，其中歌舞表演、民族服饰、节日庆典等都可作为观瞻的对象，歌舞表演内容丰富、气势宏大，民族服饰款式多样、特色鲜明，节日庆典更是形式多样、多姿多彩，这些都可通过不同的展示方式，向游客展示和推广，让游客得以观赏。

实用方式：实用方式主要适用于可直接使用的古建（构）筑物，如传统民居。实用方式按其更新利用的功能要求又可分为延续原功能、贴近原功能、更新原功能，其中延续原功能是将文化遗产原有的使用功能和文化特征仍然保存下来，融入现代社会生活中，继续发挥着作用；贴近原功能是对原有使用功能已有部分不再适合现代社会发展需要，但是其文化特征仍然具有重要影响的文化遗产，通过寻找与原来功能贴近的合适用途，展示文化遗产内涵；更新原功能则是对原有使用功能已经完全不适应现代社会发展需要的文化遗产，在保留其历史形态特征和历史信息的同时，赋予新的功能。黔东南州传统村落传统民居主要以木构建筑为主，仍传承着原来的起居生活形态，按照延续原功能的利用方式，可以利用传统民居打造民宿或农家乐，使其在维持原始生活生产方式的同时，为村民创造收益。同时针对目前无人居住但仍保持原始风貌的传统民居可选择贴近原功能和更新原功能的利用方式，将其打造成村落的民俗文化博物馆、非遗传承馆、名人纪念馆、手工作坊等，如台江县张秀眉故居就可将其打造成张秀眉纪念馆或咸同起义的展示馆。

体验方式：体验方式重点在于身体力行，在于体验。黔东南州传统村落运用体验方式主要表现在对传统生产生活方式的体验和传统手工艺的体验。传统村落是我国农耕文明的重要载体，传承着我国传统的农耕起居，利用民宿和农家乐，使游客与当地村民一起生活，了解当地村民的生活起居和农田耕作，感受传统的农耕文明；与少数民族人民一起歌舞、一起庆祝节日，体验当地民族歌舞和节日的氛围。利用传统手工艺作坊，为游客提供动手制作的场所和机会，让其了解传统手工艺的精髓，欣赏传统手工艺的精美，游客通过亲手制作获得产品，带来物质和精神的双重收获。如石桥村的古法造纸，可为游客亲自体验纸张的制作；苗侗等少数民族的纺织、蜡染等也可为游客提供体验的机会。

纪念方式：主要适用于具有重大历史意义和革命意义的纪念性建筑物、构筑物。在我国有纪念西周初期晋国开国诸侯的晋祠、纪念郑成功收复台湾的台南赤坎楼、纪念鸦片战争的威海刘公口炮台和江门虎门炮台、纪念辛亥革命的武昌阅马场旧址、纪念"七七事变"的宛平城卢沟桥等。黔东南州传统村落被挖掘的纪念性建（构）筑物寥寥无几，但还是可利用一些古代或近代的文化遗产纪念著名的历史事件、历史名人，如前文所提到的台江县张秀眉故居，就可辟为名人纪念馆，雷山县咸同起义遗址可辟为咸同起义的纪念遗址等。

复合方式：主要适用于兼有多种用途的文物保护单位和传统建筑。如长沙岳麓书院、成都武侯祠、西安环城公园和南京石头城遗址公园等，既有对历史和历史文化的展示，又有休闲娱乐的去处，还可以举办多种多样的书画笔会和演唱会，取得了一举多得的效果。黔东南州传统村落同样也存在着可采用复合方式的文化遗产，如侗族鼓楼，侗族鼓楼不仅可以作为观瞻的对象，同时也可以作为侗族民族歌舞表演的场所，还可以恢复侗族议事的功能，体现侗族社会生活的场景；部分传统民居既可作为民俗文化的展示馆，也可作为民俗文化表演的场地，还可以兼作传统手工艺的作坊；选择可开辟为遗址公园的古遗址，在展示古遗址文化的同时，作为村民休闲娱乐的场所，实现一举多得。

广择文化遗产利用是探索传统村落保护发展的重要举措。在探索合理利用文化遗产的方式时，既要尊重历史，还需放眼未来，只有本着科学态度，才能妥善处理好传统村落形态保护和文脉传承的关系，推动传统村落的保护和发展。

第二节　黔东南州传统村落物质文化遗产保护更新策略

物质文化遗产方面主要包括对传统风貌、街巷肌理、传统建筑等的保护与更新。黔东南州传统村落物质文化遗产的保护更新，应用全面思维考虑，及时抢救濒危遗产，进行整体保护，同时解决好风貌保存与生活延续的主要矛盾，确保保护与发展相辅相成，相互促进。

一、传统村落物质文化遗产保护策略

1. 建设引导下的整村保护

传统村落是各民族先人在历史的发展过程中形成的重要文化遗产，具有不可再生性。在每一座蕴含着传统文化的村落中，其所处地形地貌、植被农田、河塘坑池、乡道野路等，与村落已经构成了一个严谨的文化结构单元。这个文化结构单元是历史信息、艺术信息、科学信息等民族文化的实物载体，是我国重要的文化财富，也是我国文化发展的根基所在。保护传统村落已成为我们这一代人不可推卸的艰巨任务和历史使命。然而，大规模的建设性破坏已在迅猛的城镇化、工业化带动下走进农村，走进传统村落。

建设性破坏给传统村落带来的影响，造成多种村落形式，其中以插花形和包围形最为普遍。插花形传统村落不言而喻，是指新旧建筑相互穿插，传统风貌遭到很大破坏的传统村落，新建筑多是拆旧建新或是挤占公共空间而建设。包围形传统村落是指在旧村周围开始新的建设，将旧村半包围或全包围起来。包围形传统村落，其周边选址关系、村庄格局受到了较大程度的阻隔，一定程度上破坏了传统村落的完整性与真实性。如何在快速城镇化、工业化的今天，避免因发展带来的建设性破坏，确保传统村落得以整体保护。为此，我们提出以下 3 种方案，促使传统村落在建设引导下实现整体保护。

（1）延续传统村落肌理

这种方法主要适用于建设量需求不大的传统村落。黔东南州部分传统村落，从其选址与格局分析，并未建设充分。在续存村落传统风貌时，根据村落肌理走向，仍有可再建设的空间，可允许村民在指导下进行建设。这一指导是在协调各方利益、协调各个保护对象关系前提下形成的限制性条件，条件需苛刻，执行需严格。

如在功能控制方面，新建设作为住宅，可以是私人宅基地，当作为其他用时，仅可以作为

集体性质的公共设施或用房。古言道，不患寡而患不均，在村落复杂的人际关系下，没有严格执行的条件，必然逐步被村民所忽略，置若无物，反而不利于保护。又如在建筑风貌控制方面，必须做到与周边环境相协调，在体量、色彩、形式、装饰等方面达到协调的要求。因此，可在认真遵循指导的前提下，延续传统村落原有肌理，增加新建建筑，同时在经过充分论证后，可在传统村落保护规划中加入旧村新建指引，指引新建建筑的修建。

（2）就近导入乡镇或城镇

当传统村落有一定量的建设需求时，或者延续传统村落肌理已经无法满足建设需求时，可采用此方法。这个方法需要考虑传统村落的交通区位关系，如果村落接近乡镇政府或城镇建成区，可利用政策将愿意导入乡镇或城镇的村民，调整至乡镇或城镇建成区。通过明确产权、使用权等关系，使传统村落得到有效的保护。在大的城镇化、工业化潮流下，文化自信被冲击，一时无法得到治疗和恢复，在村民潜意识里还是期待城镇式的现代生活。因此，在保护传统村落中，不能一味强制村民必须做什么，我们应持发展的眼光看待这些状况，允许他们在未造成更大破坏的基础上，留出可逆的空间，让传统村落保护变得富有弹性。

于是，明确村民的户籍关系，采用合理的方式允许村民返乡，显得非常有必要。乡镇或城镇本身就是包容的综合体，有各种可能，应该吸纳村民到乡镇或城镇生活，实现村民对现代化生活的憧憬、体验，同时，可有条件保留村民对其旧房的使用权，传统村落仍旧可作他们栖身庇护之所，并优先考虑原住民返村就业。

（3）另行选址建设新村

对于交通区位较差，延续传统村落肌理也不能满足传统村落新建需求或村民有强烈愿望搬迁出旧村的传统村落，应重新选址建设新村，选址位置应注意避免影响传统风貌。根据一户一宅的原则，有愿望迁出旧村的村民逐步迁出传统村落，空置的传统民居应该变更土地利用性质，变更产权、使用权等。在整体规划指导下，对传统民居进行保护利用，优先考虑原住村民进驻，并交纳租金。从长远利益来讲，根据传统村落发展情况，同样允许村民回购自家传统民居，并遵循保护要求与一户一宅的原则。

另行选址建设的新村，应结合周边传统村落分布情况，允许若干个传统村落的新村集中建设，新建建筑应采用传统形式，并为传统村落提供服务。根据交通、山水环境、安全、地形地貌等方面的因素，控制新村规模，集约使用土地，新村布局应借鉴传统村落的布局。另外，新村中可增加为传统村落服务业态，如旅馆、酒店等，使新村支撑传统村落的保护利用。

2. 环境整治下的风貌保护

传统风貌的保护，不仅涉及保护对象，也包括其所处的生存环境，因而传统风貌保护应与环境整治相结合，传统风貌才能融合统一。要进行环境整治，就要分析引起风貌与环境改变的起因，并分类认识与评估，得出整治的重点以及需要保留的部分。环境整治不是全部整治，而是有重点地展开，保留有价值的部分，留住有价值的历史信息。

引起传统风貌改变的因素主要有自然因素和人为因素。自然因素包括风吹雨淋、白蚁、杂草等对保护对象及其生存环境的改变与侵蚀，同时，自然因素是形成传统风貌的沧桑变化的根源。人为因素是自然人对保护对象及其周边环境造成影响的行为，大致包括3方面：一是涂抹、刮蹭、装饰等表面改变，对保护对象及其环境不造成实质性伤害的行为，如宣传标语等；二是对保护对象及其环境的挖掘、填埋、砍凿、材料置换等结构影响，严重破坏保护对象及其环境行为，如填埋坑塘、安装新式门窗等；三是人类长期行为的堆叠引起的环境改变，如陈年垃圾。另外也存在二者共同作用导致破坏的现象，如闲置房屋，在人去屋空后，没有人再打理和维护房屋，造成木构件、外部防护设施等损坏，由外而内产生的结构性破坏。就是老百姓常说的，不住人的房屋损坏得比较快。

环境整治下的风貌应以民族文化为基础。从历史发展角度分析，传统村落的选址要素、格局形成，与民族文化密切相关。特别是黔东南州多数传统村落以宗族血缘为纽带而聚居，少有混居，以侗族为例，鼓楼、风雨桥是其公共空间的重要组成部分，是村落格局与街巷形成的重要原因，是家族秩序的象征。又如苗族，为在极为复杂的自然条件下，保持并开辟更多的农田，常选址于山坡，并构筑赖以生存的传统民居，形成极富视觉感染力的风貌。因而，反映在村落选址与格局背后的民族文化应该得到延续，可作为环境整治背后的主线。

（1）恢复选址与格局中文化因素决定下的环境要素

以传统村落的成因为始，分析传统村落在历史变迁中的功能延续与转变，恢复和延续构成村落选址的关键要素。在黔东南州传统村落中，多数村落是以农业发展而逐渐形成，又分布于云贵高原的中山区，村落大环境中的山、水、林、田、路的空间布局是村落选址分析的大背景，其中风水林、墓地、河流、农田等的方位、形态、对应关系是村落选址的重要文化因素，应保持这些重要文化因素的构成状态，对于已经遭到破坏的部分，应停止伤害并逐步恢复。在传统村落外围，可推敲传统风貌最佳观赏点，即通常我们说的观景点。在传统村落内部，要整治延续村落格局特征的环境要素。首先，要整治保障村落安全的环境因素，包括治理地质灾害点、疏通泄洪通道、完善增设防火设施。其次，要整治村落街巷、公共空间及重点公共建筑与设施，这些是构成传统风貌的直观要素，对感受传统风貌至关重要，注意空间边界与围合特征以及材料的保留与更替。

（2）设施提升与功能延续决定下的环境整治

保护传统风貌不是一成不变，更不是守旧，应是与时俱进，在环境整治中需要考虑配备合适于当前的基础设施，并预留提升空间。当前较多的村落已经提升了基础设施，但这些基础设施在提升中常采取简单直接的方式，为后续提升留下较大问题。这些问题中，最突出的当属将各类管线直埋入地，上铺设路面，过一段时间后，管线出现问题或是要更新管线时，就重新打开路面，犹如开肠破肚般，有时严重影响正常的交通活动，直到完全修复如初，往往花费较长时间，可谓费时费材。要解决这个问题，就应当采取更为妥当、更为长远的方式，如管道网络中的主路下可深挖通道，集合管线，施工人员可下通道内检修或是在路边直埋管线，上面覆盖石板，方便再次打开，这样既可维持传统风貌，又可减少管线维修对交通的影响。

传统建筑无论是闲置还是在使用，公共空间的利用方式是否发生改变，都应延续其功能的正常使用，采用恰当方式提升使用的便捷程度与舒适程度，充分保护有价值的历史信息。保护传统风貌不是保护物质遗产的原封不动，而是保护优秀传统文化中的民族文化精髓不被现代文明所改变。我们通常强调的文化遗产具有不可再生性，其重要意义在于文化遗产中的历史信息是经历时间打磨并真实延续文化功用而留存至今的实物，因而必须保护这些历史信息，不然，保留的文化遗产只是其形态而已。

（3）院落或门前空间的传统风貌营造

黔东南州传统村落中只有少数为院落式的民居，以汉族建筑为主，多数民居都为单体建筑，以苗侗建筑为主，因而保护传统风貌应包括整治院落与门前空间。除保护对象本体以外，应恢复或延续必要的乡土景观的迹象，包括谷物的季节展示、农具与生产生活加工具的展示、日常生活场景的展示等，限制或避免现代器具对传统风貌的影响。

对院落或门前空间的展示，更多是展示民族文化的场景，甚至是现场解读民族文化的细节，让人更直观地感受。那些存在于图片中的、书本中的信息虽然也能给人以丰富的联想，但远不及村落场景更具视觉感染力。这些对传统风貌有着直接影响的环境整治，应避免以假充真、以次充好。因为一旦让信息接受者接触的是虚假信息，其传播的信息就会大打折扣，更加地不利于美誉度的传播。

3.产业发展下的遗产保护

在村落形成过程，村落的建设成就与村庄的产业发展相适应，传统村落产业对传统村落的存续是非常重要的支持。依托传统农业形成的传统村落，与依托商业、军事等形成的村落，有着质的不同。村落功能决定下的产业与村落的选址与格局，同样存在相适应的特征。保存至今的传统村落，传统农业已经不能支撑传统村落继续生存，需要发展适应现代化的产业，来适应现代化的社会，传统产业转型已不可避免。传统村落中的物质文化遗产是一代又一代的先人在封建社会历史长河中不断进行技术积累、文化延续、财富扩充的一种外在表现，其更新不可避免地需要传统技艺、传统文化、传统新型产业的支撑。我国现存传统村落中部分村落已经向适应现代化的产业转型，并且取得一定成效，其中，以旅游产业为代表，这些村落利用交通区位、传统资源等优势，产生较好的经济效益，并将这些效益转向保护文化遗产，使文化遗产得到较好的续存状态，并推动产生新一轮更大的社会效益、文化效益。

从另一方面来讲，传统村落作为活的文化遗产，与单纯的物质文化遗产有较大的区别。位于城镇建设区的文物保护单位，尤其是传统公共建筑与设施，它们虽然已经失去了传统文化赋予它的最初功能，但它们在现代生活中，仍发挥展示、纪念和科研作用，并作为旅游资源产生经济效益来支撑保护文化遗产。文物保护单位作为国家典型的文化遗产，是某一时期的典型代表，国家中央财政每年投大量的保护资金，其中仅就中央对地方文物保护专项转移支付资金而言，也在逐年增加（表6-1），但是从现在全国文物保护单位的现状分析，保护资金仍有较大的缺口。农村地区的全国文物保护单位更是让人担忧，往往由于某些原因，未依托农村资源形成产业反哺于文化遗产，造成持续投入保护，而形成较大的保护资金来源压力。因此，黔东南州传统村落文化遗产的保护，不能完全依赖中央财政的全额支持，传统村落要发挥自身"造血"功能，才能走出现在面临的种种困境。

中央对地方文物保护专项转移支付资金年份表   表 6-1

年份	2009	2010	2011	2012	2013	2014
资金数额（亿）	11	12	40	65	72	75

传统村落"造血"功能的发挥，应注意3方面内容：第一，据传统文化而衍生的民族产品，这些民族产品可包装成为旅游产品，服务于旅游的食宿行游购娱，转向特色旅游、深度体验式旅游；第二，这些民族产品的生产加工，要合理利用现有的文化遗产，包括实物与传统工艺，在一定区域内，能形成规模，可与旅游产品相结合，也可与市场相结合；第三，村落中的物质文化

遗产不能受到破坏,其装修与装饰应具有可逆性,即当物质文化不被利用时,可还原为利用前的状态。

(1)依托交通区位、传统资源优势,发展旅游产业反哺于文化遗产保护

发展旅游产业是有效培育适应现代化的产业转型,但这种产业有一定局限性。这局限就与传统村落的自然条件和传统资源密切相关。交通区位条件优越的村落,多数在城镇化、工业化发展中已经失去了传统资源,失去了发展旅游的基础,但少部分村落既靠近城镇,又延续了传统,保护了传统资源,使传统文化得到有效传承。这种得到良好保存的传统村落,与村领导组织的远识相关,与村民的人文自觉相关。具有优势传统资源和良好交通区位的传统村落发展旅游产业是较佳选择。

旅游产业如何发展,这里暂不分析陈述,单就旅游效益如何反哺于保护文化遗产而言,需要从旅游收益中抽取一定费用,设立专门用于维持与提升文化遗产及其生存环境的保护资金。这个保护资金不同于依农村户籍而分发的红利,而是针对风貌保持与结构加固而设立的集体性质保护资金。传统资源的集合是旅游产业发展的基础,任何一个传统资源的损失都是对旅游产业发展基础的破坏。因此,用于公共的保护资金必须得到保障,哪怕是保护权与经营权的分开,都必须注重保护资金从经营效益中抽取。

(2)依托传统产业创新反哺于文化遗产保护

传统特色产品既是对旅游产业的支撑,同时,也具有发展成为产业的可能性。这种可能性要基于传统特色产业发展成为适应现代化产品的生产规模、保存、中转等成品牌成体系的特征,并不是所有传统特色产品都可打造成为现代产业,应有标准地打造。可打造成产业的特色产品需具备以下条件:其一,传统资源中有大量的原料供应,这个供应链条应为可持续的,而且不对传统村落保护对象产生负面影响;其二,要求是对传统工艺的传承,至少核心技术不能是引进的新技术。我们在调查中发现,黔东南州传统村落中有民族特色产品并被引导成为产业的较少,反而为发展经济不断引进新型产品的较多。在初步发展阶段,引进新型产品是合理的,同时应加强对本地特色产业的深入研究,打下基础,做好本地特色产品形成规模、品牌、体系的准备工作,打造出本地特色产业,把传统创新产业的附加值作为保护文化遗产的重要资金来源。

(3)其他保护资金

传统村落中的文化遗产按照级别进行分类,可分为文物保护单位、历史建筑与建议历史建筑、非物质文化遗产及传统风貌建筑等,其中部分文化遗产有相应的专项保护资金来源,如各级文物保护单位已经纳入各级财政预算,除此以外的文化遗产,暂无保护资金来源,那么这部分文化遗产的保护工作,应是传统村落旅游产业与产业创新资金的优先考虑对象。

在传统村落保护发展初期,应采取多渠道的保护资金来源。如民间组织、个人、企业等社会公益资金。这些保护资金应是有条件地投入保护工作中:其一,不能有悖于保护规划的指导;其二,不能侵害居民的利益;其三,不能用于其他社会机构或组织的盈利等。

二、传统村落物质文化遗产更新策略

传统村落保护有别于其他类型文化遗产,传统村落兼具遗产的不可再生性与遗产的活态性,因此,需要用动态的策略促进保护目标的分期有序实施。结合黔东南州传统村落量大面广的实际情况,采取合理的更新策略是实现传统村落保护策略的必要方式。针对整村、传统建筑、环

境整治及产业发展等方面分别采取不同的更新策略。

黔东南州 90% 以上的传统建筑为木构建筑，在历史长河中已经历无数次的重修再建，时至今日保留下来的传统村落，是自然因素与人文因素共同作用的文化遗产，已经烙上历史人文印迹，这些印迹一旦破坏，无再生的可能，因此须谨慎思虑采取措施保证其真正价值不被破坏。有些村落，因为没有相应的保护资金，无奈地看着传统民居倒塌，抑或是使用现代材料简单维修；而又有一些村落，将相对充分的资金完全投入传统民居改造，经一翻"保护"后的村落焕然一新，造成了所谓"保护性破坏"；这两种方式的结果都存在消极作用，都没有将传统村落真正有价值的特征保留下来，都是不可取的。本研究认为应分阶段、有重点地实施传统村落更新工作，根据传统村落发展阶段和实际需求确定更新内容。

1. 抢救优先与循序渐进式的有机更新

抢救与循序渐进式的更新都是因需求而做的必要保护工作，是一种被动式保护措施，属于更新的范畴，同时，也符合文化遗产保护的原则。保护对象是否需要抢救是难以预测的，因此需要有充足的监督反馈、定时检测等保障信息畅通的机制，方能及时评估保护对象本体状态与生存环境，从而展开强有力的保护性更新措施。

抢救是花费必要的保护资金，取得最有效保护的最佳选择，也是开始整治与利用的基础。抢救优先，是针对保护对象而进行的更新策略，是指优先抢救濒临破坏或消失的物质文化遗产，停止破坏因素对保护对象的侵害，采取加固、移位等措施，保障物质文化遗产本体得到延续，起到延年益寿的作用。抢救优先的更新策略是贯穿保护传统村落始终，无论何时，都必须把抢救放在第一位。抢救传统村落物质文化遗产时，要针对物质文化遗产类型与特征，采取相应的保护措施。传统村落中的物质文化遗产可以分为可移动物质文化遗产与不可移动物质文化遗产，不可移动物质文化遗产以传统民居、室外构筑物为代表，可移动的物质文化遗产以石碑、石磨为代表。

循序渐进的有机更新策略是基于传统村落村民生产生活的载体，现代社会生活水平的提高与文化遗产保护意识的增强，逐步形成的既利于保护文化遗产又利于改善村民生产生活环境的最宜方式。传统村落是活态的文化遗产，必然面临"除旧迎新"。这种所谓"除旧迎新"应是留旧迎新，包括村落基础设施、公共服务设施及传统民居内的装修等，是直接改善传统村落生活的必要手段。留旧迎新需要在整体保护规划指导下进行，在进行因需求而引起的更新之前，需预先完成更新前的准备工作。这是因为村落内任何一项保护工作都是与其他保护工作相互关联的，一旦保护工作不能理顺先后的有机联系，就会顾此失彼，甚至会造成因小失大的结果。守卫文化遗产、保护文化遗产不单单是村民的责任，应该是全社会的责任。

循序渐进式的有机更新是一种整体思维方式，不仅有利于保护文化遗产，同时有利于生产生活的开展，从长远利益而言，是一种最佳方法。传统村落保护规划，就本身而言是整体思维，是所有保护工作的有机整合，各种保护工作之间又是彼此关联，互有因果关系、并列关系，其具体实施依据相互之间的有机关系，分前后顺序，避免大拆大建。保护文化遗产是一个谨慎积累的过程，文化遗产价值与其突出个性密切相关，每项更新工作都需要仔细琢磨，具体实施也需要技术积累，因此注定其是一项长期的工作；另外，传统村落的需求并不是一时间全面需求，应是在更新方案成熟条件下而展开的工作，是成熟一项更新一项，是保护工作精细管理的体现。一旦文化遗产在更新中失去其所承载的历史信息，再大资金投入、技术投入都显得苍白无力，从这个角度来说，循序渐进式的更新，才是最合适的保护方式。

2. 提升舒适与存表易里式的风貌延续

传统风貌保护是保护工作的重要内容之一。传统风貌是传统村落产生感染力的源泉，是传统村落可识别度的具象实物，是传统二艺、传统建设思想、艺术审美的综合体现。同时，传统风貌是村民产生记忆的原力，是离别后产生乡愁的最后一抹轮廓。传统风貌是时代产物，是历史见证。然而，一切又都在不断变化与发展，传统村落亦是如此，传统风貌续存对适应现代文明需要作出回应，这不是鱼和熊掌不能兼得的问题，而是相互融合的化学反应。传统村落具有活态性，是村民生活生产的载体，传统村落的更新应以保存文化为主线，以历史信息为载体更新，围绕村民生产生活需求进行更新。

（1）传统建筑的存表易里

传统建筑是传统风貌的重要组成部分，也是村民生活起居的主要场所，以传统建筑更新入手延续传统风貌，是保护传统风貌的必要手段。传统建筑可分为文物保护单位、历史建筑与建议历史建筑、传统风貌建筑等 3 类。传统建筑的更新应在村落整体基础设施更新的基础上，适应村民发展需求进行更新。针对黔东南州传统建筑更新的需求，主要表现在 4 方面：其一，防火隔音的需求，主要针对木构建筑的安全性能及村民个人的私密性；其二，内部装饰的需求，主要针对生活品质；其三，内部设施现代化的需求，主要针对落后的村落基础设施供应；其四，生活空间增大的需求，主要针对较为狭小的传统建筑。这 4 方面的需求指向一处，即传统建筑内部的更新，显然，保存传统建筑外部特征就是保护传统风貌，更新传统建筑内部就是提升村民生活起居，存表易里的更新传统建筑策略不仅有利于保护传统风貌，同时有利于改善村民生活起居。

存表易里的更新策略，必须结合文化遗产保护的各项法律要求而分别对待。在延续功能方面，依据《中华人民共和国文物保护法》，文物保护单位应保护本体及其周边环境的真实性、完整性，采取原工艺、原材料等进行维护，内外统一，能满足需求则继续使用，不能满足村民使用要求应选择搬离；历史建筑、建议历史建筑及传统风貌建筑，应保护本体及有价值构件，尽可能采用与文物保护单位一致的方案，其更新方案应经专家评估签字后，方可实施，先试点，后推广，尤其在厨厕方面，可针对传统建筑坡屋进行改造。在变换传统功能方面，文物保护单位以展示为主，对接传统村落生产为辅，而历史建筑、建议历史建筑及传统风貌建筑以对接传统村落生产为主，辅助文物保护单位进行展示。

（2）基础设施更新服从存表易里

村民舒适度的提升，也表现在基础设施的改造，一方面给传统建筑舒适度提供支撑，另一方面提升传统建筑外围的村民生活环境的舒适度。传统村落基础设施以街巷与市政为主，其更新与提升同样要服从存表易里的策略，有历史价值的街巷必须保留，市政管线更新要尽可能入地敷设或者绕道入地敷设，不能入地的部分要进行装饰，以协调传统风貌，并考虑一次建设，多次维修的方式。

传统村落市政更新改造包括管线与设施安置。新农村、村村通工程等农村政策已惠及广大农村，农村基础设施得到空前提高。但在实施这些工程时，多数未考虑保护传统风貌，电线杆随意布置，电线杆的电线与设备纠缠在一起，变电器、电信设备等裸露于屋旁村外，排水沟由明沟改暗沟等。这对于一般村落尚可，然对于传统村落，基础设施改造应符合传统村落的风貌，以保护和维护传统风貌完整度为原则进行存表易里的更新策略。

3. 绿化美化与乡土景观式的改善环境

传统村落中的环境改善是延续村落传统风貌的重要内容，既包括对环境要素的保护，也包括对现状村落景观的提升。随着城镇化、工业化发展，村落中更多的劳动力投入到现代化建设中，村落中用于管理和维护村落乡土景观的工作长期被弱化，甚至是无人管理。当然，黔东南州传统村落中也不缺乏保持较为不错的村落环境，但传统村落环境问题作为一种普遍现象，必须被重视起来。就现状而言，作为传统风貌大背景的环境存在三大问题：一是经建设行为破坏的地块，乱石裸地、建筑废料由建筑向外展开；二是无人管理的坡地杂草丛生、藤蔓乱爬；三是任意丢弃的垃圾，长年累月叠加，造成坑塘、河渠等一片荒凉景象，滋生各种异味怪色。这些与传统风貌格格不入的景象，也容易让村民及外来客产生负面情绪。

用发展的、动态的眼光审视现状的传统村落，本研究认为绿化美化具有乡土气息的传统村落景观，是传统村落提升传统风貌品质的有效手段，也是提升传统村落村民生活舒适度的重要方式。黔东南州传统村落绿化要依托本土植物，美化要依托传统文化的审美，乡土气息就需要依托村落生产生活器具，即改善传统村落环境要注重地域文化延续。虽然植被应属于中性，但传统村落中挂牌或者未挂牌的古树名木仍带有一定的文化属性，这些始于上百年前或几百年前的古树名木是见证村落发展变迁的实物，无论是村里村外，还是院内门前的古树名木都必须采取合理的方式将其保护起来，其周边的绿化美化及乡土景观的营造不能对古树名木造成伤害。若传统村落有自己的特有树种或其他特色植物，应以植被为主题对环境的景观性进行提升。

传统村落乡土气息的营造，除延续传统器具正常使用功能外，可使用闲置传统生产生活器具对街巷、公共空间、建筑立面等进行装饰。另外，传统村落绿化美化是一项长期工程，要分步执行，不可一蹴而就。在清理出陈年垃圾、裸地、荒草地与河塘清淤等不具备传统村落文化属性的地块，以及整理古树名木等对传统村落有着文化属性的地块后，根据环境改善意向更换合适土壤，种植相应植被或树木，并构建适应于维护与管理村落环境的组织与制度，对村落环境进行长期监督管理。

4. 产业选择与功能延续式的有限利用

传统村落的活态性表现在最初赋予功能仍在续用，也正是这种续用支撑传统村落得到活态保存。传统村落产业现状无法支撑传统村落文化遗产活态续存，需进行传统村落产业转型。而源于传统村落物质文化遗产保护的属性，就要求传统村落产业引起的功能转变需与传统村落文化遗产特征相适应。在黔东南州传统村落调研过程中，我们发现多数传统村落有意发展旅游业。基于典型特色文化景观而发展的村落旅游，对村落发展具有推动作用，然而并非所有的村落都适合发展旅游业，一哄而上容易加剧同质化，导致恶性竞争，应结合各村的特色，探寻适合村落自身的道路，其中创新生长于传统村落的传统产业，有利于再次唤醒传统村落物质空间的功能属性。如基于传统文化的产业创意而展开的标准化村落作坊生产，既利于保护文化遗产又利于村落发展。

延续与转换传统村落物质空间功能，不仅是保护物质文化遗产的方式，同时也是激发文化自信自强的方式。传统村落大量劳动力的输出，一定程度上支撑了传统村落的保护与延续，但村民创造的价值多奉献于城镇发展，传统村落自身的发扬没有得到释放，从而没有建立起适应于现代社会的文化自信，结果导致现代文化不断冲击优秀传统文化及其生存环境。反观城镇生活，由于缺乏传统文化的传承，不能释义个人与集体的来去过往，因此更趋于探究传统文化的奥秘，使传统文化成为归本溯源的珍品。传统村落物质空间的功能转换，向城镇输出载有文化属性的产品，传播其文化脉络与精神诉求，有助于推进传统文化走向良性循环的生态链条，促进传统文化的逐步觉醒。

第三节　黔东南州传统村落非物质文化遗产保护传承策略

黔东南州传统村落非物质文化遗产是全国苗侗文化的最大基因库，已经列入各级非物质文化遗产名录的民族文化，是黔东南州各个民族传统文化中的稀缺资源。非物质文化遗产是一个广阔的集合，涉及娱乐形式、艺术取向、技艺积累、历史人文等。以原生态民族文化为核心的州域战略为指导，梳理脉络，摸清家底，是守护遗产的基础；秉持保护中传承，传承中发展，发展反哺保护的思路，依托原生态民族文化的可持续发展，是非物质文化遗产长久保存的根本。

一、传统村落非物质文化遗产保护策略

黔东南州非物质文化遗产的保护策略将从保有量上梳理完整度，拾缺补漏；从原生属性中研究民族精粹，启示今人；从精神魅力上散播诠释民族力量，构筑传统新风尚。

1. 非遗识别与谱系完善相结合

为了更好地梳理黔东南州传统文化家底的丰富度与完整度，使多彩民族文化纷呈于现代社会，应在州域范围内，发现与整理未识别的传统文化，祛除丧失民族文化原本属性的传统文化，以及记录已经完全失去传承基础的传统文化，尤其是在发展旅游产业过程中形成的适应于旅游发展的文化，必须清晰认定原生文化展示与旅游表演之间的区别，高瞻远瞩，不能为眼前利益而失去民族文化中的根本。

黔东南州是苗疆侗地，也是多民族混居的地域。从目前非遗识别角度分析，在全国范围比较，黔东南州非物质文化遗产无论是数量还是质量，都名列前茅。另外，黔东南州尚有未被识别民族，如僙族等，这些民族作为中华民族重要的一支，其文化表现形式未被完全发现，是黔东南州重要的宝贵财富。因此，对非遗的再次完善、再次识别工作不能停滞，这是保护文化多样性的要求，寻求民族文化自信的根源，也是原生态发展的战略需求。

基于以上分析，黔东南州传统村落非遗谱系，应以民族类别为大类，以《中华人民共和国非物质文化遗产保护法》中规定的非遗分类为中类，以地域或流域细分特征为小类，从而形成民族文化谱系。

2. 原态保留与智慧汲取相结合

原生态保护要求民族文化得到原态保留，原生态发展同样要求民族文化得到原态保留。原态保留是保留时代特征，是保护文化传承中阶段性特征，为其文化展示提供历史信息的真实性。非物质文化遗产是传统文化中的典型代表，每种类型的非物质文化遗产都是黔东南州各族人民运用本民族文化将现实与理想串连起来的智慧结晶，不仅满足生活、生产、艺术等需求，其间也蕴含着尊重自然、发挥主观能动的精神力量，是现代所应汲取的智慧源泉。

要做到原态保留，需注重3方面内容：其一，延续非遗识别中的去伪存真；其二，保存原态民族文化场所、实物，提供必要资金对原态民族文化进行传承；其三，采取定期定点监测。在这3方面内容决定下，守护原态民族文化既是民族个体的责任，也是政府引导监督的义务，是对历

史的高度负责。在城镇化、工业化进程中，无数的民族文化个性被弱化，趋向一致，甚至于消失，令无数对历史怀有尊重之心的人扼腕叹息。建国初期，"六洞"、"九洞"等侗族地区，约有20万人会唱侗族大歌，到"文革"之前减少到14万人会唱，到了2004年只有6万人能唱。苗族乐器芦笙、口琴、笛子、木鼓等，特别是口琴，如今已没有几个人会吹奏。[1]

原态保留的核心形式是人，更是代代相传的民族文化，因此，原态保留是人对民族核心精神的继承。民族核心精神需要深层次的研究，提炼文化背后的精神力量和智慧哲学。培育本民族文化研究力量以及引入研究民族文化的社会研究机构是加大民族文化研究的选择。如苗族狩猎文化中有"春夏不打猎、不打怀孕的动物"的传统，渔猎文化中有"春夏休渔、打大留少"的习俗，以及稻鱼鸭系统，这些都体现出可持续发展的理念，体现着古人对自然运行规律的合理利用以及对自然的尊重。

3.普及传播与内涵精髓相结合

黔东南州民族文化的保护，离不开社会的关注与认同，通过合理的传播方式普及以苗侗文化为主的民族文化，提高全社会对黔东南州传统文化的认知，随之产生较为广泛的社会效益。首先在州域范围内，大力普及各民族的传统文化，如学校教育，编制教材，普及本民族历史文化，展开对不合理民族文化现象的批判教育，培养民族文化自豪感与自信心。其次在州域范围以外，积极传播黔东南州的民族文化核心内容，广泛引起社会讨论与再思考，甚至引领社会民族文化新风尚。如2012年《舌尖上的中国》一经播放引起全社会的热烈讨论，其中第一季第7集中以我们的田野为主题介绍到黔东南州加榜乡下尧村，以饮食文化为主线，包括酒、米、鸭、鱼及配料等，穿插村落景观、梯田景观、自然景观等的美丽，立体地展示了黔东南州壮族共享式的饮食文化，运用智慧，加以变通，获取不同食材，得到美味，展现人与自然和谐共处的智慧。

图6-1 下尧村长桌宴

图片来源：http://ent.sina.com.cn/v/m/2012-05-22/18003637248.shtml

黔东南州传统文化的普及传播要注重信息的易获取性与完整性。易获取性在于通过媒介手段，如网络，获取已经引起观者兴趣的信息，诸如通过广告、节目等信息之间以点串线，以线连面的带动作用，让观者由兴趣到查询，再到吸收民族文化信息，更广阔地展示黔东南州传统文化。在完整性方面，不仅是指文化素材的全面完整，也指与产业相关的信息一并提供获取的

---

[1] 潘年英等.侗族文化研究 [M].贵阳：贵州人民出版社，1999：208.

可能，与发展计划对接，让计划旅游的人获取旅游信息，让产品购买者获取产品信息及购买渠道。

二、传统村落非物质文化遗产传承策略

传统文化的内涵精髓是传统文化中的精华，对于非物质文化遗产不仅需要原态保留，而且需要继承发展。对待传统文化，应继承文化精髓，在原态保留非物质文化遗产基础上，转变适应于现代社会的传承方式，推动传统文化保护与传承。其中，转变适应于现代社会的传承方式是传统文化争取生存空间的必要手段。

现代社会是以工业生产为经济主导成分的社会，工业社会是在农业社会的基础上演变而来，是物质与精神积累的质变。现代社会与自然关系的处理，人与人关系的处理等与农业社会有着质的不同。传统文化在地域发展不平衡中得以保存，现代社会的需求留给传统文化较为可观的生存空间。而要在这个生存空间中使产生于农业社会的文明薪火相传，就需要根据现代社会发展特征做出调整，具体策略如下。

1. 展演与职业相统一

非物质文化遗产在传承中被淡化，多是因为这些传统文化在生产生活中已经不发挥作用，或者有替代品出现。对于那些已经不能发挥实际作用的非物质文化遗产，政府、专家、学者等推动保护的力量，只能是延续这些非物质文化遗产的寿命。要使这些非物质文化遗产焕发新的生命力，难免要采取适应现代社会的方式，无疑职业化或者半职业化是一条较为可行的方式。

非物质文化遗产的展演服务于生产生活，适应现代社会发展，可向职业化半职业化发展。展演可服务于旅游、科学等方面，但是具备展演条件的非物质文化遗产的展演有时段性的制约，如节日婚俗等，以及部分非物质文化不具备展演的观赏性，如刺绣。因而保护非物质文化遗产，既要尊重传统文化的有序开展，且不能违背传统文化的内在运行规律。

按传统节日而进行的展演必须采取原生形式，根据非物质文化遗产特征选择展演形式，确定职业或半职业。根据非物质文化遗产的传承方式，可以分为作坊展示、歌舞表演、场地竞赛等。其中作坊展示，是用于展示不具备表演属性的非物质文化遗产，如糯米加工、稻田鱼腌制等；歌舞表演可在室内或室外，可组成不同表演队伍，如芦笙表演、反排木鼓舞等；场地竞赛指在室外专门用于竞赛的场地式表演，如斗牛等。在确定职业方面，表演的属性较强，与生产生活关联性不大，独立性较强，不受时段约束的非物质文化遗产宜采取职业化，可培养传承人、参与到旅游产业中或者参与异地演出等；与生产生活关联性较强，学习成本较高的非物质文化应采取半职业化；其余依具体条件而定。

2. 继承与开拓相统一

非物质文化遗产除了原态保留外，还应在继承内涵精髓基础上，丰富非物质文化遗产的表现形式，即"存旧出新"。民族文化因民族生产生活及艺术等的需求而生，也应据现代社会这个客观事实续写新的篇章，才能为非物质文化遗产添加生命力。维持非物质文化遗产的活力，不能有"等靠要"的思想，应当将这些外素归结为助力，发挥作为非物质文化遗产主体的村民，尤其是传承者的主动性。职业化或半职业化是继承与开拓的保障，也是对接现代社会内容的表现方式之一。

在继承方面，黔东南州非物质文化遗产类型非常丰富，各个类型的非物质文化遗产对各个民族生产生活意义并不相同，基本可以分为两类：第一类是已经成型的形式，无须再次加工的非

物质文化遗产，此类遗产易继承难以开拓，如侗歌中的《蝉歌》等；第二类是虽然已经成型，但可续接或可改良的非物质文化遗产，即可开拓，如侗歌中的叙事歌，美食加工工艺等。在继承中，传承人发挥重要作用，也是原生保留的中坚力量。

在开拓方面，主要针对可续接或可改良的非物质文化遗产，即有条件开拓的。对于传统文化研究方面，村民或者传承人或许难以总结透彻，因此离不开社会科研机构的支持。传承人、村民与专家学者的密切交流与配合，是延续文化内涵精髓又开拓创新的较好机制。每一种新形式的非物质文化遗产，应接受权威专家们的检测，得到肯定后再广泛使用。非物质文化遗产的开拓为展演注入新"血液"，丰富了展演形式与内容，同时，在展演中要注重原生保留的非物质文化遗产与开拓的非物质文化遗产的区别。开拓的非物质文化遗产新形式，在传统文化节日中不宜应用或少应用，应更多地使用于旅游等现代产业之中。既注重开拓创新，同时又注重区别，从而达到统一。

3. 竞赛与应用相统一

竞赛是为了形成有竞争力的产品，应用有竞争力的产品是为了形成有品牌的产业。非物质文化遗产的竞赛不是所有类型的竞赛，无论对内还是对外，竞赛应是解决保护传承发展问题的竞赛。通过竞赛摸清非物质文化遗产保护传承状况，通过竞赛形成职业化，通过竞赛促进创新成果，最终引出新的应用成果，发展经济，反哺保护。

竞赛本身就是一场展演，一种适应现代社会的展演，当下竞赛存在诸多不利因素，须把控重点，逐一排除消极因素。竞赛式的展演在贵州已经存在，且有着广泛的群众基础，如银饰竞赛。由于现在竞赛存在较多的问题，以生存条件受限的竞赛者难以施展竞争力的现实最为突出，尤其在旅游景区内，有力竞争者先填补空白，占领先机，取得规模、品牌等有利因素，形成运作模式，而后发者难以与之竞争，生存空间被持续挤压，导致处于劣势的竞争者离乡背井寻找出路。竞赛不是消灭竞争者，竞赛是为促进传承、创新，并展示风采。深化竞赛主题，加强传播，分类引导，构建公正的应用平台，已成为必要之举。

竞赛与应用的统一，是促进民族适应现代社会的有力途径。对非物质文化遗产的竞赛应基于传承人数较多且较具传播意义的项目。比如表演欣赏性较强的非物质文化遗产，竞赛不应只为角逐名次，而应广泛传播形成知名度和影响力，吸引观者前往黔东南州旅游，这些角逐名次的竞赛者可专为旅游产业服务，形成职业化式的应用。对于可形成量产的传统民族产品或民族创意产品的竞赛，应根据与市场对接程度及本地量产可能性等的评估，选择是输出民族产品，还是作为民族旅游特色产品，在这一过程中，需对优秀民族工艺进行标准化的培训，以家庭或作坊式应用为主，从而形成规模，进行统一管理，避免独占经营，如限制年产量、控制摊位数量等。对于未形成竞赛形式的文化遗产，应探寻其他形式，特别需要指出的是传承人数少、濒临失传的非物质文化遗产，应在采取抢救保护基础上，再谋出路。

第七章 黔东南州传统村落保护发展规划编制指要

第一节 黔东南州传统村落保护发展相关规划协调

《住房城乡建设部·文化部·国家文物局·财政部关于切实加强传统村落保护发展工作的指导意见》指出："各地要按照《城乡规划法》以及《传统村落保护发展规划编制基本要求》（建村[2013]130号）抓紧编制和审批传统村落保护发展规划。规划审批前应通过住房城乡建设部、文化部、国家文物局、财政部（以下简称四部局）组织的技术审查。"制定这一专项规划，对于传统村落的保护发展至关重要。因此在《中国传统村落名录》陆续公布以后，编制传统村落保护发展规划就是头等大事，不仅可以保护传统村落中丰厚的历史人文与生态资源，同时还可避免因随意开发，无序建设，导致村落破坏。为科学编制传统村落保护发展规划，需要梳理清楚与传统村落保护发展相关规划的关系，使两者拥有更好的协调性和衔接性。

一、相关规划

与黔东南州传统村落保护发展相关规划是指对黔东南州传统村落的保护和发展有较大影响的各类不同的规划，主要有《黔东南州国民经济和社会发展第十三个五年规划纲要》、土地利用总体规划、《黔东南苗族侗族自治州州域城镇体系规划（2015—2030年）》、村庄建设规划、美丽乡村规划、历史文化名村规划、民族文化村寨规划等。这些规划各有侧重，通过对这些相关规划的分析阐述，将有利于黔东南州传统村落保护发展规划在编制过程中与相关规划更具协调性。

1.《黔东南州国民经济和社会发展第十三个五年规划纲要》

《黔东南州国民经济和社会发展第十三个五年规划纲要》（下文简称：黔东南州"十三五"规划纲要）是黔东南州"十三五"期间经济和社会发展的纲领性文件，是统筹安排和指导全州"十三五"期间的社会、经济、文化建设工作的最高指示。黔东南州传统村落保护发展规划的编制需遵循黔东南"十三五"规划纲要的有关指导。

黔东南州"十三五"规划纲要将传统村落保护发展纳入规划中，该举在全国首开先例。"十三五"规划纲要提出了"实施传统村落保护发展规划，促进传统村落在保护中传承发展"和"加强传统村落保护，推动'保老寨建新寨'"的保护发展要求，通过"培育民族村寨或传统村落＋农业观光、＋森林康养、＋手工艺品、＋文化体验、＋山水风光等各具特色的旅游业态"等发展途径，将黔东南州传统村落"打造成健康养生、民族文化体验、乡村旅游产业的重要平台，推动乡村经济繁荣发展、特色发展"。

黔东南州"十三五"规划纲要对传统村落的保护发展要求、发展途径和发展目标的明确阐述，为黔东南州传统村落的保护和发展在宏观上勾勒出一条道路，为黔东南州传统村落的保护和发展指明了方向。同时，强化了编制黔东南州传统村落保护发展规划的要求，对保护发展规划的编制也具有指导性作用。

2. 土地利用总体规划

目前，黔东南州及其1市15县已编制完成地级和县级的土地利用总体规划，对黔东南州及其1市15县土地的开发、利用、治理、保护做出了总体安排和布局，具有宏观性、指导性的作用。传统村落土地利用整体安排主要依据其所在乡（镇）的土地利用总体规划，编制传统村落保护发展规划时要衔接乡（镇）土地利用总体规划中对村落划定的耕地和基本农田、建设用地规模，并遵守相应的土地管制规则。

然而，事实上黔东南州不是每个乡镇都已编制土地利用总体规划，这就导致传统村落保护发展规划在编制时，由于在土地用途管理上无上位规划指导，可能会出现村落土地利用不合理的情况，特别是对新村的选址问题，致使规划不切实际，难以落地。因此需加强乡（镇）级土地总体规划的编制，指导传统村落的土地利用，实现村落土地用途的科学合理管理。

3. 《黔东南苗族侗族自治州州域城镇体系规划（2015—2030年）》

《黔东南苗族侗族自治州州域城镇体系规划（2015—2030年）》隶属于城乡规划体系。规划将传统村落纳入历史文化遗产资源内，提出"建立以世界原生态民族文化遗产地为品牌、历史文化名城名镇名村为龙头、具有历史文化价值的特色街区、民族村寨、传统村落等为补充、历史性景点和文物古迹为节点的泛文化遗产保护体系。"因此，在编制黔东南州传统村落保护发展规划时要深度发掘传统村落的原生态民族文化，突出村落特色文化。同时，结合该规划中城镇等级结构规划、职能结构规划、城镇建设空间控制引导及综合交通体系等内容编制黔东南州传统村落保护发展规划。

4. 旅游发展规划

旅游发展规划，是一个地域综合体内旅游系统的发展目标和实现方式的整体部署过程。黔东南州的旅游发展规划包括黔东南旅游业"十三五"规划及各县（市）编制的旅游发展总体规划。这些规划虽然处于不同的层次，但都对其行政范围内的旅游资源进行梳理整合、旅游形象进行合理定位、旅游设施进行布局规划、旅游线路进行设计打造等，为区域的旅游发展提供指导。

黔东南州大力实施"旅游活州"战略，将黔东南州打造成为国家文化旅游创新区，因此黔东南州及其各县（市）非常重视旅游业的发展。传统村落以其优美的自然环境、和谐的人文景观、厚重的历史文化成为黔东南州重要的旅游资源，据此，发展旅游是目前黔东南州发展传统村落的重要途径之一。就实际情况来看，并非每个传统村落都适合发展旅游，不过，对于那些自然人文环境优越、历史文化厚重、交通便利等适宜发展旅游的传统村落在编制保护发展规划时应当着重考虑村落的旅游发展，因此就需要与其所在县（市）旅游总体规划进行衔接，衔接的主要内容是旅游总体规划中村落在旅游发展总体布局所处的分区，涉及村落的旅游线路，有助于村落旅游发展的公共服务设施和基础设施以及村落能参与到开发的旅游产品等。

5. 脱贫规划

为使2020年全国全面达到小康水平，中央明确规定至2020年全国贫困地区完成脱贫。黔东南州作为全国重点贫困地区，要做到2020年如期脱贫，任务非常艰巨，为了有计划地、如期地完成脱贫目标，黔东南州及各县（市）以不同的形式制定脱贫规划，指导未来几年的脱贫行动。

传统村落是黔东南州的重点扶贫地区，编制传统村落保护发展规划时应当要考虑村落的脱贫问题。为了能够使保护发展规划促进村落脱贫，在编制保护发展规划时应当衔接村落所在县（市）的脱贫规划，具体的衔接内容是基础设施建设扶贫中对于水、电、路、电讯、房屋等方面的规划和要求，产业和就业扶贫中对于村落产业发展内容和规模等方面的要求，电子商务扶贫中对于村落电子商务服务点设置等方面的要求，旅游扶贫中对于乡村旅游示范村设置等方面的要求，林业扶贫中对于各种种植基地、养殖基地等方面的要求，消防减灾扶贫中对于农村消防安全等方面的要求等。通过传统村落保护发展规划对脱贫规划的衔接，达到促进传统村落脱贫的目的。

6. 与村庄有关的规划

（1）村庄规划

村庄规划主要任务是依据经过法定程序批准的镇总体规划或乡总体规划，对村庄的各项建设做出具体安排。村庄规划属于城乡规划体系的法定规划，也是城乡规划体系中的层级最低的规划。它是村庄内进行各项规划建设活动的主要依据。传统村落保护发展规划则属于村庄规划的专项规划。

编制传统村落保护发展规划时，应当服从村庄规划的规划原则、建设用地布局、用地性质、用地规模和基础设施规划布局等。

（2）美丽乡村规划

美丽乡村规划主要任务是统筹城乡、村镇、村庄发展，以产业为支撑，完善公共服务、基础设施配套建设，提升生态环境品质。该规划相比传统村落保护发展规划，侧重点在于提升乡村的生态环境景观。

对于既是传统村落又是美丽乡村的村落，如肇兴侗寨，在编制传统村落保护发展规划时，应当与美丽乡村规划中产业布局、环境景观营造等方面进行衔接。

（3）历史文化名村保护规划

历史文化名村指的是保存文物相当丰富，具有重要历史价值、重要名人或革命纪念意义的村庄。这类村落比传统村落保护要求更为严格。一般只要公布为中国历史文化名村，申报中国传统村落时，均会被录入。对于省级历史文化名村，则需要根据中国传统村落认定标准审查。历史文化名村保护规划主要任务是为保护村落历史文化遗产、特色风貌与自然人文景观，指导历史文化名村保护与建设协调发展，改善居民生活环境。

传统村落在数量上大大多于历史文化名村。相比于历史文化名村保护规划重点是对各类文物保护单位的保护，传统村落保护发展规划则在强调保护和传承农耕文明的同时，还特别关注乡村经济和社会民生的可持续发展。因此，传统村落保护发展规划与历史文化名村保护规划相比会有更多的发展途径和更灵活的发展策略。如在文化遗产保护的规划理念和指导思想上，传统村落保护发展规划应与历史文化名村保护规划保持一致；在规划编制内容上，传统村落保护发展规划的保护内容更加全面，对村落发展采取的途径和策略更加灵活多样。所以，对既是传统村落又是历史文化名村的村落，在编制保护发展规划时，在保护内容上要严格按照历史文化名村保护规划要求，在发展上则应需灵活处理，以发展村落经济、提高村民收入为重要目标。因此，可以说传统村落保护发展规划是在历史文化名村保护规划要求的基础上，使发展更具活力和多样化。

（4）民族文化村寨规划

民族文化村寨规划主要任务是为了保护民族文化村寨民族特色、传统习俗、民族风情，保护村庄自然环境、传统建筑、传统风貌和格局及历史文化遗产，改善村庄人居环境。该规划对于民族文化村寨的民族文化的传承和保护具有重要意义，相比传统村落保护发展规划，更加强调村寨民族文化的传承和保护。

《黔东南苗族侗族自治州民族文化村寨保护条例》要求县级以上人民政府把民族文化村寨的规划、保护、建设、管理和利用纳入本级国民经济和社会发展规划，足见黔东南州对民族文化村寨的重视。对于既是民族文化村寨又是传统村落的村庄，在编制传统村落保护发展规划时，要着重衔接民族文化村寨规划中对于民族文化传承和保护的部分，使两个规划在传承和保护村庄的民族文化方面协调一致，形成合力。

（5）文物保护规划

文物保护规划旨在针对文物本体及其依存的文物环境划定保护范围和建设控制地带，规划有效保护措施。传统村落中的文物是传统村落重要的组成部分，也是重要的保护对象。对于传统村落中划入保护范围内的文物，传统村落保护发展规划应与文物保护规划进行全面衔接，具体说来就是传统村落的保护发展规划要全面继承文物保护规划中划定的保护范围和建设控制地带，评估的文物价值，制定的保护管理规定和保护措施，规划的展示利用方式及制定的防灾与安全措施等方面的内容。

二、传统村落保护发展规划与相关规划的关系

黔东南州传统村落保护发展规划与相关规划的关系，取决于相互之间的关联度。现分别从纵向从属关系（城乡规划体系）和横向衔接关系（非城乡规划体系）两方面进行梳理总结。

第一，从纵向从属关系来看，从属关系如下图：

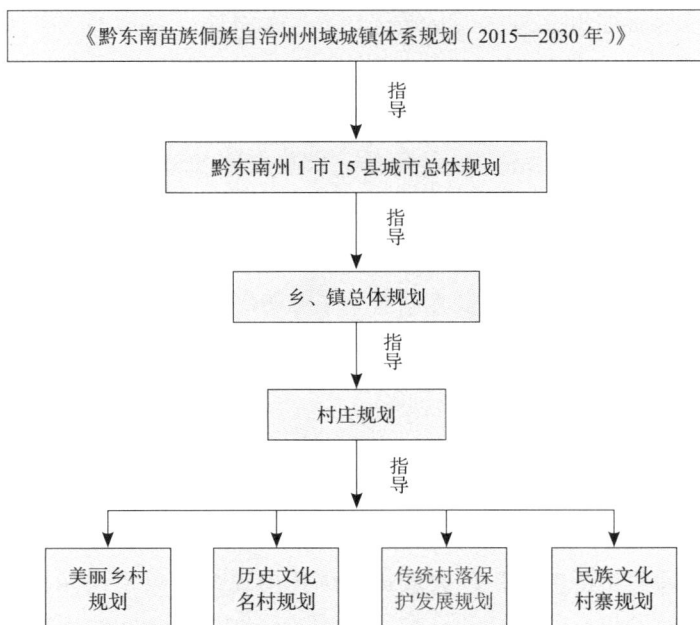

第二，从横向衔接关系来看，黔东南州传统村落保护发展规划要与《黔东南州国民经济和社会发展第十三个五年规划纲要》、土地利用总体规划、美丽乡村规划、历史文化名村规划、民族文化村寨规划相衔接。衔接关系如下图所示：

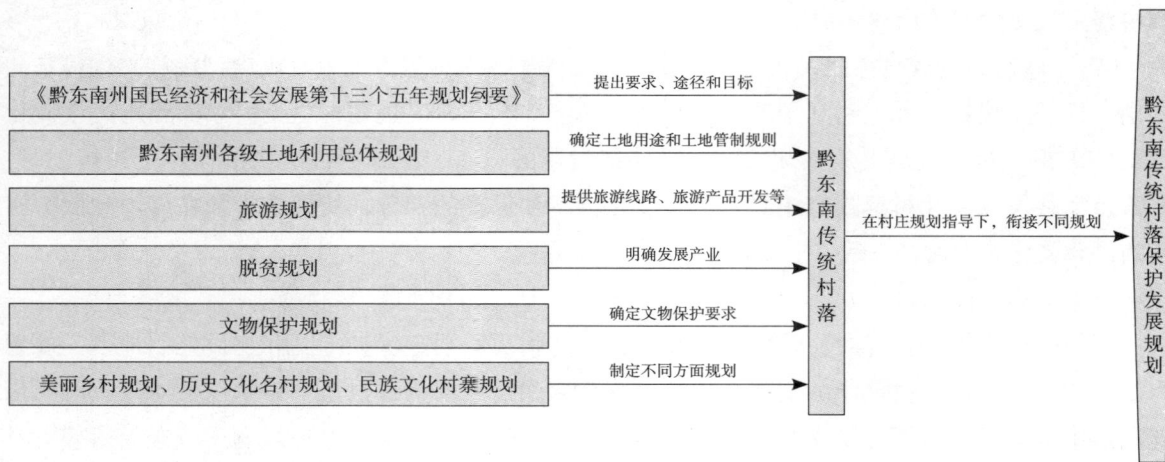

《黔东南州国民经济和社会发展第十三个五年规划纲要》	提出要求、途径和目标		
黔东南州各级土地利用总体规划	确定土地用途和土地管制规则		
旅游规划	提供旅游线路、旅游产品开发等	黔东南传统村落	黔东南传统村落保护发展规划
脱贫规划	明确发展产业		
文物保护规划	确定文物保护要求		
美丽乡村规划、历史文化名村规划、民族文化村寨规划	制定不同方面规划		

在村庄规划指导下，衔接不同规划

第二节　传统村落保护发展规划编制理念

一、统筹传统村落保护和经济社会发展

在传统村落发展过程中，许多传统村落在处理村落保护和经济社会发展之间的关系时常常顾此失彼，左支右绌，如有些村落为了保护村落的传统的风貌格局和历史文化资源，抑制村落的经济社会发展，致使村落发展落后，结果传统村落的保护也举步维艰；又如部分村落利用传统村落的传统风貌格局和各种历史文化资源发展村落，但是由于没有对村落的传统风貌格局和历史文化资源进行恰当的保护，导致传统风貌格局和历史文化资源在村落的发展过程中遭到破坏，结果传统村落逐步失去其保护价值。如何有效地处理二者之间关系已成为值得探索的问题。

事实上，传统村落保护和经济社会发展不是彼此对立的，是可以相辅相成，相互促进的，即二者之间可以统筹协调。国内在统筹传统村落保护和经济社会发展方面做得好的传统村落如浙江省兰溪市诸葛村，诸葛村一方面严格保护村落传统风貌格局、传统建筑等，深度挖掘村落的传统历史文化，另一方面，把保护完整的村落和挖掘的传统历史文化作为优势资源来发展旅游，取得了巨大的经济效益，再把获取的旅游收入投入到村落的保护之中，促使村落保护和经济社会发展良性循环。

黔东南州在探索传统村落保护和经济社会发展的道路上也取得了一些成就，如从江县丙妹镇岜沙村，依托悠久的传统文化、村落完整的传统风貌格局及"我国最后一个枪手部落"等民族文化品牌进行旅游开发，在保护好村落的前提下，以发展旅游促进社会经济发展，再用旅游发展带来的经济收入反哺村落的保护，促使村落保护与经济发展良性循环，达到村落保护和发展双赢的目的。与岜沙村相反的是，黔东南州有许多传统村落为了取得经济社会的发展，不惜牺牲传统村落的农田林地、道路水系、村寨格局、建筑风貌和历史环境要素，这种顾此失彼的发展行为，给传统村落带来了重大损害。

事实证明，统筹传统村落保护和社会经济发展是黔东南州传统村落取得保护和发展和谐共赢的重要方法，也是重要理念。目前，传统村落保护发展规划是协调传统村落保护和发展的重要手段，所以在编制黔东南州传统村落保护发展规划时，要秉持统筹传统村落保护和经济社会发展的理念，从传统村落所承载的特色传统文化中，寻找与现代核心价值观的契合点，本着尊重历史，创造未来的态度，积极探索合理利用传统村落的多元化途径。

二、坚持精准扶贫和传统村落保护发展规划相结合

2015年6月18日，习近平总书记在贵州调研时强调，科学谋划好"十三五"时期扶贫开发工作，确保贫困人口到2020年如期脱贫。就加大力度推进扶贫开发工作提出"4个切实"的具体要求，其中一个要求是"切实做到精准扶贫。扶贫开发贵在精准，重在精准，成败之举在于精准。"黔东南州传统村落大多处于山林之中，大部分属于贫困地区，属于政府扶贫重点对象。精准扶贫工作为贫困地区的传统村落找准贫困原因，并采取相应的扶贫措施进行扶贫，有利于激活传统村落自身"造血"功能，促使传统村落快速脱贫。

传统村落保护发展规划自身也有促进传统村落发展的任务，因此，在对黔东南贫困地区的传统村落编制保护发展规划时，应当结合黔东南州对当地实施的精准扶贫措施，使编制的传统村落保护发展规划对于传统村落的发展更具针对性和实践性。

将黔东南州传统村落保护发展规划与黔东南州当下的精准扶贫工作相结合。首先在保护方面，对传统村落的建筑进行整治时，应当结合"建档立案去存量"的精准扶贫措施，确定村落中各类建筑的整治方式，尤其是对传统风貌的危房的整治处理；其次在发展方面，完善公共服务设施时，应当结合"教育培训强手艺"的精准扶贫措施，为村民安排学习技能的公共空间和设施，同时，要解决村落的医疗和基础教育的问题。布局基础设施时，结合"村美寨美促民富"的精准扶贫措施，积极改善村落人居环境，并有意识地将村落的道路交通与周边条件好的村落和连接外界的道路对接，改变村落交通闭塞的现状。在确定村落产业时，要充分分析村落资源禀赋条件，发掘自身特色产业，结合"产业优势激活力"的精准扶贫措施，确定适合村落发展且发展前景良好的村落产业，策划切实可行的发展项目，制定行之有效的发展方案。

在精准扶贫大势下，坚持精准扶贫和传统村落保护发展规划相结合的编制理念，使黔东南州传统村落通过实施保护发展规划发展富裕起来，实现保护和发展共赢的目的。

三、秉持文化遗产的真实性和完整性原则

保护传统村落重点在于保护村落中丰富的文化遗产，文化遗产中蕴含着大量珍贵的历史信息，具有重大的研究价值。文化遗产是否得到保护关键在于文化遗产的真实性和完整性是否得到保护。文化遗产的真实性包括遗产的形式与设计，材料与实质，利用与作用，传统与技术，位置与环境，精神与感受。完整性是指与文化遗产有密切联系的周围的环境。

当传统村落文化遗产的真实性遭到破坏，依附在文化遗产上的历史信息也会随之遭受破坏，且这种破坏是不可逆的；当传统村落文化遗产的完整性遭到破坏，会影响人们对文化遗产蕴含的历史信息的正确解读，也会对文化遗产造成一定的损害。所以，黔东南州传统村落的保护和发展必须坚持文化遗产的真实性和完整性，保证文化遗产在传承中不受破坏，防止传统村落损毁，

促进传统村落可持续发展。

因此，在编制黔东南州传统村落保护发展规划时要秉持文化遗产的真实性和完整性原则，使编制的保护发展规划有利于传统村落文化遗产的保护和传承。秉持真实性原则应当表现在对传统村落内的文物保护单位、历史建筑、历史环境要素等做到最小干预与活态传承；秉持完整性应当表现在对传统村落周边及与村落有较为紧密的视觉、文化关联的区域的整体不破坏、村落传统格局延续、村落街巷空间尺度和风貌不变、传统建筑外观不变、新建建筑外观和谐、非物质文化遗产继续传承等方面。

第三节　黔东南州传统村落保护发展规划编制

一、编制传统村落保护发展规划的必要性

1. 编制保护发展规划的依据

编制传统村落保护发展规划主要依据的法律法规和政策文件包括：

（1）《中华人民共和国文物保护法》2007.12；

（2）《中华人民共和国城乡规划法》2007.10；

（3）《中华人民共和国非物质文化遗产保护法》2011.02；

（4）《中华人民共和国文物保护法实施条例》2016.01；

（5）《历史文化名城名镇名村保护条例》2008.04；

（6）《住房城乡建设部·文化部·国家文物局·财政部关于切实加强传统村落保护发展工作的指导意见》（建村 [2013]130 号）；

（7）《关于做好中国传统村落保护发展规划编制工作的补充通知》（建村建函 [2013]50 号）；

（8）《传统村落保护发展规划编制基本要求（试行）》（建村建函 [2013]50 号附件）；

（9）贵州省人民政府关于加强传统村落保护发展的指导意见（黔府发 [2015]14 号）；

（10）《黔东南苗族侗族自治州传统村落保护实施办法（试行）》2015.02；

（11）《黔东南州传统村落保护发展规划编制技术导则》2015；

（12）《村庄和集镇规划建设管理条例》。

2. 传统村落保护和发展协调的诉求

我国现行的城乡规划体系中，村庄的法定规划——村庄规划，其内容中对于村庄传统文化及文化遗产的保护要求少，也没有相应的保护指导技术，因此，村庄规划不能满足传统村落的保护要求；此外，村庄规划虽然对村庄的发展建设做出具体安排，可是对于传统村落的发展来说，必须结合传统村落的保护范围和保护要求进行发展要求和发展项目的确定，所以，对于传统村落的发展，村庄规划具有指导作用，但不能深度挖掘传统村落的文化脉络、文化价值并将之融入到发展之中。换言之，村庄规划无法满足传统村落保护和发展协调的诉求，因此，对于传统村落的保护和发展的协调问题，必须制定专项的规划完成，传统村落保护发展规划应运而生，成为解决传统村落保护和发展协调问题的重要手段。

黔东南州传统村落是黔东南州物质文化遗产和非物质文化遗产的复合载体，村落中的传统建筑及其建造技艺、历史遗存、民风习俗、宗教信仰等，反映和记录了黔东南州社会发展的历

史进程和各民族走向文明社会的步履。黔东南州传统村落的文化价值如此重要，保护当然刻不容缓，为了解决黔东南州传统村落保护和发展之间的协调问题，达到传统村落的文化和风貌在发展中得以延续的目的，编制传统村落保护发展规划成为实现这个目的的关键环节和重要方法。

二、黔东南州传统村落保护发展规划存在的问题

1. 传统村落保护发展规划编制思路偏失

第一，盲目进行旅游开发，忽视村落其他产业发展。在已经编制的黔东南州传统村落保护发展规划中，很容易发现大部分村落发展均以发展旅游业为目的，这些保护发展规划中千篇一律地布置旅游服务中心和停车场，将村落规划为旅游景点，打造成旅游胜地，忽视村落自身其他产业的挖掘。不可否认，黔东南州传统村落具有良好的景观环境和历史文化资源，但是每个村落的区位条件、资源禀赋不一而同，走旅游发展之路并非适合现阶段的每个传统村落。对于那些不适合发展旅游的传统村落，进行旅游开发，忽视村落自身其他产业的发展，导致村落将大量财力物力花费到不切合实际的旅游发展上而非适合自身发展的其他产业上，最终致使村落的保护和发展走入困境。

这种现象产生的原因主要是保护发展规划的编制者为了顺应黔东南州传统村落迫切想要通过发展旅游致富的要求或者是没有认真细致地分析村落现实发展状况的情况下，就将旅游作为黔东南州传统村落发展的重要产业，忽视了村落其他产业的研究。

第二，采用城市化的手法打造传统村落。该现象也较为普遍，如有很大一部分传统村落保护发展规划为了发展将道路拓宽几倍，建设不符合传统村落传统空间尺寸和文化内涵的集散广场，营造城市化的硬质空间，破坏村落原本和谐的空间格局等。采用城市化的手法打造传统村落的主要原因是保护发展规划的编制者对村落的历史文脉、公共空间的文化内涵、营造理念、传统空间尺度、建筑技术、建筑用料、景观特点等不了解，对如何处理保护和发展的关系不清晰。

乡村之所以为乡村，就是因为很多地方有别于城市，如景观、街巷、公共空间尺度、建造用料、道路铺装等。黔东南州传统村落经过了百年以上的发展，有厚重的文化传统，村落的景观、街巷的尺度、公共空间的尺度、建造用料、道路铺装都是人与自然和谐相处的体现。编制传统村落保护发展规划时，应尽量采用传统材料，建造尺度符合传统氛围，景观营造传承文化传统，唯有如此才不违背保护传统村落之意愿。

2. 编制人员水平参差不齐

编制人员水平参差不齐导致的问题主要表现在3方面：

（1）编制的保护发展规划中出现错误内容

黔东南州已经编制了保护发展规划的传统村落中，有相当多村落的保护发展规划存在不符合《传统村落保护发展规划编制基本要求（试行）》的内容，主要是保护范围划定方式错误，即核心保护范围和建设控制地带划定方式错误。错误的划定方式主要有两种，其一，建设控制地带划定的范围超出了规划范围，表现形式如台江县施洞镇旧州村保护区划划定图（图7-1）；其二，将核心保护范围与建设控制地带分开划定，表现形式如黎平县茅贡乡登岑村保护范围划分图（图7-2），核心保护范围与建设控制地带完全是分离的。这两种错误的保护范围线划分方式在已经编制的黔东南州传统村落保护发展规划中十分常见。

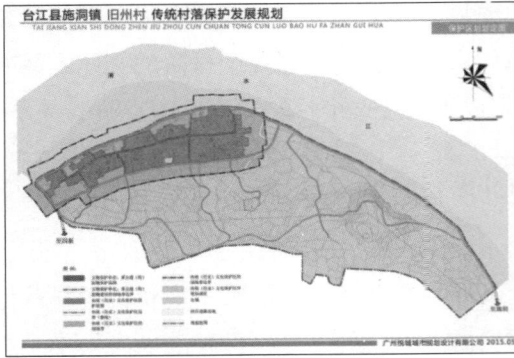

图 7-1 保护区划划定图

图片来源：甲方提供的
《台江县施洞镇旧州村传统村落保护发展规划》

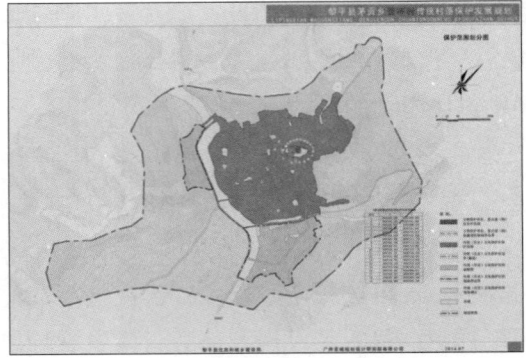

图 7-2 保护范围区划图

图片来源：甲方提供的
《黎平县茅贡乡登岑村传统村落保护发展规划》

正确的划分方式，应当是核心保护范围划定在建设控制地带内。如从江县丙妹镇岜沙村的保护范围规划图（图 7-3）。

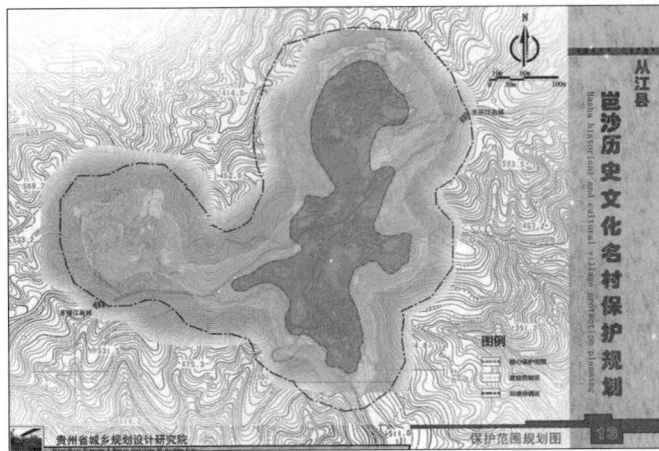

图 7-3 保护范围规划图

图片来源：甲方提供的《从江县岜沙历史文化名村保护规划》

（2）编制的保护发展规划合格率不高

黔东南州前三批 276 个传统村落编制的保护发展规划，有 140 个通过省部级技术审查，获中央财政补助的传统村落有 140 个。统计黔东南州传统村落保护发展规划编制的合格率（即通过住建部审查的规划所占比例），如图 7-4 所示：

黔东南州传统村落保护发展规划的通过率仅 51%，编制的规划在住建部审批时通不过，跟编制单位的编制人员水平有很大的关系。同时，编制的规划合格率不高从侧面反映出黔东南州一些县（市）存在编制资金投入不足，编制资金得不到有效保障的问题。

黔东南州各县（市）应就提高规划编制的合格率问题

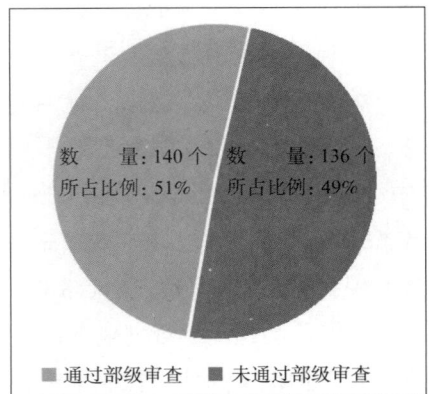

数　　量：140 个　　数　　量：136 个
所占比例：51%　　所占比例：49%

■ 通过部级审查　　■ 未通过部级审查

图 7-4 黔东南州传统村落保护发展
规划编制合格率

及时对编制单位进行适当调整。黔东南州也应该协助部分县（市）通过多种渠道努力解决编制资金投入不足，编制资金得不到有效保障的问题。

（3）编制的保护发展规划不能指导村落保护和发展

在调研过程中，发现部分保护发展规划不能指导村落的保护和发展，主要表现在两个方面：其一，编制的规划不切合村落实际，无法实施。造成这种情况的原因是编制单位对村落没有进行深入调研，在对村落实际状况，村民当下意愿不清楚的情况下，凭着对村落的一知半解编制保护发展规划，造成编制的规划内容不切合村落实际，无法指导村落保护和发展。其二，编制的规划深度不够。规划起不到明确的指导作用，造成规划实施者还是不能具体地知道如何保护和发展村落。这说明了编制人员对于传统村落保护发展编制要求的理解不够深入，导致编制的规划深度不能指导实施者进行规划具体地实施。

为解决保护发展规划不能指导村落的保护和发展的问题，编制的组织者应该对规划严格审查，对于规划内容不切合村落实际及深度不够的规划，应当要求编制者对规划进行修改，以达到规划切实可行为准。

三、编制传统村落保护发展规划的要点

根据黔东南州传统村落保护发展规划的编制情况，结合《传统村落保护发展规划编制基本要求（试行）》，编制黔东南州传统村落保护发展规划应当抓住以下要点：

1. 分析传统村落特征并评估价值特色

黔东南州传统村落成村基本都有上百年的时间，都具有深厚的传统文化，编制保护发展规划时，通过现场踏勘，入户访谈，与相关人员、单位座谈等方式，对村落的选址与自然景观特征、传统村落格局和整体风貌特征、传统建筑特征、历史环境要素特征、非物质文化遗产特征进行分析，并收集和研究村落的志书、族谱、历史舆图、碑刻题记、地契、匾联、吟咏描述村落风物的诗词、游记、重要人物、重大历史事件、传统产业的相关资料、当代有关村落研究的论文、出版物等资料，梳理出村落的历史文脉，阐明村落的文化内涵，总结提炼出村落自身独有的价值特色，发掘其潜在价值，明确保护和发展的重点。

2. 明确保护对象

根据传统村落调查和分析结果，明确传统资源保护对象。一般应当遵循真实性和完整性保护的原则，把传统村落所依存的自然生态环境和选址特征、村落传统格局和历史风貌、传统建（构）筑物、历史环境要素、非物质文化遗产，确定为保护对象。其中保护整治传统建（构）筑物，是规划的核心内容。

黔东南州传统村落的传统建（构）筑物，是这一地域的民族文化和地域文化特色的主体，蕴含着黔东南人民的生存智慧。编制保护发展规划时，应详细分析村落传统建筑的空间布局、形质特点、建造工艺、材料特色、装饰风格等。按照《历史文化名城名镇名村保护规划编制要求（试行）》，结合村落实际，将建（构）筑物分为文物保护单位、历史建筑和建议历史建筑、传统建（构）筑物、风貌协调建（构）筑物、其他建（构）筑物。不同类型的建筑应采取不同的保护整治方式，对于文物保护单位应采用保护的方式，依据文物保护法进行严格保护；对于历史建筑和建议历史建筑，应采用修缮的方式，按照《历史文化名城名镇名村保护条例》关于历史建筑的保护要求进行修缮；对于传统风貌建筑，应采用改善的方式，保持和修缮外观风貌特征，

特别是保护具有历史文化价值的细部构件或装饰物，其内部允许进行改善和更新，以改善居住、使用条件，适应现代的生活方式；对于与保护区传统风貌协调的其他建筑，其建筑质量评定为"好"的，应采用保留的方式；对于那些与传统风貌不协调或质量很差的其他建筑，应采用整治、改造、拆除等方式。通过院落附表，汇总村落现状建（构）筑物的现状情况，并按照建（构）筑物的类别提出相应的保护整治要求。

3. 科学划定保护范围

划定传统村落的保护范围，是实施传统村落保护发展规划的前提和基础依据。要遵循科学合理，既能有效实现对各项自然人文资源的有效保护，又具有实际的可操作性。保护范围应当结合传统村落的地形地貌，沿等高线、村落传统格局和空间肌理区划，使边界清晰、肯定，便于保护管理。

保护范围由核心保护范围、建设控制地带和环境协调区共同构成，其中，核心保护范围是沿传统格局和历史风貌较为完整、传统建筑集中成片的地区的空间肌理划定；建设控制地带是在核心保护范围的周边，沿着村落的传统格局和空间肌理划定，主要是为了保护传统村落整体的传统风貌景观，用以控制建设的区域；环境协调区是在建设控制地带的周边，依据村落地形，沿着等高线划定，主要以保护自然地形地貌，协调传统村落传统风貌与现代建筑为主要内容的区域。

4. 整体保护传统风貌

对于黔东南州传统村落的传统风貌应进行整体保护：

第一，村域环境的保护。对村落所处的地形地貌、河湖水系、自然植被种类及分布、传统农作物种类及分布等提出保护要求；对村域范围内有历史文化价值的文物古迹和风景名胜、自然环境等提出保护要求。

第二，村落整体格局的保护。对村落的传统形状，街巷河道的走向、宽度、传统利用形式、铺装材质与形式，公共空间大小、形状、尺度，重要的天际线和景观视线等提出保护要求。

5. 明确村落发展目标及路径

分析黔东南州传统村落的区位条件、资源禀赋、自身特色等，评估村落的发展环境、发展条件的优劣势，并积极对接上位规划的发展要求，结合黔东南州对传统村落的发展策略，对于传统村落进行合理发展定位，制定切实可行的发展策略。

明确村落近 3～5 年内拟实施的保护项目、整治改造项目及各项目的分年度实施计划和资金估算。

另外，还应当注意的是，针对既是历史文化名村又是传统村落的村落，在编制保护发展规划时，当以历史文化名村保护规划要求为先，再以传统村落保护发展规划编制要求进行编制规划。同时，在具体实施过程中，也应以历史文化名村保护要求作为优先实施准则。

四、《黔东南州传统村落保护发展规划编制技术导则（试行）》

黔东南州政府为了进一步加强州或内传统村落保护发展规划编制的科学化、规范化，有力地指导传统村落的保护与发展，2015 年 5 月结合本州传统村落的存续特征和保护发展状况，在深入贯彻落实《传统村落保护发展规划编制基本要求（试行）》基础上，组织有关部门和单位制定了《黔东南州传统村落保护发展规划编制技术导则（试行）》。该导则通过几年来黔东南州编制传统村落保护发展规划的大量调查研究，总结经验，以使《传统村落保护发展规划编制基本要求（试行）》在黔东南州本土化，更具针对性与实践性，从而有利于指导和提高黔东南州传统村落保护发展规划的编制质量，通过符合本州特点的更加明晰的规定，推进黔东南州传统村落的有效保护和健康发展。

《黔东南州传统村落保护发展规划编制技术导则（试行）》内容系统完整，层次架构清晰，逻辑性强，表述比较规范，在关于村庄的规划技术规范指导下，贯彻了《传统村落保护发展规划编制基本要求（试行）》精神，基本上满足规划编制深度要求，对编制黔东南州传统村落保护发展规划，提高规划品质，具有重要价值和指导作用。为增强该技术导则的科学性和规范性，经认真分析研究，建议试行过程进一步补充完善。

《黔东南州传统村落保护发展规划编制技术导则（试行）》是地方性技术标准，制定目的旨在紧密结合当地实际，提出针对性的规范要求，内容不要求大而全，面面俱到。应当突出重点，突出特色。该技术导则对于传统村落保护发展规划的层级定位准确，属于村庄规划的专项规划，重点解决的是村庄自然人文资源，特别是文化遗产资源的分析评估，建立传统村落档案；明确保护对象，合理划定保护范围，指出保护途径和方法，提出保护传统村落的规划措施和响应的公共政策。对于传统村落的可持续发展方向进行合理定位，重点加强的基础设施、服务设施规划建设，妥善解决综合防灾问题。《黔东南州传统村落保护发展规划编制技术导则（试行）》存在的明显瑕疵主要有以下几个方面：

一是规划内容超出了传统村落专项规划的要求，冲淡了保护发展的要求。主要反映在发展规划部分不必要地套用了村庄规划的要求。例如增加了按照村落规模分级、人口规模预测、调整用地布局结构和用地比例、植入了城市规划才有的道路和绿地广场，公益设施和基础设施。但保护规划部分的深度反而不足。

二是针对黔东南州传统村落的存续特征和保护现状研究不够，没有体现出民族性和地域性以及现阶段黔东南州传统村落保护发展需要解决的突出问题。例如以干栏式建筑为特征的山地建筑在选址、传统格局、历史风貌、建筑维护、更新利用采取怎样的规划措施；传统村落的道路走向和尺度、公共空间（含铜鼓场、鼓楼、戏台等）的环境控制；保护范围现状建筑分类保护整治不具体。因此该技术导则显得一般化，缺乏黔东南州自然生态原真性和民族文化多样性的基本特征。

三是大量采用城市规划的手法规划传统村落，不仅脱离实际，而且容易误导建设，对传统村落的格局和风貌造成破坏。如在村落中规划广告标识、夜景照明、广场、交通场站等都属于城市规划建设才需要的设施。公益性服务设施项目配置标准、消防规划中的防火分区和包括给水管网、消火栓间距等措施规定也都照套城市规划规范。由于对划定传统村落保护范围的目的和内涵理解不到位，把建设控制地带内现状建筑的要求，按照城市规划区对待，只对新建、扩建、改建、加建等活动进行控制。

四是传统村落产业发展规划内容不足。产业对于黔东南州传统村落的发展非常重要，在精准扶贫大势下，产业的发展对于黔东南贫困地区的传统村落脱贫至关重要，并且贵州省实施了传统村落"一村一品、一乡一特"的扶持计划，为了促进传统村落的发展，加速贫困地区传统村落脱贫速度，编制传统村落保护发展规划时应当对村落的产业发展作出分析。然而该技术导则中对于村落的产业发展几乎没有提及，所以建议增加村落产业分析的条款，让传统村落保护发展规划的编制者，考虑传统村落的产业发展问题。

五是在规划成果中明确附件应包括图纸，并且应当增加部分必要的内容。

《传统村落保护发展规划编制基本要求（试行）》对于规划图纸，要求参照《历史文化名城名镇名村保护规划编制要求（试行）》。《历史文化名城名镇名村保护规划编制要求（试行）》所列出的图纸应当为 5 图 1 表，包含反映传统村落空间格局的肌理、建筑年代、质量、风貌、高度等现状图和保护范围现状建筑的编码图表。但是在该技术导则中没有列出空间肌理和反映建筑年代和风貌的现状图纸。因此建议增加历史街巷现状图、建筑年代现状图和建筑风貌现状图。对于传统村落重要公共空间和传统建筑修缮导则，以及效果图应当补充。综合防灾不仅要把防止火灾放在第一位，而且也要充分考虑洪涝灾害和地质灾害的潜在威胁，作为重点内容绘制现状图和规划图。在传统村落保护规划中不适宜采用城市紫线管理办法，没有必要专门划定紫线范围。划定紫线本意是指城市中被公布的历史文化街区和历史建筑范围，而不是指文物保护单位，更不是传统村落的文物保护单位。

除此之外，《传统村落保护发展规划编制基本要求（试行）》中有"各项图纸比例一般用1/2000，也可用 1/500 或 1/5000，地形图比例尺不足用时，应配合手绘图解进行标绘"的说明，建议该导则在适当位置加上说明。

第八章 黔东南州传统村落保护发展的公共政策

第一节 黔东南州传统村落保护发展现行公共政策

一、黔东南州传统村落保护发展现行公共政策内容

传统村落保护发展公共政策是指政府部门或传统村落保护组织针对村落保护中公共问题与公共矛盾所采取的用以规范、引导有关机构团体和个人的行为准则与行动指南。在通常的理解中，"政策"一词往往与路线、方针、策略相联系。《辞海》中对政策的解释为"国家、政党为实现一定历史时期的路线和任务而规定的行动准则"。公共政策作为政府行为的表现，是实现一种目标的过程，而这种目标旨在处理和解决正在发生的各种社会问题。我们可将政策看成是政府为处理环境的关系达成既定的目标而采取的手段。

传统村落保护发展公共政策包括制度保障、机制保障、资金保障、公众参与、宣传教育等内容。其中，制度保障是指导传统村落保护发展工作的政策文件，如法律法规、意见方案等。机制保障、资金保障、公众参与、宣传教育等内容是落实传统村落保护发展工作的政策执行措施。政策文件是政策执行的指导规范，政策执行是政策文件的具体落实，二者相辅相成。总体上看，随着我国传统村落保护发展公共政策的逐步建立和完善，黔东南州传统村落保护发展公共政策也逐渐明晰，如多个直接关涉传统村落的政策文件相继颁发，组织领导和监督管理等方面不断加强。

1.法律法规、意见方案等政策

（1）国家部门政策层面

法律法规是传统村落保护发展的重要依据。我国传统村落保护涉及的国家法律主要包括《中华人民共和国文物保护法》、《中华人民共和国城乡规划法》、《中华人民共和国非物质文化遗产保护法》等。2003年5月，国务院根据《中华人民共和国文物保护法》制定《中华人民共和国文物保护法实施条例》，2008年4月又通过了《历史文化名城名镇名村保护条例》。《历史文化名城名镇名村保护条例》将名城名镇名村的保护纳入了国家遗产保护的法律框架之下，是对《文物保护法》和《城乡规划法》的有关要求的具体补充。至此《文物保护条例》和《历史文化名城名镇名村保护条例》两部行政法规相继公布施行，为今后传统村落的保护工作奠定了基础，同时这两部法规也是传统村落保护的重要依据。

2014年4月，四部局联合颁发《住房城乡建设部·文化部·国家文物局·财政部关于切实加强中国传统村落保护的指导意见》（下简称"《指导意见》"），该文件是在把握全国传统村落现状特征和整体诉求的基础上对传统村落保护和发展工作提出的宏观指导。

《指导意见》指出，传统村落保护和发展应当遵循"科学规划、整体保护、传承发展、注重民生、

稳步推进、重在管理"的方针，在保护发展的基本原则上提出要"坚持因地制宜，防止千篇一律；坚持规划先行，禁止无序建设；坚持保护优先，禁止过度开发；坚持民生为本，反对形式主义；坚持精工细作，严防粗制滥造；坚持民主决策，避免大包大揽"。主要任务之一便是要求建立保护管理机制，具体包括："建立健全法律法规，落实责任义务，制定保护发展规划，出台支持政策，鼓励村民和公众参与，建立档案和信息管理系统，实施预警和退出机制。"组织领导和监督管理方面要"明确责任义务、建立保护管理信息系统、加强监督检查、建立退出机制"。[①] 这些内容为传统村落保护和发展提供了较为明确的政策管理指导方向和实施措施，但仍需进一步明确和细化，确保工作分工有序地开展。

（2）地方政府政策层面

贵州省在国家层面没有相关立法的情况下，结合地方实际需要，先国家一步作出立法的探索，依托现有的法律法规，编制《贵州省传统村落保护发展条例》，并通过省人大常委会审议，正式颁布实施。《条例》由总则、申报和规划、保护措施、发展促进、法律责任、附则6章组成，主要界定和规范传统村落的概念，规定了传统村落保护的原则、保护措施以及明确责任主体，设立奖励机制，明确法律责任等。这一项立法的探索将传统村落保护上升到立法层面。

另外，2015年4月，贵州省颁发《省人民政府关于加强传统村落保护发展的指导意见》，提出在传统村落保护发展政策措施方面的多项举措，主要包括：编制保护发展规划，将"多规合一"改革覆盖传统村落；加强建设管理，建立驻村专家工作制度和专家巡查督导机制，鼓励制定村规民约；强化政策保障，设立扶持资金，对传统村落保护发展实施项目倾斜，创新投资融资方式；加强组织领导，各级政府成立传统村落保护发展工作领导小组，加强宣传工作和监督管理。

在黔东南州，近年来结合州情先后制定颁布了《黔东南苗族侗族自治州民族文化村寨保护条例》、《黔东南苗族侗族自治州民族文化保护办法》、《黔东南苗族侗族自治州城乡规划建设管理条例》等地方性法规，为保护传统村落提供法律依据。州委、州政府出台了《黔东南苗族侗族自治州传统村落保护实施办法（试行）》等文件，以及制定《黔东南州"十三五"期间加强传统村落保护发展实施方案》大力推进传统村落保护发展工作。在传统村落分布较多的地方，如黎平、雷山、从江、榕江等县市也制定了传统村落保护实施方案或管理办法，使传统村落保护发展工作更为深入和具体。

2. 机制保障、资金保障、公众参与、宣传教育等政策

机制保障、资金保障、公众参与、宣传教育等是传统村落保护发展的具体措施。为落实四部局在《指导意见》中的具体要求，各级政府逐步采取相应措施积极响应。由于传统村落保护发展工作涉及面广，需要多部门共同参与，为避免增加行政编制，以多部门联合组建领导小组的形式对该项工作进行统筹调配，并由城乡建设规划部门负责，增强工作的稳定性、合理性和灵活性。

国家和省级层面的委员会或领导小组相继设立，将传统村落保护发展作为其专职工作内容进行统筹负责，推进传统村落保护并解决工作中遇到的重大问题。2012年，四部局设立传统村落保护和发展专家委员会，以对传统村落保护和发展工作进行技术指导和决策咨询。2015年，贵州省传统村落保护发展工作领导小组成立，负责统筹省内传统村落保护和发展工作，将传统

---

① 引自《住房和城乡建设部·文化部·国家文物局·财政部关于切实加强中国传统村落保护的指导意见》，建村（2014）61号。

村落纳入"四在农家·美丽乡村"基础设施建设6项行动计划，支持历史文化名村保护设施和非物质文化遗产保护利用设施建设等。

黔东南州方面，在落实传统村落保护发展工作中采取的主要措施包括：设立领导小组、健全管理机制、统筹资金使用、引导公众参与等。

（1）明确责任主体，设立领导小组

黔东南州州县级传统村落保护发展工作领导小组逐步设立，负责境内传统村落保护发展工作的具体实施。2015年4月成立黔东南州传统村落保护发展工作领导小组，共有25个职能部门和单位参与。各县市也参照黔东南州的情况相继成立了传统村落保护领导小组及办公室，专门负责传统村落保护发展工作，包含名录申报、档案建立、规划编制、项目资金申报、方案制定等日常工作，进一步明确目标责任，利用效能及目标绩效考核，保障全县村落保护利用项目实施，助推传统村落良性发展。7月，成立了州村寨建设联席会议制度，各县市亦建立村寨建设联席会议制度并组建村寨建设中心。其中，州村寨建设中心建立和实行"四个一"（一月一调度、一季一督查、半年一小结、一年一考评）制度，加大对传统村落保护发展工作调度力度。[①]

（2）开展监督检查，健全管理机制

在落实传统村落保护发展方面，通过检查督促、驻村指导、预警通报、适时约谈等多举措加以保障，促进管理机制的完善。如雷山县组织住建局、新农村办等部门开展年度检查和不定期抽查，及时通报检查结果，并明确要求每年初将上年度检查报告报送县政府。强化对传统村落违章建筑的拆除力度，对违规的砖混、框架结构的民房实行木质和降层改造。同时还实施预警和退出机制，对村落文化遗产发生严重破坏的，县级人民政府及时提出濒危警示通报，并严厉问责，责令采取补救措施。镇远县成立了由民宗、文化、文物保护、建设规划、建筑等领域专家组成的传统村落保护发展委员会，建立专家挂点联系传统村落工作机制，实行专家驻村指导，基本保证了技术指导全覆盖，避免了缺乏技术支持导致建设性破坏的问题。建立传统村落项目管理责任制，依托信息化系统，对项目管理实时监控。同时，对实施项目实行月报进度机制，并实行定期通报和约谈制度。

（3）争取财政补助，统筹资金使用

首先，积极申报传统村落，争取中央补助资金。截至目前，黔东南州已有4批共309个传统村落，其中前3批获得中央补助资金26 670万元。其次，加强项目建设实施，落实村落保护需求。在已获2014年中央资金补助的37个传统村落中，主要启动寨内步道、消防、污水、垃圾、风雨桥、鼓楼、文物单位修缮等工程建设。再次，整合各类资金使用，侧重传统村落保护。在村落发展建设方面有多个项目资金来源，如新农村建设、美丽乡村建设、"一事一议"、农村环境综合整治、民族文化保护与传承、民族团结进步示范村、传统村落保护发展等，各项资金使用的针对性有所不同，但皆统归于村落发展建设之中。在注重传统村落保护发展工作的前提下，各类资金逐步形成合力，加以统筹整合，促进资金集约使用，增强工作目标实效。如黎平县的双江镇黄岗村等传统村落的重大项目建设均通过该方式加强了资金保障与使用。

（4）加强宣传教育，引导公众参与

一是加大民族节庆的扶持。重点扶持雷山苗年节、台江姊妹节、从江侗族大歌节、黎平鼓楼节、

---

① 引自《2015年黔东南州开展传统村落保护发展工作情况汇报》。

镇远龙舟节、榕江萨玛节、凯里原生态艺术节等民族民间节庆活动，对民间开展的节日、民俗活动予以适当经费补助。二是扶持开展民族文化交流活动。如举办中国（贵州）国际民间工艺品博览会，参展范围包括传统工艺品、银饰、刺绣民族服饰服装等。三是打造了一批品牌栏目。《黔东南故事》、《苗乡侗寨行》、《百姓零距离》、《小娟来帮忙》等电视栏目。四是大力实施民族文化进校园工程，将当地具有特色的民族文化引进课堂。如从江县提倡群众全程参与，实行民主监督，涉及村民的大事都要通过村民大会决议，根据传统村寨群众自觉的劳动实践和生活习惯，引导村民逐步制定和完善村民公约。麻江县利用民族集会等传统节假日印制宣传画、宣传册进行发放，同时利用村寨大喇叭对相关政策进行宣传，提高村民民族文化保护意识。

二、黔东南州传统村落保护发展公共政策现存问题

传统村落保护发展工作作为一项复杂的系统工程，应充分认识到任务的艰巨性和长期性。黔东南州自 2012 年起逐步加强对传统村落的保护发展工作，2015 年以来该工作进一步深化，取得了不少的成果。尤其值得一提的是 2015 年 11 月首届"中国传统村落黔东南峰会"在凯里市隆重召开，组建了由我国建筑学、民俗学、遗产学等领域成就卓著的专家与学者组成的贵州中国传统村落保护发展联盟，以对黔东南州传统村落保护和发展工作进行系统的理论研究与建设，进一步推动黔东南州传统村落的保护和发展。但同时，目前黔东南州传统村落保护发展存在一些问题和弊病，如破坏性建设、自发性建设、利益纠纷、政府与村民产生矛盾等等，其中在公共政策上主要存在以下几个方面的问题：

1. 法制建设薄弱，缺乏专门规范

目前黔东南州虽然已出台了一些地方法规，但是这些法规规范都是间接地涉及到传统村落保护，没有真正对传统村落保护的细节问题提出保护内容，还缺乏作出明晰规定的配套规章和政策。比如 2008 年通过的《黔东南苗族侗族自治州民族文化村寨保护条例》主要针对民族文化村寨的保护，民族文化村寨侧重于民族文化、民俗等历史人文方面的认定条件，就传统村落保护来说，并不适用。州政府及规划主管部门发布的一些规范性文件，针对黔东南州传统村落保护作出更为详细的规定。如《黔东南州苗族侗族自治州传统村落保护实施办法（试行）》，其中对传统村落保护发展的规划、保护、建设、管理和利用做了较为详细的规定，《黔东南州"十三五"期间加强传统村落保护发展实施方案》则侧重于传统村落保护发展工作的实施开展。但由于这些规范性文件不属于法律规范，约束力和强制力不足。

此外，人大法制监督和政协民主监督、社会舆论监督不够，不能完全发挥监督效用，这类监督应与政府检查督导工作一样成为传统村落保护发展的推动力量。在法规规范的制定中，应注意通过发挥多方合力的作用来完善传统村落保护发展的制度保障。

2. 监管机制不健全，执行不到位

首先，黔东南州传统村落保护发展工作到目前为止尚未建立有效的保护监管机制。虽有了一个传统村落保护发展领导小组作为领导和协调机构，加上村寨联席会议制度等，但其议事规则和运作程序都无明确规范。具体如参与机构或人员的主要职责、权利义务、选任条件、工作程序等，这些都应当以章程形式进行明文规定，形成紧密联系的组织主体。

此外，各传统村落所在地普遍没有因为传统村落的特殊性而对村落特别加强管理，从管理人员、管理制度、管理程序和管理投入上与普通村庄无异，从而导致其建设行为缺乏有效的管理。

由于管理依据和规范不够明确与详尽，在处理实际问题时，主观成分过多，造成保护管理的实际效果与力度欠佳。例如，对传统村落历史建筑的保护修缮标准、保护范围内的新建项目建筑物的形制、体量、高度、造型、色彩等缺乏具体详细的规范，对破坏行为的打击惩罚力度不够，造成保护工作中村落居民不遵循正常审批程序和不符合正常规定的建设行为经常发生，管理制度形同虚设。

其次，监管执行不到位。黔东南州对于传统村落的保护意识初步形成，但在具体操作中，还是存在一些问题。现行的保护方式和措施仍然是各相关部门独立运行，未能形成合力。一些交通条件已得到较大改善的传统村落，或者是地处集镇交界处的传统村落，村民们对传统民居进行拆旧建新，洋房如雨后春笋。有的则是为满足发展乡村旅游需要，对传统村落进行"旧村改造"，"涂脂抹粉"，使传统村落历史风貌面目全非。一些地方领导对"美丽乡村"建设的误读，对交通沿线的传统村落进行统一模式的"穿衣戴帽"，无视传统村落原有的民族风格和山乡特色，致使很多珍贵的村落记忆迅速消失无影。

如黎平县的肇兴村寨，在旅游开发出现超负荷现象，产生部分群众不断违章建房、政府不断组织强拆的怪象。其中，村子一农户自盖楼房，政府几次出面交涉未果，最后决定强拆，而农户不愿意，过程中与农户发生严重冲突，酿成群体事件，结果是政府妥协，群众违规现象愈演愈烈。加上肇兴对违建行为处置不当，事发后又一味对村内干部进行问责，导致违法乱建愈为混乱。政府在管理中，对于违规建设行为没有严格的处理办法，群众建房只满足自身需求，对侗寨原有风貌形成强大冲击。目前，政府管制房屋楼层的建制政策与百姓的生活冲突严重。整治也是治标不治本，只堵不疏，导致群众住房需求与政府控制建房的矛盾积压。"皮之不存，毛将焉附"，如果没有得到有效管理，景区将遭受毁灭性破坏，而且干群矛盾将会激化，这是肇兴景区管理中最重要也是最难做的事。

3. 资金保障不充分，公众参与不足

（1）资金保障方面，主要存在以下问题

首先，传统村落资金统筹整合力度不够。从省到州、县各职能部门未能充分发挥好统筹协调的作用，在项目编报和资金统筹上步调不一，相互之间沟通不够，未能真正实现资金集中捆绑使用。

其次，传统村落中央补助资金也未能实现统一集中使用。中央补助资金主要为财政、环保、文化等部门的中央专项补助资金，直接由省级财政与相关部门会签，下达到黔东南州财政或环保等部门，再由州财政部门下达到各县市财政部门，且省级项目对口管理部门要按照省对口部门审核的项目清单实施，各项目实施部门之间沟通协调不到位，资金未能实现集中统筹使用。

再者，规划住建部门对资金的下达和项目实施管理未全面了解和掌握情况，无法协调和指导项目实施以及整合资金集中用于保护传统村落重点项目建设。如传统村落保护发展项目实施中存在最紧迫的农村消防建设在财政"一事一议"未能优先列入项目库。这类情况在多数传统村落中都普遍存在，能够实现资金统筹有效使用的传统村落还在少数，亟需推广实行较好的传统村落的经验。

（2）公众参与方面相对不足

一是群众参与意识不强。当前，黔东南州传统村落的保护工作主要是政府推进，群众对于村落保护还处于被动的、初级阶段的参与。许多地方的群众尚未形成"我要参与"的自觉，从群众本身来看，如不涉及到自己的根本利益，很难把自己的独立立场及意见充分地表达出来，多数人作为"事不关己"的旁观者。

二是公众参与的深度和广度还远远不够。黔东南州传统村落大部分地处偏远山区，教育水平落后，人们观念陈旧，思想不解放，青壮年外出务工，村落大部分为"留守老人"，造成村落保护有心无力。调查中我们常常可以听到这样的一些话："拆了怕什么？鼓楼旧了可以重建，房子拆了可以重盖，新的总比旧的好。"显然，人们对文化遗产所具有的不可再生性认识明显不足。在这样一种观念的支配下，传统建筑群落受到冲击是再自然不过的事了。

三是公众的知情权、参与权、监督权、决策权未能充分得到保障。黔东南州相关部门对已公布的传统村落了解不够全面深入，传统村落的村民对村落保护发展规划的编制也不了解，村民缺乏对保护规划的项目进度、项目内容、规划结果的知情权，信息来源闭塞，以至于很多时候无法真正参与到传统村落保护工作中。当前在传统村落的保护工作中往往停留在不全面的民意调查上，缺乏实质性的公众参与的活动。村民闲暇时也较少参与村寨的一些活动和会议，很多大事、决议都是由村干部决定，村民监督严重缺失。

第二节　完善黔东南州传统村落保护发展公共政策内容和体系

为进一步完善黔东南州传统村落保护发展的公共政策内容，改善保护与发展体系，需致力于以下几个方面：

一、落实《贵州省传统村落保护发展条例》

以《中华人民共和国文物保护法》、《中华人民共和国城乡规划法》、《历史文化名城名镇名村保护条例》等法律法规为依据，结合《黔东南苗族侗族自治州民族文化村寨保护条例》、《黔东南苗族侗族自治州传统村落保护实施办法》、《黔东南州"十三五"期间加强传统村落保护发展实施方案》等文件的要求，加强文物保护、编制相关规划，保护文化遗产。同时，积极贯彻落实贵州省即将公布的《贵州省传统村落保护发展条例》，该条例包含以下内容：（1）明确应予以保护的内容，明确规定传统村落保护的方针、原则和措施，制定保护规划，注重村落空间、周边环境、建筑风貌的整体保护。（2）严格保护传统村落原有肌理，限定保护区建筑拆迁范围，限定建筑风格、高度、密度、色彩等控制指标。对核心保护范围内的建筑物如何进行修缮维修，保持原有风貌。（3）正确处理传统村落保护与经济社会发展的关系，明确二者的辩证关系。传统村落的保护发展应以服务民生提升效益作为核心，完善村落的基础设施建设，提高村民生活水平，注重消防规划。（4）明确传统村落保护资金来源，广泛吸纳社会资本，加大政策支持，鼓励社会力量参与传统村落保护。（5）明确政府、主管部门、村集体的责任义务，建立奖惩机制。

如《条例》第二章第十二条规定："中国传统村落保护发展规划按照国务院相关部门规定进行编制。地方传统村落保护发展规划内容和编制要求由省人民政府住房城乡建设主管部门规定。传统村落保护发展规划属于村庄规划中的专项规划。推动传统村落土地利用、乡村旅游、产业发展、扶贫开发、文化保护、生态环保、乡村建设等专项规划与保护发展规划有机融合。"这就为传统村落依照什么标准进行管理，编制保护规划时应当注意什么问题等提供了基本原则。《条例》第六章法律责任也为传统村落的责任管理提供了执法依据。

针对黔东南州传统村落保护发展的实际情况，在突出保护黔东南州丰富历史文化遗产的主旨和特点的同时，应贯彻科学发展观，强调统筹兼顾、整体保护和有机更新的原则，并对执行《条例》过程中可能出现的问题做出必要的预判，使之真正落到实处，起到保护传统村落的积极作用。

此外，黔东南州各县（市）人民政府可以结合本地实际和传统村落分布特点，制定和完善地方传统村落保护发展的规定和导则，进一步完善黔东南州传统村落保护发展法规体系。

二、健全监管机制并强化责任制度

1. 搭建传统村落保护监管体系

建立州、县（市）、乡（镇）、村4级保护管理体制，明确责任义务：黔东南州人民政府负责统筹全州的传统村落保护发展规划的制定和实施，并结合实际情况完善黔东南州传统村落保护发展的相关规范标准。县（市）级人民政府负责组织人员编制传统村落保护发展规划，并负责具体实施。乡（镇）及人民政府应配备专门工作人员，配合做好监督管理工作。传统村落村支部书记和村委主任要承担传统村落的具体保护管理工作，有责任及时反馈保护发展实施情况，并且是保护发展规划编制组的主要成员。

2. 推行遗产保护责任规划师管理制

其一，在城乡规划主管部门内设专门处室，专事传统村落保护管理；其二，通过考核、考试、培训，从已经获得国家注册城市规划师资格的公务员和技术干部中，选拔遗产保护责任规划师；其三，行政规章明确规定遗产保护责任规划师的职责、配置、工作方式和工作程序；其四，行政规章明确规定传统村落保护规划的编制与设计成果、专家审查论证意见、核发行政许可、实施行政处罚等，必须加注遗产保护责任规划师的意见方能生效；其五，对与因遗产保护责任规划师把关不严而造成的失误，应当依法追究行政责任。

3. 启动濒危名单警示及撤销除名制

中国传统村落名录应该是一个有进有出的动态监管制度，不能一劳永逸，实行终身制。这是因为它们的存续方式和保护状态具有特殊的复杂性。传统村落的存续方式不同于馆藏文物和文物保护单位，不能采取静态的冻结式的保护。作为鲜活生命的载体和浓缩的经济社会，传统村落的保护状态随时随地都在受到外部环境的影响，遭受破坏的原因主要来自自然与社会两个方面：一是由不可抗力的自然危害造成，这些危害因素绝大多数不以人的意志为转移；二是由人为因素造成，包括决策失误、政策导向不当、随意大拆大建、过度开发建设、旅游开发失控、商业化倾向、人为引起的火灾以及蓄意破坏等，都会酿成传统村落价值和整体风貌的消失。

基于上述原因，运用列入濒危名单的警示手段和启动撤销称号机制，切实避免传统村落的布局、环境、历史风貌遭到严重破坏，历史文化价值受到严重影响。各传统村落内文化遗产发生较严重破坏时，要向黔东南州人民政府提出濒危警示通报。在保护过程中，创建"传统村落称号"制度、"称号浮动制和濒危撤牌制"，通过采取必要手段确保保护规划的实施，并且严禁拆并传统村落。在保护发展规划未经批准前，影响整体风貌和传统建筑的建设活动一律暂停。涉及文物保护单位区划内相关建设及文物迁移的，应依法履行报批手续。当传统村落的开发利用违背传统村落保护发展原则时，提出警告或退出中国传统村落名录。

4. 巡查和专项整治常态化，建立动态监测信息系统

黔东南州城乡规划主管部门可以实行全面巡查与重点巡查相结合的方式，找准结合点、切

入点和重点，加强对传统村落的监督检查，确保传统村落保护工作取得实效。比如，黔东南州要对已经列入《中国传统村落名录》的村落保护情况进行自查，依据住房城乡建设部组织的专家和相关部门组成的检查组抽查，对保护不力的要提出整改要求，对整改不力的取消其称号；定期或不定期地对传统村落保护情况进行督促检查，通报督察结果并报州人民政府，每年年底将上年度检查报告报送省住房城乡建设部、省文化厅、省财政厅、省文物局。黔东南州专项整治的突出问题，主要是针对在传统村落保护范围，尤其在核心保护范围内，进行的过度房地产开发、商业开发和旅游开发。每年组织一到二次专项整治，并将整治结果向社会公布。

建立传统村落动态监测信息系统，对传统村落保护实施跟踪监测。例如，由地扪村两委配合协作，详细调查和系统梳理地扪 - 登岑侗寨传统村落的自然环境资源、物质文化资源、非物质文化资源，建立和完善《地扪 - 登岑侗寨传统村落自然和文化资源数据库》，以村寨社区家庭户主为单位，建立村寨家庭档案和社区公共档案，跟踪收录家庭基本情况和社区发展变化信息，建立地扪 - 登岑侗寨传统村落自然和文化资源保护利用信息监管预警机制，动态记录村落自然和文化资源保护利用、村寨基础设施整治、建设和村民建房等设施情况，及时向相关部门反馈监督管理预警信息。

5. 强化行政问责体制

传统村落和其他脆弱的环境资源一样，属于国家珍贵的不可再生的文化遗产资源，应当采取最严厉的制裁手段和行政措施。对黔东南州传统村落保护工作中保护不力或因过失导致村落遭受破坏的推行行政问责，目的在于确保政府和官员的一切权力运作和一切行为决策都能够恪尽职守，有效地保护全州范围内优秀的历史文化。依据相关法律，对危害、破坏黔东南州历史文化遗产的行为进行法律制裁，对行政领导、直接责任人，追究行政责任，给予通报批评。

三、拓展资金渠道并加强统筹管理

黔东南州传统村落保护资金需求大，必须建立政府引导、市场运作和社会参与的机制，多渠道筹措资金，提倡投资主体多元化，扩大传统村落保护的资金来源渠道。充分运用财政专项补贴资金、国际援助、市场运作、社会捐助、志愿者投资等多种渠道筹集传统村落保护资金，逐渐形成多元融资体系，共同推进传统村落保护的繁荣发展。同时严禁以发展旅游业为名进行破坏性建设，各项建设工作需在政府相关部门管理、监督下有序进行。

第一，积极争取上级投资。抓住西部大开发和"一带一路"发展机遇，同时编制完善全州传统村落保护发展规划，积极争取国家、省里的资金扶持。

第二，引入社会资本。很多社团，甚至企业都认识到传统村落本身重大的价值，从而具有强烈的投资意愿，黔东南州政府应在有效地引导下充分利用这些资金为传统村落保护服务。探索吸引社会力量参与保护，用好民间资本和社会力量是黔东南州传统村落必须思考的重大问题。比如通过贴息引导，给企业创造条件，调动企业的积极性，刺激企业资金投入传统村落的保护，减轻政府负担；鼓励社会各界通过捐资捐赠、投资、入股、租赁等方式参与传统村落保护。

第三，加强与金融机构的合作。黔东南州传统村落数量多，所需保护资金数额巨大，需要加强与金融机构合作。具体资金筹措渠道采用以下方式：申请世界银行、亚洲开发银行贷款；申请国家间援助性贷款；向政策性银行申请贴息贷款等。

第四，鼓励村民自发投资修缮。通过采取补助措施，让传统村落里的村民自己出钱修缮自家的老屋。如世界文化遗产地安徽黟县宏村镇宏村，村民在修缮古民居的时候，将可以通过以奖代补的方式获得修缮资金 40% 的补助。黔东南州各市县要制定优惠政策，鼓励产权人对自有传统建筑进行修缮保护。个人投入修缮为主，政府补助政策为辅，使古民居得到有效保护。

为了确保资金合规合法用在刀刃上，并发挥最大效益，还必须切实加强资金管理。在资金管理上，一是要严格按照有关专项管理办法安排使用资金，确保中央补助资金尽快落实到项目，形成实物工作量。二是要保障补助资金使用透明，账目清晰。每年至少公布一次资金使用的明细，接受社会各界的监督。作为资金的使用部门和单位，更要有敬畏之心，将每一分钱用到保护传统村落中，留住历史，留住民族文化的曾经。三是明确资金整合办法，充分整合中央财政资助资金、省州级资助资金、一事一议财政奖补等各项资金，集中支持传统村落保护。做到"多个渠道进水、一个池子蓄水、一个龙头放水"，集中财力抓好传统村落保护发展。

四、完善宣传教育及公众参与机制

黔东南州各级部门要及时公示传统村落保护工作、编制保护发展规划、保护项目和旅游开发等动态，确保民众的知情权、参与权、监督权、决策权。鼓励公众积极踊跃参与传统村落保护，政府加强与民众的沟通交流，反映民众的正当要求，公众对保护发展工作实施监督。鼓励制定《村规民约》，将保护发展要求纳入其中，积极开展村规民约教育。

首先，唤起村民自觉，村民是传统文化的传承和享有者，村民参与是保护的关键。传统村落的保护不论是物质文化层面，还是非物质文化层面，都离不开保护的主体，也就是当地的村民的自我参与。第一，开展多层次宣传工作。通过宣传、教育，传授保护的知识和方法，让村民融入村落保护的事业之中，发挥村民的主体作用，实现自下而上的保护模式。比如多举办黔东南民间艺术展、民俗文化节、歌舞大赛等活动，提升村民对本民族文化遗产的热爱和认同感，加强保护意识的培养；出版黔东南州文化书刊、举办传统村落摄影展，引导、鼓励村民参与其中；充分运用微信等新媒体，建立黔东南州传统村落保护公众订阅号，定期发布关于传统村落以及传统村落保护的相关信息，鼓励村民参与上传，分享保护信息。第二，发展教育。继续实施民族文化进校园工程，为青少年儿童提供传承优秀传统文化的环境与本土教材，提高学生人文素养，从小培养村落文化保护意识。在传统文化的熏陶下，做一个传统文化的守护者与传承人。

其次，发动多元主体参与保护，建立政府、保护专家、民间团体、村民组织共同参与机制，发展民间传统村落保护团体，实现参与主体的多元化，激发黔东南州不同主体的热情，参与到古村落的保护工作中，提高参与的质量。黔东南州传统村落保护工作需要政府、公众、专家、新闻媒体、企事业单位、社会组织、人民团体等社会各主体共同讨论、共同协商、共同决策。政府作为"协调者"，搭建与公众平等交流的平台，激发公众热情，鼓励公众参与。黔东南州政府积极创造良好的公众参与政治文化氛围，宣传传统村落保护的基本知识和方法，展示传统村落的魅力和价值，最重要的是应该让广大群众意识到要保存民族文化，发展本民族的特性；专家学者、公务人员、地方文化学者等成立传统村落保护宣讲团，为村民宣讲国家相关政策精神、国内外不同地方传统村落保护的经验教训等，引导村民自身保护；社会组织、保护志愿者，将宣传资料送到每家每户和街上大小商铺，在街道、学校门口等醒目处悬挂保护横幅标语，提醒广大群众共同维护自己的家园。

再次，畅通公众参与的渠道。在黔东南州传统村落保护工作中，村民是实施保护规划的主体，各村委坚持村务公开制度，组织开展村里的各种活动，调动村民参与村落事务的积极性。传统村落保护的情况也可以通过公告栏，将施工进度及成果以照片的形式做出反馈，让村民知道家乡的发展，建言献策，发挥村民民主参与、民主决策、民主管理、民主监督的主体作用。村委会紧紧抓住群众普遍关心和涉及群众切身利益的重点、热点、难点问题，及时调整充实公开的内容，健全配套制度，使村务公开民主管理逐步走上规范化、科学化的轨道。

公开是公众参与的前提条件，政府应及时公布有关保护工作项目实施情况，提供公众需要的信息，满足公众的知情权、参与权和监督权。政府运作公开化，增加施政的透明度，传统村落保护发展规划在上报省、自治区、直辖市人民政府审批以前，应当经传统村落所在地县级人大常委会审议，并征求同级政协常委会意见，纳入法制监督和民主监督内容。保护规划依法批准后，规划编制机关应当在一周内及时公布，并通过媒体大力宣传，接受广大人民群众的监督，增强政府与公众的互动。鼓励公众积极踊跃参与传统村落保护，积极扶持民间组织，通过各种民间的群众活动，增加市民和社会各界人士对黔东南州传统村落的保护意识，反映民众的正当要求，对保护发展工作实施监督。政府敞开民众表达的大门，民众畅所欲言，为政府献计献策。最大限度地让公众参与村落保护工作，动员社会力量共同保护传统村落。

与此同时，重视村规民约的作用，也是在传统村落保护发展方面充分发挥村民自治，引导村民积极参与的一项必不可少的公共政策。村规民约指的是村民群众根据有关法律、法规、政策，结合本村实际制定的涉及村风民俗、社会公共道德、公共秩序、治安管理等方面的综合性规定，是村民进行自我管理、自我教育、自我约束的行为规范。村规民约是全体村民共同利益的集中体现，是国家法律法规在最基层的具体体现，同时也是村民之间的契约，具有维护村庄社会秩序、公共道德、村风民俗的重要作用。黔东南州传统村落保护与发展，一方面要避免来自外界的破坏，另一方面也要避免传统村落原住民自身对村落的破坏。在传统村落中，一代代传承下来的宗族宗法、乡规民约可以说是不成文的"法律"，往往比法律法规更容易被村落原住民所认可和遵循。

实际上，村规民约传承是中国最早的乡约制度，同样属于宝贵的中华文化遗产。它是村民自治的一种体现，由村民自动、自发地制定规约，处理农耕生产和乡村生活中经常遇到的经济活动、社会风俗、邻里纠纷、治安问题、读书教育、生老病死、祭祀礼俗等问题。反映出村民自我约束和互助协调的有效机制。中国历代形成的乡规民约富有很强的生命力，并且逐渐形成了一套相当完备的制度，一直传承至今。例如被列入全国重点文物保护单位和《中国传统村落名录》的浙江省兰溪市诸葛八卦村，是诸葛亮后裔的聚居地，如今已经传了70多代，始终恪守着诸葛亮临终前写的《诫子书》。诸葛后裔把《诫子书》作为家训世代相传，还随着时代发展专门修订了《诸葛氏家规》。近年村委会又以《诫子书》为基础，专门制定了《村规民约》，写进了保护全国文物和传统村落的内容。可见乡规民约在村民中仍然有着重要的影响。像诸葛八卦村的例子，在全国数不胜数。这种古代传承下来的乡约制度，不仅在以中原文化为主流的广大汉族聚居区域十分常见，而且在多民族聚居的大西南地区也普遍保留着这种优良习俗。

在黔东南地区的村村寨寨，村规民约在村民心中地位极高，甚至有的地方对村规民约的认同感超过了法律。例如在雷山县的一些苗寨关于环境保护的规定一直沿用至今，对树木的砍伐时间和种植方式都有严格的要求。在村规民约中针对风景林、生态林等集体山体的条款是最严格的，破坏集体林的处罚力度是最大的。乌东苗寨村规民约的第一章第二条明确规定："乌东寨旁的风景区山地，一律实行特殊保护管理，不准在风景区地砍伐老树和砍柴以及开垦、建房、葬坟、取石"等。违反者罚款 1 000 元和肉、米、酒各 120 斤，并恢复原状。也正是有这些严格的规定和村民自觉的遵守才会使得这一地区历经数百年的发展，虽然人口越来越多，但是环境并未因此遭到破坏。又如从江县岜沙苗寨寨门前的中心广场上，竖立着 2 块高大的石碑，在上面刻下了新版的村规民约。内容涵盖了村民的行为规范、社会治安管理、环境卫生管理、计划生育、教育等，并按事件轻重程度，处以"3 个 120"（120 斤猪肉、120 斤大米、120 斤米酒）、"3 个 66"、"3 个 33"和"3 个 12"的处罚规定。村规民约的制定使岜沙村村民生活、村务工作有章可循、有据可依。再如从江县占里侗寨的乡规民约称为"款约"，是一种非常系统的规范化的制度，内容详细，包括生育制度、土地分配制度、男女平等制度、赡养制度、邻里关系制度、社会管理制度等。款约的可操作性很强，落实具体到位，非常具有特色。尤其反映在控制人口的生育制度方面，引起了国内外专家学者的关注。由于这个侗寨的村民意识到人与土地、山林的矛盾，发现人口多了会带来一系列的社会问题，因此形象地比喻"占里是条船，人多就要翻"，担心"崽多无田种，女多无银两"，就编歌传唱："一棵树上一窝雀，多了一窝就挨饿。"于是经过商议制定款约，自愿共同遵守，每家每户始终保持着生育"一儿一女"的习俗。还有榕江县脚车村苗寨在老年人的记忆里从来没有发生过火灾。虽然寨里没有现代化的消防设施，村民们也很少接受消防安全知识教育，但是凭着一辈一辈传承下来的自我防火意识和约束规矩，就连民居建筑的距离和村寨里水源位置的分布，也都仔细考虑到了防火救火的安全需要。

这些事实表明了积极开展村规民约教育的必要性和重要性，因此可以在传统村落中推广《村规民约》，结合不同地区和村落的民风民俗因地制宜地鼓励村民自发制定，积极开展村规民约教育并在实施过程中不断完善。

第九章 黔东南州传统村落保护发展模式和机制研究

第一节 研究传统村落保护发展模式的急迫性

探索黔东南州传统村落保护发展模式，首先需要弄清模式的概念及其内在文化意涵。

在汉语词汇里，模式属于方法论范畴。它的基本释义指事物的标准样式。模式概念延展到经济、社会、政治、文化等各个领域，则指一个国家或者一个地区，在特定历史环境下，把事物及其运动方式进行理论概括和提升，使之形成指导发展方向，以及解决问题最佳效果的一种可模仿、借鉴、复制或推广的思维范式。它的内在文化意涵是透过错综复杂、变化多端的特定事物或现象，把握事物及其运动方式的本质特征，从而运用概括为理论的思维范式解决实际问题。模式有别于通过言行所采用的方式和方法，而是对事物规律性运动中各因素的结构、功能及其相互关系施加影响，以期更有效地发挥作用的具体运作机制。

黔东南州传统村落保护发展模式的研究，致力于传统村落文化遗产保护和经济社会可持续发展和谐共赢，探索科学合理的良性循环途径。提出这一研究命题的背景，是基于黔东南州传统村落保护发展陷入了单一旅游模式的困惑，村村寨寨竞相盲目进行旅游开发，把旅游开发当作传统村落保护发展的唯一出路，不仅无法奏效，而且对传统村落保护造成严重威胁，极容易导致整体格局、历史风貌、传统建筑和历史环境要素的破坏。这种状况引起了黔东南州委、州政府的高度重视，多次深入村落调研。通过组织座谈会、论证会，广泛听取各方面意见，同时把研究传统村落保护发展模式纳入战略规划研究的重点内容，足见这一重要问题对于黔东南州的急迫性。

黔东南州地处偏远，位于西南边陲的云贵高原。遍布山地平坝的数百个传统村落散落在茫茫群山峻岭中。这些村落无论是各自选址的区位、地形地貌、交通条件、自然禀赋、生态环境、村落的规模、格局和风貌，还是产业发展、建（构）筑物特点与价值、文化遗产资源保护现状、村民人均纯收入、民族文化和民俗风情，非物质文化遗产的类型、等级、形式、传承等，都千差万别，保护发展不可能采取同一模式、同一政策指导推进。

近些年来，贵州省委、省政府致力于打造"多彩贵州"旅游品牌，把大力发展自然生态和民族文化旅游产业，作为进一步扩大对外开放，加快脱贫致富，拉动经济增长的重大战略措施，收到了显著成效。其中郎德上寨和西江千户苗寨的旅游发展，就是黔东南州实施全省旅游扶贫战略的范例。但是也应清楚地看到，毕竟不是全部传统村落都具备旅游产业开发条件，由于绝大多数传统村落远离交通干线，通达性差，加之旅游资源同质化状况比较突出，很难吸引大量旅游者，因此盲目进行旅游产业开发，村村寨寨投入大量资金建设旅游服务设施，严重脱离实际，很容易导致保护发展方向偏失，步入误区。

目前黔东南州传统村落保护发展刚刚兴起，没有成熟的经验，处在边实践边探索的初始阶段，尚无明确的模式，在郎德上寨尤其是西江千户苗寨的示范下，普遍意识到旅游开发是扶贫致富的捷径，投入少，见效快，于是把发展旅游当做保护发展的唯一出路，一哄而上纷纷效仿，致使旅游开发迅速升温，加之缺乏正确引导，保护监管不到位，已经暴露出单一旅游模式的弊端，许多传统村落陷入了进退维谷的窘境。

应当认识到，如同世上万物呈现出多样性的基本特征一样，传统村落是由多种要素构成的复杂的物质载体，其外在形态表征和内在文化意涵必然也是千姿百态。况且传统村落的产生和发展的规律，本身就是循着自发、自主、有机更新演化的成长过程，多元化才是传统村落存续的常态。在国内外类似传统村落的古村镇保护发展不乏多元发展模式的成功实例，可以引为借鉴。

第二节　国内外古村镇保护发展案例

通常国内外具有重要历史文化价值的乡村聚落在保护发展方面，大都根据本地保护发展条件，不拘一格，采用多元化模式。通过国内外典型案例的梳理和比对分析，不难为黔东南州传统村落保护发展模式探寻可行途径。

一、国内古村镇案例

在我国启动传统村落保护发展，确切地说尚未提出传统村落概念之前，遍布全国各地的村庄一般有古村落和新农村之分。有些古村落保存文物相当丰富，并且具有重要历史价值或革命纪念意义，又被国家行政主管部门公布为中国历史文化名村和省级历史文化名村。更有少量佼佼者申报为世界文化遗产。不同层次的村庄聚落，体现出了不同的文化品位。同样和村庄密切相关，介于农耕产业和非农产业之间的古镇，有些也被公布为中国历史文化名镇和省级历史文化名镇。这些古村镇都在新型城镇化进程中，彰显着各自特色，通过不同的模式实现着自我保护发展的目标。

1. 创建生态博物馆

生态博物馆作为西方舶来品，其概念最早是由法国著名博物馆学家雨果·戴瓦兰于1971年提出的，关于其具体定义，学界、官方、大众说法不一，但其核心理念则一致相同。首先"生态"在本质上指包含社会、文化和自然环境在内的人类社会生态系统，强调保护的原地性和整体性；其次社区文化保护与发展同等重要。发展不仅是指社区文化自身的传承与创新，也指社区人们生活质量的提高与改善。由此可见，生态博物馆既强调保护的文化，同时也注重社区的发展，融保护与发展为有机的整体。

1986年生态博物馆最初作为一种保护理论引进中国。1998年中国政府和挪威政府合作，开始陆续在西南地区创建了4个民族文化生态博物馆，分别设在四川省六盘水市六枝地区梭戛乡、贵州省贵阳市花溪区镇山村、黔东南州黎平县堂安村和锦屏县隆里所村，依次代表长角苗族、布依族、侗族和汉族的乡村聚落文化。中国与挪威相继共建立了16个生态博物馆，分布在贵州、广西、内蒙古、云南4个省、自治区。

第一座生态博物馆——梭戛苗族生态博物馆，开创了我国运用生态博物馆形式保护民族文化的先河。2002年在贵州地区陆续建成了镇山布依族生态博物馆，2004年建立隆里汉族生态博物馆，2005年建立堂安侗族生态博物馆，从而构成中挪合作贵州生态博物馆群。在这4座由政府主持创办的生态博物馆中，黔东南州就拥有2座，即隆里生态博物馆和堂安生态博物馆。几乎与堂安村同时，2005年1月国内第一家民办生态博物馆——地扪侗族人文生态博物馆在贵州省黎平县成立。黔东南州的3座生态博物馆主要分为政府机构主导型生态博物馆和民间机构主导型生态博物馆两大类。

生态博物馆是当今世界一种新的博物馆形态，是对社区（包括民族村寨）的自然遗产和人文遗产及其环境进行整体保护的新形式。它和传统博物馆的区别，就在于生态博物馆不是静止的，而是进化的，是一个动态的概念。因此采用这种模式，应当因地制宜，因时制宜，既要担负起文化保护、环境保护和生态维护的使命，又要通过保护资源为发展经济，改善民生带来持续活力。这也是创建生态博物馆的初衷所在。因此在黔东南州建立生态博物馆的一个基本任务，就是推动民族村寨的社会发展，使民族文化保护和村寨社会发展相辅相成，互相促进。但是由于准备条件不足和理论滞后，隆里生态博物馆和堂安生态博物馆经过10年实践，由兴而衰，从最初的舆论热点到后来的发展瓶颈，管理瘫痪，以至于到了闭馆的境地，不得不改弦易辙另谋他途。一个在西方国家极富活力的新生事物，为什么到了黔东南州就变得枯萎，内中原因值得深思。

隆里是一个典型的汉族古城。四周环山，坐落在田畴之中，自然环境十分优美，基本上保留着公元1385年明代建立军屯的格局，是一处设在西南边陲的完整的军事防御体系。现存古城墙、鼓楼、书院、宗祠、古井、古葬、碑刻、道观等历史遗迹，是一个鲜活的、没有围墙的、由平民构架的充满生机活力的生态博物馆。博物馆内设有碑刻展区、传统街区展区、生产用具展区、生活用具展区、历史政治展区和古城模型等几大部分，成为广大专家学者研究隆里古城历史文化的窗口。建立隆里生态博物馆10年来，投入大量资金对文物和历史建筑进行修缮，使文化遗产得到了很好保护，然而经济萧条的状况没有因此发生改善，整座古城仍然人气不旺，街巷门可罗雀。于是2015年为迎接全省旅游产业发展大会，当地政府以高投入加快了旅游服务中心和广场等项目设施建设。

堂安是一座笼罩在云雾中的侗寨，建寨已有700多年，至今仍保持着原汁原味、古朴浓郁的侗族风情。古寨坐落在半山腰上，四周峰峦叠嶂，梯田层叠，干栏式民居依山就势，悬空吊脚，井然有序。这里的鼓楼、戏台、吊脚楼、石板路、古瓢井以及侗族服饰等，都保持着原汁原味。当年经过实地考察，挪威生态博物馆馆长约翰·杰斯特龙先生曾评价说："堂安侗寨是人类返璞归真的范例。从这个寨子的实物细细品味，完全可以证实它的历史悠久性。这里有着深远的历史科学研究价值，有着侗族旅游资源开发价值和人类保护价值。"这种状况一直到2012年堂安侗寨申报第一批中国传统村落时，还完整无损地保存着，并被列入我国申报世界文化遗产的预备清单。遗憾的是，2015年受西江千户苗寨和肇兴侗寨大规模旅游开发的影响，为了吸引游客，发展旅游，发生在堂安侗寨违法建设砖混结构多层建筑的现象蔓延，不仅给古村寨的传统格局和历史风貌造成了严重破坏，而且在很大程度上破坏了原生态环境。

以上两例表明创建生态博物馆一定要结合中国国情，或者说只有建立中国式生态博物馆，才能显示出强大的生命力。西方国家创建生态博物馆的背景，是社会生产力发展到了相当高的阶段。人们生活在经济发达社会，已经有了渴望精神和文化品质的需求，自觉形成了文化遗产的保护意识。因此创建生态博物馆不在乎创收，更不会追求经济利益最大化。相比之下，中国还是一个发展中国家，还没全面进入小康社会。尤其黔东南州至今处在贫困阶段，对于广大少数民族兄弟来说，脱贫致富是当务之急。这就建立生态博物馆必须与村民增收挂钩，要让村民通过建立生态博物馆切实受益，促进传统村落的经济发展和村民居住生活质量提升。隆里和堂安两个生态博物馆处境尴尬，转而盲目效法西江千户苗寨和肇兴侗寨过度旅游开发，不是因为保护发展模式不合理，而是忽视了结合黔东南特点着力优化。

地扪民间人文生态博物馆于2005年由香港明德创意集团资助，中国西部文化生态工作室建设运营。主要做法是联系世界各地文化创意精英或知名企业，到地扪人文生态博物馆进行体验或创作，并收取一定费用。创作者利用传统村落原始材料重新制作售价不菲的民族文化创意产品，销往市场。但是这类创意产品不适宜批量生产，增加的农产品附加值均被经营商和创作者获得，与当地绝大多数村民的生产生活没有必然联系。说到底，这个博物馆只不过是城市投资商经营牟利的一种企业运作模式，利用黔东南丰富的自然资源和民族文化资源，创意开发特色产品。在与当地合作的名义下，村民拥有的资源被经营商廉价使用，对传统村落保护发展没有明显补益，相反矛盾频生，甚至发生了村民群起砸坏博物馆大门以示不满的事件。由此可见，创建民间生态博物馆不失为融资之举，但尚需政府正确引导，加以规范。

2. 自主创新保护发展

在国内，一些古村镇依托本地资源，立足于自主创新，自治管理，文化遗产和经济社会发展相辅相成，形成了良性循环，取得了宝贵经验。例如浙江省兰溪市的诸葛村即是一处典型实例。

诸葛村位于浙江省金华市下辖的兰溪市高隆之西，是三国时期蜀汉名相诸葛亮后裔的最大的聚居地，居住人口近4 000人。该村被8座小山环绕，南宋始建于此，为纪念先祖诸葛亮而按九宫八卦阵图式精心设计，巧借地形构建，整座村落气势雄伟壮观。由此诸葛村也称诸葛八卦村。错落有致的浙西民居、丰富精湛的建筑雕刻、淳朴敦厚的乡土民风、完善配套的聚落设施，坐落于生态优美的环境，处处流溢着传统文化的浓郁醇香。诸葛八卦村整个建筑群被列为全国重点文物保护单位，2013年又被列入《中国传统村落名录》，以其神秘的诸葛文化、原汁原味的传统建筑群落和文物古迹，引来无数海内外游客。

诸葛八卦村保护发展采取村民自主创新保护发展模式，即在村委会主导下，以村民为主体，形成了"村委会＋旅游公司＋村民"的自治管理模式。诸葛村保护发展的主体是村民，村内一切事关村民利益的保护发展大事，均由村民大会议事决定。日常管理在村党总支领导下，由村委会主持办理。村民自治管理的一条重要途径是通过制定乡规民约，自觉约束，相互监督，明文规定村民有责保护祖宗传承下来的文化遗产。这里的村民虽然有部分年轻劳动力外出到金华或兰溪经商务工，但是农业生产依旧是诸葛八卦村的主导

图9-1 诸葛八卦村

图片来源：http://www.zjwmw.com/07zjwm/system/2015/08/10/020778484.shtml

产业。20世纪80年代以来，由于学术界的推介宣传，诸葛八卦村渐为人知，揭开了神秘的面纱，于是名扬中外，引得旅游者慕名纷沓而至，随之旅游业悄然兴起。面对发展机遇，诸葛八卦村的村民在党总支和村委会带领下，始终保持了清醒头脑，恪守保护文化遗产的真实性和整体性，坚持在保护好文化遗产的前提下适度发展文化旅游。目前诸葛八卦村的日常村务由村委会负责，

包括生产用地管理、生活设施用地、宅基地和集体财产管理，以及基础设施和服务设施建设、古建筑维修及工程建设。同时成立旅游发展总公司,在村委会的管辖下进行旅游经营与景点管理,负责景区的经营运作和宣传促销工作。总公司的全部资产归村集体和村民所有，村民是股东和所有者。村委会实际是总公司的董事会，拥有景区的管理权，不参与景区经营，实行政企分开，资产管理集体化、旅游经营市场化。村民每年按股分红。

诸葛八卦村现行的体制关系是：文物保护所——村委会——旅游公司——村民。文物保护管理所是文物保护领导机构，主要在诸葛村保护规划上进行把关，对诸葛村旅游经营保驾护航。文物保护管理所是文物保护领导机构，宣传文物法，在诸葛八卦村文物保护规划上把关，与诸葛村村委会在工作中相互配合，形成了相互合作、共同行为，保护古建筑、古文物的工作关系。文保所不参与旅游公司的旅游经营业务。旅游公司每月将总收入的50%上交村委会，村委会把50%的资金用于古建筑保护、旅游基础设施建设。

诸葛八卦村经过十几年的实践探索，探索出了一条古村落保护与旅游开发、村民与村落和谐共存，古村落保护与新农村建设相互促进的发展模式。在诸葛八卦村，传统村落保护与旅游发展没有直接矛盾，文化遗产保护促进了旅游经济的发展，逐年提高的旅游收入反哺给了传统村落保护工作。

这些年来，诸葛八卦村采取自主创新发展的模式，有效保护了全国重点文物，保护了中国传统村落，把可支配的集体资金用于村落保护和旅游开发，使集体资产增加，旅游收入逐年增长，老年人福利待遇提高，村民从中得到了实惠，自觉维护村落民俗文化、建筑和设施，积极参与到保护发展中来，有利于传统村落的可持续发展。同时这种模式在一定程度上解决了产权经营层面上的矛盾，产权和经营权都是集体的，不易产生利益分配纠纷。不足之处在于长期以来村民自治管理，缺乏专业人才的引进指导，宣传力度落后，营销方式过于传统，在旅游市场竞争日益激烈的今天，制约了该村落进一步的发展。

类似浙江诸葛八卦村的保护发展模式，在黔东南州也不鲜见。雷山县郎德上寨同样也是全国文物保护单位，也是中国传统村落。自主创新保护发展起步时间也和诸葛八卦村相当，只是村落规模比较小。虽然很早开始发展旅游，但是把握适度，没有受到过度开发的干扰。至今郎德上寨仍然完整保持着传统村落的原始样貌，修缮村寨道路、房屋和铜鼓场都严格按照原貌。旅游没有门票收入，村民都可以参与苗族歌舞表演，根据多劳多得在每场表演结束后领取参加演出的凭证，以月或季度兑现收入所得。村民年收入一半在农业，一半在旅游。然而在村寨里，既没有外来的演出团体，也没有外来的旅游公司，更没有外来的经商者，甚至没有客栈酒肆，没有来自外部的干扰，保持着纯正的苗家风情习俗。雷山县大塘乡新桥村、黎平县岩洞镇述洞村、从江县高增乡占里村等，也都属于这一类自主创新保护发展的模式。

浙江省龙泉市宝溪乡溪头村在充分发掘和保护古代遗迹、文化遗存的基础上，将历史文化村落保护利用和新农村建设有机结合，让村庄营造逐步向村庄经营转变，最终让村民不离开家园也能发展，甚至让已经离乡发展的村民回归村庄，通过青瓷文化和竹建筑双年展架起了溪头村与世界沟通的桥梁，创造了"三美六性"的执着精神，走上文化遗产保护和经济社会发展和谐双赢之路，同样为自主创新保护发展提供了有益借鉴。

3. 产销 + 互联网合作

当前我国在乡村探索的产销 + 互联网合作模式正在悄然兴起，显示出强大的生命力。探索实践多以大学和电子企业主导，尚在经验逐步积累的过程。

"小美合作社"是由浙江大学"乡村人居环境研究中心"发起的"精准助农"实验。旨在帮助市民与农友之间实现"点对点"精准产销对接。通过公开推介、社群共议、规范执行、消费保障等互信机制，为市民提供乡村优质安心农品，促

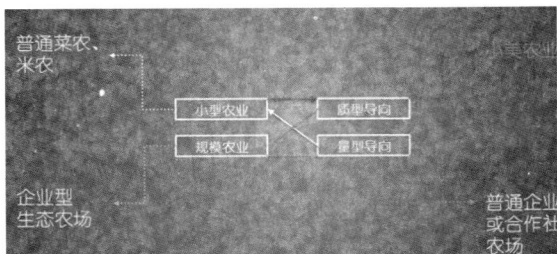

图 9-2　小美合作社模式示意图

进农友增收、乡村复兴。这种模式的核心是变扶贫为助农。小美合作社诞生的初衷，是以真实的市场条件作为背景，通过找到最良性的细胞，让它去带动、催生其他细胞，构建起乡村复兴、城市社区农业乃至城乡一体化的有机生态系统。这种模式的基本特点是耕作面积在 15 亩以下，以农民家庭或个人为单位的农业种植，强调精耕细作、高品质的农产品，同时也必须实现农民务农的较高收益。为此在浙江大学"乡村人居环境研究中心"指导下，由杭州地依天农业科技有限公司专门建立了一个"浙大小美合作社"微信公众号。以村落发展中存在的问题和目标为导向，在农村和城市之间搭建了一个合作桥梁，一头连着农户，一头连着市民家庭。"小美合作社"提供了两种构架，一种模式 A 采取 1 个农民对接 N 户城市居民家庭，以农民为中心，形成一个单元。另一种模式 B 则是"浙大小美合作社"微信公众号中上线的其他单品。例如来自陕西洛川的红富士苹果、陕西榆林的小米……与模式 A 的特定农民配送受限不同，模式 B 的单品辐射到全国，链接农户也不限于浙江本地。这种合作模式为黔东南州交通和信息闭塞的传统村落提供了直接与市场对接的渠道。尤其是拥有特色农产品资源和药材资源的传统村落，采取这样的合作模式，拉动经济增长具有现实意义。

浙江大学"乡村人居环境研究中心"从 2014 年 4 月正式启动运营，将农业实践的名称定为"小美合作社"，首先在浙江省杭州市余杭仓前镇苕溪村试点，先是同 60 多岁的菜农张德兴合作，后台操作则由小美合作社的浙大团队负责。每周二、四、日中午 11 点 30 分，张德兴的蔬菜会准时在"浙大小美合作社"的微信公众号里上线，因为菜品数量有限，一些卖得比较紧俏的品种要靠在微信公众号里"抢"，甚至还会被"秒杀"。于是张德兴的用户群从浙江大学校友圈慢慢做得越来越大。通过两年实践，模式 A 的轮廓渐渐清晰：农业也可以"小而美"。目前需要进一步解决的是如何将有意愿的农户和有消费需求的群体进行有效对接的问题。

实际上，像浙江大学这样的尝试，在同济大学也有过体验。同济大学建筑城市规划学院也曾和黎平县地扪侗寨建立产销合作关系，把侗寨生产的大米直接销往上海，卖给一些建筑城市规划学院的教师，但是数量十分有限，最后无疾而终。2015 年开始，腾讯公益慈善基金会在贵州省黔东南州黎平县铜关村同样进行过类似探索，依托腾讯自身强大的"连接器"，启动了"互联网＋乡村"的行动计划，推动乡村借助移动互联网实现跨越式发展。在铜关村基于"微社区"系统建立了"铜关市集"微信平台。设置腾讯"为村"市集旗舰店。店里既有香禾糯、生态红米、生态白米、牛黑米、黑洞白米，又有产自当地的侗家土布、雀舌茶等特产，让铜关村特色农产品第一次面向全国销售。经过腾讯设计师们免费的设计包装，如今"侗乡茶语"、"侗乡有米"、"侗乡布艺"系列产品畅销网络，累计销售 150 万元，创造了 50 万元的利润，更好地反哺了当地村落公共事业建设。

4. 文化旅游资源开发

以文化旅游资源开发进行保护发展的模式在国内比比皆是。区别在于"度"的把握，究竟

是适度还是过度，成为是否秉持正确保护理念，促进文化遗产保护与经济社会发展和谐共赢的试金石和分水岭。采取这种模式的古村镇既有成功的经验，又有失败的教训。因此案例分析也相应分为两类，一类以保护历史文化遗产和传承中华文明为宗旨，合理利用资源，适度发展旅游产业；另一类旨在追求经济利益最大化，不惜以牺牲历史文化遗产资源为代价，随意进行过度旅游开发。从旅游效益评判，两种类型不分伯仲，然而评估文化遗产保护，两者效果截然不同。

案例之一，安徽省黄山市黟县宏村

宏村始建于南宁绍熙年间（公元 131 年），至今 800 余年。因该村落将自然景观和人文景观有效融为一体，被誉为"中国画里的乡村"。整个村子呈"牛"型结构布局，其中最为突出的是有 400 余年历史的月沼、南湖、水圳等水利工程，这种别出心裁的科学的村落水系设计，不仅为村民解决了消防用水，而且调节了气温，为居民生产、生活用水提供了方便，营造了一种"浣汲未防溪路远，家家门前有清泉"的良好环境。2000 年与西递村一起被联合国教科文组织作为"皖南古村落"列入《世界文化遗产名录》 而奥斯卡获奖电影《卧虎藏龙》在此取景更使这个古村落名噪一时。

图 9-3　宏村

图片来源：http://www.china.com.cn/bbs/07fyj/content_8886641.htm

宏村的旅游业开始于 1986 年，最初是由黟县旅游局进行经营，游客不多，效益不佳。1997 年，黟县政府有关官员与中坤科工贸集团在经过艰难谈判之后，最终同意共同组建"京黟旅游股份有限公司"，中坤集团以现金方式逐步没入黟县，开发经营关麓、南屏、宏村等景点，黟县以古民居旅游资源和古祠堂群建设项目土地使用权为投入，形成股份合作经营态势。旅游公司的介入，企业化的运营，提高了景区的知名度，游客明显增多，旅游业得到快速发展。游客数量大增意味着旅游门票收入的惊人增长，然而由于受到先前协议规定的限制，宏村村民的旅游收入并没有随之提高。村民对此意见颇大，村民与当地政府和旅游公司的矛盾日益激化，尤其是关于宏村旅游资源产权归属的争论问题。在经过长期的博弈后，旅游公司做出让步，增加村民收入，利益分配得到进一步合理化，经营权、管理权、所有权得到进一步分工，形成了政府指导、企业承包经营、群众参与的旅游开发模式，其中企业成为旅游开发的实际主体，行使着经营权，政府进行宏观指导，执行管理权，村民作为村落主体，拥有所有权。

在村落保护方面，当地政府为健全管理组织，提高管理水平，成立了古民居修缮办公室和综合执法队、宏村景区执法中队，建立了消防安全工作领导组和民间保护协会，逐步建成镇、村、民间组织多级保护管理网络。此外，政府还组织参与保护管理的工作人员参加国家、省、市遗产管理培训班等学习培训活动；在编制具体保护项目时，主动与相关高校进行对接，听取专家、学者的建议、意见，不断提升管理者的专业技术水平。在保护方法上，宏村探索并实践了建筑"结对保护"，由党员认领古民居进行保护，增强保护力量，同时强化村民、游客等各方人员的保护责任意识。同时对于村民修缮建筑，进行严格控制，如有违反《文物保护法》相关规定，必会受到相应处罚。

总而言之，宏村在保护发展模式方面经历了长期的探索，既有经验也有不足。首先，宏村的保护采取政府监管，执行力度大。其次，对古民居的保护、资金运转调动各方力量，不断探索新途径，政府和企业的职能优势均得到充分发挥。但是也存在一些问题，在宏村的保护发展运营中，冗杂的管理人员造成了受益分配共识无法达成一致，村民因获益不均，多数私产采取消极保护策略。宏村作为世界文化遗产，商业气息浓厚，旅游发展意识大于保护意识，传统文化传承意识比较淡薄，不利于村落的可持续发展。

案例之二，江苏省昆山市周庄镇

周庄是首批中国历史文化名镇，历史文化源远流长，地处苏州昆山市、吴江市和上海市青浦区三地交界处，四面环水，具有得天独厚的水乡古镇旅游资源。成功打造了"中国第一水乡"的旅游文化品牌，开创了江南水乡古镇游的先河。

周庄作为我国历史文化名镇保护与旅游发展的开拓者，政府主导保护与旅游开发是其重要特征之一。周庄镇政府是周庄古镇的主要保护者，也是主要项目的开发者，主要收益归为国有。此外，周庄成立政府主管下的旅游运营公司，作为开展周庄保护与开发工作的直接抓手，同时肩负着筹集保护资金的使命。周庄保护与开发过程中，镇政府通过旅游公司直接对周庄的保护与开发工作进行指导，在周庄保护与开发的政策制定与管理工作中，积极引入市场运作机制，根据市场动向、专家建议、调查研究等调整政策走向与管理方式。

图 9-4　周庄

图片来源：http://news.163.com/06/1005/01/2SKQR2G3000120GU.html

在周庄的保护上，周庄拥有一套保护古镇的法律文本，建立了一套古镇管理经营的班子，并且规划不以周庄领导人的更替而改变。编制的保护规划确定了"保护古镇、建设新区、开辟旅游、发展经济"的发展原则，在古镇区之外另外开辟规划新区。建立的地方法规，详细规定保护措施、审批程序与赏罚措施，有效地约束了村民不当的改建行为。镇政府还成立了古镇保护委员会、古镇保护专家组，对古镇保护工作实施管理、监督和指导。不仅如此，周庄组建了专业的古镇维修队，对古镇的维修、保护、经营等建立了详细的流程和规章制度。

周庄保护发展模式的成功经验在于，成立保护委员会、建筑维修施工队等专业技术团队，有效地对古镇进行了保护，这是古镇得以良好发展的基础。同时充分发挥自身特色，打造主题展示，成功将周庄的旅游文化品牌打响。此外，周庄的保护与旅游发展模式使广大居民得到切实的收益，使之具有保护的动力，而且这些动力是古镇得以有效保护及古镇历史文化得以延续的根本动力。但是在发展过程中，不可避免地使周庄过度商业化，私产房屋为适应旅游产业需求，村民进行不恰当的更新建设，造成古镇的传统民居，以及古镇的静谧氛围遭到破坏。

前述二例符合保护为主，适度开发的原则。以下两例违背文化遗产保护基本原则，对具有重要历史文化价值的古村镇过度旅游开发，甚至不惜拆真建假，大量迁出原住民，打造星级旅游景区，最终导致古村镇传统格局、起居形态、历史建筑和环境风貌遭到严重破坏，造成无法挽回的损失。

案例一，浙江省桐乡市乌镇

乌镇是典型的江南水乡古镇，完整地保存着原有晚清和民国时期的格局和风貌，曾有"鱼米之乡，丝绸之府"之称。乌镇以河成街，街桥相连，依河筑屋，水镇一体，组织起水阁、桥梁、石板巷、茅盾故居等独具江南韵味的建筑因素，体现了中国古典民居"以和为美"的人文思想，是江南著名六大古镇之一。1991 年乌镇被评为浙江省历史文化名镇，1999 年开始启动古镇保护和旅游开发策划工程，2004 年被公布为中国历史文化名镇，

图 9-5　乌镇

图片来源：http://www.wuzhenyou.com/article/html/87.html

根据《文物保护法》，历史文化名镇属于不可移动文物。第二十四条规定："国有不可移动文物不得转让、抵押。建立博物馆、保管所或者辟为参观游览场所的国有文物保护单位，不得作为企业资产经营。"《历史文化名城名镇名村保护条例》第二十三条还指出："在历史文化名城、名镇、名村保护范围内从事建设活动，应当符合保护规划的要求，不得损害历史文化遗产的真实性和完整性，不得对其传统格局和历史风貌构成破坏性影响。""任何单位或者个人不得损坏或者擅自迁移、拆除历史建筑。"但是乌镇为了搞旅游开发，在政府宏观管理与企业运营分而治之，以实现优势互补的名义下，成立了由中青旅、桐乡市政府、IDG 三方共同持股的乌镇旅游股份有限公司大型旅游集团，实行所有权、管理权与经营权分离，并由中青旅控股，利用中国历史文化名镇的江南水网和文化资源，把乌镇按照旅游景区进行定位，实施开发建设，主营景区、酒店、房产和旅游纪念品等。政府只对古镇旅游开发进行宏观管理。

最初在历史文化名镇保护方面，主要保护对象集中在东栅，乌镇保护工作尚能体现"承接

古镇文脉，保持古镇风貌"的理念，对传统民居的保护整治基本上做到整旧如故，以存其真。大部分居民生活在水乡古镇里，保持着传统的起居形态和历史文化底蕴，没有民俗客栈，也禁止居民经商。在江南六大古镇里彰显出独特的个性，开始吸引了一些周边的游客。当时同样列入中国历史文化名镇的还有江苏省昆山市周庄镇、苏州市吴江区同里镇和嘉兴市西塘镇。到达那里的交通都比乌镇便利，游客数量也明显比乌镇多。

为此，乌镇突破了法律法规的约束，把历史文化名镇保护工作的重点转向大力进行旅游开发和引进市场营销运作方式，进一步推进乌镇旅游的转型升级，以期给乌镇带来更广泛的客源优势。一方面充分利用历史文化名镇这个国字号品牌，把文化遗产作为发展文化旅游和经营运作的资产，成立以中青旅、桐乡市政府、IDG 三方持股的旅游股份有限公司，通过中青旅解决旅游者客源不足问题，甚至致力包装上市，进行社会融资。另一方面在乌镇二期开发中，对于西栅沿河地区的街巷和传统民居采取了推倒重来，成片拆除，按照发展旅游景点需要，拆真建假重新规划。在乌镇实施的经营管理中，收回了所有店铺的产权，由旅游股份公司统一掌控租赁，并且把大量世代居住在古镇的原住民迁出，原住民不再是古镇的主人，取而代之的是旅游公司的经营者。由此一来，导致千年古镇失去了传统起居生活形态和江南水乡古镇灵魂，凭借变异后的躯壳蜕变成地地道道的"5A 级旅游景区"。2015 年世界互联网大会在乌镇召开，无疑使乌镇的旅游发展如虎添翼。但是在多数不明真情的游客看来，乌镇似乎是中国江南水乡古镇的奇葩，殊不知在喧闹浮躁的盛名之下失去太多的却是一个历史遗存的真实乌镇，无法体验到乌镇原汁原味的渔猎生活和集市交易的场景、古朴的水乡风貌，以及原始的民风民俗。

案例二，贵州省雷山县西江千户苗寨

西江千户苗寨位于黔东南州雷山县境内的雷公山山麓的西江镇，是中国乃至世界上最大的苗族聚居村寨，是保存苗族"原始生态"文化最完整、最具代表性的地方。西江苗寨属镇政府所在地，由原羊排村、东引村、平寨村、南贵村组成，人口多达 6 000 余人，99.5% 为苗族人家，故有千户苗寨之称。古往今来，苗家一直保持着聚族而居的生活方式。他们依据父系血统一家、一房族、一族群，形成一个自然村。而且半数以上家庭结构为三代同堂，居住在半干栏式的木构吊脚楼上。西江千户苗寨所在地形为典型河流谷地，清澈见底的白水河穿寨而过，在河流东北侧的河谷坡地上，有两座毗连一处的小山，山上层层叠叠布满了苗家的吊脚楼，气势壮观，令人震撼。白水河的上游地区开辟出大片的梯田，形成了农耕文化与田园风光。千百年来，西江苗族同胞在这里日出而耕，日落而息，过着自给自足的农耕生活。由于交通闭塞，苗寨与世隔绝，犹如世外桃源，炊烟袅袅，鸡犬相闻，俯仰天地之间，融于诗画之中，保留着亘古不变的纯正的苗族传统文化。山地农业的封闭性使西江千户苗寨维系着自成一体的小农经济，苗族人民的生活并不富裕。从 1982 年被贵州省政府列为全省乙类农村旅游区，到 2005 年 11 月"中国民族博物馆西江千户苗寨馆"正式挂牌，2007 年被列为中国历史文化名镇，西江千户苗寨经过长时间实践，旅游知名度才逐步走出大山，受到观光旅游者的青睐。特别是 2008 年 9 月贵州省第三次旅游开发大会在西江召开以后，西江千户苗寨的后发优势被充分激发出来，在打造最佳旅游目的地的过程，旅游开发产生了巨大变化，经济迅速发展带来的商机，游客的增加也提出旅游服务劳动力的需求，使外出打工的村民纷纷返回家园创业。

然而，正因为最初对西江千户苗寨的发展定位的着眼点是加快旅游开发，通过旅游发展摆脱贫困，而忽视了西江千户苗寨对于弘扬中华文化和传承中华文明的重要作用，缺乏整体保护中国历史文化名镇的意识，而是在旅游经济的驱动下，把所有获得的殊荣都当作发展旅游的品牌。这样有失偏颇的发展理念也影响到了苗寨村民。有学者曾经专门在西江千户苗寨做过问卷调查，其中受访者中有 85% 认为发展旅游就是为了增加收入，只有 15% 的村民认为对保护苗寨和宣传苗族文化有帮助。可见保护民族文化自觉性的差距。

显然，在没有保护民族文化的正确理念下，旅游开发不会严格按照保护历史文化名镇的要求，对于整个苗寨的传统格局形态、苗家吊脚楼群体风貌，以及苗寨与农田、河流、周围山体和植被等自然生态环境采取切实有效的保护措施，必然出现随意性和盲目性。如今擅自违法建设现象随处可见，已经成为不争的事实。几乎所有去过西江千户苗寨考察旅游的人，离开这个正在打造的国家 5A 级旅游景区时，大都会留下深深的遗憾。

苗族先民自古传承下来的珍惜土地资源，利用山地建房，把山下留作种田的优良传统，在旅游开发中完全改变。昔日苗寨为生产生活需要才辟有的赶场集市，被城市化的商业街取代，商贸业态不再为当地苗民服务，而是为了来自四面八方的游客提供酒肆、餐馆、茶社、苗家乐和各种琳琅满目的旅游商品。商业街成为西江千户苗寨的主要街道，两侧山建满了各种房屋，街道和房屋下就是原来的农田。紧邻商业街的广场经过一番改造扩建，变成了超大规模的演义场。白水河两岸酒店、宾馆、民宿客栈杂乱无章竞相兴起，河道内固体废弃物日渐增多，污染了白水河。与两座小山层叠而起的苗寨隔河相望，还专门建设了观景台等旅游设施。由于旅游开发的建设工期需要，从外地找来许多工匠，其中不乏侗族、水族和壮族匠人，于是在原本纯正的西江苗族村寨，居然夹杂着一些新建的全干栏式的侗族民居和其他民族建筑。旅游开发导致的违法建设几乎失控，并且相当多建筑结构采用钢筋混凝土，体量明显和传统建筑不协调，只在建筑外观采用吊脚楼的构造方式处理，内部材质发生了实质性变化，在追求更加华丽气派的建筑形式同时，改变了原生态的苗寨吊脚楼面貌。

西江千户苗寨的旅游开发重点放在山下的景区核心，对于建在山上的苗家吊脚楼很少顾及。走进沿街背后的山坡小路，一方面看到老的民居常年失修，濒临倒塌，另一方面看到见缝插针还在不断新建砖混结构的民宿宾馆。舍本求末式的旅游开发一定程度提高了苗寨人生活水平，也改变了他们传统的生活方式。一个集萃了苗族风情的原始生态聚落离人们越来越远。这种旅游开发实行门票分红制度，只有 15% 的收入返还给村民，势必造成村民和管理部门之间的矛盾。再者位于景区核心地段的商铺和苗家乐旅游收入一般较高，居住在山坡上的村民旅游收入很少，收入不均带来的苗家内部矛盾成为困扰西江千户苗寨旅游发展的障碍。

图 9-6　20 世纪 80 年代西江千户苗寨风貌

图 9-7　2012 年西江千户苗寨风貌

图 9-8　2015 年西江千户苗寨风貌

图 9-9　西江千户苗寨现状建筑杂乱

二、国外传统村落保护发展模式

1. 日本白川乡合掌村

合掌村坐落于日本中部岐阜县白川乡的山麓里。"合掌造"房屋屋顶为防积雪而建构成 60° 的急斜面，形状有如双手合掌，因此得名。合掌村在文化的保护和传承上具有世界领先水平，沿袭并创造出一系列独特的乡土文化保护措施，如今这里被称为"日本传统风味十足的美丽乡村"。白川乡合掌村的成功与当地农民为保护家乡的地域文化、保护山村的生态环境所做的不懈努力是分不开的，合掌村的保护经验对我国传统村落保护极具参考价值。

图 9-10　日本合掌村建筑群

图 9-11　日本合掌村建筑

日本白川乡合掌村的村民、民间团体是村落保护的主导力量，这与日本的乡村政策是分不开的。日本政府积极调动村民参与基层治理，它鼓励农村居民基于互助、自治精神，在医疗、福利、教育、环境等领域开展公共服务活动，组建互助团体，让居民成为提供各类公共服务的民间主体。

在合掌村的保护上，合掌村村民自发成立了"白川乡合掌村集落自然保护协会"，制定了白川乡的《住民宪法》，对合掌村建筑、土地、耕田、山林、树木的保护作出严格要求。1975 年合掌村地方政府开始向国家提出要保护重要传统遗产历史建筑的申请，政府组织相关专家成立了合掌建筑群的修复委员会，国家、县、市还下拨了保护修缮历史建筑的经费，为合掌村保护提供资金保障。

合掌村自 1995 年被列为世界文化遗产，至今已有 22 年，世界各地的旅行者慕名而来。在合掌村旅游业迅速发展的同时，村子保护十分完整，其经验具有很好的借鉴意义。首先，合掌村村民注重本土原生态建筑的传承，自然村落中的茅草屋建筑，全部由山木建造且不用一颗铁钉，保留至今。其次，合掌村旅游景观与农业发展相结合，为提高整体经济效益，白川乡积极主动地制定了有关农业发展方向和政策的 5 年计划，旅游开发与传统农业未发生直接矛盾。最后，合掌村积极开发传统文化资源，从传统文化中寻找具有本地乡土特色的内容，充分挖掘非物质文化遗产，不断增加村落文化内涵。

2. 韩国安东市河回村

河回村位于韩国安东市丰川面，是丰山柳氏家族 600 多年的集中居住村，因向南的洛东江呈 S 形绕村后改向从东北流出，取"河回于此"之义，得来"河回村"一名。村里既有朝鲜时期贵族住的瓦房，也有庶民、佣人住的草房，因此有"活的朝鲜建筑博物馆"之称。2010 年，安东河回村与庆州良洞村以"韩国历史村落"的名义被评为世界文化遗产。

图 9-12　河回村"S"形水系图

图 9-13　河回村建筑群

河回村的组织管理方式比较简单，村子由政府保护并开发，村民只需开放自己的家门供游客参观，旅游门票收入则由政府和村民共同分享。河回村的风水、建筑风格，都可以使人联想到中国的任何一个古村落。但是，与中国古村镇开发最大的不同是，河回村把所有商业赶出了村外，完整地保持了古屋的原貌。原住民由于是世代承袭的永久产权，也不会轻易变卖。

河回村从遗产保护的角度进行了充分考虑，旅游开发始终服务于传播古村落的历史文化价值，这是对历史遗产的有效利用与保护。河回村从上流阶层的瓦房至普通民众的草房都完全保持了过去的模样，历史上古色古香的文化遗存被完整地保留下来，给人轻松、愉快之感。古朴的街道和木建筑没有被刺眼的商业招牌遮盖而露出谄媚的氛围，更多地展示的是历史的沧桑和文化的气息。

在非物质文化方面，河回村著名的平民游戏"河回别神假面舞游戏"和书生游戏"船游烟火游戏"一直传承至今。河回屏山假面是现存假面中最古老的，用于别神跳大绳假面游戏。河回别神假面舞游戏是在新年年初的时候，村民们为了祈愿村子的安宁和农事丰收而举行的神巫假面舞游戏。此外，这里还经常举行以假面舞为主题的各种活动。

河回村的保护经验具有重要的借鉴价值，首先，河回村非常重视发掘本村的文化传承，并没有因为成为全国最著名的观光地而完全被旅游产品化，而是一直保持了活体化的村落存在状态。其次，河回村抓住了古代朝鲜半岛农村广泛流行的傩戏的假面做文章，开发出自己的特色主题，同时带动其他产业发展。

3. 法国卡尔瓦德斯省贝弗龙镇

贝弗龙镇位于法国卡尔瓦德斯省近海地区，被列为法国文化示范区、法国第一批"最美乡村"。小镇至今依然保存着具有鲜明地方特色的小镇餐厅门脸以及独具民族特色的手工艺品，以及许多古老的供水装置，这些都成为吸引游客的亮点。在街头拐角、广场中央常常还能看到这些见证岁月的生活设施，法国的民族文化形式在这里得到很好的保护和传承。

图 9-14　法国贝弗龙镇街景

法国乡村旅游经营的主体不是外来的投资商，而是本地所有的农业开发者、乡村居民，这是乡村旅游可持续发展的重要基础。除此之外，法国农会也是小镇重要的参与组织。法国农会是公共职业联合机构，具有半官方、半民间性质。一方面代理或协助政府主持农业行政事务，另一方面要为农民提供各种服务，并代表该农民与政府交涉，拥有政府和民间的双重身份，也是它们之间的重要桥梁。法国农业议会常设委员会与农业及旅游接待处制定了严格的乡村旅游管理条例，以规范小镇旅游发展。

对古镇的管理与保护，不仅在国家层面有法可依，各级地方政府也颁布了相关法规和条例，提出政策性指导，以加强对"最美乡村"这一品牌市场的规范与监督。在贝弗龙镇的文化遗产保护方面，协会担负起全方位指导农民、教育农民、帮助农民的重任。协会对于加入协会的会员从房屋的修缮、经营、定价、财务管理等方面进行指导、培训与帮助。同时为保持原生态，贝弗龙严格控制商业用房的开发数量。

法国作为古村镇开发非常成功的国家之一，旅游业在法国经济中占据重要地位。他们的成功做法和经验是：第一，严格依法办事，把旅游资源保护纳入法制轨道。为保护旅游资源，法国政府对文化古迹的产权及其利用均有着严格的法律和政策。法国所有的历史文化遗产都受到较好保护并按修旧如旧的原则加以修复；第二，充分利用旅游资源发展旅游产业；第三，政府重视资金投入，给予政策支持；第四，交通发达，旅游服务设施完善；第五，参与旅游业的从业人员都进行专门的培训，旅游服务质量和效率较高。

4.德国梅科伦堡州多伯廷村

多伯廷村是一个拥有近800年历史的德国古村，位于州府罗斯托克与柏林之间。多伯廷村是一个典型的平原村庄，总面积58.97 km²，超过2/3的面积为林地和湖泊，将近1/3的面积是耕地，建设用地只占很少的一部分。辖区内拥有3个自然保护区，8个居民点，居民主要集中在中心村多伯廷村，其他地方为小型分散聚落。村庄的基础设施建设完善，路网结构清晰，主次分明，供排水设施全镇联网，排水系统采用雨污分流制。

多伯廷村几乎所有事务的管理都是由一个10人组成的村委会来完成，他们既具备相关的专业知识，又有很好的服务意识。村委会通过各种措施，以创造更多的就业岗位。如通过艺术家作品展示，提高本村的品位，为村子的发展筹集资金，筹建老年公寓，吸引周边的老人入住。

多伯廷村积极从欧盟、各级政府、社会公益组织等不同渠道争取资金，用于这里的文物修缮和基础设施的更新改造，修复的主要内容是屋顶和外立面，同时调动村民的主人翁意识，合力保护村子。此外，多伯廷村成立了"多伯廷文化和家乡联合会"，并修订村志，加强文物保护工作，组织文化娱乐团体，保护和发扬村里的传统文化。多伯廷非物质文化遗产主要是一些农民庆贺丰收的舞蹈，但现在已经日趋式微了。

图 9-15　多伯廷村老邮局图　　　　图 9-16　多伯廷村种子仓库

多伯廷在旅游业上的发展也相当成熟，不但建设了旅游接待中心，完善了标识系统，而且将村内重要历史建筑赋予新的功能，例如教区谷仓、老邮局、种子仓库、林业局办公室等，使村子增加了浓郁的历史气息。多样的农事体验，深厚的历史文化，使游客在这里远离都市的喧嚣，切身感受田园风情。

多伯廷村的保护和发展获得成功主要归结于以下几点：第一，多伯廷村具有先天的资源优势，古村的发展与著名的修道院紧密相关；第二，管理层进行有力地运营与不断探索；第三，积极争取外部资金援助，用于遗产保护；第四，充分发挥多伯廷村民的力量加以保护，村民具有强烈的保护意识。

5. 小结

国外典型村镇案例与国内传统村落的社会环境、文化背景等方面存在较多差异，尤其是在制度完善、建设进程等方面存在一定差距。所以，必须客观地看待以上4个国外村镇的保护发展模式，分析四者之间的异同点，从中汲取优秀的村镇保护发展途径。

上述4个典型村镇在保护发展模式上的相同点主要有：第一，整体传统风貌得到有效保护；第二，村庄基础设施都有适应现代化的明显提升；第三，村民都作为保护发展的主体，参与到产业发展中，并共享发展带来的利益，从而增强村民保护意识；第四，村镇的产业转型，多依托传统产业与传统文化的深化，特色化差异化地发展主题产业，完成由传统产业向服务现代社会的产业转型；第五，都严格限制商业化程度，以主题产业的展示与体验为主；第六，国家全面推行农村适应现代化的政策，提升基础设施，缩小城乡二元的差距；第七，企业进驻村镇，给农村发展注入活力（不参与文化遗产管理，仅是提供就业岗位）；第八，注重监督，通过利益共享强化保护意识；第九，重视专业机构或组织对村镇文化遗产的全程指导。

不同方面主要有：第一，是否新建新区或分区保护，都是为整体保存村镇传统风貌而采取的方法，这与各国国情息息相关，日本合掌村选择分区保护，韩国河回村选择新建新区，德、法则选择原状更新；第二，生活延续程度方面，合掌村与河回村的保护方式可较为有效地延续传统生活方式，而贝弗龙和多伯廷则属于过度产业化，弱化传统生活方式；第三，是否输出有规模成体系的高附加值产品，以贝弗龙苹果酒酿造为代表；第四，在监督权方面，由政府监督转向社会多重力量监督，甚至下放权力至村镇；第五，适应现代化政策中，河回村、合掌村向特色化发展，贝弗龙、多伯廷向产业转型与规模化发展。

国外典型村镇保护发展模式对比表　　　　　　　　　　　　　　　　　表 9-1

名称	组织主体	保护现状	发展现状	建设过程与保护监督
日本合掌村	村民与民间团体	风貌得到保持，传统工艺延续是重要支撑；传统文化得到保存，并延深至现代中，由观光向体验中发展，并形成特色产品输出	发展旅游产业，但有区分地发展，保留村民生活区；村庄基础设施有极大改善，尤其针对防火的设施，形成村庄特色景观；商业化被严格限制；村民自主参与旅游产业	建设过程：格局不变，延续传统工艺，缓慢更新；保护监督：自发协会监督村民行为；通过获取收益，增强村民保护意识
韩国河回村	政府主导	保持几百年前的风貌；着重非物质文化遗产的传承，有适应现代形式的表演	发展旅游产业，但仅限于展示，新建旅游接待新区，并与古村保持一定距离；内部基础设施有所提升，以保持原貌为主；古村内，几乎无商业化行为，旅游产品相对单一，但向特色化深度发展；村民参与旅游、表演，与政府共享利益	建设过程：原样保存与维修；保护监督：发掘文化展演形式，共享旅游收益，增强村民保护意识
法国贝弗龙镇	村民与法国农会	保持16世纪传统风貌；传承传统苹果酒酿造文化，丰富苹果品种	旅游产业与苹果主题相结合，打造苹果酒文化主题，特色化发展；严格限制商业化行为；主题体验与产品输出相结合；村民参与旅游与产业发展	建设过程：现状严格保存；保护监督：制定标准，将不满足要求的村镇摘牌
德国多伯廷村	村委会	保持传统风貌；吸引社会文化机构进驻，传统文化不适应现代化	更新建筑功能，发展旅游产业；提升公共服务、基础设施，适应现代化；开拓文化产业	建设过程：外貌保存，变更功能，逐步更新；保护监督：村民自治组织监督，严格执行法律条款；专业人员负责指导

国外村镇文化遗产的保护是在一定区域内，寻求一个适应现代社会的产业形式，包括物质文化遗产和非物质文化遗产，最终达到生活于村镇中人的生活平衡。文化遗产保护在于发挥各

种力量的优势，构成一个良性发展的参与体系，保护监督必须落实到具体的执行团队或组织，加强公众责任感与参与度，形成恰当的制约关系。在村镇的发展上，既要适应现代社会的产业形式，又要注重产品的丰富度、产业的规模化。外部推力激发内部产业转型，可以深化传统产业，结合现代产品的特征，打造丰富的产品表现形式，也可以引入新产业，再利用传统空间，激发活力。

第三节　黔东南州传统村落保护发展模式和机制

一、目前保护发展模式和机制概述

1. 生态博物馆模式

（1）政府机构主导的生态博物馆

"政府机构主导型"生态博物馆是指由政府行政或事业单位出面组织整合各方人力、物力、财力来建设的生态博物馆。如前所述，黔东南州政府主导型生态博物馆主要有锦屏隆里生态博物馆和黎平堂安生态博物馆。

隆里生态博物馆在 1999 年被列为中国政府与挪威王国政府在贵州合作建设的生态博物馆之一，于 2004 年 10 月正式成立，其所在地隆里古城是一座具有 600 多年历史的明代军事城堡，被誉为"汉文化孤岛"。古城至今仍完整地保存着明清时期的规划布局，有古城墙、书院、宗祠、古井、墓葬、碑刻、道观、民居等重要历史遗迹，同时保留着具有浓厚汉文化特色的饮食、穿着和习俗，如玩花脸龙、迎故事、唱汉戏等颇具汉民族特色的民俗活动。

图 9-17　隆里古城

图片来源　https://minsu.91ddcc.com/c_23711.html

隆里生态博物馆的成立对保护和弘扬隆里民族文化具有积极作用，一方面博物馆的成立有利于收集和保存民族文物，利用当地资源，用动与静自然结合的方式向人们展示他们的生活和文化，保护了即将流失的民族文化；另一方面也使人们逐渐意识到本民族文化的价值，重新看清自身的作用，提升其民族文化主人翁的自信心和自豪感，激起他们保护和发展本民族文化的积极性。2003 年成立的"中国贵州隆里古城生态博物馆资料信息中心"为展示和观赏隆里古城历史文化的信息库，该中心为 3 间二层二进院两天井楼房，全部采用当地优质杉木建成，飞檐翘角凌空，为典型的隆里明清民居。中心内设有碑刻展示区、传统街区展区、生产用具展区、生活用具展区、历史政治展区和古城模型等几大部分，充分反映了隆里古城的历史文化和民族特色，是广大专家学者研究隆里古城历史文化的窗口。

然而隆里古城贫穷落后的状况并没有因为保护民族文化和遗产得到改善，他们最初以为生态博物馆的"金字招牌"能给当地经济社会发展带来好处，但是效果很不理想。随着旅游业的欣欣然兴起，当地政府还是希望将隆里古城发展成一个更适合旅游开发的特色古城，为此专门成立了"锦屏隆里古城管理所"，作为挪威援助的生态博物馆经济效益的补充，全面负责隆里古城保护与旅游开发工作。实际上，如今隆里古城的旅游开发正逐渐脱离生态博物馆理念，走司空见惯的古城文化旅游开发之路。目前基础设施已基本完善，经营管理也逐渐步入正轨，旅游效益日渐突显。如果从单纯发展旅游业的角度来讲，隆里的发展势头良好，但从生态博物馆旅游的角度来讲生态博物馆的特色和优势并没有得到重视和体现。因此，如何将生态博物馆与旅游业二者良好结合，在保证文化及遗产得到保护的前提下，促进当地旅游发展，提高人民生活水平，已成为一个值得探索的问题。

堂安生态博物馆成立于 2005 年 6 月，其所在地堂安村自然风光优美、民风淳朴、传统村落保存完好，自然和人文生态和谐，其中以青石垒砌的田坎最为特色，穿斗式结构的鼓楼、戏楼、民居等都是侗族传统的建筑形式，另外还保留了多声部无伴奏合唱的侗族大歌，曲调优美，世界闻名，被誉为"人类返璞归真的范例"。

堂安村优越的自然资源和历史文化遗存为其保护发展奠定了良好基础，然而堂安生态博物馆自建成开馆后却几乎没有正常运作起来，资料信息中心长期交由一家旅游公司运营（所谓的运营也只是收取展厅门票、提供观众食宿），与保护区及当地村委不构成实质联系，也未开展任何形式的遗产保护活动，当地居民对生态博物馆的存在亦不置可否，冲灭了村民对博物馆筹建初期的期待，尽管在筹建初期曾有过旅游发展计划，甚至还兴建了配合旅游活动的工艺品展售处，从肇兴吸引了部分游客前来观光，但由于运作层的更迭，生态博物馆旅游并没有开展起来，社区居民也未直接受益。目前堂安生态博物馆正处于一种不生不灭的状态，作为一座生态博物馆的功能和意义均没有发挥出来。与此同时，受肇兴旅游业的影响，村民越发倾向发展旅游业，大量现代建筑拔地而起，环境风貌破坏严重，与生态博物馆的条件愈加偏离。

（2）民间机构主导的生态博物馆

民间机构主导型是指由私人机构独立出资、管理、运营的生态博物馆建设模式，以黔东南州黎平县的"地扪人文生态博物馆"（以下简称"地扪生态博物馆"）为代表。

地扪生态博物馆成立于 2005 年 1 月，是在黎平县政府的支持下，由香港明德创意集团投资，其下属非营利性研究机构"中国西部文化生态工作室"（以下简称"工作室"）担任文化保护和旅游发展顾问，在地扪侗族社区规划建设的人文生态博物馆。该馆由 15 个文化社区和 1 个社区文化研究中心构成，文化社区以地扪侗寨为中心，包括地扪、腊洞、登岑、罗大、樟洞、蚕洞、己炭、中闪、额洞、茅贡、高近、流芳、寨南、寨母、寨头等 15 个村，46 个自然寨，覆盖面积达 172km²。其中，地扪、腊洞、登岑 3 个侗族村寨是博物馆的核心文化保护区域；社区文化研究中心则设在地扪，由资料信息中心、若干个专题的"文化长廊"、专家工作站、接待服务中心等构成，由"工作室"负责日常管理和营运，开启了中国生态博物馆民营模式的探索。①

① 段阳萍 . 中国西南民族地区不同类型生态博物馆的比较研究 [D]. 北京：中央民族大学，2012：63.

图 9-18　地扪村及其古粮仓

　　地扪生态博物馆将自身定位为公益性、非营利性的文化管理和经营机构。其建立和发展的指导原则是：民间倡导创办、政府扶持配合、社区民主管理。其宗旨是：促进地方原生文化的保护、传承和发展，推动社区居民生活水平的改善。① 为此，地扪生态博物馆自成立初便开始对社区文化遗产进行普查、登记，整理成册；通过培养社区青年文艺骨干、组织村民表演队、与地扪小学联合教学等方式开展文化传承活动；同时通过多种形式保持与各类学校级科研机构的长期合作关系，配合政府文化部门的调研考察活动，突出博物馆的学术、科研价值。此外，博物馆还积极发展社区经济，如发展乡村旅游、生态农业和手工产业等。

　　不可否认，地扪生态博物馆在保护和传承社区文化方面做出许多积极有效的工作，但在与村民关系和改善村民生活状态，提高村落经济水平等方面却显不足，而且问题日渐增多和复杂。如在旅游利益分配上，地扪社区乡村旅游合作社采取 6：3：1 的比例进行分成。其中，加盟户的收入占 60%；合作社占 30%，主要用于管理人员的劳务报酬和房间设施的维修、更新等；余下10% 作为社区公共发展基金。② 可以说在分配比例上，村民占有的比例是最高的，但该收益只限用于加盟的村民，未加盟的村民则无法受益，加之能成为加盟户的农户本身条件就优于其他农户，其中不乏政府的关系户，因此不能加盟的农户意见较大。此外，博物馆坚持中高端旅游的路线，对房价、侗族民情表演的收费都较高，无形中吓跑了许多游客，村民收入大为减少。同时，对慕名而来的散客，当他们需要留宿时，往往遭到博物馆的拒绝，客流范围的限定，也无形中减少了旅游收入，降低了村民积极性。另外，村民与博物馆关系较为紧张，甚至发生过激烈的冲突，究其原因主要是二者之间缺少正面的沟通和交流，村民对博物馆缺乏信任，认为其是"缺少人情味的外来者"。

　　显而易见，在黔东南州传统村落中无论是政府主导型的生态博物馆模式还是民间机构主导型的生态博物馆模式，在文化和遗产的保护方面都发挥了积极的作用，但同时也存在不少的问题，主要表现在：第一，生态博物馆的经营与社会经济发展匹配度低，收益较少，未改变村落经济落后的状态，村民积极性低；第二，管理宣传存在偏差，村民不了解生态博物馆究竟为何？有何作用？村民参与性低；第三，生态博物馆由于缺乏后续资金和技术的投入，活力降低，让当地居民感受不到生态博物馆的存在价值，欲另辟他径发展。生态博物馆模式旨在保护和保存文化遗产的真实性、完整性和原生性，但与此同时也要实现促进社区经济发展的目标，二者缺一不可。

① 任和昕.人文生态博物馆建设与乡村旅游发展——地扪侗族人文生态博物馆的实践与探索 [c].陈理主编.民族历史文化资源与旅游开发.北京：北京民族出版社，2007：90.

② 段阳萍.中国西南民族地区不同类型生态博物馆的比较研究 [D].北京：中央民族大学，2012：81.

而要完成发展经济使命，就必须结合自身理念、利用遗产资源发展生态博物馆相关产业，带动整个社区的经济力量，在实践遗产保护的同时使居民受益，在此基础上提升居民的文化自觉和对生态博物馆的参与度，唯有如此才能实现生态博物馆的永续发展。

2. 社区参与旅游开发

社区参与是指社区居民参与社区管理和社区建设、参与各种公共活动和事务管理、分享社区建设和发展成果的行为和过程。社区参与旅游发展则是在有条件发展旅游的地区，社区群众全面而有效地参与到旅游活动中来，不仅参与旅游决策和规划，还要参与旅游经济活动、旅游地环境保护、旅游地社会文化维护等多个方面；通过参与，使当地居民既能充分而公平地从旅游发展中获益，也通过参与意识和参与能力的提高使社区群众获得更多的自我发展机会，从而实现旅游以及整个社区的可持续发展。[①] 社区参与旅游发展的思想一直被许多国家当做旅游可持续发展的重要内容和环节，特别是传统乡村和少数民族地区旅游资源的成功开发，大多得益于社区参与的开发理念。

黔东南州的传统村落在特色文化、生态、产业上拥有发展潜力的村落居于少数，对于其他传统村落而言，依托旅游发展经济就成为其中一条出路。传统村落经济实力、思想意识有限，因此，在旅游发展过程中必定会引入其他主体。根据社区参与主体中哪一方力量作为核心，发挥主导作用的方式，可以将黔东南州传统村落社区参与旅游发展模式划分为 3 种类型：政府主导型、企业主导型、社区主导型。

（1）政府主导的旅游开发

政府主导模式是指由政府主导旅游社区的开发、规划、经营、管理，并对景区的经营收益进行统一分配。按照旅游业自身的特点，在以市场为主配置资源的基础上，在发展旅游业的某些关键领域、关键环节上充分发挥政府的主导作用，争取旅游业的更大发展。对于协调难度大、景观质量较高、遗产保护难度较大的传统村落，运用这种模式较为适宜。黔东南州政府主导型一般采取"政府 + 企业（政府下属旅游公司）+ 社区组织 + 村民"的方式，依靠政府主导、企业推动、乡村社区参与进行旅游开发，由于在经营管理方式、分配机制等方面不同，又表现出不同的特征。下面以西江千户苗寨和从江岜沙村为例。

西江千户苗寨自 2008 年在政府主导下隆重召开贵州省第三届旅游产业发展大会后，西江的知名度、美誉度及影响力得到前所未有的提升和扩展，旅游业得到飞跃发展，取得巨大成功，从 2008 年景区开发至 2015 年，西江景区共接待游客 1 185.03 万人次，实现综合收入 65.39 亿元，[②] 如今的西江千户苗寨已成为世界旅游目的地之一，"天下西江"、"用美丽回答一切"等称号蜚声海内外。然而在这繁荣的背后隐藏着众多问题，首先在经营管理方式上，管理体制较为混乱，政府管理成本居高不下，景区不大但管理人员众多，如直接对接景区的就有旅游公司、景区管理局、景区管理委员会、西江镇政府等，致使"责利"关系不明晰，管理权限存在交叉，景区所有权、管理权、经营权难以分离；同时管理方式粗放，管理队伍素质和服务水平低，职责不清晰，部门协调配合不力，距精细化管理要求还存在很大差距。其次在分配机制上，利益分配不合理，西江景区每年将门票收入的 20% 作为民族文化保护奖励资金返还给当地村民，当地村民认为这一补贴比例远远低于他们对于旅游的贡献率和旅游发展带来的负效应，村内除部分有经

① 罗永常. 乡村旅游社区参与研究——以黔东南苗族侗族自治州雷山县郎德村为例 [J]. 贵州师范大学学报，2005（4）.
② 引自 2015 年国际乡村旅游大会资料集，《贵州省西江千户苗寨景区乡村旅游发展情况介绍》，http://zt.hz66.com/2015/2015qcly/sj.html

图 9-19　岜沙苗寨

济头脑或者自家房屋位置较好的村民从旅游开发中获益外，绝大部分村民的生活水平低下，甚至因为旅游开发导致物价上涨，生活水平反而下降，促使大部分村民游离于旅游开发和建设之外，村民参与度低。

位于从江县丙妹镇的岜沙苗寨，为我国"最后一个枪手部落"，其采取的政府主导型模式与西江类似，但在经营管理和利益分配上却与西江不同，产生的效果也不尽相同。目前岜沙村旅游开发主要由县政府下属的旅游公司进行经营管理，主要进行宏观上的统筹，如规划指导、产业定位、市场导向等，村落具体事项则有社区组织管理，社区组织领导大多为寨老或较有威信的村干部，有利于村民内部协商。此外，在利益分配上，县旅游公司将门票收入的 70% 返还给村民，村民收益较大，有利于激发村民的参与性。相较于西江小部分的社区参与，岜沙社区参与则呈现出全面参与的势头。

（2）企业主导的旅游开发

企业主导模式是指企业或公司在政府宏观政策引导下全面行使经营权和管理权，并决定最终的利益分配。企业或公司一般采取整体租赁经营，即政府将经营权授予民营企业或者民营资本为主体的股份制企业，由其组织投资、开发、经营、管理，并按约定比例由景区所有者和出资者共同分享收益。

在企业主导型模式中，企业作为第三方组织参与村落旅游开发，无论是其经营管理体制还是市场的洞察力和敏锐力，都大大强于政府及当地社区村民。企业主导不仅有利于统一景区的经营管理，也有利于开发活动有组织有秩序地开展，并尽最大可能将村落推广出去，获取经济效益。但与此同时，企业作为私人投资的赢利性组织，不可避免地会与各参与主体存在利益冲突，如门票、管理等问题；同时也可能为了获取高额利润，将传统村落作为一个普通乡村进行旅游开发，破坏当地的自然环境和历史资源，隔断村落传承已久的历史文脉。黔东南州传统村落发展企业主导型模式的较少，有代表性的传统村落为铜关村。

铜关村位于黎平县岩洞镇，系大寨和小寨统称。2012 年，腾讯开始在铜关村实行"互联网＋乡村"的实验，通过互联网的平台将村落推广出去，进而达到旅游和产业发展的目的。为此，腾讯集团在铜关村投资建造了一座 4G 基站，并免费给村民发放 100 多台智能手机，赠送网络流量，通过培训，教会村民如何使用智能手机。另外还组织本地村民用传统建筑风格和技术搭建了"侗族大歌生态博物馆"，这个博物馆不仅是侗族文化的交流平台，也是铜关村的"一村一品"，让大家纵情歌唱，吸引更多人来此旅游，为村民们创造家门口的收入。在调研的过程中我们发现，虽然村民都不清楚"互联网＋"是个什么东西，但村民都会玩智能手机，可以跟外出打工的家人视频、

图 9-20　铜关村

图片来源：http://gongyi.qq.com/a/20120801/000014.htm

微信和 QQ 聊天，会晒朋友圈，还会开网店，推广当地特色产品。可以说，"互联网+"的发展方式在不知不觉中已经改变了铜关村村民的生活，但作为一个传统村落而言，其在挖掘保护历史文化等方面略显不足；另外，这种发展也只使少部分村民受益，村民参与度不高，大部分村民依旧选择外出务工增加收入。

（3）社区主导的旅游开发

社区主导模式是社区参与程度最高，参与范围最广的模式。社区组织居于主导地位，在政府的宏观指导下，鼓励吸纳居民共同参与旅游开发。社区组织不仅是社区的代表，同时也担负着政府职能。社区主导模式可以充分发挥社区居民的主体作用，达到居民的全面参与，不仅有利于社区公共事务的处理、关系的协调，同时也有助于大家共同参与社区发展，提高居民主人翁的意识。以雷山县郎德上寨为例。

雷山县郎德上寨的发展模式就是典型的社区主导模式，郎德上寨作为全国重点文物保护单位，不仅保存了独具特色的苗族古建筑群，还保持着苗族古老的传统习俗和内涵丰富的民族历史文化。郎德上寨自 1987 年便开始发展旅游，其旅游项目主要是集体接待表演、参观寨容寨貌、参观民族陈列室和杨大六故居、购买民族工艺品和吃农家饭等，大多为一日游。

郎德上寨的旅游活动是在有关部门和专家的支持和指导下，由村寨自主管理、自主决策的村寨旅游。目前村里设有旅游接待小组，由村干组成，主要负责旅游的日常管理，包括平时表演队伍的训练、接待物质和道具的准备、管理与组织群众、村寨卫生、工分牌发放与收集、工分登记与利益分红等；并制定了严格的内部管理制度，各成员分工明确，各司其职。郎德上寨的旅游收入主要来源于表演，所获得的收入 25% 由村委会收取作为村寨旅游发展基金，75% 则以工分记酬，按劳分配，每月分配一次，月底分红，做到公平公正，带动了村民的积极参与，值得参考与借鉴。[1]

然而郎德上寨旅游业的开发至今已有 20 多年的历史，其发展仍处于浅层开发阶段，开发层次低，开发项目有限，制约了社区参与的层次和规模，尽管参与面表面上较大，但从整体上仍处于组织参与的阶段。同时，"工分制"的实施虽然在很大程度保证了村民利益的分配，但绝对公平的分配模式存在"大锅饭"的弊端，激励机制不足，不利于培养人才和留住人才，制约了旅游业的发展。另外，村民参与旅游工艺品销售完全是自发的，

图 9-21　郎德上寨

缺乏有力的管理机制，出现无序经营、恶性竞争的问题，同时所卖的工艺品属于村民制作的很少，大多为批发而来，为旅游景区通品，无法彰显当地民族文化特色，不利于当地文化传承。

综上所述，黔东南州传统村落社区参与旅游发展模式由于主导者的不同而产生不同的表现形式，但无论何种形式，政府、企业、社区组织、村民作为社区参与成员缺一不可，只是在不同形式之中所承担的地位不同。整体而言，社区参与旅游发展模式为村落保护和发展发挥着积极有效的作用，一方面增加了当地社区公共投入资金来源，保障了社区内部旅游商业资本的生

---

[1]　罗永常.乡村旅游社区参与研究——以黔东南苗族侗族自治州雷山县郎德村为例 [J]. 贵州师范大学学报，2005（4）.

存空间；另一方面有助于提高村落景区的经营管理效率和社区对旅游开发的民主参与意识。但同时我们也可以看到，由于旅游经营权归属不同而造成的实际运作形式和预期社会整体效益的差异是非常大的，经营权、管理权、所有权三权混乱，职系不清，导致社区（含村民）、政府、企业之间的利益分配失衡，给传统村落旅游的可持续发展造成了消极的影响，探寻合理的经营管理模式和利益分配机制是社区参与旅游发展模式亟待解决的问题。

3. 特色产业带动发展

特色产业带动模式是以特色产业、特色文化为核心，以传统村落为孵化巢，带动村落旅游、文化产业、加工业快速发展，进而推动村落社会经济全面提高的一种方式。该模式对村落自身的要求较高，不是所有的传统村落都能够适用，村落必须拥有具有一定影响力的特色产业或特色文化才能采用该种模式。

对于黔东南州而言，原生态的山、水等自然资源在提供传统村落优美风貌的同时，也为传统村落的发展制造了一定程度的阻碍。传统村落交通不便、农业用地少，而这导致了多数村民只有外出打工才能获得相对可观的收入，种、养殖业大多自给自足，难以形成规模，产业发展受限。总的而言，黔东南州传统村落产业发展主要存在以下问题：首先，产业规模形成速度缓慢，吸引力弱；其次，创新意识不足，传统的工艺没有与现代社会需求相结合；最后，产业没有被充分挖掘。例

图 9-22 石桥古法造纸遗址

如控拜村的银饰加工，村子中的银匠多数到西江千户苗寨等景区做银饰加工，村落内部几乎没有银匠，控拜的银饰产业被弱化，无疑对村落发展不利。相反，乌东村的茶产业和石桥村的古法造纸则以村落为基地，发展已初具一定规模，村民收益较高，村民外出打工较少。控拜村的银饰产业和石桥村的古法造纸同属于传统手工技艺，然而却出现了两种不同的发展结果，控拜村几乎成为空心村，而石桥村则留住了大部分村民，并借古法造纸发展其旅游产业，发展态势良好，二者差异明显。

黔东南州传统特色产业是传统村落各族人民生活智慧的结晶，蕴含着优秀的民族智慧和文化，具有鲜明的民族特色和巨大的潜在发展价值。因此，在充分利用特色产业的同时应充分挖掘其背后的潜在文化，以特色产业为依托，在做特、做强、做大、做长特色产业的基础上，充分实现特色产业发挥"双收益"（特色产业本身和附加值（如旅游收益）），增加村落居民收入，带动村落的经济社会发展。

特色文化产业可谓是一种独特的特色产业，它是依托传统村落文化资源的比较优势，对文化资源进行产业化的经营模式，使产业具有很强的地域性、不可模仿性。黔东南州聚居着我国33个民族，各民族在此地融合共生，形成了丰富而独特的文化素材，为其发展民族文化特色产业提供了重要的源泉和支撑。

黔东南州特色文化产业主要偏重对民族歌舞、民俗、节日等非物质文化遗产的发掘，如从江占里——生育文化、小黄——侗族大歌、岜沙——最后一个枪手部落等，这些特色文化在一定区域内是具有独特性的，在一定程度上吸引了游客的参观，但层次较低，创意不足，创造的

经济效益不高，略以上述三者为例。

从江县占里村作为我国生育文化第一村，村内生育计划严格控制，人口总量几十年来几乎没有变化，这一特色文化在全国内可谓是独一无二的，然而该文化到目前为止并未给占里村带来实质性的经济效益，特色文化难以体现出来，游客除参观村寨（无门票）和尝喝井水外，无法体验到该特色文化，无消费，村落亦无收入。小黄村作为侗族大歌之乡，其专业的表演团队曾获得过世界级的奖项，然而由于常年在外表演，对提升村落自身的品牌形象并无太大益处，游客甚至可以不必到村落进行观看，因此也无法为村落带来太多的经济效益。相对前两者，岜沙村的特色文化表现的更为突出，通过发展旅游吸引了大量的游客，枪手文化、树葬文化、成年礼等文化通过表演和展示厅的展示向游客传播，但其不足为旅游项目较为单一，除收取门票（含表演费）外无太多收入，创新表现形式不足。

特色文化是黔东南州传统村落最大的特色产业，如何将其挖掘并充分利用起来，使其成为传统村落发展的一项重要产业，带动民族地区产业结构调整，实现农、工、商、旅多赢，是一个亟待解决和值得探索的问题。

4. 生态农业自主发展

生态农业发展模式一般是指利用或建立水稻、蔬菜、水果等生态农业基地的形式来带动村落自身的发展，并结合不同的地域形成自身的特色，与村落自身的价值特色相互促进。生态农业发展模式的兼容性较高，基本上适用于大多数的传统村落，常常作为一种辅助的发展模式，如作为发展旅游业村落的一种生态景观；也有以生态农业发展模式为重点的村落，这是由发展模式所具有的特殊性来决定的，如最具代表性的从江侗乡稻 - 鱼 - 鸭生态农业系统。

稻 - 鱼 - 鸭生态农业系统是黔东南侗族人民历经上千年实践的一种农业生产方式，根据当地自然条件，在水稻田中"种植一季稻、放养一批鱼、饲养一群鸭"，既有效地节省土地，实现天然的立体循环生态农业模式，缓解人地矛盾，又可一田多用，在相同的土地面积上同时收获稻田和鱼鸭，是对自然资源和环境适应、利用、改造的结果，具有高度的生态和文化价值。2010年联合国粮农组织将从江侗乡稻 - 鱼 - 鸭系统列为全球重要农业生态文化遗产，2013年被农业部列为首批中国重要农业文化遗产。

在侗乡，尽管侗族人民无法从理论的高度认识稻 - 鱼 - 鸭系统的本质，却可从生产生活实践中领悟和体会到其对民族生存和发展的重要意义，通过延续先民的生态智慧，利用稻 - 鱼 - 鸭系统具有的组织能力，遵循"资源—农产品—废弃物—再生资源"的生产方式，从源头上解决农业环境污染问题，对建设美丽乡村、美丽家园、生态文明具有不可替代的重要价值。[①] 如今黔东南州侗族传统村落基本上均采用该种模式发展农业，然而却大多数处于自给自足状态中，其社会经济价值未得到充分发挥。如何有效保护和合理开发侗乡稻 - 鱼 - 鸭生态农业系统，充分实现其社会经济价值，让村民在保护中得到实实在在的利益，促进其可持续发展，已成为一项重要的任务。

二、保护发展模式和机制现状评估

从上文中我们可以看出，黔东南州在寻求传统村落保护发展路径中作出了诸多努力，多方

---

① 詹全友，龙初凡. 贵州从江侗乡稻鱼鸭系统的生态模式研究 [J]. 贵州民族研究，2014（3）.

探索，呈现出不同的保护发展模式——生态博物馆模式、社区参与旅游发展模式、特色产业带动模式、生态农业发展模式。这些模式在挖掘村落历史文化、民族文化、促进村落发展等方面总体而言具有积极的促进作用，但与此同时由于各模式在管理机制、运营机制、利益分配等方面均不同，所取得的收获和出现的问题也有所不同，其中生态博物馆模式和生态农业发展模式均由政府或国内外社会组织、企业主导，忽视了传统村落村民的主体地位和作用，没有很好地调动村民和村委会的积极性，只注重传统村落文化遗产保护，在促进传统村落可持续方面较为薄弱。由此一来村民变成局外人，收益少，参与度不高；社区参与旅游发展模式及特色产业带动模式为传统村落带来一定的利益，但出于旅游开发的主导者不同，村落开发程度、村民受益及参与度均不同，所产生的问题也可谓多种多样，亟待寻求解决和完善方式。此外，需要说明的是，上述4种保护发展模

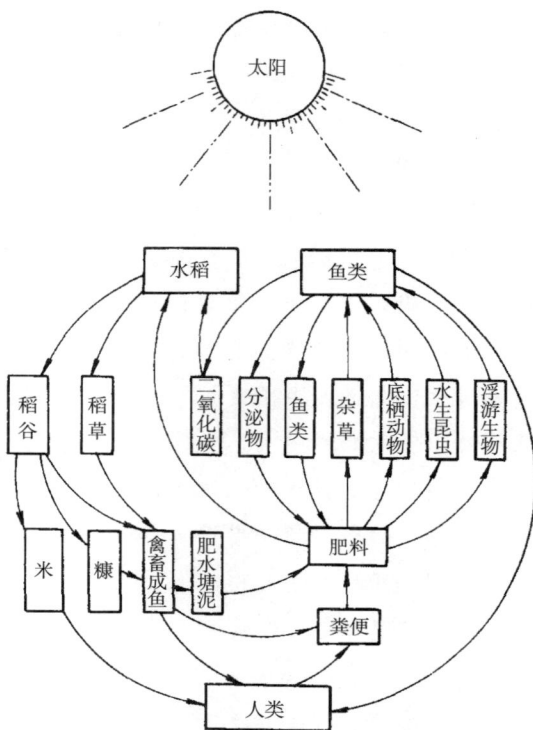

图 9-23　鱼稻系统示意图

式并非代表着黔东南州传统村落保护发展的所有模式，只是由于该4种模式较为普遍且已经产生一定影响力，因此将其作为主要论述对象进行阐述。

黔东南州传统村落保护发展模式对比表　　　　　　　　　　　　　　表 9-2

模式		要点	侧重方向	代表性村落
生态博物馆模式	政府机构主导型	村落历史风貌、景观、格局、传统建筑等的保护	保护	堂安村、隆里所村
	民间机构主导型			地扪村
社区参与旅游发展模式	政府主导型	以旅游开发为主导，带动村落保护与发展	发展	岜沙村
	企业主导型			铜关村
	社区主导型			郎德上寨
特色产业带动模式		以特色产业为主导带动村落发展	发展	石桥村、占里村
生态农业发展模式		以原生态的自然农业为基础，促进村落发展	保护	加榜梯田、从江侗乡稻-鱼-鸭系统

传统村落的保护发展模式和运作机制的重点在于在保护传统村落自然环境、街巷肌理、传统建筑、非物质文化遗产等前提下，通过挖掘和利用村落优势和特色，促进村落的社会经济发展，提高人民的收入水平和生活环境的改善，从而使保护与发展二者相辅相成，并举兼得。黔东南州作为我国地市级中拥有传统村落数量最多的地区，其民族文化虽具有多元化的特征，但同一宗族同一文化源相似现象较为严重，各传统村落在寻求发展的道路上容易出现重复，导致恶性竞争，削弱文化特色。为此，各传统村落在为本村落寻求适宜该村落发展模式时，应借鉴国内外优秀的成功经验，深入挖掘自身特色，探寻多元发展模式，找到适合本村落发展实际需求的发展模式，避免闭门造车，依葫芦画瓢，采用同种模式，增加同类竞争。

另外也可明显地发现，黔东南州传统村落现行保护发展模式基本上是以单独某个村落为保护发展的实施对象，主要是针对某一个村的历史文化保护、产业或旅游的发掘，与其周边传统村落或者相似传统村落之间未形成相应的联系，缺乏从民族和区域的宏观层面统筹谋划，必然形成各自独立，各自为政。黔东南州传统村落大多以血缘关系为纽带，以宗族为单位形成聚落，聚集程度高。在这些聚落中，来源于同一族源的村寨在传统产业结构、传统风貌、传统文化等方面表现得极为相似，呈现出资源产业同构和民族文化、地域文化高度同质化，在产业开发和文化旅游中，容易发生无序竞争，且不利于管理，带来资源的浪费。因此，在寻求各传统村落保护发展途径的同时，各级政府应从更高的层面上，对黔东南州传统村落进行资源整合，寻求整体发展，避免同质化、恶性化的不利因素。为此，我们建议，在传统村落各自发展的基础上，适时提出集群式的保护发展路径，统筹州域内传统村落，促进州域传统村落共同发展。

三、传统村落保护发展模式建议

根据当前黔东南州传统村落保护发展的实践，结合国内外古村镇保护发展的案例分析，建议黔东南州传统村落保护发展采取多元化推进的模式，目前至少有多种类型可以选择，诸如生态保育模式、自主创新模式、主导产业模式、特色工艺模式、介入激活模式、适度旅游模式、城乡合作模式、休闲养生模式和劳务输出模式等。合理选择不同模式一定要根据传统村落的具体条件。保护发展模式可以是其中的一种，也可以是两种或者两种以上的复合模式，做到因地制宜，因时制宜，通过多元模式谋求保护发展。但是无论选择哪种模式，都必须以传统村落的村民为主体，在切实保护传统村落的基础上，充分满足村民的切身利益。

1. 生态保育

生态保育模式适合自然生态和历史人文环境特别优越的传统村落。在政府和国内外社会组织扶持下，可以建立生态博物馆，也可以不建立生态博物馆，关键是对传统村落及其依存环境采取最小扰动的方式，保持原汁原味的农耕生产起居生活形态。在黔东南州传统村落实施生态博物馆模式，应尽可能多地保存传统村落的民族文化及其历史见证物。民族文化是民族地区的发展资源，只有将其切实保护好，传统村落发展的资源才有重要保障。这就要求建立生态博物馆的村落，务必按照《传统村落保护发展规划》的要求，对明确为保护对象的传统格局和历史风貌进行整体保护，对现状建筑进行分类分级保护整治。同时还要重视保存那些农业生产设施建筑，如牛棚、猪圈、粮仓等，以及各类历史环境要素。

传统村落生态环境和资源的完整性是实施生态博物馆模式最重要的条件，因此对生态环境和资源的保护应该按照原状保护的要求来进行。原状保护是指保持传统村落中生态环境和资源的原样，禁止任何性质的破坏，对目前已造成的破坏应及时提出修补和整治措施，使其恢复到原来的样子。能够发展生态博物馆的传统村落一般都是生态环境比较好，资源保存比较完好的村落，因此在环境和资源保护方面主要是以预防为主，设置合理的保护原则，禁止破坏型行为，同时对目前已出现的问题进行整治和修复。

传统村落中影响到生态环境的实物对象主要有村落山体和水体、村落传统格局和历史风貌、村落传统建筑等。对于山体和水体的保护应该禁止开山、采石、乱砍、乱伐、乱建等人为的破坏行为；同时应当通过植树造林、修复性工程等措施防止水土流失和土质沙化，保证山体与聚落为和谐统一视觉走廊；禁止乱扔乱倒垃圾，合理规划水利系统，确保水资源的干净整洁。对传统格局和风貌的保护应当注意村落中因迁建、合并、改造、土地置换、住房改造和翻新等导致的破坏行为；注重保护好传统的街巷空间肌理和路网格局，禁止占用传统街巷，改变原有的风貌和功能；同时还应特别注意保护好黔东南州传统村落中一些特殊景观，如禾晾、粮仓群、梯田等，这些都是传统村落风貌景观的重要组成部分。对传统建筑的保护首先应当对其传统建筑进行分级分类，针对不同保护范围内的传统建筑提出不同的保护整治要求，主要有保养维护、加固、修缮、保护性设施建设、迁移、改善、整治、改造、拆除等保护技术措施，如在核心保护范围内出现的完全不符合传统风貌的现代建筑应当采取拆除的手段，若该现代建筑位于建控地带，则要求其进行立面改造，使其符合传统风貌，因此应针对不同的保护范围，不同的建筑形态采取不同的保护整治措施，同时对二新建建筑，应当按照传统建筑标准来进行修建，防止整体风貌的破坏。

文化保护和社区发展是发展生态博物馆模式所要解决的两大任务。生态博物馆的核心理念是"文化的就地整体性保护"，这个理念强调了文化保护的两个重要原则，一是就地，二是整体性。"就地"即将文化放置在它本来生长的地方进行保护，强调的是文化与其生长环境有着密切的依存关系。因此对文化的就地保护既要注意对文化的"原状"保护，同时也应注意到文化不是一成不变的，是会随着内外部环境的变化而不断创新发展，因此也要注意其"动态"的保护。"整体性"保护是指文化是一个整体，各文化要素之间是相互联系，相互制约的，在保护的过程中不仅要保护文化本身，同时要注重与该文化相关诸要素的保护，以及创造、传承和发展文化的拥有者，如非遗的传承人等，这些都是需要保护的对象。

社区发展是发展生态博物馆模式的另一项重要任务。传统村落保护发展的最终目的是为了提高村民的收入，改善村民的生活水平。保护是为了更好的发展，发展反馈于保护，二者相辅相成，只有让村民获得更多实质性的收益，才能带动村民更好的保护和传承传统文化，因此无论采用何种模式，都必须为村落找出合理的发展道路。目前黔东南州传统村落发展生态博物馆模式的村落主要有锦屏的隆里所村、黎平的堂安村和地扪村，其中隆里所村和堂安村为政府主导下的生态博物馆模式，地扪村为民间机构主导下的生态博物馆模式。三者不约而同地采用了乡村旅游这条道路，但因管理机制上的差异，直接影响到生态博物馆的建设效果，如隆里所村政府主导下，引进外来企业的介入，大力发展旅游业，获得了一定的成就，村民参与积极性被带动起来；堂安村因缺少内在的发展动力和持续的发展机制，目前完全处于停滞不前的被动"守摊"状态，大部分村民基本不再参与、配合博物馆的相关工作；地扪村在任馆长的带领下，由最初的"乡村生态旅游"转向"村民合作社"的发展方式，发展思路逐渐成熟，然而因民间机构势单力薄，难以形成足够的动力来推动各类村民合作社的持续、长足的发展，同时村民在此模式下收益不高，参与性也不高，大部分村民选择外出务工。对于生态保育类的传统村落，产业发展应立足本村资源，大力培育稻 - 鱼 - 鸭系统农业，推广有机农业，并引进高效农业技术，通过现代信息网络和互联网 +，与市场接轨，拓展农副产品销路。

黔东南州传统村落生态博物馆模式因主客观因素的不同，导致了不同的发展效果，虽然目前存在许多弊端和问题，但无论如何，这一批先行者的勇敢尝试，为黔东南州传统村落的保护和发展提供了难得的实践经验，因此我们应当认真总结黔东南州生态博物馆创建实践中的经验，找出利弊，为今后的发展提供借鉴和指导。同时我们也应当意识到生态博物馆社区发展方式不能只围绕着旅游业的开发进行，应拓展思路，深入挖掘村落其他的资源价值，创新产业发展，采取有效措施妥善解决合理利用自然人文资源，发展村落集体经济，为村民增收创造尽可能多的有利条件，为此，可以结合本节其他发展模式，共同促进传统村落的保护和发展。

2. 自主创新

传统村落自主创新是指村民对本村资源的深度开发利用，以及在此基础上实现新产品价值的过程。自主创新从现代管理学上可分为原始创新、集成创新和引进技术再创新。而对于传统村落，数千年来村民耕作就是自力更生，自主改进耕作技术，实现自然资源利用效益最大化。这已经成为村民世代生存生活的本能。自主创新主要是对农业生产方式和农业技术的不断创新提升，即通过农耕生产过程积累传承经验，总结、分析、借鉴，进行再创造，在满足自给自足的基础上，形成提供社会需求的农业产品和农业生产先进技术。中国大部分传统村落经济基础薄弱，先进技术和科学人才的缺乏使其较难使用原始创新和集成创新方式，而利用先引进再创新的方式则更为符合传统村落的实际情况。畅通自主创新渠道，有赖于政府搭建服务平台，给予政策引导和扶持。

随着社会科技的发展，以消耗资源、环境和生态为代表的传统增长方式已经不再符合社会前行方向，必须转变方式，走一条科技含量高、经济效益好、资源消耗低、环境污染少、人力资源优势得以充分发挥的自主创新道路。对于国家而言，自主创新是建立国家创新体系，对于科技力量雄厚、工业发达的大众城市来说，是培养和造就一批自主创新企业，而对于相对比较落后的传统村落来说，则应量力而行，客观地、实事求是地分析现状，因地制宜地通过自主创新驱动产业发展。

黔东南州大部分传统村落，或因不具备旅游资源开发利用条件，或因外部交通条件制约，通达性差，加之一些传统村落整体保护状况欠佳，因此保护发展不适宜盲目一哄而起采取单一旅游模式，而是需要根据各村的实际条件，采取多种方式和途径实现产业自主创新，带动村落可持续发展。黔东南州传统村落要实现自主创新，必须解决好有什么可以创新、如何创新、谁来创新等问题。

针对有什么可创新问题，需要我们在村落调研和编制保护发展规划阶段，深入挖掘各传统村落自然文化内涵，立足本地资源，找出最具特色的保护发展要素，找准村落定位，在保持环境原生态和村落格局、风貌、建筑特色的基础上，大力发展农业生产和农副产品加工等产业，实现村落自主创新。

对于如何创新，黔东南州传统村落一定要根据自身的特色和现有的条件进行，切不可人云亦云，盲目追随。如前所述，对于传统村落而言，引进技术再创新是传统村落实现自主创新的重要途径，因此本文认为在目前条件下，黔东南州传统村落自主创新应该走"引进、吸收、消化、再创新"的道路。通过引进等手段，虚心向其他地区学习，在引进、学习的基础上结合自身特色和优势实现再创新。

位于云南省昆明市呈贡县斗南村被誉为"全国鲜花第一村"，抗日战争时期该村为云南省重要的蔬菜基地。20世纪80年代开始种花，从供昆明市消费到向外集结建立全国性市场，目前已成为亚洲最大的鲜切花集散地，积聚了2000多家花卉产销企业，花卉市场份额占全国的三分之一。斗南村的花卉产业是斗南村结合地方地理优势，在原始蔬菜基地种植的基础上，挖掘发展的特色，是斗南村在产业结构上的一次创新。斗南村位于云南省海拔1888 m的高地，村落人多地少，这与黔东南州地理区位极其类似，与此同时，黔东南州境内也拥有着极为丰富的自然农业资源，如高山水稻、果蔬、各类山货、药材等，这些都可以成为村落自主创新的依托。以药材为例，黔东南州苗药是我国传统医药宝库的一部分。苗族聚居的山区药物资源种类之多、产量之大、品质之好，均大大超过平川地区。大力开发天麻、杜仲、厚朴、黄柏、茯苓、栀子、木瓜、乌梅、桔梗、石斛和天冬等常用药材，广泛开展人工栽培，融入我国中药制药工业发展，使某一种药材成为某村落发展的主导产业，获取自主创新机遇。同时，针对农副产品或手工艺品的加工，也可以借鉴浙江义乌小商品经营做法，承接各种小商品加工制作。自主创新方式和途径多种多样，关键是要立足本地资源，瞄准市场需求，从而找对村落特色，因地制宜，合理利用资源，通过引进再创新的手法，将其特色发展成产业，创收经济效益。

谁来创新，村民和政府是传统村落自主创新的两大抓手。黔东南州传统村落经济落后，村民整体受教育水平低，科学技术知识缺乏，因此在早期村落自主创新阶段，政府应当承担起重要的引导者和方向的把握者。首先政府不仅需要带领村民挖掘出自身的特色，加强村民素质教育，营造自主创新氛围，造就出一批农民企业家，由农民企业家来带动村落产业发展和创新；同时政府还需要搭建一些村落创新公共服务平台，通过这些平台向村落提供科技资源共享、公共技术支持，了解市场需求，优化资源配置；还可以推进产学研究交流与合作，如与大专院校、科研单位等合作，引进、研发、推广重大关键技术，对经过专家筛选的粮油、果蔬、畜产品等进行重大关键技术加工，有步骤、有重点地进行引进、研发和推广，提高再创新能力；[①]同时，通过这些平台搭建起对外沟通的桥梁，保证村内与村外信息的一致性和时效性。

传统村落保护发展是一个长期任务，不可能一蹴而就，自主创新更是需要信息和科学技术的支持，其发展之路更加艰难和曲折。因此在村落保护发展的过程中切勿急功近利，不顾客观条件，不顾村民意愿，拔苗助长，造成不必要的损失。

3. 主导产业

主导产业是指在国民经济产业体系中某一阶段由于有效地吸收技术创新成果，满足大幅度增长的需求而获得持续较高的增长率，并对其他产业的增长有广泛的直接和间接影响的产业。[②]农村主导产业，简单地说，是指在农村区域经济发展中处于主导地位的产业。这个产业可以是农业，可以是工业和服务业，也可以是农工贸一体化的产业。农村主导产业是主导产业从城乡区域角度划分出的类型之一。传统村落作为特殊的农村，其主导产业概念隶属农村主导产业概念之内，要在传统村落自身产业结构和横向产业比较中，扬长避短，充分发挥自己的优势。

纵观目前我国传统村落产业发展模式，多数是以旅游业为主导产业，如皖南西递宏村、浙江诸葛村、芝堰村、江西的流坑村、罗田村等。黔东南州传统村落拥有灿若繁星的自然文化遗产，可挖掘发展成主导产业的资源也很多，有水稻种植、传统手工技艺和手工艺品等，而目前在黔东南州也有相应的范例，如石桥村的古法造纸，已成为该村发展的主导产业。同时我们应该意识到虽然旅游业是传统村落发展过程中投资少、获利快的一项可发展的主导产业，但并不是每个传统村落都适合以旅游业作为主导产业，而应根据自身实际情况和需求，挖掘培养出符合村落自身的主导产业，因此在黔东南州传统村落发展主导产业时我们需要解决如何找出村落主导产业和黔东南州可发展的主导产业问题。

主导产业的确定和发展关系到一个村落资源的损耗和未来的发展，关系到村民财政收入的

---

① 郭荣朝，苗长虹，罗庆. 基于技术学习和自主创新能力培养的新农村建设研究 [J]. 科学·经济·社会，2007（3）.

② 黄建才. 发展新农村主导产业 [D]. 福州：福建师范大学，2008：7.

主要来源，因此村落主导产业的选择不能随意、一蹴而就，而是需要在一定的考察和流程下确定。总括村落主导产业的确定，首先需要制定调研提纲，对村落进行全面的实地调研，内容主要包括村落发展概况、村落功能定位、村落产业发展方向、村落产业培训设计、沟峪治理工程、生态涵养工程等；其次成立专家系统召开座谈会，专家系统先听取镇镇政府领导层和管理层的意见，其后组织镇政府相关部门负责人、各村书记、村主任、会计和村民代表举行座谈会，了解村落情况和实际需求，再由专家系统进行实地调研，提出各村落产业发展选择，同时与利益相关者进行讨论，最后进行调整，形成各村主导产业的选择。[①]

黔东南州传统村落资源丰富，可发展的产业很多，有第一产业农业、第二产业手工业、第三产业旅游业等，现以第一产业农业为例。

黔东南州拥有丰富的农业资源，农业生产长期在封闭的地理单元里自我循环，与外界很少沟通交流，农产品外销渠道不畅。例如食用大米在国内市场需求量相当可观，目前设在国内大中城市的各大超市销售的大米和大米制品中，多为颗粒饱满圆润、晶莹剔透的黑龙江、辽宁、上海、天津和广东生产的优质大米，也不乏从泰国进口的香米，而贵州大米却无一席之地。黔东南州盛产稻米，尽管各地稻米的品种和质量有所不同，但是有可能在国家和贵州省农科院的指导下，培育出黔东南州的精品稻米，走"特而精"的道路，使之成为一项主导产业。与此同时，针对黔东南州各传统村落耕地面积有限的问题，可通过将若干个传统村落组织起来，形成一定规模，打造出品牌特色，拉动传统村落经济增长。黔东南州到处重峦叠嶂，高山梯田连天接地，常年笼罩在云雾中，构成了奇特景观。例如地处从江县西部月亮山腹地的加榜梯田总面积将近1万亩，分布在党扭至加榜全长25 km的公路两侧，如同巨大的绚丽画卷展示着苗族"稻饭鱼羹"的独特农耕文化，已被列入全球重要农业文化遗产。类似同样稻田耕作的传统村落在黔东南州还有许多。利用特有的自然禀赋和人文创造的山地乡村景观，打造一批生态观光农业，彰显苗侗等民族稻 - 鱼 - 鸭共作智慧的古老文明体系，也能主导传统村落的产业发展。生态观光农业不仅局限于此，还可以按照季节变化，引进开发各种林木、花卉种植基地或者园区，在为城市提供服务的同时，美化传统村落环境，增加传统村落收入。此外还有辣椒、山菌、茶叶、竹笋和毛竹等也是黔东南州传统村落具有竞争实力的特色产业开发商品。

另外，针对黔东南州传统村落数量众多，资源相似度高等特征，我们建议在产业发展的过程中统筹相邻传统村落，构筑一个优势互补、资源共享的跨村落合作的产业发展体系。通过统一计划、统一规划布局，协调规划产业发展，推动区域内主导产业结构的合理化、现代化和高层次化，实现区域产业经济效益最大化。

4. 特色工艺

特色工艺简单地说就是具有特色的传统手工艺，而传统手工艺是指以手工劳作进行制作的具有独特艺术风格的工艺美术，是由过往的社会经济、生产条件、环节氛围、生活方式等条件催生出来的工艺技能，具有实用性、美观性、艺术性等特征，有别于以大工业机械化方式批量生产规格化日用工艺品的工艺美术。

黔东南州传统村落传统手工艺作为民族文化的重要载体，是黔东南州非物质文化遗产的重要组成部分。目前黔东南州传统手工艺存续完整并仍服务于民众生活。但由于长期受小农经济

---

① 梁育填. 北京山区乡村主导产业选择与培育研究 [D]. 北京：首都师范大学，2008：16-17.

的影响，很多家族式封建保守的师承方式，阻碍了传统工艺的传承，如"传内不传外""传媳不传女""教会徒弟、饿死师傅"等。[①] 同时，由于传统工艺主要以家庭作坊的小生产方式运作，基本以手工为主，生产周期长，经济效益不高，很难吸引到年轻人从业，传统工艺的传习后继无人；另外当面对新材料、新工艺生产的同类产品冲击时，传统手工产品的抵御能力是微弱的，传统技艺的持有者逐渐减少；还有部分技艺因为分布区域狭小，传承面不广，成为少数人掌握的技艺类型；随着人们生活方式的改变，部分工艺品满足生产生活需求的功能弱化或丧失用武之地，其传承、传播面临着市场、功能、形象等多方面的定位调整问题。[②] 因此如何改变现状，打造出传统村落特色工艺产业已成为村落发展特色工艺模式需要解决的重要问题。

在传统村落中，打造特色民间工艺精品，使之在一村之内形成规模，家家户户参与，共同致富，是传统村落保护发展模式的有效选项。该模式在国内早已屡见不鲜，积累了丰富经验，这些经验都可成为黔东南州传统村落在发展特色工艺时借鉴的对象。如河南商丘民权县王公庄就是闻名全国的画虎村，靠画虎特色工艺发展起来。这个村夫妻画家、父子画家、姐妹画家及三世同堂作画者比比皆是，村民以工笔画虎为主，兼画人物、花鸟、山水等，品种繁多。现状已经辐射带动周边 2 省 3 县数千名农民从事或经销农民画，形成了以王公庄为龙头的农民画家群，年销售画作 4 万余幅，创产值 2 500 余万元。约有 30% 的画作销售到孟加拉国、新加坡、日本、韩国、美国等国家和港、澳、台地区。近年来王公庄作为全国文化（美术）产业示范基地、全国特色村、全国文明村，受到了各级党委和政府的大力扶持。中宣部、中国文联、省委宣传部、商丘市、民权县先后投入上千万资金，投入王公庄的基础设施建设。山东潍坊杨家埠的风筝和木版年画驰名中外，年画还是和杨柳青年画、苏州桃花坞年画齐名的全国三大木版年画之一。被誉为"中华民间艺术一绝"的山西广灵染色剪纸被联合国教科文组织列入了《人类非物质文化遗产代表作名录》。这项特色工艺就是在"公司 + 基地 + 农户"的经营模式下，带动广灵县 1 480 户农户、2 500 多名农民从事剪纸产业，户均收入达到 8 000 多元。河北邢台沙河市纯棉手织布系列产品及纯手工艺品也是在白塔镇塔子峪村发展起来。

黔东南州本身拥有银饰加工、苗绣、蜡染、石雕、竹编、服饰、马尾斗笠等苗侗和各民族特色工艺，在推进传统村落保护发展工作中，可借助依托这些已拥有的特色工艺打造特色工艺文化产业，使村民脱贫致富，共同奔向小康。在具体操作过程中，倡导"一村一品"，充分发挥政府在特色工艺产业化发展过程中的战略推动者、发展引导者的作用，从市场需求和公共政策的层面上筹集资金、政策、财政等方面的支持，推动产业的发展；设立政府基金或工艺协会，保护传统手工艺的本真，提高传统手工艺产品质量，引导产业发展方向。对于手工艺本身，要注重创新，打造精品，实行品牌战略，增强知识产权的保护意识和力度，注重人才的培养，稳定传承人队伍，培养新生力量，并组织村委会和传承人走出大山取经交流，把特色工艺的能人请进来传授经验，有条件的村落还可以相互合作。同时广泛运用新媒体普及工艺文化知识、宣传工艺文化价值，通过互联网络渠道进行营销，将手工艺产品推销出去，只有东西卖出去，获取了经济价值，才能进一步推动手工艺的传承和创新。

5. 介入激活

介入激活模式相对于自主创新模式而言，其核心是通过外来因素的介入，激活传统村落的

① 袁玲. 地域性特色工艺美术文化产业发展刍议 [J]. 张家口职业技术学院学报，2013（3）.

② 杨凌辉，陈亮. 云南特色民间工艺产业化发展探析 [J]. 学园，2015（5）.

内生动力，促其转化为自主创新发展模式。对于黔东南州大部分还处在贫困状态的传统村落，通过精准扶贫和引进具有开拓市场优势的社会组织、企事业，开发产品，承接业务，进行农副产品和保健食品等加工、外销，将以往扶贫采取输血式的单一资金投入方式，变为恢复其自身生命力的造血机能。一般说来，介入激活模式的关键在于新理念、新思路、新技术的指导进入。用创意激活农业，把自然人文资源转化为产业资源。当地传统村落学历高的人不多，大多数人只有高中或初中文化水平，需要借助于外来因素的介入，激活内在的发展动力。但是新理念、新思路、新技术依靠的是智慧创意、策划和运作，最重要的是要有一个科学合理的高质量的《传统村落保护发展规划》作为依据和指导。因此编制规划，不仅要关注其空间形态和外在风貌，而且要认真梳理传统村落的历史文化脉络，深入发掘文化遗产内涵，寻找促进文化遗产保护与经济社会发展和谐共赢的结合点，合理定位，精心谋划。

例如江苏省苏州市位于太湖中的独岛三山村，面积仅 1.8 km²，岛上三山并立，基本没有耕地。历史上因地处长江和钱塘江之间的水路交通要道，形成浙江湖州和江苏苏州、无锡、常州之间的水上驿站、贸易集散中心。随着太湖水路交通被公路和铁路交通所取代，岛上经济逐渐衰败，因为没有耕地，不能发展农业，又因没有矿产资源，且位于国家风景名胜区的太湖之中，不能发展工业。独岛与世隔绝，仅靠船只摆渡，人迹罕至，也无法大力发展服务业。三山村虽在苏锡常经济发达地区，却经济贫困，岛上村民大部分流失。但是由于该岛自然生态资源和历史人文资源丰富，具有优美的湖光山色和厚重的文化底蕴，终被列入《中国传统村落名录》，接着又被公布为中国历史文化名村。该村委托北京瑞德瀚达城市建筑规划设计有限公司编制了《苏州市三山岛传统村落保护发展规划》，对其资源精准分析，明确以发展休闲旅游目的地为主，将其合理定位为"蓬莱胜景，田园岛居"，在保护传统村落文化遗产的基础上，发挥三山岛资源优势，筹划打造"三山十二景"，设计"太湖蓬莱岛，世外田园居"旅游形象。目前三山岛农家乐的低端旅游业态开发得到了明显提升，凸显了文化品位，带来了可观的经济效益。这一典型事例充分说明规划介入指导举足轻重。

当前，推进传统村落保护发展，抓住机遇发展农村电商，也是一大介入因素。2015 年 10 月 14 日国务院总理李克强主持召开国务院常务会议，完善农村及偏远地区宽带电信普遍服务补偿机制，缩小城乡数字鸿沟；部署加快发展农村电商，通过壮大新业态促消费惠民生；本土产业"优质基因"的提炼，以及资本和高科技企业进入而形成的产业升级。电子商务的引进对于传统村落网上农贸市场、特色旅游、特色经济，以及通过宣传、介绍各个地区的特色经济、特色产业和相关的名优企业、产品等，可以扩大产品销售通路，加快地区特色经济。在黔东南州西江千户苗寨和肇兴侗寨出现的数字农家乐，通过为当地的农家乐（有地方风情的各种餐饮娱乐设施或单元）提供网上展示和宣传的渠道，既方便城市居民的旅游出行，又让农家乐获得广泛的客源，实现城市与农村的互动，促进当地农民增收。虽然普及农村电商还有一个渐进的过程，但是抓住这种新理念、新技术，必然开创传统村落保护发展的新局面。

对于黔东南州传统村落保护发展来说，介入激活模式的途径和方式很多。招商引资，设立大学实习基地，引进文化创意产业等，都不失为吸引投资者到黔东南州进行投资生产经营活动的良策。要积极引导村民开拓视野，努力用文化创意、互联网思维等新思路、新想法来打造乡土产品，通过讲故事、重体验等方式让传统的农产品摇身一变成为时尚的代名词，不仅提高农副产品的附加值，也为提升乡村文明提供了有效路径。

6. 适度旅游

在文化遗产地进行旅游开发，务必要牢固树立正确的保护理念，一是必须贯彻保护为主的原则，在切实保护好文化遗产的前提和基础上发展旅游事业，进行旅游产业开发；二是文化旅游发展应当以文化遗产保护引领，避免过度开发，随意发展。应当认识到，在传统村落发展旅游不仅没有错，而且很有必要。发展旅游也是保护传承文化遗产，合理利用资源的一条行之有效的途径，对于宣传弘扬中华优秀传统文化，带给旅游者精神生活的愉悦，都是其他方式所无法替代的。

旅游是保护发展传统村落的一种模式，但不是唯一模式。旅游发展的问题在于把握好度，要维护自然生态和人文资源的原状，不能破坏其真实性、完整性；不能拆真建假，以假乱真。现在我国许多世界遗产地、历史文化名城、名镇、名村和传统村落基本都是旅游目的地，管理粗放，私搭乱建导致文化遗产严重破坏的问题相当普遍。究其因，就是缺乏民族文化的保护意识，急功近利，竭泽捕鱼，不为子孙后代着想。

为此要把好指导关和监督关。在编制和审查论证《传统村落保护发展规划》阶段，对于自然生态、民族文化、地域文化和民俗风情等特色旅游资源，进行深入的研究分析及梳理整合，根据旅游资源蕴含的特质文化，打造精品旅游目的地。要在目前农家乐低端旅游业态现状的基础上提升文化旅游品位，突出特色，发展相关的旅游产业。要尽可能利用各个不同村寨的文化差异、生态景观、观光农业、聚落形态和特色工艺等，开发旅游项目。在实施规划过程，应当强化保护监管，坚持依法行政，坚决制止违反规划擅自乱建的行为。组织民族文化的演出展示，应当发掘和尊重古老的传统。苗侗各民族的节日和歌舞都是以农耕为主要生活基础，有些本身就是祭祀仪式不可或缺的内容。要让旅游者在观光参与过程，体验民族文化的多样性及其深邃的思想内涵，防止为了哗众取宠而使文化表演低俗化。

黔东南州传统村落拥有着丰富的、各自不可复制的自然人文资源。对他们的优秀传统文化的旅游开发可以实现游客异地休闲、娱乐、感知黔东南州特色传统文化的目的，带给旅游者精神层面的愉悦，传承中华文明与珍贵的历史文化遗产，是合理利用黔东南州旅游资源的有效途径。通过恰如其分的旅游开发对旅游区的经济发展及当地其他产业的发展会有很强的带动性，这使旅游开发成为黔东南传统村落保护发展的重要途径之一。

但旅游开发过程中一定要把握好'度'，维护自然生态和人文资源的原状，不破坏其真实性、完整性。防止一味追求旅游开发的裨益，盲目发展旅游，造成管理粗放，私搭乱建一些大体量的建筑，改变原有建筑整体风貌，破坏文化遗产等过"度"开发表现。因而，必须坚持贯彻以保护为主的方针，在切实保护好文化遗产的前提和基础上发展旅游事业，进行旅游产业开发，还要认识到文化旅游发展应当以文化遗产保护引领，从而避免黔东南传统村落出现旅游过"度"开发，随意发展的现象。

黔东南州的传统村落拥有众多璀璨的自然人文资源，在相同的大环境、大背景下，村落的旅游开发容易跟风，易产生同质化现象。因此，传统村落的旅游开发需要因地制宜，抓住重点，挖掘优势资源，在切实保护自然人文资源的原真性、完整性的大前提下，将他们打造成多种不同规划方向的精品旅游目的地，赋予每个传统村落各不相同的可玩性。如可依托突出的特色文化资源进行旅游开发的榕江县大利村，可规划侗族大歌传承基地；可依托突出的特色工艺资源进行开发的黎坪镇东郎村，可利用织布、苗绣、靛染等传统工艺，规划手工艺作坊供游客观光体验；

可依托突出的特色景观类的从江县三联村，可将其独特的梯田景观规划为中国梯田工艺的配套旅游范围设施；可依托侗族风貌的古建筑风貌以及良好区位条件的则里村，可开发周边旅游度假区的配套设施。其他特色突出的村落，如村落独特的选址布局、底蕴内涵深厚的节日活动、瑶族沐浴文化等，都可以作为村落旅游的主导资源进行开发。

7. 城乡合作

当前我国新型城镇化进程呈现出的一个新的城乡形态体现在城市反哺农村。长期以来的城乡二元化结构正在逐步打破，其中城乡合作，帮助农民发展经济，脱贫致富和把公共服务延伸到农村，正在全国范围展开。通过合作，城乡双方充分发挥各自的优势和作用，城市以先进技术、设备、资金等优势改造农村，而农村以更多更好的产品或劳务服务于城市，城乡之间互为基地、互为市场，使农村经济、文化、教育、科技及社会各方面与城市同步发展，成为一个相互依存，相互促进的统一体。在推进传统村落保护发展工作中，倡导城乡合作模式，适应新型城镇化发展趋势，给传统村落带来更大的生机。

城市反哺农村是城市义不容辞的一项责任，通过城乡合作的模式，对农村相关产业提供技术、信息、市场支持。尤其对黔东南州偏远贫困山区的传统村落，更要以项目促扶贫开发，增强农村的造血功能。其中非常重要的途径是与农村经济发展特别是与产业结构调整相结合。急农村之所急，利农民之所利，切实做好真正惠及农民的实事。前述浙江大学创立"小美合作社"，同济大学与地扪侗寨的产销合作，以及腾讯公司启动的"互联网＋乡村"的行动计划，都是城乡合作模式的一种尝试，目前也都还局限在个别村寨的个别或少量村民中探索。虽然收效甚微，但是代表了一种理念、一个方向。

在浙江省，城市与乡村合作，反哺乡村的工作已经展开。农村产业链从原来一产正加速和二、三产融合发展。果树变成果园，稻田变成景点，山林变成景区。不少地区不但激活了"花果经济"、"苗木经济"，更兴起了"美丽产业"和"美丽经济先行区"等超前理念。以休闲观光、采摘体验为主的旅游经济，以运动探险、拓展训练为主的运动经济，大大丰富了全省农村的产业业态。城市制造加工业、高等院校、大型商家超市、旅行社结盟合作，多方位参与现代服务业。国外也在做着同样的努力。例如"一社一村"运动在韩国成为热门话题。所谓"一社一村"，是指由一家公司企业（"社"即"会社"的韩文简称）自愿与一个农村建立交流关系，对农村进行"一帮一"的支援，为农产品开辟销路，建立食用菌加工厂，大力发展优质茶园，发展农村体验观光等。这些城乡合作案例均可作为黔东南州推进传统村落保护发展的借鉴。

黔东南州传统村落实行城乡合作主要以生产合作为主。生产合作则主要为传统农业生产合作，包括种植业、林牧副渔业等，如在种植业方面，可联合推广优良品种和建设农产品基地，可以采取政府为中介和担保，农民、集体等与城市组织签订合同方式，也可以由城市劳动者携资直接从事生产；在林牧副渔业方面，提高产品的商品化程度，开发无污染、高品质，在城市具有巨大消费潜力的农副产品。同时政府还可以鼓励各企业、团体组织职工到农村进行生产和生活体验，既有采摘蔬菜、水果、插秧、收割等农活，也有手工磨豆腐，做打糕、泡菜、豆瓣酱等家庭活计。企业员工和家属来农村居住、吃农家饭和购买农产品又能给他们增加收入。对城里人来说，周末休闲、体验观察也有了好去处。

此外，黔东南州政府还可以在北京、上海、天津、广州、深圳等地举办推介会，并通过贵州卫视专题节目，把自然生态的原真性和民族文化的多样性特色，推向全国，提出具有吸引力的招商引资政策，让城市合作者与黔东南州传统村落共谋保护发展。诚然，在倡导城乡合作的同时，也要防止一些城市投资者以休闲旅游为名，利用黔东南州舒适优美的自然生态环境和蕴含丰富的历史文化资源，开辟休闲消费市场，把传统村落按照城市人的需求设计建造民宿酒店，改造乡村的起居形态和生活方式，以另类方式撼动农耕文明的根基。

8. 休闲养生

现代社会随着经济全球化发展，越来越加剧了市场竞争，从而带来城市职场激烈博弈和沉重紧张的工作，使生活节奏不断加快，人的精神压力大大增加，尤其一、二线城市里的人群没有闲暇理会自己的身心健康，也没有闲情逸致领略生活的乐趣。即使退休赋闲在家的老年人，身处纷繁的世界、嘈杂的都市，加之雾霾空气和噪音污染，也会感到生活是那么机械、无味。因此以休闲的方式调节身心健康，陶冶情操，达到健康养生、益寿延年的目的，成为城市人不可或缺的社会需求。双休日已经难以满足快节奏压力的疏解，借助小长假和年假外出乡村旅游和休闲度假已成为潮流，改变着城市人传统的生活方式。

黔东南州传统村落发展休闲养生拥有着得天独厚的天然优势。黔东南州境内峰峦起伏，江河纵横，山清水秀，景象万千，森林覆盖率 63.44%，空气负氧离子高达 1 200 ～ 2 000 个 /cm³，比世界卫生组织确认的清晰空气标准还高（清晰空气标准：1 000 ～ 1 500 个 /cm³），以北京负氧离子进行对比，北京城市中心区负氧离子浓度只有 100 ～ 200 个 /cm³，四环以内地区的负氧离子浓度也不过才 300 ～ 400 个 /cm³，可见其负氧离子含量之高。此外，黔东南州不仅气温适度而且海拔适中，黔东南州地处我国亚热带季风气候区，冬无严寒，夏无酷暑，一年四季微风拂面，空气湿度适宜；同时黔东南州还处于最适合人类生存、人体对大气压力感觉最佳的 500 m 到 2 000 m 海拔高度，有较为宽广、有助于新陈代谢加快的海拔 1 500 m 区域。另外，黔东南州拥有着丰富的生物资源和灿烂多彩的养生文化，其中以苗族医药养生最为著名。

黔东南州传统村落得天独厚的自然资源为其发展休闲养生奠定了良好的基础，存在着巨大的商机。在我国和贵州省当前大力倡导健康养生的战略下，黔东南州传统村落应借此机遇适应社会发展和市场需要，发挥数百个各具特色的传统村落优势，大力发展健康养生文化、有机养殖、绿色采摘、茶园品茗、药材加工、生态美食、中医理疗、观光度假、休闲养生等有益健康的旅游活动，从内到外调养身心健康，拉动传统村落保护发展。

为此，黔东南州传统村落在发展休闲养生模式时，可依托黔东南州绝佳的气候资源、优良空气质量、纯净山水文化、生态绿色保健食品等资源优势，利用自然遗产地、自然保护区、森林公园、地质公园、风景旅游名胜区，特别是由高山、湖泊、河流、湿地、野生动植物等构成的具有特定地理区位的喀斯特和丹霞地貌世界自然遗产，以及具有深厚历史、独具一格的民族风俗的文化遗产，加快发展休闲养生业，如黄平新华村可依托药材种植的优势开发药膳等与药材相关的养生保健产品，台江交密村可利用良好的自然环境资源和区位交通优势开发民族传统生活方式体验的活动和度假养生等。此外，秉持《贵州省健康养生产业发展规划（2015—2020 年）》，依托重点健康养生基地等平台建设，加快把大数据为重点的休闲养生信息、医疗、管理、保险等支撑配套服务融入业态发展中，把黔东南州打造成知名的养生胜地。

休闲养生旅游与旅行社拉练式的观光旅游不同，旅游者需要在传统村落住下来慢慢体验，而不是匆匆而过，因此需要旅游目的地环境幽静，避免人群嘈杂。但是目前在黔东南州传统村落发展休闲养生的基础设施条件还有待提升，各市县和乡镇应在州政府的支持引导下加强基础设施和服务设施建设，提供不同层级的休闲养生服务中心。此外，还应畅通公路，完善交通工具，保持村落环境卫生整洁，确保医疗服务配套，如此，才能使游客真正安心住下来。休闲养生模式是一个长久之计，黔东南州政府应当将其作为传统村落保护发展的一件大事，统筹安排，选择具有代表性的传统村落，创造条件，打造精品。

9. 劳务输出

劳务输出是指劳动力的空间流动形式。劳务输出因研究角度不同，其分类也有所不同，本节所论述的劳务输出是从地区的输出范围角度来看的，可分为区域内转移和跨区域流动，其中前者是可以理解为"离土不离乡"的转移，即脱离农业劳动但只在本地流动，这种本地流动既可以解释为在乡镇范围内流动，也可以解释为在市、县、区范围内甚至省内流动；后者是"既离土又离乡"的转移，即向省外乃至国外的流动。[①]

随着农村经济和种植技术的发展，乡村富余劳动力逐年增多，进城务工经商带来的劳务输出，已经是我国城镇化发展的常态。在黔东南州传统村落调研中，所到之处几乎没有一个村落没有外出务工经商人员，村里多见老人、妇女和儿童。但是由于外出劳动力普遍文化程度不高，没有专业技能，因此大都从事繁重的体力活，甚至有相当一些从事井下采掘和爆竹制作等危险作业。这些年轻人长期放弃农活，即使返乡后也不会耕作，使村寨大片良田荒废，也造成许多年轻夫妇长时间两地分居和儿童失学。受外界城市文化影响，一旦有了积蓄，盲目模仿城市居民住房，在黔东南州的山寨里使用现代新型建筑材料，翻盖民居，破坏传统风貌。

针对这种无序的现实状况，黔东南州应当结合非物质文化遗产传承和精准扶贫工作，针对性地加大外出务工经商的技术培训，通过传统工艺、职业技能培训，为发展城镇经济和修缮传统建筑输送劳务。培训方向和课程设置以穿斗式木构建筑工艺、小商品制作加工为主，包括民间工艺制作、超市经营、中药材选料加工和服务于农村的物流、电子技术、互联网站、电子商务等现代服务业技能。从而提高劳务输出队伍技术含量，增加农民工收入，也使返乡人员和传统村落保护发展技术对路，学以致用。对于苗侗等民族的传统工艺，有组织地进行培训、展示和交流，让留守妇女有事可为，有钱可赚。特别是要培养人才，打造民族文化精品，和产业发展、旅游开发相辅相成。

与此同时，针对黔东南州目前的劳务输出，政府应加强对劳务输出工作的引导，将劳务输出工作列入议事日程，每年进行研讨，做到有领导分管，有步骤检查，各有关部门要紧密配合，积极为劳务输出提供方便。同时建立健全劳动服务组织，如建立县市一级劳务服务公司，按编制配齐工作人员；在乡镇地区建立劳动服务组织，配备相应人员，具体组织安排本地区剩余劳动力的转移和输出工作。此外，积极发展乡镇企业，减轻和消除村落剩余劳动力过多的压力，使村民就近就地上岗就业，解决剩余劳动力的问题，同时也有助于村落文化的保护和传承，有一举两得之效。

依据黔东南州各传统村落内所存在的特色产业、文化、工艺以及级别和类别（见下章），我们将上述保护发展模式对黔东南州部分传统村落进行适配，以期为黔东南州其他传统村落模式适配和未来发展提供参考和指引。

① 郭晓鸣，盛毅. 农村劳务输出产业化刍议 [J]. 中国农村经济，2003（5）.

黔东南州传统村落保护发展模式适配表（部分村落）　　　　表9-3

序号	市县	村落名称	特色产业	特色文化	特色工艺	等级	村落特色类别	模式适配
1	锦屏县	隆里所村		隆里花脸龙、唱汉戏、玩故事		5A	综合特色类（聚落、文化）	适度旅游
2	雷山县	郎德上寨		苗歌、鼓藏节	刺绣	5A	综合特色类（聚落、文化）	生态保育、适度旅游
3		乌尧村	茶叶	苗族芦笙舞、苗族飞歌、斗牛、鼓藏节、苗年节、吃新节、招龙节、扫寨节	苗族银饰加工	4A	特色产业类	主导产业、适度旅游
4		桥港村	柑橘、杨梅、东萝卜	斗牛节、飞歌、荆继武、吃新节、苗年节		3A	特色产业类	主导产业、自主创新
5		南猛村		南猛芦笙舞、鼓藏节、吃新节	刺绣	3A	特色文化类	适度旅游、介入激活、劳务输出
6		公统村	杨梅、茶叶	中裙苗族聚居村寨、苗医药（国家非遗苗医传承人王增世）、鼓藏节、吃新节		2A	综合特色类（产业、聚落）	主导产业、适度旅游
7		也改村	黑毛香猪、猕猴桃	长裙苗的支系、木鼓舞、鼓藏节	苗族刺绣	2A	特色产业类	主导产业、自主创新
8		开觉村	土鸡、茶叶、黑毛猪、田鲤鱼	苗族芦笙舞、苗族飞歌、高排芦笙		A	普通类	主导产业
9	黎平县	地扪村		地扪千三节、侗戏	古法造纸技术	5A	综合特色类（景观、文化、工艺）	生态保育、特色工艺、适度旅游、城乡合作
10		平甫村		侗族大歌、琵琶歌		4A	综合特色类（景观、文化）	生态保育、劳务输出
11		下寨村			靛染、刺绣	2A	综合特色类（景观、工艺）	适度旅游、劳务输出
12		竹坪村		侗族大歌、侗戏、萨玛节	蓝靛靛染技艺	2A	综合特色类（产业、工艺）	主导产业、特色工艺
13		堂安村		梯田景观、祭萨节	侗族蓝靛靛染工艺、侗族木构建筑营造技艺	2A	特色景观类	介入激活、适度旅游、特色工艺、劳务输出
14		肇兴村		农田景观、侗族大歌、祭萨节	侗族鼓楼花桥建造技艺、蓝靛靛染工艺	2A	综合特色类（聚落、文化）	介入激活、适度旅游
15		坝寨村		侗戏、拦路歌		A	特色文化类	介入激活、自主创新
16		朱冠村		侗族琵琶歌、鼓藏节、祭萨、芦笙舞	侗族服饰、蓝靛靛染技艺	A	特色景观类	特色工艺、劳务输出
17	榕江县	大利村	葡萄、天麻、猕猴桃、黑毛猪、乌骨鸡	侗族大歌、侗戏、萨马节、侗年、吃新节	竹编、藤编、木雕	5A	综合特色类（景观、工艺、产业）	生态保育、适度旅游、特色工艺
18	麻江县	河坝村		斗牛、斗鸟、跳芦笙、绕家过冬节、瑶族隔冬	瑶族服饰、枫香印染技艺	4A	综合类特色类（文化、工艺）	特色工艺、适度旅游
19	从江县	高良村		水书、水族铜鼓舞、侗族琵琶歌、侗族大歌、侗族牛腿琴、水族卯节	水族服饰、水族马尾绣	4A	综合特色类（景观、文化、工艺）	特色工艺、主导产业

序号	市县	村落名称	特色产业	特色文化	特色工艺	等级	村落特色类别	模式适配
20	从江县	占里村		侗族大歌、占里侗族生育习俗		4A	特色文化类	生态保育、休闲养生、适度旅游
21		增盈村	猕猴桃种植	侗族大歌、侗戏、斗牛、萨马节、侗年	侗族木构建筑营造技艺、侗布织造、美食、酿酒、刺绣、服饰	3A	特色景观类	适度旅游、主导产业
22	丹寨县	麻鸟村		锦鸡舞、苗年	芦笙制作工艺	4A	特色文化类	适度旅游、特色工艺
23		排莫村		鸟图腾部落、敬桥节、吃新节、游方节、苗年、鼓藏节、招龙节	蜡染	4A	综合特色类（工艺、聚落）	适度旅游、主导产业、特色工艺
24		石桥村		古瓢舞、芦笙舞、斗牛、斗鸟、苗族古歌飞歌、苗年、吃新节	石桥古法造纸	3A	特色产业类	主导产业、特色工艺、适度旅游
25		送陇村		百鸟衣、古瓢舞、芦笙舞、斗牛、苗年	苗族刺绣、苗族蜡染	3A	综合特色类（文化、工艺）	生态保育、适度旅游、特色工艺
26	剑河县	巫沙村		飞歌、古歌、踩芦笙、斗牛、拦路酒、祭桥节、鼓藏节、春节、吃新节、苗年、招龙节	巫沙苗族服饰、刺绣、土布制作工艺	2A	综合特色类（景观、文化、工艺）	适度旅游、特色工艺
27		反召村	松脂、辣椒	古歌、踩芦笙、斗牛、祭桥节	苗族服饰、土布制作技艺	2A	特色文化类	适度旅游、特色工艺、主导产业
28	施秉县	龙塘村	烤烟、稻田养鱼、中药材、小香鸡	古歌、芦笙舞、踩鼓舞、祭桥节、二月姊妹节、吃新节、苗年、苗族鼓藏节	刺绣印染	3A	普通类	主导产业
29	台江县	长滩村	蓝莓、竹笋	民族服饰、独木龙舟节、苗族姊妹节	苗族刺绣	2A	特色文化类	主导产业、适度旅游
30	黄平县	塘都村		僳家风情歌舞表演	银饰加工	A	特色工艺类	特色工艺、劳务输出

四、传统村落保护发展机制探究

1. 创新传统村落保护发展机制原则

推进传统村落保护发展，不仅要开拓视野和思路，采取多元化模式，而且要探索多种运作机制。机制是模式的支撑和保障，只有构建科学合理的运作机制，才能使多元模式产生理想的效益。目前全国各地传统村落尚无标准的运作机制可以直接套用，今后也不可能千篇一律，在全国或者某一区域对运作机制进行统一规范，还是要根据各地实际条件，做出合理选择。同时，在建立具体机制举措前，应当依据当地情况，先提出传统村落保护发展机制原则，对机制的确立和实施起统领和指引作用。为此，依据黔东南州传统村落保护发展现状，我们提出了"政府引领监督、专家咨询指导、村民自主决策、市场渠道链接"的机制原则。

（1）政府引领监督

政府是传统村落保护发展的引领者和监督者，要实现传统村落的保护和长久的利益效应，必然离不开政府发挥的引领和监督作用。政府既是国家政策的制定者，也是国家政策的执行者，最能够把握国家推进传统村落保护发展风向标。在黔东南州传统村落的保护发展过程中，需要黔东南州政府与时俱进，结合国家政策，依据当地实况，组织县（市）和乡镇政府，对所辖区域传统村落特有的自然资源、民族文化和地域文化展开深入的研究发掘，认真梳理历史文脉，编制传统村落保护发展规划，对保护传统村落的文化遗产和产业创新驱动，以及改善人居环境，制定切实有效的政策措施；对保护发展规划实施过程中出现的问题，加大保护监管力度，坚决制止违法乱拆乱建。与此同时，加快大数据建设，搭建好现代信息服务平台，充分发挥互联网＋的作用，推进多元化发展模式和运作机制的探索，确保传统村落的保护和发展始终有计划、健康有序地进行。与此同时，政府还应当制定扶持政策，给予资金补助，完善基础设施，为传统村落保护和发展奠定良好基础。此外，传统村落是中华民族文明之根，是现代核心价值观的源泉，传统村落承载着我国丰富的农耕文明。随着社会的发展，在现实需求和利益的引诱下，面对着不断受到威胁和破坏的传统村落，州政府应加大对传统村落的管理和监督，制定相关法律政策，对破坏行为进行严厉打击和责任追究，确保传统村落的可持续保护和发展。

（2）专家咨询指导

传统村落的保护发展是一门综合性的学科，涉及到的学科有规划学、建筑学、历史学、人类学、地理学、哲学、宗教学、考古学、经济学、社会学等。黔东南州政府作为黔东南州传统村落保护发展相关政策的制定者和管理者，无法掌握到每个学科，而村民又因文化水平低、视野窄等的限制，更无法准确把握好村落的保护和发展方向。因此在传统村落的保护发展过程中，州政府应积极与有关方面专家建立长期合作关系，聘请专家顾问，通过组织专家咨询会、论证会、研讨会、评审会等方式，听取有关方面专家的意见和建议。要把专家咨询指导贯穿在课题研究、规划编制和实施的全过程。县级人民政府对本地区传统村落保护发展负有主要责任，负责安排资金编制保护发展规划和保护项目的具体实施，以及对违法建设的监督查处。乡镇政府要配备专门工作人员，配合做好监督管理工作。以全局全面的视角指导传统村落的保护发展，以免顾此失彼，而各学科专家当以自己所长，依据村落具体情况，提出适合该村落保护发展的意见和措施，共同为传统村落的保护发展添砖加瓦。

（3）村民自主决策

在农耕经济时代，自古以来乡村聚落的形成与发展，就是村民自主自治。即使有政府和外部因素的干预，最终决定产业怎样发展和村民事务如何管理，还是村民说了算。这种自治管理制度一直延续至今。我国"为了保障农村村民实行自治，由村民依法办理自己的事情，发展农村基层民主，促进农村社会主义物质文明和精神文明建设"，2011年根据宪法，在原《村民委员会组织法》的基础上，又专门制定了《村民自治法》。村民是传统村落的主人，理应是推进传统村落保护发展的主体。无论采取怎样的保护发展模式和运行机制，都应当尊重村民的意愿，维护村民主体的合法权益。把中国传统村落保护发展提上各级党委和政府的重要议事日程，固然是传承中华民族农耕文明，弘扬中华优秀传统文化，实现中华民族伟大复兴的需要，并且来自中央高层的推动和国家主管部门顶层设计，很快在全国各地如火如荼深入展开，从启动阶段就显示了自上而下行政强力推动的鲜明特征。但是政府的引领导航不应当越俎代庖，不等于取代村民的主体地位。否则在具体实施过程中，将导致忽视村民在传统村落保护发展中的主体地位和作用，使传统村落在保护发展的方向、思路和规划编制上脱离实际，不能真正反映村民的意愿。这种状况已经出现且屡见不鲜，很大程度上挫伤了村民的积极性。

村民最了解祖祖辈辈生息繁衍的村落历史和现状，最清楚需要解决什么症结障碍，最企盼符合自己意愿的发展。然而他们一旦被边缘化，自己说了不算，不能够从传统村落保护发展中得到实惠，获取益处，就会产生抵触，以致和政府对立。因此推进传统村落保护发展，必须坚持村民主体理念，充分认识村民才是村落文化的创造者和传播者，村民才是了解村落文化和现状最主要的本体，传统村落的保护和发展不能脱离村民这一主体。村落的保护发展应当在政府的引领下由村民自主决策，带领村民以主人翁身份积极主导和参与传统村落的保护发展，实现村民利益最大化的目标。

编制传统村落保护发展规划，必须深入实际调查研究，充分听取村民或村民代表的意见。筹划村落产业发展，选择发展模式，制定规划设计方案，安排项目需求，对传统建筑采取修缮措施和采用修缮材料等，均应征得村民代表和村委会讨论同意。村委会要组织村民学习贯彻党和国家政策，并将传统村落保护发展的责任和义务写进乡规民约。

（4）市场渠道链接

社会在发展，时代在改变，任何事物要想获得长久的发展，必须与时俱进，与时代结合，满足社会市场这一需求，传统村落的保护发展也不例外。黔东南州传统村落的保护发展不能仅限于政府政策和村落范围内，应当时刻关注市场变化，抓住市场需求，依据本地资源，打造出符合市场需求的产品，如此才能获得更大更久的发展；不应故步自封，满足于现状，举步不前，或者不切实际，不以市场为导向，盲目发展，造成村落资源的浪费和破坏。与此同时，保持与市场的链接，除了获得信息的更新外，还能获得其他资源的补给，如社会资金的投入、社会技术的支持等。由于传统村落的保护发展是一项长期的工程，需要大量的资金和技术的投入，但因政府在此方面的力量有限，而市场这一庞大渠道可补充该缺陷。因此，在传统村落保护发展的过程中，应当充分链接市场渠道，建立起稳定的融资渠道和管理技术力量的支持，为传统村落保护发展的可持续性提供有力的依靠。有鉴于此，各级政府应当主动搭建信息平台，拓展资金渠道，提供链接市场的各种协调和服务。

2.探索传统村落保护发展机制举措

（1）建立全方位多部门联合管理机制

全方位多部门联合的管理机制是传统村落保护发展的重要工作框架，可为传统村落的保护发展提供组织保障。传统村落保护发展最初由国家四部局管理，后扩展到七部局管理，下级管理部门也随之由4个部门发展到7个部门。这7个部门分别为住建、文物、文化、旅游、国土、财政、农业部门，可见传统村落的保护发展所涉猎的内容之广，然而目前这7个部门所辖还不能完全涵盖传统村落的保护和发展。在传统村落具体的保护发展过程中，还会涉及到环保、水利等内容，但这些管理部门并未作为传统村落保护发展的主体部门，在实际操作过程中，常常有责无权，有心无力。因此，必须建立起一个全方位多部门联合的管理机制。为此，在黔东南州，建议建立以州政府为领头的黔东南州传统村落保护发展联合管理小组，规定成员构成，除七部门外，加入环保、水利等相关部门，组成多部门全方位的管理组织，同时明确联合管理小组各成员单位的主要职责和管理范围，以及在各部门之间的衔接机制，避免在实际工作中各管理部门之间为推诿责任，相互扯皮，影响传统村落的保护和发展。

（2）引进PPP模式，形成"政府＋村民＋企业＋社会组织"的合作机制

2015年贵州省在印发《关于加强传统村落保护发展的指导意见》中，明确指出设立省级传统村落保护发展扶持资金；推广PPP、社区营造、合作社主导传统村落建设等模式。其中PPP模

式为近些年来引入传统村落领域的一种合作模式，即政企之间的合作，政府部门与私营机构或财团间，为提供公共服务或者物品，以特许权协议为基础形成的合作伙伴关系。目前在传统村落保护与发展领域中，国内尚无成熟的运用实例，但已有探索，如安徽宏村的 BOT 运作模式（建造、运营、移交）、广东歇马村的狭义 PPP 模式（项目融资的一种具体方式）等；其中 BOT 模式适合缺乏初始保护资金的传统村落，短时间内提供大量资金用于传统村落的保护，但该模式容易导致投资方即私营企业剥夺原住民的话语权，使村民无法参与村落的决策与管理；狭义 PPP 模式成立前提为政府与企业共同注资，政府可参与管理，拥有话语权，共享收益，但同时也容易出现为多得少做而相互扯皮，以及腐败问题。①

有鉴于此，黔东南州应贯彻贵州省传统村落保护发展指导意见，结合当地实际推进传统村落保护发展，引进 PPP 模式，实现政企合作，同时应当考虑将村民这一主体和社会组织纳入到该合作体系中。村民是传统村落的主体，是村落保护发展的承载者，其组织形式可以为村委、合作社、村民个体。社会组织则是区别于政府和企业外的非政府组织、非营利性组织、行业协会等组织和群体。建议形成"政府 + 村民 + 企业 + 社会组织"的合作机制，其中政府作为传统村落保护发展的引导者和监督者，村民作为传统村落保护发展的主导者和参与者，企业则作为传统村落保护发展的管理者和运营者，社会组织作为中间机构可起到协调、援助和监督的作用，四者各司其职，各负其责，相互制衡，共同发展。

（3）实施多方监督和绩效评估机制

传统村落的保护发展是一项长期的工程，不可能一蹴而就，因此在这漫长的过程中，保护和发展项目需一步一步实施，而为使这些项目能如期完成和保质保量，必须建立起多方监督和绩效评估机制。多方监督主要是要发动不同的群体来监督政府、企业和村民等在传统村落保护发展过程中的行为，如村民的监督、社会组织的监督、游客的监督等。绩效评估机制则是利用绩效评估这一手段来督促传统村落保护发展具体措施实施的有效性。实施绩效评估机制首先需要成立评估组，制定绩效评估内容，包括组织协调、管理制度、工作落实、要素保障以及奖惩措施等。评估组通过实地调查，采用定量和定性相结合的方式对拟评估村落进行综合评估，其中在组织协调方面，主要从领导机构、组织协调、机制、专职专业人员配备、工作部署等方面进行检查；管理制度方面围绕村庄规划编制、项目管理、相关工作档案完整性进行综合考察；工作落实从上层指导与同级交流、业务培训、技术学习、信息报送、建设项目等具体工作层面进行考核，重点在于建设项目有效落实，如古建筑修复、建（构）筑物整体改造、搬迁安置、古道修复等；要素保障主要是对资金、土地、制度等重要制约因素的评估，突出保障效应；奖惩措施则是针对评估成绩好坏来实施奖励和惩罚的措施，评估成绩好，则予以表彰和其他的奖励，评估成绩差，则需提出严厉的惩罚措施，追究责任。

（4）创建合理共享的利益分配机制

传统村落的保护发展最终目的是为了获取效益，改善村民生活环境与水平。而利益分配问题直接关系到传统村落保护发展过程中各利益主体之间关系的稳定性，创建合理共享的利益分配是传统村落保护发展持续健康的重要保障。

目前黔东南州传统村落大多以旅游业为主，也有其他产业的发展；旅游业发展方式多样，有

---

① 张剑文.传统村落保护与旅游开发的 PPP 模式研究［J］.小城镇建设，2016（7）.

政府主导的、企业主导的和社区主导的，其他产业则主要以合作社的方式进行，但无论是旅游业还是其他产业，其涉及的利益主体不外乎为地方政府、当地村民和外来企业。处理好三者之间的利益关系，尤其是保障村民的合法权益和利益，体现村民在传统村落保护发展中的主体地位，建立合理的利益分配制度，将有利于调动产业发展中各利益相关者的积极性，达到互惠双赢，实现可持续发展。

在综合黔东南州传统村落保护发展现状以及各利益主体之间的矛盾后，建议采取"股份制合作社"的形式来合理划分三大利益主体间的利益分配关系。政府的帮扶和资金投入主要落实各项精准扶贫政策，通过财政补贴、抵押贷款，并从产业发展和旅游收益部分偿还贷款；村民进行产业创新或者旅游开发，依托的是本地自然人文资源，是祖祖辈辈创造的农耕文明资产，在股权构成确定和收益分配中应当占有主要份额。外来企业目的在于利用传统村落资源经营，获得最佳利润，参与的重点在传统建筑修缮、基础设施完善和旅游景点开发，资金投入应当得到回报。但是不应以这种投入作为控股的理由。毕竟传统村落产业发展和旅游开发的自然人文资源赖于村民历代创造，不是近期集中投入所能等量齐观。地方政府在传统村落保护发展中发挥引领指导、综合协调的重要作用，负有招商引资发展传统村落产业，搞活地方经济，实现传统村落遗产资源文化价值的职责。作为领导者和监督者，应当把好利益分配关，避免伤害村民的主体地位，挫伤村民的积极性。要监督传统村落保护发展中的各方行为，切实保护好村落遗产，协调好村落经济、社会和环境的关系。同时，政府也应当投入大量资金，完善基础设施和配套服务设施，因此当地县政府在合作社中占有一定股份是合理的，也是实现其职能的重要支撑。村民是传统村落的主体，也是受益的主体，在传统村落保护发展过程中，当以村民利益放在重要位置。在具体操作中，村民当以土地使用权、固定资产、资金、技术等多种形式入股合作社，享受薪金收入和财产收入等稳定长期的收益回报。村民也可以自发组织各种专业合作社，共同投资，共同受益。村委会则可借鉴浙江省兰溪市诸葛村的做法，注册成立代表村集体融资和运营管理的企业参股，以发展壮大集体经济，同时解决村民福利。外来企业的进入和大量资金的融入，对于传统村落的保护发展起到重要的启动催化作用。通过对外来企业资产的评估和资金的投入，给予相应股份，明确各自责任和义务。最终按股分红，实现利益合理分配，共享发展成果。

此外，为了更好地实现合理的利益分配，可以成立相应的机构来协调利益分配过程中所出现的问题，如成立利益协调监督委员会，由各利益主体派出人员组成，主要负责村落保护发展过程中各方的行为和对历史文物、生态环境保护进行监督，协调各方面利益关系，作为各利益相关者利益表达的重要平台。同时，要遵循市场规则，在平等自愿的条件下签订合作协议，规定各方应承担的义务和责任，明确各自的权、责、利以及惩罚办法，形成利益共享、风险共担的共生关系。

政府推进传统村落保护发展，要防止乡村投资公司和外来企业一家独大，承揽经营管理，在利益分配中攫取最大利润。要严禁将村民整体迁出传统村落，把传统村落改为独资旅游景区，或者进行高档民俗酒店开发。

第十章　黔东南州传统村落分级分类指导研究

　　黔东南州传统村落数量之多在全国州、市中高居首位，但是存续状况具有很大差异。有些村落保护完整、历史文化品位上乘；有些村落保护尚好，拥有文物保护单位，历史文化价值较高；也有些村落保护较好，传统建筑数量多，具有一定历史文化价值；还有些传统村落保护稍差，传统建筑数量较少，价值一般。面对这种现状，不宜等量齐观，眉毛胡子一把抓，而应有选择地突出重点，彰显黔东南州传统村落特色，为此应根据黔东南州传统村落的价值特色和保护完好程度，实施分级分类指导，便于适配恰当的保护发展模式；其中分级分类适配保护发展的途径和要求是突出重点、厚植传统资源优势的方法，也是拨云见日，有序推进黔东南州传统村落保护发展的必然。

第一节　黔东南州传统村落分级分类

　　黔东南苗族侗族自治州是我国苗族侗族人口最为集中的地区，也是苗侗原生态民族文化最具代表性的区域。黔东南州传统村落分级分类既包含对各民族文化实物载体保存现状的摸底，也包含对其传统文化的梳理和价值判断。

一、传统村落分级

1. 传统村落分级的依据

　　基于黔东南州传统村落存续状况的基本分析，将"传统村落的自然环境"、"格局和整体风貌"、"传统建筑"以及"非物质文化遗产"4项标准作为对黔东南州传统村落分级的依据，并制定依据表，如表10-1，该表参照住建部公布的《传统村落评价认定指标体系（试行）》，并结合黔东南州实际情况，制定而成。

传统村落分级依据表　　　　　　　　　　　　　　　　　　　　　表 10-1

分级依据	参考内容	标准	等级层次	等级
自然环境	（1）村落周边山体完整程度、植被完好程度； （2）景观环境是否保持原生态、是否富有特色； （3）村落与周边山水田之间关系	村落周边山体完整，植被完好；景观环境保持原生态、富有特色；山水田与村落关系和谐	A	
		村落周边山体、植被有一定程度改变；景观环境原生态，受到轻微改变；山水田与村落关系较为和谐	B	
		村落周边山体、植被遭受较为严重的破坏；景观环境原生态受到破坏；山水田与村落和谐的关系被破坏	C	

分级依据	参考内容	标准	等级层次	等级
格局和整体风貌	（1）村落传统格局完整度； （2）街巷体系、空间肌理、水系是否完整，街巷、河流驳岸是否保持传统材料； （3）传统设施使用率； （4）不协调建筑情况	村落传统格局保持完整；街巷体系、空间肌理、水系完整，街巷、河流驳岸保持传统铺装材料；传统设施利用率高，与生产生活保持密切联系；整体风貌完整协调，格局体系中无突出不协调建筑	A	
		村落传统格局基本保持完整；街巷体系、空间肌理、水系较为完整，街巷、河流驳岸大部分保持传统铺装材料；传统设施活态使用，与生产生活有一定联系；不协调建筑少，不影响整体风貌	B	
		村落传统格局保持较差，仅保留了部分集中连片格局；街巷体系、空间肌理、水系保持较为清晰的骨架，街巷、河流驳岸仅部分采用传统铺装材料；传统设施基本不使用；不协调建筑较多，影响整体风貌	C	
传统建筑	（1）保护范围内传统建筑用地面积占现状建筑用地总面积的比例； （2）传统建筑类型是否丰富，有无文保单位； （3）传统建筑质量情况； （4）原住居民使用情况	保护范围内传统建筑用地面积占现状建筑用地总面积比例达80％以上且集中连片；传统建筑类型保存丰富，或有文保单位；建筑质量良好，风貌协调统一；仍有原住居民生活使用，保持了传统区的活态性	A	
		保护范围内传统建筑用地面积占现状建筑用地总面积比例达70％～80％且集中连片；传统建筑类型保存一般，或有文保单位；建筑质量较好，基本保持原有风貌；仍有原住居民生活使用，不协调建筑少	B	
		保护范围内传统建筑用地面积占现状建筑用地总面积比例占70％以下；传统建筑类型保存不丰富；部分建筑细部保存完好；仍有原住居民生活使用，不协调建筑较多	C	
非物质文化遗产	（1）非物质文化遗产丰富度； （2）非物质文化遗产级别； （3）是否有明确代表性传承人； （4）是否活态传承； （5）在古代历史和近代革命时期是否发生过重要历史事件，出现过有重要影响的历史名人	非物质文化遗产丰富；具有国家级、省级非物质文化遗产，有明确传承人，传承良好，且活态传承；或在古代历史和近代革命时期发生过重要历史事件，出现过有重要影响的历史名人	A	
		非物质文化遗产较为丰富；具有省级以下非物质文化遗产；传承一般，无专门管理	B	
		非物质文化遗产不丰富；传承一般，无专门管理	C	

（1）自然环境

优美的自然环境是黔东南州传统村落生存的基础。以传统村落与周边优美的自然山水环境或传统的田园风光和谐共生的关系为参考标准，若满足"村落周边山体完整，植被完好；景观环境保持原生态、富有特色；山水田与村落关系和谐"的传统村落，则将获得一个 A。如从江县的增冲村，村落北、西、南三面临水，溪流绕村而过，东面是起伏的山丘，村落犹如一个半岛坐落在环抱的溪流之中，其村落选址充分体现了人与自然和谐共生的理念。

图 10-1　背山面水的增冲侗寨

图片来源：http://www.557400.cn/bendi/info-53546.html

（2）格局和整体风貌

村落格局和整体风貌将从村落现有选址形成年代、传统格局保存程度等方面进行具体考核。"村落传统格局保持完整；街巷体系、空间肌理、水系完整，街巷、河流驳岸保持传统铺装材料；

传统设施利用率高，与生产生活保持密切联系；整体风貌完整协调，格局体系中无突出不协调建筑"，则将获得一个 A。如榕江县大利村，村内民居建筑分建于小溪两旁，错落有致，四合院格外引人注目，四周横杆挂满糯谷的谷仓点缀其中；风雨桥横卧于穿寨小溪上，寨中道路四通八达，青石铺墁；6 眼古井，清泉汩汩，具有鲜明的侗族村寨特点。

（3）传统建筑

传统建筑为传统村落中最基本的要素，将满足"保护范围内传统建筑用地面积占现状建筑用地总面积比例达 80% 以上且集中连片；传统建筑类型保存丰富，或有文保单位；建筑质量良好，风貌协调统一；仍有原住居民生活使用，保持了传统区的活态性"的传统村落在标准上增加一个 A。例如黎平县黄岗村，是典型的侗族村寨，村庄规模较大，但全村仅小学教学楼为全砖混结构，其余均为木房，符合传统建筑项评为 A 的标准，因此该村在此项获得一个 A。

（4）非物质文化遗产

非物质文化遗产作为传统村落的重要组成部分，其丰富性和传承的活态性成为传统村落分级的重要依据之一。非物质文化遗产的保护就是指一种形式，即整体的、动态的、活化的保护；一个根本的同时也是最理想的保护就是将活态的非物质文化遗产放在其生存环境内，即在日常的民俗生活实践中的活态保护。黔东南州传统村落中非物质文化遗产丰富多样，很多村落都具有省级及以上的非物质文化遗产，因此，为了凸显具有稀缺性非物质文化的村落，我们让"非物质文化

图 10-2　榕江县大利村

图 10-3　郎德上寨古建筑

图 10-4　反排木鼓舞

图片来源：http://www.qdn.cn/news/xwph/201108/64598.shtml

遗产丰富；具有国家级、省级非物质文化遗产，有明确传承人，传承良好，且活态传承；或在古代历史和近代革命时期发生过重要历史事件，出现过有重要影响的历史名人"的村落，在此项上获取 A。如台江县反排村被誉为'东方迪斯科'的反排木鼓舞，这是一种世代相传的苗族祭祀性舞蹈，现已列入国家非物质文化遗产代表作名录。

此外，对那些 4 项标准都是 A，同时村落又是世界文化遗产或者整村为全国重点文物保护单位、国际合作原生态博物馆的传统村落，再增加一个 A。

2. 传统村落分级的标准

按照上述的自然环境、格局和整体风貌、传统建筑以及非物质文化遗产 4 项依据以及根据条件增加的 A，将黔东南州传统村落划分为 5A、4A、3A、2A 和 A 级 5 个等级。

传统村落级别	分级依据	分级标准	示范村寨
5A		指 4 项依据都是 A，同时村落又是世界文化遗产或者为全国重点文物保护单位、国际合作原生态博物馆	锦屏县隆里所村 雷山县郎德上寨 榕江县大利村
4A	1. 自然环境 2. 格局和整体风貌 3. 传统建筑 4. 非物质文化遗产	指 4 项依据都是 A，但村落不是世界文化遗产或者全国重点文物保护单位、国际合作原生态博物馆	黎平县黄岗村 台江县反排村 从江县岜沙村
3A		指 4 项依据中有 3 项是 A	雷山县新桥村 雷山县控拜村 榕江县宰荡村
2A		指 4 项依据中有 2 项是 A	黎平县肇兴村 雷山县也改村
A		指 4 项依据中仅 1 项是 A	黎平县厦格村 雷山县开觉村
备注：遭受火灾的村寨要具体分析其损毁程度，大部分烧毁的因为已经失去传承价值，不再考虑分级。			镇远县报京村 剑河县久吉村

5A 级传统村落指的是 4 项依据均获得 A，同时又是世界文化遗产或者全国重点文物保护单位、国际合作的原生态博物馆的村寨，例如锦屏县隆里所村，是中国与挪威王国国际合作"贵州生态博物馆群"之一和贵州省重点建设的文化古村镇之一，是省级风景名胜区、省级历史文化名镇。2002 年，被列入省级非物质文化遗产保护名录；2007 年，被列为第三批"中国历史文化名村"；2013 年，景区内的古建筑群被评为第七批全国重点文物保护单位。

图 10-5 "贵州生态博物馆群"——隆里古城

图片来源：http：//travel.163.com/15/1116/14/B8I2V5OO00063KE8.html

4A 级传统村落指的是 4 项依据均为 A，但并没被评为世界文化遗产、国家文保单位或与国际合作原生态博物馆的村寨。例如黎平县黄岗村，它坐落在深山里，山清水秀，2 条小溪于寨中交汇而过，有山有水，自然景观优美，岗上起平地，犹如金盆，非常原生态。寨内有 1 座花桥，5 座鼓楼，四周古松环抱，寨边禾晾有序排列。村寨文化古朴，风情浓郁，保存和延续着上千年的传统生产生活习俗。民居建筑与寨门、鼓楼、戏台、花桥等传统公共建筑物协调呼应，构成一个典型的侗族文化空间载体。村寨布局清晰合理，空间形态、院落空间完整，传统建筑群、典型建筑物及其周边环境风貌基本保存完好。该村落非物质文化遗产种类繁多，包括侗族大歌、抬官人、侗戏等，且至今传承良好。

图 10-6　黄岗村整体风貌图

图 10-7　黄岗村非物质文化遗产

3A 级传统村落指的是上述 4 项依据中有 3 项评定为 A 的。例如雷山县新桥村，新桥村位于雷山县西部，属于苗族村寨，村落周边山体完整，植被完好；景观环境保持原生态；山水田与村落关系和谐；村落街巷体系保持完整，传统公共设施利用率高；新桥村属于超短裙苗族村寨，其非物质文化遗产种类多样且活态传承良好，其芦笙舞被评为国家级非遗。但是，新桥村的

图 10-8　雷山县新桥村——建筑风貌不协调

传统风貌建筑保护措施较弱，有部分建筑已改建为砖混结构，与整体风貌不协调。对于这种有 3 项依据表现较为良好，仅 1 项相对较弱的村落，将其划分为 3A 级传统村落。

图 10-9　灯火通明的肇兴不夜城图

图 10-10　肇兴村砖混结构建筑

2A 级传统村落指的是上述依据中又有 2 项评定为 A 的。例如黎平县肇兴村，地处于两座山脉之间的谷地，村寨呈船形状，四面环山，寨子建于山中盆地，一条小河穿寨而过。其自然环境一项可获一 A；肇兴村虽为一个大寨，但按照侗家一个族姓一座鼓楼的规矩，5 个大团都有自己的鼓楼，即"仁、义、礼、智、信"5 座鼓楼，其建筑肌理均以 5 座鼓楼为中心，向外扩散。加之其街巷体系完整，传统公共设施利用率高并且与生产生活保持密切的联系。其格局和整体风貌这一项也可获一 A；但肇兴村虽为国家 AAAA 景区、贵州省十佳特色旅游城镇景区，由于其村庄内部大肆发展商业旅游，传统建筑改建为砖混结构，与传统风貌不协调，现将肇兴村发展为"不夜城"，晚上村内各建筑彩灯高挂，灯火通明，严重破坏传统村落质朴的村落形象。加

之肇兴村的传统非物质文化遗产并未得到良好的保护与传承，所以在传统建筑以及非物质文化遗产2项不可评为A，故将肇兴侗寨划定为2A级传统村落。

A级传统村落，顾名思义仅1项依据评定为A的，对于黔东南州传统村落而言，仅1项评定为A的，那大多是村落周边环境保持良好，与村落和谐共生的自然环境选项。由于黔东南州独特的地理位置和气候气温，造就了其优美的自然环境。但由于传统村落其他项保护状况不佳，导致村落整体格局遭到破坏，村庄私搭乱建，传统风貌建筑越来越少以及非物质文化遗产得不到良好的传承，故其他3项均不获得A。但这样的村落在黔东南传统村落里也并不多见。

另外，对于遭受火灾的村寨据其损毁程度进行分级。若村落已大部烧毁且失去传承价值的，如镇远县报京村、剑河县久吉村，则不再考虑分级。

二、传统村落分类

黔东南州众多传统村落中，有民族特色突出的传统村落，也有在一定区域内存在相似相同的传统村落，表现出高度的同质化。通过对传统村落价值进行评估，可将黔东南州传统村落分为特色村寨和普通村寨。

特色村寨是指是一定区域民族文化的代表，具有非常高的展示和研究价值的传统村落。普通村寨则是指没有突出代表或难以与特色村寨竞争的传统村落，同质化特征明显，与之竞争的村寨较多。特色村寨的展示与研究价值，可产生较大影响力，突显原生态民族文化魅力与吸引力。普通村寨中分布的具有展示与研究价值的实物与文化现象,应与特色村寨起到相互支撑作用，为展示与研究提供支持。

特色村寨按其具体特色内容可细分为特色文化类、特色景观类、特色产业类、特色工艺类、特色聚落类、综合特色类。加上普通类则共有7种类别村寨。

传统村落分类标准　　　　　　　　　　　　表10-3

传统村落类别	分类标准	特色内容	村寨名称及特色
特色文化类	在某一特色文化方面有突出表现的，且至今仍然活态传承良好的，尤其是已获得特殊称号的传统村落	如生育文化、医药文化、持枪部落等	如从江县岜沙村——中国唯一一个持枪部落
特色景观类	在村落自然景观与人文景观方面具有突出代表性的传统村落	如加榜梯田、水上粮仓、生态博物馆等	如雷山县新桥村——水上粮仓
特色产业类	在产业方面有突出表现且有一定规模的传统村落	如黑毛猪、椪柑、茯苓、茶叶等	如雷山县乌东村——茶叶
特色聚落类	在整体布局上具有独特性，且村落格局保存完整的传统村落	如肇兴侗寨鼓楼群	如黎平县肇兴侗寨——以5个鼓楼为中心进行村落布局，形成仁团、义团、礼团、智团、信团5团的聚落空间
特色工艺类	在手工艺方面有明显代表性且至今仍活态传承良好的传统村落	如刺绣、蜡染、银饰加工、木构建筑营造工艺等	如剑河县展留村——锡绣
综合特色类	同时具备以上特色类中2种及以上的传统村落		如黎平县述洞村——国家重点文物保护单位独柱鼓楼、水上禾仓、钩藤种植、蜡染工艺
普通类	无上述特色内容的传统村落	无特色内容	

1.特色文化类

特色文化类传统村落指的是在某一特色文化方面有突出表现的，并且至今仍然活态传承良好的，尤其是已经获得特殊称号的传统村落。黔东南州主要以苗族、侗族为主，其少数民族文化种类繁多，例如生育文化、医药文化等民族传统文化。以从江县岜沙村为例，岜沙村是省人民政府确定的重点保护民族村寨，被誉为苗族文化的"活化石"和"生态博物馆"。在《贵州省旅游业发展总体规划》中，岜沙被列为民族村寨类 A 级景区。岜沙苗寨的居民建筑、服饰头饰与周边其他村寨迥然不同，独具特色。岜沙人至今保持着一两千年前古老的生产生活方式，着装依旧保持着强烈的原始色彩。最重要的是岜沙村获公安机关特别批准，是中国唯一一个可以持枪的部落。

图 10-11　从江县岜沙村——最后一个持枪部落

2. 特色景观类

将传统村落中自然景观与人文景观具有突出代表性的传统村落划定为特色景观类。在地形上，黔东南州海拔落差大，地貌形态丰富，加之布满河流与湖泊，水源丰富。各种形态的地貌、温暖湿润的气候以及发达交错的水系，致使境内山清水秀，植被丰茂，自然风光瑰丽旖旎，造就了黔东南州丰富多样的具有民族特色的景观，如加榜梯田、水上粮仓、生态博物馆等。以雷山县新桥村的水上粮仓为例，新桥水上粮仓群位于寨子中央的低洼处，周边是民居建筑，仓群整齐地排列分布在 5 个水塘之上，数条小道穿行其间，过道以鹅卵石铺墁。粮仓多为穿斗式吊脚楼，以青石块垫脚，6 根木柱置于石墩上，在距离水面 1.5 m 处凿榫穿木枋，再装楼板及板壁，小青瓦或杉木皮顶。水上粮仓群建筑质朴、自然、独特，与黔东南其他民族地区的粮仓建筑存在着显著区别。

图 10-12　雷山县新桥村——水上粮仓

3. 特色产业类

特色产业类传统村落指的是在某一方面有突出表现且有一定规模的传统村落。黔东南州的一些传统村落，因传统产业有一定经济效益而保持较好，这类村寨的传统产业有一定特殊性，例如黑毛猪的养殖，椪柑、茯苓、茶叶等的种植与加工。以乌东村为例，该村落海拔1 300多米，由于海拔高，自然气候恶劣，水稻种植产量较低，经济来源少，以前是典型的贫困村。该村利用天然无公害无污染的优越条件，通过长期摸索实践，利用稻田改种特色农作物——茶叶，发展特色产业，因地制宜地走出了一条适合该村发展的生态致富奔小康的路子。乌东村的茶产业成规模成体系，拥有雷山苗圣雷公山乌东茶叶厂，村民收入较高，茶叶产业已然成为该村农民增收致富的主要渠道。

图 10-13　雷公山茶叶

4. 特色聚落类

特色聚落类传统村落指的是在空间布局上具有独特性，且村落格局保存完整的传统村落，例如肇兴鼓楼群等。肇兴侗寨以5个鼓楼为中心布局其他建筑，形成"仁团、义团、礼团、智团、信团"等5个团，这种布局手法既显示出迁入此地的肇兴先民一方面接受儒家文化的熏陶，另一方面吸收了当地侗族人民以鼓楼为中心进行村落布局的手法，两种文化融合，创造性地形成了肇兴这种少见的特色聚落空间。

图 10-14　肇兴鼓楼群

5. 特色工艺类

特色工艺类传统村落指的是在手工艺方面有明显代表性且至今仍活态传承良好的传统村落，例如刺绣、蜡染、银饰加工、木构建筑营造工艺等。具有代表性的传统村落，如剑河县南寨乡展留村的锡绣，堪称苗族服饰中的一绝，为世界上绝无仅有的一种刺绣方法，已流传近600年。锡绣工艺独特，手工精细，图案清晰，做工复杂，用料特殊，具有极高的鉴赏和收藏价值。苗族锡绣与其他民族刺绣的不同之处在于，它是用金属锡丝条在藏青棉布挑花图案上刺绣而成，其核心图案充满强烈的神秘意味。这一刺绣方法仅存于剑河县南寨乡的展留、柳富、白斗等少数苗族村寨，他们从种棉花、纺纱、织布、上染料到成品的制作过程，全部沿袭古老的传统工艺。

图 10-15　锡绣

图片来源：http://www.qdnrbs.cn/shzh/52812.htm

6. 综合特色类

综合特色类传统村落指的是同时具备特色文化、特色景观、特色产业、特色工艺等4类特色中2种及以上的传统村落。黔东南州传统村落中属于综合特色类的比较多，这类村落具有较为丰富的特色资源，如黎平县述洞村具有特色景观——国家重点文物保护单位独柱鼓楼、水上禾仓，特色产业——钩藤种植，特色工艺——蜡染工艺。

独柱鼓楼　　　　　　　　　　　　水上禾仓

钩藤种植　　　　　　　　　　　　蜡染工艺

图 10-16　述洞村的综合特色

7. 普通类

普通类传统村落即指无突出特色的村落，这类村落可据其地理位置对其周边特色村落提供支撑。

黔东南州传统村落分级分类标准是黔东南州传统村落分级分类的依据，本文通过对黔东南州传统村落保护现状和特色的分析，依据分级分类标准，选取部分传统村落进行分级分类，所选村寨范围尽可能涉及16市县，各个级别和类别。

黔东南州传统村落分级分类表（部分村落）　　表10-4

序号	市县	村落名称	自然环境	格局和整体风貌	传统建筑	非物质文化遗产	村落等级	级别备注	村落特色类别	村落特色内容
1	锦屏县	隆里所村	A	A	A	A	5A	国际合作原生态博物馆、国家级文物保护单位	综合特色类（聚落、文化）	军事防御村寨；隆里花脸龙、汉戏、玩故事
2	雷山县	郎德上寨	A	A	A	A	5A	国家级文物保护单位	综合特色类（聚落、文化）	"太师椅"选址；苗歌，鼓藏节
3		乌尧村	A	A	A	A	4A		特色产业类	茶叶
4		桥港村	A	A	B	A	3A	传统建筑保存一般，且不协调建筑较多	特色产业类	东萝卜、柑橘、杨梅、鱼酱酸
5		南猛村	A	A	B	A	3A	新建砖混结构建筑较多	特色文化类	芦笙舞之乡
6		公统村	A	B	A	B	2A	传统格局受到破坏，非遗传承一般	综合特色类（产业、聚落）	杨梅、茶叶；中裙苗族聚居村寨
7		也改村	A	B	B	A	2A	新建建筑较多，风貌格局受到影响	特色产业类	猕猴桃、黑毛香猪
8		开觉村	B	B	B	A		自然原生态景观遭到破坏，新建建筑较多	普通类	
9	黎平县	地扪村	A	A	A	A			综合特色类（景观、文化、工艺）	粮仓群；千三文化，侗戏；构皮纸制造法、侗族木结构建造技艺
10		平甫村	A	A	A	A	4A		综合特色类（景观、文化）	莲花古井、莲花鼓楼、古树群；琵琶歌
11		下寨村	A	B	A	C	2A	整体风貌有待提升，非遗传承一般	综合特色类（景观、工艺）	地坪风雨桥；靛染刺绣
12		竹坪村	A	B	B	A	2A	建筑体量大，导致整体风貌不协调	综合特色类（产业、工艺）	葛根、茶叶；蓝靛靛染技艺
13		堂安村	A	A	B	B	2A	现代砖混建筑较多，非遗保存较差	特色景观类	堂安梯田
14		肇兴村	A	B	B	A	2A	新建建筑较多，传统格局遭受破坏	综合特色类（聚落、文化）	鼓楼群；侗族大歌、祭萨节
15		坝寨村	A	B	B	B	A	不协调建筑较多，风貌遭受破坏，非遗传承一般	特色文化类	祭萨活动，侗戏，琵琶歌，芦笙歌
16		朱冠村	A	B	B	C	A	现代建筑较多，风貌不协调，且非遗保存较差	特色景观类	古树群，粮仓群

序号	市县	村落名称	自然环境	格局和整体风貌	传统建筑	非物质文化遗产	村落等级	级别备注	村落特色类别	村落特色内容
17	榕江县	大利村	A	A	A	A	5A	国家级文物保护单位	综合特色类（景观、工艺、产业）	古建筑群；竹编、藤编、木雕；猕猴桃、天麻、乌骨鸡
18	麻江县	河坝村	A	A	A	A	4A		综合类特色类（文化、工艺）	斗鸟、瑶族隔冬；枫香印染技艺
19	从江县	高良村	A	A	A	A	4A		综合特色类（景观、文化、工艺）	古树群；水书、水族卯节；水族马尾绣
20		占里村	A	A	A	A	4A		特色文化类	占里生育文化
21		增盈村	A	A	B	A	3A	传统建筑保护程度一般	特色景观类	金勾风雨桥
22	丹寨县	麻鸟村	A	A	A	A	4A		特色文化类	锦鸡舞、苗年、古瓢舞
23		排莫村	A	A	A	A	4A		综合特色类（工艺、聚落）	蜡染、鸟图腾部落
24		石桥村	A	A	C	A	3A	现代建筑较多，且体量较大，材质与风貌不协调	特色产业类	石桥古法造纸
25		送陇村	A	A	B	A	3A	新建筑较多	综合特色类（文化、工艺）	百鸟衣、古瓢舞；苗族刺绣、蜡染
26	剑河县	巫沙村	A	B	B	A	2A	砖混建筑较多，大量使用现代建筑材料，影响整体风貌	综合特色类（景观、文化、工艺）	楠木群；巫沙服饰、斗牛、飞歌、踩芦笙；土布制作技艺
27		反召村	A	B	B	A	2A	部分现代建筑，现代建筑材料的使用影响了整体风貌	特色文化类	古歌，二月二，踩芦笙，斗牛，祭桥节
28	施秉县	龙塘村	A	A	B	A	3A	少量新建建筑	普通类	
29	台江县	长滩村	A	B	B	A	2A	新建建筑较多，导致整体风貌不协调	特色文化类	独木龙舟节
30	黄平县	塘都村	A	B	C	B	A	现代砖混建筑较多，风貌不协调，非遗保存一般	特色工艺类	银饰制作

第二节　黔东南州传统村落分级分类的保护与发展措施建议

研究传统村落的分级分类目的在于针对村落具体情况，区别对待，以分级保护、分类发展的理念对黔东南州传统村落进行不同的保护和发展措施。

一、传统村落分级保护措施

本研究依据自然环境、格局和整体风貌、传统建筑和非物质文化遗产4项基本内容将黔东南州传统村落分为 5 个等级，分别为 5A、4A、3A、2A 和 A 级。再以自然环境、格局和整体风貌、传统建筑以及非物质文化遗产这四方面作为传统村落实施保护措施的主要对象。5A、4A 级传统村落的保护措施最为严格，对 3A、2A、A 级传统村落实施保护措施时除了保护现有获得 A 的方面，还要针对没有得到 A 的那些方面，通过适当的整治方式提升级别。本小节将针对 4 项基本标准进行多方面的保护措施分析。

1. 自然环境的保护

自然环境要延续黔东南州传统村落的自然生态系统，主要包括山体、河流、农田的保护：首先是山体及河流，黔东南州传统村落从选址到建立村落都与山体和河流息息相关，对于苗、侗等少数民族来说山体的构造以及依势环绕的河流非常重要。所以对山体以及河流的形态需要保护，对山体上的违规建筑要拆除，保持原有生态山体、水体的环境景观。其次是农田，农田是体现传统农耕文化的重要元素。在环境整治中要保护好原有的农田耕地环境，同时耕地的开辟也要按照地方规定严格控制，不能随便开辟林地。

5A 级传统村落自然生态环境保持较为完好，原生态且富有特色，但同时保护要求也较高，主要采取原状保护，保护村落赖以生存的山体、植被、河流、田地等，不得有任何破坏传统村落自然环境的行为。4A 级传统村落的自然环境保持也较为完好，原生态且富有特色，保护要求同样较高，主要采取原貌保护，保护山体、水系、农田的原貌，不得破坏村落山、水、田的依存关系。3A 级传统村落的自然环境相比保持稍差，可能存在少许侵占农田，破坏植被，改变山体、水系、农田之间的空间关系等现象，因此，针对 3A 级传统村落的自然环境现状，主要采用风貌保持的保护措施，保护村落现有山体、水系、农田的传统风貌，根据实际情况，采取整治、改造或拆除措施，对侵占的农田、破坏的植被进行恢复，修复生态，保护村落山体、水系、农田之间的空间关系。2A 和 A 级传统村落的自然环境保持较差，可能出现较为严重的侵占农田，破坏山体、植被，破坏村落山水田之间空间关系等现象，针对 2A 和 A 级传统村落的自然环境现状，主要采用生态环境特征保持的保护措施，保护村落现在的生态环境特征，防止自然环境进一步遭受破坏，根据实际情况，采取整治、改造或拆除措施，对破坏的山体、植被、山水田之间的空间关系等进行生态修复，保护村落整体的山水田大环境特征。

2. 传统格局和历史风貌的整体保护

首先，应控制好村落边界，入村口作为村寨标志性边界应保护好现有的村口标志或牌坊，不得随意搭建建（构）筑物，维护村落村口的标志性。其次，严格控制新建建（构）筑物高度，保持天际线的完整性，使天际线与山体轮廓线相协调，对破坏天际线完整性的现状建（构）筑物予以整治或拆除。另外对于街巷的保护与整治，应先梳理传统街巷格局，保持院落间的联系通道，整治街巷环境，保证通行畅通。规划范围内的复建道路应控制其宽度与风貌，使其符合传统街巷空间格局，形成具有浓厚生活氛围的空间。为保护视觉廊道的完整性和统一性，禁止建设阻挡视觉廊道的新建建（构）筑物，拆除建筑质量较差且布局散乱、高度不协调的建筑，梳理建筑肌理，使之与传统风貌相协调。

5A 和 4A 级传统村落的传统格局和历史风貌保持较为完好，保护要求较高，主要采用整体保护，不得改变传统村落街巷、河道的分布、走向、宽度、空间节点、铺装材质与形式、传统利用形式，不得改变公共空间的传统功能、大小、尺度、形态、铺装材质，不得改变村落传统范围与轮廓、重要的天际线和景观视线等。3A 级传统村落的传统格局和历史风貌保持稍差，可能存在少许村落传统街巷宽度改变、铺装现代化，河道走向渠化、用现代化的材料硬化、装饰河岸，建筑采用现代化风貌，公共空间尺度被扩大、传统功能改变，重要的天际线和景观视线被破坏等现象，因此，针对3A级传统村落的传统格局和历史风貌现状，采用整体保护、局部调整的措施，对村落中没有遭到破坏的街巷、建筑、河道、公共空间、范围、轮廓、重要的天际线和景观视线进行整体保护，对受到破坏的局部空间采用整治、改造、拆除等方法进行调整，恢复村落街道、建筑、河道、公共空间、轮廓的传统风貌，恢复村落重要天际线和景观视线等。2A级传统村落的传统格局和历史风貌保持较差，村落存在较多破坏传统格局和历史风貌的现象，可能传统街巷宽度受到较大改变、铺装现代化，较多建筑采用现代化风貌，河道走向渠化、用现代化的材料硬化、装饰河岸，公共空间尺度被扩大、传统功能改变，重要的天际线和景观视线被破坏等，因此，针对2A级传统村落的传统格局和历史风貌现状，采用整体保留、局部调整的措施，对村落中现状的街巷、建筑、河道、公共空间、范围、轮廓、重要的天际线和景观视线等进行整体保留，对于村落中被破坏了的重要的街巷、河道、公共空间、天际线和景观线及处于重要位置的现代风貌建筑，采用整治、改造、拆除等方法，恢复其传统风貌。A级传统村落的传统格局和历史风貌保持最差，村落的传统格局和历史风貌受到较为严重地破坏，村落中可能街巷遭到现代化改造，现代风貌的建筑较多，河道走向渠化、用现代化的材料硬化、装饰河岸，公共空间尺度被扩大、传统功能改变，重要的天际线和景观视线被严重破坏等，因此，针对A级传统村落的传统格局和历史风貌现状，采用整体保留的措施，对村落中现状的街巷、建筑、河道、公共空间、范围、轮廓、重要的天际线和景观视线等进行整体保留，并防止村落的传统格局和历史风貌进一步遭到破坏。

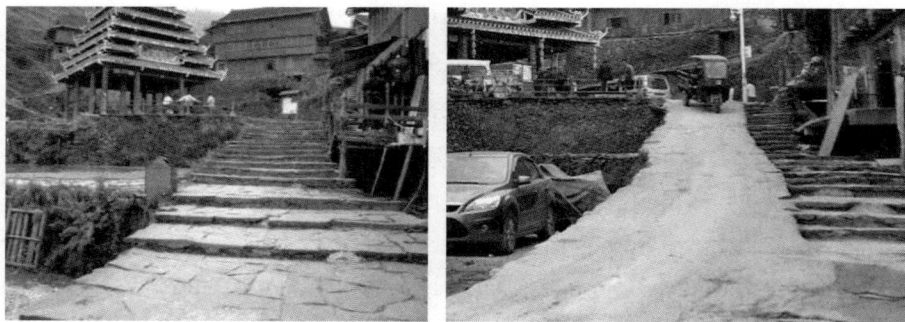

主路原有风貌　　　　　　　　　　　　现状的"一路两制"

图 10-17　堂安村道路整治前后对比

以堂安村为例，虽然堂安村同样与国际合作生态博物馆，但村落格局遭到破坏，故将其评定为3A级传统村落。堂安村内部道路改造，影响历史风貌。规划应在现有道路基础上进一步优化道路网结构和功能，组织好车行和步行交通路线。现状中村寨口至鼓楼中心为村庄主路，在靠近鼓楼部分，原状为青石板台阶路，主要为步行道路。由于村民生活需要，车辆通行必不可少，石阶道路必然会对村民出入带来不便。后经协调将此路一半为水泥铺路，供车辆行走；另一半仍保持与风貌相协调的青石板铺设的石阶道路，形成如图10-17的"一路两治"的尴尬局面。对于这种尴尬局面，堂安村的保护和整改措施建议恢复主路——村寨入口至鼓楼中心道路原有风貌，可在村落核心保护外围修建适宜通车的平缓道路，方便村民出行。

3. 传统建筑的保护

对已公布为文物保护单位的建筑和已登记尚未核定为文物保护单位的不可移动文物的建筑，要依据文物保护法进行严格保护；对历史建筑和建议历史建筑，应按照《历史文化名城名镇名村保护条例》关于历史建筑的保护要求进行修缮；对于传统风貌建筑，应保护和修缮外观风貌特征，特别是保护具有历史文物价值的细部构件或装饰物，其内部允许进行改善和更新，以改善居住、使用条件，适应现代的生活方式；对于与保护区传统风貌协调的其他建筑，建筑质量较好的，可以作为保留类建筑；对于与传统风貌不协调的或质量较差的其他建筑，可以采取整治、改造等措施，使其符合历史风貌要求。

5A级传统村落的传统建筑保存较为完整，保护要求较高，主要采取原状保护、禁止新建的保护措施，不能改变村落中传统建筑原状（包括建筑体量、高度、结构、构件、外立面、色彩、内部装修等），村落中也禁止新建其他建筑。4A级传统村落的传统建筑保存同样较为完整，保护要求也较高，主要采取原貌保护、限制新建的保护措施，除了村落中文物保护单位、历史建筑和建议历史建筑等要严格保护外，传统风貌建筑及其他传统建筑应保护其原貌（包括建筑体量、高度、结构、构件、外立面、色彩等），内部装修可以适当地进行改造，并限制村落新建，且新建建筑应当符合传统风貌要求。3A和2A级传统村落的传统建筑保护相对稍差，部分传统建筑可能有外立面遭到破坏、建筑体量过大、建筑色彩不符合传统风貌等情况，因此，对于3A和2A级传统村落的传统建筑主要采取保护风貌、整治更新的措施，除了村落中文物保护单位、历史建筑和建议历史建筑等要严格保护外，对于其他传统建筑要保护现有的传统风貌，对于不符合传统风貌的建筑可采取减小体量、降低高度、改造外立面、改变色彩等方式进行整治，使其符合历史风貌，并可以对传统风貌建筑进行更新，使其适合现代生活。A级传统村落的传统建筑是保存最差的，大部分传统建筑可能有外立面遭到破坏、建筑体量过大、建筑过高、建筑结构改变、建筑色彩不符合传统风貌等情况，因此，对于A级传统村落的传统建筑主要采用保持风貌、部分更新的措施，除了村落中文物保护单位、历史建筑和建议历史建筑等要严格保护外，对于其他传统建筑要保持现有的传统风貌，对保护范围内部分重要位置的建筑进行更新改造，恢复其传统风貌，使其适合现代生活。

肇兴村新建砖混结构建筑　　　　　　改造后建筑（图片来自大利村传统村落保护规划）

图 10-18　肇兴村新建建筑整治示意图

以黎平县肇兴村为例，该村在传统建筑的保护方面较差，村内部分传统建筑已改建成砖混结构，严重影响村落整体风貌。肇兴村的保护措施应着重改造和整治村落内的其他建筑，对于破坏传统风貌，与村落整体不协调的砖混结构建筑采用更新手段对其进行整治改造，但更新改造时应进行相近的设计，使其更新改造后与村落内原有的建筑在规模、尺度、色彩、材料上保持协调一致。若新建建筑层高超过村落规定层数的，应做降层处理；建筑表面以瓷砖或刷漆等现代装饰的，可做建筑墙体表面贴木处理；建筑屋顶为现代平屋顶的建筑，可整治改造为坡屋顶；另外对于村民私搭乱建的建（构）筑勿应予以拆除，使其与村落其他传统风貌建筑相似，远观不影响村落整体风貌。

4. 非物质文化遗产的保护

首先对非物质文化遗产的场所与线路保护措施包括：制定非物质文化遗产保护项目认定的具体标准和办法；制定非物质文化遗产保护工作的规划；拟定地方级和国家级保护名录；批准命名非物质文化遗产传承人和传承单位、民族民间文化艺术之乡；受理有关非物质文化遗产的知识产权的维权申请，并可提起诉讼；审核外国团体或个人到我国境内进行非物质文化遗产重大专项考察；建立传承人档案，及时采取积极措施进行抢救性记录；依法实行行政处罚。其次对于较为古老的实物用具如生产用具、古家具等，随着时代的发展已经濒临消失，对于此类的用具应设有专门的展览保护场所（如博物馆、展览馆之类）加以保护，这样既可以让传统民俗文化、农耕文化、民族特色文化得以传承，也可以使游客更深入地了解传统村落的历史文化。另外为传统村落非物质文化遗产建立基础资料库，对保护对象进行全面翔实的统计及记录，积极搜集与其相关的物质资料并将其保存于相关机构组织。建立非物质文化遗产传承和宣传体系。政府及相关部门应进行广泛地宣传，并进行相应的鼓励和刺激，培养传承人（团体）以保证非物质文化遗产得到有效的传承和发展。

5A、4A、3A级传统村落由于拥有较好的传统环境，还具有非物质文化遗产传承传统的物质环境，对于这三类传统村落的非物质文化遗产采用活态传承，严格保护非物质文化遗产传承的场所与路线、保护相关的实物与材料、明确传承人等，并制定一系列有利于非物质文化遗产活态传承的政策、制度，使非物质文化遗产在生成发展的环境当中进行保护和传承，在人民群众生产生活过程当中进行传承与发展。2A和A级传统村落的传统环境较差，基本失去了非物质文化遗产传承传统的物质环境，对于这两类传统村落的非物质文化遗产采用民俗延续的传承方式，可以对非物质文化遗产以民俗的方式进行宣传、展示或在适当地点设立非物质文化传承场所进行延续。

黔东南州传统村落依据上述4项内容进行分级，被评定为5A级传统村落的首要任务是保护，保护是其核心工作，文化传承是保护的根本目的，而展示是传承的重要手段之一；4A级传统村落同样以保护为主，积极申报各级文保单位，向5A级传统村路靠拢；其他等级传统村落应参照上述4项基本内容的相关措施进行保护，例如3A级或2A级传统村落是指在4项基本标准中有其中1项或2项保存或者传承情况较差的村落。该级别的传统村落虽然在其他几项基本标准中保存与传承良好，但仍需维持现状情况，避免对保存较好的现状破坏；另有1或2项标准保护和传承较差的，可对应本研究对各项分级标准的保护措施，实施相应的保护；而对于仅为A级的传统村落，仅有1项基本标准保护较好的状态，应将该等级的村落作为其他等级较高的传统村落的资源补给区，例如雷山县开觉村，该村落位于西江苗寨北侧，仅几分钟车程可以到达。对于像这样分布在重要旅游景点周边、保护相对较差的传统村落而言，可以作为缓解旅游景点的"休息站"，分担西江苗寨的旅游压力。

级别	自然环境	传统格局与风貌	传统建筑	非遗
5A	保护原状	整体保护	原状保护、禁止新建	活态传承
4A	保护原貌	整体保护	原貌保护、限制新建	活态传承
3A	保持风貌	整体保护、局部调整	保护风貌、整治更新	活态传承
2A	保持生态环境特征	整体保留、局部调整	保持风貌、整治更新	民俗延续
A	保持生态环境特征	整体保留	保持风貌、部分更新	民俗延续

黔东南州传统村落等级保护要求既是黔东南州编制不同级别传统村落保护发展规划的要求，又是审查不同级别传统村落保护发展规划的标准。另外，在此有必要说明一下在传统村落保护发展规划中核心保护范围、建设控制地带、环境协调区内保护发展的总体要求。核心保护范围内应严格控制各类新建建设项目，对于必要的村民住宅、基础设施和公共服务设施的新建、扩建、改建等活动，应按照传统建筑物保护分类提出建筑高度、体量、外观形象及色彩、材料等控制要求；建设控制地带应对内部新建、扩建、改建和加建等活动，在建筑高度、体量、色彩等方面提出规划控制措施，严防建设控制带的建设行为破坏传统村落的历史风貌和整体格局；环境协调区内应限制各种工业污染，以及任何有不良环境影响的建设，保护树林山木，保护现有农田水系格局。

二、传统村落分类发展方向建议

本研究将黔东南州传统村落划分为特色文化类、特色景观类、特色产业类、特色聚落类、特色工艺类、综合特色类以及普通类，共 7 种类别。传统村落类别的划分目的在于找准传统村落特色定位，针对不同特色类别的传统村落提出不同的发展方向建议，为以后各类别传统村落的发展制定发展措施提供依据，从而实现传统村落的差异化发展。

1. 特色文化类

黔东南州特色文化类传统村落发展方向建议为适当旅游、文化演出、文化产品加工制作、农村电商等。特色文化类传统村落都拥有着丰富的传统文化项目，或歌舞，或节日，或服饰等，这些都可以成为旅游资源，因此对于交通便利的村落，可以在切实保护好文化遗产的前提和基础上通过文化演出或其他特色文化的吸引力适当地发展旅游；对于目前不具备旅游条件的村落，可以组建文化演出队外出表演，也可以通过加工制作文化产品为旅游景区服务或通过互联网进行销售。以"芦笙舞之乡"的雷山县南猛村为例，南猛村于 2015 年 12 月成立了"共济乡村旅游专业合作社"，合作社内设有芦笙表演组、民族手工艺组、农业经营组、电子商务组 4 个组，其中对于村落特色的芦笙舞文化有直接影响的是芦笙表演组、民族手工艺组。芦笙表演组，隔一两个月就会集体进行一次培训，平时通过为村里及附近村寨的红白喜事表演及外出参加芦笙表演、比赛等活动创收，为芦笙舞的发展注入了动力，并且对村小学三年级以上的学生开设了芦笙课，为村落的芦笙舞传承培养了后生力量。此外，村落中正在建设芦笙舞表演场，积极推进旅游表演。民族手工艺组主要从事芦笙制作和苗族刺绣，芦笙制作让这个有"芦笙舞之乡"美誉的村落更加名副其实，通过制作芦笙使村民创收，也为芦笙舞的传承提供了物质基础；苗族刺绣是结合当下市场形势，制作具有民族文化的手工艺品，如手机套、茶杯垫等，既缩短了制作时间，又符合当下消费者的需求，取得了不错的销售成绩。特色文化类的传统村落可以借鉴南猛村对于特色文化的发展思路和运作机制，传承和发展村落的特色文化。另以岜沙村和小黄村为对象，总结对二者特色文化类传统村落发展方向的建议见表10-6。

岜沙村和小黄村发展方向建议　　　　　　　　　　　表10-6

村名	特色文化	发展方向	展示方式	运作机制	相关部门
岜沙村	中国唯一一个可以持枪的部落；芦笙舞；镰刀剃头等	适度旅游	枪：跟游客合影、集体鸣枪展示、在指导下让游客体验持枪放弹等； 芦笙舞：村民集体跳，游客观看，让游客参与进去一起跳； 镰刀剃头：向游客展示镰刀剃头	以村民合作社的形式，使村民入股，参与到旅游表演中，从而获取收益	县文化部门、旅游部门、规划部门、建设部门、村委会等
小黄村	侗族大歌，被公认为"大歌之乡"；侗族琵琶歌；侗族牛腿琴歌等	文化演出	集体表演	以村民合作社的形式，组织文化演出团，培训村民，外出表演	县文化部门、规划部门、建设部门、村委会等

2.特色景观类

黔东南州特色景观类传统村落发展方向建议为适度旅游、休闲养生、生态博物馆等。特色景观类传统村落通常拥有良好的自然景观和人文景观，因此可以在切实保护好文化遗产的前提和基础上适度地发展旅游业和休闲养生度假。其中，对于4A级及其以上的景观类传统村落也可以根据实际情况，在认真总结隆里和堂安生态博物馆实践经验的基础上建立生态博物馆。位于太湖中的苏州市三山村，是一个与大陆隔离的独立岛屿，岛上基本没有耕地，原为太湖中的一个水路驿站，随着其所处的太湖水路交通被公路和铁路交通所取代，岛上经济逐渐衰败，加之又处于国家风景名胜区的太湖之中，不能发展工业，三山村的发展面临着困境。但是三山村所处的岛，自然生态资源和历史人文资源丰富，具有优美秀丽的湖光山色自然人文特色景观。三山村被列入《中国传统村落名录》后，通过编制保护发展规划，挖掘村落的自然文化资源，精准分析，依靠具有特色的自然人文景观，明确以发展休闲旅游目的地为目标，并合理定位为"蓬莱胜景，田园岛居"，明晰了发展途径，带领村民积极地参与到村落旅游发展中。目前村落的发展和村民的收益都已经取得了明显的提升。三山岛得以取得长足发展，关键在于对自身资源的深度挖掘，充分利用自身优势——岛村的自然人文景观特色，积极鼓励村民参与旅游开发，共同受益。黔东南州的特色景观类传统村落可以借鉴三山村的发展思路，通过发掘本村的优势景观资源，合理地对村落定位，找准旅游发展宣传点，鼓励村民积极投入到保护村落和发展村落中。以从江县加榜乡加车村为对象，将该村落的特色景观发展方向总结如下，见表10-7。

加车村发展方向建议　　　　　　　　　　　　表10-7

村名	特色景观	发展方向	发展途径	运作机制	相关部门
加车村	加榜梯田	适度旅游	以合作社形式组织村民，以加榜梯田景观作为宣传点，进行适度旅游，向人们动态、真实地展示和介绍农耕文化	以村民合作社的形式，使村民入股，参与到旅游发展建设中，从而获取收益	县文化部门、旅游部门、规划部门、建设部门、村委会等

3.特色产业类

黔东南州特色产业类传统村落发展方向建议为适度旅游、农业观光、产品加工制作、农村电商、体验消费等。黔东南州特色产业类传统村落目前大部分为农业种养殖、少数是工艺加工业，因此对于以种养殖农业为主，且村落级别为 3A 级及其以上的特色产业类传统村落发展方向建议为适度旅游、观光农业、产品加工制造、体验消费、农村电商；对于 3A 级以下的村落发展方向建议是适度旅游、体验消费、产品制作、农村电商。对于以工艺加工为主的特色产业类传统村落发展方向建议为适度旅游、体验消费、农村电商。丹寨县石桥村是黔东南州特色产业类传统村落发展较早较快的村落，目前村内共有 3 个造纸合作社，合作社领导均为外来人员，村民作为合作社聘用员工，利用家庭小作坊的形式为合作社制作纸张从而获得工资，合作社的介入提升了村民的收入，但与此同时，石桥村以小作坊形式传承造纸工艺，发展造纸产业，无法形成规模，且合作社之间存在恶意竞争，严重制约了村落造纸业的发展。而打破这种小农式的发展，需要由政府出面引导，搭建平台，整合资源，促使石桥村造纸产业化、规模化，把传统造纸工艺做大做强，形成产业规模，促使传统造纸工艺传承、造纸业发展齐头并进。以剑河县洞脚村、丹寨县石桥村为例，总结特色产业类村落发展方向，如表 10-8。

洞脚村、石桥村发展方向建议 表 10-8

村名	特色产业	发展方向	发展途径	运作机制	相关部门
洞脚村	稻田鱼养殖	企业合作适度旅游观光农业体验消费农村电商	以合作社形式组织村民与企业合作，以及通过电商平台销售农副产品，并通过优美的稻田景观和村落景观吸引游客前来参观摄影，可以让游客参与到捕鱼、稻谷收割等农事活动中，体验式消费	以村民合作社的形式，使村民入股，参与到旅游发展、农业产业化中，从而获取收益	县农业部门、旅游部门、规划部门、建设部门、村委会等
石桥村	古法造纸	企业合作适度旅游体验消费农村电商	以合作社形式将村民组织起来，与企业合作，以及通过电商平台销售各种纸，并以传统造纸工艺带动旅游，让游客参观、参与造纸工艺	以村民合作社的形式，使村民入股，参与到旅游发展、造纸产业、电商销售中，从而获取收益	县旅游部门、工商部门、规划部门、建设部门、村委会等

4. 特色聚落类

黔东南州特色聚落类传统村落发展方向建议为适度旅游、文化产品加工制作等。特色聚落类传统村落最初的建造者采用某种思想、理念来营造村落格局，形成了今天不同于其他村落的独特的聚落格局。这类村落能够鲜明地反映村落的历史，形成特色，吸引人们前往参观。例如肇兴侗寨是有分别围绕 5 个鼓楼形成的 5 个团，5 个团分别为仁团、义团、礼团、智团、信团，这种采用儒家文化命名居住组团，不是侗族文化中具有的，这就很直观地反映出来肇兴的先民是接受过儒家文化，事实也证明，肇兴先民是从江西那边迁移来的。他们为了秉承儒家文化，就将村落不同的居住组团如此命名，厚重的历史让人从聚落布局中清楚地感知到了。又如浙江省兰溪市的诸葛村，始建于南宋，采用先祖诸葛亮的九宫八卦阵图式，巧借地形布局村落，整座村落显得气势雄伟壮观，故诸葛村也称诸葛八卦村。村落以钟池为中心，该池一半水塘一半陆地，两面各设一口水井，形成极具象征意义的鱼形太极图；钟池周围构筑的 8 条弄堂向四周辐射，使村中的所有民居自然归入坎、艮、震、巽、离、坤、兑、乾 8 个部位形成内八卦，更为神秘的是村外 8 座小山环抱诸葛村，构成天然的外八卦阵形。这种村落的布局极具特色，是诸葛亮文化在村落布局上的展现，极大地吸引着外地游客想要来此地一探究竟。诸葛村在村委会主导下，以村民为主体，形成了"村委会＋旅游公司＋村民"发展运作机制，通过保护"九宫八卦阵图式"的村落格局，原汁原味地为八方来客展现村落风貌格局，展示诸葛亮文化，发展旅游。旅游发展带来的收益也为诸葛村的保护提供了持续性的资金。在旅游发展过程中，村民通过销售诸葛锁、羽扇等具有诸葛亮文化符号的旅游产品，获取收益。诸葛村的旅游发展是比较成功的，对特色聚落类传统村落的发展具有借鉴意义。肇兴侗寨也是特色聚落类传统村落，其发展也可借鉴诸葛村成功的发展经验。将肇兴侗寨发展方向的建议总结如下，见表10-9。

肇兴侗寨发展方向建议　　　　　表10-9

村名	特色聚落	发展方向	发展途径	运作机制	相关部门
肇兴侗寨	5座鼓楼组成的鼓楼群，形成独特的聚落空间	适度旅游文化产品加工制作	以合作社形式将村民组织起来，凭借肇兴侗寨现有的旅游名气，对村落的文化进行深度挖掘，达到以文化带动旅游发展的目标，同时要严格保护村落的聚落空间，对文化产品，如鼓楼模型、风雨桥模型等进行规模化生产，进行销售	以村民合作社的形式，使村民入股，参与到旅游发展、文化产品加工制作中，从而获取收益	县旅游部门、规划部门、建设部门、村委会等

5. 特色工艺类

黔东南州特色工艺类传统村落发展方向建议为适度旅游、体验消费、企业合作、产品加工制作、农村电商。对于被评为3A级及其以上的工艺类传统村落发展方向建议为适度旅游、体验消费、企业合作、产品加工制作、农村电商；对于被评为3A级以下的工艺类传统村落发展方向建议为企业合作、产品制作、农村电商。在实地调研中发现，紧邻西江苗寨、被誉为"中国银匠第一村"的雷山县控拜村，由于西江苗寨火爆旅游的"吸虹效应"，使得该村很多银匠去西江进行银器加工售卖，此外，还有很多银匠去其他地方务工，总之，控拜村的银器工艺加工传承人为了发展，大部分都离开了村落，这种现象严重影响了控拜村的发展，并且对于控拜村银器工艺的传承极为不利。黔东南州有很多这种具有特色工艺的传统村落，就黔东南州目前的情况来说，政府应该对这类村落积极引导，给予传承人一定的优惠政策，促其返村创业，帮助村落的特色工艺制品与市场接轨，促进村落的发展，达到保护村落特色工艺传承的目的。

如前文所述的河南商丘民权县王公庄就是一个依靠发展特色工艺——画虎而繁荣的村落。改革开放后，王公庄在各级党委、政府和文化部门的引导下，充分利用画虎这一特色工艺发展村落。全村1 300多人，有800人能执笔画虎，现在已经辐射带动周边2省3县数千名农民从事画虎或经销虎画，形成了规模化的画虎产业，实现年销售画作4万余幅，创产值2 500余万元的佳绩。画虎村的成功案例也为黔东南州特色工艺类传统村落的发展提供经验借鉴。下面以剑河县展留村和柳富村的"堪称苗族服饰中的一绝，世界上绝无仅有的一种刺绣方法"——锡绣，和雷山县控拜村的银饰工艺为例，将这3个村落的特色工艺发展方向总结如表10-10。

展留村、柳富村、控拜村发展方向建议　　　　　表10-10

村名	特色工艺	发展方向	发展途径	运作机制	相关部门
展留村柳富村	锡绣	企业合作适度旅游体验消费农村电商	组织村民，实现锡绣规模化生产，以合作社形式与企业合作，进行产品销售；以锡绣参观体验为切入口进行旅游宣传，使游客参与到锡绣的制作过程中，进行体验消费；同时通过电商平台进行产品销售	以村民合作社的形式，使村民入股，参与到旅游发展、锡绣产品加工制作、销售中，从而获取收益	县旅游部门、工商部门、规划部门、建设部门、村委会等
控拜村	银饰工艺	企业合作适度旅游体验消费农村电商	组织村民，实现银饰规模化生产，以合作社形式与企业合作，进行产品销售；以银饰工艺参观体验为切入口进行旅游宣传，使游客参与到银饰的制作过程中，进行体验消费；同时通过电商平台进行产品销售	以村民合作社的形式，使村民入股，参与到旅游发展、银饰加工制作、销售中，从而获取收益；成立银饰联盟组织，对银饰工艺交流、切磋，以市场为导向，进行银饰产品的优化	县旅游部门、工商部门、规划部门、建设部门、村委会等

6. 综合特色类

黔东南州综合特色类传统村落发展方向建议为适度旅游、体验消费、休闲养生、生态博物馆、观光农业、产品加工制作、劳务输出、农村电商等。黔东南州传统村落大部分是综合特色类的，这类传统村落因其同时具有多种特色，故发展方向也是非常多元化的。对于单个的综合类传统村落应当根据村落实际所具有的特色种类，参照以上4种特色种类的发展方向，确定该村落具体的发展方向。如世界历史文化遗产安徽省黟县西递村，其历史悠久、古朴典雅、风光秀丽。该村坐落在山水之间，"枕山、环水、面屏"，平面布局呈"龙船形"，村中鳞次栉比的古民居建筑群，像一间间船舱组成大船的船体，村头高大的乔木和13座牌楼，好比船上的桅杆和风帆，2条清泉穿村而过，形成了独具特色的乡村聚落。村内始建于清康熙年间的履福堂，陈设典雅，充满书香气息，厅堂题有"孝弟传家根本，诗书经世文章"、"凡百年人家无非积善，第一等好事只是读书"等对联，充分体现了西递村浓厚的耕读文化，显示了"儒商"的本色，形成了西递村的特色文化。西递村凭借优越的聚落景观、厚重的文化发展旅游业，由西递镇政府搭台，西递旅游公司牵头，联合香溪谷大酒店、左岸假日休闲中心等企业，组建成西递旅游集团，形成了大西递旅游板块。旅游门票收入33%作为遗产保护资金，20%左右是村集体经济分红，集体经济分红中的20%作为村办公经费，80%返给村民。村民保护遗产的意识很高，从20世纪80年代就开始保护，并形成了村规民约。西递村这种全民参与的遗产保护和利用的做法是比较成功的，也给黔东南州综合类传统村落发展带来了重要的借鉴意义，黔东南州综合类传统村落在发展时要充分挖掘特色，确定村落具体的发展途径，坚持以村民为主体，保护村落、发展村落，使村落的保护与发展协调同行。下以黎平县述洞村、黎平县绞洞村为对象，将综合特色类村落的发展方向总结如表10-11。

述洞村、绞洞村发展方向建议 表10-11

村名	特色类别	发展方向	发展途径	运作机制	相关部门
述洞村	特色景观类（独柱鼓楼之乡）特色产业类（绿色生态农业基地）特色工艺类（蓝靛靛染技艺）	企业合作 适度旅游 观光农业 体验消费 农村电商	绿色生态农业、蓝靛靛染产品，以合作社形式与企业合作，进行销售；以独柱鼓楼之乡、农业景观等为旅游宣传点进行适度旅游，也可让游客参与到农事活动中，增强体验感，带动消费；同时通过电商平台进行产品销售	以村民合作社的形式，使村民入股，参与到旅游发展、农产品生产加工制作、销售中，从而获取收益	县农业部门、旅游部门、工商部门、文物部门、规划部门、建设部门、村委会等
绞洞村	特色文化类（琵琶歌）特色景观类（红豆杉）	适度旅游 劳务输出	以合作社形式，组织村民以琵琶歌、红豆杉作为旅游的宣传点和切入点，进行适当旅游；同时成立木构建筑营造培训基地，对匠人进行培训，使其成为具有成熟技术的工匠，可外出工作	以村民合作社的形式，使村民入股，参与到旅游发展，同时以合作方式将建筑工匠组织起来成立建筑队，集体对外建筑施工，使村民获得收益	县旅游部门、规划部门、建设部门、村委会等

7. 普通类

黔东南州普通类传统村落虽然没有明显的特色，但是该类型村落并非没有发展的潜力，经过分析建议其发展方向为适当旅游、企业合作、产品加工制作、农村电商、劳务输出等。具体来讲，普通类传统村落可以通过承接各种旅游商品或其他小商品的加工制作，为周围旅游景点提供商品或进行网上交易；也可针对性地加大外出务工经商的技术培训，通过传统工艺、职业技能培训，为发展城镇经济和修缮传统建筑输送劳务。在此对于普通类传统村落的发展我们仍然以上文提到的南猛村的发展为案例，南猛村成立的合作社中农业经营组和电子商务组的发展实践对于普通类传统村落会有更为普遍的借鉴意义，具体来说，南猛村挖掘本村的农产品，如茶叶、杨梅、笋、柿子、鱼酱酸、红米等，把村中的土地进行流转，将集中起来的土地交由农业经营组管理种植，实现了土地的规模化种植和高效管理；然后农旅对接、农超对接，树立农产品品牌，把农产品放入景区、超市售卖，以及由电子商务组通过微信公众号销售。不同的季节有不同的销售产品，极大地促进了村民增收，也带动了周边村落发展。黔东南州普通类传统村落要取得发展必须综合发掘自身资源，借鉴其他发展较好的村落的发展经验，调动村民的发展积极性，保证村民发展利益和发展的主体地位，促进村落发展。以施秉县龙塘村、台江县白土村为例和将村落的发展方向总结如表 10-12。

龙塘村、白土村发展方向建议 表 10-12

村名	特色类别	发展方向	发展途径	运作机制	相关部门
龙塘村	普通类	企业合作 适当旅游 产品加工制作 农村电商	以合作社形式，将村里的中药材、烤烟种植，小香鸡养殖等组织起来，形成规模，进行产品加工制作，与企业合作或通过电商平台进行销售；通过古歌、芦笙舞、踩鼓舞、祭桥节、吃新节、苗年等传统节日以及苗族起义杰出代表乌姆席的故居遗址为旅游宣传点，进行适当旅游	以村民合作社的形式，使村民入股，参与到旅游发展、农产品生产加工制作、销售中，从而获取收益	县旅游部门、工商部门、文化部门、规划部门、建设部门、村委会等
白土村	普通类	适当旅游	以合作社形式，将村民组织起来，以村落中的国家级非遗——苗族姊妹节、苗族独木龙舟节等节日为宣传点，进行适当旅游	以村民合作社的形式，使村民入股，参与到旅游发展中，从而获取收益	县旅游部门、规划部门、建设部门、村委会等

第十一章　黔东南州传统村落集群式保护发展探索

　　黔东南州传统村落是在特定的自然地理环境下，受民族文化和地域文化多样性影响的综合产物。为妥善解决黔东南州传统村落高度同质化的问题，统筹资源配置，实现资源共享，设施共建，促进传统村落保护发展和谐共赢。为此，我们提出在黔东南州城镇体系规划的框架下，探索传统村落集群式保护发展路径，集群式的保护和发展有利于整合州域自然生态和历史人文资源，提升州域民族文化和地域文化的影响力、竞争力，对于实现保护与发展和谐双赢具有十分重要的作用。

　　传统村落集群式保护发展是在实践中提出的一个新概念、新思路。黔东南州推进传统村落保护发展工作，率先在国内探索集群式路径不啻为一项创新。根据黔东南州自然人文环境变化的多样性和民族成分丰富、特色突出且保有量大的实际情况，采取全州域资源统筹协调，作为推进黔东南州传统村落保护发展新举措，有待于从理论和实践两个层面分析研究，进行试点指导，以点带面，逐步在黔东南州展开。因此针对集群式发展的概念和构架、黔东南州传统村落集群式发展的意义及其传统村落集群式发展的可行性进行分析很有必要。同时根据传统村落的地理区位特征、景观风貌特征、村落特色以及家族血缘等关联，合理划定传统村落集聚区，并进行合理区划，采取相应政策。

第一节　集群式保护发展的概念及构架

一、集群式保护发展的概念

1. 概念

　　集群是一个生态概念，是指在一定的区域或环境里各种生物物种群有规律地结合在一起的一种结构单元。这种单元具有整体大于个体之和的优势。1990年，迈克·波特在《国家竞争优势》一书首先提出用产业集群（industrial cluster）一词对集群现象的分析，认为"产业集群就是在某一特定领域（通常以一个主导产业为主）中，大量产业联系密切的企业以及相关支撑机构在空间上的集聚，并形成强劲、持续竞争优势的现象"。随着这一理论在国内的传播，产业集群逐渐成为研究集群概念的主流工具，这也是目前我国集群概念主要集中应用于产业领域的原因所在。

　　随着集群理论的成熟，人们意识到集群发展不仅可以带来资源的互补共享，同时也可以增强区域竞争力和创新性，于是逐渐将集群发展理论运用到城镇化、文化遗产等多个领域。传统村落集群式发展则是将零散的、无序的个体村落群体化，是个体的重新组合，其主要目的是解决单个村落无序竞争和资源浪费，以及单个保护产生的不可预见性文化破坏和流失，同时通过整合各村落优势资源，利用村落特色文化和产业，将一定区域内的各村落联合起来，共同发展。

2.传统村落集群式发展的构架设定

传统村落集群式保护发展一般在传统村落分布相对集中的区域内实施，通过对这一区域内的资源进行整合，突出各传统村落的各自特点，达到扬长避短，弱化传统村落同质化的效果，共同寻求保护与发展的道路。

传统村落集群式发展构架的设定需要在全面了解各传统村落空间分布特征、风貌特征、文化特征、遗存特征及价值等多项内容的条件下，对各项内容的空间分布进行分析，从而划定出相对独立的单元，实现集群范围即集聚区的划分。据此，将黔东南州传统村落集群式发展构架设定如下：

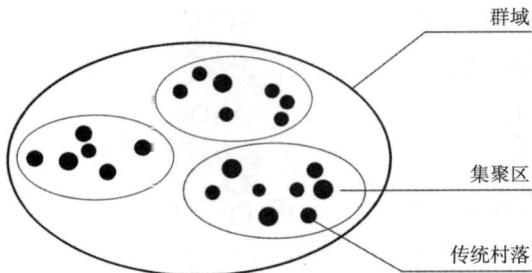

图11-1　传统村落集群式发展构架设定

群域：是根据地理环境、文化关系、自然景观等因素，划定具有相同或相似特性的村落集聚的区域范围，并以此为界限，在该区域内划定若干个集聚区，实现区域内集聚区与集聚区联动发展。

集聚区：集聚区是一个相对整体和独立的村落集聚单元，是"集群"发展体系的核心，无论是从空间还是文化景观上，都具有很强的联系性。

传统村落：传统村落是区域内最小单元，其保护发展需要在集聚区的控制指导之下，落实集聚区保护发展的要求，同时也要按照传统村落保护发展条例的要求进行村落个体保护，注重与邻近村落的关系，促进本村落与周边村落的协调发展。

二、黔东南州传统村落集群式保护发展可行性

黔东南州拥有我国地市级中数量最多的传统村落，且类型多样、内涵丰富，是研究我国少数民族尤其是苗侗民族文化的重要基地。集群式发展有利于这些传统村落的分类整合，提升资源利用和经济社会的发展，而黔东南州传统村落空间的簇聚和文化的紧密相连也为黔东南州传统村落集群式发展提供了条件。

1.空间簇聚明显

空间簇聚是指许多个体集中分布的现象，反映的是个体分布趋势的表达。目前，黔东南州共有309个传统村落，村落整体分布呈现出"大杂居、小聚居"的特征。

黔东南州传统村落就空间分布现状来看，村落主要集中于"两山两河"，其中"两山"为雷公山和月亮山，"两河"为清水江和都柳江。雷公山是黔东南州最高的山峰，位于州境西部雷山县境内，主要聚集着苗族传统村落；月亮山位于州境西南角榕江县境内，主要为侗族传统村落的

聚集地。清水江与都柳江作为黔东南州境最主要的两条河流，均由西向东穿境而过，其中清水江位于州境中部，河域内主要以苗族村寨为主，与雷公山一带相连，形成了苗族的聚居地；都柳江位于州境南端，被侗族人称为母亲河，江域内聚居着大量的侗族村寨，并与月亮山相连，形成侗族的聚居地。简之，黔东南州传统村落主要分布在以雷公山为中心的苗疆腹地和月亮山以东的黎从榕侗疆腹地，空间簇聚明显。

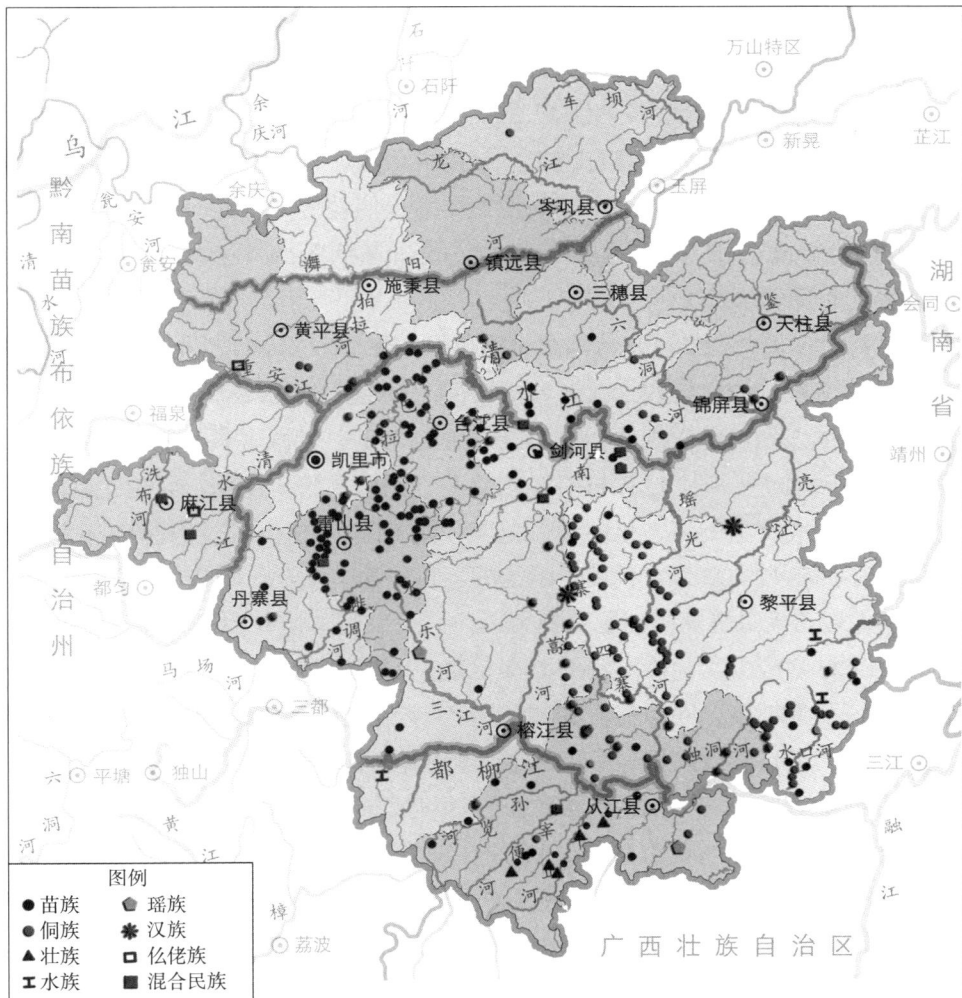

图 11-2　黔东南州传统村落与水系关系图

　　黔东南州传统村落在空间分布上的高度簇聚，是其自然环境和历史发展等多方要素共同的结果。这种高度的集聚为其集群式发展奠定了良好基础，不仅为区域内集聚区的划分提供条件，同时也有利于区域资源的统筹和集聚区的管理。

　　2. 文化关联度高

　　黔东南州传统村落绝大多数为苗乡侗寨，依据前文黔东南州三大文化主流区的划分及黔东南州传统村落空间聚居的特征，可将黔东南州传统村落的分布大致划分为三大文化集群，一是雷公山一带以雷山县为中心的苗族文化集群，为黔东南州苗族高度集中的区域；二是月亮山一带以黎平为中心的侗族文化集群，侗族人口高度密集；三是位于州境北部潕阳河一带的汉族文化集群，该文化聚集区主要以汉族为主，但传统村落保存数量不多。

苗族文化集群和侗族文化集群为黔东南州传统村落主要分布区，在文化集群内，同源民族无论是在服装、住宅还是风俗习惯上都是极为相似的，关联密切，而且随着宗族家族的扩大，大家族不断分化，临近建寨，譬如纪堂村与纪堂上寨、厦格村与厦格上寨等，这些村寨由于历史上同属于一个村，受同一种文化的影响，因此在社会关系上表现为一脉多支，在文化上一脉相承。紧密关联的、同源相似的文化特性为黔东南州传统村落集群式发展提供了文化依据，有助于根据村落文化关联进行区域划分，打造区域文化特色，促进区域文化保护和开发利用。

三、黔东南州传统村落集群式保护发展意义

整体而言，传统村落集群式发展有利于区域内各传统村落整合资源，集中优势，以整体的姿态获取更多的发展机会，创造持续主动的发展动力，使村落与村落间、集群与集群间的各种资源进行多向流动，带动整体发展。黔东南州域内分布着大量的传统村落，对其传统村落进行集群式保护发展具有重要的意义。

1.有利于传统村落文化遗产资源的保护、传承和发展

集群式保护发展最大的优势在于对区域内资源的整合，能站在整体的高度上对各区域内文化遗产资源进行整体谋划、科学规划，因而能够更加全面、准确地掌握文化遗产资源的整体状态和发展中存在的问题，有利于传统村落文化遗产资源的保护和传承。同时，集群式保护发展还能够帮助找到更加准确的资源转化的切入角度，使各区域文化在进行资源转化时在竞争上形成区域优势，克服因各自为政、盲目开发引起的不良竞争，规避区域内文化资源开发过度、市场风险增大、资源浪费现象等突出问题。[①]

黔东南州传统村落历史文化遗产资源类型丰富、内涵深厚，呈现多元化的特征，然而由于黔东南州传统村落簇聚性高，同源村落在文化遗产等方面表现得极为相似，发展方式单一，缺乏科学的整体规划，极易导致内部竞争，造成区域内文化遗产资源的浪费甚至破坏。采用集群式保护发展将有助于对区域内文化遗产资源进行深度发掘，特色发展，促进传统村落文化遗产资源的发展及合理转化，达到保护、传承和发展传统村落文化遗产资源的目的。

2.有利于资源的共享，基础设施和旅游服务设施共建

目前黔东南州传统村落的保护发展多数以保护传统村落历史风貌，提升村民生活质量为主要目的进行村落规划建设，其保护发展规划均以各自村落为本底进行孤立的保护规划设计，设计内容大多依据规划导则所要求的对各类要素进行规划，对包括整体风貌、建筑的整治改造、基础设施、公共服务设施等都做了要求。各村落依据规划建设各自的大型基础设施，如游客接待中心、餐饮服务中心、停车场等，这些大型建筑不仅投入大、耗费高，而且对于一些原生态环境保持完好的传统村落而言，易对原生态的传统风貌造成破坏，不利于其保护和发展。加之黔东南州大部分地区经济发展水平落后，基础设施等建设资金投入较为有限，若每个传统村落均设立大型基础设施则压力过大，较为浪费。

黔东南州传统村落具有数量多、聚居度高的特点，一定区域内的各村落在交通、产业、服务设施，甚至民俗、文化、血亲等方面关系十分密切，将相互联系紧密的传统村落孤立进行规

① 钟艳.安徽地域文化资源整合与集群化发展的初步构想 [J].安徽行政学院学报，2014（5）.

划设计，阻碍了村庄资源功能的最大发挥，也易造成资源配置的重复性浪费。采用集群式的保护发展路径，将传统村落的各类资源（包括自然资源及社会服务资源）、各类要素（包括自然要素和人工要素）以集聚区为单位进行规划安排，共建基础设施和旅游服务设施，打破因各自为政而导致的重复性建设和保护缺位的不利影响，促进传统村落协同发展、资源共享。

3. 有利于产业优势互补，形成区域集聚效益

传统村落集群式保护发展有助于各传统村落在合理的分工下，实现产业的互助互补，相对集聚，形成区域集聚效益，增强区域竞争力和内部的凝聚力，带动村落产业发展，增加本地村民的就业机会，提升就业水平。同时，集群式保护发展还有助于区域对外联系，及时了解市场走向，以市场需求为导向带动产业的发展，激发产业内生动力，促进产业转型和升级，打造自身产业品牌，推动区域经济增长方式的转型，走向共同富裕。

此外，传统村落集群式保护发展还有助于各项资金的整合及联动发展。目前，黔东南州传统村落资金项目多样，主要有"一事一议"补助资金、传统村落国家补助资金、美丽乡村建设资金、文化旅游相关资金、扶贫开发资金等多项资金，每项资金的管理部门和支配部分均有所不同，因此在资金利用和分配上容易产生矛盾纠纷。集群式发展不仅有利于统筹资金的管理和分配，避免各村落纠纷，同时还可以提高资金使用效率，减少不必要的开支，实现资金最大化利用。

第二节　黔东南州传统村落集群式保护发展区划

黔东南州传统村落集群式保护发展，是结合黔东南州传统数量多、民族文化特征鲜明、生态环境保存较好的实际而做出的决策，是与旅游活州、保护原生态民族村寨等战略相适应的保护发展路径。在黔东南州城镇体系规划指导下，结合传统村落分级分类实际情况，依据传统村落所处自然地理环境、民族文化圈层及交通线路分布，划分集聚区，将有条件的区域统一协调，协同发展，集中集聚区的资源，发挥内部各传统村落的优势，分工协作共同发展。

一、集聚区划分标准

1. 划分依据

黔东南州传统村落的上位规划和相关规划对于集聚区的划分与发展，提供了有力的引导。主要依据有《黔东南苗族侗族自治州州域城镇体系规划（2015—2030）》和《黔东南州旅游业"十二五"发展规划》。其中《黔东南苗族侗族自治州州域城镇体系规划（2015—2030）》中对城镇等级结构中确定的中心镇和一般镇以及职能结构中对中心镇和一般镇职能的明确，对确定集聚区中心和集聚区的主要发展方向具有重要指导作用；"以中心镇为载体布局镇乡级服务中心"为集聚区实现服务设施共享共建提供了规划的依据。《黔东南州旅游业"十二五"发展规划》中着力建设黔东南州四大品牌线路，分别是环雷公山世界苗文化旅游精品干线、镇远-潕阳河山水观光旅游精品干线、黎从榕世界侗文化旅游精品干线和仰阿莎文化旅游精品干线，由于黔东南州传统村落在这些旅游干线附近都有不同程度的集聚，因此在划分集聚区要考虑传统村落旅游与旅游干线的结合，达到借助旅游干线促进传统村落旅游发展的目的。

2. 划分路径

黔东南州传统村落的集聚主要有地理区位集聚、景观风貌集聚、村落特色集聚、家族血缘

集聚。其中，地理区位集聚就是以村落个体的地理特征为依据的划分，区域地理条件是村落形成的基础，局部地理环境是村落集聚的根本要素，包括山林、水系和平地三类，因此，地理区位集聚就是以此为标准之一划分集聚区，例如雷山县陡寨村、毛坪村、格头村、雀鸟村等村均分布在雷公山自然保护区核心区内，区位关系联系紧密，故以区位地理条件为联系可将周边村寨划分为一个集聚区。景观风貌集聚，就是以自然景观为联系而进行空间划分，黔东南州传统村落依据山水环境的自然形成进行选址，必须具有一定的山水组合关系，这种关系既可以理解为风水关系，也可以理解为整体的山水环境，是村落形成的基础，例如从江县加榜梯田，加榜梯田实质为周边若干村落公共农田，其优质美景自然与周边村落共享，故将这种共享同一自然景观的村落划分至一个集聚区。村落特色集聚，是指在一定范围内表现出相似度极高的文化和空间特色的传统村落集聚，可以看做是区域文化的相互影响，例如雷山县的大龙苗寨与控拜村同为苗族村寨，在村寨特色上均以银饰加工的手工艺为主要特色，将其划分至同一集聚区，在集聚区的发展中，可以使村内的工匠和产品协同合作，共同发展。家族血缘集聚，以宗谱和家谱维系宗亲关系，代代传承，繁衍生息的村落集聚，这些传统村落在历史上是密不可分的，从村落名称可以清晰分辨，例如郎德上寨和郎德下寨，统称郎德村；又如黎平县肇兴乡的纪堂村和纪堂上寨村。这种在历史上本属于一个村子，后分成几个行政单位，单独成村的，可以考虑划分至同一集聚区。

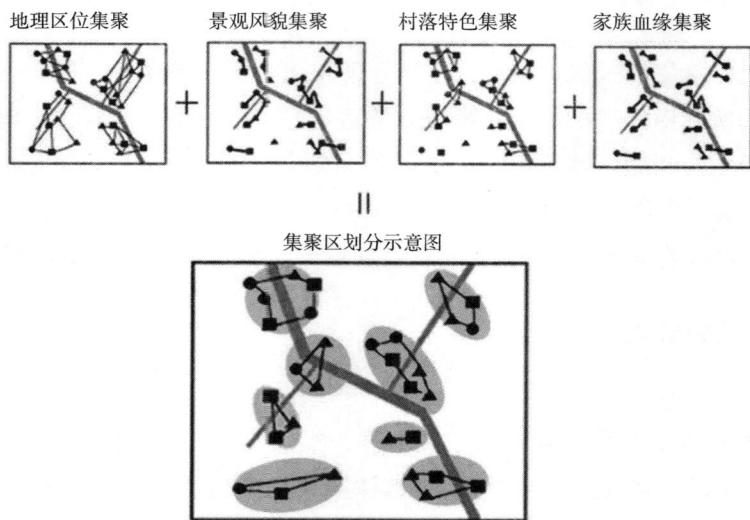

图 11-3　集聚区划分路径 [1]

　　总体而言，在全面了解黔东南州传统村落的地理区位特征、景观风貌特征、村落特色以及家族血缘关系特点的基础上，以空间分布为依托，划分出具有空间相邻、景观共享、村落特色相连以及家族血缘相通的组合群体，构建成独立的单元，我们称之为传统村落的集聚区。州域范围内，每个集聚区都具有空间、文化和特色的相对独立性，每个集聚区之间彼此既是相连的整体，又以独特的文化独立存在。

---

① 参考邓巍. 古村镇"集群"保护方法研究 [D]. 武汉：华中科技大学，2012：58，古村镇空间集群示意图所改。

3. 划分方法

根据上文对黔东南州传统村落集聚区划分依据及划分路径的分析，考虑交通时间因素，将黔东南州传统村落集聚区划分方法总结如下：

（1）集聚区服务中心原则上为城镇体系确定的乡镇所在地，一个集聚区的服务中心可以不止一个。

将城镇体系确定的乡镇所在地确定为集聚区服务中心，是把集聚区放在城镇体系的框架中，有利于集聚区与城镇体系规划对接，便于确定集聚区主要的发展方向，共享城镇体系中规划的基础设施和公共服务设施，实现集聚区与城镇之间的融合发展。对于地理空间紧挨的乡镇，传统村落分布密集，且乡镇所在地距离不远，可以考虑把两个或多个乡镇的传统村落划入一个集聚区内，此时集聚区的服务中心就不止有一个。

（2）集聚区的范围，是以集聚区中心为中心，以 1 ~ 1.5h 以内车程为宜的区域。

集聚区范围的确定是为了量化集聚区的划定依据，选用以服务中心为中心，以 1 ~ 1.5h 车程为宜，是为了方便集聚区内部传统村落之间社会、经济之间的交流，凸显村落之间的集聚效应。

（3）集聚区内的村落之间，或文化特征，或景观风貌，或村落特色相似，或家族血缘相近，有着较为密切的社会、经济联系，地理分布较为紧密。

划定集聚区的目的是为了解决黔东南州传统村落之间发展同质化严重的问题，集聚区可以把有特色但特色差异不大的传统村落聚合起来，积小成大，形成该区域村落的大特色，使村落之间优势互补，形成合力，从而避免了同质化村落之间的恶性竞争。因此在集聚区内的传统村落或文化特征，或景观风貌，或村落特色相似，或家族血缘相近，同时也要有着较为密切的社会、经济联系，地理分布也应较为紧密。

（4）集聚区内的传统村落数量应当根据该区内传统村落密集程度、村落所在乡镇的行政范围等实际情况确定。

集聚区内传统村落的数量的确定应考虑该区内传统村落密集程度，对于密度较大的，传统村落数量相应会多，反之则较少；考虑村落所在乡镇的行政范围是为了便于行政方面的管理，但要依据实际情况，如果乡镇所在地紧挨，则应考虑将两个乡镇的传统村落划入同一集聚区内，共同管理。

二、黔东南州传统村落集聚区的划分建议

黔东南州传统村落苗、侗、汉三大民族在各自的聚居地形成了以主体民族为特色的文化集群。由于汉族文化集群内的镇远、施秉、岑巩 3 县仅包含有 4 个传统村落，且散落分布，目前不具备划分集聚区的条件，所以在集聚区划分时着重考虑传统村落分布密集的苗族文化集群和侗族文化集群。同时以此 3 个文化集群为基础，根据黔东南州传统村落的分级分类和集聚划分标准，在城镇体系规划的框架下，将黔东南州传统村落集群进行整体区划，构建"两心三域多区"的空间格局形式。在传统村落三大集群内，分别规划若干个集聚区。

"两心"是指黔东南州民族村落旅游的两个中心——西江苗寨和肇兴侗寨，这两大民族村寨是黔东南州苗族和侗族村寨的主要代表，目前已经成为黔东南州民族村落旅游的主要带动点，虽然西江苗寨不是传统村落，但是考虑到它在民族村落旅游方面的带动作用，也将其定位为中心。"三域"是指将黔东南州传统村落按照主要的民族文化划分的三大群域。其一，环雷公山苗族村

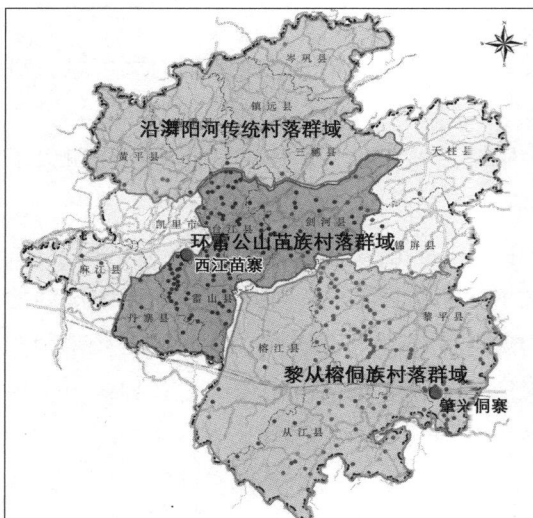

图 11-4　黔东南州传统村落空间格局图

落群域，主要位于分布较密集的雷山县、台江县以及剑河县内的传统村落；其二，黎从榕侗族村落群域，主要包含分布相对集中的黎平县和月亮山一带榕江县和从江县内的传统村落；其三，沿潕阳河传统村落群域，主要包括岑巩县、镇远县、三穗县、施秉县、黄平县内的传统村落。

"多区"是指将三大村落群域以及"三域"之外（主要是清水河以北）根据各自传统村落分布的实际情况，划分出多个集聚区，以集聚区为单位，统一规划，协调管理。

1. 环雷公山苗族村落群域——7个集聚区

环雷公山苗族村落群域主要覆盖了雷山县、台江县和剑河县域内的大部分传统村落，结合3县的总体规划，拟将该传统村落集群规划为7个集聚区，分别为：

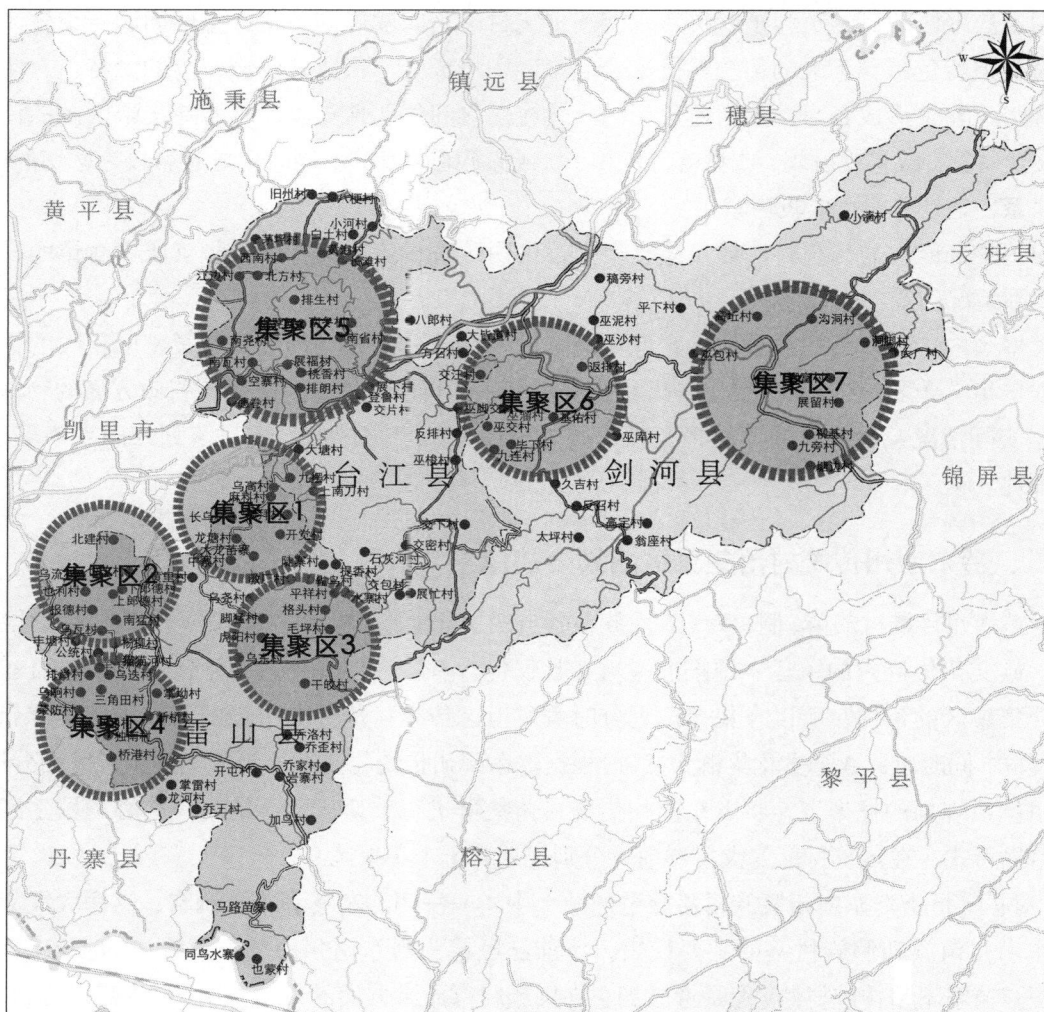

图 11-5　环雷公山苗族村落群域集聚区划分图

（1）以西江千户苗寨为主体，以控拜银匠村为补充，以周边距离较近的普通村寨为支撑划定集聚区，进行统筹管理，主要开展以民族文化体验为主的旅游活动。

（2）以郎德上寨为主体，以南猛村为补充，加之周边距离较近的普通村寨，划定集聚区，主要以休闲度假、乡村旅游为主，其他产业为辅。

（3）以苗族圣山——雷公山为载体，依托蚩尤顶和雷公坪等旅游景点，结合雀鸟、陡寨等民族村寨为辅助，以格头秃杉群落为代表的优美的生态环境为补充，主要开展祭祀、庙会、大型民族民间活动、户外运动等旅游活动，带动周边普通村落发展特色产业，联动发展。

（4）以超短裙苗族新桥村为主，以周边苗族文化村寨为辅助划定集聚区共同发展，加之水上粮仓、高岩峡谷等旅游景区主要发展以文化体验为主的旅游产业。

（5）台江县传统村落大部分聚集分布在台江县北部的台盘镇周边，根据县总体规划对其定位为以发展农副产品加工业为主的工业型城镇，将该区域的传统村落划分为一个集聚区，该集聚区主要以农副产品加工生产为主，体现生产的标准化、精细化、品牌化等的现代标准，由此吸引外出打工者回乡发展。

（6）剑河县西部地区可划分南哨乡、柳川镇和岑松镇域范围内的传统村落以及周边传统村落为一个集聚区，依据剑河县总体规划，该区域主要以仰阿莎文化以及民族文化为主，集聚区内涵盖了巫沙村、乌交村等特色村落以及周边其他普通村落，特色村落以发展特色民族文化体验旅游为主，其他普通村落作为其支撑，整合其特色产业，带动集聚区发展。

（7）将剑河县东部传统村落划分为一个集聚区，行政区位涵盖了观么乡、磻溪镇和南加镇范围内的传统村落，包括以红色旅游为主的大广村和民族文化特色村落巫包村。该集聚区主要以侗族村寨特色与红色旅游为主要发展方向，周边普通村落以农副产品加工和旅游服务业为特色村落提供资源补给。

环雷公山苗族村落群域集聚区分析表　　　　　　表 11-1

集聚区序号	集聚区中心	集聚区内部交通	包含村落	共性优势产业	独特的民俗文化	主要发展方向
1	西江镇政府所在地	乡道	控拜村、大龙苗寨、教厂村、黄里村、中寨村、龙塘村、长乌村、乌高村	苗族银饰加工；茶叶种植及加工；西江千户苗寨旅游产业	高排芦笙、苗族飞歌、芦笙舞；吃新节、扫街、苗年、鼓舞节、招龙节	以西江千户苗寨为主体，以控拜银匠村为补充，其他村落为产品补给，主要开展以民族文化体验为主的旅游活动
2	郎德镇政府所在地	乡道、县道	乌流村、也利村、报德村、乌瓦村、南猛村、郎德上寨、郎德下寨、也改村	苗族刺绣、民族服饰加工、靛染工艺加工；竹鼠、黑毛香猪等食品加工	斗牛、木鼓舞、铜鼓舞；鼓藏节	以郎德上寨为主体，以南猛村为补充，加之周边距离较近的普通村寨，划定集聚区，主要以休闲度假、乡村旅游为主，其他产业为辅
3	方祥乡政府所在地和丹江镇政府所在地	县道、乡道	陡寨村、毛坪村、格头村、雀鸟村、平祥村、水寨村、乌东村、虎阳村、教厂村、脚猛村、干皎村	茶叶种植及加工、葡萄种植、黑毛猪养殖、天麻种植；梯田景观、雷公山风景区、蚩尤顶及雷公坪等风景点	苗族飞歌、高排芦笙；苗年	以苗族圣山——雷公山为载体，依托蚩尤顶和雷公坪等旅游景点，结合雀鸟、陡寨等民族村寨为辅助，以格头秃杉群落为代表的优美的生态环境为补充，主要开展祭祀、庙会、大型民族民间活动、户外运动等旅游活动，带动周边普通村落发展特色产业

集聚区序号	集聚区中心	集聚区内部交通	包含村寨	共性优势产业	独特的民俗文化	主要发展方向
4	望丰乡、大塘乡政府所在地	省道、县道、乡道	乌迭村、公统村、三角田村、丰塘村、五的村、荣防村、乌响村、羊卡村、排肖村、新桥村、掌坳村、独南村、桥港村	新桥村作为一级表演特色村寨为重点旅游景点村；水上粮仓、高岩峡谷；茶叶种植及加工、猕猴桃种植等	长裙苗、中裙苗、短裙苗以及超短裙苗特色村寨；踩铜鼓、跳芦笙等	以新桥超短裙苗族特色村落为主，以周边苗族文化村寨为辅助划定集聚区共同发展，加之水上粮仓、高岩峡谷等旅游景区发展主要以文组文化体验为主的旅游产业
5	台盘镇、革一镇政府所在地	国道、省道、县道	排生村、板凳村、南尧村、南瓦村、展福村、桃香排朗村、德卷村、空寨村	农副产品种植及加工：生姜、太子参、杨梅、辣椒、核桃等；手工艺加工：苗族刺绣、苗族服饰加工	苗族古歌、敬桥节、酒节、龙头节、赶秋节	以农副产品加工生产为主，应体现生产的标准化、精细化、品牌化等的现代标准，由此吸引外出打工者回乡发展
6	柳川镇政府所在地	国道、县道、乡道	稿旁村、巫泥村、巫沙村、反排村、基佑村、巫库村、毕下村、巫交村、九连村、反召村、太坪村、翁座村、高定村、九连村、大皆道村、八郎村、巫溜村、方召村	手工艺产品加工产业：土布制作技艺产品加工，巫沙苗族服饰加工，竹编加工，苗族红绣等；松脂、辣椒等农产品种植及加工	以苗族文化为主的苗族歌舞、芦笙舞、拦路酒等；节庆多以苗族民族节庆为主	以仰阿莎湖文化以及民族文化为主，特色村落以发展特色民族文化体验旅游为主，其他普通村落作为其支撑，整合其特色产业，带动集聚区发展
7	磻溪镇政府所在地	县道、乡道	平下村、巫包村、高坎村、沟洞村、洞郐村、大广村、柳富村、展留村、柳基村、九旁村、塘边村、小南村	侗族服饰加工；大广村红色旅游产业	侗族敬酒歌、山歌等；节庆多以侗族节庆为主	主要以侗族村寨特色与红色旅游为主要发展方向，周边一般型村落以农副产品加工和旅游服务业为特色村落提供资源补给

2. 黎从榕侗族村落群域——6个集聚区

黎从榕侗族村落群域，主要包含集中于黎平县和从江县的传统村落，重点发展侗乡风情旅游，

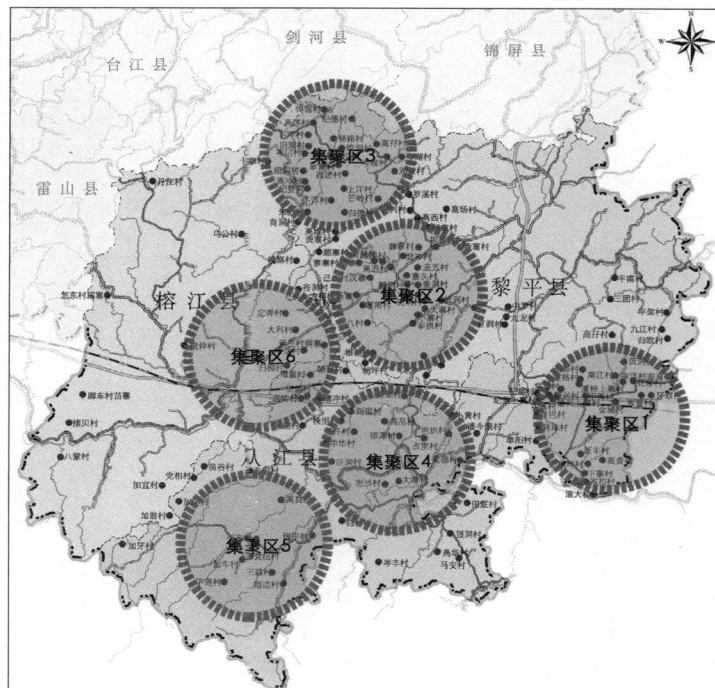

图11-6　黎从榕侗族村落群域集聚区划分图

开发侗族文化体验、生态体验、休闲娱乐、旅游服务、旅游市场和旅游产品加工等旅游相关产业。结合黎平和从江两县的总体规划，将该村落群域的传统村落划分为6个集聚区，分别为：

（1）黎平县南部集聚区，主要由肇兴和水口两个城镇发展区（包括肇兴、水口、龙额、地坪、雷洞内的特色村寨以及周边普通村寨）组成，以肇兴侗寨、鼓楼花桥、堂安侗族生态博物馆、地坪风雨桥等为依托，发展侗族文化特色旅游，推进以黄牛为主的畜牧业、林业等农特产品的发展。

（2）黎平西南部集聚区，囊括了岩洞和九潮—茅贡两个城镇发展区（包括岩洞、九潮、茅贡、双江、口江和坝寨内的特色村寨和周边普通村寨），依托岩洞侗族大歌和独柱鼓楼以及茅贡特有的气候条件、双江高速公路互通口，九潮定八的侗族服饰发展侗族文化特色旅游，形成侗乡休闲度假旅游基地，并联合周边村寨大力促进特色农产品经济的发展。

（3）黎平西北部传统村落集聚区由尚重和孟彦两个城镇发展区（包括尚重、孟彦等地管辖的传统村落）组成，利用多山的地形特点发展畜牧业、林业、茶叶、中药材等特色农业及相关农副产品加工业，促进农业产业化经营。

（4）将从江东北部传统村落划定为一个集聚区，覆盖了往洞乡、丙妹镇以及高增乡的传统村落，包括岜沙苗族文化村、小黄侗族文化村、曾冲鼓楼文化村等特色的村落，并且辐射周边的普通村寨，以民族文化体验为主，鼓励发展特色产品加工等产业。

（5）划定从江县西部靠近月亮山腹地以及加榜梯田风景区所在的加榜乡和刚边乡的传统村落为一个集聚区，统筹管理，该地区传统村落主要以中药材种植、香猪养殖以及特色农产品加工等为发展方向，为月亮山景区和加榜梯田景区的生态旅游提供产品供给，带动集聚区经济发展。

（6）将栽麻乡的大利村、宰荡村、苗兰村侗寨和平江乡的滚仲村依托县道、乡道划为一个集聚区，主要发展芦笙制作、竹编、藤编等工艺品及猕猴桃等农产品种植业、黑毛猪养殖业、民宿等，形成苗侗民族之间的互补互动，共同发展。

黎从榕侗族村落群域集聚区分析表　　　　表11-2

集聚区序号	集聚区中心	内部交通	覆盖村落	具有共性优势的产业	独特的民俗文化	主要发展方向
1	肇兴乡、地坪乡政府所在地	县道、乡道	东郎村、夏格村、南江村、堂安村、肇兴村、纪堂村、中寨村、金城村、岑管村、花柳村、牙双村、茨洞村、登岑村、转珠村	蓝靛靛染工艺加工、侗族木构建筑和花桥营造技艺；传统侗族服饰加工产业；黄牛养殖	侗族琵琶歌、芦笙舞、拦路歌；泥人节、祭萨节、侗族飞歌	主要由肇兴和水口两个城镇发展区组成，以肇兴侗寨、鼓楼花桥、堂安侗族生态博物馆、地坪风雨桥等为依托，发展侗族文化特色旅游，推进以黄牛为主的畜牧业、林业等农特产品的发展
2	九潮镇、茅贡乡政府所在地	高速、县道、乡道	地扪村、高进村、蝉韩村、登岑村、流芳村、寨头村、额洞村、冲债、述洞村、大寨村、小寨村、宰拱村、岩洞村、黄岗村、银朝村、定八村、寨南村、新寨、腊洞村、朝坪村	有机米生产及加工产业、民族医药加工产业；地扪生态旅游产业	侗族琵琶歌、侗族大歌、侗戏、传统古法造纸技术；芦笙节	囊括了岩洞和九潮—茅贡两个城镇发展区，依托岩洞侗族大歌和独柱鼓楼以及茅贡特有的气候条件、双江高速公路互通口，九潮定八的侗族服饰发展侗族文化特色旅游，形成侗乡休闲度假旅游基地，并联合周边村寨大力促进特色农产品经济的发展

续表

集聚区序号	集聚区中心	内部交通	覆盖村落	具有共性优势的产业	独特的民俗文化	主要发展方向
3	尚重镇、孟彦镇政府所在地	县道、乡道	俾翁村、记德村、高洋村、下洋村、旧洞村、岑门村、绍洞村、高冷村、纪登村、下洋村、朱冠村、育洞村、归德村、芒岭村、上洋村、西迷村、宰蒙村、洋卫村、郊东村、岑桃村、墩路村、邓蒙村、卡寨村	木姜子、油桐仔、杨梅、松茯苓、天麻、香菇、木耳、辣椒等农副产品加工及种植	侗族琵琶歌，吹芦笙；踩歌堂；祭萨节；鼓藏节；破新节	由尚重和孟彦两个城镇发展区组成，利用多山的地形特点发展畜牧业、茶叶、中药材等特色农业及相关农副产品加工业，促进农业产业化经营
4	下江镇、丙妹镇政府所在地	国道、县道、乡道	高吊村、银潭村、占里村、岜扒村、小黄村、则里村、增冲村、高仟村、中华村、巨洞村、岜沙村、潘今滚村、美德村、大唐村、留架村、秧里村	七星侗寨旅游产业园、禾香糯米加工、手工艺加工（刺绣、挑花、彩绘、兼职等）	占里生育习俗、侗族大歌、侗族琵琶歌、侗族牛腿琴歌	该集聚区覆盖了往洞乡、丙妹镇以及高增乡的传统村落，包括岜沙苗族文化村、小黄侗族文化村、曾冲鼓楼文化村等典型的村落，并且辐射周边的普通村寨，以民族文化体验为主，鼓励发展特色产品加工等产业
5	宰便镇、加榜乡政府所在地	县道、乡道	引东村、加车村、下尧村、刚边村、三联村、党扭村、银屏村、高良村	加榜梯田、加车河瀑布风景区旅游产业；中药材种植、香猪养殖	壮族特色村、水族特色村以及壮、侗、水族民族歌舞、节庆	主要以中药材种植、香猪养殖以及特色农产品加工等为发展方向，为月亮山景区和加榜梯田景区的生态旅游提供产品供给，带动集聚区经济发展
6	栽麻乡、平江乡政府所在地	县道、乡道	大利村、宰荡村、苗兰村侗寨、滚仲村、定弄村、归柳村、信地村、高传村	猕猴桃、葡萄、黑毛猪、黄豆等种植及养殖业	侗戏、侗族大歌、苗族芦笙舞、芦笙制作工艺	主要发展方向为芦笙制作、竹编、藤编等工艺品以及猕猴桃等农产品种植、黑毛猪养殖、民宿等

第三节 黔东南州传统村落集聚区保护发展措施

黔东南州传统村落集聚区主要以特色村寨为核心，普通村寨为支撑，构成一个相对完整的民族文化单元，在整体统筹与管理下，实现传统村落集聚区的协同保护发展目标。传统村落集聚区的保护发展措施既要考虑集聚区内资源的优势互补，又要共建共享基础设施与旅游服务设施，更要协调区域的组织管理，完善组织机构，在确定总体保护目标和发展任务的基础上，明确各个传统村落保护内容与发展模式，构成一个完整而具有地域民族文化特色的保护发展系统。

一、传统村落集聚区资源优势互补

集聚区的资源优势互补不以个体为单位，集中区域内的资源，发挥内部各村落的优势，分工协作共同发展。合作发展包括 3 个方面，即土地资源协同利用、旅游资源的优势互补以及劳动力互补，提高农村就业率。

1. 土地资源的协同利用

土地资源协同利用是集聚区内村落合作发展的前提，随着经济水平的提高，村民为满足生活需求，不断将传统村落内历史风貌建筑随意拆建，破坏传统村落的整体历史风貌。土地资源的协同利用就是在集聚区的范围内，跳出各村落建设控制地带选择一块区域作为集聚区共同的发展用地，该用地既可用于新区的建设也可用于旅游服务等设施的建设。用地用以新区的建设，可以缓和人口不断增长的矛盾和村民对现代生活需求的追求，新区选址的划定需与传统村落保持一定距离，新建建筑风貌需以传统建筑风貌为标准进行修建，以免对传统村落的传统风貌造成影响。与此同时，新区选址还需充分考虑现代公共基础设施的建设，如用水、排水、消防等问题，以防村民搬至新区时，由于基础设施不完善导致生活更加不便，进而引发多重矛盾。

2. 旅游资源优势互补

旅游资源优势互补，顾名思义就是将集聚区内各传统村落所具有的优势旅游资源进行集中和整合，整合相同的旅游资源，使其不具分散性，预防产生随处可见，雷同类似之感；同时通过比较，彰显不同旅游资源的差异与特色，突显旅游品牌，形成优势互补。此外，通过对各村落旅游资源特征的挖掘和比较，还有利于划定集中的旅游集散地和贯穿各旅游景点的旅游路线，为不同村落提供不同的平等的旅游机会，避免无序的竞争。黔东南州旅游大多以发展乡村旅游为主，旅游内容主要是欣赏优美的自然生态环境、精巧的传统建筑，以及部分民族表演。这种主题几乎涵盖整个黔东南州的旅游，因此容易产生去了一个苗寨就不会想去另一个苗寨，去了一个侗寨就不会去另一个侗寨的情况，导致村落之间竞争激烈，矛盾突出。为此，我们应当深入挖掘每个村落的资源，将相同的资源进行打包，形成一个整体，共同发展，使一定区域内的村民共同受益；同时，挖掘村落不同的特色，形成一个个不同的旅游主题，使乡村旅游在共性中突显出个性，避免恶性竞争，造成破坏性发展。

3. 劳动力互补，提高村民就业率

依据传统村落的分类，每个集聚区内包含着若干个传统村落，有特色手工艺加工类、特色农产品种植类及加工等，如果集中大力发展这些村落特色，易造成人力资源短缺。为此，建议以集聚区为单位，整合区域内农村劳动力，由特色型村寨向普通型村寨提供就业岗位，增加区域内村民的就业机会，提高村民就业率。对于黔东南州发展旅游的传统村落而言，大多数发展旅游的村落都有明显的淡旺季之分，对劳动力的需求也有较强的季节性，表现出较强的就业弹性、阶段性和流动性特征；旅游旺季时，通过吸收周边农村劳动力来满足旅游经营岗位需求，淡季时，各劳动力则回到本村进行农业耕种，这样劳动力的流动互补，既有利于提高村民就业率，又有利于村民收入的增加。以西江苗寨为例，随着西江苗寨旅游业的快速发展，其就业岗位不断增多，不仅使西江村民积极参与其中，降低了村民外出务工的情况，同时还吸引大批邻村等外来人口至此务工，村民就业率得到提高，收入达到较高水平。乡村劳动力的流动互补，就业率的提高，青壮年劳动力的不断回流，逐步改变着当前村落只有留守老人和儿童的状况，对延续传统的村落文明具有重要意义。

二、共建共享基础设施和旅游服务设施

1. 基础设施的共建

集聚区内村庄的污水处理设施、给水设施以及环卫设施等基础设施在一定距离、规模的条件下可实现区域共建共享，减少不必要的重复投资，整合优化集聚区内基础设施，协调发展，实现节约型社会。以垃圾处理设施为例，推广"户集、村收、镇运、集中处理"的生活垃圾处理模式，加大政府对村落垃圾收运处理设施的投入。实行可移动式垃圾处理方式，即集聚区内部利用垃圾转运车定时定点将垃圾收集至统一的垃圾处理中心，集中处理。

2. 旅游服务设施的共享

对于分布集中的传统村落，可将旅游服务设施资源共享。以游客接待中心与停车场为例，

传统村落保护规划中，村村规划建有游客接待中心以及若干停车位。对于保护等级较高的传统村落而言，村内建立大型游客接待中心与停车场，无疑是对整体风貌的破坏。面对这种情况，可将这种涉及面积较大的旅游服务设施规划建在该村范围以外，或周围距离较近的且等级较低的其他村庄内，与周围村落共享旅游基础设施。这样不仅可以保护等级高的传统村落整体风貌，还可以带动周边等级低的地区发展。以黎平县茅贡乡为例，属于茅贡乡管辖内的传统村落多达10个，且茅贡乡位于其中心位置，加上茅贡乡基础设施好，交通便利，将游客接待中心、停车场、餐饮住宿等旅游服务设施建设于此，不仅不会造成传统村落内历史风貌的破坏，同时又可以带动起茅贡乡整体的经济发展。

3. 交通网路的构建

结合集聚区外部交通现状与规划意向，组织集聚区内交通方式，并根据集聚区保护发展需要，调整道路交通组织方式。如优化集聚区内部管理，集聚区外部道路应绕行，可规划新的道路；为发展旅游，可规划旅游公路等；为便于产品输出，可调整道路级别，加强道路交通管制等。以集聚区中心作为交通枢纽，对内连接各集聚区内部传统村落，保障各村产品的输出以及游客的交通集散，开通集聚区中心至各村落或景区的公交线路，增加旅游车次，使集聚区中心往返各村落之间联系更紧密、对流更快捷；对外进一步打造铁路、公路等组成的多维交通体系，以保障相邻集聚区间旅游资源互补、旅游客源与目的地互动，促进各集聚区间的共同发展。

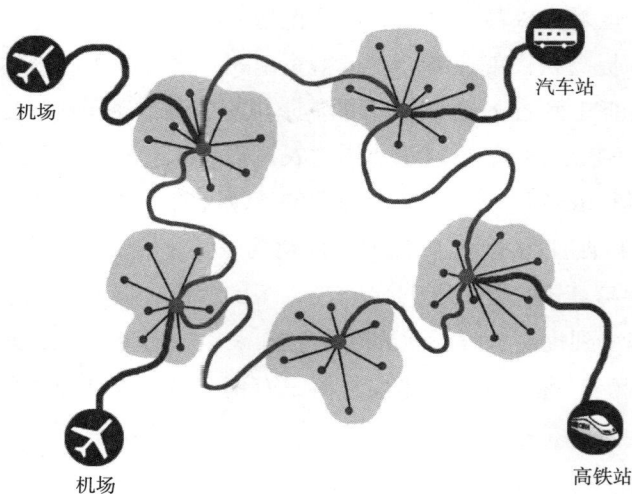

图 11-7　集聚区间外部交通组织形式

三、协调区域管理，完善组织机构

1. 完善管理机构设置

集聚区的划分基本以尊重行政区划为主，但黔东南州传统村落分布相当集中且密集，尤其雷山、黎平两县，对于密集程度高的地区，导致乡镇与乡镇之间的边缘村落无论在习俗或者文化上都存在极高的相似性，在划分时难免会有跨乡镇，甚至跨县的集聚群，在现有的行政界线和编制下具有一定的局限性，因此必须从管理机构上实现集聚。在各县政府中设立传统村落集聚区保护管理中心机构，作为州县级规划管理部门的下属组成机构，并为该机构设立独立的事权，与规划管理、文物保护、土地管理等部门密切联系，做好对各自集聚区保护管理问题的指导。同时，各乡镇也应设立集聚区相关的管理机构，具体实施和落实上级政策以及处理好所辖范围内各集聚区出现的一些矛盾和争端，协调好各集聚区之间的关系，以及各集聚区内部的事务。

2. 集聚区中心的构建

为确保集聚区中心能够真正发挥推动传统村落发展的作用，其构建必须遵循以下两个原则：一是区域联动原则，集聚区中心就是要组成区域性的传统村落协作共同体，形成合力，统一规划，有序开发；二是区位优势原则，集聚区中心要依托具有区位优势集镇或村庄，便于组织客源，有利旅游线路组合。

集聚区管理应在服从乡镇政府行政管理的基础上，发挥更强的市场属性，整体把控集聚区保护发展之舵，避免在管理上缺乏市场的灵活性。

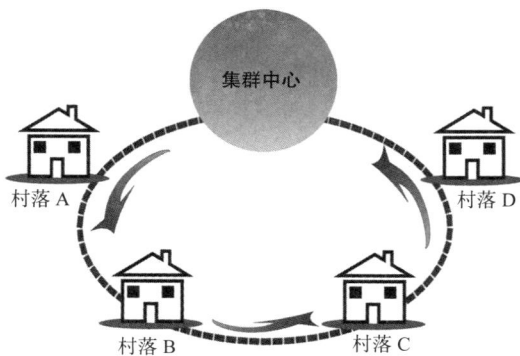

图 11-8 集聚区中心

另外，作为市场主导的集聚区中心，应综合考虑其整体现状优势、劣势等利弊后，确定合适、合理的地理位置。依据城镇体系规划，集聚区中心应优先考虑中心镇，周边传统村落在集聚区半径范围内的村庄可以共享城镇设施，统筹管理集聚区内的各资源，包括旅游服务设施、配套基础设施，以及合理利用集聚区内各种特色产业，合理分工。

在中心镇区范围以外的村落，也可考虑以一般镇或者条件较好的村落（中心村）作为集聚区的中心。集聚区的中心可根据该地区的需要有一个或多个加强各项基础设施的建设。所谓条件较好的村落（中心村），即交通条件便利，整体风貌保存一般且鲜有特色产业的村落，可作为集聚区的中心，建设旅游基础设施等例如游客接待中心及餐饮服务等，有利于带动其周边村落经济发展。

3. 集聚区中心的职能

以集聚区中心作为统筹管理集聚区内各类产业的协调组织机构，包括集聚区内的旅游服务、产品外销和产品内销，将集聚区发挥其规模效应。其中旅游服务包括民族村寨式住宿、餐饮、信息咨询、游客中转以及民族特色商品等方面；对于产品外销方面，结合对集聚区各个传统村落的发展模式定位，以集聚区中心作为一个与外界沟通的平台，将集聚区内传统村落的特色产品，外销至全国各地，甚至世界各地。例如以服装刺绣类加工产业为主或以银饰加工产业为主的村庄，将其制作的服装或银饰借助集聚区中心的交通及管理优势，销往各地；对于以生态农业、酿酒、古法造纸、民族乐器加工等为主要产业类型的传统村落可以借助集聚区中心的统筹管理，将各自特色产品内销至集聚区中心以及集聚区内其他传统村落。

传统村落集群式保护发展目前处于一个新思路阶段，尚未在全国实行。黔东南州传统村落众多且集中，具备集群式保护发展的条件，在黔东南州传统村落内试行该保护发展路径，不失为一个创新之举。本章节对集群式保护发展的研究尚处于探索阶段，黔东南州在具体实施过程中可根据村落具体情况进行相应的调整，以期达到集群式保护发展的最佳方式和效果。

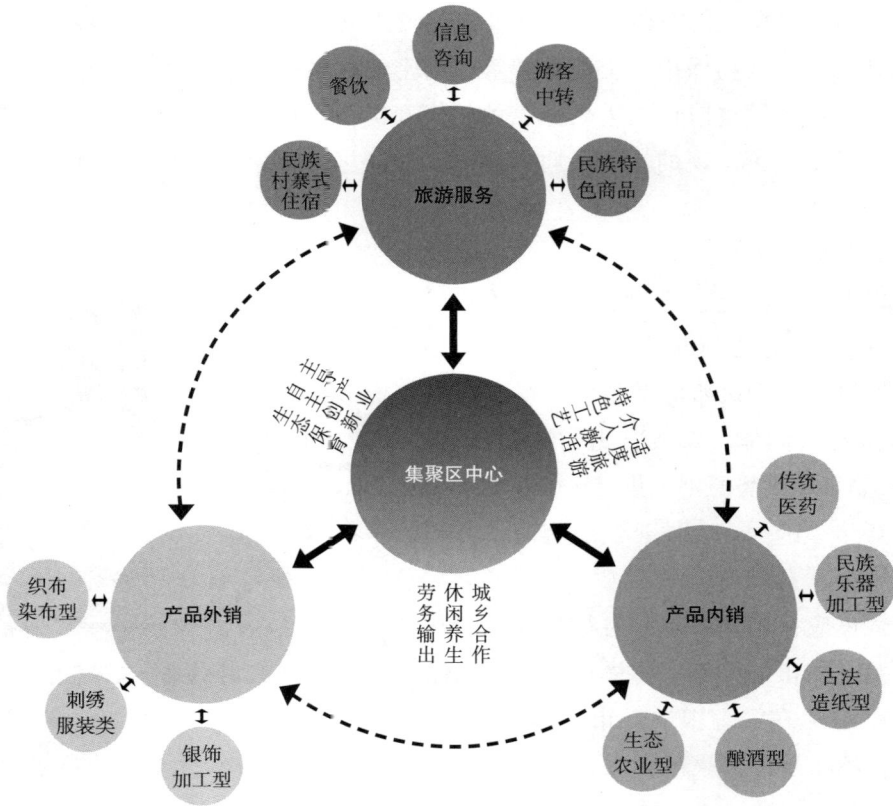

图 11-9　集聚区中心职能关系图

第十二章　黔东南州传统村落产业发展和旅游资源整合

第一节　黔东南州传统村落保护发展与产业驱动创新

传统村落的保护发展离不开产业的推动，产业能使村落重获新生，实现村落可持续发展。在国家"西部大开发"、"大扶贫"、"大数据"、"大健康"战略实施的历史机遇下，黔东南州应紧抓机遇，细致梳理资源，挖掘文化内涵，更新村落发展理念，优化产业发展策略，实现全州脱贫致富。黔东南州传统村落产业的发展应在大生态基础上，围绕当地村民贫困的现实结合大扶贫政策，以村民脱贫致富为目标，将传统村落旅游、创意产业、大健康产业等进行有序的合理安排，按照中央脱贫"五个一批"工程分步骤、分次序逐步实施。

一、黔东南州传统村落产业发展现状分析

1.黔东南州文化产业发展概况

2012 年以来，贵州省文化产业以文化旅游为引擎、以传统文化产业为支撑，以演艺动漫为潜力的新兴文化产业保持较快发展，成为全省经济发展中最具活力、最具发展潜力的产业之一。2012 年文化产业增加值 152.03 亿元，占当年 GDP 比重的 2.22%；2013 年文化产业增加值达到 209.73 亿元，比 2012 年全省文化产业增加值 152.03 亿元增长 30% 左右，文化产业增加值占 GDP 的比重接近 3%；

图 12-1　2013 年贵州省各州市文化产业增加值

2014 年文化产业增加值将达到 280 亿元左右，文化产业增加值占 GDP 比重的 3.5% 左右。[①]
总之，贵州文化产业总量不断扩大，高速发展，正不断向国民经济支柱性产业目标挺进。

黔东南州文化产业发展速度不断加快，文化产业呈现良好发展态势。2013 年各市州文化产业增加值占全省比重分别为：贵阳市 29.53%、遵义市 19.25%、六盘水市 11.33%、黔东南州 10.08%、黔南州 8.74%、毕节市 7.01%、安顺市 19.25%、铜仁市 4.83%、黔西南州 4.36%，其中，文化产业增加值占各地 GDP 比重最高的是黔东南州，占比为 3.61%，黔东南州的文化产业发展态势良好。

黔东南州依托民族文化资源优势，更加注重文化和旅游的相互融合，积极发展文化旅游产业园区，文化产业园区建设稳步推进，中国（凯里）民族文化产业园和贵州（凯里）民族民间

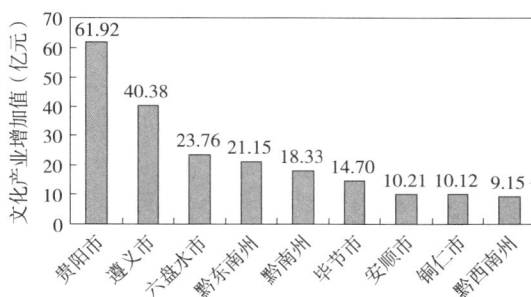

---

① 数据来源于贵州省人民政府网 http://www.gzgov.gov.cn/

工艺品交易基地（凯里苗侗民族风情园）是贵州省十大文化产业园和十大文化产业基地，贵州（凯里）民族民间工艺品交易基地已建成并运营，中国（凯里）民族文化产业园总投资约 35 亿元，规划建设已取得实质性进展。天柱三星岩文化产业园区计划总投资 50 亿元人民币，于 2014 年 5 月 30 日开工建设；丹寨县民族文化体育特色产业园总投资 5 000 万元，已完成投资 1 450 万元，一期工程已完工，二期工程正在建设中；黎平侗族大歌实景展演已于 2015 年 3 月 1 日开演；台江施洞民族文化产业园总投资 15.2 亿元，部分基础设施正在施工；雷山西江旅游文化产业园区总投资 25 亿元，已完成投资 7.94 亿元，正在加快建设。另外，中国苗侗文化旅游创意产业园、丹寨县石桥古法造纸文化产业园区等项目正在进行前期招商引资。黔东南州文化产业增加值占 GDP 比重不断提高，2012 年文化产业增加值达 12 亿元左右，2013 年达到了 21.15 亿元，黔东南州的文化产业发展势头迅猛。[①]

2. 黔东南州传统村落产业发展概况

根据黔东南州苗族侗族自治州 2015 年国民经济和社会发展统计公报，2015 年，全州农民人均可支配收入 6 863 元，全州城镇居民人均可支配收入 23 173 元。[②] 农村居民与城镇居民之间的人均可支配收入差距很大，并且 5 年来差距比例没有明显缩小。2015 年末全州城镇从业人员 327 832 人，一产、二产、三产从业人员比例分别为 67%、12%、21%，[③] 在 3 次产业中，显而易见一产农业比重过大。

全州从业人员情况一览表 　　　　　　　　　　　　　表 12-1

	绝对数	构成（%）
从业人员	200.69 万人	100
第一产业	134.62 万人	67.08
第二产业	23.62 万人	11.77
第三产业	42.45 万人	21.15
年末城镇登记失业人员数	11176 人	
年末城镇登记失业率	3.3%	

"十三五"时期规划黔东南州需脱贫 82 万农村贫困人口，贫困县农村居民人均可支配收入目标达到 8 000 元以上，由此可见，未来村落脱贫的任务任重而道远。

对于传统村落农村居民的就业，主要以从事农业生产为主，农村居民收入呈现三大特点。

一是家庭经营收入在村民经济收入中所占比重较少，农业生产主要满足自给自足。一产农业生产如种粮、饲养畜禽等主要满足村民生活自给自足需要，用于对外销售的很少，经济收入所占比例较低。部分村落随着旅游开发，村民提供旅游服务带来部分收益，三产服务业收入有所增长。

二是工资性收入快速增长。外出务工是大部分未进行旅游开发的传统村落村民的主要经济收入来源。由于村民大部分外出到企业里面劳务打工赚取报酬，这是目前黔东南州传统村落农民收入增长的重点。大部分传统村落外出务工人员占到村落人数一半以上，锦屏县隆里所村、

---

① 数据来源于黔东南信息港之新闻中心，http://www.qdn.cn/html/news/。
② 数据来源于《黔东南州 2015 年国民经济和社会发展统计公报》
③ 同②

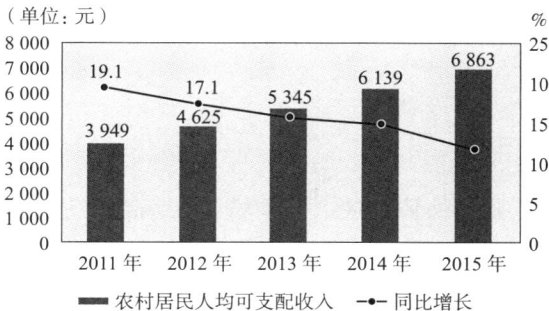

图 12-2　2011～2015 年农村居民人均可支配收入
及其增长速度

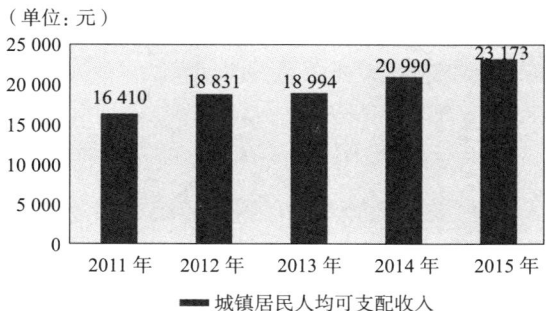

图 12-3　2011～2015 年城镇居民人均可支配收入

榕江县宰荡村等甚至占到 70% 以上。大量的青壮年外出务工，甚至整户外出，导致村内主要是妇女、小孩和老人留守。该情况一方面易导致出现空心村现象，传统生活方式受到冲击；另一方面木结构房屋长期无人居住，容易出现腐烂和倒塌，加大传统村落保护难度。

三是部分村落财产性净收入较快增长，但总量偏低。对于少数旅游开发较好的传统村落，来自房屋出租、旅游服务等收入得到显著增加，如肇兴侗寨外出打工人数少，村民平均年可支配收入 1 万元左右，主要来源于门面出租，每年租金收入约 20 万，而门票收入中的 20% 直接下发给村民，2014 年 4 口户家庭分得 700～800 元左右。但是，目前大部分传统村落尚未进行旅游开发，因此总量偏低。

由于绝大部分传统村落是少数民族和困难群众生活的地区，因此黔东南州传统村落农村居民收入与贵州省经济强县、非民族地区县的发展相比，仍有较大差距。

3. 黔东南州传统村落产业发展问题分析

（1）传统村落经济落后，产业基础薄弱

黔东南州苗族侗族自治州是国家级贫困县分布密度最大的一个自治州之一，全州,16 个县市中有 14 个是国家级贫困县。由于传统村落大都是身处在边远、交通闭塞的贫穷落后山区，从整体现实来讲区位优势差，经济基础比较薄弱，市场化水平低，基础设施发展落后，社会发展处于严重滞后的现状。传统村落所处贫困山区旅游资源丰富，通过与旅游深度融合开发，把自然资源，文化资源等资源优势转换成经济优势，使老百姓增加收入，改变贫困状况，是实现传统村落脱贫致富的重要选择。

（2）传统村落产业单一，且产业附加值较低

目前，黔东南州传统村落除了部分村寨开发旅游和手工艺制作外，大部分传统村落产业单一，以外出打工和农业生产为主。传统村落的产业发展处于产业链底端的低附加值环节，优质林农产品的生产与开发链条缺乏深度，无法形成区域化的优势产品，仅能解决村落内部人员的脱贫需求，目前无法带动周围村落共同发展。如何开发产业，明确产业发展方向，提高产业附加值，仍值得探索。此外，产业支持能力较差，如西江千户苗寨、肇兴侗寨的蔬菜食品供应都需要从各自的县城运输进来，自身及周边的村落无法提供足够的供应。

（3）传统手工艺开发较浅

传统手工艺挖掘开发较浅，除了石桥村的古法造纸和美丽乡村卡拉村的鸟笼制作开发较成熟，形成小规模集聚外，其他村寨基本上只用于自给自足。然而随着社会经济的发展，这些传

统手工艺受到极大的冲击，面临着濒临消失的局面。如何深入挖掘和传承利用传统手工艺乃是未来传统村落产业发展的重点。

二、黔东南州传统村落产业驱动模式探析

适当的产业选择有利于传统村落遗产保护与社区脱贫协调发展。产业选择与培育应坚持保护利用并重，传承优势产业与培育新型业态结合、因地制宜、个性发展的原则，根据黔东南州传统村落民族文化特点与保护需要，以及产业基础与发展潜力评估，提出3类适于传统村落保护与脱贫协调发展的产业模式与途径。

1. 旅游产业驱动模式

传统村落旅游以其丰厚的历史文化遗产资源和良好的原生态环境为依托，景区与社区叠置共生为特点，传统村落历史文化遗产保护与文化传承及其赋存环境维护则是实现传统村落文化旅游可持续发展的基础。因而，旅游业被普遍认为是实现传统村落保护与开发利用兼容的最佳产业选择。

（1）适用对象

根据黔东南州传统村落类型和特点，适于旅游发展的传统村落有两类，一类是诸如西江苗寨（民族村寨）、肇兴侗寨、郎德上寨、隆里所村、岜沙村等旅游基础较好、开发较早的成熟旅游地；另一类是旅游尚未发育或处于起步阶段，但村落规制、形态、格局保持基本完整，历史建筑比例大且有较好的艺术、科学价值，传统民俗、民俗节庆等非物质文化遗产通过原住民生活得以基本保留或传承的传统村落，如占里村、大利村、宰荡村、八郎村等，可优先培育发展旅游业。

（2）发展途径

对于旅游发展较成熟的传统村落景区，重点通过景区品质提升、创新发展和规模建设，培育旅游节点，带动周边村落旅游及其相关产业发展，形成空间集聚的传统村落旅游目的地，打造旅游产业链，提高传统村落居民就业。对于旅游起步晚的传统村落，一方面政府主导，多元投资，打造良好旅游环境；另一方面要因地制宜做好特色旅游项目策划营销；重点鼓励村民通过民居开放、租赁以及工艺品、农特产品制作与销售，从传统村落旅游中获益，使旅游业与农业、养殖业以及手工作坊、民间工艺结合，将传统村落历史文化遗产资源优势变为旅游产业优势和经济优势。

（3）发展要求

传统村落旅游发展，既不同于遗产旅游，也有别于乡村旅游，传统村落旅游发展要体现景区与社区叠置的特点，强调两者共生互动，规避过度景区化、遗产商业化以及旅游开发过程中各类"公地悲剧"现象，实现传统村落遗产保护、文化传承与原住民脱贫、游客收益、开发商盈利共赢。目前黔东南州旅游开发过程中暴露了一些问题，如私搭乱建，利益分配不均，当地物价上涨，生活成本上升，生活水平下降等。其中一个重要原因是没有合理有效的运行机制来保障各方权益，因此在实施旅游产业驱动的同时，应当解决好政府、村民、企业之间的关系和利益分配，推动旅游产业健康发展。

2. 文化创意产业驱动模式

文化创意产业是近年备受关注的新型业态，黔东南州传统村落相对集聚于以雷公山为中心的苗疆腹地和月亮山以东的黎从榕侗疆腹地，即雷公山和月亮山、清水江和都柳江的"两山两河"区域，形成了以苗侗民族文化为核心，以苗族文化主流区、侗族文化主流区和汉族文化主流区

空间分布为特点，融合移民文化、农耕文化、建筑文化、医药文化、红色文化等多元文化为特色的"一核三区多元"的文化体系特征，为文化创意产业发展奠定了基础。

（1）适用对象

根据黔东南州传统村落特点和产业发展状况，适于文化创意产业发展的传统村落主要有两类，一类是目前特色产业已开发较成熟的村落，如石桥村古法造纸产业、卡拉村（美丽乡村）鸟笼产业等；另一类是产业发展未成型，但具有丰厚的传统文化和鲜明地方色彩的民俗文化，且村落环境整洁，建筑风貌统一的传统村落，以非物质文化遗产挖掘传承为前提，积极培育文化创意新业态，建设各种形式的文化创意产业园，打造文化创意特色村，如高华村可依托"瑶族药浴"特色资源打造瑶药康体医疗产业园，小黄村可依托"侗族大歌"名片打造"侗文化产业园"，巫包村可依托"仰阿莎文化发祥地"的文化背景打造仰阿莎影视产业园。

（2）发展途径

借力非遗名录保护，依托非遗传习场所和非遗文化传承人认证与培训，打造"康疗村"、"歌舞村"、"动漫村"、"影视村"、"写生村"、"摄影村"、"编织村"、"蜡染村"、"刺绣村"、"古建科考村"等黔东南州地域文化鲜明的特色文化名村。鼓励个人和团体依托非遗发展文化创意产业，鼓励大型文化企业、艺术家、艺术协会、民间组织等在传统村落创建影视基地、艺术社区；政府引导，多元融资，打造传统村落文化创意产业园、教育培训基地等新型业态，恢复民间工艺、传统节事活动，促进传统村落非物质文化资源产业化。

（3）发展要求

文化创意产业发展的核心是文化，创意是动力。传统村落文化创意产业新业态培育要发掘黔东南州"一核三区多元"的文化体系差异，体现个性化、唯一性，坚持"一村一品"，规避千篇一律；针对传统村落遗产保护要求和产业基础薄弱的特点，坚持政策支持、多方参与，鼓励外部资金和企业进驻，带动村落社区发展，强调传统文化传承；在文化产业发展过程中，注重打造品牌，通过品牌效应扩大市场需求，推动产业发展。

3. 特色生态农业驱动模式

生态农业是对传统村落传统农业优势资源的提升和利用，由于传统村落所处地域土地、气候、水文条件的不同，在长期农耕文明时代中积淀了丰厚的农耕技艺，形成了各具特色的农特土产品，成为特色生态农业发展的基础，在现代科技发展和乡村休闲旅游市场需求背景下，生态农业成为传统村落脱贫发展的最具普适性的产业。

（1）适用对象

对于那些地势相对较好、农业基础较好，或者地处城郊或交通便利、区位条件较好，或者地处山区有特色农林产品（杨梅、蓝莓等）、特色生态资源，或者不具备旅游发展条件的传统村落，可以根据村镇发展条件、基础和农业资源优势，鼓励发展特色生态农业，建设新型农业示范园，乡村休闲旅游综合体。如加榜梯田在发展生态农业的同时可依托独特的自然风景优势发展国家梯田公园。

（2）发展途径

对于地势相对平缓，用地规模较大，农业基础较好的传统村落，依托政府大健康、高效农业、有机农业政策帮扶，优先发展有机水稻、特色蔬菜，特色养殖为主的设施农业，结合文化遗产优势，积极发展"农业＋休闲观光"新型产业；同时可以引进大棚蔬菜种植，种植反季节蔬菜供给景区，弥补黔东南州可耕种用地少的短板；对于地处深山地区且拥有经济林、药材等特色产业种植基础的传统村落则重点发展药材、林果产品，利用传统村落特色资源优势，打造"杨梅村"、"蓝莓村"、"药材村"等特色生态村；对于地处城郊或交通区位较好的传统村落，培育集农业种植、采摘、农家乐品尝、农村文化体验为一体的乡村休闲旅游综合体模式。

（3）发展要求

相对于其他产业模式，生态农业发展门槛不高，但应坚持因地制宜，强调"一村一品"，规避盲目照搬；针对地形条件相对较好、用地规模相对较大、村落相对较集中的区域应引导各村落集中成片开发，鼓励生态农业产业化，培育新型农业产业园，促进农业产业化、农业与市场的接轨，增强农民脱贫的能力。

三、黔东南州传统村落产业发展策略

1. 调整完善引导监管机制，建立多元化保护发展模式

在运作机制推动下，继续完善监管机制，避免原生态民族文化因发展而失控。产业规模由原生态民族文化的载体规模所决定，同时也要根据产品的定位精算产品的生产规模。不可竭尽所能地发展某些产业，特别是对原生态民族文化保护与可持续发展不利的产业，必须加以干预并给予及时引导。

地域的民族差异决定非物质文化的多彩，决定地域民族发展现实条件的多样，从而形成多元方向发展的基础。目前传统村落保护发展刚刚起步，各地面对大量传统村落和民居不断损毁消失，仅靠中央财政补贴杯水车薪，难以为继；采取单一旅游开发模式，已经出现更大规模破坏。针对普遍困惑，亟待寻求立足本地资源，激发内生动力，加强社会合作，促进活态传承的多元化保护发展模式，探索科学合理的途径与方法。

2. 加强民俗文化与文化创意产业对接发展

民俗文化是各族人民世代相承、与群众生活密切相关的各种传统文化表现形式和文化空间，是历史发展的见证，是珍贵的文化资源。在经济全球化与现代化高速发展的今天，若想实现民俗文化的"活态传承"，有必要将民俗文化这一具有历史厚重感的传统文化与现代市场需求相接轨，不断融入创意元素，而文化创意产业具有文化密集、高附加值、高整合性等特点，刚好符合两者结合的要求。所以，民俗文化三富的黔东南州可选择在旅游视角下将民俗文化与文化创意产业科学对接，使之"活态传承"。

文化创意产业为民俗文化的开发、保护、传承提供了新的渠道。随着现代化、市场化的加快发展和外来文化的入侵，优秀的民俗文化不能自己转化成适应市场需求的产品，许多传统文化濒临灭绝，而文化创意产业利用多媒体和高新技术手段将传统文化中的精髓延续下来，既能在内容或形式上有所创新，又能有效地传承下去，给民俗文化注入新的元素和活力，使民俗文化由静态模式转变成动态发展模式。文化创意产业既能够对优秀传统文化进行创新性传承，又能够对异质文化进行有效的吸收与融合，从而使民俗文化在服务当代人的精神文化需求中发挥强大的作用。

民俗文化是黔东南州的宝贵财富，只有提升创造力，才能将文化资源转化为经济优势。《功夫熊猫》中的素材原本是中国特有的文化和生物资源，但却被创造力强大的好莱坞所开发和利用，成为美国人获取财富的资源。该片将中国的传统文化与文化创意产业完美结合，产生极大

的影响力，形成了自己的产业市场，后续影响还在不断地扩大。

3. 传统村落集群联合扩大规模，形成多彩民族特色产业

多彩的历史文化遗产有着不同的属性，把可以面向现代化、服务现代化的特色梳理出来，形成多彩民族产业，产生必要的经济效益，这有利于传统村落保护与可持续发展。基于保护原生态民族文化，民族特色产业要依托传统村落、民族特色产业的规模要依托传统村落集群的规模，不能为发展而盲目扩大，一定要向体系化、品牌化、精品化的方向迈进。

传统村落集群式发展可使各个村寨中的相同工艺能手、行家转变成为某一民族产业的从业者，在传统村落内形成一定规模的集聚，促进传统村落的产业结构转型，促进传统村落的自我建设与更新。这些依托传统村落存在的生产场地，与传统村落协调，甚至是由传统建筑改造而成，可转化为旅游资源。

4. 民族特色产品生产形成作坊，村民就地上岗共建家园

黔东南州民族特色产业的形成，基于保护原生态民族文化。原生态民族文化的保护必须限定在传统村落范围以内，因为传统村落是原生态民族文化的载体，脱离载体的文化，原生态保护无从谈起。

民族特色形成的民族特色产品，分布于不同传统村落之中，传统村落之间的产业定位有所差异，形成作坊（群），如酒作坊、古法造纸作坊、苗绣作坊、银饰作坊等。周边的村民就近择业，发展民族特色产业，带动传统村落集群区域的基础设施建设与提升，共建美好家园。

5. 政府与企业形成合作平台，将特色产业与企业需求联结

一个政府与企业形成的合作平台，是民族特色产业与市场对接的窗口。民族产业走向市场，需要政府的扶持，也需要企业的帮扶，更需要市场的接纳。民族特色产业需要在体现自身比较优势的同时，兼顾产业现代化的特征和民族特征。

在合作平台运作下，民族特色产业的调整，可基于民族特色而满足于企业与市场需求，与企业形成良好的合作关系、与市场形成良性互动，从而完成民族特色产业与企业的联结、与市场的对接。

6. 制定品牌发展规划，扩展原产地品牌效应

商品的原产地对消费者的购买意向起重要作用，知名产品往往与特定的产地密不可分，一些地域特征明显的传统工艺品常与特定的区域紧密联系在一起，如耳熟能详的"景德镇瓷器"和"宜兴紫砂"。黔东南州在全域进行产业统筹规划的同时，应当树立长远目标，合理制定产业品牌发展规划，扩展品牌效应。

黔东南州特色工艺丰富，且具有非常鲜明的民族和地域特征，如银饰品、刺绣品等，可大力发展这些特色工艺，扩大规模，使之形成产业，并为其设计合理的品牌，形成品牌效应，既而推动产业更大更强的发展。与此同时，特色工艺品产业也属于文化创意产业，兼具文化事业和文化产业双重属性，在发展产业规模和扩大产能的同时还应重视工艺美术精品力作的创作，确立"一手抓产品、一手抓作品"的产业发展指导方针。产品创造经济效益，精品力作塑造品牌形象，提升品牌知名度和美誉度。

四、黔东南州传统村落产业发展建议

黔东南州传统村落拥有丰富的自然人文资源，但大多数传统村落资源同质化严重且产业基

础薄弱。在传统村落保护发展的新时期，除发展旅游产业外，我们还应结合村落资源特色，分类发展产业，通过产业使传统村落重获新生。依据社会生产活动历史发展的顺序，我们将产业划分为第一产业、第二产业和第三产业。本节将以三大产业为分类依据，结合各村落的资源特色，对黔东南州产业发展提出相关发展建议，其中第一产业可发展有机的、高端的特色生态农业；第二产业可发展特色农产品加工业、特色手工艺加工业；第三产业可发展民俗文化创意产业、中医药养生产业、村落特色服务业等。

1. 第一产业

农业是人类最古老的产业，也是人类赖以生存的产业。黔东南州传统村落的农耕文化保护客观上需要村民维持传统的农业生产方式。但是传统的农业生产作物产量低，劳动投入大，且农民耕地面积有限，无法发展规模化农业，靠普通的小规模种植只能维持现状的自给自足，农民收入无法提高。因此针对黔东南州传统村落耕地面积少，环境无污染等特点，可发展有机农业为主的高端农产品之路，利用发展特色生态农业推动传统村落农耕文化的可持续发展。

黔东南州由于受地形条件限制，耕地规模有限，农业产业发展应走精细化的高端产品。构建黔东南州特色生态农业产业经济带，解决珠三角地区对特色农产品的需求，着力开发绿色食品、无公害食品和有机食品。厦蓉高速公路沿线的丹寨、榕江、从江、黎平等县要坚持保护优先、开发有序的原则，合理开发利用现有特色生态农业资源，积极引进、吸收发达地区和国外的特色生态农业资源技术，重视特色生态农业生态环境的保护和高效利用。进一步加大调整农业产业结构力度，扩大黔东南州特色生态农业的试点，优先在传统村落推广应用。要使自然调控和人工调控相结合，利用沼气、太阳能等可再生资源，保护大棚蔬菜、花卉等的栽培，探索日光温室养殖猪鸡的路子。要转变思想观念，在传统村落大力发展有机农业，普及有机种植技术，从土壤保健到作物保健，再到人体保健，形成完整的生产安全、优质和高效的有机农产品的技术链条。把结构合理的农林牧渔和农工贸配套的特色生态农业，作为传统村落产业发展的方向，使特色生态农业生产能力和可持续发展能力得以提高。与此同时，推进产品特色化，做大做强蓝莓、茶油等优势品牌及香猪、香禾等香系农产品品牌，全力构建具有黔东南特色的有机农产品品牌体系。推进生产标准化，加快完善农业生产技术规程，提升无公害农产品、绿色食品、有机认证农产品和地理标志保护农产品比重。推进监管信息化，利用现代信息技术手段加强农产品质量安全全过程监管，加快建设覆盖全部主导产业、特色产业的质量可追溯体系，提高农产品安全质量水平。

榕江忠诚镇俾邦村的锡利油粘米为全国水稻地方良种，1999 年 7 月，国家农业部稻米及制品质量监督检验测试中心对锡利油粘米进行测试，定为国家特等米。在水稻种植方面，针对不具备优势资源和旅游发展条件，以水稻种植为主的传统村落可引进俾邦村的锡利油粘米水稻品种和种植技术，开发高端稻米产品。而对于未来主要以旅游产业为主的传统村落溢出的耕地，可采用承包的方式转租给不具备旅游开发条件的邻村、周边村寨或"家庭农场"（家庭农场是指以家庭成员为主要劳动力，从事农业集约化、商品化生产经营，并以农业收入为家庭主要收入来源的新型农业经营主体）创建户经营种植，种植的农产品可为该村旅游发展提供产品配送服务，形成可持续的良性发展。

黔东南州大部分传统村落除了水稻种植外，可依托黔东南州独特的山地形势，种植水果蔬菜以及山货等作为生态农业的重要组成部分，如种植竹子，开发竹产业链，新鲜的竹笋可以食用，并可将剩余的竹笋进行深加工处理，加工成笋干等地方特产，成年竹子可用于竹凳、竹椅、竹质吊脚楼模型、鸟笼等编织工艺。同时为更好地团结村民，充分利用村落土地资源，可采用合作社的方式组织村民发展特色生态农业，达到资源的集中化和最大的利用，如雷山县南猛村设立的合作社中就有专门的农业经营组，合作社通过土地流转，聘请专业人员指导农民耕种，实现村落农业规模化、集约化种植；借助政府脱贫资金，投资建立仓储中心储存农产品，包括220t低温冷库和130t农资仓库，防止因暂时滞销导致产品变质等问题，并引进了包装加工技术，将本地水果蔬菜等农产品精心包装，推广进高端超市和景区，实现农产品的高端销售以及和旅游服务的对接。

同时，积极申报全球重要农业文化遗产，以此作为农产品品牌提升的重要法宝。传统的农业耕作方式被纳入全球重要农业文化遗产的动态保护内容，可实现农民以传统的农业耕作方式进行耕作并从中受益。农业文化遗产保护过程是动态的、可持续的，需要全面的参与和配合。目前，贵州省从江县侗乡稻鱼鸭系统已荣获"全球重要农业文化遗产"称号，从江县侗乡可积极利用这一称号发展有机水稻耕种，鱼鸭养殖等，促进农产品的发展。

除此之外，充分利用网络平台和大数据助推农产品销售。从表现上看，农业看似和大数据关系不大，主要表现为大数据是建立在移动互联网、物联网、云计算等技术的高度发展之上，对于面朝黄土背朝天的农民来说，智能化、互联网、物联网、大数据知识储备都是非常欠缺的；其次，农业靠天吃饭、手工劳动等现在还没有得到根本性转变，农业中科技的含量依然偏低。然而，正所谓"穷则思变"，大数据时代正在给农业以"翻身"的机会。通过借助大数据的数据分析，农民可以根据当地土壤、气候、水质等特性结合市场需求，选择最佳经济作物。

2013年贵州省旅游局与阿里巴巴联袂打造的"淘宝网·多彩贵州旅游馆"正式上线，在线营销推广背后由淘宝、支付宝支持，其产品包括景区门票、酒店、线路及利用商品。黔东南州旅游局可与"多彩贵州旅游馆"合作，搭建"传统村落有机农业营销推广平台"，在各传统村落设立营销通讯分站，各村落实时更新其区域内所种植的有机农作物生长状况，将整个种植过程透明化，情景化。同时借助互联网销售农产品，实现线下和线上双重销售途径，如目前全村已覆盖WiFi的南猛村，通过成立合作社电子商务组，利用微信、淘宝等平台，将村内的茶叶、杨梅等农产品销售外地，实现村民增收。

2. 第二产业

第二产业是指加工产业，利用基本的生产物资材料进行加工并出售。黔东南州传统村落自古交通不便，发展大型工业资源明显不足，若采用城市发展大型重工业的手法，势必对村落生态环境造成破坏。因此，黔东南州传统村落二产发展决不能盲从，而应根据村落具体资源，挖掘出适合村落发展的第二产业。综合黔东南州各传统村落现有资源，发现依托农产品发展特色农产品加工业、依托民族特色手工艺发展特色手工艺产品是黔东南州传统村落发展第二产业的有效途径。

（1）特色农产品加工业

农产品加工业是指，以人工生产的农业物料和野生动植物资源为原料进行的工业生产活动。农业资源优势和生态资源优势独具特色为黔东南州发展特色生态农业提供优越条件，而且复杂的地质环境造就的特色农产品地域性，形成了一些特色鲜明、比较优势突出的农产品区域布局。如黔东南州小香鸡，其躯体较小而肉味特香，已有数百年饲养历史，主产于从江、黎平、榕江、锦屏等县，为肉蛋兼用型地方良种家禽；从江香猪是我国珍贵的微型地方猪种，仅产于从江县月亮山区，具有体型矮小，肉质细嫩，基因纯合，纯净无污染等特点，被列为国家二级珍稀保护畜种。因此，黔东南州拥有绝对的畜禽农产品资源优势，可开发小香鸡、香猪等畜禽农产品加工业。

另外，黔东南州的杨柳村、脚猛村、公统村、八郎村等拥有经济作物杨梅，在结合村寨旅游开发杨梅节、杨梅采摘活动外，可开发以加工果汁、果酱、果酒、果脯为主，以辅料成分添加在乳制品、糖果、烘焙食品内等多样式进行深加工处理，并可向冷果冻、不同酒精含量的酒类制品、药品、保健品等方向发展，延长经济作物产业链，提高农业附加值。

（2）特色手工艺加工业

黔东南州传统村落在千年的繁衍生息中，形成了绚丽多姿、色彩斑斓的民族手工艺品，如蜡染、刺绣、银饰等，这些手工艺品极具艺术性和民族特色，展示着黔东南州传统村落丰富多彩的多元民族文化。然而受小农经济的影响，以及手艺本身的师承关系，目前黔东南州传统村落传统手工艺的制作大多限于家庭内部制作和小作坊的形式，传统手工技艺传承范围小，传承困难，甚至部分已到濒临失传的境地。为此，对于一些拥有特色手工艺的传统村落，政府应当通过政策帮扶、利用乡投企业，带领村民将特色手工艺产业化，创造其经济价值，带动村落脱贫致富，更好的将传统手工艺传承和发扬下去。

目前，无论是在黔东南州境内还是在国内其他地区，都已有将特色手工艺发展成产业的成功探索和案例。如山西河津的剪纸技艺。山西河津通过创新剪纸艺术，创作"彩色剪贴画"，将绘画和剪纸完美结合，转变了传统剪纸单一的表现形式，丰富了使用场合，扩大了销售市场。与此同时，政府通过开办剪纸培训班、剪纸艺术展、剪纸比赛，大力宣传河津剪纸，使河津剪纸成为河津的一个重要品牌和一项重大产业。通过对传承人的帮扶和资助，使传承人能够潜心创作，创造出气势恢宏、精美细腻的剪纸精品，这些作品无论是在艺术价值上还是文化内涵上都首屈一指，体现了工艺传承人的创新精神，同时也助推了河津剪纸发展。在黔东南州境内，雷山县南猛村通过村合作社成立民族手工艺组，组织村落妇女进行手工刺绣。以往苗族刺绣主要是制作成衣，且仅用于家庭成员使用，较少用于出售，即使有用于销售，也因成本高、耗时久、价格贵，致使销路不好。南猛村合作社在深刻认识到传统苗绣的弊端后，在新的苗族刺绣手工艺产品选择上，并不以成衣作为对象，而是结合人们当前对精美日用品的审美需求，设计了一些价格实惠、具有民族文化特色的手工艺品，比如手机套、茶杯垫等，这些小手工艺品耗时短、成形快，绣娘一日就能绣出好几个，极大地促发了村民参与的积极性。目前，民族手工艺组已为南猛绣娘增加了不少收入。

河津剪纸、南猛刺绣的成功一方面来源于政府政策的支持，另一方面源于一些热爱传统技艺、热爱乡村的人辛勤的钻研付出。在黔东南州传统村落中有许多村落拥有特色手工艺，然而迫于生计需求，许多手工艺人放弃了该项手艺，或者远离故土，到其他地方谋生，能够继续从事本手艺的村民已不多，更别说创新研发。以雷山县控拜村为例，控拜村又被称为"银匠村"，大多村民拥有精湛的苗族银饰锻造技艺，然而这些人部分外出务工，从事与银饰锻造无关的行业，部分留在省内，进行技艺相关的工作，却极少留在本村内，从事银饰锻造工艺行业。可以说，目前整个控拜村为一个空心村，除老人和留守儿童外，青壮年绝大多数都外出务工了，这种状况不仅不利于传统手工艺的传承，也不利于村落的整体保护和发展。

银饰锻造技艺是控拜村的一项特色工艺，且目前村内掌握该项技艺的人依旧很多，基础条件较好，将其发展为一项产业不失为推进控拜村保护发展的有效途径。在具体实施过程中，政府应为引导者和监督者，制定相应的政策，给予相应补贴，确保村民回流；通过搭建平台，解决产品销售问题，引进企业投资，扩大生产规模；设立奖励机制，鼓励创新研发，以市场需求为导向，创新银饰造型；建设银饰技艺传习基地，开办培训班，以培育更多的银饰手艺人；注重宣传，树立原产地品牌形象，将"控拜银饰"作为控拜村银饰产品的本土品牌进行全面打造，最终形成一项产业。村民在农忙时农耕，闲时则可进行银饰加工，农务与技艺两不误，既能留在村内创造财富，不必背井离乡，又能传承传统技艺和农耕文明，一举两得，何乐而不为。

3. 第三产业

第三产业指不生产物质的行业，即服务业。在黔东南州传统村落中，旅游业是其最大的第三产业，因辟有专门阐述黔东南州传统村落旅游的章节，在此不赘述。除发展旅游业外，黔东南州传统村落还可利用民俗文化发展民俗文化创意产业，利用中医药材发展养生产业，依托村落本身打造一些特色服务业，如教育基地、民宿度假等。

（1）民俗文化创意产业

文化创意产业是一种在经济全球化背景下产生的以创造力为核心的新兴产业，其对经济的推动作用越来越受到人们的重视。因此，在新的经济结构背景下，黔东南州应当依托当地的特色民俗文化资源，如神话传说、特色技艺等，引进外部创意公司，深入挖掘资源特色，创新产品形式，打造具有民俗风情的文化创意产业。

旅游业是黔东南州民俗文化产业发展的先导与整合的平台，是黔东南州民俗文化产业全面启动和提升的市场基础，是推动黔东南州文化产业各行业各部类发展的龙头。同时民俗文化产业的发展也促使旅游业繁荣发展，达到二者融合协调发展。通过以下几种产品方式可促进黔东南州民俗文化创意产业的发展。

民俗文化影视产业。民俗文化浓厚的黔东南州，已经将影视产业作为民俗文化产业延伸的重要突破口，先后拍摄了关于侗族民俗文化的影片《行歌坐月》，反映苗族原生态民俗风情的电影《云上太阳》、《鸟巢》、《旭日》等，这样既使民俗文化在影视业态得到发展并产生直接的经济效益，同时也宣传了黔东南州民俗文化，为黔东南州民俗文化的品牌塑造提供了支持。黔东南州神奇秀美的自然风光、浓郁纯朴的民族风情、独具魅力的人文景观和灿烂的民族文化，是影视创作资源的好题材。未来，应加强黔东南州民俗文化影视产业发展，选择具有独特资源优势的村寨作为影视、艺术创作基地，如自然生态环境幽美、如诗如画的文斗村，一级优美景致特色村寨龙塘村等。

民俗文化动漫产业。以动漫演绎民俗。黔东南州可以把现代创意文化与黔东南州民俗文化紧密结合起来，用高科技手段展现黔东南州浓郁的民俗风情及民间文化，创造出富有时代精神、创新品格和民族特色、黔东南州气派的民俗动漫画。培育专门从事黔东南州民俗动漫研发企业，本着"融合民俗，守护民俗，回归民间"的宗旨，积极培养动漫、游戏、影视动画的创作人才。具体操作上，应用现代动漫手段来表现民俗题材，甚至改编民俗故事；对民俗美术的造型进行夸张化、幽

图 12-4　仰阿莎动漫创作

图片来源：http://www.qdnrbs.cn/2014qdngsmzwh/79734.htm

默化、卡通化的加工，使之重新展现出勃勃生机与青春活力；借鉴侗族刺绣、剪纸、苗族蜡染、雕刻等民间艺术的形象和表现手段，用于新题材的创作。总之，要在尊重民俗文化的基础上，努力寻求富有时代新意和特色创意性的设计思路，让动漫与民俗联姻，与民风交响，尝试和探索民俗动漫的发展之路。如剑河县巫包村可利用"仰阿莎文化发祥地"的文化背景，开发仰阿莎神话故事产品，建设仰阿莎影视产业园，开发影视剧、漫画、动画、歌曲、游戏等产品。

民俗文化展示平台。展示平台是集中展示民俗风情文化的一种产品形式，它具有科学性、知识性的特点，是人们静心了解学习体验民俗文化的绝好场所。目前，黔东南州已开发的景区大多有静态展示的传统博物馆、展览馆形式，如西江景区的西江博物馆、肇兴侗寨的文化展示中心、隆里古城的生态博物馆等都是以文字、图片介绍等传统形式展示，让游客感觉枯燥无味，未来应对这些展馆进行升级改造，融入现代声、光、电等高科技技术，采用动态体验展示，模拟场景展示等，打造让游客对民俗文化产生兴趣的体验馆、数字博物馆等高科技动态展示形式。

民俗文化实景演艺。随着物质生活水平的提高，人们愈加关注旅游的品味，旅游活动中对文化旅游产品的消费日益增加，更加关注旅游目的地的特色文化，极具观赏性、时尚性和特色性的旅游演艺应运而生。旅游演艺一般指从旅游者的角度出发，体现地域文化背景、注重体验性和参与性的形式多样的主题商业表演与活动。2015 年 3 月 1 日，黔东南州将世界文化遗产——侗族大歌在黎平县城北门新区采用实景展演的方式正式开演，实景展演融入行歌坐月、芦笙、侗族大歌、敬酒歌等侗族文化元素，以侗寨、鼓楼、花桥、寨门为舞台背景，穿着民族盛装的侗族青年男女精湛的表演、奇幻的灯光、震撼的音响、优美的旋律……给观众带来全新的视角震撼。展演自开演以来受到了广大观众的青睐，取得了良好的效果。另外，黔东南州可结合特色文化和民俗活动加强对苗族飞歌、仰阿莎文化、反排木鼓舞等的实景演艺开发。

民俗文化动态表演。动态表演是指以黔东南州少数民族的歌舞、戏曲、杂技等动态形式将民俗文化展示给游客，可以在民俗旅游区演出，也可以外出演出。在艺术文化和大众审美需求的推动下，动态表演在艺术形式上添加了多种现代元素，有着强烈的感染力，是深受广大游客喜爱的一种民俗文化表现方式。如地道的苗族原生态舞蹈《锦鸡舞》、《铜鼓舞》，苗族"最美丽的歌"——《仰阿莎》以及人类非物质文化遗产代表作——《侗族大歌》等。在具体操作过程中，可通过成立合作社或表演队，将表演者集合起来，统一表演，按劳分配收益，既能提升村民参与的积极性，又可统一管理，带领其"走出去"，弘扬本土文化。如素有"芦笙舞之乡"称号的南猛村，通过合作社成立了芦笙表演组，既为村里及附近村寨的红白喜事进行表演，同时也在西江等景区以及上海、重庆等地参加文化表演，村民收入大为提高。与此同时，为解决村民不会制作芦笙，而需向外大量购买芦笙的问题，村委特意聘请芦笙制作传承人到村内教授村民制作芦笙，不仅为村民增加了一项技能，同时还节约了成本。

图 12-5　侗族大歌实景演艺

图片来源：http://news.china.com.cn/rollnews/news/live/2014-11/10/content_29759177.htm

民俗生活互动体验。互动体验是指通过各种可以参与其中的方式，如跟苗族人民一起打糍粑、捕鱼等，让游客变换角色，进入一个新的生活环境。在互动体验过程中，游客成了民俗文化舞台的直接表演主角，而不再只是看客、欣赏者。这是一种更为直接、深刻的了解民俗的产品形式，因此受到越来越多的游客的喜爱与青睐。如春节期间，旅客可以去雷山苗族人家一起过春节。

此外，黔东南州民俗文化创意产业发展具有后发优势。黔东南州应根据黔东南州民俗文化资源的差异选择以高科技为先导的多种新业态融合发展模式，着力发展民俗文化内涵丰富、知识含量高、附加值高的民俗文化产品，不断提高文化产品与服务的附加值，充分发掘和利用民俗文化的丰富资源，借鉴国际文化生产的新形态，积极推进文化内容创新，其核心是创意，通过动漫、网络、影视、手机等新业态延伸并融合发展。

首先，黔东南州应该大力打造民俗文化创意产业发展的网络平台，以网络为平台延伸发展黔东南州民俗文化创意产业大有可为。博客、播客、论坛、微博微信等都可以作为黔东南州民俗文化创意产业的宣传和营销渠道，通过这些渠道传播和弘扬黔东南州民俗文化，把民俗文化产品提前"卖给"网民，对来黔东南州旅游的网民构成潜在旅游预期，激发他们前来旅游的热情，由此推动黔东南州民俗文化旅游产业的发展。同时形成民俗文化内容提供商、民俗文化服务商、移动网络运营商、广电网络运营商、民俗文化网络策划商等多元服务主体，相互配合，以网络为平台，打造民俗文化网络产业链，形成民俗歌曲下载、民俗图片下载、民俗电子出版物、民俗版权等产业链。还可以网络民俗文化为内容，围绕消费者的接收终端，根据消费需求创意民俗文化产品。如以手机媒体为终端，向 WAP、IVR、无限音乐、搜索引擎、电子彩信等手机媒体产业链延伸，使民俗文化产业在网络平台上"多点开花"。

其次，还可以成立网络公司经营以盈利为目的的黔东南州民俗文化网站，如侗族风情的网站，网站设侗族论坛、群组、家园、应用、侗族淘宝店（黄金广告位置）等板块，网页首页是搜宝代理的广告，这成为该网站的盈利点之一。在侗族论坛板块下则有侗乡旅游项目推介。侗乡摄影板块则是关于侗族民俗文化的介绍，以图片、视频、文字等形式出现，较深入地介绍该地的民俗文化，还成为一些驴友讨论心得的心灵家园。但是在网络空间中具有很大影响的黔东南州民俗文化网站仍旧缺乏，大多是官方办的以宣传民俗文化为主的网站。目前较有影响的民企网站只有一家，它是由多彩贵州印象网络传媒股份有限公司投资组建的贵州第一门户网站"多彩贵州印象"，主要提供网络广告发布、通过网上交易平台实现旅游产品网上交易、电子杂志、报刊和电子地图下载，电子机票、线路、火车票、景区门票的统一预订和支付等。

（2）中医药养生产业

作为贵州省中药材主产区，黔东南州拥有丰富的药材资源，被誉为"天然药库"。迄今黔东南州还比较完整地保有着原真的苗族医药、侗族医药和瑶族医药。这些医药作为单一的民族医药，其来源于生活、实践于生活、超脱于生活，是各民族文化的精华和民族智慧的象征，为世人留下了丰富的民族医药资源，在我国民族医药宝库中占据了重要作用。黔东南州应充分发挥中医药养生产业得天独厚的自然环境及旅游资源，结合大健康产业示范区的建设，开创中医药养生产业新模式，积极开展以中医药文化为主题的软实力建设。对处于大健康产业示范区"三核、三带、三区"总体空间结构上的传统村落应依托洛贯国际健康城建设的机遇，结合各自资源优势，打造一村一品特色精品项目，成为大健康产业示范区的重要特色节点。

加强从江县往洞乡中草药种植基地、榕江县忠诚镇民族医药加工基地、黎平县中潮镇保健产业生产加工基地建设，重点梳理大健康产业示范区内的肇兴、小黄、占里、高华、岜扒、单阳、归林、岑管等传统村落特色资源，以"族法养生"为核心吸引力，打造健康养生产品。肇兴侗寨应以"慢理念、慢品味、慢风格、慢节奏"为核心，通过慢城集中营、慢食餐厅、慢行运动健康中心、慢艺术展示中心等建设，打造以全新的侗乡慢生活方式为特色的肇兴侗寨慢生活旅游度假区。翠里瑶族壮族乡应发挥"瑶族药浴"特色资源，以瑶浴森林 SPA、瑶浴"药浴"系列产品、瑶浴疗养院、瑶浴文化馆等核心项目建设为契机，打造以瑶浴为特色，集药文化、瑶文化展示体验于一体的翠里瑶浴谷养生度假区。高华村应进一步提升家庭式瑶浴及瑶寨农家乐服务水平，保留原生态的瑶浴体验，并建设瑶药康体医疗产业园，与小黄侗族大歌养心区、神奇占里生育族法养生区共同构成民族养生产业发展带。

另外，应依托苗药文化，加快雷山、台江、剑河等一批养生示范基地建设，开展集养生授课、名医问诊、苗医药体验、养生旅游产品和药膳养生餐的开发，将知识性、趣味性、观赏性、体验性完美结合，使游客在旅游休闲之中得到养生保健，形成基地示范效应。开发苗药保健枕、保健茶、洗浴包、药贴和茶、酒、蜂制品以及植物精油、饮品汤品、药膳等养生用品。

黔东南州在中医药养生产业开发过程中，必须有明确的市场定位，建立市场营销宣传机制。紧紧围绕"中医药养生"主题，结合资源优势进行产品设计，综合运用各种宣传媒介，充分发挥网络、电视、报刊等主流媒体的导向作用，加大宣传力度，针对细分客源市场凸显其与众不同的养生特色，逐步树立黔东南州中医药养生产业的品牌。遵照统一部署，积极协作方针政策，全方位保障营销宣传有序推进，提高黔东南州中医药养生产业的国际国内知名度。

（3）村落特色服务业

在传统村落建设实习、实践教育基地。地方政府支持各乡镇、企事业单位与高校共建实习、实践基地，为高校毕业生提供创业、实践平台。高校将地方传统村落作为选派专家定点服务、学生社会实践以及研究生支教团支教的基地，可组织学生到传统村落开展社会调查、理论研究、毕业实习、创业培训、志愿服务、大学生基层服务队、春晖行动等社会实践活动。如对于国家级文物保护单位、省级文物保护单位集中连片的榕江大利村、雷山朗德上寨、锦屏隆里所村、黎平地扪村、黎平肇兴村、黎平堂安村等传统村落可作为古建教育基地。对于拥有优势自然资源的从江加车村（绝美的加榜梯田）、榕江宰荡村（小溪穿村而过）等可作为采风摄影、艺术写生等教育、创作基地。艺术写生由于周期较长，基地可选择离乡镇较近交通较好的村寨，食宿在乡镇，或者以基地为核心，选择周边保存一般村寨作为食宿点，带动周边村寨发展，如朗德上寨拥有保存完好的村寨建筑风貌，可开发为写生基地，朗德下寨因现代建筑的大量修建，原始风貌受到破坏，但其基础设施较为完备，可作为朗德上寨写生基地的配套服务设施为学生提供食宿。

利用传统村落发展传统民宿。对传统村落传统建筑进行整治修缮，部分民居内部可按现代化要求装修，满足村民享受现代文明的需求。同时在传统村落保护控制范围外建新村，村民将传统村落中的房屋置换新房，原有的传统民居收归集体所有。集体收归的传统民居若无人居住将会加速房屋破坏，为了防止传统村落空心化和民族文化流失，一方面，拥有旅游发展条件的传统村落优先发展旅游度假产业，将集体收归的传统民居作为旅游配套设施开发传统民宿，满足游客旅游度假需求，让游客体验成为传统村落真正的"主人"；另一方面，无旅游开发条件的传统村落或平时游客量较少无人居住时，可通过适当的补偿奖励政策，鼓励村民每月在传统内居住一定数量的天数，并设置合理的日程表，这样既能保证传统村落的人气，又能避免房屋长年空置导致的破坏倒塌。

第二节　黔东南州传统村落旅游发展提升策略

一、黔东南州传统村落旅游发展现状分析

1.黔东州传统村落旅游业发展现状

黔东南州提出"加快把旅游业培育成为全州的支柱产业"，先后制定了"旅游大州"、"旅游活州"的发展战略，初步形成了要素相对完整的、具有黔东南州特色的旅游综合接待体系；通过实施旅游精品战略，开发了一批特色旅游产品，"苗乡侗寨，心灵家园"、"苗疆福地，侗歌天堂"的旅游形象知名度、声誉度不断提升，打造和凸现了"千户苗寨西江"、"历史古城镇远"、"魅力侗寨肇兴"、"枪手部落岜沙"等原生态黔东南州文化旅游名片，形成了较高的市场知名度和美誉度，使原生态黔东南州这个"人类疲惫心灵的栖息地"旅游逐渐升温，实现了资源优势向经济优势转换，旅游业带动效应日益显现。黔东南州旅游最大的亮点为以浓郁民族文化为核心的村落景观，乡村旅游是黔东南州民族文化旅游、生态人文旅游的重要载体。2014 年，黔东南州共接待游客 3900 万人次，旅游总收入 315 亿元。2015 年上半年，黔东南州接待旅游总人数 2 200 万人次，其中：接待国内旅游人数 2 190.52 万人次，接待入境旅游人数 9.48 万人次。[①]

2.黔东南州传统村落旅游业发展存在问题

整个黔东南州的旅游发展还处于初级阶段，旅游产品形式较单一，以观光、民族文化博物馆静态展示、同质化竞争严重的民族文化商品购物和民族文化表演等形式为主。如何整合资源、去同质化，值得探索。

（1）传统村落旅游品牌尚未形成，外界知名度较低

品牌是对时尚、流行、热点商品的诠释，同时品牌也是对优质产品的诠释。好的品牌有助于形成品牌资产,增加产品的内在价值。总体上黔东南州旅游产品的知名度与周边地区相比偏低，黔东南州传统村落旅游虽然已经初见成效，但是还没有足够的知名度形成品牌。黔东南州众多的传统村落中，形成完整的品牌或完成品牌建构的旅游供给主体基本处于空白状态，而发展较成熟拥有一定知名度的民族村寨西江千户苗寨并非传统村落。传统村落旅游的主要形式仍是以参观为主，停留在旅游活动的表象和初始阶段。因此，加快形成传统村落旅游品牌资产，提升产品档次，从而增强其竞争力成为急需解决的问题。事实上，传统村落旅游远不止走马观花型的参观欣赏。丰富多彩的村落旅游资源与深厚的民族文化内涵，是传统村落旅游与其他乡村旅游与众不同的基础。如何推动传统村落旅游走向新的发展阶段，实现传统村落旅游经营升级转型,当务之急应当解决文化与品牌建构的问题。除了营造传统村落本身的独特性与吸引力因素外，还要对传统村落旅游产品进行创新营销。利用多种渠道，塑造黔东南州传统村落形象，提高旅游知名度，扩大认识率和旅游产品招揽力。

（2）传统村落之间具有同质性的旅游资源，产品同质化现象严重，且缺乏特色，形成恶性竞争

目前以传统村落为依托的乡村旅游，在旅游商品开发，民族文化的挖掘上还没有做到位，

---

① 数据来源于黔东南信息港之新闻中心，http://www.qdn.cn/html/news/

旅游商品同质化现象严重。黔东南州传统村落主要是以苗族、侗族村寨文化为主，这些苗族侗族民族村寨，无论是居住建筑、饮食服饰、或者礼仪待客、歌舞演出基本上同民族都大同小异，区别不大，因此在旅游开发中很容易出现雷同，容易造成游客失去新鲜感和好奇心，还极易引起各村寨之间的恶性无序竞争。

旅游产品单一成为制约传统村落旅游的发展最为重要的问题之一，旅游区一般以民族歌舞演出、"农家乐"、民宿等旅游产品为主，不少乡村旅游景点的旅游发展模式雷同，没有做出特色，缺乏民族文化内涵，游客去了一个景点，基本就对另外景点不再有兴趣，缺少吸引留住游客的独特性。如肇兴景区的开发，偏向于自然景观的打造，多为观光式，而忽略民族文化内涵的融入，缺乏民族文化体验性旅游项目，因而游客参与的体验性文化资源太少，难以留住游客。另外，在旅游商品的打造上同样也缺乏地域特征和民族特色，如肇兴景区销售的旅游商品大多是进口而来，旅游商品千篇一律，缺乏独具当地民族文化元素的旅游商品。

（3）传统村落旅游产品开发过程中，缺乏对产品文化内涵的揭示

在市场开发，特别是在对许多城里人并不十分熟悉的少数民族文化市场开发过程中，对其文化内涵的揭示是非常重要的。没有对文化产品之文化内涵的深入发掘，文化产品就不可能找到很好的销路。在黔东南州地区的旅游开发过程中，已经开发出了一些独具特色的旅游商品，如苗族、侗族的刺绣、蜡染以及银饰等，其中亦不乏造型独特、工艺精湛者。但问及其中内涵则很少有人能说清楚，致使原本要给朋友们有针对性地带些礼物回去的人们，无意中也就收起来钱包。相反，如果我们将这些工艺品中所蕴含的文化内涵绘声绘色地告诉游客，或是每种工艺品都附有生动的说明，游客的购买欲就会很容易被调动起来。

（4）传统村落保护与发展的矛盾日益突出，旅游资源环境较脆弱

黔东南州传统村落之所以拥有良好的自然生态环境和保存完好的苗侗族文化生态，其中主要原因是这些村寨本身地处偏僻，交通不便，在以往的历史发展过程中受外界影响较小，而得以保存。但是随着黔东南州旅游兴州战略的定位和贵州生态旅游的实施，乡村旅游将呈现出井喷跳跃式发展，这些以前"养在深山人未识"的村寨，面临着现代化浪潮疾风暴雨般的冲击，加上村民普遍渴望迅速改善生活处境的愿望，这就容易造成原本良好的自然生态环境系统和民族文化系统受到过度冲击而被破坏，导致村内传统的木结构建筑被砖混建筑取代，建设用地规模迅速扩张，占用大量农田，破坏生态环境。

而对于未开发的传统村落，依然保持传统的建筑风格，弥漫着浓厚的民族文化氛围，在黎平县岩洞镇述洞村，通过村规民约来规范村寨的建设。如村民建房，要先交纳押金，如按照村寨规划建设则予以退还，否则扣押，不交纳押金则不准建房等，该村至今完好保存有全国文物重点保护单位——述洞独柱鼓楼，全是传统的木质结构房屋，村民自发传承民族民间文化等。该村的建设和保护经验值得借鉴。

（5）传统村落旅游开发管理不规范，各主体之间的利益冲突长期无法得到有效解决

政府、旅游公司、村民之间由于利益分配导致矛盾冲突长期存在，这些问题在西江旅游发展中已经较为明显，且长期无法得到有效解决。在西江，每一幢房屋，每一户家庭，每一条村巷，每一级台阶，都是西江资源的一部分，共同构成西江独特的景观。但住在山顶的与住在山脚下的农户，机遇是不一样的，山脚下的可以利用房屋开门面、农家乐等，而山顶的则只能下山务工，造成寨内利益不平衡。现在在西江的旅店老板有 30% 左右非西江籍，这也造成西江本地村民难

以享受到开发带来的红利。

（6）传统村落基础服务设施条件较差，缺乏资金投入，基础设施配套建设跟不上旅游开发的速度

黔东南州传统村落目前旅游交通基础设施较差。对外联系航空主要借助贵阳机场，广西桂林机场，境外游客无法直接飞抵黔东南州；铁路方面目前虽有直达凯里和榕江的高铁，但高铁站距景区较远，且没有旅游直通车，需换乘大巴，消耗时间较长。公路是旅客在黔东南州地区主要旅游交通手段，但是县城至景点的道路迂回曲直，且有部分沙石路和土路，到传统村落要经过很长时间的乘车，使游客感到颠簸疲惫，乡村道路等级不高严重制约传统村落旅游的发展，游客可进入性差。

很多传统村落现状环境与现代生活存在较大差距，人畜混居、雨污混流、道路泥泞、垃圾成堆、消防安全隐患……传统村落普遍存在着基础设施落后，基础设施投入不足等问题，无法满足旅游开发所需配套要求。

二、黔东南州传统村落旅游资源整合

1.黔东南州传统村落旅游资源概况

黔东南州传统村落多地处峻岭山区，境内峰峦起伏，江河纵横，山清水秀，景象万千。村落自然风光绮丽，文物古迹众多，民族风情独特，旅游资源丰富。全州有自然保护区35个，其中国家级1个，地州级9个，县级25个；风景名胜区9个，其中国家级3个，省级6个。传统村落绝大部分都处在这些自然保护区和风景名胜区范围内，其中包含历史文化名村7个、民族村寨5个。目前把"苗岭山区雷公山麓苗族村寨"和"黔东南州六洞、九洞侗族村寨"打捆列入全国23个世界文化遗产申报预选名录，正在多方努力争取申报世界文化遗产。

根据旅游资源分类、调查与评价标准（GB/T 18972-2003），对全州309个传统村落旅游资源进行初步调查，主要结果为：拥有地文景观（A）、水域风光（B）、生物景观（C）、天象与气候景观（D）、遗址遗迹（E）、建筑与设施（F）、旅游商品（G）和人文活动（H）8个主类旅游资源，占国家8个主类旅游资源的100%。另外，拥有25个亚类旅游资源，占国家31个亚类旅游资源的80.6%。拥有106个基本类型旅游资源，占国家155个基本类型的74.8%。

（1）自然旅游资源

黔东南州传统村落的自然旅游资源众多，村落山石景观多，山奇石秀；瀑布与峡谷景观多而壮丽；洞穴类型多、数量大、洞景美；河湖、泉水景观多，水质良好，景色美。但是同时也存在以下问题：一是山地丘陵多、平坝地小，宜林地多、耕地少；二是耕地质量差，中低产田面积大；三是喀斯特土地面积大，生态脆弱，耕地后备资源不足；四是林牧地质量不均，分布欠平衡。

（2）民族文化旅游资源

黔东南州传统村落以苗族侗族古村落为主，并有少量的瑶族、壮族、水族、畲族、仫佬族和汉族传统村落，其中苗族传统村落主要集中分布在雷山、台江、剑河等雷公山腹地，侗族传统村落主要分布在黎平、榕江、从江等县的山区。以苗侗民族为主的少数民族一直保持着"唐朝发型、宋代服饰、明清建筑、魏晋遗风"的风格和习俗，民族民间节日"大节三六九，小节天天有"，多民族杂居是黔东南州传统村落独具特色的民族和人文风情。被世界教科文组织确定为"返璞归真、回归自然"的旅游首选地之一，"是人类保存的最古老的歌谣，是我们疲惫心灵

最后的家园"。

　　黔东南州民族文化资源是在漫长的历史演变过程中形成和发展起来的，是在不断地与异质文化的冲突和整合过程中积淀和传承下来的，民族文化资源是黔东南州旅游发展的核心资源。黔东南州民族文化资源兼容了具备浓郁土著气息的各少数民族文化，有着苗族文化多样性、侗族文化典型性、水族文化唯一性、瑶族文化神秘性等。将不同要素的文化系统、不同来源的文化、不同区域的文化圈、不同民族的文化融为一体、集于一身，形成了绿色生态文化、喀斯特地质科普文化、民族特色文化、历史文化等，使黔东南州民族文化不仅在中国的大文化系统中占有一席之地，而且在世界文化的大系统中也占有特殊的地位。

图 12-6　黔东南州苗族民俗表演

2. 黔东南州传统村落旅游资源整合

　　旅游资源整合是区域旅游整合开发的一项重要的基础性工作，主要是根据旅游开发的需要，对旅游资源的属性特征和空间结构梳理优化，即在一定区域范围内，把分属于不同行政区划、不同部门或不同经济利益主体的不同属性类型的旅游资源，以市场需求为导向，以共享、公平、和谐、互利为原则，有目的、有秩序地对其进行配置和重构的过程。

　　旅游资源整合，首先要站在区域整体的高度，研究区域旅游资源的属性特征、空间分布以及与其他地区的比较优势和竞争态势。从而梳理优化本区域的资源结构，营造属于本区域的旅游亮点和品牌特色。其次，要从区域经济发展的角度，研究本区域旅游资源的开发时序和开发规模，着力构建旅游资源区域体系。对需要保护的资源进行严格保护，禁止随意开发；对开发潜力大，但目前市场需求不足的资源要暂缓开发；优势明显、前景广阔、开发条件好的资源要着力开发，打造旅游精品。最后，需要重新对区域内的旅游资源进行划分，按照它们的文化特色和价值地位重新归整改造，组合成新的旅游区；不能合并的区域，比较它们的优势，保留市场规模大、前景好的旅游区；较差的旅游区暂缓开发；突出世界级、国家级和省级等高品位的旅游资源的地位，以它们为核心，形成旅游资源开发的若干增长极。

黔东南州旅游业经过多年的发展，逐步形成了一批特色旅游产品，"苗乡侗寨情、大美黔东南"旅游形象不断升温，但相对于周边的云南丽江、广西桂林、湖南张家界等发达旅游区，黔东南州旅游业的发展还处于较低的水平，旅游业链条延伸度低。黔东南州缺乏对旅游资源尤其是民族文化旅游资源的有效整合和整体包装，旅游形象宣传不够，"苗乡侗寨情、大美黔东南"虽然具有较强的吸引力和向往力，但整体知名度较低，脱离湘黔桂、云贵川以及珠三角一带，甚至很少有人知道黔东南州在哪；缺乏知名品牌和龙头企业，加之迄今黔东南州尚无一个功能齐全、设施完备的旅游咨询服务中心，适应现代旅游发展的旅游信息化建设落后，旅游配套设施还不够完善，游客满意度不高。要把黔东南州培育成我国最具活力和吸引力的原生态及民族文化世界旅游目的地之一，必须整合资源，突出特色，打造精品，加快推进全域旅游发展提质升级。

类型丰富、数量众多的民族文化旅游资源优势为黔东南州推进全域旅游发展奠定了雄厚的基础。然而加快全域旅游发展并非全域遍地开花，不分主次轻重眉毛胡子一把抓，遍地搞旅游，从而导致代表黔东南州旅游品味特色的产品不鲜明，特别是传统村落旅游资源雷同开发、恶性竞争。旅游资源整合可以有效地对景点景区进行优化提升，打响品牌，避免低水平的重建、粗制滥造和恶性无序竞争；可以有效地把各种相关的资源组成具有统一功能的整体，以共赢为目标，合理安排旅游资源的开发；可以有效地打破地方局限，突破行政区划，跨区域建立合作机构，走区域联合发展的道路，实现区域内旅游资源市场价值和综合效益的最大化。由于黔东南州传统村落数量较多，且集聚程度较高，在历史形成过程中各村落之间血缘关系相对密切，多数村寨在传统产业结构、传统风貌、传统文化等方面相似度极高，这些民族村寨由于差异度小，名气低以及基础设施相对较差，呈现出产业同构和民族文化、地域文化高度同质化，在产业和旅游发展中，很容易发生无序竞争，导致恶性循环，造成资源浪费。

为妥善解决这一问题，统筹资源配置，实现资源共享，应当从309个传统村落中仔细比对筛选，对传统村落特色资源进行分类分级认真研究评估，确定那些能对旅游者产生吸引力，激起旅游者对黔东南州民族文化的求知动机和憧憬欲望，容易满足文化介入和互动参与的心理需求，同时又能为旅游业开发利用，并可产生经济效益、社会效益和环境效益的旅游资源，秉持传统村落"分级分类和集群式"保护发展途径，依据传统村落的自然地理环境、民族文化特色以及交通区位关系等，合理划定传统村落集聚区，并对集聚区内的特色资源进行有效整合，突出传统村落各自特点，扬长避短，弱化传统村落同质化，共同寻求保护与发展之路。另外，黔东南州要做大做强旅游产业，还需有最能代表黔东南州历史文化的核心产品作为龙头品牌，因此，应将苗侗文化资源作为黔东南州核心旅游资源，作为推动黔东南州全域旅游发展引领的"龙头品牌"。在旅游规划和旅游营销中，真正符合优势条件，具有旅游吸引力与竞争力的旅游资源不在数量之多，而在品质之精。

景观特色是旅游产品带给旅游者独有的赏心悦目的风格和形式。这种风格和形式属于旅游景观的外在形态表征。其内在蕴含的文化特色则寓于旅游景观特色中。只有同时具备景观特色与文化特色，旅游产品才能产生魅力，成为令人神往的旅游吸引物，激发旅游者的追捧兴趣。突出本地旅游景观特色和文化特色，是旅游资源开发利用能否对旅游者形成强烈吸引力的关键。

目前，旅游者到黔东南州旅游，留下的印象是黔东南州无处可玩、无处消费，顶多去往西江苗寨、肇兴侗寨、镇远古城走马看花逛一遍，没有留下太多的消费，更没有任何可参与的文化体验活动，心里落差较大。很长时期以来，存在这种状况的一个重要原因，就是黔东南州的旅游景观特色和旅游文化特色深度发掘不够，特色不鲜明。黔东南州传统村落资源范畴极其广泛，包含内容相当庞杂，遑论面向国际国内旅游市场，即便在贵州省和黔中旅游大格局中，也未必都能作为优势资源加以利用。因此，必须沉下心来认真对旅游资源、旅游线路进行梳理整合研究，依托各自优势，发挥各自长处，打造"1+1>2"的特色旅游精品。

综上所述，只有对黔东南州旅游资源进行广泛的、系统的、实质性的整合，认真总结经验，转变传统的旅游思维方式、经营方式和管理方式，秉持"挖掘价值、品牌引领，整合资源、突出特色，产业融合、多元发展"的绿色、和谐、具有时代价值的原生态开发理念发展旅游，才能真正提升其旅游核心竞争力，凸显旅游品牌特色，促进黔东南州旅游业的可持续发展。

三、黔东南州传统村落旅游业发展提升策略

1. 以原生态民族文化为核心，形成传统村落集群式旅游发展

黔东南州旅游市场主体散小弱差的现象仍然存在，旅游产业的成长能力是制约原生态民族旅游目的地发展潜力的主要因素之一。以生态自然环境为大背景的黔东南州原生态民族文化，是发展旅游的核心内容，以传统村落集群式旅游发展为策略，是消除同质化、消除竞争，合力构成原生态民族文化展示系统，促进旅游产业成长的外在表现。

原生态民族文化展示内容丰富多彩、质朴淳厚，与现代化城镇生活形成鲜明对比，对旅游者有着极为强烈的视觉、听觉、味觉的冲击。削弱同质化的传统村落集群，使旅游者移村换景，体验相似而又相异的民族村寨差异。

2. 框定传统村落旅游服务产业类型，保护原生态民族文化

过去旅游产业发展的痛苦经历一再告诫我们，原生态的民族村寨是被旅游服务产业中的某些因素所冲击，甚至摧毁。基于区域分工理论，框定传统村落旅游服务产业，是在保护文化遗产的延续与传承的基础上发展旅游，是一种可持续的发展方式。

使物质文化遗产遭到破坏的旅游产业，使非物质文化传承受到削弱的旅游业，使文化遗产生存环境改变的旅游产业，必须退出原生态的民族村寨。发展旅游产业，是为保护原生态民族文化。将民族村寨的场地、传统风貌建筑等利用起来，并不改变其外观、结构、材料等的旅游产业，应该得到保留和鼓励。

传统村落除定位的民族特色产业外，还可做集体式的餐饮、工艺品展示、参与节庆活动、体验作坊加工等，合理引导村民行为。

3. 形成民族文化旅游网络，避免旅游孤岛

民族文化旅游网络，是针对一定的民族区域进行宏观旅游规划而言的，包含两层意思：一是指区域内旅游地的均衡分布，决定分布的前提是具有独特的民族文化，目标是特定网络下的独一无二性，即一个民族一个支系的文化只能通过一个民族旅游村寨集中体现，或几个民族旅游村寨分担不同的方面有重点地进行呈现。二是指民族区域内任何一个旅游目的地，在交通、信息、客源等许多方面都要和其他旅游目的地共享，绝不能是一个旅游孤岛，而勉强开发可能会出现一系列的问题和困难。大众旅游时代，旅游景点要形成网络；同时网络中的每一个景点都要有自

己的个性，即独特性。有了前者，才能满足大众出行一次就可顺便多逛一些地方的想法；有了后者，才能适应后现代旅游到异文化中去感受的要求。

黔东南州民族文化非常丰富，但是有一个显著的特点：一个民族相对集中地居住于一个区域。这为管理提供了某些便利，但同时又为乡村旅游的发展提出了某些挑战。同一民族，虽然支系不同，风俗不同，但是毕竟属于同质文化，会有较多的相似之处。对于区域宏观旅游规划者和管理者而言，要特别注意两个方面：一是在一个民族区域地方，乡村旅游景点的密度问题；二是要高度重视、保护、开发有特性的文化，这种特性包含世界性和区域上的独一无二。通过我们调查的几个传统村落，已开发旅游的有郎德上寨、反排等。反排目前主要是木鼓舞表演，旅游开发处于刚起步阶段。乡村旅游开发较早的郎德上寨和后起却大名鼎鼎的西江的旅游开发较成规模。郎德上寨的游客可以参观独特的寨容寨貌、吊脚楼建筑，感受淳朴的民风和体验恬淡、闲适的田园生活，看民族文化表演，吃农家饭，买工艺品。西江景区距郎德上寨不远，交通便利，处在旅游网络上，但两个旅游景点的相似性很多，如看民族表演、吃农家饭、买工艺品，以致相互影响客流量。倘若这种相似性普遍存在，从旅游经济方面来说，进行这样的村寨旅游开发是不经济的，前景是不太光明的；从文化保护的角度讲，文化的异质性在减少，"多彩贵州"的色彩日益暗淡，文化多样性在减少。黔东南州的苗族旅游村寨和侗族旅游村寨很多，基于调查，本专题认为，强调旅游文化的个性和旅游品牌意识，是当前黔东南州民族文化保护和民族文化旅游开发最重要的工作之一。

4. 区域基础设施和服务设施联动共享，提高服务的整体性

城乡统筹、城乡一体化发展，农村城镇取长补短，基础和服务设施共享，形成互补型的旅游合作，建立无障碍旅游体系，增强旅游的整体实力。作为原生态民族文化旅游目的地，应该为旅游提供便捷的交通、舒适的住宿、可口的佳肴、多样的娱乐等。

为旅游服务而又不在传统村落发展的产业，采用合作的模式，将分散到城镇、乡镇之中的相关产业（主要指现代住宿、餐饮，可分价位与层次），通过交通线路串联，由各个交通枢纽连接至最近的传统村落集群中心，各个集群中心分别再联结起来。可设计交通线路，展现不同季节生态环境的风采。

传统村落集群中心应提供现代服务，可包括村民集体融资参与的住宿、餐饮、娱乐、工艺品售卖，起到信息咨询、集群管理、游客中转作用。

5. 整合旅游服务信息化内容，提升旅游体验

旅游服务信息化是为整合各种信息，展示传统村落集群风采，让游客更快捷获得信息的方式，享受顺畅、舒适的民族文化旅行。

其一，将传统村落集群信息、住宿、餐饮、工艺品信息及加工作坊等信息集成为应用程序并推送到网络中，方便游客咨询、查询、预定。其二，拍摄介绍民族文化的短片，提高旅游服务人员对民族文化的了解深度和讲解技巧，使每个游客在集群中心内接受民族文化氛围的感染和熟悉文化遗产的保存状况，并宣布原生态民族文化旅游中应遵守的行为。其三，以身份证信息凭证购票，并记录身份信息，二次或多次购买门票优惠，过5次后减免至最低门票，做出突出贡献的游客可成为某村荣誉村民，享受各种优惠政策等。其四，以身份证信息为凭证购买传统村落产品的游客或客户，享受优惠，集团或单位采取另外优惠。每类传统村落产品应有编号，购买产品的人可查产品源头，生产产品的人可知产品去向。

四、黔东南州传统村落旅游业发展建议

黔东南州少数民族在数千年的繁衍生息中，依托古朴的农耕文明，在这片古老的、生态优美的大地上创造了灿若星辰的各色文化，如稻作文化、民族文化、医药文化等。合理利用这些自然人文资源发展旅游业，既是传承中华文明的必要举措，也是实现传统村落可持续发展，落实精准扶贫的有效途径。结合黔东南州传统村落的实际情况，按照人们旅游出行的目的，将旅游发展方向分为观光游、体验游、度假游，3种不同性质的旅游活动可满足不同层次旅游者的需求，同时也需声明的是，这3类旅游发展方向并不是相互孤立的，而是相互联系的，只是各自发展偏重点不同，对于一个村落而言，2种、3种旅游发展形式并存的现象是较为常见的。此外，传统村落在发展旅游的同时，可依托周边大的景区，打造各色观光、体验、度假旅游路线，以线带面，形成全域旅游。

1. 观光游

观光游是旅游者通过对异地自然风光、名胜古迹、民俗风情等的游览和欣赏而获得审美体验和审美享受的一种旅游活动形式。在服务内容方面，观光游普遍重视交通、游览、导游和购物服务，对住宿、餐饮要求不高；在产品构成方面，观光游旅游产品主要是一种线路或组合旅游产品，其核心是景区的各个具体景点，住宿、餐饮、购物、交通等要素属于辅助性服务；在服务过程方面，为保证服务过程的顺畅和旅游体验质量的提高，观光旅游者较为青睐标准化的导游陪同服务。观光游具有人数多、规模大的特点，因此发展大众观光游的村落应首选有便利的交通条件，各项基础服务设施都比较完善的村落，方便大量游客的流动。黔东南州文化资源丰富，得天独厚的优势可以实现观光游的全方位立体化观感。依托地方资源特色，将观光游分为田园农业观光和民俗风情观光。

（1）田园农业观光

田园农业观光游主要依托农村田园景观、农业生产活动和特色农产品为休闲吸引物，可开发农业游、林果游等不同特色的主体休闲活动来满足游客观光、体验农业，回归自然的心理需求。黔东南州传统村落自然生态环境优美，保存着丰厚的农耕文明，为发展田园农业观光游奠定了良好的基础。在具体发展过程中，可以稻田农业为重点，开发欣赏田园风光、观看农业生产活动、品尝和购置绿色食品、学习农业技术知识等旅游观光活动，以达到令游客了解和体验农业的目的。如加榜绝美的梯田风光、新桥村的水上粮仓等，这些通过专业的导游介绍，都可以成为游客观光的吸引物，同时获得更深一层的观光感受。在吸引游客观光的同时，注重带动农产品的销售，如在农产品成熟季节，开发游客观景、采摘体验、购置产品等旅游活动，让游客既能亲近自然又能体验生活。此外，政府应通过统筹规划，打造出精品特色农业观光旅游路线，完善路线相关的基础配套服务设施，以线带面，实现全域村落旅游业与特色农业的互利共赢。

（2）民俗风情观光

民俗风情观光游即以农村风土人情、民俗文化为旅游吸引物，充分突出农耕文化、乡土文化和民俗文化的特色，可开发农耕展示、民间技艺、时令民俗、节庆活动、民间歌舞等旅游活动。黔东南州素有"歌舞之州、百节之州"的美誉，民俗风情资源丰富多彩，如精美的银饰、绚丽的服饰、多彩的歌舞、异于江南风情的村寨风貌以及热闹欢腾的节日习俗等，这些都是发展民俗风情观光游的重要资源。在旅游发展过程中，可以民族歌舞、民族节日、民族服饰、传统技

艺为开发重点，通过大型的民族歌舞表演、节日聚会、试穿民族服饰、观看传统技艺制作，让游客从视觉和身体上感受黔东南州丰富的民俗文化，体验民族风情。具体以传统技艺为例，传统技艺表现方式大多为游客通过亲手制作体验，但其也可利用观瞻的方式来触动游客对传统技艺的认知。黔东南州富有民族气息的手工艺制作，如控拜的银饰、展留村的锡绣、卡拉村的鸟笼以及石桥村的古法造纸等，其制作过程本身就是一种美的感受，同时，银饰锻造、锡绣这类技艺难度较高，游客亲自体验较为困难，因此，利用观瞻讲解的方式更加有利于游客对该文化的了解。选取几个特色手工艺作坊，提升其制作标准及服务水平，并辅以一定的影音视听设备，配备专业的导游，对传统技艺的发展渊源、制作技巧甚至神话传说等进行介绍，使游客通过观光旅游加深对民族文化的了解。

2. 体验游

相比于观光游，体验游更高一个层次，体验游更加注重游客在旅行过程中对各项旅游产品、旅游形式的参与程度，通过亲身参与获得更加深刻的旅游体验。如跟苗族人民一起打糍粑、捕鱼等，让游客变换角色，进入一个新的生活环境。在互动体验过程中，游客成了民俗文化舞台的直接表演主角，而不再只是看客、欣赏者。体验游可以针对更加具体的游客群体，设计更加具体的体验产品以及一体化的体验路线。依托旅游群体及旅游目的，将体验游分为家庭亲子体验、团体学习体验、红色文化体验、户外运动探险。

（1）家庭亲子体验

黔东南州传统村落自然人文资源丰富，如富有地域色彩的美食、制作工序复杂的民族工艺以及多种动作简单、节奏明快的舞蹈等。这些经过亲身体验能够更加深刻地感受到民族文化的魅力，感受到我国西南少数民族生活的智慧，而这也正是众多游客希望通过旅行想要达到的目的之一。随着生活水平以及为人父母的知识水平的提高，人们对于家庭关系、孩子教育也越来越重视。都市孩子的认知认识大都来源于书本、来源于城市生活，通过开展乡村亲子游，可以提高孩子感知能力、增长见识见闻。在旅游开发过程中可以着重以满足亲子游为目的，借鉴之前《爸爸去哪儿》等亲子栏目活动，打造一批传统村落。将亲子活动作为村寨的旅游开发项目，开发任务 PK 式的苗乡侗寨亲子体验营，父母与子女共同参与，吃住在苗乡侗寨，与苗侗民族小朋友结伴活动，体验摘菜、洗菜、拾柴、生火、煮饭烧菜，自力更生，丰衣足食，通过亲子营学会独立与合作，收获亲情与友谊。如台江县旧州村，就可依托层层叠叠、错落有致的梯田，发展特色农业种植基地，让家庭成员共同进行耕种、自助采摘、采摘比赛等活动，体验其中的乐趣和辛劳。

（2）团体学习体验

随着传统村落保护发展工作的进一步推进，与传统村落研究相关的教学活动已经在全国各高校展开，大多通过夏令营游等方式参与教学体验。黔东南州应当依托独特的地域资源及文化，通过对外大力宣传，使黔东南州成为这些机构组织体验民族文化夏令营的首选之地。夏令营机构对于所组织的夏令营具有明确的目的性，有的侧重于对生活技能的学习，有的侧重于对民族生活的实际感受，黔东南州旅游机构可以通过与夏令营组织机构主动洽谈，了解机构诉求，完善传统村落基础设施及公共服务设施，并设计一些适合团体活动且具有地域特色的游戏及路线。夏令营的活动可以随着季节变化结合当地生活习惯设置不同的项目，例如"春节到农家过大年"、"早春到乡村去踏青"、"初夏到农村品美食"、"仲秋到田间去采摘"，对于多数城里来的孩子，最简单真实的农村生活才是夏令营的目的，只有深入地与村民、与土地接触才会使夏令营变得更有意义。

目前国内已有部分传统村落在此方面进行了探索，黔东南州可以此为鉴，如金华"海外名校学子走进金华古村落"项目。该项目为金华市首创，采用"关上房门是星级酒店，打开房门是温馨家庭，走出家门是乡野生活"的"家+"模式，海外学子与村民同吃同住，体验古村的人文美、生态美。目前活动已经举办到了第四季，每一季国外学子报名都火爆异常。第四季古村落选择点为兰溪芝堰村。浙江兰溪芝堰是一个半原生态古村落，是全国重点文物保护单位。10年前，芝堰就开始对外收取门票搞起了旅游经济，但模式单一难以为继。在第四季中兰溪芝堰村共迎来自9个国家45名海外学子参与，度过为期14天的"金华故事"精彩体验之旅。活动带动了芝堰村旅游业的发展，仅一个月时间就突破了过去一年的游客量。同时，此次活动也受到国内众多高校的关注，北京外国语大学、浙江工商大学、浙江师范大学等大学均有意向将古村落作为他们国际学生的中国文化实践基地。

黔东南州传统村落无论是在数量还是资源上，均不落后于金华市，其中原生态的自然环境和特色鲜明的民族文化为其旅游发展的两大招牌。黔东南州应充分利用这两大优势，在现有旅游发展的基础上，借鉴金华经验，群策群力，创新活动形式，以更加新颖的视角来吸引海内外游客，促进黔东南州传统村落旅游业的发展。

（3）红色文化体验

红色文化是中国共产党在血与火的革命年代领导人民群众创建的中国特色先进文化，其内涵丰富，博大精深，并且在当代依然具有很强的教育意义。2016年迎来长征胜利80周年，新的时代赋予长征精神新的要义。黔东南州作为当年红军万里长征所经之地，应当紧跟时代使命，充分发展红色旅游，同时让红色精神助力传统村落远航。

1930年4月至1936年1月，红七军、红六军团、中央红军、红二军团先后进入黔东南，转战从江、榕江、黎平、锦屏、天柱、剑河、三穗、镇远、施秉、台江、黄平、岑巩等12个县境，传播革命真理，实践党的民族政策，播撒革命火种，在苗侗各族人民的支援下，前仆后继、浴血奋战，为黔东南州现代革命史上写下了光辉的一页，留下了丰富的红色文化资源。长征精神在这片地势复杂，民族众多的土地上，得到了重要体现。新时期我们应当以这些红色资源为载体，大力宣扬红色精神、长征精神。

目前，黔东南州正结合当年长征路线黔东南州段，依托当地原生态的自然环境，策划"重走长征路"活动，打造凯里-榕江-黎平-锦屏-剑河-台江-三穗-镇远-施秉-黄平"重走长征路"红色文化旅游线路并取得实效，各县也在积极打造县域范围内的红色旅游线路，如剑河县策划推出了县城-敏洞-磻溪-南明-县城红色旅游环线等。坐落在黔东南州传统村落内的红色资源不算太多，但也是黔东南州红色文化的重要组成部分，因此在打造村落红色文化旅游时需与县域或州域内的红色文化一起打造，将村落红色旅游融入全域红色旅游的范围内，助推村落红色旅游发展。

与此同时，我们发现黔东南州红色文化是与清水江、都柳江"两江"流域分水岭的自然生态、苗侗各少数民族历史文化等旅游资源相伴生，在开发过程中可以与发展民族、文化、生态旅游等密切结合起来，形成综合型、复合性的旅游基地和产品线路，构筑、整合"三色"（红色——革命遗址，绿色——生态环境，蓝色——民族风情）地区旅游资源的整体优势，形成"红色旅游"

与生态旅游、民族风情旅游互相结合、互相促进的格局。

（4）户外运动探险

户外运动体验游主要是针对一些热爱运动但又工作比较繁忙、生活压力大的都市白领，通过一些贴近自然、尽情放松的运动，比如登山、漂流来缓解紧张的生活节奏。黔东南州拥有得天独厚的自然环境，山环水绕，传统村落犹如葡萄一般点缀其间。传统村落的发展可依托周边大的景区，发展户外运动。例如，"首届贵州施秉'旅游铁人三项赛'"以杉木河漂流、公路自行车和徒步3项竞速组成，充分利用施秉的自然、交通和知名度条件，通过这项活动促进旅游业发展。黔东南州可以规划几条户外运动体验路线，串联传统村落，将传统村落作为整个活动的配套服务点。此外，当下野外求生活动很多人跃跃欲试，体验"贝爷式"冒险，黔东南州很多传统村落身处森林腹地，因此可以适度策划野外求生游，在保证安全的前提下，利用原始森林吸引一些团体爱好者的到来。如打造雷公山旅游探险营地，开发秘境探险、探洞、漂流、爬山、蹦极、露营、森林远足、攀岩等探险项目，以雷公山周边传统村落作为营地驻扎点，聘请专业的旅游探险人才担任导游和团队的管理者，探险前对参与者进行专门的体能及探险常识培训，同时完善基本的医疗服务设施应对突发状况和保险补偿机制。

3. 度假游

随着人们生活节奏的加快、工作压力的增加，家庭养老、个人健康越来越成为人们关注的问题，去远离都市的乡村度假成为人们缓解压力的有效方式。度假游可依托自然优美的乡野风景、舒适怡人的清新气候、独特的地热温泉、环保生态的绿色空间，结合周围的田园景观和民俗文化，兴建一些休闲、娱乐设施，为游客提供休憩、度假、娱乐、餐饮、健身等服务。结合黔东南州传统村落得天独厚且独具特色的自然人文资源，将度假游分为养生度假游、民宿休闲游、小众深度游。

（1）养生度假游

在"大健康"战略背景下，黔东南州在"十三五"规划纲要着重发展健康养生产业、医疗产业、医药产业、养老产业、药食材产业、运动产业，传统村落的保护发展可以此为抓手，积极打造养生度假游。黔东南州传统村落发展养生度假游拥有得天独厚的自然条件，如湿润宜人的气候、大片的原始森林、超过国家标准的负氧离子量、矿物温泉以及丰富的中医药材等。在当前工作压力大、空气质量差的都市圈，这些已成为吸引城市游客回归自然，享受生活的重要吸引物。

发展养生度假游既可打造度假园区又可以村落为个体进行打造，如对于剑河等拥有丰富温泉资源的地区，可打造温泉养生度假区，开发短期养生度假；传统村落则可依托传统村落特色文化资源，将几个相近的具有养生特色的传统村落联合起来进行修建园区，如从江县养生瑶浴，即可以高华村为核心，联动周边村落，打造瑶浴养生度假园区，既有利于资源的整合，又可为当地村民提供就业岗位，带动当地经济发展；也可以个别传统村落为打造对象，如前文所述的占里村，即可以生育文化作为主题打造生育养生度假，帮助人们调养身体。同时，针对黔东南州多数传统村落交通相对落后，医疗设施缺乏等问题，必须及时完善，围绕贵州"医、药、养、管"大健康体系中的"管"，完善健康管理体系，如引进先进医疗设备、设立健康体检中心、建设技术先进的健康管理机构等。

（2）民宿休闲游

传统村落风景宜人，空气清新，民风淳朴，形神有序，节奏舒缓，适合人居，是安详稳定、恬淡自足的象征，有着更多诗意与温情。乡村生活的这种闲适性，正是当下休闲旅游市场所追求的，具有无穷的吸引力，已成为中国未来稀缺的旅游资源。黔东州传统村落可依托优越的自然生态资源开发民宿，让游客住下来，真正融入传统村落，体会传统村落的生活方式。如果说农家乐是乡村旅游的初级版，是一种简单的、陈旧的、过渡性的乡村旅游，那么民宿游就是乡村旅游的升级版，是一种深度的、休闲的、度假的乡村旅游。传统村落打造民宿必须在保证不改变建筑整体风貌的前提下进行，通过提升建筑内部环境，使游客在不失生活品质的前提下体验到苗侗村寨的生活方式。

黔东南州传统村落民宿的开发既可服务于一些散客，如写生摄影爱好者，写生者要作出一幅好的作品需要几天甚至更长，摄影爱好者想要一张好的照片需要等待一个良好的天气，他们都需要驻留此地，富有特色的传统民宿则为其提供了方便。同时，民宿的开发还可面向团体，村落通过与外部一些大的公司或企业直接对接，将村落作为这些企业员工休闲度假的后花园，这种面向团体的民宿开发，有利于村落市场资源和村民效益的保证。目前，榕江县滚仲村已经与一些外部企业签订了员工度假协议，将着力打造为黔东南州的民宿示范基地。

（3）小众深度游

小众深度游，是指小范围、小圈子里的出游方式和旅游行为，出游人数明显少于大众旅游。但它更具个性、更为独特、更加深入，以特定的时间、线路、方式来满足个人或小群体特定的需求和某种专业目的。小众深度游更加追求体验旅游过程和旅游目的地的生活方式和人文精神，更加注重旅游行为和旅游过程的自由性、原真性。黔东南州大多传统村落，受到基础设施条件、交通、接待能力等各方面因素限制，无法进行大规模的旅游开发，但也因此保存了较为完整的村落风貌以及原汁原味的农耕生活。对于此类传统村落，可以通过小众深度游将传统村落发展为原生态度假村。

在具体操作过程中，黔东南州可以针对传统村落地缘区位特征、各项资源结合市场需求进行精品策划，并与国内一些深度游旅游机构合作，比如绿野网、乐逸旅游等，选取不同的民族村落，开发具有异域风情的原生态度假路线，使游客能真正体验到我国少数民族丰富各异的文化生活。原生态度假村应当秉持"把游客当家人"的理念，从上山砍柴到下河摸鱼，从烧火做饭到下田耕地，通过独特的理念来打造原生态度假村，从而在全国众多深度游村落中异军突起。

综合几种旅游方式，依托前述集聚区的划分，在此策划几条黔东南州传统村落经典风情旅游路线，使游客能在短期的传统村落度假游当中充分体验到黔东南州独特的自然风光、民俗风情。比如依托环雷公山原生态苗族文化旅游区，打造郎德上寨（民俗风情观光）——南猛村（深度游）——新桥村（田园农业观光）；依托黎丛榕原生态侗族文化旅游区，打造堂安村（民俗风情观光）——四寨村（户外运动体验）——述洞村（民宿休闲）；巫包村（民俗风情观光）——大广村（红色文化体验）——展留村（休闲体验）。旅游路线的选取应当充分结合当地特色资源，并统筹考虑多种旅游方式结合，比如郎德上寨应充分利用其优美的自然环境和丰厚的民俗文化，通过民俗观光体验使游客感受到苗族文化的魅力；四寨村依托摔跤、斗牛的知名度，开展相关的教学交流活动，使游客感受到少数民族浓烈豪爽的生活氛围。黔东南州传统村落特色资源丰富，挖掘资源特色，并以此为依托通过多种旅游方式打造旅游路线，以线带面，可有效带动全域经济发展。

第十三章　黔东南州传统村落保护发展项目策划

黔东南州是我国传统村落最集中的区域，原生态的自然环境和多样性的民族文化是其最突出的两大特色。在我国全面建设小康社会的决胜阶段，攻坚脱贫的冲刺时期，面对着新的机遇和挑战，黔东南州应始终坚持创新、协调、绿色、开放、共享五大理念，结合自身特质，打好生态、文化、扶贫、民族"四张牌"。通过绿色发展，构建生态经济，建设生态文明，将生态优势转化为经济优势；通过开放发展，加强社会合作，拓展民族资源配置，提升民族文化价值，增强发展内生动力。

黔东南州传统村落保护发展项目策划，将依据前文黔东南州价值特色研究、村落保护整治建议及传统村落集群式保护发展分区指导，结合《黔东南州国民经济和社会发展第十三个五年规划纲要》《黔东南苗族侗族自治州州域城镇体系规划（2015—2030年）》及各县、镇（乡）、村相关规划，通过重要项目策划和近期项目实施两大部分内容，突出体现黔东南州价值特色，推动传统村落保护与发展进程，实现传统村落健康、可持续发展，使其成为具有西南地区特色的传统村落保护传承发展示范区。

第一节　黔东南州传统村落保护发展重要项目策划

围绕黔东南州苗族、侗族文化特色以及传统村落空间分布，将其传统村落发展空间格局划分为"二区多点"。"二区"是指雷公山原生态苗族文化区和黎从榕原生态侗族文化区，两大文化区涵盖了黔东南州最突出的两大民族及其文化资源。"多点"是指二区以外的其他散点分布的传统村落，主要包括黄平、镇远、三穗、岑巩等县域内的传统村落，这些传统村落量小且分散，自身发展较弱，难以形成规模效应，可作为周边重要景区的旅游配套设施。

一、雷公山原生态苗族文化区

雷公山原生态苗族文化区，以雷公山国家级自然保护区为核心，涵盖环雷公山周围凯里市、雷山县、丹寨县、台江县、剑河县等区域。以西江千户苗寨为龙头，以雷公山为苗文化圣地，以环雷公山苗寨为载体，分步分片整合形成西江雷公山国家5A级旅游景区，环雷公山国家乡村旅游示范带，雷山国际旅游度假目的地，世界苗文化圣地。依据雷公山周边特色资源和传统村落空间分布，将雷公山原生态苗族文化区划分为丹寨苗族文化旅游区、巴拉河苗族文化旅游区、西江旅游产业园、雷公山苗族文化旅游区、台江苗族文化旅游区、仰阿莎文化旅游区。

图 13-1 "两区多点"示意图

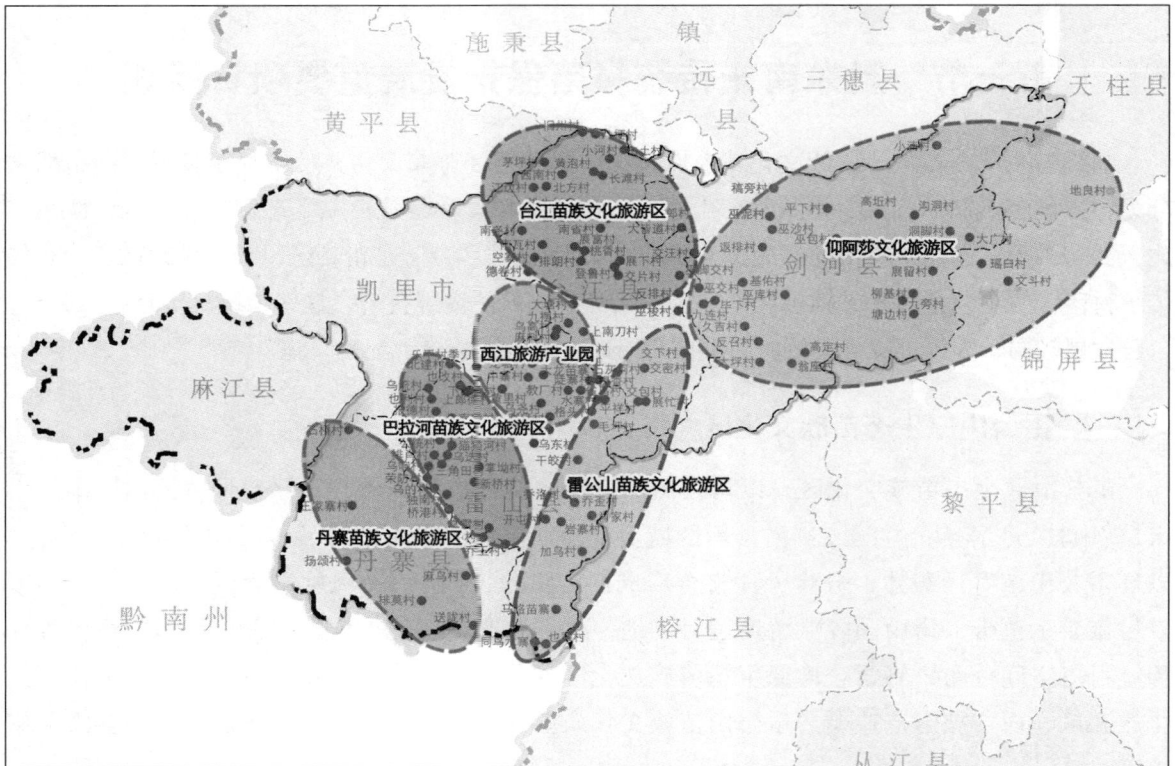

图 13-2 雷公山原生态苗族文化区项目策划示意图

1. 丹寨苗族文化旅游区

丹寨苗族文化旅游区将以大石桥景区、丹寨县城 - 兴仁避暑休闲旅游区、排调河流域原生文化体验区为依托，发展区域内传统村落。石桥村拥有古法造纸技艺，是大石桥景区的核心，打造石桥古法造纸文化产业园区。以龙泉蚩尤文化为核心的丹寨县城 - 兴仁避暑休闲旅游区，将依托丰富的民族文化和自然生态核心优势，以龙泉蚩尤文化园、东湖公园、卡拉民族村寨为核心打造县城民族风情小镇和以绿海蓝星现代高效示范农业园区、兴仁特色小城镇以及与镇区相邻的城江、吊洞水库、夹岩峡谷、岩英、排佐、王家苗寨群落等山水人文资源相结合的兴仁田园旅游风情小镇，并重点加强溶洞开发，八寨银匠村建设，卡拉苗族民俗村建设，东湖避暑休闲健康产业园建设，民族文化博物馆、民族工艺和民族饮食街建设，民族竞技场建设等项目，位于该区域的扬颂村、王家寨村将是旅游区发展的重要节点。王家寨村可重点发展刺绣工艺，扩大规模，将来作为县城 - 兴仁避暑休闲旅游区刺绣旅游商品的主要供给村。扬颂村重点传承非物质文化遗产苗族贾理、芒筒芦笙祭祀乐舞以及蚩尤节等。

排莫村、麻鸟村、送陇村是排调河流域苗族原生文化体验区重点打造的核心景点，排莫村应充分发挥"东方第一染"的影响力，打造国家非物质文化遗产"苗族蜡染技艺"的主要传承地。麻鸟村应充分利用锦鸡舞发源地的特色文化资源，传承锦鸡舞民族文化，开发锦鸡苗族服饰、锦鸡舞乐器以及芦笙制作工艺等。送陇村应重点发展百鸟衣、给哈舞，传承省级非物质文化遗产，并开发苗族刺绣、苗族蜡染工艺。

2. 巴拉河苗族文化旅游区

巴拉河苗族文化旅游区以凯里龙井谷及巴拉河旅游度假区为依托，带动巴拉河流域传统村落保护和发展。

郎德镇应重点打造旅游开发较早，形成一定影响的郎德上寨、郎德下寨，郎德镇的其他传统村落应作为郎德上寨、郎德下寨旅游配套服务设施。

丹江镇应重点打造猫猫河村、脚猛村、南猛村、乌东村，其他传统村落作为旅游配套设施。南猛村结合悠久的芦笙发展历史和基础，以芦笙舞推广及芦笙制作为主导带动产业，塑造南猛成为"芦笙之乡"，开展芦笙艺术节、芦笙制作教学，发展芦笙舞体验及观赏以及芦笙手工艺品售卖，建设芦笙国（集中式芦笙制作体验场所），提升芦笙在整个苗岭中独特的产业地位。猫猫河村是一个以苗族文化为主的全苗村落，应结合田园风光及苗族特色美食，打造餐饮、娱乐、住宿为一体的农家乐产业；结合果林种植打造水果采摘体验；发展牲畜养殖业和药材种植业；同时开发苗族文化体验的民俗旅游业，打造苗族生态示范村。脚猛村结合小溪资源，开展采风摄影、艺术写生等活动，并依托葡萄、杨梅等开展水果采摘、水果节等活动，并开发葡萄酒、杨梅酒手工酿制作坊。乌东村应结合巫术文化，以云端蛊国为特色，探秘解不开的神秘巫术，打造云海参观体验、巫术文化探秘等旅游产品。

望丰乡重点打造丰塘村，以中裙苗族聚居村寨为特色，发展茶叶、生猪养殖等特色产业，开发吃新节，传承和发展蜡染技艺，打造苗族蜡染艺术村。

大塘乡以新桥村为发展重点，以超短裙苗族聚居村寨为特色，并依托水上粮仓等特色资源，开发水上博物馆、短裙苗博物馆等项目，打造一级风情表演特色村寨（超短裙苗风情特色村）。

3. 西江旅游产业园

西江旅游产业园以大西江景区为依托，将大西江景区扩大到北至乌纱村、南抵木姜坳、东达雷公坪、西接连城村，总面积约 105 km²，将西江镇的控拜村、长乌村、黄里村、中寨村、开觉村、麻料村、龙塘村、乌尧村、北建村、大龙苗寨、乌高村等传统村落纳入大西江景区。景区入口服务区将搬迁至连城村附近，并建设控拜景区次入口服务区，以苗族文化为主题，以村寨和自然生态为依托，打造苗族文化观光、山乡休闲度假、森林生态体验、生态农业旅游和节庆节事活动等旅游产品。

控拜村、麻料村、乌高村以及台江县的九摆村应充分发挥银饰加工工艺，以银饰打造为特色，在麻料村设置银匠邦，形成集中式银饰加工、制作、售卖、观赏的场所。长乌村、黄里村、中寨村、开觉村、龙塘村、乌尧村、北建村、大龙苗寨作为大西江景区的旅游配套服务设施。

4. 雷公山苗族文化旅游区

雷公山苗族文化旅游区以环雷公山国家级休闲度假旅游试验区为依托，涵盖雷山县方祥乡、达地水族乡、桃江乡，台江县南宫乡、排羊乡等境内传统村落。

方祥乡的平祥村、陡寨村、水寨村应结合高排芦笙技艺，以高排芦笙制作为特色，在平祥村设置高排芦笙园，形成集中式高排芦笙制作、售卖、观赏的场所。格头村依托秃杉资源，发展以秃杉为核心的秃杉参观体验、露营、探险、运动养生活动。乔王村依托乔王庙特色资源，打造乔王菩萨烧香拜佛体验之地，开发以乔王菩萨为主题的故事传说、祭祀活动等。乔洛村以美食文化为特色，开发特色餐饮、住宿等旅游配套设施，打造美食文化特色村。马路苗寨依托自身独特的语言、服饰、建筑、饮食等文化开发民族文化体验旅游，依托梯田景观打造观光摄影、艺术写生基地，开发"蛙公"、"犀牛塘"等神秘故事传说。同鸟水寨依托世界象形文字的活化石——水书和刺绣活化石——马尾绣等独特资源优势，开发水书、马尾绣传承、体验和水族铜鼓舞体验的水族文化体验活动。

5. 台江苗族文化旅游区

台江苗族乡村旅游区以施洞苗族文化旅游景区、大塘溶洞群景区、台江县民族文化生态旅游城为依托，保护发展台江县传统村落。

施洞镇小河村依山傍水，集青山、田园、河流于一体，风景优美、民居古朴优雅，是研究我国传统村落演化史、村落文化史等的鲜活史料，结合小河村古歌、敬桥节、姊妹节、龙船节、苗族刺绣、织染工艺、雕刻工艺、银饰制作工艺等打造成旅游观光民族村落，可结合村前的巴拉河开发水上游乐活动。

旧州村依托层层叠叠、错落有致的梯田景观，发展特色农业种植基地，开发观光、游览以及采摘等活动；依托旧州村浓厚的苗族风情、传统的建设格局和建筑风貌以及丰富多样的自然环境要素和青山绿水的景观风貌，为广大民俗艺术者和艺术爱好者们提供一个良好的艺术创作和交流环境，打造以艺术采风、艺术创作为特色的艺术文化基地；依托清水江开发赛龙舟活动，发展休闲度假旅游。

6. 仰阿莎文化旅游区

仰阿莎文化旅游区，以清水江主航道（三板溪库区即仰阿莎湖）为纽带，包括剑河、锦屏、天柱 3 县，涵盖剑河温泉、柳川、久仰 - 南哨、三门塘、黔东第一关——瓮洞、巫包、展留、青山界、河口、瑶光 - 文斗、三板溪大坝、挂治库区等精品资源。根据剑河、锦屏、天柱三县的旅游景区开发和传统村落分布状况，将仰阿莎文化旅游区划分为剑河西部乡村旅游区和剑河东部乡村旅游区两大旅游区。

巫包村有"中国苗族红绣第一村"及"仰阿莎文化的发祥地"的美誉，可结合仰阿莎文化开发仰阿莎文化广场，塑造仰阿莎雕塑，建设仰阿莎文化博物馆，采用声、光、电和3D技术动态展示仰阿莎文化故事，开发仰阿莎神话故事动漫产业，发展苗族红绣工艺制作，开展苗族歌舞、芦笙舞、拦路酒、招龙节、洗寨、斗牛、春节、二月二、吃新节、过卯节、苗年节、鼓藏节等民俗文化活动。

展留村拥有独特的"龙口"建筑特征，目前有15座建筑保留"龙口"做法，具有较高的风水研究价值，可作为建筑风水研究基地，结合清水江打造水上娱乐设施，建设游船码头；展留村拥有独特的苗族锡绣文化，可结合村寨周边的白露、柳富、上下白都等村寨，在展留村建设苗族锡绣作坊，集中式进行苗族锡绣制作、观赏、体验。

雷公山原生态苗族文化区项目策划表 表 13-1

旅游集聚区划分	依托旅游区	传统村落	传统村落发展方向、定位	传统村落重点发展产业、旅游产品、活动	备注
丹寨苗族文化旅游区	大石桥景区	石桥村	大石桥景区核心节点	手工纸、纸质工艺品、编藤工艺品、刺绣蜡染工艺品	
	丹寨县城-兴仁避暑休闲旅游区	扬颂村、王家寨村、排佐村	丹寨县城-兴仁避暑休闲旅游区旅游配套设施	刺绣工艺品、苗族贾理、芒筒芦笙祭祀乐舞以及蚩尤节、吃新节、手工刺绣	
	排调河流域苗族原生文化体验区	排莫村、麻鸟村、送陇村	排调河流域苗族原生文化体验区核心节点	苗族蜡染技艺、苗族刺绣工艺、锦鸡舞、芦笙制作工艺、百鸟衣、给哈舞	
巴拉河苗族文化旅游区	凯里龙井谷及巴拉河旅游度假区	季刀寨	艺术家聚集地	传承季刀寨特有的将要面临失传的苗族最古老绣法之一的双针绕线绣、绘画、摄影、写作、时尚创作、影视拍摄、音乐创作	
		郎德上寨、郎德下寨	苗族文化生态园	十二道拦门酒、杨大陆历史文化探寻、奥运圣火体验、酿酒作坊、度假木屋、垂钓区	
		南猛村	芦笙之乡	芦笙艺术节、芦笙制作教学、芦笙舞体验及观赏、芦笙手工品售卖	建设芦笙国（集中式芦笙制作体验场所）
		乌流村、也利村、报德村、乌瓦村、也改村、杨柳村、朗利村、南花村	贵州省乡村旅游示范带旅游配套设施	苗酒文化体验、苗族刺绣工艺、苗族服饰加工、靛染工艺加工、芦笙制作、竹鼠、黑毛香猪等食品加工、鼓藏节、吃新节	
		猫猫河村	苗族生态示范村	农家乐、水果采摘体验、牲畜养殖业、药材种植业、苗族文化体验	
		脚猛村	艺术集聚水果采摘之乡	采风摄影、艺术写生、葡萄、杨梅等水果采摘、水果节、葡萄酒、杨梅酒手工酿制作坊	
		乌东村	探秘神秘巫术	云海参观体验、巫术文化探秘	
		虎阳村、教厂村、干皎村	贵州省乡村旅游示范带旅游配套设施	苗族飞歌、芦笙舞、铜鼓舞、开秧门、吃新节、鼓藏节、葡萄和杨梅等水果采摘、水果节、小香羊、药材种植、采风摄影、艺术写生	
		丰塘村	苗族蜡染艺术村	茶叶种植、生猪养殖、吃新节、蜡染技艺	

旅游集聚区划分	依托旅游区	传统村落	传统村落发展方向、定位	传统村落重点发展产业、旅游产品、活动	备注
巴拉河苗族文化旅游区	凯里龙井谷及巴拉河旅游度假区	乌迸村、公统村、羊卡村、乌的村、荣防村、乌响村、排肖村、三角田村	巴拉河旅游度假区旅游配套设施	茶叶种植、招龙节、吃新节、爬坡节、蜡染工艺	三角田村为爬坡节特色村，荣防村可依托山水田园风景资源打造艺术教育基地
		新桥村	超短裙苗风情特色村	水上博物馆、短裙苗博物馆	
		掌坳村、独南村、桥港村	巴拉河旅游度假区旅游配套设施	铜鼓舞、芦笙舞、粽粑节、斗牛节、吃新节	桥港村的桥港鱼酸酱因《舌尖上的中国（第二季）》而闻名，可注册商标，作为特色商品重点发展
西江旅游产业园	大西江景区	控拜村、麻料村、乌高村、九摆村	银饰民族特色村	银饰加工、制作、售卖、观赏	麻料村设置银匠邦（集中式银饰加工）
		长乌村、黄里村、中寨村、开觉村、龙塘村、乌尧村、北建村、大龙苗寨	大西江景区旅游配套设施	高排芦笙、苗族飞歌、苗族芦笙舞、吃新节、扫街、苗年、鼓藏节、招龙节、葡萄、茶叶种植	
雷公山苗族文化旅游区	环雷公山国家级休闲度假旅游试验区	平祥村、陡寨村、永寨村	高排芦笙制作村	高排芦笙制作、售卖、观赏	平祥村设置高排芦笙园，形成集中式高排芦笙制作、售卖、观赏的场所
		格头村	秃杉之乡	秃杉参观体验、露营、探险、运动养生	
		乔王村	乔王菩萨烧香拜佛体验之地	乔王菩萨故事传说、祭祀活动	
		乔洛村	美食文化特色村	特色餐饮、住宿	
		马路苗寨	独特的传统苗族文化体验地	梯田观光摄影、艺术写生"蛙公"、"犀牛塘"等神秘故事传说	
		同鸟水寨	水族文化体验地	世界象形文字的活化石——水书、刺绣活化石——马尾绣、水族铜鼓舞	
		加鸟村、开屯村、乔歪村、肖家村、岩寨村、掌雷村、龙河村、也蒙村、毛坪村、提香村、雀鸟村	环雷公山国家级休闲度假旅游试验区旅游配套设施	高排芦笙、苗族手工刺绣、苗族百鸟衣、锦鸡舞、超短裙、吃新节、铜鼓舞、芦笙舞、古歌、飞歌、祭桥节、三月三粑节、四月乌米饭节、鼓藏节、扫寨节、黑毛猪、茶叶、天麻	
		交包村、交下村、交密村、展忙村、石灰河村、上南刀村、大塘村	环雷公山国家级休闲度假旅游试验区旅游配套设施	芦笙会、喉锡节、招龙节、苗族服饰、芦笙舞、木鼓舞、姊妹节、鼓藏节、敬桥节、吃新节、踩鼓节、芦笙节	
台江苗族文化旅游区	施洞苗族文化旅游景区	小河村	我国传统村落演化史、村落文化史等研究鲜活史料	古歌、敬桥节、姊妹节、龙船节、苗族刺绣、织染工艺、雕刻工艺、银饰制作工艺	建设银饰作坊，集中展示体验银饰、刺绣等传统手工艺以及银饰、刺绣、蜡染等传统加工制作
		旧州村	旅游观光民族村落	观光、游览、采摘、艺术采风、艺术创作、休闲度假	
	大塘溶洞群景区	黄泡村、西南村、茅坪村、江边村、北方村	大塘溶洞群景区重要的节点和旅游配套设施	苗族反排木鼓舞、苗族芦笙舞、吃新节、祭桥节、苗族刺绣、苗族蜡染	

旅游集聚区划分	依托旅游区	传统村落	传统村落发展方向、定位	传统村落重点发展产业、旅游产品、活动	备注
台江苗族文化旅游区	台江县民族文化生态旅游城	反排村	木鼓舞之乡	木鼓舞表演、芦笙舞表演、多声部情歌表演，拦门酒、捕捉和狩猎、民俗婚姻、斗牛祭牛仪式、杨梅采摘、杨梅系列产品制作、金银花采摘及制作	
		展福村、板凳村、南省村、南冬村、排朗村、桃香村、登鲁村、交片村、展下村、排生村、德卷村、南尧村、空寨村、南瓦村、巫脚交村、巫梭村、交汪村、方召村	台江县民族文化生态旅游城旅游配套设施	苗族芦笙舞、斗牛、苗族铜鼓舞、苗年、吃新节、祭桥节、苗族刺绣、蜡染、民族服饰、芦笙制作技艺、银饰工艺、水果种植、稻田养鱼	
仰阿莎文化旅游区（剑河西部乡村旅游区）	剑河温泉度假区	八郎村	古生物研究和观摩圣地	古生物化石博物馆、民族节庆文化体验、民族歌舞文化体验、苗族服饰文化体验、休闲农业体验、苗家美食体验、竹制鸟笼、木质板凳、竹编、鹅卵石雕刻（苗族特色图腾图案）、竹木质地可自行DIY拼装的吊脚楼模型、银饰、织布、红绣	八郎村可加大杨梅种植，开展杨梅采摘体验、杨梅节等活动，开发杨梅酒酿制，并可种植竹子，一方面竹笋可食用，另一方面，竹子为竹编提供原料，为村民带来经济效益
		巫泥村、反排村、巫库村、稿旁村、大皆道村	剑河温泉度假区旅游配套设施	芦笙舞、鸟笼、刺绣、民族服装、织布、过戊、蓝靛靛染工艺、苗族鼓楼花桥建造技艺、吃新节、姊妹节、稻草节、鼓藏节、招龙节	大皆道村可作为八郎村和古生物化石科考游览区的旅游配套服务
	剑河风景名胜区	久吉村、巫交村、巫溜村	艺术创作基地	苗族多声部民歌、嘎百福、鼓藏节、苗族多声部民歌教育和学习、摄影、绘画、巫交瀑布	久吉村和巫交村联合开发，配套设施和特色资源互补共享
		基佑村、毕下村、太坪村、九连村	剑河风景名胜区旅游配套设施	苗族多声部民歌、苗族情歌、拦路酒、嘎百福、芦笙舞、古歌、踩芦笙；斗牛、二月二、吃新节、招龙节、苗族服饰、土布制作、九连飞歌、九连苗歌、中药材种植	
仰阿莎文化旅游区（剑河东部乡村旅游区）	仰阿莎湖主题运动景区	巫包村	中国苗族红绣第一村、仰阿莎文化的发祥地	仰阿莎文化广场、仰阿莎雕塑、仰阿莎文化博物馆、苗族红绣工艺制作、苗族歌舞、芦笙舞、拦路酒、招龙节、洗寨、斗牛、春节、二月二、吃新节、过卯节、苗年节、鼓藏节	可开发仰阿莎神话故事动漫产业，建设动漫产业园
		展留村	建筑风水研究基地	苗族锡绣作坊、飞歌、踩芦笙、斗牛、吃新节、过卯节、苗年、水上娱乐设施、游船码头	
		文斗村	百年环保第一村	古建学、经济学、历史学、法学、环境保护学等研究和教育基地，摄影、写生、写作、创作之乡	
		翁座村、巫沙村、反召村、高定村、塘边村、九旁村、柳基村、柳富村、洞脚村、大广村、沟洞村、高坵村、平下村、小溪村、瑶白村、地良村	仰阿莎湖主题运动景区旅游配套设施	雷打塘、古歌、踩芦笙、斗牛、祭桥节、鼓藏节、苗族服饰、土布制作技艺、竹编、大鲵养殖、中药材种植	柳富村可在展留村建设的苗族锡绣作坊内，共同进行苗族锡绣制作

二、黎从榕原生态侗族文化区

黎从榕原生态侗族文化区,主要以黎平百里侗寨精品旅游区、隆里古城 - 八舟河度假区、岜沙 - 占里 - 小黄 - 增冲乡村度假区以及贵州侗乡大健康产业示范区建设为依托,围绕肇兴、岜沙、小黄、占里、增冲、隆里等优质资源,分步分片整合,形成以大肇兴国家 5A 级旅游景区、岜沙国家 4A 级旅游景区、隆里古城国家 4A 级景区为主体的观光旅游景区,形成由隆里古城 - 八舟河度假区、岜沙 - 占里 - 小黄 - 增冲乡村度假区、都柳江水上侗乡度假区构成的国际高端养生度假区,纳入大桂林国际旅游目的地,形成联姜黎从榕多数传统村落的国家侗乡风情自驾车旅游示范区、世界侗文化圣地。根据黎平、从江、榕江 3 县传统村落分布状况,可将黎从榕原生态侗族文化区划分为黎平侗族文化旅游区、从江侗族文化旅游区、榕江侗族文化旅游区三大旅游区。

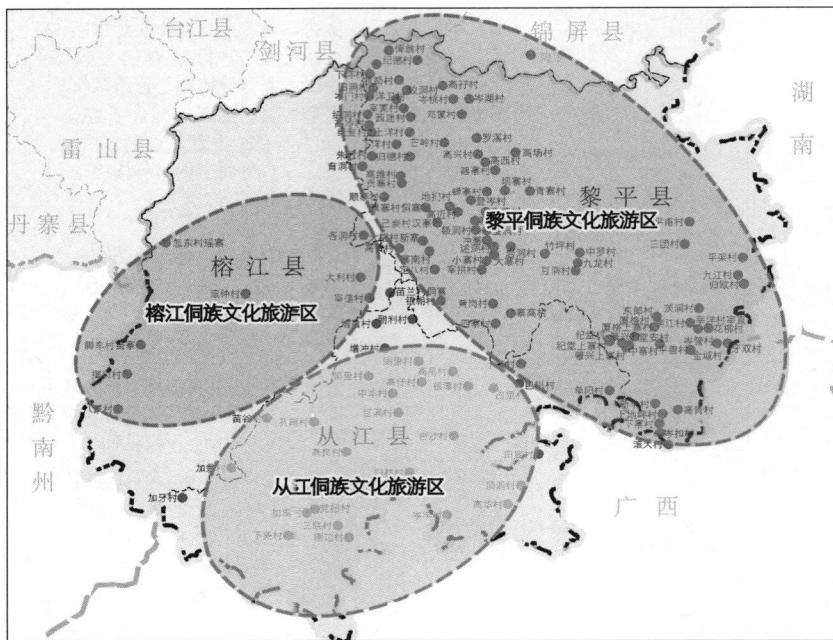

图 13-3 黎从榕原生态侗族文化区项目策划示意图

1. 黎平侗族文化旅游区

黎平侗族文化旅游区以黎平百里侗寨精品旅游区、隆里古城 - 八舟河度假区为依托,围绕黎平县传统村落及隆里古城,打造具有侗族特色的文化区。

肇兴侗寨是我国最大的侗族村寨,其应在现有旅游景区的基础上进行提升改造,完善旅游配套设施,开发体验性旅游产品,以听侗族大歌、看侗戏、观侗族建筑、赏侗族服饰、品侗族美食、喝侗族米酒为主体,打造肇兴侗族文化创意产业园,构建与黎平原有产业相互渗透的创意产业体系,围绕侗族文化,注入时尚、创意的元素,与现代的文化创意产业联姻,提供创意公共平台。重点开发侗族艺术家群落,政府通过政策鼓励全国各地的艺术家落户于此,打造"创意生态"、"创意思考"地,举办艺术节,为肇兴侗寨的保护以及商业开发打造新的发展途径。建设侗族银饰纪念品自制馆,观赏并购买艺术家们制作的艺术品,同时向艺术家学习,并发挥个人 DIY,制作独一无二的个人手工产品。在农业观光方面,可依托农业资源,打造"初春采茶、初夏耕作、秋收稻子、冬天摘橘"一年四季不同的景象。

堂安村四面青山，峰峦叠嶂，阡陌纵横，梯田层叠，是世界唯一的侗族生态博物馆，具有深远的历史科学研究价值、侗族文化以及侗族风情研究价值，通过生态博物馆的建设，实现对文化和生态的保育和传承，打造侗族文化博物馆。统筹考虑黎平肇兴侗文化区"八寨一山"的联动发展，堂安与周围的肇兴、纪堂、厦格、登江、纪伦、上地坪及萨岁山侗寨共同形成肇兴侗文化旅游区游览体系，是百里侗寨精品旅游线上的重要节点。发掘和组织堂安侗寨传统民族文化，建立生产生活展示场馆、传统手工艺制作区域等一系列的深度旅游体验项目。保持堂安侗寨村民生活状态和生活场所，以中心公共活动空间鼓楼为重点，集中展示堂安侗寨鲜活的富有民族底蕴的空间生活场景。

述洞村的述洞鼓楼是整个侗族地区现存唯一的鼓楼雏形，被确认为鼓楼之宗，已列入世界吉尼斯之最。依托述洞鼓楼在侗族建筑界中的独特地位，主打"鼓楼"牌，并以侗寨和良好的乡野环境为支撑，开展民俗风情体验，侗文化休闲、度假等活动，营建集鼓楼建筑展示、休闲、体验等多功能为一体的特色村落，打造侗族鼓楼建筑的鼻祖。

铜关村作为侗族大歌发源地，可打造侗族大歌的传承、演绎和展示基地。同时也可作为十里侗乡画廊的功能配套区，依托铜关"侗族大歌发源地"之称号和侗族大歌生态博物馆的建立，植入文化体验化的旅游项目，集中展示侗族大歌文化，并完善餐厅、住宿、购物等配套功能，打造集观光、休闲、度假、体验等多功能为一体的"侗族大歌"主题高端休闲度假聚落。

四寨村以"传统体育竞技"为主题，依托四寨在侗族传统体育摔跤、斗牛等竞技比赛中的名气，打造成为中国侗族传统体育竞技之乡。此外，借势夏蓉高速，四寨作为黎平的西南门户，对接大众游客，可大力发展以餐饮、住宿为主的侗寨农家乐。依托片区深厚的侗族传统体育竞技文化，打造体育竞技创新文化产业园区，立足摔跤等传统竞技活动，大力发展健身休闲、电子竞技、体育彩票、体育培训业、体育艺术品、体育赛事及会展策划及演出娱乐业等多种产业。

黄岗村每年6月的"喊天节"，大年初三的"抬官节"独具特色，吸引四面八方宾客汇聚。同时，黄岗作为男声侗族大歌的发源地，其侗歌有别于传统的侗族大歌，目前黄岗仍保留着唱歌作乐的习俗，每晚村寨炊烟尽，子夜时分，少男少女聚于鼓楼，侗歌荡漾，鼓楼回旋，是体验侗族大歌、特殊民风的别样村寨。

2. 从江侗族文化旅游区

从江侗族乡村旅游集聚区依托岜沙 - 占里 - 小黄 - 增冲乡村度假区以及中国梯田公园建设，重点打造以小黄为中心，包括銮里、银良、平求、高增、岜扒、占里等7个侗族村寨在内的"七星侗寨"。

占里村依托独特的生育文化为发展主题，以占里人口文化园为核心吸引物，打造中国人口文化第一村和人口文化教育的旅游胜地，并依托中央电视台2016年4月27日播出的大型纪录片《记住乡愁》第43集《贵州占里——山林是主人是客》的宣传作用，将占里推销出去。

小黄村的发展以被誉为"天籁之音"、"清泉闪光之音乐"的侗族大歌为核心，以体验侗族大歌为主题，保持小黄侗寨村民生活状态和生活场所，结合祖母坛、鼓楼活动中心、风雨桥、水井等日常生活空间以及非物质文化传习场所，通过过大年、斗牛、吃新节、荡秋千等民俗节会活动，集中展示小黄侗寨富有民族底蕴的村寨生活场景，并开发建设中国侗文化旅游产业园。

中国梯田公园依托加榜梯田资源建设，加榜梯田具有云南云阳梯田的壮观和广西龙脊梯田的秀美，吸取了天下梯田的精华。加榜梯田居住着苗、壮、侗、瑶等十多种民族，民族文化底蕴深厚，是一处不可多得的旅游胜地。加快交通建设，提高可进入性，完善基础设施，深度挖掘梯田农耕文化，将加榜打造成集梯田观光、农事体验、休闲娱乐为一体的中国梯田公园。开发加榜梯田汽车露营基地建设，并可择址建设直升机停机坪，既可改善交通可进入性问题，又打造了空中看梯田的独特景象，为那些采风摄影家以及想快速进入景区的高端客户提供特色便利服务。加榜梯田内加车村、党扭村作为梯田景区重要的旅游配套服务村落，可打造艺术创作之乡，吸引采风摄影、艺术写生、艺术创作、写作、影视等人员前来入驻，并开展摄影比赛等活动。下尧村因央视大型美食专题片《舌尖上的中国》而闻名，依托独特的下尧煨酒和美食文化，重点开发特色餐饮美食，打造美食之乡，吸引食客前来品尝，并为艺术家们提供餐饮服务。

3.榕江侗族文化旅游区

榕江侗族文化旅游区依托月亮山生态旅游区，以大利村为核心，联动周边传统村落发展，形成榕江侗族文化旅游区。

大利村、宰荡村与苗兰村侗寨都拥有特色的侗族大歌资源，且3村位置相邻，应共同打造侗族大歌之乡，建设侗族大歌旅游风景区，开发摄影、写生、创作、写作等艺术创作基地。

黎从榕原生态侗族文化旅游区项目策划表   表 13-2

旅游集聚区划分	依托旅游区	传统村落	传统村落发展方向、定位	传统村落重点发展产业、旅游产品、活动	备注
黎平侗族文化旅游区	黎平百里侗寨精品旅游区	肇兴村、肇兴上寨村、甲寨村	世界侗族文化体验中心	侗族大歌、侗戏、侗族文化创意产业园、侗族艺术家群落、侗族银饰纪念品自制馆	升级改造现有的侗族文化展示馆，利用声光电技术动态展示
		堂安村	白云深处有人家	侗族文化博物馆、侗族生产生活展示场馆、传统手工艺制作区	
		地扪村	"千三"主题高端休闲度假聚落	地扪侗族人文生态博物馆、千三侗族文化展示、侗戏	
		述洞村	侗族鼓楼建筑鼻祖	鼓楼建筑展示、休闲、体验	开发鼓楼模型工艺品
		铜关村	侗族大歌主题高端休闲度假聚落	侗族大歌的传承、演绎、展示	
		四寨村	中国侗族传统体育竞技之乡	体育竞技创新文化产业园、健身休闲、电子竞技、体育彩票、体育培训业、体育艺术品、体育赛事、会展策划及演出娱乐业	
		黄岗村	侗族大歌之乡	侗族大歌、喊天节、抬官人、侗族木构建筑营造技艺	
		坝寨村、蝉寨村、邓蒙村、高孖村、岑桃村、岑扣村、高青村、九江村、高寅村、高维村、岑管村、高近村、腊洞村、纪登村、旧洞村、竹坪村、九龙村、纪堂村等	黎平百里侗寨精品旅游区旅游节点和配套设施	侗族大歌、琵琶歌、侗戏、拦路歌、侗族芦笙舞、踩歌堂、四十八寨侗族琵琶歌、高孖侗族服饰、高孖蓝靛靛染工艺、鼓藏节、侗族花桥建造技艺、侗族鼓楼建造技艺	
	隆里古城-八舟河度假区	隆里所村	汉文化孤岛特色村寨	隆里古城影视基地、迎故事、花脸龙、唱汉戏、明清历史开发历史教育、研讨基地、商务会议	

旅游集聚区划分	依托旅游区	传统村落	传统村落发展方向、定位	传统村落重点发展产业、旅游产品、活动	备注
从江侗族文化旅游区	岜沙-占里-小黄-增冲乡村度假区	岜沙村	最后的枪手部落	"最后一个枪手部落"文化旅游园区、旅游集散中心、瑶浴城、人类非物质文化遗产保护和民族文化体验、狩猎体验公园	
		占里村	中国人口文化第一村	占里人口文化园、侗族大歌	
		小黄村	侗族大歌之乡	侗族大歌、中国侗文化旅游产业园、过大年、斗牛、吃新节、荡秋千	
		增冲村	完整的典型侗民族村寨	农家饮食、吃新节、斗牛节、侗族大歌、芦笙赛、踩歌堂、侗族木构建筑营造技艺、银饰、雕刻、刺绣	
		高华村	康体疗养休闲养生福地	瑶浴养生、保健，瑶族长鼓舞、瑶族油茶	建设瑶药康体医疗产业园
		美德村	侗族根雕艺术之乡	根雕艺术大赛、根雕艺术展示、DIY根雕制作	
		信地村	侗族木结构建筑营造技艺之乡	侗族木结构建筑营造技艺展示、培训、侗族木结构建筑模型旅游商品制作、侗族大歌、侗年、开秧门、端午节	
		则里村、秧里村、朝利村、增盈村、银潭村、高吊村、高仟村、高良村、巨洞村、中华村、田底村、顶洞村、架里村、岜扒村、归林村、岑丰村、党相村、孔明村、苗谷村、单阳村、登岜村、高传村、留架村、大塘村、转珠村、马安村、潘今滚村	岜沙-占里-小黄-增冲乡村度假区旅游配套设施	苗族飞歌、芦笙舞、苗年节、二月二祭桥节、苗族服饰、侗族大歌、刺绣、挑花、彩绘、雕刻、剪纸、吃新节、斗牛节、抬官人节、招龙节、吃相思	
	中国梯田公园	加车村、党扭村	艺术创作之乡	采风摄影、艺术写生、艺术创作、写作、影视	
		下尧村	美食之乡	下尧煨酒、下尧美食	
		引东村、刚边村、银平村、三联村、党扭村、加翁村、加牙村、加学村	梯田旅游配套设施	香猪、壮歌、敲锣打鼓、刺绣、挑花、彩绘、雕刻、剪纸、竹编草编、吃新节、中元节、老人节、瑶族药浴、瑶族长鼓舞	
榕江侗族文化旅游区	月亮山生态旅游区	大利村	侗族大歌之乡	猕猴桃、葡萄采摘体验活动以及葡萄酒手工酿制，侗族大歌、侗戏、萨马节、侗年、吃新节、竹编、藤编、艺术创作基地	共同建设侗族大歌旅游风景区，形成规模集聚效应，3村作为风景区重要的景点
		宰荡村	侗族大歌之乡	侗族大歌、侗戏、芦笙舞、侗族二胡、牛腿琴、侗族琵琶、侗族斗牛、萨玛节、侗年、花带编织、竹编、侗族木雕、芦笙制作、织布、蜡染、侗族吊脚楼、鼓楼、花桥建造工艺、艺术创作基地	
		苗兰村侗寨	侗族大歌之乡	艺术创作基地、黑毛猪、侗戏、侗族大歌	
		加宜村	古树文化体验之乡	古树群生态观光、古树文化展示体验、古树探秘、热带雨林	
		定弄村、归柳村、滚仲村、八蒙村、摆贝村、票寨村侗寨、脚车村苗寨、怎东村瑶寨、晚寨村	月亮山生态旅游区旅游配套设施	苗族芦笙舞、铜鼓舞、斗牛舞、侗戏、侗族大歌、斗牛、苗族鼓藏节、苗年、六月六粽粑节、瑶族盘王节、跳月、苗王节、芦笙制作、蜡染、刺绣、水书、水族马尾绣、水族民歌、水族织布技艺、百鸟衣、议榔栽岩	

三、精品旅游线路策划

1.构建"大循环＋微循环"的线路格局

黔东南州传统村落的旅游发展应以民族文化和特色村寨为主线，依托集聚区和示范点，构建"大循环＋微循环"的线路格局。

所谓"大循环"是指沿现有的沪昆、厦榕国家高速公路和省域高速公路网络，以及未来几年建成的高速路网——中东部思南-剑河-榕江-荔波省高、剑河-黎平省高，以南猛村、长滩村、基佑村、石桥村、肇兴村、四寨村、黄岗村、岜沙村、占里村、大利村为传统村落旅游精品点，结合高速路附近的其他旅游景区景点，形成传统村落旅游"大循环"；所谓"微循环"是指依据划定的集聚区，沿省、县公路连结上文提出的精品点以及目前已经发展的村落旅游精品点，例如雷山县西江苗寨、郎德村、南猛村、控拜村、新桥村、乌尧村、黄里村，台江县空寨村，剑河县巫泥村，黎平县地扪村、述洞村、铜关村，从江县岜沙村、岜扒村，榕江县宰荡村、苗兰村侗寨等，形成每个集聚区内部的旅游"微循环"。需要说明的是，旅游精品点包括依据村落的自然条件、交通条件、特色内容等自行选定的传统村落，也包括目前旅游发展较好的传统村落和非传统村落，其数量后期可自行增加，以完善和丰富"大循环＋微循环"的线路格局。

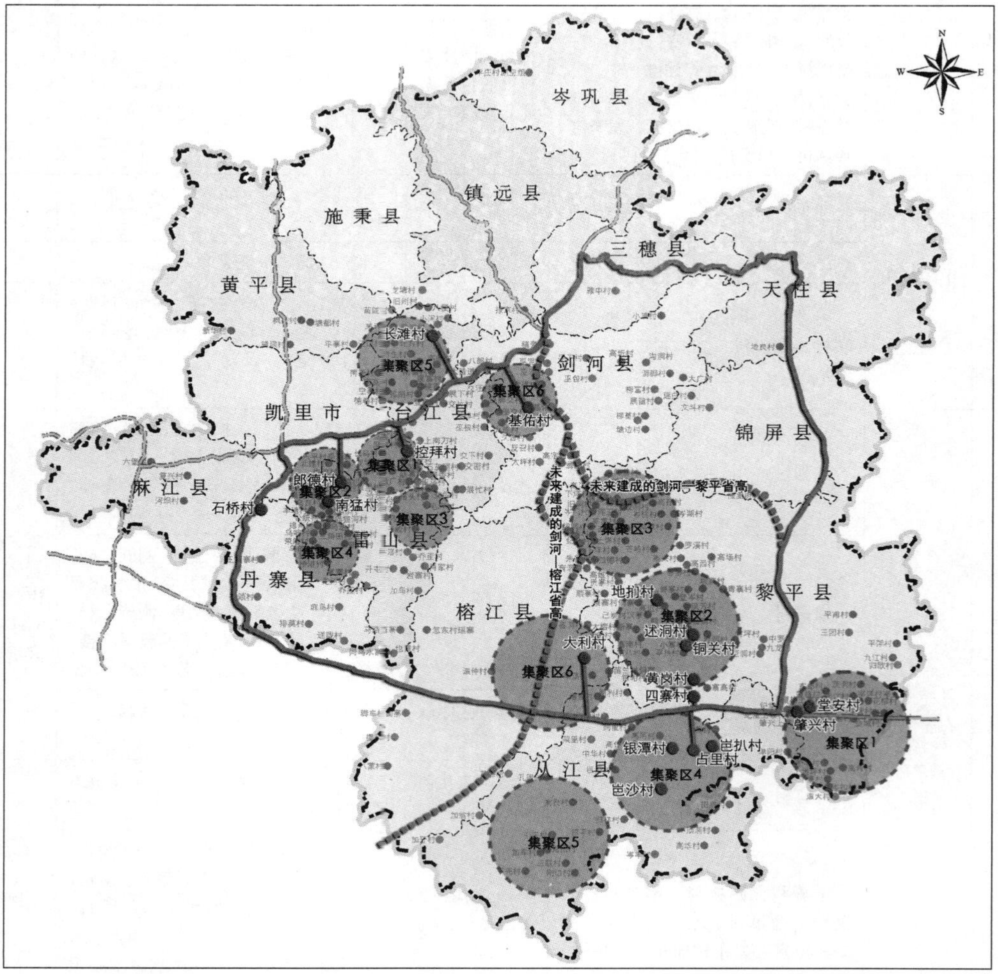

图 13-4　黔东南州传统村落精品旅游线路构想图

"大循环"主要依托高速公路网，串联三大传统村落集群，通过省和县乡公路，将若干传统村落集聚区连结在一起。在空间上使分散的传统村落以集聚区形式形成集聚，而高速路网成为到各个集聚区旅游参观的"大动脉"，游客可以通过"大动脉"较为快速地到达每个集聚区参观游览该集聚区的旅游精品点；游客到达集聚区后，如果要更深入地体验该集聚区的旅游特色，可以沿着省、县乡公路等，即"微循环"，通过游览精品点及其他旅游景点进行游览。

精品点所依托的集聚区及集聚区旅游特色　　　　　　　　　表 13-3

精品点	群域	依托集聚区	旅游特色
西江苗寨、控拜村、乌尧村、黄里村	环雷公山苗族村落群域	集聚区 1	世界最大的苗族——西江千户苗寨、纯正的苗族银饰加工工艺、高排芦笙、芦笙舞、招龙节、斗牛
郎德村、南猛村、石桥村、新桥村	环雷公山苗族村落群域	集聚区 2、4	郎德上寨苗族建筑之美、南猛村——芦笙舞之乡、新桥村——短裙苗第一村、水上粮仓、斗牛、木鼓舞
长滩村、空寨村	环雷公山苗族村落群域	集聚区 5	独木龙舟节、龙头节、酒节、赶秋节、敬桥节
基佑村、巫泥村	环雷公山苗族村落群域	集聚区 6	苗族多声部民歌、芦笙舞、拦路酒、斗牛、招龙节
肇兴村、堂安村	黎从榕侗族村落群域	集聚区 1	侗乡第一寨——肇兴侗寨、堂安侗族生态博物馆、地坪风雨桥、侗族琵琶歌、泥人节、祭萨节、侗族飞歌
四寨村、黄岗村、述洞村、地扪村、铜关村	黎从榕侗族村落群域	集聚区 2	侗族大歌、独柱鼓楼、地扪生态博物馆、侗戏、述洞鬼节、吃新节
岜沙村、占里村、岜扒村、银潭村	黎从榕侗族村落群域	集聚区 4	占里生育文化、侗族牛腿琴歌、七星侗寨旅游产业园、中国最后一个枪手部落、芦笙节
大利村、宰荡村、苗兰村侗寨	黎从榕侗族村落群域	集聚区 6	侗戏、侗族大歌、竹编、藤编、侗族木雕

2. 精品旅游线路策划

根据旅游时间长短，将旅游线路分为一日游线路和二日游线路，一日游旅游线路游览点主要在集聚区内，二日游线路游览点跨集聚区。

一日游线路：西江苗寨—控拜村，主要参观世界最大的苗族—西江千户苗寨，参观体验纯正的苗族银饰加工工艺；黄里村—乌尧村，主要观看体验原生态的苗族芦笙舞、招龙节等苗族节日；郎德上寨—郎德下寨—南猛村，主要参观郎德村原生态苗族建筑之美，体验"芦笙舞之乡"的芦笙舞等；新桥村—石桥村，主要参观短裙苗第一村、水上粮仓，参观体验古法造纸术等；长滩村—空寨村，主要参观体验独木龙舟节，"龙洞"、"龙潭"、"龙井"、苗族刺绣等；基佑村—巫泥村，主要体验苗族多声部民歌、芦笙舞、斗牛、招龙节等苗族原生态的节日文化；肇兴村—堂安村，主要参观侗乡第一寨—肇兴侗寨，参观堂安侗族生态博物馆等；四寨村—黄岗村，主要体验侗族原生态的建筑之美、景观之美，观看侗族大歌表演等；铜关村—述洞村—地扪村，主要体验铜关侗族生态博物馆，感受互联网带给村落的改变，参观全国重点保护单位—独柱鼓楼，参观地扪生态博物馆，可以对比两个生态博物馆的感受，体验文化之美；大利村—宰荡村—苗兰村侗寨，主要观看侗族大歌、牛腿琴、侗族琵琶、侗族木雕、竹编、藤编等；岜沙村—银潭村，主要探寻"中国最后一个枪手部落"—岜沙村的神秘，体验侗族大歌等；占里村—岜扒村，主要探寻占里村生育文化的神奇，体验侗族芦笙节等。

二日游线路：郎德村—南猛村—西江苗寨—控拜村，主要感受郎德村原生态苗族建筑之美，体验"芦笙舞之乡"的芦笙舞，参观世界最大的苗族—西江千户苗寨，参观体验纯正的苗族银饰加工工艺；石桥村—新桥村—黄里村—乌尧村，主要参观体验古法造纸工艺，参观短裙苗第一村、水上粮仓，观看体验原生态的苗族芦笙舞、招龙节等苗族节日等；长滩村—空寨村—基佑村—巫泥村，主要参观体验独木龙舟节，体验苗族多声部民歌、芦笙舞、斗牛、招龙节、木鼓舞等苗族原生态的节日文化；肇兴村—堂安村—岜沙村—占里村，主要参观侗乡第一寨—肇兴侗寨，参观堂安侗族生态博物馆，体验"中国最后一个枪手部落"—岜沙村的神秘，探寻占里村生育文化的神奇；银潭村—岜扒村—大利村—宰荡村—苗兰村侗寨，主要观看体验侗族大歌、芦笙节等，参观侗族木雕、竹编、藤编等；四寨村—黄岗村—铜关村—述洞村—地扪村，主要体验侗族原生态的建筑之美、景观之美，观看侗族大歌表演等，体验铜关侗族生态博物馆，感受互联网带给村落的改变，参观全国重点保护单位—独柱鼓楼，参观地扪生态博物馆。

第二节　黔东南州传统村落保护发展近期项目实施

近期项目的策划和实施主要是针对黔东南州传统村落目前最迫切急需解决的事情和为落实重要项目奠定良好的前提和基本。结合黔东南州传统村落保护发展现状、思路及方法，为进一步推动传统村落保护与发展，贯彻重要项目指引，近期项目实施包含如下方面。

一、搭建传统村落大数据平台

在大数据时代背景下，贵州省在大数据方面取得了举世瞩目的成就，并将其作为"大数据、大扶贫、大健康"的三大战略举措之一，黔东南州政府要紧紧抓住这一战略行动，积极推进大数据在传统村落中的应用，通过建设传统村落大数据平台，推动黔东南州传统村落保护发展实现大飞跃。

黔东南州政府可通过专业的大数据公司，对全州 309 个传统村落建立数据库，用数字化手段取代传统手工编目的方式管理传统村落调查资料，将各传统村落的基本概况、各项资源、特色、存在的问题、各项规划、未来发展方向等信息，纳入数据库，形成基于数值化可计算的数据库；然后利用复杂计算（俗称云计算）处理技术，对于这些有意义、有价值的数据进行专业化处理，对传统村落大数据进行挖掘整理，包括资源整理、标注、检索、分类、构建知识图谱以及资料深度关联分析，实现对村落保护发展的量化信息，从而对传统村落进行科学研究、技术设计、科学决策。同时加快推进黔东南州实施"云上黔东南"工程，借此搭建向公众开放的传统村落数据平台，根据贵州省政府统一安排部署，2017 年实现全州域所有县和乡镇 4G 全覆盖，让国内外更多关注传统村落的人，都能够通过互联网"进入"传统村落，吸引更多人参与到黔东南州传统村落的保护和发展；同时也为传统村落的产业发展、产品销售、互联网＋，提供市场对接条件。

二、传统村落分级分类及编制集聚区保护发展规划

分级分类是黔东南州传统村落保护与发展的重要措施。黔东南州已有 309 个村寨入选《中国传统村落名录》，2017 年还将有一批申报第五批传统村落。但是每个传统村落无论是在资源丰富度上还是保护现状上，均各有不同，通过对传统村落等级划分和类别的判定，可突显各传统

村落资源的丰富度及其最突出的特色，这不仅有利于传统村落的保护，同时也有利于村落发展方向的把控。因此，目前黔东南州首先需对本文提出的分级分类标准进行研究讨论，探讨出符合黔东南州传统村落分级分类的标准；其次将统一的分级分类标准下发到各县市相关单位，对各县市内传统村落进行等级评定和类别划分，确定黔东南州传统村落分级分类最终结果，为今后传统村落的保护和发展提供依据。目前，本文依据分级分类标准，对黔东南州部分传统村落进行了分级分类，可将此作为示范案例对黔东南州其他传统村落进行分级分类。

集群式发展是黔东南州传统村落保护发展的新举措，集聚区是集群式发展方式在空间上的落实，需要对集聚区进行更深入地研究，探索集聚区内传统村落如何实现集群效应，促进传统村落之间良性循环、共同发展。因此，编制传统村落集聚区保护发展规划具有重要的现实作用。编制传统村落集聚区保护发展规划要坚持"保护为主、兼顾发展，尊重传统、活态传承，符合实际、农民主体"的原则，落实相关传统村落保护发展规划提出的要求，突出资源统筹，整体推进、优势互补、和谐共赢。规划的内容主要有：

（1）综合分析州域内传统村落的空间分布特征、社会文化特征、历史演变文脉及人文资源特色。

（2）提出传统村落集聚区不同类型、不同等级的传统村落保护发展定位及发展途径的建议。

（3）研究传统村落集聚区传统村落保护发展总体战略和策略。

（4）研究传统村落集聚区传统村落产业结构与空间布局，明确各传统村落的不同特色产业以及发展方向和重点。

（5）确定传统村落集聚区生态环境、土地和水资源、能源、自然和历史文化遗产等方面的保护与利用的综合目标和要求。

（6）合理划定传统村落集聚区的数量、位置和范围，建立集聚区空间架构。

（7）制定传统村落保护发展的分类分级标准、认定程序与保护管理策略。

（8）统筹确定集聚区的共享资源，规划基础设施和旅游服务设施共建共享方案，防止重复建设和无序竞争，进行资源整合。

（9）统筹考虑集聚区的路网规划，交通组织及管理，可能的旅游线路组织，合理规划配置服务于集聚区传统村落旅游和乡村旅游的游客服务中心、大型演艺中心、停车场、公交场站、民俗客栈、餐饮酒肆、交通车辆和教育、医疗等大中型设施。

（10）解决传统村落垃圾污水治理和改厕等突出问题，积极推进美丽宜居乡村建设。

（11）提出集聚区域内消防、防灾等规划措施，在合理服务半径范围内可以考虑消防、防灾等设施的共建共享。

（12）创建非物质文化遗产资源整合及其展示方式，合理规划传习线路和场所。

三、推动传统村落的"互联网＋"行动实施

"互联网＋"自提出以来得到了国家的高度重视，社会的积极响应，黔东南州也将实施"互联网＋"行动计划写入"十三五"规划纲要，充分体现州政府对"互联网＋"的重视，同时"互联网＋"也成为促进黔东南州发展的利器。传统村落是黔东南州非常宝贵的民族文化、农耕文化资源，在全国扶贫大势下，如何将这种资源变成促使村落脱贫致富的资本，是目前最为紧迫的任务，实施"互联网＋"行动能促进传统村落资源向脱贫致富资本的转变。到2017年，黔东南

州域乡镇实现 4G 网络全覆盖,为黔东南州推动传统村落的"互联网+"行动实施提供了硬件保障。黔东南州要实施"互联网+"行动,具体而言:

第一,积极推进"互联网+传统村落旅游",州政府可以通过与国内各大旅游互联网公司合作,近期将南猛村、长滩村、基佑村、石乔村、肇兴村、四寨村、黄岗村、岜沙村、占里村、大利村等 10 个旅游示范点,按照"大循环"的旅游构想,进行旅游资源整合、旅游项目策划,打包推出,形成专业传统村落旅游板块,并加大对黔东南传统村落旅游的宣传力度,通过"互联网+传统村落旅游"的方式推动黔东南传统村落旅游业的繁荣发展。

第二,积极推进"互联网+传统村落产品",州政府通过组织,生产加工传统村落优质的、产量大的农副产品以及手工艺品(农产品的种植、手工艺品的制作可以分散到各个传统村落中),形成规模,通过与国内知名的网上商城合作,在商城中开辟黔东南州传统村落农副产品、手工艺品等特色场馆,进行销售,同时分析产品销售数据,瞄准市场,积极优化产品质量,丰富产品种类,达到促进传统村落村民增收的目的。目前黔东南州可以选择要打造的示范点以及示范点周围的若干有特色产品的村落,进行上述实践,在实践过程中不断摸索优化,同时吸纳更多的村落进入。对于每一个有特色产品的传统村落也可以积极开设村落微商、微店等互联网销售平台,将村落中特色的农副产品、手工艺品,销售给外界。

四、建设非物质文化遗产保护示范区(点)

黔东南州非物质文化遗产极其丰富,大多保存较为完好,但同时也存在着许多的问题,如资金保障不足、后继无人等,部分非物质文化遗产甚至濒临灭绝。黔东南州非物质文化遗产是黔东南州各族先辈们通过对日常生活的总结而留存至今的文化财富,包含着难以言传的意义、情感和特有的思维方式、审美习惯,蕴藏着各民族传统文化最深的根源,保留着形成该民族文化的原生状态。因此,保护和传承非物质文化遗产具有重要的意义。

黔东南州应以建成国家级民族文化生态保护实验区为载体,抓好州内非物质文化遗产的保护和传承,深度挖掘非物质文化遗产,建设非物质文化遗产数据库,整理研究非物质文化遗产系列丛书;建立健全非物质文化遗产保护机制与法律体系;加快建设非物质文化遗产保护示范区(点)。

非物质文化遗产保护示范区(点)的建设是非物质文化遗产保护与传承的重要工程,对非物质文化遗产的整体性保护和传承具有重大作用。黔东南州非物质文化遗产丰富,且基本留存在传统村落中,选择具有代表性的传统村落建设保护示范区(点),更加有助于非物质文化遗产的保护和传承。完善保护示范区(点)基础设施建设,如建博物馆、项目传习所、编译中心等。

依据黔东南州各传统村落具有突出代表性的非物质文化遗产和保护现状,建议近期选择一些非物质文化极具代表性的传统村落作为打造的示范点,如黄岗村、地扪村等。具体而言,黄岗村为我国男声侗族大歌的发源地,在侗族大歌普遍存在的侗族村寨中具有鲜明的代表性,可选择无人使用的民居、公共建筑或者新辟土地建设侗族大歌培训基地和侗族大歌展览馆,侗族大歌培训基地主要用于培训村民侗族大歌演唱,传承侗族大歌,进行旅游表演,也可外出演出;侗族大歌展览馆可展示侗族大歌的发展历史、文化内涵、演唱的乐理分析、表演服饰展示等内容。地扪村又被称为"千三侗寨",其每年的千三欢聚节规模宏大,热闹非凡,地扪村可以此为契机,成立千三侗族文化研究工作室,工作室可以利用村落里的建筑改造而成,由当地政府和村委会共同组织,通过吸纳当地千三侗族文化研究人员、侗戏表演人员,创作编排与演出精品侗戏。

五、加快苗侗村寨申遗

黔东南州苗族村寨、侗族村寨自 2006 年被列入中国世界文化遗产预备名单，2012 年重新核定再获席位，至今已有 10 年。整体而言，在过去的 10 年中，黔东南州苗族村寨、侗族村寨申遗工作进度相对是比较缓慢的。依据每 5 年重新审核更新预备名单的规定，2017 年，黔东南州苗族村寨及侗族村寨将面临着新的考验和审核。同时，依据《凯恩斯苏州决议》"一国一年一项文化遗产"的规定，随着文化遗产预备名单的不断增多，申报难度将越来越大，各预备名单到正式名录需经历一个漫长的过程。而在现代工业迅速发展，申遗热空前高涨的情况下，如何保护这些文化遗产不被破坏，保护好遗产的真实性、完整性，不被退出预备名单，如何积极推动，加快申遗进度并成功申遗已是黔东南州不得不思考和解决的难题。

黔东南州苗族村寨与侗族村寨被提名的村寨原为黔东南州最具代表性的苗侗村寨，如今大部分村寨依旧保存完好，但也有部分村寨遭到不同程度的破坏。为通过 2017 年预备名单的再次审核，并将苗侗村寨申报为世界文化遗产，黔东南州政府做了一些积极的举措，如在 2015 年首届"中国传统村落·黔东南峰会"上发出推动黔东南苗族村寨侗族村寨加快列入申报世界文化遗产名录倡议书，倡导全社会共同关注，积极支持、参与黔东南苗族村寨侗族村寨申报世界遗产工作，努力形成人人关心申遗的良好社会氛围；在 2016 年第二届"中国传统村落·黔东南峰会"中邀请联合国较科学组织开展乡村保护国际论坛，进一步推动苗侗村寨的保护与申遗；积极与湖南、广西两省举行申遗交流会，磋商联合申遗相关事宜，推动侗族村寨捆绑式申遗等。但与此同时，我们也应当看到黔东南州申遗苗侗村寨仍存在许多问题，如自然环境的破坏、传统建筑的消失、现代建筑的出现、传统风貌传统格局的损毁等，甚至有因大火彻底损毁的预备村寨，如剑河县久吉村。可见，加强苗侗村寨的保护，加快推进苗侗村寨申遗工作已刻不容缓。

为进一步加快黔东南州苗侗村寨申遗，实现成功申遗。黔东南州需对目前被提名的苗侗村寨进行重新审核，剔除不符合世遗标准的村落，增加更具代表性的村寨。同时注意苗侗村寨申遗数量，依据世界遗产《操作指南》规定，对于申报的所有项目咨询机构需要——进行调研评估，这就意味着黔东南州目前所申报的 23 个苗侗村寨将逐一被评估，每个村寨均需保存完好，若其中一个村寨保护不力，未达到申遗要求，则将直接影响评估结果。为此我们建议从苗侗村寨中挑选最具代表性，保护最为完好的村寨作为申报项目，其余以扩展项目进行申报，提高申报成功率。根据世界文化遗产申报 6 项标准和 2 大原则，以及黔东南州苗侗村寨的价值和保护现状，可考虑将郎德上寨、岜沙村、脚车村作为苗族村寨申报项目，述洞村、大利村、占里村作为侗族村寨申报项目，参与世界文化遗产的申报。具体选取原因如下：

郎德上寨、岜沙村、脚车村分为位于黔东南州雷山县、从江县、榕江县，代表着不同区域的苗族村寨。3 个村寨保存完好，既有苗族村寨文化的共性，又有其本身的特征。郎德上寨位于雷公山脚下，被列为全国重点文物保护单位，其选址特征极具风水观，充分展示了人与自然和谐相处的生态景观；村寨文物古迹、民俗风情展现着浓厚的苗族文化特色。岜沙村位于月亮山麓，为我国最后一个枪手部落，其独特的自然与人文景观在苗族村寨中极具特色，具有重要的研究价值。脚车村位于月亮山腰，其完整保存的村寨风貌以及保存较多的古房老屋是其一大特色，为探讨村落民族迁徙和建筑提供了丰富的第一手资料。

述洞村、大利村、占里村分别位于黎平县、榕江县、从江县，展示着侗族村寨的基本分布特征。

3个村寨在侗族村寨中无论是村寨风貌保存状况还是资源保存现状方面均居于前列，既具有侗族文化特征的共性，同时也有自身的突出特征。述洞村寨是以家族纽带的独柱鼓楼和族源纽带的萨坛构成早期的村寨轴心，其村寨居住区的选址和规划都别具匠心。大利侗族村民以他们的勤劳和公共建设热情，给我们留下了一座村寨布局合理、公共建筑突出、道路系统完善、人文与自然和谐的侗族村落文化景观，整个村寨被列入国家重点文物保护单位。占里村以其独特生育文化名扬海外，在侗寨中仅此一例，独一无二，具有极高的研究价值。

上述3个苗寨和3个侗寨是黔东南州苗侗村寨的典型代表，民族特色鲜明，且保存完好。为确保成功申遗，还需从以下几方面进行完善：

第一，加强文化价值的研究发掘。文化价值的研究是世界文化遗产申报的基本前提条件。价值的研究并不是盲目的，而应始终贯彻申报目的，以申报标准和要求为依据，对其文化价值进行挖掘研究，确保申遗苗侗村寨价值至少符合世界文化遗产6项标准之一，以及村寨的真实性和完整性。

第二，按照申遗体例编写文本。申报文本是申遗必不可少的材料之一，是各评委专家了解申遗地最直观的文字资料，把握好文本要点，抓住文本重点对于编写好文本至关重要。依据《操作指南》规定，申报文本内容必须包含以下内容：遗产的辨认、遗产描述、列入理由、保护状况和影响因素、保护和监管、监测、文件、负责机构的联系信息、缔约国代表签名。其中遗产描述和列入理由是该申遗文本最主要的内容。在遗产描述中，我们需对遗产的显著特色和重要意义以及其历史沿革描述清楚，突出其价值特色。在列入理由中，需将申遗遗产的价值对应遗产标准，突出其普遍价值，使其满足最基本条件，再根据其保护与管理的现状，甄别其是否符合真实性与完整性的原则，通过与其他类似遗产的比较，突出其在本国和国际上的重要性，构成选择其为世界遗产的依据。因此，在编制申遗文本时，应着重把握好遗产描述和列入理由这两大块内容，并在此基础上，做好保护管理规划及监测等事项，共推申遗进程。

第三，编制苗侗村寨保护规划。保护规划是开展世界文化遗产保护管理工作的法律依据，是各级政府指导、管理世界文化遗产工作的基本手段。到目前为止，未有任何一个村寨编制了专门的保护管理办法。遗产保护规划是专门针对遗产保护的规划，与传统村落或历史文化名村保护发展规划有所不同，因此不能将此二者的保护发展规划作为遗产保护规划的依据，而应另以遗产保护规划的要求重新编制保护规划。具体编制规划中需注意一下内容：一是明确保护对象，包括村寨本体和村寨周边自然生态环境和景观；二是划定保护范围，划定遗产保护区和缓冲区，保护范围能够体现出遗产普遍价值的元素，并保证其完整性和真实性不受破坏；三是明确保护措施，包括自然景观环境、传统格局与整体风貌、传统建筑、非物质文化遗产等方面；四是保护计划实施，制定村落保护规划近期和中远期项目，分步实施。

第四，加大保护整治力度。主要包括自然环境的整治、格局与风貌的保护、传统建筑的修缮、非物质文化遗产的保护，其中自然环境整治主要包括对山体、河流、农田的保护与整治；村寨格局与风貌的保护包括边界的控制、天际线的控制与整治、街巷的保护与整治、公共空间与视觉廊道的保护与整治；传统建筑实施分类保护与整治，主要方式有保护、修缮、更新、保留、整治；非物质文化遗产的保护包括对其场所与线路、传承人、有关实物与相关原材料的保护等。

第五，健全完善保护管理机构，提高公众参与度。成立专门的政府"申遗"机构，组建相应的学术机构或单位，进行遗产专题的研究以及解决申遗过程中的专业问题。制定颁布有关遗产点的法律法规和规范性文件，如颁布《黔东南州苗侗村寨文化遗产保护管理条例》，使遗产的保护和管理工作有法可依，有据可循。健全遗产地监测机制，包括监测制度的建立、管理组织的体系和机制、操作层面的技术准则和规程，监测数据的评估机制和应用机制、后续行动的约束机制和执行机制。此外，加强宣传，提高村民申遗积极性，发动多元主体参与遗产保护与申报，形成全民参与申遗的氛围。

六、加大建设传统村落示范点

目前，黔东南州已经选定了丹寨县石桥村、黎平县四寨村、黎平县黄岗村、黎平县肇兴村、从江县占里村、从江县岜沙村、榕江县大利村、雷山县南猛村、台江县长滩村、剑河县基佑村等10个传统村落作为旅游示范点进行旅游开发，为黔东南州探索传统村落发展迈出了坚实的一步。然而，对于在这10个传统村落旅游示范点中都建设主题酒店的做法有待商榷。我们建议在传统村落中慎重建设主题酒店，应当依据传统村落的实际情况，合理共建公共服务设施，必须保护传统村落风貌格局完整，保障农耕文明的传承发展。

除贵州省和黔东南州目前选定的传统村落旅游示范村之外，根据国家七部局设立传统村落示范点和示范区的要求，以及黔东南传统村落发展现状和特色文化，应当选取等级较高、特色较为鲜明、在黔东南州乃至全省、全国具有示范推广价值的传统村落，作为下一步打造的示范村。本次课题研究基于上述原则和思路，建议选取隆里所村、地扪村、高华村、宰荡村、增冲村、文斗村、八郎村、季刀寨、新桥村、反排村、巫包村等作为近期示范村重点引领，精心打造。

1. 隆里所村

隆里所村的开发依托隆里古城 - 八舟河旅游度假区的建设，是景区的核心组成部分，近期可以依托隆里古城开发隆里古城影视基地；挖掘迎故事、花脸龙、唱汉戏等特色文化，开发民俗活动，打造成集观光、民俗文化体验、购物、餐饮、住宿等为一体的综合景区；开发以体现古代农耕、古代军事、春蕾林海及田园生态观光为特色的旅游点，开辟环村观景点，建设稻草人公园等文化体验基地，并可结合明清历史开发历史教育、研讨基地、商务会议等旅游产品。

2. 地扪村

地扪村以地扪侗族人文生态博物馆的打造为核心，以体验侗族文化、休闲度假、乡村游为主。近期可以通过保护、挖掘、整理侗戏文化和祭祀文化，对以地扪为中心的千三侗族文化区域进行整体包装，创作编排与演出精品侗戏，使其成为侗戏文化和祭祀文化的研究展示中心。依托地扪良好的生态环境，集中展示千三文化，植入丰富的文化项目如踩歌堂、聚会等，完善餐厅、住宿、购物等配套功能，打造集观光、休闲、度假、体验等多功能为一体的"千三"主题高端休闲度假聚落。

3. 高华村

高华村应充分利用被称为"世界三大沐浴文化之一"的"瑶族药浴"特色资源，依托贵州侗乡大健康产业示范区建设契机，近期应打造康体疗养休闲养生福地，建设瑶药康体医疗产业园。

4. 宰荡村

宰荡村可充分挖掘民俗文化，开发侗戏、芦笙舞、侗族二胡、牛腿琴、侗族琵琶等民俗表演，打造侗族斗牛、萨玛节、侗年等民俗活动，发展花带编织、竹编、侗族木雕、芦笙制作等特色工艺以及侗族吊脚楼、鼓楼、花桥建造工艺。

5. 增冲村

增冲村的自然环境、社会结构、经济状况和精神生活仍然保存在一种比较完整的原生态文化中，是一个很难得的保存完整且可查的典型侗民族村寨，是人们了解、解读、研究侗文化的"活化石"。可结合增冲特色的民俗文化，打造集传统生产生活习俗体验、农家饮食为一体的神奇侗族文化体验。游客可亲自参与吃新节、斗牛节等传统节日，聆听侗族大歌，观看芦笙赛、踩歌堂等民俗表演，体验侗族木构建筑营造技艺、银饰、雕刻、刺绣等传统工艺，切身体会侗族文化的特色与精髓，规划继续保留和发扬这些侗族的传统节日，以继承和发扬侗族文化。

6. 文斗村

文斗村位于锦屏县西部，距县城 35 km，村寨坐东向西，坐落于青翠的半山上，前临滔滔清水江，后为碧绿的乌斗溪环绕，离寨不远有一处高达 90 余 m 的飞瀑，如诗如画，被誉为"百年环保第一村"并被列入"世界文化遗产预备名单"。文斗村拥有独特的契约文书、大河腔等非物质文化遗产，目前村中还保留有清代林业契约 3 万多份，是全球迄今保存最完整的"锦屏文书"地，是经济学、历史学、法学等多学科研究的重要历史文献，特别对研究中国西南少数民族地区古代经济开发和社会变化，明、清两代林业生产关系、环保状况等具有极高的研究价值，还对后人如何处理人与自然的关系提供了一个活样本。因此，根据文斗村独特的历史文化、古建筑文化和研究价值，可发展古建学、经济学、历史学、法学、环境保护学等研究和教育基地；并结合文斗村优美的自然环境、独特的自然资源打造摄影、写生、写作、创作等艺术之乡。

7. 八郎村

八郎村可结合古生物化石科考游览区的建设以及古生物化石资源，建设古生物化石博物馆，打造古生物研究和观摩圣地，建设游客接待中心，推广家庭旅社，开发民族节庆文化体验、民族歌舞文化体验、苗族服饰文化体验、休闲农业体验、苗家美食体验等旅游产品，并可结合竹编、木雕工艺特色，利用当地资源，开发竹制鸟笼、木质板凳、竹编、鹅卵石雕刻（苗族特色图腾图案）、竹木质地可自行 DIY 拼装的吊脚楼模型、银饰、织布、红绣等特色手工艺纪念品，并结合古生物化石资源开发古生物研学基地，成为剑河温泉度假区中重要的核心节点。

8. 季刀寨

季刀寨作为贵州省乡村旅游示范带上重要的一员，应充分发挥季刀百年古歌、百年粮仓、百年青石古道的历史价值和旅游价值，传承季刀寨特有的面临失传的苗族最古老绣法之一的双针绕线绣，开发为绘画、摄影、写作、时尚创作、影视拍摄、音乐创作等艺术家创作基地。

9. 新桥村

新桥村以超短裙苗族聚居村寨为特色，并依托水上粮仓等特色资源，开发水上博物馆、短裙苗博物馆等项目，打造一级风情表演特色村寨（超短裙苗风情特色村）。

10. 反排村

反排村以木鼓为旅游切入点，重点推出独具特色的木鼓舞，打造木鼓舞之乡，开发木鼓舞表演、芦笙舞表演、多声部情歌表演，拦门酒、捕捉和狩猎、民俗婚姻、斗牛祭牛仪式等民俗体验，开办黑毛猪养殖场，进行红香米种植、朝天椒种植等，开展杨梅采摘、杨梅系列产品制作、金银花采摘及制作等休闲农业体验。

11. 巫包村

巫包村相传为仰阿莎姑娘的诞生地，是仰阿莎神话的发源地之一。利用巫包村为"仰阿莎文化的发祥地"的文化背景，打造仰阿莎动漫产业园，开发仰阿莎神话故事产品，结合仰阿莎文化开发仰阿莎文化广场，塑造仰阿莎雕塑，建设仰阿莎文化博物馆，采用声、光、电和 3D 技术动态展示仰阿莎文化故事。以仰阿莎的成长经历、仰阿莎与阿月哥的爱情神话故事为主线，开发仰阿莎神话故事动漫产业，打造仰阿莎品牌，完善动漫产业链，开发漫画、动画、歌曲、游戏等产品，并结合卡通巫包红绣，发展仰阿莎卡通绣产品。另外，可深入挖掘仰阿莎文化内涵，开发仰阿莎舞台剧、影视剧等，还可结合巫包村独特的苗族服饰文化打造仰阿莎戏剧。

附表一　黔东南州传统村落基本信息表

总序	名称	批次	村制	成村年代	村域面积/km²	户籍人口/人	村集体收入/(万元)	主要民族	村落成因	地形地貌	村民人均收入/元	农作物	经济林木	养殖	三产服务	特色产业	特色文化	特色工艺
1	从江县往洞乡增冲村	1	行政村	明	22.55	1 342	2	侗	择居迁徙	坝子	3 906	水稻		家禽			侗族大歌、芦笙赛、踩歌堂、侗年、吃新节、斗牛节、同软节、开秧门、春社节、洗粑节	侗族木构建筑营造技艺、银饰、雕刻、刺绣
2	从江县往洞乡则里村	1	行政村	清	10.66	460	0.8	侗	迁徙	山地	3 110	水稻		家禽			侗族大歌	侗族木构建筑营造技艺、侗族大歌
3	从江县往洞乡朝利村	2	行政村	明	20.7	1 098	1	侗	择居迁移	山区	2 910	水稻		家禽			侗族大歌、侗戏、斗牛、萨马节、侗年	酿酒、侗族刺绣、侗布纺织、服饰、传统建筑制造、织编、竹编
4	从江县往洞乡增盈村	2	行政村	明	12.42	2 300	1	侗	迁徙	坝子	2 850	水稻	猕猴桃			猕猴桃	侗族大歌、侗戏、斗牛、萨马节、侗年	侗族木构建筑营造技艺、侗布织造、美食、酿酒、刺绣、纺织、服饰
5	从江县往洞镇高华村	4	行政村	明	19.58	1 762	1	侗	迁徙	山间船形平坝	5 530	水稻、马铃薯、红薯	猕猴桃	小香鸡、肉鸡	旅游		侗族大歌、侗族芦笙、踩歌堂、黑糯米饭节、退火秧、七月半、八月八、男女青年行歌坐月、吃相思以及神秘的娶、嫁、葬习俗	
6	从江县往洞镇信地村	4	行政村	清	19.05	1 485	0.4	侗	迁徙	坝子	3 250	水稻、马铃薯	猕猴桃			猕猴桃基地	侗族大歌、侗年、开秧门、端午节	侗族木结构建筑营造技艺
7	从江县往洞镇秧里村	4	行政村	清	9.43	729	0.8	侗	迁徙	山坡林地	5 160	水稻、马铃薯、红薯		山羊、小香鸡、香猪		种植业、养殖业	侗族大歌、退火秧、六月六、吃新节	
8	从江县丙妹镇岜沙村	1	行政村	明	18.28	2 395	10	苗	战乱迁徙	山地	3 905	水稻	蔬菜、果树		旅游	蓝莓	持枪部落、苗笛、树葬文化、吃新节、开秧门节、芦笙节	苗族服饰、织布、染布、刺绣

总序	名称	批次	村制	成村年代	村域面积/km²	户籍人口/人	村集体收入/（万元）	主要民族	村落成因	地形地貌	村民人均收入/元	主要产业种类				特色产业	特色文化	特色工艺
												农作物	经济林木	养殖	三产服务			
9	从江县丙妹镇大塘村	4	行政村	明	15.9	2 735	3	苗	择居迁徙	山地	2 878	柑桔、水稻	大塘千亩生态果园	土鸭、猪		柑桔种植	苗族芦笙舞、苗歌、芦笙、新米节、斗牛	苗族服饰
10	从江县谷坪乡银潭村	1	行政村	明	22.13	1 669	2	侗	迁移	山地	3 905	水稻	经济林木		旅游接待		大歌、侗戏、侗年、三月的下谷节、四月的棉花节、六月敬牛节、七月吃新节、芦笙节	
11	从江县谷坪乡高吊村	2	行政村	元代及以前	11.58	1 252	1	苗	避难迁徙	山地	2 100	水稻	林业				暮鼓节、芦笙节、苗年节	苗族服饰、纺织、竹制工艺
12	从江县谷坪乡留架村	4	行政村	清	19.7	1 636	10	侗	迁徙	河谷山坡缓冲地带	3 905	水稻		禽类			侗族大歌、侗戏、矮脚楼、吊脚楼	
13	从江县下江镇高仟村	1	行政村	清	21.65	1 527	1.36	侗	择居迁徙	坝子	2 600	水稻	林木				侗族琵琶歌、侗族大歌、侗族牛腿琴	侗布、人工造纸
14	从江县下江镇高良村	2	行政村	清	6.9	557	0.6	水	择居迁徙	山地、河谷	2 300	水稻	林果	家禽、家畜			水书、水族铜鼓舞、侗族大歌、侗族牛腿琴、水族卯节	水族服饰、水族马尾绣
15	从江县下江镇巨洞村	3	行政村	明	12.99	1 815	1.5	侗	择居迁徙	山地、河谷	3 905	种植业		养殖			侗族琵琶歌、侗族大歌、侗族牛腿琴、斗牛	
16	从江县下江镇中华村	3	行政村	民国	14.03	1 753	2.88	苗、汉	择居迁徙	山地	2 100	种植业		养殖				
17	从江县宰便镇引东村	2	行政村	清	18.02	1 069	1	苗	自然形成	山地	1 600	水稻、小米、玉米				香猪	芦笙舞、苗笛吹奏、新米节（农历八月十四）	苗族服饰、蜡染
18	从江县西山镇田底村	2	行政村	清	3.23	305	2	侗	择居迁徙	山地	3 000		茶油、杉木				侗族大歌	刺绣、美食、手工艺制品（刺绣、雕刻、剪纸）

续表

总序	名称	批次	村制	成村年代	村域面积/km²	户籍人口/人	村集体人收入/(万元)	主要民族	村落成因	地形地貌	村民人均收入/元	主要产业种类				特色产业	特色文化	特色工艺
												农作物	经济林木	养殖	三产服务			
19	从江县西山镇顶洞村	3	行政村	元代及以前	10.58	2132	23	侗	择居迁徙	山地、河谷	2850	水稻	果树、油茶			柑橘	侗族大歌	
20	从江县停洞镇架里村	2	行政村	明	11.16	2703	3	苗	择居迁徙	山地	2600	水稻	果树、药材			太子参	苗族飞歌、芦笙舞、苗年节、二月二祭桥节	苗族服饰
21	从江县高增乡岜扒村	2	行政村	清	14.84	1279	2	侗	择居迁徙	山地	2600	水稻、香禾糯		香羊		太子参	侗族大歌、芦笙舞、	服饰
22	从江县高增乡小黄村	3	行政村	明	36.71	3400	6	侗	择居迁徙	坝丁	3905	水稻			旅游接待		侗族大歌、侗族琵琶歌、侗族牛腿琴歌、双倍嘎	
23	从江县高增乡占里村	3	行政村	清	14.97	721	1	侗	避战迁徙	山地	3000	水稻	蔬菜、果树				侗族大歌、占里侗族生育习俗	
24	从江县高增乡美德村	4	行政村	明	7.53	1852	6	侗	择居迁徙	山地	8000	水稻、油茶					侗族大歌、芦笙笛	根雕
25	从江县雍里乡归林村	2	行政村	明	38.62	2354	1	壮	择居迁徙	山地、河谷	2760	水稻	楠竹	稻田养鱼		香禾糯米、稻田养鱼	侗族大歌、吃新节、壮年、中元节、老人节	美食、服饰、手工艺（刺绣、雕刻、剪纸等）、竹编
26	从江县刚边壮族乡刚边村	2	行政村	明	16.8	1122	8	壮	避战迁徙	山地	3256	水稻	香猪			香猪生态产业	壮歌、敲锣打鼓、美食、吃新节、壮年、中元节、老人节	壮族服饰民间手工艺制品（竹编草编）
27	从江县刚边壮族乡银平村	2	行政村	明	12.63	1156	7	壮	战争迁徙	山地	2032	水稻	油茶	鱼苗		柑桔、香猪生态产业	壮族山歌、吃新节、壮年、中元节、老人节	壮族服饰
28	从江县刚边乡三联村	3	行政村	清	12.68	705	1	壮	择居迁徙	山地	2287	水稻		香猪		香猪生态产业	壮族山歌、吃新节、壮年、中元节、老人节	美食、壮族服饰、民间手工艺制品（刺绣、挑花、彩绘、雕刻、剪纸等）、壮族草编

总序	名称	批次	村制	成村年代	村域面积/km²	户籍人口/人	村集体收入（万元）	主要民族	村落成因	地形地貌	村民人均收入/元	主要产业种类				特色产业	特色文化	特色工艺
												农作物	经济林木	养殖	三产服务			
29	从江县加榜乡加车村	2	行政村	元代及以前	10.87	1162	1	苗	避难迁徙	山地	2 600	水稻		稻田养鱼	旅游接待	稻田养鱼	加榜梯田、加车河瀑布群、苗笛、芦笙舞、苗年节、祭天节、新米节	苗族服饰
30	从江县加榜乡下尧村	2	自然村	清	9.21	425	1	壮	自然形成	山地	2 600	水稻	林木				壮族大歌、壮族煨酒、壮年、吃新节、壮美食	壮族服饰
31	从江县加榜乡党扭村	3	行政村	明	10.1	816	1	苗	择居迁徙	山地	2 600	水稻、玉米				香禾糯米	加榜梯田	苗族服饰、苗年节、新米节、开秧节
32	从江县翠里瑶族壮族乡高华村	2	行政村	明	4.1	415	420	瑶	避难迁徙	山地	2 600	水稻、玉米	林业				瑶族药浴、瑶族长鼓舞	瑶族服饰、油茶
33	从江县翠里瑶族壮族乡岑丰村	3	行政村	明	13.2	1 125	1	苗	战乱迁徙	山地	2 000	水稻	林业				岑丰梯田	苗族服饰
34	从江县东朗乡孔明村	2	行政村	明	7.66	866	3	苗	战乱迁徙	山地	1 601	水稻	果树	小黄牛			苗族飞歌、芦笙舞、祭桥节、吃新节、苗年、鼓藏节、招龙节、游方节	苗族服饰、孔明斗牛
35	从江县东朗乡苗谷村	3	行政村	元代及以前	9.94	1 748	1	苗	战乱迁徙	山地	2 100	水稻、玉米				辣椒		苗族服饰
36	从江县东郎乡党相村	4	行政村	元以前	4.9	486	0.6	苗	避难迁徙	山地	2 000	水稻、朝天辣、玉米						苗族服饰
37	从江县加鸠乡加翁村	2	行政村	明	6.22	874	0.8	苗	择居迁徙	山地	2 600	水稻	山林				加翁村梯田、苗年、鼓藏节	苗族服饰

续表

总序	名称	批次	村制	成村年代	村域面积/km²	户籍人口/人	村集体收入/（万元）	主要民族	村落成因	地形地貌	村民人均收入/元	主要产业种类 农作物	经济林木	养殖	三产服务	特色产业	特色文化	特色工艺
38	从江县加鸠乡加学村	4	行政村	明	7.74	560	0.8	苗	迁徙	山地	2 600	水稻	林木				芦笙舞、斗牛	苗族服饰
39	从江县光辉乡加牙村	2	行政村	明	45.16	772	1	苗	择居迁徙	山地	2 600	水稻	林木				加牙村梯田、苗年节、鼓藏节	苗族服饰
40	从江县庆云乡单阳村	3	行政村	清	11.25	593	0.3	侗	择居迁徙	山地	3 723	香糯	油茶			香糯米、油漆、百合	祭萨习俗、侗族萨玛节	
41	从江县庆云乡转珠村	4	行政村	明	1.17	1 186	1	侗	择居迁徙	山地	2 600	油茶、香糯、磨芋		香鸡、黑山羊		种植业、养殖业	侗族大歌	侗族刺绣
42	从江县贯洞镇潘今滚村	4	行政村	清	7.21	1 584	0	侗	择居迁徙	山地	4 980	水稻		蜜蜂			侗族大歌、多耶、侗戏、琵琶歌、敬酒歌、拦路歌及芦笙对抗赛	
43	从江县洛香镇登岜村	4	行政村	清	8.75	1 127	2.5	侗	择居迁徙	山地	4 760	水稻	柑桔	养殖		养殖业	侗族大歌、吃新节、秋节、历史传统建筑群	
44	从江县斗里镇马安村	4	行政村	清	15	1 872	7	苗侗	迁徙	山地	6 800	水稻、油茶	半枫荷			瑶族药浴苗圃	春节、吃新、芦笙节	苗族刺绣
45	丹寨县扬武镇排莫村	1	行政村	清	4.55	2 164	1.23	苗	择居迁徙	山地	3 769	水稻				五倍子、见血飞、柿子、杨梅	鸟图腾部落、敬桥节、吃新节、游方节、苗年、鼓藏节、招龙节	蜡染
46	丹寨县扬武镇扬颂村	2	行政村	明		875	0.5	苗	宗教信仰迁移	中低山地貌	3 550	水稻、玉米	百合				苗族祭尤节、苗族芦笙送葬习俗、祭桥节、爬坡节、四月八、六月六、苗年	苗族服饰、民间手工艺制品（刺绣、织锦、竹编、雕窗花等）
47	丹寨县排调镇麻鸟村	2	行政村	清	4.991	735	1.9	苗	搬迁	山地	2 594	水稻、玉米					锦鸡舞、苗年	芦笙制作工艺、锦鸡服饰

总序	名称	批次	村制	成村年代	村域面积/km²	户籍人口/人	村集体收入（万元）	主要民族	村落成因	地形地貌	村民人均收入/元	主要产业种类				特色产业	特色文化	特色工艺
												农作物	经济林木	养殖	三产服务			
48	丹寨县雅灰乡送陇村	2	行政村	元代及以前	8.8	1140	0.59	苗	择居迁徙	山地	2 472	茶叶		养殖			百鸟衣、古瓢舞、芦笙舞、斗牛、苗年	苗族刺绣、蜡染
49	丹寨县南皋乡石桥村	2	行政村	明	7.6	1276	0	苗	择居迁徙	低山地貌	9 315	种植业		养殖			古瓢舞、芦笙舞、斗牛、苗族古歌飞歌、吃新节	石桥古法造纸
50	丹寨县兴仁镇王家寨村	3	行政村	明	5.21	527	30	苗	择居迁徙	低山地貌	4 500	种植业		养殖	旅游、手工业		苗族历法、翻鼓节、苗年、吃新节	苗族服饰、芒筒芦笙、苗族刺绣
51	丹寨县兴仁镇排佐村	4	行政村	明	18.4	2761	1 946.505	苗	择居迁徙	山地	7 050	茶叶	经济林	羊、牛、鸡、黑毛猪		种植业、养殖业	苗年、翻鼓节、吃新节	手工刺绣
52	剑河县南哨乡翁座村	1	行政村	清	13.286	1229	1	苗	择居迁徙	山地	2 000	水稻、玉米					翁座苗族踩芦笙、祭桥节、过卯、八月二、苗年节	土布制作技艺
53	剑河县南哨乡巫沙村	2	自然村	清	8.4	1192	1	苗	择居迁徙	山地	2 007	水稻		猪、牛			飞歌、古歌、踩芦笙、祭桥节、鼓藏节、苗年、招龙节	巫沙苗族服饰、刺绣、土布制作工艺
54	剑河县南哨乡反召村	2	自然村	清	4	367	1	苗	择居迁徙	山地、河畔	2 010	水稻		猪、牛		松脂、辣椒	古歌、踩芦笙、斗牛、祭桥节	苗族服饰、土布制作技艺
55	剑河县南哨乡高定村	3	行政村	清	17.9	1715	1	苗	择居迁徙	山地	2 006	水稻		猪、牛			鼓藏节、苗年节、八月二	
56	剑河县南加镇塘边村	2	行政村	清	2.5	546	1	汉、苗、侗、水	择居迁徙	湖边、半坡	2 008	水稻、玉米	果树	猪			雷打塘、侗族酒歌、山歌	塘边村竹编
57	剑河县南加镇九旁村	3	行政村	清	3.5	1093	1	苗	择居迁徙	山地	1 980	种植		养殖		锡绣	雷打塘、侗族酒歌、山歌	竹编

续表

总序	名称	批次	村制	成村年代	村域面积/km²	户籍人口/人	村集体收入/（万元）	主要民族	村落成因	地形地貌	村民人均收入/元	主要产业种类 农作物	经济林木	养殖	三产服务	特色产业	特色文化	特色工艺
58	剑河县南加镇柳基村	3	行政村	清	4.5	908	1	侗、苗、汉、水	战乱迁徙	山地半坡临水	2 010			网箱养鱼、牛、猪			民歌、斗牛、民俗民风、春节、二月二敬桥节、姊妹节、三月三清明节、过戊、稻草节、鼓藏节、十月苗节（头卯）、招龙节	刺绣、蓝靛染工艺、苗族鼓楼花桥建造技艺
59	剑河县柳川镇巫泥村	2	行政村	清	15.4	1 574	0.5	苗	择居迁徙	山地	700	传统农业种植						
60	剑河县柳川镇瓦排村	3	行政村	清	5.02	1 250	0.8	苗	择居迁徙	山地	1 000	种地					二月二、姊妹节、六月六吃新节、苗年、农历三月三、春阳节	
61	剑河县柳川镇巫牟村	3	行政村	清	7.9	1 120	0.6	苗	择居迁徙	山地	1 100	种地					芦笙、鸟笼、芦笙、春节、二月二敬桥节、三月三清明和三月粑节、四月八乌米饭节、端午节、七月半（鬼节）、八月中秋节、重阳节	刺绣、民族服装、织布
62	剑河县革东镇八郎村	2	行政村	清	2.4	769	0.5	苗	择居迁徙	山地	1 100	传统种植			经商		飞歌、苗年、二月二、姊妹节、六月六、洗赛节	土布制作技艺
63	剑河县革东镇大皆道村	3	行政村	清	1.5	586	0.3	苗	择居迁徙	山地	1 000	种地					二月二、姊妹节、六月六吃新节、苗年、农历三月三、春节、重阳节	
64	剑河县久仰乡基佑村	2	自然村	明	7.2	940	2	苗	择居迁徙	山地	2 400	农业		养殖			苗族多声部民歌、拦路酒、嘎百福、斗牛、古歌、踩芦笙、二月二、春节、吃新节、招龙节	苗族服饰、土布制作技艺
65	剑河县久仰乡久吉村	2	自然村	清	21.1	2 769	3	苗	择居迁徙	山地	2 120	种植		养殖			苗族多声部民歌、嘎百福、鼓藏节	苗族服饰

续表

总序	名称	批次	村制	成村年代	村域面积/km²	户籍人口/人	村集体收入/(万元)	主要民族	村落成因	地形地貌	村民人均收入/元	农作物	经济林木	养殖	三产服务	特色产业	特色文化	特色工艺
66	剑河县久仰乡毕下村	3	行政村	清	5.3	699	0	苗	择居迁徙	山地	2 355	种植		养殖			苗族情歌、斗牛、芦笙舞、卯节、二月二、春节	土布纺织工艺
67	剑河县久仰乡巫交村	3	行政村	清	6.7	878	2	苗	择居迁徙	山地	2 205	种植		养殖			多声部情歌、巫交木鼓舞、芦笙献花舞	
68	剑河县久仰乡巫溜村	4	行政村	清	6	786	2	苗	择居迁徙	山地	2 268	种植		养殖	外出务工	药材	千苗梯田、百苗大坝、苗族木楼、一年百节	
69	剑河县太拥镇太坪村	2	自然村	清	8.4	536	10	苗	择居迁徙	山地	4 000	农业	林业	养殖			古歌、踩芦笙、斗牛、二月二、招龙节、稻草节	土布制作技艺、苗族服饰、苗族红绣、苗族建筑工艺
70	剑河县太拥镇九连村	2	行政村	明	6	648	1	苗	择居迁徙	山地	3 400	水稻	朝天椒	猪		中药材、朝天椒	拦路酒、九连飞歌、踩芦笙、二月二、吃新节、春节、苗年、吃百龙节	土布苗族工艺、九连苗族服饰
71	剑河县大拥镇柳富村	2	行政村	明	7.7	2 206	2	苗	择居迁徙	山地	1 566	水稻、玉米				欧蓄菜、腌鱼、腊肉	飞歌、踩芦笙、斗牛、二月二祭桥节、六月吃新节、姊妹节	锡绣
72	剑河县南寨乡展留村	2	行政村	清	4.3	530	4	苗	择居迁徙	山地	1 562	水稻、玉米、油菜		猪、羊		腌鱼和腊肉	飞歌、踩芦笙、斗牛、二月二、吃新节、春节、过卯节、苗年	锡绣
73	剑河县磻溪镇大广村	2	行政村	明	5	675	1	侗	战乱迁徙	山地、坝子	1 400	种植				稻田养鱼	侗族民歌、十五月龙龙和唱戏、春节、正月三、清明节、三月三、端午节、七月半、重阳节	大广服饰
74	剑河县磻溪镇洞脚村	2	行政村	清	6.2	728	148	侗	择居迁徙	山地	1 000	种植	养殖				侗族民歌、春节、正月十五、三月三、七月半、清明节、端午节、重阳节	洞脚服饰
75	剑河县敏洞乡沟洞村	2	行政村	元代及以前	12.79	1 043	1	侗	择居迁徙	山地	1 400	中药材种植				大鲵、中药材	侗族民歌、翁萨节、春节、正月十五、三月三、清明节、端午节、七月半、重阳节	沟洞服饰

续表

总序	名称	批次	村制	成村年代	村域面积/km²	户籍人口/人	村集体收入/（万元）	主要民族	村落成因	地形地貌	村民人均收入/元	农作物	经济林木	养殖	三产服务	特色产业	特色文化	特色工艺
76	剑河县敏洞乡高坵村	3	行政村	明	13.66	1610	1	苗	择居迁徒	山地	1300	水稻、马铃薯甘薯	钩藤、油茶					苗族锡绣
77	剑河县观么乡巫包村	2	行政村	清	90	1254	1	苗	择居迁徒	山地	1970	水稻	金秋梨	山羊		金秋梨	苗族歌舞、芦笙、拦路酒、招龙、洗寨、斗牛、春节、二月二、吃新节、过卯节、重阳节、苗年节、鼓藏节	苗族红绣
78	剑河县观么乡平下村	3	行政村	清	13	882	16.2	苗	择居迁徒	山地	1968	水稻		牛				苗族锡绣
79	剑河县岑松镇稿旁村	3	行政村	清	11.27	1258	1	苗	择居迁徒	山地、较为平坦	2671	种植业		养殖		朝天椒、中药材		苗族刺绣
80	剑河县南明镇小湳村	3	行政村	清	12	1760	1	侗	择居迁徒	山地	1000	种植业		养殖			溶洞群、仙人洞	
81	锦屏县河口乡文斗村	1	行政村	明	11	1412	2	苗	择居迁徒	山地	1300		林业	渔业			大河腔民歌、斗牛、尝新节	
82	锦屏县隆里乡隆里所村	1	行政村	明	28.418	3751	1	汉		山地		水稻					隆里花脸龙、隆里古城唱汉戏、隆里古城灯、隆里古城玩故事	
83	锦屏县彦洞乡瑶白村	3	行政村	明	7.4	1499	427	侗	择居迁徒	山地、丹霞地貌	2825	水稻	杉木				瑶白大戏、斗牛、侗歌、瑶白花灯、摆古节、侗年	侗族木构建筑营造、织锦、刺绣、侗族竹编、侗族木雕、侗族银饰
84	锦屏县三江镇龛寨村	4	自然村	1951				侗				山药、高粱					"耕读第"、"龙氏宗祠"、侗族吊脚楼传统建筑	

续表

总序	名称	批次	村制	成村年代	村域面积/km²	户籍人口/人	村集体收入/（万元）	主要民族	村落成因	地形地貌	村民人均收入/元	农作物	经济林木	养殖	三产服务	特色产业	特色文化	特色工艺
85	锦屏县茅坪镇茅坪村	4	行政村	明	26	3 200	5	苗、侗	木商迁徙	山地	5 357	水稻	林业、香桔			香桔	木商文化、端午节赛龙舟、农历四月八传统歌会、撒派"管子房"、武陵宗祠、龙氏宗祠、传统吊脚楼	
86	雷山县郎德镇郎德上寨	1	行政村	明	12.38	1132	2	苗	择居迁徙	山地	2 300	水稻		养殖			苗歌、鼓藏节	刺绣
87	雷山县郎德镇郎德下寨	1	行政村	明	7.8	960	1.5	苗	择居迁徙	山地	3 180	水稻		养殖			苗歌、苗族鼓藏节	苗族刺绣、织布机
88	雷山县郎德镇南猛村	1	行政村	明	6.06	844	1	苗	择居迁徙	山地	1 320	水稻		养殖			南猛芦笙舞、鼓藏节、吃新节	刺绣
89	雷山县郎德镇杨柳村	2	行政村	明	6.1	1 292	2.1	苗	择居迁徙	山地	1 860		茶叶、杨梅			茶叶、杨梅	斗牛、芦笙舞、斗牛、鼓藏节、吃新节	苗族刺绣
90	雷山县郎德镇乌瓦村	2	行政村	明	5.2	673	1.6	苗	择居迁徙	山地	1 850		枇杷、猕猴桃	猪、羊		猕猴桃	木鼓舞、鼓藏节、吃新节	苗族刺绣
91	雷山县郎德镇乌流村	2	行政村	明	7.06	1323	1.85	苗	择居迁徙	山地	1 850	水稻	林木	养殖			鼓藏节、木鼓舞、游方、吃新节	苗族刺绣
92	雷山县郎德镇也改村	2	行政村	明	7.3	768	2	苗	择居迁徙	山地	1 800	水稻		养殖		猕猴桃、黑毛香猪	长裙苗的支系、木鼓舞、鼓藏节、吃新节	苗族刺绣
93	雷山县郎德镇报德村	2	行政村	明	8.2	1 258	2.1	苗	择居迁徙	山地	1 800	水稻		养殖			铜鼓舞、芦笙、鼓藏节	芦笙制作、蜡染工艺、编织、刺绣、苗族服饰

续表

总序	名称	批次	村制	成村年代	村域面积/km²	户籍人口/人	村集体收入/（万元）	主要民族	村落成因	地形地貌	村民人均收入/元	主要产业种类				特色产业	特色文化	特色工艺
												农作物	经济林木	养殖	三产服务			
94	雷山县郎德镇也利村	2	自然村	明	7.4	1141	1.8	苗	择居迁徙	山地	1800	粮食					铜鼓舞、鼓藏节、吃新节	刺绣、苗族服饰
95	雷山县西江镇控拜村	1	行政村	明	2.4	1292	1.8	苗	择居迁徙	喀斯特地形	2800				银饰加工、刺绣		鼓藏节、吃新节、招龙节	苗族银饰加工
96	雷山县西江镇长乌村	2	行政村	明	8.54	1080	0	苗	自然形成	喀斯特地形	1400	水稻	茶叶			茶叶、葡萄、稻田养鱼、果林	苗族芦笙舞、苗族飞歌、鼓藏节	
97	雷山县西江镇黄里村	2	行政村	明	42	1558	0	苗	自然形成	山地	1630		茶叶			茶叶	苗族芦笙舞、苗族飞歌、鼓藏节、吃新节、苗年节、爬坡节、扫坡节	
98	雷山县西江镇中乐村	2	行政村	明	45	660	0	苗	自然形成	山地	1580		茶叶	养殖		茶叶	苗族芦笙舞、铜鼓舞、苗族飞歌、鼓藏节、扫藏节、苗年节、爬坡节、招龙节	
99	雷山县西江镇开觉村	2	行政村	明	24.42	2396	0	苗	自然形成	山地	2480		茶叶	黑毛猪、田鲤鱼、土鸡		黑毛猪、土鸡、田鲤鱼、茶叶	苗族芦笙舞、苗族飞歌、高排芦笙	
100	雷山县西江镇麻料村	2	行政村	新中国成立后	37	722	60	苗	自然形成	山地	1800	水稻	茶叶		银饰加工	茶叶	扫藏节、吃新节、苗年节、鼓藏节	银饰加工
101	雷山县西江镇龙塘村	2	行政村	明	8.54	1200	0.8	苗	自然形成	山地	2300	水稻	茶叶			茶叶	苗族银饰加工、苗族芦笙舞、苗族飞歌、鼓藏节、招龙节等具别具特色	
102	雷山县西江镇乌尧村	2	行政村	元代及以前	12.21	1479	0	苗	自然形成	山地	2500	水稻	茶叶			茶叶	苗族芦笙舞、苗族飞歌、斗牛、鼓藏节、苗年节、吃新节、招龙节、扫藏节	苗族银饰加工
103	雷山县西江镇北建村	2	行政村	清	11.5	1024	0	苗	清兵驻军	山地	2480		茶叶	养殖		核桃、茶叶	苗族芦笙舞、苗族飞歌	

总序	名称	批次	村制	成村年代	村域面积/km²	户籍人口/人	村集体收入/（万元）	主要民族	村落成因	地形地貌	村民人均收入/元	主要产业种类				特色产业	特色文化	特色工艺
												农作物	经济林木	养殖	三产服务			
104	雷山县西江镇大龙苗寨	3	行政村	清	1.5	938	0	苗	自然形成	山地	1 500		茶叶、折耳根			传统草药、茶叶	苗族芦笙舞、苗族飞歌	
105	雷山县西江镇乌高村	3	行政村	明	20.5	1 288	0	苗	自然形成	山地	2 115		茶叶	养殖		茶叶	苗族芦笙舞、苗族飞歌、苗年	银加工
106	雷山县丹江镇乌东村	2	行政村	明	20.38	478	20.08	苗	避难逃荒	高山峡谷	5 886	水稻	茶叶	鱼、小香羊		小香羊、折耳根、茶叶、田鲤鱼	苗族飞歌、巫术文化、扫寨	
107	雷山县丹江镇虎阳村	2	行政村	元代及以前	20	707	0	苗	驱逐迁徙	山地	2 780	种植业				茶叶		
108	雷山县丹江镇教厂村	2	行政村	清	1.3	1 621	0	苗	生活居住	山地	1 500	水稻	蔬菜				芦笙、吃新节、苗年节、鼓藏节	
109	雷山县丹江镇脚猛村	2	行政村	明	4	1 102	1.1	苗	择居迁徙	山地	3 000		杨梅、茶叶、葡萄			葡萄、杨梅、茶叶、黑豚	拦路酒、开秧门、芦笙舞、吃新节、铜鼓舞、苗年、鼓藏节	
110	雷山县丹江镇干皎村	2	行政村	明	0.7	482	119.8	苗	战乱迁徙	山地	2 485		茶叶、梨子、葡萄			茶叶、梨子、葡萄	苗族歌舞	
111	雷山县丹江镇猫猫河村	2	行政村	明	2	576	100	苗	驱逐迁徙	小河半坡	1 300	水稻	蔬菜				苗族芦笙、苗族歌舞	
112	雷山县永乐镇加鸟村	2	行政村	清	25	968	0	苗	战乱迁徙	山地	3 800	水稻、玉米	蔬菜			薇菜、蕨菜		

续表

总序	名称	批次	村制	成村年代	村域面积/km²	户籍人口/人	村集体收入(万元)	主要民族	村落成因	地形地貌	村民人均收入/元	农作物	经济林木	养殖	三产服务	特色产业	特色文化	特色工艺
113	雷山县永乐镇开屯村	2	自然村	清	21.8	2 044	0	苗	自然形成	高原山区	3 900	水稻	茶叶			茶叶	开屯梯田、铜鼓舞、芦笙舞、古歌、飞歌、春节、元宵节、祭桥节、三月三粑节、四月乌米饭节、端午节、吃新节、重阳节、苗年节、除夕日、鼓藏节、扫寨节	
114	雷山县永乐镇乔洛村	2	行政村	清	30.2	1 069	0	苗	战乱迁徙	高原山区	4 000	水稻	茶叶	牛、羊			古歌、飞歌、铜鼓舞、吹芦笙、鼓藏节、祭桥节、三月粑节、四月八乌叶饭节、吃新节、苗年、大年	
115	雷山县永乐镇乔歪村	2	行政村	清	30.2	534	0	苗	战乱迁徙	高原山区	3 500		辣椒、林业			辣椒	跳芦笙、唱苗歌、三月粑节、春节、月半、重阳节、吃新节、鼓藏节	
116	雷山县永乐镇肖家村	2	行政村	清	23	1 177	0	苗	战乱迁徙	高原山区	3 800	水稻	油菜				苗族飞歌、吹芦笙、三月粑节、吃新饭、春节、四月八、花米饭节、苗年、鼓藏节	
117	雷山县望丰乡乌迭村	2	行政村	明	5.3	477	2.1	苗	迁徙	山地	3 128		茶叶	猪		茶叶、稻田养鱼	吹芦笙、跳舞、祭萨	
118	雷山县望丰乡公统村	2	行政村	明	6.1	1 144	2.5	苗	迁徙	山地	2 980		茶叶、杨梅			杨梅、茶叶	中裙苗族聚居村寨、苗医药、鼓藏节、吃新节	
119	雷山县望丰乡三角田村	2	行政村	清	5.1	922	2.6	苗	迁徙	山地	2 750		茶叶	猪		生猪、茶叶	长裙苗族聚居村寨、铜鼓、古歌、芦笙舞、斗牛、斗鸟、爬坡节、苗年、吃新节、鼓藏节、爬坡节	
120	雷山县望丰乡丰塘村	2	行政村	明	4.8	659	3.5	苗	迁徙	山地	4 918		茶叶	猪		生猪、茶叶	短裙苗族聚居村寨、吃新节	蜡染
121	雷山县望丰乡乌的村	2	行政村	明	10.02	1 363	4.1	苗	迁徙	山地	3 190		核桃、茶叶			核桃、茶叶	短裙苗族聚居村寨、吃新节	

总序	名称	批次	村制	成村年代	村域面积/km²	户籍人口/人	村集体收入（万元）	主要民族	村落成因	地形地貌	村民人均收入/元	主要产业种类				特色产业	特色文化	特色工艺
												农作物	经济林木	养殖	三产服务			
122	雷山县望丰乡荣防村	2	行政村	明	5.81	725	1.6	苗	迁徙	山地	3 680		茶叶	猪		生猪、茶叶	长裙苗族聚居村寨、跳芦笙、斗牛、苗年、吃新节、爬坡节、杆子不过鼓藏节	
123	雷山县望丰乡乌响村	2	行政村	清	6.8	930	2.5	苗	迁徙	山地	2 670		茶叶	牛		茶叶	长裙苗族聚居村寨、喝米酒、唱飞歌、踩铜鼓、跳芦笙、鼓藏节、苗年节、吃新节	
124	雷山县望丰乡排肖村	2	行政村	明	5.8	1 139	5.6	苗	迁徙	山地	2 780		茶叶、猕猴桃			茶叶、红阳猕猴桃	长裙苗族聚居村寨、招龙节、吃新节	
125	雷山县望丰乡羊丰村	4	行政村	明	3.5	737	1.5	苗	自然形成	山地	3 318	水稻、茶叶		生猪			鼓藏节、吃新节	
126	雷山县大塘乡新桥村	2	行政村	明	7	1 020	1.2	苗	逃荒迁徙	山地	1 900	水稻			旅游服务		超短裙苗族聚居村寨、芦笙舞、锦鸡舞	
127	雷山县大塘乡掌坳村	2	行政村	元代及以前	5	791	2	苗	战乱逃荒	喀斯特地貌	2 500	水稻			旅游服务		铜鼓舞、苗年、锦鸡舞	
128	雷山县大塘乡独南村	2	行政村	明	11	1 222	2	苗	战乱迁移	山地	2 850	水稻					独南苗寨、短裙苗寨、粽粑节、吃新节、苗年节、春节、端午粽粑节最隆重、祭祀规格堪比最鼓藏节	
129	雷山县大塘乡桥港村	3	行政村	明	3.5	1 274	35	苗	自然形成	山地	1 650	水稻				东萝卜、柑橘、杨梅	斗牛节、飞歌、荆缘武、吃新节、苗年节	
130	雷山县桃江乡乔王村	2	行政村	清	16	758	45.48	苗	择居迁徙	山地	600	水稻、玉米、红薯、鸡花椒				鸡、花椒	长裙苗族聚居村寨、长裙	
131	雷山县桃江乡岩寨村	2	行政村	清	2	585	35.685	苗	迁徙	山地	650		茶叶	黑毛猪		茶叶、黑毛猪	超短裙苗族聚居村寨、飞歌、芦笙舞、锦鸡舞、裙、超短裙、苗年	芦笙制作技艺

续表

总序	名称	批次	村制	成村年代	村域面积/km²	户籍人口/人	村集体收入/（万元）	主要民族	村落成因	地形地貌	村民人均收入/元	主要产业种类 农作物	经济林木	养殖	三产服务	特色产业	特色文化	特色工艺
132	雷山县桃江乡掌雷村	2	行政村	清	9.2149	1 112	76.092	苗	择居迁徙	山地	680	水稻、玉米		黑毛猪		黑毛猪	超短裙苗族聚居村寨、锦鸡舞、超短裙、吃新节	
133	雷山县桃江乡龙河村	2	行政村	清	4.95	1 049	68.185	苗	江西迁移	山、坡混合	650	水稻		黑毛猪	苗族刺绣	黑毛猪		苗族手工刺绣
134	雷山县达地水族乡也蒙村	2	行政村	明	6.93	1 045	2	苗	迁移	山地	1 236		茶叶		苗族刺绣	茶叶	古瓢舞、瓜年节	苗族手工刺绣、苗族百鸟衣
135	雷山县达地水族乡马路苗寨	3	行政村	明	14	200	0	苗	自然形成	山地	2 800	水稻					梯田景观、招龙节	苗族服饰
136	雷山县达地水族乡同乌水寨	3	行政村	明	0.5	278	0	水	自然形成	山地	2 430	水稻、农作物				黑毛猪、中草药	水族木鼓舞、水书	马尾绣
137	雷山县方祥乡陡寨村	2	行政村	明	18.2	933	359	苗	族群迁徙	山地	4 590	水稻	天麻			天麻		高排芦笙
138	雷山县方祥乡毛坪村	2	行政村	清	31	1 013	417	苗	族群迁徙	山地	4 833	水稻	茶叶	黑毛猪		黑毛猪、茶叶		高排芦笙
139	雷山县方祥乡格头村	2	行政村	明	23.1	563	0	苗	族群迁徙	山地	3 830	水稻		黑毛猪		黑毛猪	苗年、戊日节	高排芦笙制作技艺
140	雷山县方祥乡提香村	2	行政村	明	20.7	659	0	苗	族群迁徙	山地	4 778	水稻	天麻			天麻		高排芦笙制作技艺

总序	名称	批次	村制	成村年代	村域面积/km²	户籍人口/人	村集体收入（万元）	主要民族	村落成因	地形地貌	村民人均收入/元	主要产业种类				特色产业	特色文化	特色工艺
												农作物	经济林木	养殖	三产服务			
141	雷山县方祥乡雀鸟村	2	行政村	明	21.1	910	0	苗	族群迁徙	山地	4 870	水稻	天麻、茶叶、中药材			天麻、茶叶、中药材		高排芦笙制作技艺
142	雷山县方祥乡平祥村	3	行政村	明	14	799	20	苗	族群迁徙	山地	4 450	水稻	天麻	黑毛猪		黑毛猪、天麻		高排芦笙制作技艺
143	雷山县方祥乡水寨村	3	行政村	明	16.3	831	12	苗	族群迁徙	山地	4 278	水稻		黑毛猪		黑毛猪		高排芦笙制作技艺
144	黎平县坝寨乡坝寨村	1	行政村	明	8.8	1 677	0.3	侗	逃荒迁入	船型地貌	2 100	水稻	林业				侗戏、拦路歌	
145	黎平县坝寨乡蝉寨村	1	行政村	明	15.65	1 705	0.5	侗	逃荒迁入	山地、丘陵	2 000	水稻	林业				侗戏、侗族芦笙舞、拦路歌	侗族花桥建造技艺、侗族鼓楼建造技艺
146	黎平县坝寨乡高场村	1	行政村	明	22.7	1 936	0.2	侗	逃荒迁入	山谷坡脚河流边	2 015	水稻	林业				祭萨节、侗戏、拦路歌	鼓楼建造技艺、侗族花桥建造技艺
147	黎平县坝寨乡高兴村	1	行政村	明	6.72	405	0.2	侗	逃荒迁入	坡脚溪水边	1 900	水稻	天麻			天麻	侗戏、祭萨	
148	黎平县坝寨乡青寨村	1	行政村	明	5.5	93	0.3	侗	逃荒迁入	平坝	2 050	水稻	林业				侗戏、拦路歌、芦笙舞、斗牛	花桥建造技艺、侗族鼓楼建造技艺
149	黎平县坝寨乡高西村	2	行政村	明	11.89	1 263	0	侗	自然形成	丘陵	2 150	水稻	林业			天麻、椪柑、蜜桔	拦路歌、镶食节	传统服饰制作技艺及其"龙腰带"刺绣
150	黎平县坝寨乡器寨村	2	行政村	明	16.98	1 852	0.5	侗	逃荒迁入	坡脚溪水边	2 220	水稻	天麻			天麻、百合、玉竹	侗族摔跤、斗牛、芦笙舞、侗歌	侗族鼓楼花桥建造技艺、蓝靛旋染工艺

续表

总序	名称	批次	村制	成村年代	村域面积/km²	户籍人口/人	村集体收入/（万元）	主要民族	村落成因	地形地貌	村民人均收入/元	主要产业种类				特色产业	特色文化	特色工艺
												农作物	经济林木	养殖	三产服务			
151	黎平县大稼乡邓蒙村	1	行政村	清	12.95	1 553	0.5	苗	择居迁徙	山地	2 150	水稻		猪			踩歌堂、斗牛、芦笙舞	苗族服饰、蜡染
152	黎平县大稼乡高仟村	2	行政村	元代及以前	7.87	1 075	1	侗	择居迁徙	山地	2 863	水稻		猪			踩歌堂、四十八寨侗民琵琶歌	高仟侗族服饰、高仟蓝靛靛染工艺
153	黎平县大稼乡岑桃村	3	行政村	清	2.54	647	0	侗	择居迁徙	山地	2 300	水稻		猪			踩歌堂	岑桃服饰
154	黎平县德顺乡平甫村	1	行政村	元代及以前	9.94	952	1	侗	择居迁徙	山林地	3 200	水稻		猪			侗族大歌、琵琶歌	
155	黎平县地坪乡岑扣村	1	行政村	清	3.78	668	0	侗	择居迁徙	喀斯特地貌	810	水稻			旅游服务		河歌、春社节	侗族木构建筑建造技艺、民族手工刺绣
156	黎平县地坪乡高青村	1	行政村	明	13.11	2 295	0	苗	择居迁徙	山地地貌	960	水稻					俄地芦笙节、公衣儿俄虾、春社节、斗牛节	
157	黎平县地坪乡滚大村	1	行政村	清	16.13	2 856	0	苗	择居迁徙	山地	1 428	水稻			旅游服务		芦笙节	苗族刺绣、芦笙制作工艺
158	黎平县地坪乡新丰村	2	行政村	明	4.97	1 020	0	苗	择居迁徙	山地	1 000	水稻	林木				苗族芦笙舞、芦笙节	芦笙制作工艺程序、苗族服饰
159	黎平县地坪乡下寨村	2	行政村	明	4.3	887	0	侗	自然形成	山地	1 800	水稻			旅游服务			
160	黎平县洪州镇归欧村	1	行政村	明	5.28	900	0	苗	避难迁徙	低山丘陵峡谷区	1 200	水稻		养殖				苗族服饰

续表

总序	名称	批次	村制	成村年代	村域面积/km²	户籍人口/人	村集体收入/(万元)	主要民族	村落成因	地形地貌	村民人均收入/元	主要产业种类				特色文化	特色工艺
												农作物	经济林木	养殖	三产服务	特色产业		
161	黎平县洪州镇九江村	1	行政村	明	16.04	808	0	侗	迁入	低山丘陵峡谷	1 300	水稻		养殖			祭萨节、侗族琵琶歌	侗族鼓楼花桥营造技艺、侗族服饰、蓝靛染技艺
162	黎平县洪州镇平架村	1	行政村	明	26.58	2 255	0	侗	迁入	山地丘陵	1 025	水稻	林业				祭萨节	侗族鼓楼营造技艺、花桥营造技艺、侗族服饰、蓝靛染技艺
163	黎平县洪州镇三团村	1	行政村	近代及以前	9.70	1 980	0	苗	迁入	山地	980	水稻	林业				拜苗节、吃竹笋节	苗族服饰
164	黎平县九潮镇高黄村	1	行政村	明	19.81	1 851	0	侗	择居迁徙	条形(似船型)	2 110	水稻	林业				琵琶歌、记间鼓藏节、萨玛节	侗族木构建筑营造技术
165	黎平县九潮镇贡寨村	1	行政村	清	20.61	969	0	侗	择居迁徙	山地	1 954	水稻	林业				鼓藏节	侗族服饰
166	黎平县九潮镇客洞村	1	行政村	明	16.32	1 649	0	侗	避难迁徙	条形(似船型)	1 988	水稻		养殖			琵琶歌、六月六	侗族木构建筑营造技术
167	黎平县九潮镇高维村	2	行政村	清	12.39	1 236	0	侗	择居迁徙	山地	1 989	水稻					侗族琵琶歌、祭萨	蓝靛染工艺
168	黎平县九潮镇定八村	2	行政村	清	15.88	1 300	0	侗	择居迁徙	高山地区	1 975	水稻			刺绣服饰		萨玛节	蓝靛染工艺、定八刺绣、侗族服饰
169	黎平县九潮镇大榕村新寨	2	自然村	清	19.48	358	0	侗	择居迁徙	山地	2 110	水稻	林业				瑶族芦笙舞、瑶族破肚节	蓝靛染工艺
170	黎平县九潮镇顺寨村	2	行政村	明	14.57	1 915	1	侗	择居迁徙	船型地貌	1 974	水稻	林业				侗族琵琶歌、鼓藏节	侗族木构建筑营造技术、侗族服饰

续表

总序	名称	批次	村制	成村年代	村域面积/km²	户籍人口/人	村集体收入/（万元）	主要民族	村落成因	地形地貌	村民人均收入/元	农作物	经济林木	养殖	三产服务	特色产业	特色文化	特色工艺
171	黎平县雷洞乡金城村	1	行政村	元代及以前	6.3	1 164	0	瑶	自然形成	喀斯特地貌	725	水稻		养殖			瑶族芦笙舞	
172	黎平县雷洞乡岑管村	2	行政村	明	6.1	370	0	侗	择居迁徙	环形山坡岭	820	水稻		养殖			侗歌侗戏	侗布纺织、蓝靛靛染技艺
173	黎平县雷洞乡牙双村	2	行政村	明	9.4	1 278	0	侗	择居迁徙	坡游地貌	782	水稻		养殖			祭萨节、侗族哆耶踩歌堂	侗族服饰
174	黎平县茅贡乡蚕洞村	1	行政村	清	4.2	786	0.5	侗	择居迁徙	喀斯特地貌	800	水稻		养殖			祭萨节、春节、三月三、十月平安节	
175	黎平县茅贡乡冲寨	1	自然村	明	0.5	560	0	侗	择居迁徙	喀斯特地貌	2 300	水稻	林业				侗族大歌	
176	黎平县茅贡乡登岑村	1	行政村	明	9.2	655	5	侗	择居迁徙	山地	2 218	水稻			旅游服务		侗族大歌、芦笛舞、侗戏、千三节	蓝靛靛染技艺
177	黎平县茅贡乡地扪村	1	行政村	元代及以前	23.2	2 678	5	侗	择居迁徙	喀斯特地貌	1 800	水稻		养殖	旅游服务		地打干三节、侗戏	古法造纸技术
178	黎平县茅贡乡高近村	1	行政村	明	7.4	645	1.2	侗	择居迁徙	喀斯特地貌	856	水稻		养殖			侗族大歌、侗戏、祭萨节、六月六、十月平安节、春节	
179	黎平县茅贡乡流芳村	1	行政村	清	6.5	786	1.1	侗	择居迁徙	喀斯特地貌	3 100	水稻		养殖		有机大米	侗族大歌、侗戏、六月六、祭萨	
180	黎平县茅贡乡寨头村	1	行政村	元代及以前	6.5	1 338	0.52	侗	逃荒迁入	喀斯特地貌	1 200	水稻		养殖			侗戏、萨玛节	服饰、侗族建筑营造技艺、蓝靛靛染技艺

总序	名称	批次	村制	成村年代	村域面积/km²	户籍人口/人	村集体收入（万元）	主要民族	村落成因	地形地貌	村民人均收入/元	主要产业种类				特色产业	特色文化	特色工艺
												农作物	经济林木	养殖	三产服务			
181	黎平县茅贡乡额洞村	2	行政村	清	2.6	1 276	0.8	侗	迁入	喀斯特地貌	3 500	水稻		养殖			侗族大歌、侗族萨玛节	侗族鼓楼花桥建造技艺
182	黎平县茅贡乡寨南村	2	行政村	明	4.56	675	140	侗	自然形成	喀斯特地貌	2 272	水稻		养殖			祭社稷坛、侗族鼓楼歌	侗族服饰、蓝靛靛染工艺
183	黎平县茅贡乡己炭村汉寨	2	自然村	民国	0.18	170	0	侗	择居迁徙	喀斯特地貌	2 200	水稻		养殖			侗族大歌、侗族服饰	蓝靛靛染工艺
184	黎平县茅贡乡腊洞村	4	行政村	清	16.2	1 425		侗	择居迁徙	山地	1 860	种植		养殖			侗戏、蓝靛染技艺，侗族大歌、传统古法造纸技术、六月六	
185	黎平县孟彦镇芒岭村	1	行政村	明	14.79	1 328	1.2	侗	择居迁徙	丘陵	1 600	水稻	杉木、百合				起凤山山歌会	
186	黎平县孟彦镇罗溪村	2	行政村	清	22.76	1 726	0	侗	择居迁徙	山地	1 500	水稻	林业				踩歌堂	侗族鼓楼花桥建造技艺
187	黎平县孟彦镇岑湖村	2	行政村	清	13.61	1 411	0	侗	自然形成	山地	700	水稻	林业					侗族鼓楼花桥建造技艺
188	黎平县尚重镇高冷村	1	行政村	清	6.24	626	0	侗	择居迁入	山地	1 822	水稻	林业				侗族琵琶歌	侗族木构建筑营造艺
189	黎平县尚重镇纪登村	1	行政村	明	12.23	2 041	0.134	侗	择居迁入	山地	1 822	水稻	林业				侗族琵琶歌、侗族哆耶踩歌堂	侗族木构建筑营造艺、服饰
190	黎平县尚重镇绍洞村	1	行政村	明	16.63	2 417	0	侗	择居迁入	山地	1 895	水稻	林业				侗族琵琶歌	侗族服饰

续表

总序	名称	批次	村制	成村年代	村域面积/km²	户籍人口/人	村集体收入/（万元）	主要民族	村落成因	地形地貌	村民人均收入/元	主要产业种类				特色产业	特色文化	特色工艺
												农作物	经济林木	养殖	三产服务			
191	黎平县尚重镇育洞村	1	行政村	明	26.16	3 536	0	汉苗侗水瑶	自然迁徙	山地	1 685	水稻	林业				侗族琵琶歌	
192	黎平县尚重镇朱冠村	1	行政村	明	4.57	812	0	侗	择居迁入	山地	1 822	水稻	林业				侗族琵琶歌、鼓藏节、祭萨、芦笙舞	侗族服饰、蓝靛靛染技艺
193	黎平县尚重镇岑门村	2	行政村	清	5.41	337	0	苗	择居迁入	山地	1 500	水稻	林业				芦笙舞	苗族服饰
194	黎平县尚重镇顿路村	2	行政村	明	5.2	856	0	侗	择居迁入	山地	1 650	水稻	林业				侗族琵琶歌	
195	黎平县尚重镇归德村	2	行政村	清	4.69	650	0	侗	迁入	山地	1 100	水稻	林业				侗族琵琶歌	侗族木构建筑营造技艺、侗族服饰制作
196	黎平县尚重镇旧洞村	2	行政村	明	8	723	0	侗	迁入	山地	1 627	水稻	林业				侗族琵琶歌	蓝靛靛染工艺、侗族服饰
197	黎平县尚重镇上洋村	2	行政村	明	9	1 895	0	侗	迁入	山地	1 822	水稻	林业				侗族琵琶歌、鼓藏节、破新节、祭祖节	侗族服饰、蓝靛靛染技艺
198	黎平县尚重镇下洋村	2	行政村	明	5.73	1 916	0	侗	迁入	山地	1 836	水稻	林业				踩歌堂、琵琶歌、吹芦笙、鼓藏节、破新节、祭祖节	侗族服饰、蓝靛靛染技艺、洋侗布
199	黎平县尚重镇西迷村	2	行政村	明	6.37	951	0	侗	迁徙	山地	1 825	水稻	林业				木姜子、油桐子、杨梅、松茯苓、天麻、香菇木耳、辣椒	侗族琵琶歌、祭萨节	侗族服饰、蓝靛靛染技艺

总序	名称	批次	村制	成村年代	村域面积/km²	户籍人口/人	村集体收入/（万元）	主要民族	村落成因	地形地貌	村民人均收入/元	农作物	经济林木	养殖	三产服务	特色产业	特色文化	特色工艺
200	黎平县尚重镇宰蒙村	2	行政村	明	8.3	1 743	0	侗	迁入	山地	1 850	水稻	林业				侗族琵琶歌、侗族哆耶踩歌堂	侗族木构建筑营造技艺、侗族服饰制作
201	黎平县尚重镇绞洞村	3	行政村	明	5.58	545	0	侗	择居迁徙	山地	1 822	水稻	林业				侗族琵琶歌、鼓藏节、吃新节	侗族服饰、蓝靛染工艺
202	黎平县尚重镇洋卫村	3	行政村	明	13.19	2 150	0	侗	择居迁入	山地	1 960	水稻	林业				侗族琵琶歌、斗牛、洋卫鼓藏节	侗族服饰、蓝靛染技艺
203	黎平县双江乡黄岗村	1	行政村	元代及以前	17	1 718	0	侗	择居迁入	山地	1 130	水稻			旅游服务		侗族大歌、喊天节、萨玛节、抬官人	侗族木构建筑营造技艺、侗族服饰
204	黎平县双江乡四寨村	2	行政村	元代及以前	23	1 858	0	侗	择居迁入	山地	1 883	水稻			旅游服务		斗牛节、侗族摔跤节	侗族木构建筑营造技艺、侗族服饰
205	黎平县双江乡寨高村	2	行政村	元代及以前	15.42	1 348	0.1	侗	迁徙繁衍	山地	1 789	水稻		养殖			斗牛节、摔跤	蓝靛染工艺、侗族服饰、侗鼓楼花桥建造技
206	黎平县岩洞镇述洞村	1	行政村	明	15.32	1 579	0.7735	侗	择居迁入	盆地	825	水稻			旅游服务		侗大歌、侗戏、述洞鬼节、萨玛节	蓝靛染技艺
207	黎平县岩洞镇岩洞村	1	行政村	明	30.5788	4 275	4	侗	游猎定居	盆地	1 500	水稻		养殖			侗族大歌、斗牛节、侗戏、岩洞六月六	蓝靛染技艺
208	黎平县岩洞镇宰拱村	1	行政村	明	9.3	1 020	0	侗	逃荒迁入	山谷洼地	1 570	水稻			旅游服务		侗族大歌、侗戏、蓝靛染技艺、萨玛节	织染侗布、制作构皮纸
209	黎平县岩洞镇竹坪村	1	行政村	明	26.6	2 718	3	侗	择居迁入	盆地	1 275	水稻			旅游服务		侗族大歌、侗戏、萨玛节	蓝靛染技艺

续表

总序	名称	批次	村制	成村年代	村域面积/km²	户籍人口/人	村集体收入/（万元）	主要民族	村落成因	地形地貌	村民人均收入/元	农作物	经济林木	养殖	三产服务	特色产业	特色文化	特色工艺
210	黎平县岩洞镇大寨村	2	行政村	明	11.54	1 221	1.02	侗	择居迁入	盆地	864	水稻			旅游服务		侗族大歌、十八腊汉侗歌会、侗族歌舞、侗戏、祭萨节、吃新节、甲戌节	侗族鼓楼花桥建造技艺、蓝靛靛染工艺、侗族服饰、蜡染、纺织
211	黎平县岩洞镇小寨村	2	行政村	明	5.1	540	0	侗	避难迁徙	盆地	1 210	水稻			旅游服务		侗族琵琶歌、十八腊汉侗歌会、吃新节、甲戌节	侗族服饰、蓝靛靛染工艺、蜡染
212	黎平县永从乡豆洞村	1	行政村	清	11.9	1 342	0.8	侗	择居迁入	喀斯特特地貌	923	水稻		养殖			侗族大歌、豆洞村吃新节、侗族舞龙、吃新节、三月三黄草粑节、乌米节	侗族鼓楼花桥建造工艺、侗族刺绣
213	黎平县永从乡九龙村	1	行政村	元代及以前	34.5	3 229	2.5	侗	择居迁入	丘陵、山地	1 863	水稻		养殖			侗族大歌	蓝靛靛染工艺
214	黎平县永从乡中罗村	2	行政村	元代及以前	19.73	2 179	1.6	侗	择居迁入	丘陵、山地	800	水稻					侗族大歌、关秧门喊甲	侗族服饰、蓝靛靛染工艺
215	黎平县肇兴乡中寨村	1	行政村	元代及以前	2.42	897	0.5	侗	迁徙繁衍	溪谷河畔	1 875	水稻		养殖	旅游服务		侗族大歌、祭萨节	侗族鼓楼花桥建造工艺
216	黎平县肇兴乡纪堂村	1	行政村	元代及以前	4.84	2 041	0.2	侗	迁徙繁衍	山地	1 980	水稻		养殖		大蒜、棉花、花生	侗款、侗族芦笙会、侗戏、拾官人、祭萨节	侗族木构建筑营造技艺、蓝靛靛染工艺
217	黎平县肇兴乡纪堂上寨村	1	行政村	元代及以前	5.52	1 276	0.1	侗	迁徙繁衍	山地	1 924	水稻		养殖			侗歌、侗族芦笙会、侗戏、拾官人、祭萨节、泥人节	侗族木构建筑营造技艺、蓝靛靛染工艺、芦笙制作工艺
218	黎平县肇兴乡堂安村	1	行政村	清	4.84	867	0.2	侗	迁徙繁衍	山地	1 980	水稻		养殖			梯田景观、祭萨节	侗族木构建筑营造工艺、侗族蓝靛靛染工艺
219	黎平县肇兴乡肇兴村	1	行政村	元代及以前	6.56	1 930	1	侗	迁徙繁衍	溪谷河畔	2 321	水稻		养殖			农田景观、侗族大歌、祭萨节	侗族鼓楼花桥建造技艺、侗族蓝靛靛染工艺

总序	名称	批次	村制	成村年代	村域面积/km²	户籍人口/人	村集体收入（万元）	主要民族	村落成因	地形地貌	村民人均收入/元	主要产业种类				特色产业	特色文化	特色工艺
												农作物	经济林木	养殖	三产服务			
220	黎平县肇兴乡肇兴上寨村	2	行政村	元代及以前	7.25	1350	0.6	侗	迁徙繁衍	溪谷河畔	1 968	水稻		养殖	旅游服务		侗族大歌、祭萨节	侗族鼓楼花桥建造技艺、蓝靛染工艺
221	黎平县肇兴乡厦格村	2	行政村	元代及以前	2.4	650	0	侗	迁徙融合	山地	1 527	水稻		养殖			侗族大歌、斗牛、吹芦笙拦路歌、泥人节、祭萨节	侗族鼓楼花桥建造技艺、蓝靛染工艺
222	黎平县肇兴乡厦格上寨村	2	行政村	元代及以前	5.44	1193	0	侗	迁徙繁衍	山地	1 556	水稻		养殖			侗族大歌、斗牛、吹芦笙拦路歌、泥人节、祭萨节	侗族木构建筑营造技艺、蓝靛染工艺
223	黎平县水口镇东郎村	2	行政村	明	10.34	1700	0	侗	自然形成	山地	1 807	水稻					芦笙舞、祭公坛、琵琶歌	侗族服饰、传统织布工艺、蓝靛染工艺
224	黎平县水口镇花柳村	2	行政村	清	3.94	450	0	侗	择居迁入	山地	780	水稻			银饰加工		琵琶歌、芦笙舞、祭萨节、三月三、四月四、五月五（端午）、六月六、吃新节、祖宗节（十月十二日）、春节	银饰加工工艺、蓝靛染工艺、传统手工刺绣
225	黎平县水口镇南江村	2	行政村	清	8.68	358	2.46	侗	择居迁入	盆地	793	水稻		养殖		茶叶、油茶	琵琶歌、芦笙舞、南江祭萨节	侗族服饰、蓝靛染工艺、传统手工刺绣
226	黎平县水口镇滚洞村	2	行政村	清	19.7333	1735	0.5	苗、侗	择居迁入	喀斯特地貌	798	水稻			旅游服务	松脂	侗族大歌、侗族琵琶歌、集体婚礼、吹芦笙、鼓藏节	侗族服饰、蓝靛染布
227	黎平县水口镇宰洋村宰宜寨	2	自然村	清	0.25	586	0	侗	择居迁入	喀斯特地貌	1 980	水稻			旅游服务		侗族大歌、侗族琵琶歌、芦笙舞、侗族戏剧、祭萨节	侗族服饰、侗族蓝靛染技术
228	黎平县水口镇平善村	3	行政村	明	12.5	646	0.5	苗	迁入	山地	1 300	水稻			旅游服务		梯田景观、芦笙舞、苗族中秋节、苗族对歌、斗牛	

续表

总序	名称	批次	村制	成村年代	村域面积/km²	户籍人口/人	村集体收入/(万元)	主要民族	村落成因	地形地貌	村民人均收入/元	农作物	经济林木	养殖	三产服务	特色产业	特色文化	特色工艺
229	黎平县口江乡银朝村	2	行政村	清	15.8	1453	2	侗	择居迁入	山谷地貌	1 200	水稻			旅游服务		侗族大歌、侗戏	侗族鼓楼花桥建造技艺、银朝服饰
230	黎平县口江乡朝坪村	4	行政村	清	18.48	1062	1.2	侗	迁入聚居	山谷、丘陵	3 690	水稻、大豆、油菜、棉花、花生、辣椒、薯类等	林木	牛、羊			侗戏、侗族大歌、祭萨、传统节日	
231	黎平县龙额镇上地坪村	2	行政村	清	5.50	820	0.55	侗	择居迁入	喀斯特地貌	712	水稻		养殖			侗戏、侗族大歌、踩歌堂、侗族戏剧、芦笙节	木雕技术、侗族蓝靛淀染技术
232	黎平县平寨乡纪德村	2	行政村	明	7.29	1326	0.2	苗	自然形成	山地	850	水稻		养殖			斗牛	纪德的服饰、刺绣、织布、染布
233	黎平县德化乡高洋村	2	行政村	明	10.87	1450	1.5	侗	择居迁入	山地	2 111	水稻		养殖			吹芦笙、斗牛、鼓藏节	高洋侗族服饰、侗族木构建筑营造技艺、高洋蓝靛染工艺
234	黎平县德化乡下洋村	2	行政村	明	7.763	960	1.3	侗、苗	迁入	山地	2 410	水稻		养殖			洋洞侗族琵琶歌、吹芦笙、鼓藏节	洋洞传统服饰、洋洞侗布
235	黎平县德化乡倬翁村	3	行政村	清	6.62	1014	1.2	苗、侗	迁入	山地	2 004	水稻		养殖			吹芦笙、鼓藏节、七月半、苗年、六月六、稻草节	倬翁服饰、苗族蓝靛染工艺、苗、木结构民居建造技艺
236	黎平县顺化瑶族乡高孑村	4	行政村	明	6.48	922		瑶	避难迁徙	山地	2 000	水稻、红薯	楠竹、茶叶			黄豆	花棍式、瑶族服饰、瑶药、瑶族传统节日	
237	榕江县平江乡滚仲村	1	行政村	明	72	1068	122.1	苗	族群迁徙	山地	750	水稻	杉木				苗族芦笙舞、斗牛、苗族鼓藏节、苗年、六月六粽粑节、跳月、苗王节	芦笙制作技艺、蜡染、刺绣、百鸟衣

总序	名称	批次	村制	成村年代	村域面积/km²	户籍人口/人	村集体收入（万元）	主要民族	村落成因	地形地貌	村民人均收入/元	主要产业种类				特色产业	特色文化	特色工艺
												农作物	经济林木	养殖	三产服务			
238	榕江县兴华乡八蒙村	1	自然村	明	46	441	30.5	水	族群迁徙	河谷江边	600	水稻				黄豆	芦笙舞、铜鼓舞、斗牛舞、水书、水族马尾绣、水族民歌、瓜节	水族织布技艺
239	榕江县兴华乡摆贝村	1	自然村	元代及以前	61.7	1 890	103.9	苗	族群迁徙	山地	550	水稻					斗牛、古瓢舞、吹芦笙、苗族鼓藏节、苗年、吃新节	蜡染、刺绣、百鸟衣
240	榕江县栽麻乡大利村	1	自然村	明	58.5	1 314	88.86	侗	逃荒迁徙	深山溪谷	600	水稻	猕猴桃			猕猴桃、葡萄、天麻、黑毛猪、乌骨鸡	侗族大歌、侗戏、萨玛节、侗年、吃新节	竹编、藤编、木雕
241	榕江县栽麻乡宰荡村	1	自然村	元代及以前	22	1 337	93.5	侗	族群迁徙	槽形谷地	700	水稻	西瓜、韭菜			西瓜、韭菜	侗族舞、侗戏、吹芦笙、侗族琵琶、牛腿琴、侗族斗牛、萨马节、侗年	花带编织、竹编、侗族木构建造工艺、侗族木雕、芦笙制作
242	榕江县栽麻乡归柳村	4	自然村	明	80	2 214	95	侗	逃荒迁徙	深山溪谷丘陵	650	水稻	杉木、楠竹、猕猴桃、杨梅	牛		林业、楠竹、油茶、猕猴桃	侗族大歌、祭萨、清乾隆年间的鼓楼、九层密檐式单楼冠四角冠尖顶塔状木构建筑	竹编、藤编
243	榕江县栽麻乡苗兰村侗寨	2	自然村	明	42	1 241	72.4	侗	族群迁徙	丘陵小盆地	600	水稻		猪		黑毛猪	侗戏、侗族大歌	芦笙制作工艺、侗族竹编、藤编工艺
244	榕江县寨蒿镇票寨村侗寨	2	自然村	明	43	2 216	181.7	侗	族群迁徙	大山谷地	820	水稻	油茶、马铃薯				侗族大歌、侗戏、牛腿琴、琵琶	
245	榕江县寨蒿镇晚寨村	4	自然村	明	61.7	1 248	149.7	侗	迁徙	椅形半山	1 200	水稻、玉米	杨梅、柑橘	猪、牛、鱼、禽类	旅游		侗族大歌、侗族琵琶歌、干栏式吊脚楼	刺绣

续表

总序	名称	批次	村制	成村年代	村域面积/km²	户籍人口/人	村集体收入/（万元）	主要民族	村落成因	地形地貌	村民人均收入/元	主要产业种类				特色产业	特色文化	特色工艺
												农作物	经济林木	养殖	三产服务			
246	榕江县寨蒿镇乌公村	4	自然村	清	16	810	85	侗	自然形成	河谷江边溪岸地势平坦	1 050	水稻	杉木、橘子	土山羊、养殖、稻田养鱼	旅游		侗族琵琶歌、鼓藏节、烧鱼节	15
247	榕江县三江乡脚车苗寨	2	自然村	明	72	1 178	65.1	苗	择居迁徙	大山谷地	400	水稻		牛、猪			芦笙舞、鼓藏节、苗年、跳月、斗牛	芦笙制作、蜡染、刺绣
248	榕江县塔石乡怎东村瑶寨	2	自然村	明	42	253	15.4	瑶	战乱迁徙	高山深河谷	610	水稻	杉木	猪			洗草药浴、盘王节、二月三、三月三、敲牛节、七月七	瑶族榨油
249	榕江县忠诚镇定达村	4	自然村	清	7.28	966	1411	侗		山地、原始森林	1 850	优质旱稻、玉米、蔬菜	白茶	肉牛、黑山羊、乌骨鸡		高黄果万亩茶场	拦路歌、芦笙、高黄斗牛	
250	榕江县朗洞镇卡寨村	4	行政村	明	20	1 903	28.5	苗		山地		水稻	桂花、松、杉				农历10月过大年、吹芦笙、踩歌堂、芦笙舞、大花脸婚俗、桂花村、清中期的古民居、庙宇、粮岩	
251	榕江县计划乡加宜村	4	自然村	元代以前	1.5	1 698	1411	苗、水		山地、森林	1 411	水稻	楠竹、药材	香猪	旅游	楠竹、香猪养殖	古树群	
252	榕江县平阳乡丹江村	4	行政村	唐	23	1 459	42	苗、侗		森林		水稻	香菇、茯苓		旅游			
253	黄平县谷陇乡苗陇村	2	行政村	明	7.01	2 820	56	苗	战乱迁徙	山地	2 000	水稻生产、玉米					苗族刻道、苗族古歌、芦笙歌舞、苗年、三月三芦笙会、四月八节、祭桥节等	苗族服饰、苗族刺绣、苗族银饰制作技艺、苗族手工艺品、竹编、木雕
254	黄平县谷陇镇平寨村	3	自然村	明	6	1 473	0	苗	自然形成	山地	2 100	水稻		林下养殖				

总序	名称	批次	村制	成村年代	村域面积/km²	户籍人口/人	村集体收入/（万元）	主要民族	村落成因	地形地貌	村民人均收入/元	农作物	经济林木	养殖	三产服务	特色产业	特色文化	特色工艺
													主要产业种类					
255	黄平县谷陇镇岩门司村	4	行政村	清	9.5	1 722	674	汉、苗	政治因素	河谷	2 000	水稻、玉米	核桃			核桃产业		
256	黄平县重安镇枫香村	3	自然村	明	9.8	3 194	5.1	苗	迁徙	山地	2 563	水稻			蜡染、刺绣、竹编		芦笙舞、革家文化、革家风情歌舞表演	革家蜡染、革家刺绣、银饰、芦笙制作
257	黄平县重安镇塘都村	3	行政村	明	5	2 636	12.6	苗	战争迁徙	山地	2 980	水稻、玉米		猪			革家风情歌舞表演	银饰加工
258	黄平县重安镇望坝村	3	自然村	明	3.1	1 608	0.59	苗	战争迁徙	山岭盆地	3 120	水稻、玉米、小麦					革家风情歌舞表演	革家人刺绣
259	黄平县野洞河镇新华村	3	行政村	明	9.8	2 376	3.5	仫佬	民族迁徙	丘陵	4 875		中药材			中药材	仫佬族文化	
260	台江县台拱镇展福村	2	行政村	明	3.5	1 048	0.85	苗	民族迁徙	山地	3 600	水稻	太子参			生姜、太子参、杨梅		苗族服饰
261	台江县台拱镇板凳村	2	行政村	明	4.25	700	1.2	苗	民族迁徙	山地	2 100	水稻	金秋梨	稻田养鱼		金秋梨	苗族歌舞、苗年、吃新节、敬桥节	苗族刺绣、苗族蜡染
262	台江县台拱镇南省村	2	行政村	元代及以前	2.56	1 986	5	苗	民族定居	山地	3 895	水稻	大棚蔬菜			西瓜、辣椒	苗族古歌、龙头节、牛王节、吃新节、龙年节、玩年节、地岁节、端午节、降龙节、赶秋节、酒节、灶神节、除夕夜等	
263	台江县台拱镇南冬村	2	行政村	元代及以前	3.9	926	3	苗	民族聚居	山地	3 786	水稻	大棚蔬菜			西瓜		苗族刺绣、剪纸

续表

总序	名称	批次	村制	成村年代	村域面积/km²	户籍人口/人	村集体收入/(万元)	主要民族	村落成因	地形地貌	村民人均收入/元	主要产业种类				特色产业	特色文化	特色工艺
												农作物	经济林木	养殖	三产服务			
264	台江县台拱镇排朗村	2	自然村	明	2.6	700	1.2	苗	民族迁移	山地	3 600	水稻					苗族反排木鼓舞、芦笙舞、斗鸟、鼓藏节、姊妹节、苗年、七月半、端午节、芦笙节	苗族刺绣、苗族蜡染
265	台江县台拱镇桃香村	2	行政村	明	2.55	665	2	苗	民族迁移	山地	3 600	水稻	金秋梨			太子参等中药材、金秋梨	苗族芦笙舞、鼓藏节、苗年、吃新节、敬桥节	苗族服饰、苗族刺绣、苗族蜡染
266	台江县台拱镇登鲁村	2	行政村	元代及以前	4.6	580	2	苗	迁移聚居	山地	2 106	水稻	杨梅、板栗、油桐、辣椒、药材	稻田养鱼		稻田养鱼	苗族芦笙舞、斗牛、苗族铜鼓舞、苗年、吃新节、敬桥节	苗族刺绣、蜡染、民族服饰、芦笙制作技艺
267	台江县台拱镇交片村	2	行政村	元代及以前	3.73	820	2	苗	民族迁移	山地	2 089	水稻		猪			苗族芦笙舞、苗族铜鼓舞、斗牛、苗年、"二月二"祭桥节	苗族刺绣、蜡染、民族服饰、芦笙制作技艺
268	台江县台拱镇展下村	2	行政村	元代及以前	2.9	120	3	苗	民族迁移	山地	2 468	水稻		稻田养鱼		稻田养鱼	苗族芦笙舞、苗族歌舞、斗牛、跳月、苗年、吃新节、祭桥节	苗族刺绣、蜡染、苗族纺织
269	台江县施洞镇小河村	2	行政村	明	8	1 050	6	苗	土壤肥沃	巴拉河河道	3 000	种植		稻田养鱼	银饰、刺绣		古歌、飞歌、敬桥节、姊妹节、龙船节	苗族刺绣
270	台江县施洞镇旧州村	2	行政村	元代及以前	5.12	707	2	苗	民族迁移	山地	1 700	种植		稻田养鱼	银饰、刺绣		古歌、敬桥节、姊妹节、龙船节	苗族刺绣
271	台江县施洞镇八梗村	2	行政村	元代及以前	2.13	457	1	苗	民族迁移	山地	1 100	水稻	林木	稻田养鱼			苗族古歌、龙船节、敬桥节、姊妹节	苗族刺绣
272	台江县施洞镇黄泡村	2	行政村	明	5.12	742	2	苗	民族迁移	山地	2 528	水稻	林木				古歌	苗族刺绣
273	台江县南宫乡交包村	2	行政村	明	7.73	952	1	苗	民族迁移	山地峡谷	2 908	水稻、玉米	林业				芦笙会、喉畅节、招龙节	纺织

总序	名称	批次	村制	成村年代	村域面积/km²	户籍人口/人	村集体收入（万元）	主要民族	村落成因	地形地貌	村民人均收入/元	主要产业种类				特色产业	特色文化	特色工艺
												农作物	经济林木	养殖	三产服务			
274	台江县南宫乡交下村	2	行政村	新中国成立以后	2.3	1 022	4.8	苗	民族聚居	山地	1 470		核桃种植	养殖		养鱼、核桃种植	民族舞蹈、芦笙舞、木鼓舞、姊妹节、鼓藏节、敬桥节、吃新节、踩鼓节、芦笙节	苗族服饰
275	台江县南宫乡交密村	2	行政村	明	32.78	1 286	3	苗	民族迁移	山地	3 100	水稻、玉米	林业	猪、养鱼		中草药、蔬菜、金菇藤	苗族芦笙、招龙节	绣工、纺织
276	台江县南宫乡展忙村	2	行政村	明	0.51	592	1	苗	迁移	山地峡谷	2 040	水稻、玉米					苗族古歌、芦笙舞、苗族服饰	
277	台江县南宫乡石灰河村	3	行政村	明	1.07	469	1	苗	民族迁移	山地	2 150	水稻、玉米	林业			养蜂		民族服饰
278	台江县排羊乡九摆村	2	行政村	明	110	1 317	2	苗	民族聚集	喀斯特特地貌	3 210	水稻、玉米、木梳			银饰加工		古歌、鼓藏节、苗年节、吃新节	木梳和银饰工艺品加工、剪纸
279	台江县排羊乡上南刀村	2	行政村	明	90	515	2	苗	民族迁移	山地	3 000	水稻	药业、林业			中药材种植	芦笙、服饰、苗族姊妹节	
280	台江县排羊乡大塘村	3	行政村	明	34	508	1	苗	民族迁移	喀斯特特地貌	2 300	水稻、玉米						
281	台江县台盘乡德卷村	2	行政村	元代及以前	2.73	1 420	2	苗	迁徙聚居	山地	2 100	水稻		猪			苗族歌舞	
282	台江县台盘乡南瓦村	2	行政村	元代及以前	1.8	831	2	苗	迁徙聚居	山地、林地	2 400	水稻		稻田养鱼			苗族歌舞、九月九、吃新节	南瓦服饰、苗族刺绣、银饰工艺
283	台江县台盘乡空簝村	3	行政村	元代及以前	2.56	1 280	3	苗	迁徙定居	山地	2 300	水稻			刺绣			刺绣

续表

总序	名称	批次	村制	成村年代	村域面积/km²	户籍人口/人	村集体收入/（万元）	主要民族	村落成因	地形地貌	村民人均收入/元	农作物	主要产业种类			特色产业	特色文化	特色工艺
													经济林木	养殖	三产服务			
284	台江县台盘乡南瓦村	3	行政村	元代及以前	1 233	1 900	3	苗	民族迁移	山地、丘陵	2 000	水稻、玉米					民族古歌、歌舞	
285	台江县革一乡北方村	2	行政村	元代及以前	2.9	1 204	264.88	苗	迁徙聚居	喀斯特地貌	2 200	水稻		稻田养鱼		稻田养鱼	苗族反排木鼓舞、芦笙舞、吃新节、祭桥节、苗年	苗族刺绣、苗族蜡染
286	台江县革一乡排生村	2	行政村	元代及以前	3.1	1 400	3	苗	迁徙聚居	山地	2 400	水稻		网箱养鱼		稻田养鱼		民族服饰
287	台江县革一乡西南村	2	行政村	元代及以前	2.7	1 415	3	苗	依山而建	依山而建	2 100	水稻		猪			苗歌、苗族芦笙舞、铜鼓舞、苗族鼓藏节、吃新节、苗年	苗族刺绣、苗族蜡染、民族服饰
288	台江县革一乡江边村	3	行政村	元代及以前	2.9	1 254	2	苗	迁徙聚居	山地	2 100	水稻	枇杷种植					苗族刺绣
289	台江县革一乡茅坪村	3	行政村	元代及以前	3.6	1 632	3	苗	迁徙聚居	山地	2 200	水稻		稻田养鱼		稻田养鱼		苗族刺绣
290	台江县老屯乡长滩村	2	行政村	明	5.4	988	3	苗	民族迁移	山地	4 100	水稻	竹荪、蓝莓		刺绣服饰	蓝莓、竹荪	民族服饰、独木龙舟节、苗族姊妹节	苗族刺绣
291	台江县老屯乡白土村	3	行政村	明	3.83	447	1	苗	民族迁移	山地	4 100	水稻		养殖			飞歌	染布工艺
292	台江县方召乡反排村	2	行政村	元代及以前	7.55	1 852	1	苗	民族迁移	喀斯特地貌	4 225	水稻		养殖		朝天椒	反排木鼓舞、声部合唱、木鼓舞、芦笙舞、多苗年、敬桥节、鼓藏节	苗族服饰、刺绣、挑花、编织、雕刻
293	台江县方召乡巫脚交村	2	行政村	元代及以前	7.55	1 835	1.5	苗	民族迁移	喀斯特地貌	4 225	水稻	辣椒种植			朝天椒		民族服饰

总序	名称	批次	村制	成村年代	村域面积/km²	户籍人口/人	村集体收入/(万元)	主要民族	村落成因	地形地貌	村民人均收入/元	农作物	经济林木	养殖	三产服务	特色产业	特色文化	特色工艺
												主要产业种类						
294	台江县方召乡巫梭村	2	行政村	元代及以前	9.83	1835	1.6	苗	迁移	喀斯特地貌	1688	水稻		黑毛猪		黑毛猪养殖、朝天椒	木鼓舞、苗族古歌、敬桥节、吃新节、苗年节、祭藏节	苗族服饰及其制作工艺、银饰制作工艺
295	台江县方召乡交汪村	2	行政村	元代及以前	13.55	1861	3.5	苗	民族迁徙	喀斯特地貌	4220	水稻		养殖		朝天椒	苗族古歌、敬酒歌、木鼓舞、芦笙舞、敬桥节、苗年	
296	台江县方召乡方召村	4	行政村	清	5.77	2506		苗		山地	2298	金银花		黑毛猪、朝天辣		朝天辣、黑毛猪、金银花	依山吊脚楼	
297	麻江县杏山镇六堡村	2	行政村	清	23	2626	3	畲、仫、佬、苗汉	迁移	喀斯特地貌	1560	水稻、玉米					畲族粑槽舞、芦笙舞、畲族武术、畲族医药、开路经、春节、四月八、吃新节	凤凰装、编织、刺绣
298	麻江县龙山乡河坝村	2	行政村	明	24	3520	0	瑶	迁移	山地丘陵	1800	水稻、玉米					斗牛、斗马、跳芦笙、瑶族隔冬家过冬节	瑶族服饰、枫香印染技艺
299	麻江县龙山乡复兴村	2	行政村	明	23	3188	0	仫佬	避难迁徙	山地	3651.4	水稻、玉米				稻田养鱼		
300	三穗县良上乡雅中村	2	行政村	清	6.2	1000	0	苗	避难迁徙	喀斯特地貌	2280		种植、养殖			稻田养鱼	石碑文化、"二月二"、"三月三"、"四月八"、敬苗节、赏新节、端午、七月半堼节、苗年、赏新(亦称吃新)、端午、七月半堼节、中秋、重阳、春节	
301	镇远县报京乡报京村	2	行政村	明	6	2854	560	侗	避难迁徙	丘陵	2830	水稻、玉米					刺绣、芦笙舞、踩鼓堂、正月初一吉利日、二月二桥节、三月三讨葱节、四月初八姊妹节、七月十三祭祖节、鼓藏节	刺绣
302	镇远县金堡镇爱和村	4	行政村	元以前		3068	1	苗	逃荒迁徙	山地	3400		茶叶、红桃	生猪			苗族踩鼓舞"六月六"吃新节、"爬坡"、"跑马"摇马郎节、对歌、吹芦笙	

续表

总序	名称	批次	村制	成村年代	村域面积/km²	户籍人口/人	村集体收入/（万元）	主要民族	村落成因	地形地貌	村民人均收入/元	农作物	经济林木	养殖	三产服务	特色产业	特色文化	特色工艺
303	岑巩县平庄乡平庄村凯空组	2	自然村	明	2	453	48	汉、少混	自然形成	沙地	1 600	水稻					思州公亭傩技催戏	
304	凯里市三棵树镇乐平村季刀寨	3	行政村	明	14.9233	500	0	苗	祖先迁徙	喀斯特地貌	4 428	农业	林业		旅游		美食、吃新节、苗年、鼓藏节、爬坡节、祭桥节、卯节	苗族土布制作技艺、双针绕线绣
305	凯里市三棵树镇朗利村	4	行政村	清	21.62	3 483	5	苗	战争迁徙	山地、河谷	6 300	辣椒		养殖	旅游	粮食、蔬菜、辣椒、莲藕、折耳根等农作物为主		
306	凯里市三棵树镇南花村	4	行政村	明	6.75	1 629	5	苗	自然形成	中低山丘陵	6 000	水稻、辣椒			旅游	农家乐	苗族传统文化和风俗	
307	凯里市凯棠乡南江村	4	行政村	清	6.85	2 338	2	苗	自然形成	山地	3 000	水稻、油菜					吃新节	
308	施秉县双井镇龙塘村	3	行政村	明	25.36	1 220	2	苗	迁入	山地	5 039		中药材、烤烟种植	小香鸡		烤烟、中药材、稻田养鱼、小香鸡养殖	古歌、芦笙舞、踩鼓舞、祭桥节、二月姊妹节、苗年、吃新节、苗族鼓藏节	刺绣印染
309	天柱县高酿镇地良村	3	行政村	明	18	2 236	5	侗	避难迁徙	山地	2 321		经济林、油茶	养殖			地良歌、滚山坡艺术节、侗族北部方言歌会地良歌节	

附表二 黔东南州文物保护单位一览表

序号	文物保护单位名称	所在市县	级别	类别	年代	详细地址	颁布时间
1	增冲鼓楼	从江县	国家级	古建筑	清	往洞乡增冲村	1988.01
2	高阡鼓楼	从江县	国家级	古建筑	清	下江镇宰养村	1988.01
3	金勾风雨桥	从江县	国家级	古建筑	清	往洞乡增盈村	2013.03
4	宰俄鼓楼	从江县	国家级	古建筑	清	下江镇高仟村	2013.03
5	三门塘古建筑群	天柱县	国家级	古建筑	清	坌处镇三门塘村南，南临清水江	2013.03
6	旧州古建筑群	黄平县	国家级	古建筑	明至清	集中于旧州镇西大街和老里坝坝大街	2006.05
7	飞云崖古建筑群	黄平县	国家级	古建筑	明至清	新州镇东坡村	2006.05
8	岩门司城垣	黄平县	国家级	古建筑	清	谷陇镇岩门司村	2013.03
9	重安江水碾群	黄平县	国家级	其他	明	重安镇堡上村	2013.03
10	锦屏飞山山庙	锦屏县	国家级	古建筑	清乾隆三十四年	锦屏县城西北角	2013.03
11	隆里古建筑群	锦屏县	国家级	古建筑	明，清	隆里乡隆里所村	2013.03
12	郎德上寨古建筑群	雷山县	国家级	古建筑	明，清	郎德镇上郎德村	2001.06
13	大利村古建筑群	榕江县	国家级	古建筑	明	榕江县栽麻乡境	2013.03
14	青龙洞古建筑群	镇远县	国家级	古建筑	明	东峡街14号	1988.01
15	和平村旧址	镇远县	国家级	近现代重要史迹及代表性建筑	民国	和平街和平村	2006.05
16	镇远城墙	镇远县	国家级	古建筑	明	县城北石屏山上	2013.03
17	地坪风雨桥	黎平县	国家级	古建筑	清	地坪乡	2001.06
18	黎平会议会址	黎平县	国家级	近现代重要史迹及代表性建筑	清	德凤镇二郎坡路52号	2006.05
19	述洞独柱鼓楼	黎平县	国家级	近现代重要史迹及代表性建筑	1922	岩洞乡述洞村	2013.03
	全国计数					19处	
20	丹寨万寿宫	丹寨县	省级	古建筑	清	龙泉镇南街村建设南路西侧15 m	1999.11
21	石桥白皮纸作坊遗址	丹寨县	省级	近现代重要史迹及代表性建筑	中华民国	南皋乡石桥村大崖脚	1999.11
22	流架风雨桥	从江县	省级	古建筑	清	谷坪乡流架村	2006.06
23	九龙山咸同起义遗址	天柱县	省级	近现代重要史迹及代表性建筑	清	石洞镇汉寨村东北侧	1982.02
24	王天培、王天锡故居	天柱县	省级	近现代重要史迹及代表性建筑	1930	凤城镇北门社区，西门路东段北侧	2006.06
25	文昌宫	台江县	省级	古建筑	清	台拱镇文昌东路5号	1982.02
26	苏元春公馆	台江县	省级	古建筑	清	施洞镇白子坪村	1999.11
27	施洞两湖会馆	台江县	省级	古建筑	清	施洞镇街上村	2006.06
28	木召庄园遗址	岑巩县	省级	古遗址	明	大有乡木召村中木召寨	1985.11
29	甘囊香芦笙堂碑	凯里市	省级	近现代重要史迹及代表性建筑	中华民国	舟溪镇舟溪村	1985.11
30	孙应鳌墓祠	凯里市	省级	古建筑	明	炉山镇	2006.06
31	凯里万寿宫	凯里市	省级	古建筑	明	西门街道大阁社区东门街北侧	2006.06

续表

序号	文物保护单位名称	所在市县	级别	类别	年代	详细地址	颁布时间
32	倒定千秋碑	剑河县	省级	石窟寺及石刻	清	南哨乡翁座村，村寨的中上部	1982.02
33	柳基古城垣	剑河县	省级	古建筑	清	南加镇柳基村	2006.06
34	华严洞摩崖	施秉县	省级	石窟寺及石刻	明	甘溪乡凉风坳	1982.02
35	诸葛洞纤道	施秉县	省级	古遗址	元	城关镇沙坪村莱花湾	1985.11
36	云台山古建筑群	施秉县	省级	古建筑	明	城东13里白垛乡	2006.06
37	夏同龢状元第	麻江县	省级	古建筑	清光绪	贤昌布依族乡高枧村狮子山脚下	1999.11
38	重安江铁索桥	黄平县	省级	古建筑	清	重安镇马鸡屯村	1982.02
39	苗瑶起义黄飘大捷遗址	黄平县	省级	近现代重要史迹及代表性建筑	清	黄飘乡团白村	1982.02
40	龙大道故居	锦屏县	省级	近现代重要史迹及代表性建筑	清光绪二十九年	茅坪镇上寨村	1985.11
41	雷公坪咸同起义遗址	雷山县	省级	古遗址	明、清	方祥乡陡寨村	1985.11
42	红七军九·一集会旧址	榕江县	省级	近现代重要史迹及代表性建筑	中华民国	古州镇古州中路	1982.02
43	红七军军部旧址	榕江县	省级	近现代重要史迹及代表性建筑	中华民国	古州镇古州中路	1985.11
44	中共镇远支部旧址(周达文故居)	镇远县	省级	古建筑	清末	和平街周达文故居	1985.11
45	天后宫	镇远县	省级	古建筑	清	新中街	1985.11
46	吴王洞摩崖	镇远县	省级	古建筑	明	城东分水岭北侧	1985.11
47	谭公馆	镇远县	省级	古建筑	清	平冒街大菜园	2006.06
48	邹泗钟专祠	镇远县	省级	古建筑	清	舞阳镇顺城街	2006.06
49	何腾蛟墓祠	黎平县	省级	古墓葬	清	德凤镇西佛崖忠诚巷	1982.02
50	纪堂鼓楼	黎平县	省级	古建筑	清	肇兴乡纪堂村	1982.02
51	吴文彩墓	黎平县	省级	古墓葬	清	茅贡乡腊洞村	1982.02
52	南泉山寺	黎平县	省级	古建筑	明	德凤镇南	1985.11
53	两湖会馆	黎平县	省级	古建筑	明	德凤镇二郎坡路51号	1999.11
54	肇兴鼓楼风雨桥	黎平县	省级	古建筑	清	肇兴乡肇兴村	2006.06
55	秦溪白塔	黎平县	省级	古建筑	清	敖市镇秦溪村	2006.06
56	高近戏楼	黎平县	省级	古建筑	清	茅贡乡高近村	2006.06
57	登岑粮仓群	黎平县	省级	古建筑	清	茅贡乡登岑村	2006.06
58	汞矿近现代工业建筑	丹寨县	省级	近现代重要史迹及代表性建筑	中华人民共和国	龙泉镇五一村南侧2公里	2011.01
59	加榜梯田	从江县	省级	其他	明、清	加榜乡	2011.01
60	则里鼓楼	从江县	省级	古建筑	清	往洞乡则里村	2011.01
61	增盈鼓楼和风雨桥	从江县	省级	古建筑	清	往洞乡增盈村	2011.01
62	吴绍周吴绍文故居	天柱县	省级	古建筑	清光绪二十一年	瓮洞镇客寨村中段	2011.01
63	抱塘古建筑群	天柱县	省级	古建筑	清	坌处镇抱塘村	2011.01
64	思旸禹王宫	岑巩县	省级	古建筑	待考	思旸镇龙江村正街上	2011.01
65	湘黔公路鹅翅膀-立交桥	施秉县	省级	近现代重要史迹及代表性建筑	近代	甘溪乡刘家庄相见坡顶	2011.01

序号	文物保护单位名称	所在市县	级别	类别	年代	详细地址	颁布时间
66	黔桂驿道麻江段	麻江县	省级	古遗址	明、清	碧波乡大堡村大堡组	2011.01
67	湘黔驿道黄平段	黄平县	省级	古遗址	明、清	碧波乡大堡村大堡组	2015.05
68	镇远码头	镇远县	省级	古建筑	清	舞阳镇	2015.05
69	黄平平龙桥	黄平县	省级	古建筑	清	新州镇	2015.05
70	黎平县流芳村古建筑群	黎平县	省级	古建筑	清	茅贡乡	2015.05
71	黎平谭溪石氏宗祠	黎平县	省级	古建筑	清	高屯镇谭溪村	2015.05
72	锦屏文斗古建筑群	锦屏县	省级	古建筑	清	河口乡文斗村	2015.05
73	三穗八弓文笔塔和武笔塔	三穗县	省级	古建筑	清	八弓镇	2015.05
74	镇远清溪铁厂遗址	镇远县	省级	近现代重要史迹及代表性建筑	1886—1890	清溪镇	2015.05
75	红军长征时期毛泽东住址	黎平县	省级	近现代重要史迹及代表性建筑	1902、1914	德凤镇	2015.05
76	黄平旧州女子学校学楼旧址	黄平县	省级	近现代重要史迹及代表性建筑	中华民国	旧州镇	2015.05
77	三穗高门楼坡炼钢炉遗址	三穗县	省级	近现代重要史迹及代表性建筑	1958	款场乡	2015.05
78	黎平六甲甲萨岁堂	黎平县	省级	近现代重要史迹及代表性建筑	1970	龙额乡	2015.05
省级文保单位共计 59 处							
79	九摆鼓楼	台江县	州级	古建筑	清	排羊乡九摆村	2011.01
80	施洞杨家窨子屋	台江县	州级	古建筑	清	施洞镇芳寨村东南面	2011.01
81	芳寨龙船棚	台江县	州级	古建筑	明	施洞镇芳寨村西北面	2011.01
82	施洞刘溪祠堂	台江县	州级	古建筑	清	施洞镇芳寨村	2011.01
83	施洞肖家窨子屋	台江县	州级	古建筑	清	施洞镇街上村东南面	2011.01
84	张佰修公馆	台江县	州级	近现代重要史迹及代表性建筑	清	施洞镇街上村东南面	2011.01
85	张忠林老宅	台江县	州级	古建筑	清	施洞镇街上村	2011.01
86	张秀眉故居	台江县	州级	古建筑	清	台拱镇板凳村	2011.01
87	毛坪石桥	台江县	州级	古建筑	清	革一乡毛坪村	2011.01
88	施洞红军渡	台江县	州级	近现代重要史迹及代表性建筑	近现代	施洞镇白子坪村西面至天堂河岸渡口	2011.01
89	等秀贞寿坊	三穗县	州级	古建筑	清	款场乡等乜村东南侧	2011.01
90	雪洞渡槽	三穗县	州级	近现代重要史迹及代表性建筑	1975	雪洞镇雪洞村东部街头	2011.01
91	鼓楼坡毛主席纪念碑	丹寨县	州级	近现代重要史迹及代表性建筑	中华人民共和国	龙泉镇兴泉社区鼓楼坡	2011.01
92	滚古里岩窑遗址	从江县	州级	古遗址	不详	斗里乡	2011.01
93	则里骈体墓	从江县	州级	古墓葬	清光绪二十四年	往洞乡则里村	2011.01
94	高传骈体墓	从江县	州级	古墓葬	中华民国	往洞乡高传村	2011.01
95	伦洞牛头井	从江县	州级	古建筑	清	洛香镇伦洞村	2011.01
96	务曼石飘井	从江县	州级	古建筑	清	庆云乡务曼村	2011.01

续表

序号	文物保护单位名称	所在市县	级别	类别	年代	详细地址	颁布时间
97	则里古井	从江县	州级	古建筑	清	往洞乡则里村	2011.01
98	表里鼓楼	从江县	州级	古建筑	清光绪二十八年	谷坪乡高吊村	2011.01
99	佰二鼓楼	从江县	州级	古建筑	清光绪十年	洛香镇佰二村	2011.01
100	三星石摩崖	天柱县	州级	石窟寺及石刻	清乾隆二十一年	凤城镇八一村西侧，距村委会1km	2011.01
101	丰保山抗亡将士纪念碑	天柱县	州级	近现代重要史迹及代表性建筑	1950	高酿镇丰保村南，距镇政府500m	2011.01
102	杨氏先祠	天柱县	州级	古建筑	清嘉庆二年	白市镇白市村白岩塘，清水江西岸	2011.01
103	吴氏总祠	天柱县	州级	古建筑	清康熙四十九年	远口镇远口村西老城墙街	2011.01
104	袁氏宗祠	天柱县	州级	古建筑	清光绪二十七年	凤城镇东门社区环城东路	2011.01
105	思州观音阁	岑巩县	州级	古建筑	待考	思旸镇龙江村（镇政府大院内）	2011.01
106	陈圆圆圆墓	岑巩县	州级	古墓葬	清	水尾镇马家寨村半绰瞅门	2011.01
107	凯里香炉山	凯里市	州级	石窟寺及石刻	明	万潮镇香炉山村	2011.01
108	凯里魁星阁	凯里市	州级	古建筑	清	西门街道大阁社区	2011.01
109	凯里老拱桥	凯里市	州级	古建筑	清	大十字街道永乐社区大拱桥巷	2011.01
110	凯里毛泽东塑像	凯里市	州级	近现代重要史迹及代表性建筑	20世纪60年代	鸭塘镇翁义村	2011.01
111	南哨观音阁	剑河县	州级	古建筑	清	南哨乡南哨老街东南角	2011.01
112	奉党清墓	剑河县	州级	古墓葬	清	久仰乡奉党村	2011.01
113	利在大我名名垂千古碑	剑河县	州级	石窟寺及石刻	中华民国	南寨乡董达村	2011.01
114	李世荣墓	剑河县	州级	古墓葬	现代	南明镇八十村	2011.01
115	大广坳红军战斗遗址	剑河县	州级	近现代重要史迹及代表性建筑	中华民国	磻溪乡大广村	2011.01
116	凯寨红军战斗遗址	剑河县	州级	近现代重要史迹及代表性建筑	清	南明镇凯寨村	2011.01
117	古佛山和尚墓塔	施秉县	州级	古遗址	清	牛大场镇铜鼓村古佛山	2011.01
118	龙山张氏宗祠	麻江县	州级	古建筑	清咸丰	龙山乡龙山村	2011.01
119	龙江古建筑群	麻江县	州级	古建筑	清	宣威镇龙江村	2011.01
120	下司古建筑群	麻江县	州级	古建筑	清	下司镇清江村	2011.01
121	北帝宫遗址	黄平县	州级	古遗址	明至清	重安镇苗甫村金凤山山顶	2011.01
122	永宁桥	黄平县	州级	古建筑	清	新州镇北门村	2011.01
123	浪洞西筑寺	黄平县	州级	古建筑	清	浪洞乡毛坝村	2011.01
124	重安南街民居建筑群	黄平县	州级	古建筑	清	重安镇南街居委会	2011.01
125	重安江钢架桥	黄平县	州级	近现代重要史迹及代表性建筑	中华民国	重安镇马鸡屯村	2011.01
126	岩灰洞冶炼址	黄平县	州级	近现代重要史迹及代表性建筑	近代	苗陇乡平安村岩灰六组	2011.01

序号	文物保护单位名称	所在市县	级别	类别	年代	详细地址	颁布时间
127	旧州二战飞机场旧址	黄平县	州级	近现代重要史迹及代表性建筑	近代	旧州镇老里坝村	2011.01
128	加池四合院	锦屏县	州级	古建筑	清	河口乡加池村	2011.01
129	瑶光毛泽东长征行居	锦屏县	州级	近现代重要史迹及代表性建筑	清	河口乡瑶光村	2011.01
130	车寨鼓楼	榕江县	州级	古建筑	清	古州镇车江二村山脊	2011.01
131	宰荡鼓楼	榕江县	州级	古建筑	清	栽麻乡宰荡村	2011.01
132	摆贝苗王坟	榕江县	州级	古建筑	清	兴华乡摆贝村东山脊	2011.01
133	北塔桥	黎平县	州级	古建筑	明	德凤镇北	2011.01
134	成德桥	黎平县	州级	古建筑	明	德凤镇西	2011.01
135	孔庙大成殿	黎平县	州级	古建筑	明	荷花塘城关一小	2011.01
136	草坪鼓楼	黎平县	州级	古建筑	清	洪州镇草坪村3组	2011.01
137	地扪母寨鼓楼	黎平县	州级	古建筑	清	茅贡乡地扪村母寨内，塘公祠西南	2011.01
138	宋氏宗祠	黎平县	州级	古建筑	清	德凤镇贡院社区32号	2011.01
139	吴文彩故居（含粮仓）	黎平县	州级	古建筑	清	茅贡乡腊洞村，上寨风雨桥南面	2011.01
140	黎平古城垣（东城门）	黎平县	州级	古遗址	明	德凤镇双凤社区城东和南泉社区城南	2011.01
141	黎平古城垣（南城门）	黎平县	州级	古遗址	明	德凤镇双凤社区城东	2011.01
142	羊角岩红军战斗遗址	黎平县	州级	近现代重要史迹及代表性建筑	1934	中潮镇佳所村新地寨西北方5 km	2011.01
143	少寨红军桥	黎平县	州级	近现代重要史迹及代表性建筑	1934	高屯镇少寨村东南200 m	2011.01
144	鉴劳摩崖	黎平县	州级	石窟寺及石刻	清	德凤镇坚强村"塔刀湾"山脚	2011.01
145	过化摩崖石刻	黎平县	州级	石窟寺及石刻	明	肇兴乡皮林村西面石帽山上	2011.01
146	龙王洞摩崖石刻	黎平县	州级	石窟寺及石刻	明	中潮镇廖家湾村东隅的龙王洞内	2011.01
	州级文保单位共计 68 处						
147	交下义军营盘	台江县	县级	古遗址	清	南宫乡交下村	1985.12
148	王牛羊蒋墓	台江县	县级	古墓葬	清	方召乡方召村桐木寨	1989.05
149	方召汛城垣	台江县	县级	古遗址	清	方召乡方召村	1985.12
150	台拱汛城垣	台江县	县级	古遗址	清	台拱镇西街北面	1985.12
151	台盆铅锌矿遗址	台江县	县级	古遗址	清	台盆乡龙井格	1985.12
152	张秀眉誓师遗址	台江县	县级	古遗址	清	台盘乡平水村	1985.12
153	偏寨藏鼓洞	台江县	县级	古遗址	明	施洞镇偏寨村	1985.12
154	一品夫人谢氏墓	台江县	县级	古墓葬	清	施洞镇白子坪村	1985.05
155	古羊洞屯兵遗址	台江县	县级	古遗址	清	台盘乡南瓦村古羊寨	2012.11
156	平水藏鼓洞祭祀遗址	台江县	县级	古遗址	清	台盘乡平水村西南1 000 m石壁	2012.11
157	包利王练马道遗址	台江县	县级	古遗址	清	台拱镇红阳村30 m坡九山上	2012.11

附表二　黔东南州文物保护单位一览表

续表

序号	文物保护单位名称	所在市县	级别	类别	年代	详细地址	颁布时间
158	包利王营盘遗址	台江县	县级	古遗址	清	合拱镇红阳村坡级梨山上	2012.11
160	松司坳遗址	台江县	县级	古遗址	明	革一乡桃树榜寨	2012.11
162	八梗码头遗址	台江县	县级	古遗址	清	施洞镇八梗村	2012.11
164	包利王墓	台江县	县级	古墓葬	清	合拱镇红阳村坡级梨山上	2012.11
166	塘龙龙船棚	台江县	县级	古建筑	清	施洞镇塘龙寨北面江边	2012.11
168	杨忠老宅	台江县	县级	古建筑	清	施洞镇小河村	2012.11
170	施洞码头	台江县	县级	古建筑	明	施洞镇街上村	2012.11
172	施洞龙舟场	台江县	县级	古建筑	明	施洞镇塘坝江边	2012.11
174	榕山龙船棚	台江县	县级	古建筑	清	老屯乡榕山村西南面	2012.11
176	楚军义山界碑	台江县	县级	石窟寺及石刻	清	施洞镇塘坝村东南500 m处	2012.11
178	南瓦炼铜土炉遗址	台江县	县级	近现代重要史迹及代表性建筑	1958	台盘乡南瓦下寨瓦游巴拉河边	2012.11
180	铜鼓干出土点	台江县	县级	其他	秦	台盘乡空寨	2012.11
182	木界风雨桥	三穗县	县级	古建筑	清	八弓镇木界村东北面	1982.12
184	瓦寨冷神碑	三穗县	县级	石窟寺及石刻	明	文体广电旅游局后面	1982.12
186	三穗烈士陵园	三穗县	县级	近现代重要史迹及代表性建筑	1968	八弓镇灵山村陆寨坳	1982.12
159	干打相遗址	台江县	县级	古遗址	明	革一乡桃树榜寨山上	2012.11
161	方白起敂山遗址	台江县	县级	古遗址	明	方召乡反排村党虾会山上	2012.11
163	张秀眉头颅墓	台江县	县级	古墓葬	明	合拱镇板凳村后山上	2012.11
165	芳寨村万人坑	台江县	县级	古墓葬	清	施洞镇芳寨南200 m处	1993.10
167	长滩龙船棚	台江县	县级	古建筑	清	老屯乡长滩村巴拉河畔	2012.11
169	岩脚龙船棚	台江县	县级	古建筑	清	老屯乡岩脚村西南面	2012.11
171	杨家寨龙舟廊	台江县	县级	古建筑	清	施洞杨家寨汇边	2012.11
173	汪江祭祖桥	台江县	县级	古建筑	清	南宫乡汪江东南面	2012.11
175	新寨风雨桥	台江县	县级	古建筑	清	台盘乡屯上村新寨	2012.11
177	偏寨红军行营旧址	台江县	县级	近现代重要史迹及代表性建筑	1934	施洞镇偏寨村石家寨石定录宅	2012.11
179	台拱九领十三弯公路	台江县	县级	近现代重要史迹及代表性建筑	民国三十二年	合拱镇九里村东南600 m处	2012.11
181	甘露寺遗址	三穗县	县级	古遗址	清	八弓镇灵山村东南面	1982.12
183	圣婆墓	三穗县	县级	古墓葬	明	瓦寨镇上街村清水塘大坝西侧	1982.12
185	钉耙塘苗民起义战场遗址	三穗县	县级	古遗址	清	台烈镇寨头和台烈村之间的钉耙塘	1982.12
187	下寨村红军树	三穗县	县级	近现代重要史迹及代表性建筑	1934	良上乡下寨村万大勇家门前	1982.12

序号	文物保护单位名称	所在市县	级别	类别	年代	详细地址	颁布时间
188	上寨村红军标语遗址	三穗县	县级	近现代重要史迹及代表性建筑	1934	良上乡上寨村良上中学内	1982.12
189	文笔塔	三穗县	县级	古建筑	明	八弓镇薪穗村京朝山顶	1982.12
190	武笔塔	三穗县	县级	古建筑	明	八弓镇木界村东南面武笔坡坡顶	1982.12
191	圣德山寺遗址	三穗县	县级	古遗址	明洪武年间	桐林镇岑坝村下寨组	1982.12
192	吴氏祠	三穗县	县级	古遗址	明嘉靖年间	滚马乡下德明村村委会东南面	2010
193	高门楼坡炼钢遗址	三穗县	县级	近现代重要史迹及代表性建筑	1958	款场乡三联村寨组高门楼坡	2010
194	龙氏祠遗址	三穗县	县级	近现代重要史迹及代表性建筑	1920	桐林镇绞强村路口	2010
195	杨昌魁墓	三穗县	县级	古墓葬	清光绪三十二年	台烈镇颂颂村东南面山头	2010
196	复兴宝塔	三穗县	县级	近现代重要史迹及代表性建筑	明嘉靖三十八年	滚马乡下德明村小寨组	2010
197	新寨沟王氏合葬墓	三穗县	县级	古墓葬	清	八弓镇新寨沟大坟坡东北侧半山腰	2010
198	清水塘古井	三穗县	县级	古建筑	清乾隆二十年	瓦寨镇上街村大元组东面	2010
199	坦洞砖拱门	三穗县	县级	近现代重要史迹及代表性建筑	1961	桐林镇坦洞村西部村口	2010
200	德明文笔塔	三穗县	县级	古建筑	明嘉靖年间	滚马乡德明村邛水河东南文笔坡顶	2010
201	台烈林场"文革"标语	三穗县	县级	近现代重要史迹及代表性建筑	1966	台烈镇合烈村台烈林业总场	2010
202	塘洞坝废槽	三穗县	县级	近现代重要史迹及代表性建筑	1956	长吉乡塘洞巴饶家坝与饶巴村委会之间邛水河上	2010
203	木界小河石河桥	三穗县	县级	古建筑	清	八弓镇木界村东北面河约200 m	2010
204	龙脚围墙	三穗县	县级	近现代重要史迹及代表性建筑	民国二十六年	款场乡龙脚村东北部	2010
205	四寨高架引水桥	三穗县	县级	近现代重要史迹及代表性建筑	1970	长吉乡四寨村四寨组	2010
206	周志群墓	三穗县	县级	近现代重要史迹及代表性建筑	1949	八弓镇高桥村高桥组山寨泥湾	2010
207	陆氏宗祠	三穗县	县级	古建筑	清光绪年间	长吉乡塘洞村陆家寨	2010
208	马家大院	丹寨县	县级	古建筑	清	扬武乡羊排村中	2010
209	王光忠宅	丹寨县	县级	古建筑	清	扬武乡排倒村西侧150 m处	2010
210	羊甲翻身沟	丹寨县	县级	近现代重要史迹及代表性建筑	中华民国	龙泉镇羊甲村东侧	2010
211	李家大院	丹寨县	县级	近现代重要史迹及代表性建筑	中华民国	扬武乡砂村大寨东侧	2010
212	祭尤坛遗址	丹寨县	县级	古遗址	元	长青乡龙塘村西南侧1 500 m	2010
213	扬颂祭尤坛	丹寨县	县级	古遗址	元	长青乡扬颂村扬颂寨南侧小山包上	2010
214	丹雷古道界它段	丹寨县	县级	古遗址	明	长青乡腊尧村东侧界它山坡上	2010
215	堵卡营盘遗址	丹寨县	县级	古遗址	清	长青乡扬颂村堵卡坡	2010

续表

序号	文物保护单位名称	所在市县	级别	类别	年代	详细地址	颁布时间
216	颁尤庙遗址	丹寨县	县级	古遗址	清	长青乡翻瓮村西南侧颂尤坳	2010
217	联盟硝洞洞遗址	丹寨县	县级	古遗址	明	长青乡联盟村东北侧1 000 m	2010
218	浮桥	丹寨县	县级	古建筑	清	兴仁镇甲脚村东南侧2 000 m	2010
219	火焰滩水电站址	丹寨县	县级	近现代重要史迹及代表性建筑	中华人民共和国	长青乡长青村浮桥寨东北侧	2010
220	长青大桥	丹寨县	县级	古建筑	清	长青乡红岩村西北侧	2010
221	大朗桥	丹寨县	县级	古建筑	清	长青乡大朗村东南侧100 m	2010
222	福德桥	丹寨县	县级	近现代重要史迹及代表性建筑	中华民国	长青乡乌西村二道河丹寨北	2010
223	猫鼻岭营盘遗址	丹寨县	县级	古遗址	清	兴仁镇翻杠村东南侧1 800 m	2010
224	王宏开墓	丹寨县	县级	古墓葬	清	龙泉镇马寨村西南2 000 m	2010
225	凤容坡营盘遗址	丹寨县	县级	古遗址	清	龙泉镇排正村西侧1 000 m	2010
226	长青关岳庙	丹寨县	县级	古建筑	清	长青乡上堡村	2010
227	黄家洞渡槽	丹寨县	县级	近现代重要史迹及代表性建筑	中华人民共和国	长青乡乌西村东侧500 m	2010
228	杜镇南墓	丹寨县	县级	近现代重要史迹及代表性建筑	中华民国	兴仁镇烧茶村	2010
229	莫敬平宅	丹寨县	县级	古建筑	清	兴仁镇福亚村	2010
230	三孔桥宣纸厂旧址	丹寨县	县级	近现代重要史迹及代表性建筑	中华人民共和国	兴仁镇查贸村南	2010
231	天开草咪摩崖	丹寨县	县级	石窟寺及石刻	清	龙泉镇得禄村北	2010
232	王治忠墓	丹寨县	县级	古建筑	清	兴仁镇岩英村一组	2010
233	杨胜连宅	丹寨县	县级	古建筑	清	龙泉镇卡拉村	2010
234	天坝安宁宣抗司遗址	丹寨县	县级	古遗址	元	兴仁镇天坝司村	2010
235	南任河石拱桥	丹寨县	县级	古建筑	清	兴仁镇早开村西南3 km山脚	2010
236	大老庚古战场遗址	丹寨县	县级	古遗址	清	兴仁镇兴仁村东侧大尖坡头	2010
237	龙滩营盘遗址	丹寨县	县级	古遗址	清	兴仁镇薪寨村南1.5 km	2010
238	丹寨县烈士陵园	丹寨县	县级	近现代重要史迹及代表性建筑	中华人民共和国	龙泉镇双槐社区北侧600 m	2010
239	莫敬尧宅	丹寨县	县级	古建筑	清	兴仁镇翻杠杠村一组	2010
240	芳塘庙	丹寨县	县级	近现代重要史迹及代表性建筑	中华民国	排调镇也都村东面芳塘坡中部	2010
241	合心桥	丹寨县	县级	古建筑	清	龙泉镇合心桥村东南侧山脚	2010
242	三孔桥	丹寨县	县级	古建筑	清	兴仁镇杉泉村东侧	2010
243	四方井	丹寨县	县级	古遗址	清	龙泉镇西街村委会东北侧约500 m	2010
244	兴泉路小井	丹寨县	县级	古建筑	清	龙泉镇兴泉社区兴泉路东北侧	2010
245	龙井	丹寨县	县级	古建筑	清	龙泉镇西街村委会南侧约300 m	2010

序号	文物保护单位名称	所在市县	级别	类别	年代	详细地址	颁布时间
246	丹寨万人坟	丹寨县	县级	古墓葬	清	龙泉镇东街村委会东门路中段	2010
247	排莫跳堂碑	丹寨县	县级	石窟寺及石刻	清	扬武乡排莫村东南面	2010
248	马三墓	丹寨县	县级	古墓葬	清	扬武乡羊浪村	2010
249	八寨厅城遗址	丹寨县	县级	古遗址	清	扬武乡老八村	2010
250	扬武碉堡	丹寨县	县级	近现代重要史迹及代表性建筑	中华人民共和国	扬武乡干河西北侧3 200 m	2010
251	扬武武式建筑	丹寨县	县级	近现代重要史迹及代表性建筑	中华人民共和国	扬武乡末村西侧200 m	2010
252	瓮城河渡口遗址	丹寨县	县级	古遗址	清	兴仁镇城江村	2010
253	石永荣宅	丹寨县	县级	古建筑	清	雅灰乡送陇村一组	2010
254	龙洞石刻	丹寨县	县级	石窟寺及石刻	清	龙泉镇龙洞村南侧400 m	2010
255	苗名汉字墓碑	丹寨县	县级	石窟寺及石刻	清	南皋乡尝卡村西北侧1 500 m	2010
256	王定一德政碑	丹寨县	县级	近现代重要史迹及代表性建筑	中华民国	龙泉镇南街村东北	2010
257	银子洞崖画	丹寨县	县级	石窟寺及石刻	宋－明	南皋乡石桥村大簸箕寨东	2010
258	南皋万人坟	丹寨县	县级	古墓葬	清	南皋乡南皋村东侧1 km处山坡上	2010
259	将军坟	丹寨县	县级	古墓葬	清	龙泉镇白元村东	2010
260	排调严禁蓝瑶派夫役碑	丹寨县	县级	石窟寺及石刻	清	排调镇排调村东	2010
261	王黎宅	丹寨县	县级	古建筑	清	扬武乡排倒村一组	2010
262	曾昭霁墓	丹寨县	县级	近现代重要史迹及代表性建筑	中华民国	龙泉镇南街村东南面	2010
263	中国人民银行丹寨支行旧址	丹寨县	县级	近现代重要史迹及代表性建筑	中华人民共和国	龙泉镇西街村东北侧	2010
264	小羊昌营遗址	丹寨县	县级	古遗址	清	龙泉镇金瓜洞村小羊昌寨西侧	2010
265	排调土司衙门遗址	丹寨县	县级	古遗址	清	排调镇也改村北侧2 km	2010
266	王阿久墓	丹寨县	县级	古墓葬	清	龙泉镇高要村东侧20 m	2010
267	任勾墓	丹寨县	县级	古墓葬	清	排调镇党溜村内	2010
268	党乐西哨卡遗址	丹寨县	县级	古遗址	清	排调镇岔河村西侧山坳	2010
269	告刚墓	丹寨县	县级	古墓葬	清	排调镇丞起村北侧2 km党乐山坳上	2010
270	扬秀峰宅	丹寨县	县级	古建筑	清	扬武乡排莫村一组	2010
271	高要梯田	丹寨县	县级	其他	明	龙泉镇高要村西侧20 m	2010
272	清江碑刻	丹寨县	县级	近现代重要史迹及代表性建筑	中华民国	南皋乡清江村寨脚路劳	2010
273	王告绫宅	丹寨县	县级	古建筑	清	龙泉镇泉山村东南侧1 500 m	2010
274	望城石拱桥	丹寨县	县级	古建筑	清	龙泉镇望城村下堡东侧小河沟上	2010
275	交丰水碾房遗址	丹寨县	县级	古遗址	清	龙泉镇交丰村委会西侧300 m	2010

附表二 黔东南州文物保护单位一览表

续表

序号	文物保护单位名称	所在市县	级别	类别	年代	详细地址	颁布时间
276	往依墓	丹寨县	县级	古墓葬	清	龙泉镇高排村东北侧700 m	2010
277	杨文蒂宅院	丹寨县	县级	古建筑	清	扬武乡乌湾村委会西侧500 m	2010
278	丹郁古道台辰段	丹寨县	县级	古遗址	清	兴仁镇台辰村东南侧1 000 m	2010
279	刘家桥	丹寨县	县级	古建筑	清	龙泉镇平寨村西北侧1 000 m	2010
280	扬明街水井	丹寨县	县级	古建筑	清	龙泉镇扬明街北侧500 m	2010
281	王家民宅	丹寨县	县级	古建筑	清	兴仁镇王家村一组	2010
282	余富廷宅	丹寨县	县级	古建筑	清	排调镇麻鸟村西侧20 m处	2010
283	排牙水库大桥	丹寨县	县级	近现代重要史迹及代表性建筑	中华人民共和国	龙泉镇贵村西侧200 m	2010
284	排牙水库	丹寨县	县级	近现代重要史迹及代表性建筑	中华人民共和国	龙泉镇排牙村东南侧1 200 m	2010
285	石字山粮仓	丹寨县	县级	古建筑	清	雅灰乡送陇村一组	2010
286	扪鼓井	丹寨县	县级	古建筑	清	龙泉镇良山村寨侧100 m	2010
287	排河电站旧址	丹寨县	县级	近现代重要史迹及代表性建筑	中华人民共和国	龙泉镇排河村东北侧1 500 m	2010
288	牛棚水上粮仓	丹寨县	县级	近现代重要史迹及代表性建筑	中华人民共和国	扬武乡牛棚村西侧30 m	2010
289	牛打角塘	丹寨县	县级	其他	清	扬武乡干改村西南侧1 000 m	2010
290	新塘水库	丹寨县	县级	近现代重要史迹及代表性建筑	中华人民共和国	龙泉镇新塘村北侧300 m	2010
291	五里桥	丹寨县	县级	古建筑	清	龙泉镇金山村东北侧500 m	2010
292	洗马塘	丹寨县	县级	古建筑	清	龙泉镇中华村东南侧800 m	2010
293	杨善福宅	丹寨县	县级	古建筑	清	扬武乡排莫村	2010
294	卡拉水井	丹寨县	县级	古建筑	清	龙泉镇卡拉村	2010
295	朝利鼓楼	从江县	县级	古建筑	清	往洞乡朝利村	1984.06
296	荣福鼓楼	从江县	县级	古建筑	清	往洞乡荣福村	1984.06
297	银章鼓楼	从江县	县级	古建筑	清	谷坪乡银上村	1984.06
298	登邑鼓楼	从江县	县级	古建筑	民国	洛香镇登邑村	1984.06
299	丙妹城隍庙	从江县	县级	古建筑	清	丙妹城关后坡	1984.06
300	下江关帝庙	从江县	县级	古建筑	清	下江镇下江村	1984.06
301	孔明塘	从江县	县级	古遗址	不详	东朗乡党校村	1984.06
302	大团就义桥	从江县	县级	古遗址	清	洛香镇大团村	1984.06
303	邑嘎炉营盘	从江县	县级	古遗址	清	洛香镇大团村南	1984.06
304	大象山营盘	从江县	县级	古遗址	清	洛香镇郎寨村	1984.06
305	小黄营盘	从江县	县级	古遗址	清	高增乡小黄村	1984.06
306	八仙桥遗址	从江县	县级	古遗址	清	丙妹镇銮里村	1984.06
307	观音阁遗址	从江县	县级	古遗址	清	丙妹城关南	1984.06
308	梁维干墓	从江县	县级	古墓葬	清	洛香镇新安村	1984.06
309	张砜干墓	从江县	县级	古墓葬	清	贯洞镇贯洞村东	1984.06
310	贯洞鹭雁坟	从江县	县级	古墓葬	清	贯洞镇贯洞村东	1984.06
311	敬献毛主席纪念堂香樟木纪念亭	从江县	县级	近现代重要史迹及代表性建筑	1977	丙妹镇邑沙村	1984.06

序号	文物保护单位名称	所在市县	级别	类别	年代	详细地址	颁布时间
312	贯洞干陇洞	从江县	县级	古建筑	清	贯洞镇东	1984.06
313	贯洞石牛井	从江县	县级	石窟寺及石刻	清	贯洞镇贯洞村	1984.06
314	下江"一洞天"摩崖	从江县	县级	石窟寺及石刻	清	下江镇西岸	1984.06
315	贡寨龙王潭瀑布	从江县	县级	其他	不详	往洞乡贡寨村南5 km	1984.06
316	往洞大寨鼓楼	从江县	县级	古建筑	1911	往洞乡往洞村	1995.06
317	金勾鼓楼	从江县	县级	古建筑	清	往洞乡增盈村金勾寨	1995.06
318	牙现上寨鼓楼	从江县	县级	古建筑	清	往洞乡牙现村	1995.06
319	佰伍上寨鼓楼	从江县	县级	古建筑	清	洛香镇皮林村	1995.06
320	宰门鼓楼	从江县	县级	古建筑	1945	贯洞镇宰门村	1995.06
321	大洞鼓楼	从江县	县级	古建筑	清	雍里乡大洞村	1995.06
322	大桥鼓楼	从江县	县级	古建筑	1930	洛香镇大桥村	1995.06
323	往洞风雨桥	从江县	县级	古建筑	清	往洞乡往洞村	1995.06
324	信地旱花桥	从江县	县级	古建筑	清	往洞乡信地村	1995.06
325	增冲脚花桥	从江县	县级	古建筑	清	往洞乡增冲村	1995.06
326	佰伍花桥	从江县	县级	古建筑	1983	洛香镇佰伍村	1995.06
327	里擱风雨桥	从江县	县级	古建筑	1947	翠里乡高文村	1995.06
328	弄吾古井	从江县	县级	古建筑	不祥	往洞乡弄吾村	1995.06
329	西山古井	从江县	县级	古建筑	清	西山镇能秦村	1995.06
330	古里古井	从江县	县级	古建筑	清	高增乡占里村	1995.06
331	古里榕树井	从江县	县级	古建筑	清	民族高增乡占里村	1995.06
332	捞里古井	从江县	县级	古建筑	清	西山镇捞里村	1995.06
333	转珠石牛井	从江县	县级	古建筑	清	庆云乡转珠村	1995.06
334	大礤毛主席语录碑	从江县	县级	石窟寺及石刻	1967—1968	丙妹镇大礤村	2010.05
335	岜沙芦笙坪	从江县	县级	古遗址	不祥	丙妹镇岜沙村	2010.05
336	坝寨鼓楼	从江县	县级	古建筑	清光绪年间	高增乡高增村坝寨	2010.05
337	"打倒本"石壁标语	从江县	县级	其他	中华民国	高增乡高增村西南2 km	2010.05
338	新黔鼓楼	从江县	县级	古建筑	不祥	高增乡小黄村	2010.05
339	小黄今大井	从江县	县级	古建筑	不祥	高增乡小黄村	2010.05
340	建华鼓楼	从江县	县级	古建筑	不祥	高增乡建华村	2010.05
341	布夏萨坛	从江县	县级	古建筑	不祥	高增乡美德村布夏寨	2010.05
342	领寨鼓楼	从江县	县级	古建筑	不祥	谷坪乡山岗村	2010.05
343	八洛码头	从江县	县级	古遗址	清	贯洞镇八洛村东南面80 m	2010.05
344	潘今滚石板古道	从江县	县级	古建筑	不祥	贯洞镇潘今滚村	2010.05
345	腊水鼓楼	从江县	县级	古建筑	不祥	贯洞镇腊水村	2010.05
346	转珠下寨鼓楼	从江县	县级	古建筑	不祥	庆云乡转珠村下寨	2010.05
347	寨井鼓楼	从江县	县级	古建筑	1951	庆云乡寨井村	2010.05
348	彭里石瓢井	从江县	县级	古建筑	不祥	庆云乡单朗村彭里寨	2010.05
349	洛香神祠	从江县	县级	古建筑	不祥	洛香镇洛香村	2010.05
350	平王戏楼	从江县	县级	古建筑	不祥	洛香镇洛香村平王寨	2010.05
351	小翁陡鼓楼	从江县	县级	古建筑	不祥	西山镇小翁村陡寨	2010.05

续表

序号	文物保护单位名称	所在市县	级别	类别	年代	详细地址	颁布时间
352	阳洞长官司遗址	从江县	县级	古遗址	元代	西山镇顶洞村机塘坡	2010.05
353	翠里烈士陵园	从江县	县级	近现代重要史迹及代表性建筑	1951	翠里乡翠里村东南面400 m	2010.05
354	秧里鼓楼	从江县	县级	古建筑	不祥	往洞乡秧里村	2010.05
355	加鸠牛角井	从江县	县级	古建筑	不祥	加鸠乡加翁村寨边	2010.05
356	吴公学墓	从江县	县级	古墓葬	清	高洞乡银良村平求大寨北面	2010.05
357	平乐鼓楼	从江县	县级	古建筑	不祥	洛香镇平乐村	2010.05
358	高传萨堂	从江县	县级	古建筑	不祥	往洞乡高传村	2010.05
359	佰你鼓楼	从江县	县级	古建筑	不祥	庆云乡佰你村	2010.05
360	腊全鼓楼	从江县	县级	古建筑	不祥	贯洞镇腊全村	2010.05
361	龙王井	从江县	县级	古建筑	清道光年间	下江镇下江村	2010.05
362	金鸡滩摩岩	从江县	县级	石窟寺及石刻	清乾隆八年	下汀镇下汀村西面300 m	2010.05
363	宰孝金左井	从江县	县级	古建筑	不祥	下江镇高阡村宰孝寨	2010.05
364	陈暴安良碑	从江县	县级	石窟寺及石刻	清光绪二十四年	往洞乡信地村宰兰寨	2010.05
365	停洞斗牛堂	从江县	县级	古遗址	不祥	停洞镇停洞村都柳江东南面岸边	2010.05
366	高阡石拱桥	从江县	县级	古建筑	清	下江镇宰俄村北面500 m	2010.05
367	六洞款堂	从江县	县级	古遗址	不祥	洛香镇佰二村东南面1500m(顿评孟)	2010.05
368	九洞款堂	从江县	县级	古遗址	不祥	往洞乡往平楼寨边	2010.05
369	佰你萨堂	从江县	县级	古建筑	不祥	庆云乡佰你村	2010.05
370	吾架风雨桥	从江县	县级	古建筑	不祥	往洞乡吾架村吾架寨脚	2010.05
371	朝里古井	从江县	县级	古建筑	清光绪年间	高增乡朝里村西南面寨边	2010.05
372	银辇下寨鼓楼	从江县	县级	古遗址	清	谷坪乡银辇村下寨	2010.05
373	谷洞鼓楼	从江县	县级	古遗址	不祥	谷坪乡谷坪村	2010.05
374	大融葬墓碑	从江县	县级	石窟寺及石刻	清道光二十八年	丙妹镇大融村下寨	2010.05
375	美满功亚不朽碑	从江县	县级	石窟寺及石刻	清道光十七年	下江镇美满村	2010.05
376	高传鼓楼	从江县	县级	古建筑	不祥	往洞乡高传村	2010.05
377	邑沙守垴坪遗址	从江县	县级	古遗址	不祥	丙妹镇邑沙村	2010.05
378	高增东门大桥	从江县	县级	古建筑	清道光年间	高增乡高增村下寨	2010.05
379	垫洞碑刻	从江县	县级	石窟寺及石刻	清咸丰元年	高增乡茅向村垫谢寨	2010.05
380	七百岩埋岩遗址	从江县	县级	古遗址	不祥	加勉乡党纽村九集寨	2010.05
381	能秋囊岂埋岩遗址	从江县	县级	古遗址	不祥	加鸠乡加学村东北面2 km	2010.05
382	汶溪千户所遗址	天柱县	县级	古遗址	明洪武三十年	白市镇中寨村北，距村委会500 m	1984
383	龙塘县城遗址	天柱县	县级	古遗址	明崇祯十年	社学乡社学村，天白公路北侧	1984

序号	文物保护单位名称	所在市县	级别	类别	年代	详细地址	颁布时间
384	杨柳龙王阁	天柱县	县级	古建筑	清乾隆四十八年	渡马乡杨柳村北侧，距村委会200 m	1984
385	青龙阁	天柱县	县级	古建筑	清同治九年	社学乡平甫村村北，距村委会300 m	1984
386	硝洞风雨桥	天柱县	县级	古遗址	清光绪二十九年	高酿镇硝洞村，距村委会300 m	1984
387	城南烈士陵园	天柱县	县级	近现代重要史迹及代表性建筑	1969	凤城镇南门居委会西侧，距县委会50 m	1984
388	城西飞机场旧址	天柱县	县级	近现代重要史迹及代表性建筑	1945	距凤城镇凤城镇政府3 km	1984
389	高酿碉堡	天柱县	县级	近现代重要史迹及代表性建筑	1945	高酿镇新民村中段	1984
390	金凤山寺遗址	天柱县	县级	古遗址	明至清	邦洞镇摆头村南面	1984
391	乾隆主题诗碑	天柱县	县级	石窟寺及石刻	清乾隆十六年	邦洞镇摆头村南面，距镇政府驻地4 km	1984
392	狮子口中和寺遗址	天柱县	县级	古遗址	明万历二十五年	邦洞镇灯塔村南，距镇政府800 m	1984
393	黔东第一关碑	天柱县	县级	近现代重要史迹及代表性建筑	1937	瓮洞镇关上村东段，距村委会150 m	1984
394	龙泉井	天柱县	县级	古墓葬	明洪武三十年	凤城镇解放村，水东路东段北侧	1984
395	钟鼓洞遗址	天柱县	县级	古遗址	明万历二十五年	凤城镇岩寨村西侧，距村委会200 m	1984
396	王天培墓	天柱县	县级	石窟寺及石刻	1929	凤城镇联山村西南铜鼓将军坡	1995
397	金凤山寺遗址	天柱县	县级	古遗址	明-清	邦洞镇摆头村南面，距镇政府驻地4 km	1995
398	金凤石刻	天柱县	县级	石窟寺及石刻	明	邦洞镇摆头村南面	1995
399	阳寨祭祀杨遗址	天柱县	县级	古遗址	清	坪地镇阳寨村，距村委会80 m	1995
400	水洞斗牛场	天柱县	县级	其他	明初	石洞镇客寨村东	1995
401	舒氏宗祠	天柱县	县级	古建筑	清光绪二年	白市镇新舟村东，天白公路北侧	1995
402	辞兵洲遗址	天柱县	县级	古遗址	新石器时代	白市镇白市村自坪寨，仙人洞对面	2002
403	雷寨县治遗址	天柱县	县级	古遗址	清顺治四年	凤城镇雷寨村西，距村委会400 m	2002
404	朱公堤遗址	天柱县	县级	古遗址	明万历三十年	凤城镇人民村白水冲	2002
405	莲花坪歌场	天柱县	县级	其他	清乾隆二十年	渡马乡湾场村西莲花坪	2002
406	宋仁溥衣冠冢	天柱县	县级	古墓葬	清乾隆四十八年	白市镇新舟山东段，宋氏坟山西面	2002
407	联山杨氏墓群	天柱县	县级	古墓葬	明	凤城镇联山村二组，距村委会300 m	2002

附表二 黔东南州文物保护单位一览表

续表

序号	文物保护单位名称	所在市县	级别	类别	年代	详细地址	颁布时间
408	垒处王氏宗祠	天柱县	县级	古建筑	清光绪二年	垒处镇垒处村街头，在公路北侧	2002
409	乐寨杨氏宗祠	天柱县	县级	古建筑	清道光九年	凤城镇四甲村，距村委会50 m	2002
410	陈氏宗祠	天柱县	县级	古建筑	清乾隆五十一年	渡马乡龙盘村腊树脚	2002
411	岩门杨氏宗祠	天柱县	县级	古建筑	清乾隆二十四年	渡马乡岩门村内寨	2002
412	吴氏先祠	天柱县	县级	古建筑	清乾隆十一年	白市镇新舟村，距村委会400 m	2002
413	宋氏先祠	天柱县	县级	古建筑	1937	白市镇新舟村，距村委会400 m	2002
414	乐氏宗祠	天柱县	县级	古建筑	清乾隆三十九年	白市镇北岭村南田坝同	2002
415	高野郑氏宗祠	天柱县	县级	古建筑	清光绪二十二年	白市镇上高野村，距村委会100 m	2002
416	杞寨杨氏宗祠	天柱县	县级	古建筑	清乾隆十二年	蓝田镇杞寨村南	2002
417	地良龙氏宗祠	天柱县	县级	古建筑	1933	高酿镇地良村，距村委会400 m	2002
418	彭氏家祠	天柱县	县级	古建筑	清乾隆五年	竹林乡地良村中段北侧	2002
419	大冲石碑群	天柱县	县级	石窟寺及石刻	清、中华民国	垒处镇大冲村回龙庵右侧小路坎上	2002
420	凤鸣倌遗址	天柱县	县级	古遗址	清乾隆元年	垒处镇抱塘村，距抱塘大井10 m	2002
421	孔子会碑记碑	天柱县	县级	石窟寺及石刻	1923	高酿镇高酿镇政府30 m	2002
422	亘古千盆碑	天柱县	县级	石窟寺及石刻	1917	邦洞镇灯塔村，邦洞小学操场西侧	2002
423	紫云桥	天柱县	县级	古遗址	清顺治十七年	凤城镇八一北社，距村委会1 km	2002
424	观音洞洞遗址	天柱县	县级	古遗址	旧石器时代	凤城镇衣科村东北山崖下	2002
425	吴绍文故居	天柱县	县级	近现代重要史迹及代表性建筑	1941	凤城镇南门居委会南门街中段北侧	2002
426	龙贤昭故居	天柱县	县级	近现代重要史迹及代表性建筑	1987	凤城镇岩寨村中段	2002
427	周竹铭故居	天柱县	县级	近现代重要史迹及代表性建筑	1941	凤城镇雷寨村东七组，距村委会300 m	2002
428	普缘寺	天柱县	县级	古建筑	清道光十二年	社学乡林山村东北梨子坳组	2002
429	田心寨龙王阁	天柱县	县级	古建筑	明崇祯十年	社学乡社学村田心寨，距乡政府800 m	2002
430	北岭钱塘桥	天柱县	县级	古遗址	清嘉庆八年	白市镇北岭村南段	2002
431	北岭昌隆桥	天柱县	县级	古遗址	清嘉庆八年	白市镇北岭村，距村委会300 m	2002
432	阳山风雨桥	天柱县	县级	古遗址	清乾隆六年	白市镇阳山村东侧	2002
433	江东庙	天柱县	县级	古建筑	清嘉庆八年	渡马乡江东村西侧，距村委会200 m	2002

序号	文物保护单位名称	所在市县	级别	类别	年代	详细地址	颁布时间
434	将军桥	天柱县	县级	近现代重要史迹及代表性建筑	1937	邦洞镇民主村，距村委会400 m	2002
435	犀牛洞牟	天柱县	县级	古建筑	清嘉庆三年	蓝田镇坪寨村西红坡组公路边	2002
436	江东桥	天柱县	县级	古遗址	清道光二年	江东乡江东村东南	2002
437	章寨三拱桥	天柱县	县级	古遗址	清嘉庆二十一年	高酿镇章寨村，距镇政府2.5 km	2002
438	地湖风雨桥	天柱县	县级	近现代重要史迹及代表性建筑	1921	地湖乡水田村东侧	2002
439	瓮洞码头	天柱县	县级	古遗址	明崇祯二年	瓮洞镇瓮洞村樱桃湾，清水江北岸	2002
440	白市码头	天柱县	县级	古遗址	清乾隆五年	白市镇白市村老街脚，清水江西岸	2002
441	鸬鹚码头	天柱县	县级	古遗址	明崇祯十五年	远口镇鸬鹚村东段	2002
442	远口码头	天柱县	县级	古遗址	清嘉庆十二年	远口镇远口村，清水江南岸	2002
443	坌处码头	天柱县	县级	古遗址	明崇祯十三年	坌处镇坌处村，清水江北岸	2002
444	丫婆坳歌场	天柱县	县级	其他	清嘉庆十八年	竹林乡秀田村东，	2002
445	注溪歌场	天柱县	县级	其他	清乾隆二十八年	注溪乡上注溪村东南2 km	2002
446	平芒歌场	天柱县	县级	其他	清嘉庆十年	坌处镇平芒村北平芒小学	2002
447	坪地歌场	天柱县	县级	其他	清乾隆二十四年	坪地镇青溪村中段，距镇政府驻地800 m	2002
448	远口分县遗址	天柱县	县级	近现代重要史迹及代表性建筑	1914	远口镇远口镇政府200 m	2003
449	坌处杨公庙遗址	天柱县	县级	古建筑	清乾隆元年	坌处镇农业村坌处小学操场南侧	2003
450	明英富宅	天柱县	县级	古建筑	1921	远口镇关上村中段	2003
451	江东杨氏宗祠	天柱县	县级	古建筑	清嘉庆十七年	江东乡江东村上寨寨脚，距乡政府30 m	2003
452	杨通辉宅	天柱县	县级	古建筑	清光绪十六年	白市镇坪内村，位于清水江北岸	2003
453	杨政孝宅	天柱县	县级	古建筑	清光绪十五年	白市镇坪内村，清水江北岸	2003
454	龙家成宅	天柱县	县级	古建筑	清光绪十三年	白市镇坪内村，清水江北岸	2003
455	舒子玉宅	天柱县	县级	古建筑	清宣统二年	白市镇民建村中段，清水江北岸	2003
456	新市回龙庵	天柱县	县级	古建筑	清	远口镇新市村东端	2003
457	云潭湾杨氏宗祠	天柱县	县级	古建筑	清光绪二十年	远口镇云村，清水江东岸	2003
458	金鸡冲石拱桥	天柱县	县级	古遗址	清乾隆十四年	远口镇农林村，距镇政府2 km	2003
459	要津溪石板桥	天柱县	县级	古遗址	清嘉庆三年	远口镇坡脚村村口	2003
460	坡脚石板桥	天柱县	县级	近现代重要史迹及代表性建筑	1924	远口镇坡脚村中段	2003
461	江东桥	天柱县	县级	古遗址	清道光二年	江东乡江东村东南，距乡政府30 m	2003

续表

序号	文物保护单位名称	所在市县	级别	类别	年代	详细地址	颁布时间
462	枧冲溪石板桥	天柱县	县级	古遗址	清道光元年	坌处镇坌处镇7km	2003
463	王承泰宅	天柱县	县级	古建筑	清乾隆四十七年	坌处清浪村西北角	2003
464	塘美石拱桥	天柱县	县级	古遗址	清乾隆十四年	石洞镇高旦村东，距村委会1km	2003
465	坌处街古井	天柱县	县级	古建筑	清光绪八年	坌处镇坌处村东北面，在镇政府大楼左侧	2003
466	仙人洞遗址	天柱县	县级	古遗址	新石器时代	白市镇白市村，清水江西岸	2003
467	吴盛合葬墓	天柱县	县级	古墓葬	宋景定元年	远口镇新市村中段，清水江西岸	2003
468	烂草坪遗址	天柱县	县级	古遗址	新石器时代	白市镇白市村盘塘组，清水江西岸	2011
469	薛兵洲遗址	天柱县	县级	古遗址	新石器时代	白市镇白市村自坪寨、白市仙人洞对面	2011
470	薛兵洲城址	天柱县	县级	古遗址	明	白市镇白市村东侧	2011
471	浮屠庙遗址	天柱县	县级	古遗址	清嘉庆三年	坌处镇雕地村北，距塔元桥8m	2011
472	启秀堂遗址	天柱县	县级	古遗址	清乾隆七年	社学乡田冲村西，距村委会300m	2011
473	江东古建筑群	天柱县	县级	古建筑	清	江东乡民和村	2011
474	下寨罗氏先祠	天柱县	县级	古建筑	清光绪二十二年	远口镇下寨村东，距村委会200m	2011
475	潘氏家祠	天柱县	县级	古建筑	清乾隆元年	竹林乡高坡村北侧，距村委会50m	2011
476	江东庙	天柱县	县级	古建筑	清嘉庆八年	渡马乡江东村西侧	2011
477	节比松筠牌坊	天柱县	县级	石窟寺及石刻	清乾隆九年	远口镇下寨村东，距村委会200m	2011
478	公闪禾翠亭	天柱县	县级	古建筑	清咸丰八年	蓝田镇公闪村，距村委会3km	2011
479	塘润凉亭	天柱县	县级	古建筑	清光绪二十七年	蓝田镇塘润村东端，在塘润石拱桥南侧	2011
480	雅地惜字亭	天柱县	县级	古建筑	清道光二十八年	坌处镇雅地村中段北侧，塔元桥西	2011
481	中寨惜字亭	天柱县	县级	古建筑	清道光二十八年	坌处镇中寨村中段西侧保寨桥西端	2011
482	岑板惜字亭	天柱县	县级	古建筑	清道光八年	瓮洞镇岑板村东，距村委会550m	2011
483	杞寨保寨桥	天柱县	县级	古遗址	明万历三十六年	蓝田镇杞寨村南，距村委会1km	2011
484	三寨盘龙桥	天柱县	县级	古遗址	清乾隆二年	高酿镇三寨村侧，距村委会200m	2011
485	凸洞石拱桥	天柱县	县级	古遗址	清乾隆八年	高酿镇甘洞村凸洞组，天柱至锦屏公路南侧	2011
486	下达石拱桥	天柱县	县级	古遗址	清清光绪二十三年	高酿镇下达村北侧中段	2011
487	和党石拱桥	天柱县	县级	古遗址	清光绪十七年	蓝田镇碧雅村东段，距碧雅小学80m	2011

序号	文物保护单位名称	所在市县	级别	类别	年代	详细地址	颁布时间
488	邦寨石拱桥	天柱县	县级	古遗址	清道光二十三年	高酿镇邦寨村西,距村委会600 m	2011
489	富荣大井	天柱县	县级	古建筑	清乾隆五年	高酿镇富荣村东,距村委会200 m	2011
490	野田井	天柱县	县级	古建筑	明	渡马乡共和洞野田组	2011
491	新民龙王井	天柱县	县级	古建筑	清乾隆十八	蓝田镇新民村东公路边,距村委会80 m	2011
492	老寨井	天柱县	县级	古建筑	清嘉庆十五年	蓝田镇老寨村西,天柱至翁洞公路北侧	2011
493	赖洞古井群	天柱县	县级	古建筑	明万历三十年	邦洞镇赖洞村一组、二组、三组	2011
494	上岳寨大井	天柱县	县级	古建筑	清乾隆五十八年	邦洞镇岳寨村上岳寨西侧	2011
495	高屯老井	天柱县	县级	古建筑	清乾隆三十八年	石洞镇高屯村南田垅边	2011
496	永兴石拱桥	天柱县	县级	古遗址	清乾隆三十几年	地湖乡永兴村北,距村委会200 m	2011
497	邦寨石板桥	天柱县	县级	古遗址	清道光二十年	高酿镇邦寨村南,距村委会800 m	2011
498	窑炭杨家井	天柱县	县级	古建筑	清乾隆四十八年	高酿镇白岩村宕炭组	2011
499	岑板功名井	天柱县	县级	石窟寺及石刻	清光绪二十一年	瓮洞镇岑板村,距村委会300 m	2011
500	新联石闸子	天柱县	县级	古建筑	清光绪二十一年	蓝田镇新联村南,距村委会30 m	2011
501	和党石闸子	天柱县	县级	古建筑	清光绪十七年	蓝田镇碧雅村西段小溪旁	2011
502	岩背宗派渊源碑	天柱县	县级	石窟寺及石刻	清光绪十年	蓝田镇岩背村中段东侧	2011
503	地坌石碑群	天柱县	县级	石窟寺及石刻	清乾隆三十七年	竹林乡地坌村中段拦河坝顶上	2011
504	贡溪禁碑群	天柱县	县级	石窟寺及石刻	清	蓝田镇贡溪村,距村委会500 m	2011
505	都府族谱碑	天柱县	县级	石窟寺及石刻	清乾隆四十七年	蓝田镇都府村大寨上寨村队中段	2011
506	邦寨龙氏族谱碑	天柱县	县级	石窟寺及石刻	清嘉庆二十四年	高酿镇邦寨村西墓地	2011
507	富荣环保碑	天柱县	县级	石窟寺及石刻	清道光三年	高酿镇富荣村东,距村委会100 m	2011
508	六合不忘记碑	天柱县	县级	石窟寺及石刻	1963	邦洞镇六合村中段,天柱至邦洞公路南侧	2011
509	福寨村史碑	天柱县	县级	石窟寺及石刻	1964	凤城镇福寨村上西侧,距村委会50 m	2011
510	地锁一村关碑	天柱县	县级	石窟寺及石刻	清嘉庆十五年	蓝田镇三联村东端	2011
511	王天生故居	天柱县	县级	古建筑	1923	凤城镇南门街中段北侧,距居委会500 m	2011
512	王天敏故居	天柱县	县级	古建筑	1933	凤城镇八一村水东路	2011
513	高酿烈士墓	天柱县	县级	近现代重要史迹及代表性建筑	1978	高酿镇丰保村南,距镇政府500 m	2011
514	白市制材厂旧址	天柱县	县级	近现代重要史迹及代表性建筑	1957	白市镇白市村,清水江西岸	2011
515	鱼塘水库大坝	天柱县	县级	近现代重要史迹及代表性建筑	1978	坪地镇坪地村人民政府驻地西4 km	2011

附 表二 黔东南州文物保护单位一览表

序号	文物保护单位名称	所在市县	级别	类别	年代	详细地址	颁布时间
516	洞松水库大坝	天柱县	县级	近现代重要史迹及代表性建筑	1958	凤城镇卜头寨村西北	2011
517	石灰冲水库	天柱县	县级	近现代重要史迹及代表性建筑	1958	蓝田镇两岔村东端	2011
518	平福一号渡槽	天柱县	县级	近现代重要史迹及代表性建筑	1982	邦洞镇平福村，距村委会100 m	2011
519	平福二号渡槽	天柱县	县级	近现代重要史迹及代表性建筑	1978	邦洞镇平福村，距村委会100 m	2011
520	龙盘知青楼旧址	天柱县	县级	近现代重要史迹及代表性建筑	1977	渡马乡龙盘村腊树脚	2011
521	凯阳红军标语	岑巩县	县级	近现代重要史迹及代表性建筑	1936	凯本乡凯阳村大屯组	1984.05
522	寨庆红军标语	岑巩县	县级	近现代重要史迹及代表性建筑	1936	凯本乡毛口村寨庆组	1984.05
523	桐木悬棺葬	岑巩县	县级	古墓葬	待考	思旸镇桐木村地隐白岩山绝壁上	1984.05
524	龙田杨润庙	岑巩县	县级	古建筑	中华民国	龙田镇龙田村	1984.05
525	龙田万寿宫	岑巩县	县级	古建筑	清	龙田镇龙田村中街	1984.05
526	文笔塔	岑巩县	县级	古建筑	待考	思旸镇龙江村凤凰山山腰	1984.05
527	白鹤鸣皋遗址	岑巩县	县级	古遗址	明	思旸镇龙江村符一小学操场上	1984.05
528	岑巩烈士公墓	岑巩县	县级	古墓葬	1968	思旸镇龙江村	1984.05
529	刘贵墓	岑巩县	县级	古墓葬	明	思旸镇亚坝村桑坪寨屋背后	1984.05
530	鳌山寺遗址	岑巩县	县级	古遗址	唐至清	水尾镇长坪村半坡组	1984.05
531	龙鳌隘门	岑巩县	县级	古遗址	明	水尾镇驾鳌村军屯组西北向600 m	1984.05
532	胡家铺贺龙曾居地旧址	岑巩县	县级	近现代重要史迹及代表性建筑	1936	水尾镇大树林村胡家铺组	1984.05
533	天安寺遗址	岑巩县	县级	古遗址	待考	大有乡茂隆村桐木寨境内	1984.05
534	陈虎岭花园遗址	岑巩县	县级	古遗址	待考	大有乡木召村神虎岭	1984.05
535	木召古人墓	岑巩县	县级	古墓葬	清	大有乡木召村木召自然寨背后	1984.05
536	凯本苏元春帅府遗址	岑巩县	县级	古遗址	清	凯本乡大寨村瓦厂组	1984.05
537	太平桥	岑巩县	县级	古建筑	清	水尾镇新场村太平桥新场自然寨南面	2012.09
538	胡氏宗祠	岑巩县	县级	古建筑	清	水尾镇大树林村头坡组	2012.09
539	磨寨生基坟	岑巩县	县级	古墓	待考	思旸镇磨寨村小丰寨右侧	2012.09
540	地城古道遗址	岑巩县	县级	古遗址	清	天星乡地城村地城自然寨背后	2012.09
541	佘家坡代家宅遗址	岑巩县	县级	古遗址	清	天星乡山冈村佘家坡自然寨	2012.09
542	羊桥石拱桥	岑巩县	县级	古建筑	清	羊桥土家族乡羊桥村街东面	2012.09
543	天马石拱桥	岑巩县	县级	古建筑	清	天马镇天马村街东头	2012.09

序号	文物保护单位名称	所在市县	级别	类别	年代	详细地址	颁布时间
544	天马革命烈士纪念碑	岑巩县	县级	石窟寺及石刻	1950	天马镇天马村万家塘乌龟凸	2012.09
545	大寨井	岑巩县	县级	近现代重要史迹及代表性建筑	清	凯本乡大寨村（老乡政府办公楼背后）	2012.09
546	养善泉	岑巩县	县级	近现代重要史迹及代表性建筑	清	思旸镇龙江村峨山北麓	2012.09
547	杨宗燿墓	岑巩县	县级	古墓葬	民国二年	思旸镇磨寨村"点灯台"坡上	2012.09
548	杨孚襄墓	岑巩县	县级	古墓葬	清	思旸镇磨寨村龙山山腰	2012.09
549	谢喜麟谢友柏合葬墓	岑巩县	县级	古墓葬	清光绪十一年	思旸镇坪町村平贤团董	2012.09
550	洪景应合葬墓	岑巩县	县级	古墓葬	清嘉庆五年	思旸镇亚坝村亚坝组石雨子坡	2012.09
551	任之望墓	岑巩县	县级	古墓葬	清	思旸镇龙江村马坡脚组凤形山	2012.09
552	思州城城址	岑巩县	县级	古遗址	明至清	思旸镇龙江村	2012.09
553	何氏墓群	岑巩县	县级	古墓葬	明-清	思旸镇双龙村椿木山组官坟坡	2012.09
554	磨寨炼铁炉遗址	岑巩县	县级	近现代重要史迹及代表性建筑	1958	思旸镇磨寨村麻栗董组	2012.09
555	郑蓬元墓	岑巩县	县级	古墓葬	清康熙十九年	大有乡茂隆村象形坡坡山腰	2012.09
556	周仲融墓	岑巩县	县级	古墓葬	元代	大有乡大有村岜岽坪龙形山	2012.09
557	岑巩县人民大会堂旧址	岑巩县	县级	古遗址	1970	思旸镇龙江村（原县城大操场）	2012.09
558	陈家公馆	岑巩县	县级	古遗址	明	凯本乡凯阳街街上	2012.09
559	刘氏民宅	岑巩县	县级	古建筑	清	天星乡山冈村沙坪岗自然寨	2012.09
560	娘子岩岩崖	岑巩县	县级	石窟寺及石刻	清	龙田镇代店村梅家园牛背山娘子岩	2012.09
561	田氏民宅	岑巩县	县级	古建筑	清	注溪乡衙院村衙院自然寨	2012.09
562	千洞摩崖	岑巩县	县级	石窟寺及石刻	民国十四年	天马镇杜麻村黄溪河组	2012.09
563	甘塘古道遗址	岑巩县	县级	近现代重要史迹及代表性建筑	清	天马镇甘塘村后所组	2012.09
564	高德江民宅	岑巩县	县级	古建筑	清	羊桥土家族乡高冲村上高冲组	2012.09
565	车河化石出土点	岑巩县	县级	古遗址	寒武纪	羊桥土家族乡车河村小学旁	2012.09
566	龙统生基坟	岑巩县	县级	古墓葬	清嘉庆八年	羊桥土家族乡龙统村剪螳螂田组	2012.09
567	龙统防匪屯遗址	岑巩县	县级	近现代重要史迹及代表性建筑	民国二十五年	羊桥土家族乡龙统村剪螳螂田组	2012.09
568	龙田会馆	岑巩县	县级	古建筑	清	龙田镇龙田村中街	2012.09
569	杨鸿尧旧居	岑巩县	县级	古建筑	1949	思旸镇龙江村政府大院内	2012.09
570	思旸东方红桥	岑巩县	县级	古建筑	1968	今思旸中学门口至街上位置	2012.09
571	伍忠勋民宅	岑巩县	县级	古建筑	清光绪二十三年	天马镇小屯村对门寨	2012.09

续表

序号	文物保护单位名称	所在市县	级别	类别	年代	详细地址	颁布时间
572	吴兴达民宅	岑巩县	县级	古建筑	清	水尾镇马家寨村马家寨自然寨	2012.09
573	吴光景民宅	岑巩县	县级	古建筑	清	水尾镇马家寨村马家寨自然寨	2012.09
574	李家祠堂	凯里市	县级	近现代重要史迹及代表性建筑	中华民国	大十字街道环城南路街金泉公园	1991.07
575	石总兵墓	凯里市	县级	古墓葬	明	炉山镇海星村	1982.09
576	久元帅墓	凯里市	县级	古墓葬	清	凯棠乡凯哨村	1982.09
577	白水洞战斗遗址	凯里市	县级	古遗址	清	凯棠乡白水村	1982.09
578	云溪洞摩崖	凯里市	县级	石窟寺及石刻	清	大风洞乡大风洞村	1982.09
579	宾服崖	凯里市	县级	石窟寺及石刻	明	大风洞乡大风洞村冷风口	1982.09
580	旁海英人墓	凯里市	县级	古墓葬	清	旁海镇猴场村	1982.09
581	水寨花桥	凯里市	县级	近现代重要史迹及代表性建筑	民国	旁海镇水寨村	1982.08
582	吴家桥	凯里市	县级	古建筑	清	湾水镇翁岗村	1982.08
583	尹家桥	凯里市	县级	古建筑	清	湾水镇翁岗路南村侧	1982.08
584	李奇墓	凯里市	县级	古墓葬	明	炉山镇	2011.12
585	渡驴碑记	剑河县	县级	石窟寺及石刻	清	南加镇南加街渡口西岸	1994.08
586	小拱桥	剑河县	县级	古建筑	清	南加镇南加街上	1994.08
587	延寿桥	剑河县	县级	古建筑	清	剑河县城北门口	1994.08
588	官男桥	剑河县	县级	古建筑	清	剑河县城东	1994.08
589	万古千秋碑	剑河县	县级	石窟寺及石刻	清	南加镇南孟村	1994.08
590	公禁后龙山土石竹木碑	剑河县	县级	石窟寺及石刻	清	南加镇柳基上村	1994.08
591	永兴桥碑	剑河县	县级	石窟寺及石刻	清	南加镇柳基村河边	1994.08
592	功德碑	剑河县	县级	石窟寺及石刻	清	南加镇	1994.08
593	柳富碑记	剑河县	县级	石窟寺及石刻	清	南寨乡柳富村	1994.08
594	南包永安桥碑	剑河县	县级	石窟寺及石刻	清	南寨乡南包村	1994.08
595	功德碑记	剑河县	县级	石窟寺及石刻	清	南加镇岩板田村南杆	1994.08
596	革命烈士陵园	剑河县	县级	古建筑	现代	剑河县城西北侧	1992.11
597	两湖馆	剑河县	县级	古建筑	清	剑河县二中处	1992.11
598	永安桥	剑河县	县级	古建筑	清	南加镇南旁村	1992.11
599	三星桥	剑河县	县级	古建筑	清	南加镇柳基村河边	1992.11
600	关门岩摩崖	剑河县	县级	石窟寺及石刻	清	南加镇南旁村西	1992.11
601	太平桥	剑河县	县级	古建筑	清	柳川镇东路头溪口	1992.11
602	清江古城垣	剑河县	县级	古建筑	清	柳川镇老县城南边山上	1992.11
603	乃寿桥	剑河县	县级	古建筑	清	柳川镇东5km处，跨亚仰溪口	1992.11
604	环龙庵	剑河县	县级	古建筑	清	磻溪乡小广村	1992.11
605	麻大王墓	剑河县	县级	古墓葬	清	南寨乡南包村	1992.11

序号	文物保护单位名称	所在市县	级别	类别	年代	详细地址	颁布时间
606	永定江规碑	剑河县	县级	石窟寺及石刻	清	南加镇南孟村	1992.11
607	下岩寨民族村	剑河县	县级	近现代重要史迹及代表性建筑	清	岑松镇下岩寨村	1986.05
608	久吉民族村	剑河县	县级	近现代重要史迹及代表性建筑	元	久仰乡久吉村	2000.02
609	谢寨风雨桥	剑河县	县级	古建筑	清	磻溪乡谢寨村	1992.04
610	天河洗甲碑	剑河县	县级	石窟寺及石刻	清	南明镇河口	1981.09
611	永定风规碑	剑河县	县级	石窟寺及石刻	清	磻溪乡小广村	1981.09
612	小广民族村	剑河县	县级	近现代重要史迹及代表性建筑	元	磻溪乡小广村	2000.02
613	温泉民族村	剑河县	县级	近现代重要史迹及代表性建筑	明	岑松镇温泉村	2000.02
614	红军标语	施秉县	县级	近现代重要史迹及代表性建筑	近现代	双井镇凉伞老岩家	1981
615	红军标语	施秉县	县级	近现代重要史迹及代表性建筑	近现代	双井镇平寨村把旺寨	1981
616	解放施秉烈士纪念塔	施秉县	县级	近现代重要史迹及代表性建筑	近现代	城关镇西街口	1981
617	烈士陵园	施秉县	县级	近现代重要史迹及代表性建筑	近现代	城关镇新桥村	1981
618	朝阳寺	施秉县	县级	古建筑	明	甘溪乡柏果树	1983
619	胜秉汛土城垣	施秉县	县级	古遗址	清	马号乡胜秉欧家湾	1983
620	平宁寺	施秉县	县级	古建筑	清	已消失	1983
621	光洞岩墓	施秉县	县级	古墓葬	明	甘溪乡柏果树	1983
622	六合苗民抗伏碑	施秉县	县级	古墓葬	清	马号乡六合廖洞中寨路口	1985
623	红六军团黑冲战斗遗址	施秉县	县级	近现代重要史迹及代表性建筑	近现代	白垛乡黑冲	1985
624	红六军团肖克住址指挥部	施秉县	县级	近现代重要史迹及代表性建筑	近现代	白垛乡大庆	2007
625	白云山	施秉县	县级	古遗址	清	甘溪乡盐井村	2007
626	金钟山铅矿遗址	施秉县	县级	古遗址	清	马号乡金钟村	2012
627	庙坪大拱桥	施秉县	县级	古建筑	不详	牛大场镇金坑村	2012
628	庙坪小拱桥	施秉县	县级	古建筑	不详	牛大场镇金坑村	2012
629	普庆桥	施秉县	县级	古建筑	清	城关镇沙坪村	2012
630	清江烈士纪念塔	施秉县	县级	近现代重要史迹及代表性建筑	近现代	马号乡六合村	2012
631	谷定十二合土墓	施秉县	县级	古墓葬	近现代	白垛乡谷定村	2012
632	清军镇压苗民遗址	施秉县	县级	古遗址	清	杨柳塘镇屯上村	2012
633	盘龙桥	施秉县	县级	古建筑	近现代	甘溪乡盐井村	2012
634	红卫桥	施秉县	县级	近现代重要史迹及代表性建筑	近现代	城关镇小河村	2012
635	牛大场烈士墓	施秉县	县级	近现代重要史迹及代表性建筑	近现代	牛大场镇牛大场村	2012
636	邓金真墓	施秉县	县级	古墓葬	明	马溪乡塘头村中寨组	2012
637	大树脚古井	施秉县	县级	近现代重要史迹及代表性建筑	近现代	杨柳塘镇上敖村大树脚	2012
638	楼寨炼钢炉	施秉县	县级	近现代重要史迹及代表性建筑	近现代	马号乡楼寨村	2012
639	石人冲古战场遗址	施秉县	县级	古遗址	清	城关镇小河村	2012

续表

序号	文物保护单位名称	所在市县	级别	类别	年代	详细地址	颁布时间
640	湘黔驿道望坡坡	施秉县	县级	古遗址	明	城关镇小河村	2012
641	龙山百子桥	麻江县	县级	古建筑	清康熙	龙山乡龙山村龙山河	1997.03
642	吴传声墓	麻江县	县级	古墓葬	中华民国	下司镇清江村保秧洲组后山腰	1997.03
643	平田哨写字岩	麻江县	县级	石窟寺及石刻	清末	碧波乡朝阳村竹叶冲北1000 m河畔崖壁	1997.03
644	张梁墓群及福德桥	麻江县	县级	古建筑	清同治	下司镇瓮港村芭茅冲	1998.09
645	国民党陆军通信兵遗址	麻江县	县级	古建筑	中华民国	杏山镇城关村迎宾中路中段	1998.09
646	麻江古城垣	麻江县	县级	古建筑	明万历	杏山镇新兴社区北门至步行街	2000.07
647	下司古码头	麻江县	县级	古建筑	清乾隆	下司镇清江村清江西北岸	2000.07
648	谷硐小鸡场护林碑	麻江县	县级	石窟寺及石刻	中华民国	谷硐镇大冲村小鸡场组合塝坳上	2000.07
649	罗剑罐墓	麻江县	县级	古墓葬	民国	坝芒布依族乡蒋岗村西	2000.07
650	龙山张氏宗祠	麻江县	县级	古建筑	清咸丰	龙山乡龙山村	2004.09
651	又诗百子桥	麻江县	县级	古建筑	清康熙	碧波乡又诗村北	2004.09
652	又诗甘氏宗祠及周边古建筑群	麻江县	县级	古建筑	中华民国	碧波乡又诗村中寨组	2007.01
653	景阳周公井	麻江县	县级	古建筑	清乾隆	景阳布依族乡景阳村街上	2007.01
654	长坡古驿道关口	麻江县	县级	古建筑	清道光	贤昌布依族乡长坡村长坡坡煤矿处	2009.08
655	潘名杰演武场遗址	麻江县	县级	古建筑	清末	贤昌布依族乡贤昌村长坡组潘家大山湾	2009.08
656	冷水营通告碑	麻江县	县级	石窟寺及石刻	清道光	碧波乡大堡村冷水营组	2009.08
657	李发品故居及李发品墓	麻江县	县级	古建筑	清咸丰	贤昌布依族乡盐山村鸭塘组	2009.08
658	高枧周边文物群	麻江县	县级	古建筑	清	贤昌乡高枧村	2011.09
659	景阳大营遗址	麻江县	县级	古建筑	清	景阳布依族乡景阳村山脚寨后山	2011.09
660	平定长官司故居及土司司夫寿康墓	麻江县	县级	古建筑	清	宣威镇平定村平定组	2011.09
661	戴氏宗祠	麻江县	县级	古建筑	中华民国	坝芒布依族乡乐坪村乐坪中学旧址旁	2011.09
662	邓十万地主庄园遗址	黄平县	县级	古遗址	清	平溪镇川岩村石柜组	
663	白岩护寨墙	黄平县	县级	古遗址	清	上塘乡白岩村	
664	白岩古街道	黄平县	县级	古遗址	明至清	上塘乡白岩村	
665	老鼠关"石院墙遗址"	黄平县	县级	古遗址	明	上塘乡木江村一组	
666	滚水古道	黄平县	县级	古遗址	清	谷陇镇滚水村	
667	重安北城门遗址	黄平县	县级	古遗址	明至清	重安镇北街居居委会	
668	重安城垣遗址	黄平县	县级	古遗址	明至清	重安镇南街、北街	
669	舞阳河起点码头	黄平县	县级	古遗址	明至清	旧州镇	

序号	文物保护单位名称	所在市县	级别	类别	年代	详细地址	颁布时间
670	太平洞苗民起义遗址	黄平县	县级	古遗址	清	谷陇镇山坪村村	1982
671	湘黔驿道旧州上塘段	黄平县	县级	古遗址	明	旧州镇至上塘乡乌梅河村	
672	旧州北城门遗址	黄平县	县级	古遗址	明至清	旧州镇北门街	
673	云居寺遗址	黄平县	县级	古遗址	明	上塘乡紫营村云居山	
674	鼓台山寺庙遗址	黄平县	县级	古遗址	明	旧州镇南马苑村南鼓台山上	
675	长庚阁遗址	黄平县	县级	古遗址	清	旧州镇老里明村	
676	教岛洞义军苗民蒙难处	黄平县	县级	古遗址	清	苗陇乡教孝村东1 km处	1981
677	百挑田"石坎梯田"	黄平县	县级	古遗址	明至清	重兴乡	
678	十万营南党委也兵处	黄平县	县级	古遗址	明	旧州镇石牛村苓坡村山顶	
679	轿顶山教军营地遗址	黄平县	县级	古遗址	清	纸房乡承联村	1981
680	重安江码头	黄平县	县级	古遗址	明	重安镇重安江畔	2012.10
681	悟玄墓	黄平县	县级	古墓葬	清	一碗水乡水溏塘村	
682	重安长官司"张大杰合葬墓"	黄平县	县级	古墓葬	明	重安镇椰木村火烧寨西北侧	
683	合腊坡墓群	黄平县	县级	古墓葬	清	新州镇东坡村台腊寨	
684	重安文昌阁	黄平县	县级	古建筑	清	重安镇南街	
685	万福桥	黄平县	县级	古建筑	清	上塘乡紫营村	
686	瓮湄桥	黄平县	县级	古建筑	清	上塘乡乌梅河村	1989
687	四灵桥	黄平县	县级	古建筑	清	重安镇南街居委会	1989.08
688	龙角桥	黄平县	县级	古建筑	清	野洞河乡龙角村	
689	重安万寿宫	黄平县	县级	古建筑	清	重安镇南街居委会	1989
690	平龙桥	黄平县	县级	古建筑	明洪武	新州镇十里桥村	
691	石龙桥	黄平县	县级	古建筑	清	新州镇五里桥村	2012.10
692	崇德桥	黄平县	县级	古建筑	清	旧州镇校场村	
693	喜家桥	黄平县	县级	古建筑	清	上塘乡板桥村	
694	金庄大水井	黄平县	县级	古建筑	明	金庄大水井	
695	玉峡晴虹双桥	黄平县	县级	古建筑	明	新州镇晒金石村西	
696	安澜桥	黄平县	县级	古建筑	清	谷陇镇岩鹰村	1989.00
697	卢靖川故居	黄平县	县级	古建筑	清	旧州镇西中街	
698	重安长官司"张氏宗祠"	黄平县	县级	古建筑	明至清	谷陇镇岩门司村蒲江三组	
699	何家花园	黄平县	县级	古建筑	清	重安镇茅坪村何家寨村	
700	红岩塘	黄平县	县级	古建筑	清	重安镇天堂村	
701	大花心水碾群	黄平县	县级	古建筑	明	重安镇茅坪村淹马河组	
702	旧州官井	黄平县	县级	古建筑	清	旧州镇北门村郭家巷	
703	草庭书院摩崖	黄平县	县级	石窟寺及石刻	清	新州镇北门村龙洞旁	
704	中桥河义渡碑	黄平县	县级	石窟寺及石刻	清	新州镇良田村	
705	写字岩	黄平县	县级	石窟寺及石刻	清	纸房乡西堰村西洞处2 km处	1981.00

续表

序号	文物保护单位名称	所在市县	级别	类别	年代	详细地址	颁布时间
706	岩鹰侗碑	黄平县	县级	石窟寺及石刻	清	谷陇镇岩鹰村	
707	旧州文庙石刻	黄平县	县级	石窟寺及石刻	清	旧州镇马鞍街	
708	王家牌王氏族规碑	黄平县	县级	石窟寺及石刻	清	翁坪乡王家牌村	
709	步云洞摩崖	黄平县	县级	石窟寺及石刻	清	一碗水乡印地坝村平东寨	
710	"玉碗飞虹"摩崖	黄平县	县级	石窟寺及石刻	清	新州镇晒金石村	
711	谷陇革命烈士陵园	黄平县	县级	近现代重要史迹及代表性建筑	近代	谷陇镇谷陇村	2012.10
712	刘伯龙"澄清环宇"摩崖	黄平县	县级	近现代重要史迹及代表性建筑	中华民国	新州镇北门村龙洞膀	2012.10
713	旧州中学欧式教学楼	黄平县	县级	近现代重要史迹及代表性建筑	近代	旧州镇西大街旧州中学内	2012.10
714	旧州革命烈士陵园	黄平县	县级	近现代重要史迹及代表性建筑	中华民国	旧州镇北门村	2012.10
715	东坡二战洞穴弹药库	黄平县	县级	近现代重要史迹及代表性建筑	近代	新州镇东坡村	2012.10
716	抗战建国阵亡将士纪念碑	黄平县	县级	近现代重要史迹及代表性建筑	近代	重安镇北街重安小学	2012.10
717	旧州二战机场油弹库	黄平县	县级	近现代重要史迹及代表性建筑	近代	旧川镇文峰村	2012.10
718	一碗水乡哈冲烈士陵园	黄平县	县级	近现代重要史迹及代表性建筑	近代	一碗水乡一碗水村	2012.10
719	枫香寨哈冲坪	黄平县	县级	其他	明	重兴乡枫香村	
720	谷陇芦笙场	黄平县	县级	其他	明	谷陇镇大寨村	
721	铜鼓古城址	锦屏县	县级	古遗址	明洪武三十年	铜鼓镇铜鼓村	1987
722	彦洞大卡苗侗义军战斗遗址	锦屏县	县级	古遗址	清同治元年	彦洞乡彦洞村苓顿坡	1987
723	楚王妃子墓	锦屏县	县级	古墓葬	明	铜鼓镇铜鼓村南1.5km蚂蝗山	1987
724	张应沼墓	锦屏县	县级	古墓葬	清	隆里乡隆里所村凤山	1987
725	杨光王墓	锦屏县	县级	古墓葬	清	启蒙镇地稠村西北约3km高高山	1987
726	姜志远墓	锦屏县	县级	古墓葬	清	河口乡瑶光村白虎山上	1987
727	铜鼓凤鸣楼	锦屏县	县级	古建筑	清道光十七年	铜鼓镇铜鼓村东门口	1987
728	地茶庙	锦屏县	县级	古建筑	清	启蒙镇地茶村	1987
729	偶里荷绣亭	锦屏县	县级	古建筑	清嘉庆二十四年	偶里乡寨母村	1987
730	者蒙花桥	锦屏县	县级	古建筑	清道光二十九年	启蒙镇者蒙村	1987
731	彦洞花桥	锦屏县	县级	古建筑	清乾隆三十五年	彦洞乡彦洞村	1987
732	偶里花桥	锦屏县	县级	古建筑	清	偶里乡皆阳村	1987
733	腊洞石拱桥	锦屏县	县级	古建筑	清	启蒙镇丁达村	1987
734	茅坪合龙桥	锦屏县	县级	古建筑	清乾隆四十八年	茅坪镇上寨村	1987
735	诸葛洞题石刻	锦屏县	县级	石窟寺及石刻	南宋景定二年、明景泰二年	敦寨镇罗丹村田坝头	1987

序号	文物保护单位名称	所在市县	级别	类别	年代	详细地址	颁布时间
736	白云崖石刻	锦屏县	县级	石窟寺及石刻	明成化元年	铜鼓镇铜鼓镇南面1.5 km花桥溪岸边	1987
737	铜鼓卫城碑	锦屏县	县级	石窟寺及石刻	明万历四十四年	铜鼓镇铜鼓村	1987
738	河口渡碑	锦屏县	县级	石窟寺及石刻	清乾隆五年	河口乡凹颈村	1987
739	新化抗扶役碑	锦屏县	县级	石窟寺及石刻	清光绪二年	新化乡欧阳村老司凉亭边	1987
740	苗侗义军攻打彦洞碑	锦屏县	县级	石窟寺及石刻	光绪二年	彦洞乡彦洞村	1987
741	高柳永江规碑	锦屏县	县级	石窟寺及石刻	清嘉庆十六年	铜鼓镇高柳村下寨入口	1987
742	河口禁革派扶役荷敛碑	锦屏县	县级	石窟寺及石刻	清光绪四年	河口乡凹颈村	1987
743	偶里红军树纪念碑	锦屏县	县级	石窟寺及石刻	1977	偶里乡皆阳村吊街山脚	1987
744	文斗上寨六禁碑	锦屏县	县级	石窟寺及石刻	清乾隆三十八年	河口乡文斗村上寨凉亭边	1987
745	文斗上寨浩封碑	锦屏县	县级	石窟寺及石刻	清光绪二十一年	河口乡文斗村西	1987
746	平江禁革攻俗碑	锦屏县	县级	石窟寺及石刻	明	河口乡文斗平江村口	1987
747	裕河中山林碑	锦屏县	县级	石窟寺及石刻	民国二十四年	河口乡稼和村北	1987
748	塘东纳粮碑	锦屏县	县级	石窟寺及石刻	光绪三年	河口乡塘东村东50 m小路旁	1987
749	书房碑记	锦屏县	县级	石窟寺及石刻	清乾隆四十七年	铜鼓镇高柳村	1987
750	八洞碑	锦屏县	县级	石窟寺及石刻	清咸丰六年	大同乡八洞村渡口边	1987
751	瑶白定俗碑	锦屏县	县级	石窟寺及石刻	清	彦洞乡瑶伯村	1987
752	彦洞牛堂碑	锦屏县	县级	石窟寺及石刻	清	彦洞乡瑶伯村	1987
753	彦洞定俗碑	锦屏县	县级	石窟寺及石刻	清光绪年	彦洞乡彦洞村	1987
754	河口木业碑	锦屏县	县级	石窟寺及石刻	清光绪二十二	河口乡凹颈村东北30 m	1987
755	四里塘三营碑	锦屏县	县级	石窟寺及石刻	清乾隆五十六年或嘉庆十一年	河口乡文斗村上寨凉亭边	1987
756	革命烈士陵园	锦屏县	县级	近现代重要史迹及代表性建筑	1984	锦屏县城西北回龙山	1987
757	平略碉堡	锦屏县	县级	古建筑	民国二十三年	平略镇平略村外边街	1987
758	天龙山遗址	锦屏县	县级	古遗址	清	铜鼓镇小塘村	2011
759	黄哨山古驿道	锦屏县	县级	古遗址	清嘉庆丙寅年	茅坪镇上寨村黄哨山	2011
760	文斗姜迁财民居	锦屏县	县级	古建筑	清光绪	河口乡文斗村	2011
761	嫩寨杨氏宗祠	锦屏县	县级	古建筑	明	铜鼓镇嫩寨村	2011
762	亮司龙氏宗祠	锦屏县	县级	古建筑	清乾隆五十年	敦寨镇亮司村	2011
763	雷屯朱氏宗祠	锦屏县	县级	古建筑	清	敦寨镇雷屯村	2011

续表

序号	文物保护单位名称	所在市县	级别	类别	年代	详细地址	颁布时间
764	寨欧龙氏宗祠	锦屏县	县级	古建筑	清	偶里乡寨欧村	2011
765	新化所刘氏宗祠	锦屏县	县级	古建筑	清道光十九年	新化乡新化所村	2011
766	新化所李氏宗祠	锦屏县	县级	古建筑	清	新化乡新化所村	2011
767	新化寨欧氏宗祠	锦屏县	县级	古建筑	清	新化乡新化寨村	2011
768	新化寨杨氏宗祠	锦屏县	县级	古建筑	清	新化乡新化寨村	2011
769	地茶杨氏宗祠	锦屏县	县级	古建筑	清	启蒙镇地茶村	2011
770	八洋杨氏宗祠	锦屏县	县级	古建筑	民国	平略镇八洋村	2011
771	徐之铭故居	锦屏县	县级	古建筑	清	铜鼓镇铜鼓村	2011
772	新化老君碑	锦屏县	县级	古建筑	明	新化乡新化所村西门鸬鹚溪	2011
773	偶里赋税石刻	锦屏县	县级	石窟寺及石刻	明崇祯七年	偶里乡皆阳村	2011
774	南堆故事石刻	锦屏县	县级	石窟寺及石刻	明永乐十二年	平略镇南堆村樟树脚	2011
775	南堆山场纠纷判词碑	锦屏县	县级	石窟寺及石刻	清末	平略镇南堆村西北村胂田坎边	2011
776	菜园建碑碑群	锦屏县	县级	石窟寺及石刻	清乾隆至道光年间	三江镇菜园村	2011
777	平翁登诗碑	锦屏县	县级	石窟寺及石刻	民国十年	平秋镇平翁村东老盘路边	2011
778	龙明灵故居	锦屏县	县级	近现代重要史迹及代表性建筑	清同治十一年	茅坪镇阳溪村	2011
779	龙云故居	锦屏县	县级	近现代重要史迹及代表性建筑	清	茅坪镇上寨村	2011
780	王佑求纪念亭	锦屏县	县级	近现代重要史迹及代表性建筑	1991	平秋镇魁胆村公路边	2011
781	清江渡运码头	锦屏县	县级	近现代重要史迹及代表性建筑	1941	三江镇排洞社区	2011
782	丹江厅城遗址	雷山县	县级	古遗址	清雍正七年	丹江镇教厂村	1985.02
783	犀牛潭摩崖石刻	雷山县	县级	石窟寺及石刻	清光绪末年	丹江镇文体中心	1985.02
784	龙头山遗址	雷山县	县级	古遗址	清乾隆三年	丹江镇长丰村	1985.02
785	脚雄聚奸叛苗碑	雷山县	县级	石窟寺及石刻	清统治十三年	丹江镇脚雄村	1985.02
786	千南桥民议碑礼碑	雷山县	县级	石窟寺及石刻	民国二十八年	永乐镇岩寨村干南桥	1987
787	革除夫役碑	雷山县	县级	石窟寺及石刻	清统治十三年	达地水族自治乡	1985.02
788	乔兑粮仓群	雷山县	县级	古建筑	清	桃江乡乔兑村	2012.07
789	向阳墓地	雷山县	县级	古墓葬	清	永乐镇加鸟村向阳村民组西面面寨脚200 m	2012.07
790	旹角剿匪遗址	雷山县	县级	近现代重要史迹及代表性建筑	1949	桃江乡旹角村北面	2012.07
791	石氏家族墓群	雷山县	县级	古墓葬	清	永乐镇也牛村南面500 m	2012.07
792	冷德迹墓	雷山县	县级	古墓葬	清	永乐镇加勇村南面800 m处	2012.07
793	朗洞红军标语	榕江县	县级	近现代重要史迹及代表性建筑	民国	朗洞镇东门街	1979

序号	文物保护单位名称	所在市县	级别	类别	年代	详细地址	颁布时间
794	古州南门遗址	榕江县	县级	古遗址	清	古州镇南门	1979
795	北门口红军墓	榕江县	县级	近现代重要史迹及代表性建筑	民国	古州镇北门口	1981.11
796	一中烈士墓	榕江县	县级	近现代重要史迹及代表性建筑	中华民国	古州镇县一中	1981.11
797	腊酉塘桥	榕江县	县级	古建筑	清	八开乡腊酉村乌娘溪口	1981.11
798	保里老岩岩石石刻	榕江县	县级	石窟寺及石刻	待考	乐里镇保里村银洞山顶	1985.11
799	烈士陵园	榕江县	县级	近现代重要史迹及代表性建筑	现代	古州镇南广东山上	1987.11
800	锡利乡农民起义遗址	榕江县	县级	近现代重要史迹及代表性建筑	中华民国	忠诚伸帮村村头山	1987.11
801	八宝山苗民起义遗址	榕江县	县级	古遗址	清	塔石乡怎东村境内	1987.11
802	古州城垣	榕江县	县级	古遗址	清	古州镇北各村各一处（今小学）	1987.11
803	滚仲汛城垣	榕江县	县级	古建筑	清	平江乡滚仲村	1987.11
804	端里侗族杨正敏墓	榕江县	县级	古建筑	清	乐里镇大端村西	1987.11
805	苗兰鼓楼	榕江县	县级	古建筑	清	栽麻乡苗兰村中	1987.11
806	归柳下寨鼓楼	榕江县	县级	古建筑	清	栽麻乡归柳村下寨	1987.11
807	大原花桥	榕江县	县级	古建筑	清	仁里乡大原村东	1987.11
808	平永龙塘	榕江县	县级	古建筑	待考	平永镇龙塘村边	1987.11
809	古州广惠宾馆	榕江县	县级	古建筑	清	古州镇下河街	1998.12
810	古州大码头	榕江县	县级	古建筑	清	古州镇城东	1998.12
811	大河口码头	榕江县	县级	古建筑	清	古州镇城南	1998.12
812	车江国师村寨教育实验区遗址	榕江县	县级	近现代重要史迹及代表性建筑	中华民国	古州镇车江车民小学	1998.12
813	卫城"虎""字摩崖	榕江县	县级	石窟寺及石刻	清	寨蒿镇卫城南	1998.12
814	古州两湖会馆	榕江县	县级	古建筑	清	古州镇下河街	1998.12
815	古州苗王庙	榕江县	县级	古建筑	待考	古州镇阳龙冈上	2000.10
816	车寨威格流萨玛祠	榕江县	县级	古建筑	清	古州镇车江一村	2000.10
817	车寨饶流萨玛祠	榕江县	县级	古建筑	清	古州镇车江一村	2000.10
818	车寨栋寨萨玛祠	榕江县	县级	古建筑	清	古州镇车江三村	2000.10
819	寨头萨玛祠	榕江县	县级	古建筑	清	古州镇车江三村	2000.10
820	茆塘萨玛祠	榕江县	县级	古建筑	清	古州镇车江茆塘村	2000.10
821	脉塘萨玛祠	榕江县	县级	古建筑	清	古州镇车江口脉寨村	2000.10
822	寨萨玛祠	榕江县	县级	古建筑	清	古州镇车江寨村	2000.10
823	口寨上、中、下萨玛祠	榕江县	县级	古建筑	清	古州镇车江口寨村	2000.10
824	古州江西会馆壁画	榕江县	县级	近现代重要史迹及代表性建筑	清	古州镇上河街	2000.10
825	寨头、茆塘侗族自然寨	榕江县	县级	近现代重要史迹及代表性建筑	明	古州镇车江寨头村、茆塘村	2000.10
826	摆贝苗族自然寨	榕江县	县级	近现代重要史迹及代表性建筑	明	兴华乡摆贝村	2000.10
827	宰荡侗族萨玛祠	榕江县	县级	近现代重要史迹及代表性建筑	明	栽麻乡宰荡村	2000.10
828	晚寨侗族自然寨	榕江县	县级	近现代重要史迹及代表性建筑	明	寨蒿镇晚寨村	2000.10
829	八寨水族自然寨	榕江县	县级	近现代重要史迹及代表性建筑	清	兴华乡八寨村	2000.10

续表

序号	文物保护单位名称	所在市县	级别	类别	年代	详细地址	颁布时间
830	练国梁故居	榕江县	县级	近现代重要史迹及代表性建筑	清	古州镇古州南路	2009.09
831	寨嵩两湖会馆	榕江县	县级	古建筑	清	寨嵩镇卫城北侧	2009.09
832	章鲁赖家大院	榕江县	县级	古建筑	清	古州镇车江章鲁村	2009.09
833	古州两广会馆	榕江县	县级	古建筑	清	古州镇五榕中路	2009.09
834	大利侗寨	榕江县	县级	近现代重要史迹及代表性建筑	明末清初	栽麻乡大利村	2009.09
835	归利古道	榕江县	县级	古建筑	清道光	平江乡归利村	2009.09
836	镇远文笔塔	镇远县	县级	古建筑	明	舞阳镇笔峰山	1981
837	甘公祠	镇远县	县级	古建筑	清	舞阳镇同大街	1984
838	北极宫	镇远县	县级	古建筑	清	舞阳镇顺城街	1984
839	火神庙	镇远县	县级	古建筑	清	舞阳镇顺城街	1984
840	四方井巷	镇远县	县级	古建筑	清	舞阳镇	1984
841	仁寿巷	镇远县	县级	古建筑	清	舞阳镇	1984
842	复兴巷	镇远县	县级	古建筑	清	舞阳镇	1984
843	亮府头	镇远县	县级	古建筑	清	舞阳镇	1984
844	紫皇阁遗址	镇远县	县级	古建筑	清	舞阳镇	1984
845	文庙遗址	镇远县	县级	古建筑	清	舞阳镇	1984
846	和公祠	镇远县	县级	古建筑	清	舞阳镇	1984
847	潘家祠堂	镇远县	县级	古建筑	清	舞阳镇	1984
848	苏公馆	镇远县	县级	古建筑	清	舞阳镇	1984
849	老西门渡口	镇远县	县级	古建筑	清	舞阳镇	1986
850	杨柳湾渡口	镇远县	县级	古建筑	清	舞阳镇	1986
851	付家民居	镇远县	县级	古建筑	清	舞阳镇	1986
852	青狮洞旧址	镇远县	县级	古建筑	清	舞阳镇	1986
853	小马厂和尚坟	镇远县	县级	古建筑	清	舞阳镇	1986
854	青溪文笔塔	镇远县	县级	古建筑	清	青溪镇	1986
855	白云寺旧址	镇远县	县级	古建筑	清	青溪镇	1986
856	白云山摩岩	镇远县	县级	古建筑	清	舞阳镇	1986
857	铁溪云中山寺旧址	镇远县	县级	古建筑	清	舞阳镇	1986
858	文德关关迎仙宫旧址	镇远县	县级	古建筑	清	舞阳镇	1986
859	镇雄关的关帝庙	镇远县	县级	古建筑	清	舞阳镇	1986
860	四方井	镇远县	县级	古建筑	清	舞阳镇	1986
861	猪槽井	镇远县	县级	古建筑	清	舞阳镇	1986
862	琵琶井	镇远县	县级	古建筑	清	舞阳镇	1986
863	陈家井	镇远县	县级	古建筑	清	舞阳镇	1986
864	南门沟园井	镇远县	县级	古建筑	清	舞阳镇	1986
865	文德关至坡脚古驿道	镇远县	县级	古建筑	明	舞阳镇	1986
866	镇雄关至相见坡古驿道	镇远县	县级	古建筑	明	舞阳镇	1986
867	铁溪桥至四里桥古栈道	镇远县	县级	古建筑	明	舞阳镇	1986
868	青溪城垣	镇远县	县级	古建筑	明	青溪镇	1986
869	谭钧塔墓	镇远县	县级	古建筑	清	青溪镇	1986
870	和耀曾墓	镇远县	县级	古建筑	清	青溪镇	1986
871	苏元春墓	镇远县	县级	古建筑	清	羊坪镇	1986

序号	文物保护单位名称	所在市县	级别	类别	年代	详细地址	颁布时间
872	青溪万寿宫	镇远县	县级	古建筑	清	青溪镇	1986
873	青溪铁厂码头	镇远县	县级	古建筑	清	青溪镇	1986
874	惠泉摩岩	镇远县	县级	古建筑	清	舞阳镇	1986
875	钧培图书馆碑记	镇远县	县级	古建筑	清	舞阳镇	1986
876	紫皇阁巷	镇远县	县级	古建筑	清	舞阳镇新中街	1986
877	龙塘三拱桥	镇远县	县级	古建筑	清	羊坪镇	1989
878	惜字库（石塔）	镇远县	县级	古建筑	待考	大地乡	1989
879	后坝石墙	镇远县	县级	古建筑	清	尚寨乡	1989
880	山青省民氏民居	镇远县	县级	古建筑	清	江古乡	1989
881	杨茂兴大院	镇远县	县级	古建筑	清	舞阳镇复兴巷	1989
882	上官民居	镇远县	县级	古建筑	清	舞阳镇复兴巷	1989
883	陆家民居	镇远县	县级	古建筑	清	舞阳镇顺城街	1989
884	居子安	镇远县	县级	古建筑	清	舞阳镇新中街	1989
885	丁之龙墓	镇远县	县级	古墓葬	明	舞阳镇文德	1989
886	李时将军墓	镇远县	县级	古墓葬	清	舞阳镇文德	1989
887	何志夫妻合墓	镇远县	县级	古墓葬	清	舞阳镇文德	1989
888	镇龙寺舍利塔	镇远县	县级	古墓葬	待考	羊坪镇	1989
889	杨政天墓	镇远县	县级	古墓葬	明	金堡乡	1989
890	李龙泉墓	镇远县	县级	古墓葬	明	羊场镇半屯村	1989
891	谭钧培神道碑	镇远县	县级	石窟寺及石刻	清	舞阳镇共和街	1989
892	顺城街4号	镇远县	县级	古建筑	清	舞阳镇四方井巷	1999
893	顺城街6、7号	镇远县	县级	古建筑	清	舞阳镇四方井巷	1999
894	四方井16号1、2号	镇远县	县级	古建筑	清	舞阳镇四方井巷	1999
895	四方井25号	镇远县	县级	古建筑	清	舞阳镇四方井巷	1999
896	四方井21、22、23号	镇远县	县级	古建筑	清	舞阳镇四方井巷	1999
897	四方井20号	镇远县	县级	古建筑	清	舞阳镇四方井巷	1999
898	四方井16号	镇远县	县级	古建筑	清	舞阳镇四方井巷	1999
899	四方井24号	镇远县	县级	古建筑	清	舞阳镇四方井巷	1999
900	四方井29、25号	镇远县	县级	古建筑	清	舞阳镇四方井巷	1999
901	复兴巷13号（全家大院）	镇远县	县级	古建筑	清	舞阳镇复兴巷	1999
902	仁寿巷16号	镇远县	县级	古建筑	清	舞阳镇仁寿巷	1999
903	仁寿巷7号	镇远县	县级	古建筑	清	舞阳镇仁寿巷	1999
904	仁寿巷8号	镇远县	县级	古建筑	清	舞阳镇仁寿巷	1999
905	仁寿巷24号	镇远县	县级	古建筑	清	舞阳镇仁寿巷	1999
906	琵琶井券周崇德家	镇远县	县级	古建筑	清	舞阳镇冲子口巷	1999
907	仁寿巷57、58、59	镇远县	县级	古建筑	清	舞阳镇仁寿巷	1999
908	冲子口巷47号	镇远县	县级	古建筑	清	舞阳镇冲子口巷	1999
909	冲子口43号	镇远县	县级	古建筑	清	舞阳镇冲子口巷	1999
910	刘聚金宅	镇远县	县级	古建筑	清	舞阳镇冲子口巷	1999
911	何家大院	镇远县	县级	古建筑	清	舞阳镇冲子口巷	1999
912	李正涛民宅	镇远县	县级	古建筑	清	舞阳镇冲子口巷	1999
913	彭自洲民宅	镇远县	县级	古建筑	清	舞阳镇冲子口巷	1999

续表

序号	文物保护单位名称	所在市县	级别	类别	年代	详细地址	颁布时间
914	四方井巷第一门楼	镇远县	县级	古建筑	清	舞阳镇四方井巷	1999
915	县档案馆四方井巷内第二门楼	镇远县	县级	古建筑	清	舞阳镇四方井巷	1999
916	"秋豪度秋"门	镇远县	县级	古建筑	清	舞阳镇冲子口巷	1999
917	舞阳镇派出所门	镇远县	县级	古建筑	清	舞阳镇仁寿巷	1999
918	仁寿巷3号门	镇远县	县级	古建筑	清	舞阳镇仁寿巷	1999
919	水星洞前复兴巷内有一门	镇远县	县级	古建筑	清	舞阳镇复兴巷	1999
920	香山寺水井	镇远县	县级	古建筑	清	舞阳镇	1999
921	将军地古军事遗址	镇远县	县级	古遗址	清	都坪镇天印村	2002
922	金顶庵古军事遗址	镇远县	县级	古遗址	清	都坪镇天印村	2002
923	何家院遗址	镇远县	县级	古遗址	清	羊场镇龙洞村鸡塘组	2002
924	聚贤门古防御工事遗址	镇远县	县级	古遗址	清	羊场镇小册村	2002
925	高屯岩古防御工事遗址	镇远县	县级	古遗址	清	羊场镇龙洞村衔上	2002
926	悬嶂岭古城堡遗址	镇远县	县级	古遗址	清	江古乡水口村	2002
927	楠木洞古防御工事遗址	镇远县	县级	古遗址	清	江古乡中所村	2002
928	青溪关口汪家溪造纸作坊遗址	镇远县	县级	古遗址	清	青溪镇关口村	2002
929	报京侗寨	镇远县	县级	古建筑	清	报京乡	2002
930	朝阳寺	镇远县	县级	古建筑	清	大地乡大地村	2002
931	文昌阁	镇远县	县级	古建筑	清	羊场镇龙洞村	2002
932	律令石拱桥	镇远县	县级	古建筑	清	尚寨乡律令村大寨组	2002
933	朝阳寺石拱桥	镇远县	县级	古建筑	清	大地乡大地村	2002
934	何家桥	镇远县	县级	古建筑	清	羊场镇龙洞村鸡塘组	2002
935	总门口桥	镇远县	县级	古建筑	清	羊场镇龙洞村衔上	2002
936	羊场城隍庙古石桥	镇远县	县级	古建筑	清	羊场镇岩旗屯村	2002
937	盈丰桥	镇远县	县级	古建筑	清	江古乡寿斗村	2002
938	羊坪仙人桥	镇远县	县级	古建筑	清	青溪镇关口村	2002
939	下庵石拱桥	镇远县	县级	古建筑	清	羊坪镇龙塘村	2002
940	下寨石拱桥	镇远县	县级	古建筑	清	羊坪镇龙塘村	2002
941	三拱桥	镇远县	县级	古建筑	清	青溪镇红光村	2002
942	三星步·桥	镇远县	县级	古建筑	清	金堡乡羊嗬村	2002
943	松溪桥	镇远县	县级	古建筑	清	舞阳镇	2002
944	老鸳岩摩崖	镇远县	县级	石窟寺及石刻	清	涌溪乡芽溪村	2002
945	李氏民宅	镇远县	县级	古建筑	清	尚寨乡律令村大寨组	2002
946	蒋氏民宅	镇远县	县级	古建筑	清	羊场镇小坝村	2002
947	杨氏民宅	镇远县	县级	古建筑	清	羊场镇旗屯村下寨	2002

序号	文物保护单位名称	所在市县	级别	类别	年代	详细地址	颁布时间
948	毛泽东在黎平住址	黎平县	县级	近现代重要史迹及代表性建筑	清	德凤镇左所坡3号及马家巷处	1978.01 1984.12
949	红军干部休养连住址	黎平县	县级	近现代重要史迹及代表性建筑	清	德凤镇二郎坡	1984.12
950	红军教导师住址	黎平县	县级	近现代重要史迹及代表性建筑	清	德凤镇二郎坡	1984.12
951	陆沧浪墓	黎平县	县级	古墓葬	清	德凤镇北	1990.09
952	高进鼓楼	黎平县	县级	古建筑	清	茅贡乡高进村	1990.09
953	高进花桥	黎平县	县级	古建筑	清	茅贡乡高进村	1990.09
954	梅友墓	黎平县	县级	古墓葬	清	德凤镇西	1984.09
955	青寨小寨鼓楼	黎平县	县级	古建筑	清	坝寨乡小寨	1990.09
956	石门摩崖	黎平县	县级	石窟寺及石刻	明	德凤镇东	1990.09
957	飞岩摩崖	黎平县	县级	石窟寺及石刻	明	中潮镇粮站后	1990.09
958	九潮坳烈士墓	黎平县	县级	近现代重要史迹及代表性建筑	现代	九潮镇	1984.09
959	水口烈士墓	黎平县	县级	近现代重要史迹及代表性建筑	现代	水口镇	1984.09
960	（水口）怀公平乡政府旧址	黎平县	县级	近现代重要史迹及代表性建筑	现代	水口镇	2005.08
961	黎平烈士陵园	黎平县	县级	近现代重要史迹及代表性建筑	现代	德凤镇民胜村南泉山半山腰	1984.09
962	洪州红军标语	黎平县	县级	近现代重要史迹及代表性建筑	现代	洪州镇	1984.09
963	地西红军标语	黎平县	县级	近现代重要史迹及代表性建筑	现代	德凤镇地西村	1984.09
964	平甫鼓楼（含莲花鼓楼）	黎平县	县级	古建筑	现代	德顺乡平甫村	1990.09
965	红军召开群众大会旧址	黎平县	县级	近现代重要史迹及代表性建筑	现代	荷花塘	1978.01
966	农业银行旧址	黎平县	县级	近现代重要史迹及代表性建筑	现代	府前路	1978.01
967	新疆街建筑群	三穗县	县级	近现代重要史迹及代表性建筑	20世纪50至60年代	八弓镇新疆街	2015.03
968	三民桥遗址	三穗县	县级	近现代重要史迹及代表性建筑	民国四年、民国十六年	瓦寨镇北面	2015.03
969	德明杨家大院	三穗县	县级	古建筑	明嘉靖年间	滚马乡德明村	2015.03
970	杨志成故居	三穗县	县级	古建筑	清道光年间	八弓镇木界村	2015.03
971	新寨沟观音阁	三穗县	县级	古遗址	明朝崇祯年间	八弓镇新寨村南侧长坡脚	2015.03
972	邛水司城遗址	三穗县	县级	古遗址	明洪武二十五年	长吉乡司前村	2015.03
973	寨头萨尤庙	三穗县	县级	古遗址	明正统十三年	台烈镇寨头村	2015.03
974	翁心翰殉国纪念地	三穗县	县级	近现代重要史迹及代表性建筑	1944	瓦寨镇调动村校场坝	2015.03
975	款场议款遗址	三穗县	县级	古遗址	明初	款场乡兴隆村登都寨	2015.03

县级文保单位共计 829 处　　　　总计 975 处

附表三　黔东南州自然与历史文化遗产

表 1　黔东南州主要自然遗产

遗产名称	遗产简介
云台山世界自然遗产地	位于施秉县北部，是在古老的、相对不可溶的白云岩上发育的典型而完整的白云岩喀斯特地貌，以峰丛峡谷喀斯特特征最为典型。2014年6月作为"中国南方喀斯特"第二期代表被列入世界自然遗产"名录"。施秉云台山世界自然遗产地总面积为282.95km²，完全包含在云台山山系，是全球热带、亚热带白云岩喀斯特发育演化中的白云岩类型的空白，使中国南方喀斯特发育类型的杰出代表，具有极高的全球意义。生长着珍稀植物近400种，珍贵动物近100种，被称为"植物宝盆、动物宝库"。施秉云台山喀斯特地貌的成功申遗从多方面填补了中国南方喀斯特发育演化中的白云岩类型的空白，使中国南方喀斯特发育类型的杰出代表，具有极高的全球意义。
㵲阳河风景名胜区	位于黔东南州所辖的镇远、施秉、黄平3县境内，黄平至月亮湾95km㵲阳河段为轴线，贯穿国家级历史文化名城镇远，施秉城区和省级历史文化名城镇远，由小塘河、杉木河等支流而展开，上㵲阳河景群、钱塘景区、高过河景区，下㵲阳河景区、杉木河景区、云台山景区、人文景观，峡谷奇峰，幽篁古刹，浪漫古色，风光绝色，是贵州省东线生态旅游和风情旅游的中心和热点。飞云崖独立景点及石崖独立景点生态育区组成，景点87处，是贵州省东线风景名胜区。1988年被公布为第二批国家风景名胜点。
黎平侗乡风景名胜区	位于贵州省黎平县境内，地处湘、黔、桂三省（区）交界处，是贵州省东线旅游的窗口和主要景区。2004年被公布为国家重点风景名胜区。景区总面积约为442km²，分为天生桥一舟河片区、地扪一岩洞片区、肇兴片区及6个独立景点，景区内侗寨建筑古朴完整，侗族文化神秘悠久，岩溶天桥举世无双、民俗风情浓郁，红色文化经典厚重，自然风光绚丽多姿，人文景观美不胜收，是世人观光、游览、休闲度假，开展科学研究活动和文化教育的胜地，被评为"中国最具潜力十大风景名胜区"。
榕江苗山侗水风景名胜区	位于黔东南榕江县境内，2009年被国务院批准为第七批国家级风景名胜名胜。总面积168km²，主要分为六大景区，即三宝千户侗寨景区、宰荡侗族大歌景区、七十二寨侗乡景区、都柳江景区、龙塘风景区、十里百瀑景区。朗洞苗寨景区以及其他20个独立景点。景区资源类型丰富，价值高，有世界唯一的宰民祭祖面"苗王庙"，有被列入世界非物质文化遗产预备名录的大利和宰荡村，有被国家民族史认定为中国侗文标准侗族语音的章鲁村侗语音，另外还有众多的非物质文化遗产以及丰富多彩的人文景观。榕江被誉为"中国苗、侗文化祖源地"，是研究苗族文化的重要基地，具有非常高的研究价值。
雷公山自然保护区	位于贵州省黔东南中部，地跨雷山、台江、剑河、榕江4县，东以台江县的五迷寨为起点，向南沿五迷河经鸠系、大平山，极松岛和小丹江一线至雷山县的高岳山，南以高岳山为起点，向西北至西南经开屯礼村，转向西南经乌吉朝坡，虎雄坡、脚变至乌克，向北经猫鼻岭、乌东一线，转向东北沿白水河经乌吾香坡至南刀寨，西以排羊为起点，转向西南至五迷寨，总面积47300ha，2001年6月被国务院批准为国家级自然保护区。保护区内生态环境优越，自然景观壮丽，动植物资源丰富，是我国中亚热带一个以珍贵珍稀为主的物种和基因库，较好地保存了中亚热带森林生态系统的原始风貌。此外，保护区内还蕴藏着浓郁的苗族民情及古成场遗迹等人文景观，对研究我国苗族文化具有重大意义。是难得的科研科学教学基地。
雷公山国家森林公园	位于雷公山自然保护区内，地跨雷山县白岩村、响水村、高岩村、水溪村、雷公山顶、莲花坪等地，总面积4354.73ha，森林覆盖率达88%。公园内生物资源丰富，珍稀树种较多，尤其是活化石植物——秃杉及秃杉群植物区系子遗，区系成分古老、珍稀，起源古老，是第三纪古热带植物区系秃杉及秃杉群落分布区域中面积最大，面积约15ha，最大一片面积约2ha，是目前国内仅有的3个纯秃杉群落分布的3个天然秃杉群落分布区域中面积保存最完整、研究无秃杉天然群落生态系统，集科考和生态旅游的理想基地，深受中外专家和游客的青睐。
黎平国家森林公园	于2003年12月获国家林业局批准建设，隶属黎平县，总面积5475ha，森林覆盖率达94.5%，绝大多数森林尚处原始状态。公园风景资源丰富多彩，有古朴、自然、和谐的山水风光。有大面积富于季相变化的森林和色彩丰富的绿林山野，有风光秀丽的河流，瀑布，有气象万千的日出，云海，有黎平山上众多的佛教文化遗址，有东风场茂密林木园，杉木种子园，无秃杉子园，鹅掌楸培育园等珍贵稀树，有太平山脚极富特色的民族村寨。集休闲度假，观光健身，科普探险等多种功能为一体，同时与黎平侗乡风景区旅游遥相呼应，形成黔东南一大旅游亮点。

遗产名称	遗产简介
台江国家森林公园	地处云贵高原东段向湘西丘陵过渡大斜坡地带，雷公山主脊北段东麓，由红阳景区和南宫景区两大景区组成，台江县地处黔东南州中部，是州旅游规划中建设民族风情旅游区的中心和"腹地"。公园总体规划面积为6 702.91ha，森林覆盖率达85%，云海、雾海等壮丽的天象景观，还有保持至今的民族语言，特有的生产、生活方式和民族风情等原生的苗族文化，是一处理想的休闲旅游基地。
黔东南苗岭国家地质公园	位于施秉县云台山景区，以古生物化石为核心，雷公山浅变质碎屑岩地貌为特色，融合原生态苗族侗族民族文化的大型地质公园。以㵲阳河白云岩喀斯特地貌，雷公山3个园区9个景点，跨黄平、台江、雷山、施秉、剑河、镇远6个县，面积为225.47 km²。公园地质遗迹类型丰富，主要有地质地貌、古生物、地貌、地质、水体4个大类地质遗迹景观。2012年12月被国土资源部正式命名为全国国家地质公园。具有较高的科普科学研究、极具价值的闲和休闲旅游的胜地。

表2

黔东南州主要文物保护单位

遗产级别	遗产名称	遗产简介
国家级	增冲鼓楼	位于从江县往洞乡增冲村，始建于清康熙十一年（1672年），为密檐式十三重檐八角攒尖顶木构建筑，楼身十一级，通高21 m。楼的底层分立4根金柱、8根檐柱，檐柱外绕以木栏杆，南、北、西三面各辟一门，东面置一石板凳，地面放置着4条大板凳，金柱直径达1.4 m的圆形火塘，金柱设有浓厚的民族风格，同时具有浓厚的民族风格。另有4幅木刻楹联，中心的"万里和风"匾，该鼓楼既保存了中国古代建筑的特色，同时仍在使用之中，迄今仍在使用已有300多年历史，具有较高的价值。
	高仟鼓楼	位于从江县下江镇高仟村㟖寨㟖寨内，坐西向东，为密檐式十七重檐六角攒尖顶木结构，楼身十五级，双冠楼，陶瓷葫芦宝顶，直至楼阁，通高25 m。鼓楼内设18根落地柱，其中主承6根、檐柱12根，檐柱与承柱之间施以穿枋，卯榫结合，逐层收分，二层和顶层分别置有牛皮木质鼓，各层封檐彩绘民族风情图案，顶层檐下均置斗拱，以供对歌、坐凳等，具有重要历史和现实意义。正北中设一出入门，门额上泥塑双龙抢宝。地面石板铺设，其中大火塘直径1.5 m，其中有火塘4个，主体结构保存完好，建筑精美，技艺精湛，对研究侗族文化及其发展有着重要的历史研究价值。高仟鼓楼距今近300年的历史。
	宰便鼓楼	位于从江县下江镇高仟村㟖寨㟖寨内，始建年代不详，1986年复建，复建后的鼓楼平面为正八边形，立面为十三层密檐，双楼冠。设落地柱16根，其中主承柱8根，檐柱8根。地面青石板铺设，内置直径1.4 m火塘，西各设一门出入，其余各面均1.2 m短板封装，各层封檐板彩绘风情图案，是研究侗族文化的重要实物载体。㟖寨㟖寨内置直径1.4 m火塘又4根火塘长凳，底层东、底层、西各设一门出入，具有典型的民族风格。檐飞翘。㟖寨鼓楼整体建筑造型优美，人物风情及生活市场景绘丰富，是研究侗族风情及生活市场景观的重要实物载体。
	金勾风雨桥	位于从江县往洞乡增盈村金勾寨脚，始建于清代光绪十年（1884），1992年重建，重建后的风雨桥面十捆，间长33.60 m，宽4.75 m，桥屋中部抬升为五层密檐楼冠，明朝末年，靠水上运输创建文字，普汉文化，普汉文化，为专事木材营销。北端从第二间起南端从第一间起抬升为五层密檐屋顶，其余部分屋顶为单檐，长廊外侧半装木板，其余部分分类型为民间典型的木混凝土结构，墩上用原木作加长伸臂梁，一层比一层长，用以支撑屋阁。该桥是亭阁式风雨桥的代表，造型独特，细美精致，具有非常重要的建筑风格和艺术价值。
	三门塘古建筑群	位于天柱县坌村处处，距城关40 km，南临清水江，明代被开辟为水上运输码头，专事木材营销。清朝末年，靠水上运输给给起来的三门塘人便利资创建文字，普汉文化，普汉文化，靠水上运输富裕给起来的由5条主街巷构成。三门塘最盛时形成了由5条主街巷构成的多民居，商号、教化乡民、兴修建筑宗祠，民居亭树，修路架桥，这水门、开圳通口、并开拓埂赶集，米摊布店，这水口，饮马旅店，三门古建筑群包括宗祠词2座，碑刻300余通，古树68株，印子屋28栋，水井20眼，民居鱼塘17口，石拱桥6座，石板桥12条，码头等组成的建筑群，包括了民间典型的水运商贸集镇的大部分类型。三门古建筑风格独特，立体感极强，工艺十分讲究，风格留有过去木商号的格印。宗祠外为封火墙、民居建筑为穿斗式悬山顶小青瓦结构，横向三开间或五开间，正中一间设佛堂，庭前设天井，天井两旁设厢房，其门窗雕刻精美，多级卷云头鱼，描绘山水花草虫鱼。内为木构建筑，阡陌相通，青石铺砌，点缀以硬山顶小青瓦墙，墙头干粉制动带，村巷街道、村梁桥梁印头牛马鱼，古风古韵遗存。古井、石刻星罗棋布，点级乡间，现各处建筑基本保持原貌，是研究明清时期黔东南经济社会发展的重要实例，也是研究明清时期古建筑的重要的科学和艺术研究价值。

续表

遗产级别	遗产名称	遗产简介
国家级	旧州古建筑群	位于历史文化名镇旧州古镇内，现存建筑大部分保存分明，清遗构，且主要集中于西大街和老里坝大街，主要有万天宫、文昌宫、万寿宫、仁寿宫、禹王宫、天后宫、杨泗庙、黑神庙、二郎庙、轩辕庙、五显庙、文庙、张谷庙、财神庙、火神庙、老君庙、祖师庙、孙膑庙、城隍庙、宝相寺、宝珠寺、长庚阁、玉皇阁、观音阁、指归庵、广长庵、平播桥、福众桥及西上街民居等，其中民居以卢氏宅院、朱氏民居、杨氏民居、罗氏民居为主，湘黔等外来文化与当地民族民间工艺在特定社会历史条件下相融合的产物，对研究中国古代建筑具有较高的科学价值和历史文化价值，也对研究黔东南少数民族地区经济发展和历史文化有着较高的价值。
	飞云崖古建筑群	位于黄平县新州镇东坡村湘黔公路北侧，西距城区 12km，是一组集文物古迹、风景园林、民族风情于一体的古代民族建筑群。飞云崖古建筑始建于明正统八年（1443年），后经不断增修，逐步完善。平面南北可分为东西二院，东院的布置呈纵横轴线上，皇经楼之后，一反通常格局，长廊、滴翠亭、圣果亭、碑亭，接引阁等建筑依山傍水攀缘引向飞云崖，把人们的视线引向飞云崖，形成比较开阔的空间，西院建筑布局比较规整，有自己的地方特色，又有这古建筑群既具有明方古建筑的风格，是研究黔东南明清建筑的重要南厢房、北厢房、莽秀园等园组成，另有各时代存留的摩崖，石刻数十处，具有重要的研究价值。
	岩门司城垣	位于黄平县谷陇镇岩门司村南清水江北岸，是一座清代遗留下来的一处文物古迹。始建于清乾隆六年（1741年），平面呈三角形，周长 1633m，高 3.33m，厚 2.67m，城墙以青石精砌而成，墙身奠以料石，上下交砌墙垛，设有东、南、西 3座城门。四门司城垣是重要安士司可建重安一带进行统治的重要见证。北面靠山，十尚险处构炮台3座，炮台有房，单凡处还设有水关2座，其余旧貌依存，南门不存，其余残存东门2座。现残存东门2座，其余旧貌依存。
	锦屏飞山庙	位于锦屏县三江镇东北清水江边，始建于清乾隆三十四年（1769年），为纪念唐末五代城州首领杨再思而建。飞山庙建筑群占地面积 2756m²，建筑面积 727m²，整体呈城墙状分布，由飞山宫和飞山庙组成，主体建筑飞山宫高 24.8m，为4层三重檐四角攒尖顶式建筑，是贵州省迄今保存最高的阁楼式木构古建筑，距今已有 347年的历史，其建筑装饰富有鲜明的地方特色和民族特色，具有十分重要的历史、艺术和科学保护价值。
	隆里古建筑群	位于锦屏县隆里乡隆里所村，始建于明洪武十八年（1385），因明代在此置"龙里守御千户所"而产生，后经清代。民国几经拆补，隆里所现有规模。隆里古建筑群包含平面总体呈四方形布局，平面东西长 240m，南北宽 222m，城墙宽 1100余米，设东、南、北4道城门。坡墙外挖掘护城河，架设吊桥。隆里古建筑群中有城隍庙、龙标书院、学宫、街区和城外的桥梁，其中70%为新中国成立前建的具有徽派建筑特点的封火墙式和无封火端式建筑，其中具有保护价值的单体建筑有53栋（座）。隆里古建筑群基本保存有明清风格，是研究贵州明代卫所制度的重要实例，对研究黔东南明清历史文化具有重要的价值意义。
	郎德上寨古建筑群	位于雷山县郎德镇郎德上寨，始建于元末明初，有天然风水即朝，背子山面水，古木参天，现有民居 118座，风雨桥1座，歇凳桥2座，保存桥48座，寨门3座，铜鼓坪2个及水井、水车等。民居吊脚楼依山就势，鳞次栉比，为木质结构的苗族风格。郎德上寨以魅力无穷的苗族歌舞，绚丽夺目的苗族服饰，具有独特的苗族风情，成为海内外游客，独具匠心的吊脚楼，古色古香的鹅卵石古道，抗暴英雄张秀眉的故乡、考察苗族风情的首选村寨，领略苗族风情，成为旅游观光，吸引了大量海内外游客，成为雷山县旅游观光的首选村寨。
	大利村古建筑群	由古至清乾隆年间保存完好的近 10座侗族四合院，以及独特的晾禾谷仓、古木井等建筑，古建筑始建于明代，有百年以上民居建筑 29栋，花桥4座，鼓楼1座，萨坛1座，古塘苗1座，古粮仓12座，古建筑横跨谷的合谷点级建有 128株。居民全为木质两层或三层结构，两至四开间不等，小青瓦覆盖，分建于小溪两侧，四合院排列满稀谷江县境内唯一的，四同横杆挂满稀谷江县境内唯一的，历史悠久的各级侗寨中，风雨桥横跨于寨小溪上，有528级，是榕江县境内唯一的。其中清乾隆58年（1746年）建的石板古道是榕江县境内唯一的，全长2.5km，宽2m，共有528级，具有典型的山地侗族建筑风格，对研究民族民间建筑的科学价值和艺术审美价值。大利古建筑群选材灵活，具有鲜明的南部侗族浓郁和侗戏令人陶醉的民族戏曲，反映了人民的智慧和创造力，对于研究侗族民间建筑美学具有独特的科学价值和艺术审美价值。墓葬着无数秘密，萨玛祭台、鼓楼身井与侗族大歌和侗戏令人陶醉，具有鲜明的南部侗族选材灵活，建筑和环境谐调共生，体现了民族地区古代匠工在对传统建筑的继承和发展，发展和变化中具有十分重要的作用。

遗产级别	遗产名称	遗产简介
	青龙洞古建筑群	位于镇远古城东中河山，始建于明洪武二十一年（1388年），嘉靖九年（1530年）及清光绪年间重建，后经多次维修形成现在规模，占地面积6 665 m²。整座建筑群由祝圣桥、中元禅院、万寿宫、青龙洞、紫阳书院、香炉岩、令公庙，东山寺8个部分组成，大小计40栋单体建筑，通过采用"吊"、"借"、"附"、"散"、"筑"等多种工艺，硬是在一段悬崖上筑出中元洞、紫阳洞、万寿宫等一片岩洞奇观，气势雄伟，构思大胆，布局精巧。青龙洞古建筑群是贵州古建筑规模最大、构造最精巧、融佛教经殿、道教庙堂、儒道佛合、会馆为一体的建筑群落，为江南汉文化与西南少数民族山地建筑文化相结合的绝妙典范，对研究西南地区文化具有重要意义。
	镇远城墙	包括府城墙和卫城墙。府城墙位于城北石屏山上，始建于明正德年间（1506—1521年），城墙原长2 030，高5 m，面宽2.78 m，沿北侧砌筑垛口，每个垛口0.7 m见方，上顶宽2 m，均为方整青条石砌筑。城墙中段有方形烽火墙一个，土兵守信楼堡一间，为研究镇远至黔东南地区历史文化提供了重要的实物依据。卫城墙位于城北石屏山上，始建于明代，由城北向南。四官殿，李牧4位将军神像，东稍间供龙文结元帅之虎交赵元帅神像，位于城区舞阳河南岸。始建于明洪武二十二年（1389年），原城墙北沿舞阳河堤和下北门码头，三楚护城堤和下北门城楼组成，城墙总长约1.5 km。该城垣对研究镇远历史文化提供了重要实物，同时也是防洪的重要设施。
	地坪风雨桥	始建于清光绪八年（1882年），南北走向，将地坪上寨、下寨2个侗族村寨连成一体，占地面积800 m²。为剪刀梁5.2 m，桥面宽5.2 m，桥内设有栏杆坐凳，藻井及走廊、壁板上绘有"侗族织锦"、"行歌坐月"、"吹笙踩绸"等侗族风情画。风雨桥全长60 m，桥墩宽3.85 m，桥间置一石桥墩，将桥分为两座，三重檐攒尖顶边楼两座，桥中建有五重檐四角攒尖十五间两座。距水面10.7 m，桥身有两端桥廊，是侗族地区石梁建筑的精品，体现了侗族工匠高超的工艺，是研究侗族建筑和侗族文化的重要实物载体。
国家级	和平村旧址	位于镇远县舞阳镇和平村上，全称为"在华日本人民反战革命同盟会镇远和平工作队"旧址，原为晚清时期镇远总兵署的中衙衙门，民国初年改建为贵州省第二模范监狱，为一组四合大土围墙圈起来的建筑群，原为办公楼、礼堂、医务室、监禁室、哑子室、米库、厨房及监视等单位建筑14栋，现除原高大围墙基本保存好外，其余大部分原建筑已遭损毁，后据原房屋建筑布局，重建办公楼及哑子室和米库。和平村旧址是全国唯一保存完好的国民政府军政部俘虏收容所，是日本帝国主义在远方反法西斯战争史和世界反侵略战争史上具有十分重要的意义。
	黎平会议会址	位于黎平县德凤镇二郎坡52号，坐东朝西北，原为胡荣顺店铺，始建于清嘉庆年间，为当地居民受山垦文化影响后建造，坐东朝西北。原为胡荣顺店铺，成为红军长征途中第一次政治局会议，并作出了《关于中央红军战略方针之决定》，始称"黎平会议"。该会议在危急关系头作关系红军的战略方针，变被动为主动，并为遵义会议奠定思想组织基础，揭开了伟大历史转折的序幕。1934年12月18日中共中央在此召开长征途中第一次政治局会议，揭开了伟大历史转折的序幕，见证了中国革命历史的伟大转折。
	述洞独柱鼓楼	位于黎平岩洞镇述洞村下寨，始建于明崇祯九年（1636年），现为1921年重建，为7层平檐四角攒尖顶，密檐式木结构建筑，高15.6 m，占地面积58.68 m²。除第一层平檐四角攒尖顶以外，整座鼓楼只用一根主直径50 cm左右的中柱穿心，由下至上逐层缩小，形成上下檐层叠形状，以中柱为中心，大小不一的坊片斜穿柱，纵横交错于半，使其联成一体，形似伞状，其精湛的工艺，整座鼓楼结构为全木制结构，没有用一钉一铆，整座独柱鼓楼是整个侗族地区现存仅有的唯一的鼓楼建筑，是中国古建筑史上的一大瑰宝，具有较高的科研价值，文化价值和旅游观赏价值。
	重安江水碾群	始建于明代，位于黄平重安镇东200 m处的清水江心沙洲上，呈"一"字排列，为当地居民受屯垦文化影响后建造，主要功能为碾米。完整的水碾由茅屋、石碾和石头组成的基座组成，基座下设有多个排水孔，现有19座，水碾群鼎盛时多达40余座，对研究古代西南民族史有较高的价值，经济的发展和西南民族文化交流的见证，重安江水碾群是古代民族融合、文化交流的见证，水碾群至今有部分水碾正常使用，同时也是研究古代水文水利的理想场所。

续表

遗产级别	遗产名称	遗产简介
	诸葛洞纤道	位于施秉城区关塘镇中沙村莱花湾诸葛洞清渡阳河两岸。始建年代不详。纤道视地形或依岩石凿为径，或以青石为料，用石灰砂砾解凿砌成，以供纤夫攀行。北岸纤道由滩头至芳罕石系统孔，原长402 m，宽0.9～3.2 m，高0.83～3.2 m，现仅存98 m，南岸纤道由头滩至二塘口，原纤纤道由头滩至二塘口，现仅存119 m，南北两岸纤道均为岩石走向，两岸均有摩崖石刻，现尚存6处。南岸纤道峭壁上有土人所建"武侯祠"，废建要毁，现尚存遗址。诸葛洞纤道对研究渡阳河流域航运具有较高的价值。
	雷公坪咸同起义遗址	位于雷山县雷公山主峰北麓，地跨西江镇和方祥之间，为一高山盆地。咸同年间（1855—1873年）苗族起义军将领张秀眉、杨大六在此屯兵练武，修建练武场、点将台和木质结构营房300余间。今尚存点将台、花街路、军用井、关卡、哨所等遗址。反映着少数民族人民不畏强暴积极抗争的历史，具有重要的历史研究价值。
	吴文彩墓	位于黎平县茅贡乡腊洞村，始建于清道光二十四年（1845年），坐东朝西，为侗戏鼻祖吴文彩之墓。原为一土坟，无碑，1981年重修青石墓精，现墓高1.55 m，椭圆形，宽1.8 m，长3.4 m，占地面积10 m²。墓前建腊廊花桥、凉亭。
	何腾蛟祠	位于黎平县德凤镇，面临福禄江。其墓坐东向西稍偏北，四周用条方形石块砌成，高约1.2 m，墓前有守墓人住宅，靠近城垣脚下。面临福禄江处有长约80 m的石栏杆一道，并建有阁楼一座，原有建筑逐步拆除，尚存墓丘。20世纪50年代，原有建筑南泉社区忠诚坏。1980年文物部门筐掘出墓碑一座，神鱼井西南面30 m，始建于清乾隆四十年（1775年）光绪八年（1882年）重修。坐阁向北，出厂口，正堂、后室安放青瓦，四周有封火墙围护。何腾蛟祠位于黎平县德凤镇南泉社区忠诚巷，正堂面阔3间，进深3间，岁兰正颂青瓦顶，四周有封火墙围护。司朝为祀明督师大学士，并把明初刷将领张秀眉、傅作霖。明朝又土何俊品及何腾蛟之家族。与何腾蛟合并为省级文物保护单位。
省级	柳基古城垣	位于剑河县南甫加镇柳基村，城端由大青方准石方砌成，长1194.3 m，依山而建，南高北低。整座城端分布有4个城门，6座炮台，咸同起义年间，坡端多处被毁，加之无人管理，年久失修。目前除南、北，西南30 m墙体和一座炮台一座体存的古城垣被毁。其余部分基本遗存，现有城垣1160 m。柳基古城垣是一座清代遗留的重要历史文物。
	锦屏文斗古建筑群	位于锦屏县河口乡文斗村，居文斗村南岸山岭上。全寨以苗族为主，苗、侗、汉杂居，是一个苗族村落，具有600多年的开寨历史。文斗村建筑群融于文斗自然环境之中，主要由寨门、民居、石板路、泉井、碑刻和墓葬文物所构成，整个建筑群综合苗族湘湖汉族建筑风格，构成独具特色的人文景观。记录了当地苗族政治、经济、文化信息，充分体现了文斗村民族同胞敬爱自然，与自然和谐相处的生活理念，科学和艺术价值。
	例定千秋碑	位于南明乡翁座村中部，青石质，方首斜角，座西北向东南，碑高1.8 m，宽1.16 m，厚0.13 m，碑座高0.6 m。额刻"例定千秋碑"4字，每字0.08 m见方，碑文竖向楷书阴刻，30行，行满54字，共计1367字。清朝时期，苗、侗族自姓为对朝廷剥削和官员不作为的贪腐不满而立的碑，体现出少数民族不为压迫积极反抗的精神，具有重要的历史价值。
	华严洞摩崖	位于施秉县甘溪乡甘溪村凉风坳脚，始建于明万历甲辰（1596年）夏，坐东向西，洞高2.56 m，宽5.7 m，右宽约100 m²石壁上，有明清时代大小摩崖13处，洞内摩崖3处，华严洞为一天然溶洞，洞外右侧有碑一通，额题"华严洞字说"说明，洞外曾建有寺庙、戏台遗址及古驿道，其中庙宇洞上、左，共计16处254字。华严洞胞渊布，为明、清两代的书法，诗歌的研究提供最原始的资料。洞内遭毁，盛极一时，后在"文革"中遭毁。华严洞胞渊石刻渊布，为明、清两代的书法，诗歌的研究提供最原始的资料。
	石桥白皮纸作坊遗址	位于丹寨乡石桥村东侧，遗址长30 m，宽4 m，高5 m。坐东南向西北，始建于民国十八年（1929年）。始建于清土诞生和度过童年时的住所。据考证，石桥白皮纸制作工艺具有唐代造纸艺术风格，新中国成立后由龙大道筐子在此居住。石桥苗族先民借鉴汉民族的造纸技术，利用当地丰富的构皮、杉树制作白皮纸。具有重要的经济和科技研究价值。2005年，村民重新恢复在遗址内开槽造纸。1976年停止造纸，1974年改名为县国画纸厂。1958年在此建立县造纸厂，石桥苗族先民借鉴汉民族的造纸技术，利用当地丰富的构皮、杉树制作白皮纸。
	龙大道故居	位于锦屏县茅坪镇上寨村，是龙大道烈土诞生和度过童年的住所。故居原为龙大道祖父所有，新中国成立后由龙大道筐子在此居住。故居坐西北向东南，平面呈"凹"字形，占地面积418.4 m²，建筑面积270 m²。故居始建于光绪二十九年（1903年），由正屋、后屋、二厢、天井、花园组成，为一栋三间两层一檐悬山顶木构建筑，是一座具有侗族特色的木构建筑。1991年对故居进行维修，陈列并对外开放，2004年被贵州省委、省政府命名为贵州省爱国主义教育基地。

遗产级别	遗产名称	遗产简介
	古佛山和尚墓塔	位于施秉县牛大场镇铜鼓村，始建于清顺治初年，康熙二十四年（1685年）达到鼎盛时期，现所存遗址占地面积就达一万余 m²，经勘查发现墓塔 11 座，由于盗墓者的破坏以及风化等原因现已坍塌 6 座，其塔基塔身均用青石料拌石灰堆砌而成，建筑风格与缅甸地区墓塔相似，塔基为正方体型，塔高 6.1 m，塔基周长达 15.8 m，塔顶浮雕有麒麟和凤凰，塔顶埋有地宫，国内罕见，雄浑而壮观，对研究明清时期墓群建筑具有重要的价值。
	北帝宫遗址	位于黄平县重安镇东北金凤山山顶，始建于明洪武年间，万历年间维修，清代增修，坐东北向西南，三面绝壁，仅有一条水道盘旋可达，原有山门，正殿、北帝宫，正殿面阔三间，进深三间，现存基址高 0.5 m，宽 0.4 m，石刻 1 方，是研究黔东南宗教文化的重要载体。
	则里骈体墓	位于任洞乡则里村后坡，形成于清末民初，墓以青石围砌而成，墓门宽 92 cm，宽高尺寸基本相同，父子各有墓门。墓呈椭圆形，宽 360 cm，高 130 cm，上封泥土。上盖又层重檐小青瓦形雕刻顶面，高 97 cm，墓门两侧有墓门，墓门以透雕双抱柱，形如宫殿大门，墓体分为两层，上层雕刻花草，长 103 cm，高 72 cm，屋顶浮雕双龙、鸟兽形，鸟兽图案。屋面出檐 6 cm。墓座墓葬精细，制作究古，对研究侗族文化的重要载体。下层为透雕花草，其中左墓左侧两块石头厚的石雕屋面隔开，上下两层用 4 cm 厚的石雕两块石料隔开，对研究侗族建筑具有重要现实意义。
	高传骈体墓	位于从江县往洞镇高传村高传小寨西 500 m，骈体墓构筑于民国元年，坐西朝东，背坡向溪，系传王氏母子二人同茔异穴，墓呈圆形，直径 4.2 m，高 1.65 m，母亲与儿子分别设置墓碑，墓碑并排而立，均为三重檐慕山顶，一间一柱门楼造型，飞禽走兽和花并等图案，上面一层浮雕顶部雕成瓦片，二层浮雕成瓦片，该古墓的雕刻艺术精湛，内容丰富，少部石刻被人为损毁，大部保存较好，另有 3 幅内容是侗族人民群众是英勇抗击八国联军，忠孝道德等。顶封土。墓碑题材上设置石屏，石屏呈半八字形，内容有古今战斗场面，刻画生动，线条流畅，文学故事，历史传说，这些构件均为高浮雕及半浮雕人物等图案，充分反映了侗族人民群众的爱国主义情操。
州级	张秀眉故居	张秀眉故居居于台江县台拱镇板凳村下寨中央，为两间前厅为堂室，其后为居室，右间前室设有火坑，左间前为堂室，右间前室设有火坑，开间宽 4 m，进深 8 m，上盖小青瓦，张秀眉在此诞生，现整修房子保存完好。张秀眉故居在此诞生。张秀眉故居，后为卧室。
	摆贝苗王坟	坐落在榕江县兴华水族乡摆贝苗寨，始建于清朝道光十一年（1831年），墓主人为杨老老，墓呈正方形，青石砌筑，高 1.5 m，边长 4.7 m，坐东向西北，墓檐阮瓦顶，屋里雕刻有筒瓦、龙鱼吻，檐下正中浮雕双龙，脊上宝顶浮雕 4 只人眼太极图，墓前有石垄前伸 2.4 m，整个墓形结构如同一个狮子，是目前苗族唯一发现的一座三墓穴的苗族古墓葬，对研究苗族文化具有重要价值。摆贝苗王坟是全县仅全文物保护单位。
	龙王洞摩崖石刻	位于黎平县中潮镇廖家湾村，洞高深曲折，壁刻甚多。因年代久远，字迹模糊，尚可辨认者，有"万历王黄元旦"，"童鞏骑游此书"、"平苗"等片段字句，保存完好者，高清代后期贵州四子之一的黎平孟兆一首诗一首，龙王洞摩崖所题的五言诗一首。龙王洞摩崖是黎平"十大景观"之一，表现出一种未遭受人为破坏的原生态的自然风光之美，为自然与文化的融合体。
	过化摩崖石刻	位于黄平县翁坪乡马鞍山村西面 900 m 的马帽山上，为明代抗倭明将邓子龙手迹，"过化"二字阴刻在山东面断壁崖上，远在四里之遥都清晰可辨，笔划均用石灰填土，每字 1.5 m 见方，左侧阴刻"万历十一年邓子龙书"两行小楷，书体为直行楷书，2011 年被评为州级文物保护单位。
	重安江钢架桥	位于黄平县重安镇马鞍寨鸡屯村，是 1942 年抗日战争时期，由著名桥梁专家茅以升设计的，1942 年建成通车，1949 年被国民党军队炸毁，1951 年人民政府拨款将全部钢材均由法国进口，钢架将全部钢材均由法国进口，横跨于重安江上而得名，净跨 40.07 m，宽 2.97 m，桥面木板铺就，桥东西两侧有建桥碑 2 通，高钢架桥东面树立 2.4 m 高的钢架护栏，该钢架桥为研究我国近代国民桥梁发展史提供了重要实证。
	大广坳红军战斗遗址	位于剑河县盘溪乡大广村。1934 年 9 月 26 日，红六军团前卫队长征经过剑河县大广坳时，遭湘军伏击引发激战，由于敌军占据有利地形，居高临下，红军损失惨重，红军损失惨重。150 多名将士阵亡。为缅怀先烈，1981 年县人民政府在大广坳树立的"红军大广坳战斗遗址"纪念碑，2005 年县人民政府南面树立纪念碑，记述当时红军战斗经过，是进行爱国教育的好基地。

表 3

黔东南州代表性非物质文化遗产

遗产名称	遗产简介
侗族大歌	侗族大歌是侗族多声部民间歌曲的统称，侗语称"嘎老"。"嘎"，就是歌，"老"，含篇幅长大、人多声部和古老之意，是由多人合唱，集体参与的古老歌种，具有多声部、无指挥、无伴奏的特点，被誉为"清泉般闪光的旋律"。2006年被批准为国家级非物质文化遗产曲，2009年9月成功入选联合国"人类非物质文化遗产代表作名录"。 侗族大歌无论是音律结构，还是演唱技艺，演唱方式和演唱场合均与一般民间歌曲不同，它是一领众和、分高低音多声部谐唱的合唱种类，属于低音多声复调音乐歌曲。这在中外民间音乐中都极为罕见，被誉为中华民族民间音乐的"活化石"。演唱必须3人以上，结构一般由"果（组）"、"枚"、"僧（段）"、"角（句）"来构成。歌唱的主要内容可以分为鼓楼大歌、声音大歌、叙事大歌、戏曲大歌、童声大歌等7种。演唱场合比较讲究，除平时训练外，大歌在重大节日、集体社交或接待远方尊贵的客人时才能在鼓楼里演唱，所以侗族的标志性建筑鼓楼又被称为"鼓楼大歌"。侗族大歌是一种非常重要的音乐艺术，具有社会史、思想史、教育史等多方面的研究价值。然而，随着人类现代化进程的逐步加快和中国改革开放政策的深入实施，侗族文化正面临着前所未有的全面冲击。外来文化和市场经济的冲击，侗族大歌赖以生存的经济基础和文化土壤正遭到破坏，侗族大歌正面临着后继无人、濒临失传的尴尬境地。加强侗族大歌的保护迫在眉睫。
苗族芦笙舞	芦笙舞，又名"踩芦笙"、"踩歌堂"等，因用芦笙为舞蹈伴奏和舞蹈者自吹自舞而得名，是苗族地区最具代表、最受喜爱、分布最广的一种民间舞蹈，至少已有2000多年的历史。2006年被列入国家级非物质文化遗产名录。 芦笙舞大多于丰年节，集会、庆贺等喜庆时刻演，大致可分为自娱性芦笙舞、竞技性芦笙舞、礼仪性芦笙舞3种类型。表演形式又可分为芦笙自舞等，前两者吹芦笙者多是7、9、11或更多人。芦笙伴舞及吹笙者有前头站边舞，笙领舞随队伍绕圈踏声舞蹈，场面阔为壮观。芦笙舞者有单人吹笙者用小芦笙表演，亦可双人或多个集体，或配合默契。芦笙舞蹈动作有高难，需配合默契。芦笙舞蹈动作因而场而有不同的历史文化结晶，是中国多彩的少数民族文化的一部分，体现着苗族人民的各重朴素。酒等敬奉祖先，或轻松明快，活跃敏捷，都因同场所与适用场所的历史文化形态，已发展为集歌、舞、乐为一体的文化形态，并且随着时间推移，苗族的芦笙舞已经从单一的芦笙舞，种文化形态，对研究苗族文化具有重要意义。如今苗族的芦笙舞已经从单一的芦笙舞，种文化形态，对研究苗族文化具有重要意义。芦笙舞文化将继续发展壮大。
苗族鼓藏节	鼓藏节又叫祭鼓节，苗语称"牯脏江略"，意为鼓社节，是苗族属一族（即一个支系）的支族祭把本支族列祖列宗神灵的大典，俗称吃鼓藏。通常每隔13年举办一次，各支族祭祖的年份不尽相同，且各地承祖的日子也不尽相同。2006年被列入第一批国家级非物质文化遗产名录。 鼓藏节是苗族最隆重的活动，每次需提前3年进行筹备，主要活动包括杀牛、之后一切事务均由鼓藏头安排，主要活动是青年男女吹芦笙、跳芦笙铜鼓。醒鼓和制单鼓吹芦笙。第二年在鼓头的领导下杀牛购藏牛，同时完成敬藏牛，吸日杀祖牛，牯藏会当日，事前请鬼师念"扫牛经"。接下来第一天，各户可以牛的肝、肺、心、肚、肠、酒等敬奉祖先，第二天向祖头去唱祭祖歌，第四天在第一户跳头杀献牛角，第四天大家摆上高，第六天米敬牛角，第七天晚上举行投火把游戏，矮凳两条长凳、矮凳为行人桥，都供祖先和后人享用，第十二天用牛皮蒙制单鼓，第九天大家一起吹笙庆贺，矮凳为行人桥，第十五次也是最后一天欢庆，大家米做糯粑粑，第十一天用口取牛角，酒、思想等诸多学科抬进石窟里珍藏，第十一天抬进石窟里珍藏，祭藏活动结束。在苗族众多的节日中，鼓藏节是研究苗族历史与文化的百科全书，是研究苗族文化的百科全书，哲学、思想等诸多学科，历时悠久，参与人数众多，气氛隆重，而且内涵丰厚，其内容涉及到苗族社会、经济、政治、天深刻意义。

遗产名称	遗产简介
苗绣	苗绣是苗族民间传统的刺绣技艺，是苗族历史文化种特有的表现形式之一，也是苗族妇女勤劳智慧的结晶，其工艺独特，技艺精巧，为中国第一批国家级非物质文化遗产名录。苗绣主要用来镶嵌服装的衣领、衣襟、帕边、裙脚、护脚边等部位，亦可用它来缝制帕包、钱包等。其图案丰富，色彩鲜明，图案内容的选择是人们审美意识的反映。苗绣富的物象来反映喜庆，吉祥、人寿、年丰、喜、康、友谊等生活内容，主要有鱼类的龙、麒麟、狮子、虎，猴子、狗，花果类的桃李、牡丹、玫瑰、芙蓉、金瓜、石榴；鸟类的喜鹊、锦鸡、鸳鸯、画眉；中文的福、禄、喜、日；自然物的山川、河流、云霞、日月、人物、用具，建筑物以及传说中的仙人善种和他们的道具等。色调亦带有强烈的夸张色彩，常不按照真实物体的颜色配色，而是按其民族的审美要求，大胆色彩讲究冷暖活的加以运用；其色彩显示其民族服装中取得一种色彩美的协调，造成一种古朴又绚丽多彩的效果。 此外，苗绣技艺巧妙，针法细腻，讲究对称美，充实美和艳丽美。针脚大体可分为绣、捅、捆、洒、点、挑、串7种。大面积以绣针平绣，其中需要显出深浅色调的，则用捅针，将彩色深浅不同插进去，形成几种色彩的连结平面，则使用捆针，则针和挑针。绣料正面和背面所需要显出一致效果的，则采用平绣，需要显出立体感的绣品需要显出立体感的细小部分，则使用洒针，点针和挑针。绣料正面和背面所需要显出一致效果的，则采用平绣针，或配合粘托、贴花、朴花和堆花等手法来完成。苗绣是苗族文化的重要组成部分，具有较高的艺术和审美价值。然而随着人们审美观念和趣味的不断变化，民族服装的市场趋越来越小，苗青年人中，穿着本民族服装的人越来越少。在此情势下，苗绣技艺人的数量日渐减少，苗绣传统技艺日渐流失。面对苗绣技艺所遭受到的危机，应尽快采取措施加以解决，以保证这一古老的民族工艺顺利传下去。
侗族木构建筑营造工艺	侗族木构建筑营造技艺是侗族民间传统文化的表现形式，木构建筑是侗族民族民间传统文化的集中体现，为中华文化种特性的集中体现，2006年被批准为国家级非物质文化遗产。目前由于侗族建筑工匠的逐渐减少和相关技艺存在着延续性的危机。只有加强抢救和保护工作，才能使绝妙的侗族木构建 筑技艺世代传承下去。
苗族银饰锻制技艺	苗族银饰锻制技艺是苗族民间独有的技艺，所有饰件都是通过手工制作而成，银饰件经历列入国家级非物质文化遗产名录。2006年经国务院批准列入国家级非物质文化遗产名录。

参考文献

一、书籍

[1] 杨武.中国民族地理学 [M].北京：中央民族学院出版社，1993.

[2] 伍新福，龙伯亚.苗族史 [M].成都：四川民族出版社，1992.

[3] 苗族简史编写组.苗族简史 [M].贵阳：贵州民族出版社，1985.

[4] 伍新福.苗族文化论丛 [M].长沙：湖南大学出版社，1989.

[5] （清）陈浩.蛮苗图说.

[6] 侗族简史编写组.侗族简史 [M].贵阳：贵州民族出版社，1985.

[7] 侗族文学史编写组.侗族文学史 [M].贵阳：贵州民族出版社，1988.

[8] 李廷贵，张山，周光大.苗族历史与文化 [M].北京：中央民族大学出版社，1996.

[9] 吴浩.中国侗族村寨文化 [M].北京：民族出版社，2004.

[10] 刘芝凤.中国侗族民俗与稻作文化 [M].北京：人民出版社，1999.

[11] 姜永刚.中国少数民族文化史图典·西南卷 [M].南宁：广西教育出版社，1999.

[12] 廖君湘.侗族传统社会过程与社会生活 [M].北京：民族出版社，2005.

[13] 彭跃辉.中国世界文化遗产保护管理研究 [M].北京：文物出版社，2015.

[14] 王美英.明清长江中游地区的风俗与社会变迁 [M].武汉：武汉大学出版社，2007.

[15] 李建国等.2013 年贵州文化产业发展报告 [M].北京：知识产权出版社，2014.

[16] 王兴骥等.贵州社会发展报告 [M].北京：社会科学文献出版社，2015.

[17] 李桂生.移民、商帮与社会变迁 [M].南昌：江西人民出版社，2013.

[18] 高培.中国千户苗寨建筑空间匠意 [M].武汉：华中科技大学出版社，2015.

[19] 王铁.贵州民居实考 [M].北京：中国水利水电出版社，2014.

[20] 陈幸良，邓敏文.生态文化研究 [M].北京：中国林业出版社，2014.

[21] 杨帆.中国南方古代民族 [M].昆明：云南人民出版社，2014.

[22] 《中华民族凝聚力的形成与发展》课题组.中华民族凝聚力的形成与发展 [M].南京：江苏人民出版社，2013.

[23] 蔡凌.侗族聚居区的传统村落与建筑 [M].北京：中国建筑工业出版社，2007.

[24] 张欣.苗族吊脚楼传统营造技艺 [M].合肥：安徽科学技术出版社，2013.

[25] 罗德启.中国民居建筑丛书贵州民居 [M].北京：中国建筑工业出版社，2008.

[26] 吴正光.十进侗寨 [M].北京：清华大学出版社，2013.

[27] 闵庆文.贵州从江侗乡稻 - 鱼 - 鸭系统 [M].北京：中国农业出版社，2014.

[28] 吴育标，冯国荣.西江千户苗寨研究 [M].北京：人民出版社，2014.

[29] 龙初凡.我们的家园——黔东南传统村落 [M].北京：文化艺术出版社，2015.

[30]　张勇.历史时期西南区域民族地理观研究[M].北京：中国文史出版社，2014.

[31]　罗杨.侗族文化的标帜[M].哈尔滨：黑龙江人民出版社，2012.

[32]　杨宏峰.中国的仫佬族[M].银川：宁夏人民出版社，2011.

[33]　吴玉贵.走进雷山苗族古村落[M].北京：中央民族大学出版社，2010.

[34]　彭跃辉.中国世界文化遗产保护管理研究[M].北京：文物出版社，2015.

[35]　林芊等著.明清时期贵州民族地区社会历史发展研究——以清水江为中心、历史地理的视角[M].北京：知识产权出版社，2012.

[36]　徐杰舜，李辉.岭南民族源流史[M].昆明：云南出版集团，2014.

[37]　张胜冰，徐向星，马树华.世界文化产业导论[M].北京：北京大学出版社，2014.

[38]　牛铭实.中国历代乡规民约[M].北京：中国社会出版社，2014.

[39]　吴一文.文化多样性与乡村建设[C]：北京：民族出版社，2008.

二、论文

[1]　周建忠."楚源流史"平议[J].黔东南民族师专学报，1999（1）.

[2]　白欲晓."地域文化"内涵及划分标准探析[J].江苏社会科学，2011（1）.

[3]　王万荣.楚苗文化关系略伦[J].中南民族学院学报，1998（2）.

[4]　杨鹓.苗汉文化撞击整合的产物[J].贵州民族研究，1993（1）.

[5]　龙子建.三苗、老苗子和现代苗族[J].湖北民族学院学报，1999（1）.

[6]　詹全友，龙初凡.贵州从江侗乡稻鱼鸭系统的生态模式研究[J].贵州民族研究，2014（3）.

[7]　曾艳.国内外社区参与旅游发展模式比较研究[D].厦门：厦门大学，2007.

[8]　曹易，翟辉.对传统村落保护与发展模式的几点思考[J].小城镇建设，2015（5）.

[9]　吴文静.建设生态博物馆对保护民族文化的作用[J].文史杂谈，2015（5）

[10]　刘艳.基于生态博物馆理论下的生态旅游开发与实证研究[D].兰州：西北师范大学，2004.

[11]　江南.生态博物馆导向下的旅游开发及文化保护[D].北京：中央民族大学，2010.

[12]　钟经纬.中国民族地区生态博物馆研究[D].上海：复旦大学，2008.

[13]　邵甬，陈悦.皖南古村落可持续旅游发展研究[J].城市研究，2013（5）.

[14]　李文兵.国外传统村落旅游研究及对我国启示[J].地理与地理信息科学，2009（2）.

[15]　应天煜.中国古村落旅游"公社化"开发模式及其权力关系研究[D].浙江大学，2006.

[16]　陈爱宣.古村落旅游公司利益相关者共同治理模式研究[D].厦门：厦门大学，2008.

[17]　邓巍.古村镇"集群"保护方法研究[D].武汉：华中科技大学，2012.

[18]　罗长海，彭震伟.中国传统古村落保护与发展的机制探析[J].上海城市规划，2010（1）.

[19]　余瑞，但文红.传统村落空间格局研究——以黔东南苗族为例[J].凯里学院学报，2016（1）.

[20]　杨永福.滇川黔相连地区古代交通的变迁及其影响[D].昆明：云南大学，2011.

[21]　闵庆文，张丹.侗族禁忌文化的生态学解读[J].地理研究，2008（6）.

[22]　范宏贵.侗族祖先迁徙地点、时间及其他[J].广西民族研究，1989（4）.

[23]　罗永常.对黔东南红色旅游资源保护与开发的几点思考[J].凯里学院学报，2010（2）.

[24]　张姗.贵州地扪侗寨的历史地理研究[D].北京：中央民族大学，2009.

[25] 胡致祥.贵州古代少数民族地区经济与货币流通 [J].贵州民族研究,1987（4）.

[26] 史继忠.贵州汉族移民考 [J].贵州文史丛刊,1990（1）.

[27] 郑姝霞.贵州明清时期人口迁移研究 [J] 黑龙江史志,2009（2）.

[28] 田井平.贵州黔东南地区侗族乡土景观研究 [D].杨凌：西北农林科技大学,2012.

[29] 蒋维波.贵州黔东南地区苗族村寨空间形态研究 [D].北京：中央美术学院,2013.

[30] 王媛.贵州黔东南苗族传统山地村寨及住宅初探 [D].天津：天津大学,2005.

[31] 佟玉权.基于 GIS 的中国传统村落空间分异研究 [J].人文地理,2014（4）.

[32] 陆艺等.基于分形理论的黔东南城镇体系空间结构研究 [J].贵州师范大学学报,2015（4）.

[33] 杨江民,潘勇.基于黔东南少数民族文化的旅游开发探析 [J].黑龙江民族丛刊,2013（5）.

[34] 李根,张晓松.羁縻制与少数民族政治行政制度 [J].云南行政学院学报,2002（1）.

[35] 喻栋柱.江西移民与贵州 [J].贵州政协报,2010（3）.

[36] 顾文栋.抗战初期贵州食盐运销体制的变革 [J].盐业史研究,1993（3）.

[37] 杨东升.论黔东南苗族古村落结构特征及其形成的文化地理背景 [J].西南民族大学学报,2011（4）.

[38] 杨东升.论黔东南苗族古村落旅游资源特点及其开发问题 [J].安徽农业科学,2011（15）.

[39] 曾冰.论黔东南州旅游业发展的区域优势 [D].贵阳：贵州财经大学,2013.

[40] 罗美芳.论清水江航道的开发 [J].安顺学院学报,2011（4）.

[41] 马国君.论雍正朝开辟黔东南苗疆政策的演变 [J].清史研究,2007（4）.

[42] 陈国安.论朱元璋对贵州少数民族的政策 [J].贵州民族研究,1981（4）.

[43] 罗永常.旅游开发视角下的黔东南原生态民族文化 [J].原生态民族文化学刊,2010（2）.

[44] 吴正彪.略论黔南苗族支系的迁徙来源及分布 [J].贵州文史丛刊,1995（4）.

[45] 马国君.略论清朝经营黔东南苗疆政策的演变 [J].曲靖师范学院学报,2010（2）.

[46] 罗康隆.明清两代贵州汉族移民特点的对比研究 [J].贵州社会科学,1993（3）.

[47] 陈蔚.黔东南地区传统侗族鼓楼研究 [J] 贵州民族学院学报,2014（1）.

[48] 周振伦.黔东南地区侗族村寨及建筑形态研究 [D].成都：四川大学,2005.

[49] 陈鸿翔.黔东南地区侗族鼓楼建构技术及文化研究 [D].重庆：重庆大学,2012.

[50] 解娟.黔东南侗族村寨建筑结构及细部研究 [D].哈尔滨：哈尔滨师范大学,2014.

[51] 唐洪刚.黔东南侗族民居的地域特质与现代启示 [D].重庆：重庆大学,2007.

[52] 李敏.黔东南侗族民居及其传统技术研究 [J].四川建筑科学研究,2007（6）.

[53] 苑利.黔东南古村落保护中常见的几个问题及对策 [J].凯里学院学报,2008（2）.

[54] 范连生.黔东南红色文化保护与传承的现状及对策 [J].凯里学院学报,2013（1）.

[55] 李炳昌.黔东南旅游业的 SWOT 分析 [J].贵州师范大学学报,2005（3）.

[56] 龙玉杰.黔东南苗侗村寨传统民居建筑之比较 [J].安徽农业科学,2012（3）.

[57] 王贵生.黔东南苗族、侗族"干栏"式民居建筑差异溯源 [J].贵州民族研究,2009（3）.

[58] 杨京彪,吕靓,杜世宏.黔东南苗族侗族自治州民族村寨空间分布特征研究 [J].北京大学学报,2015（3）.

[59] 王乐君.黔东南苗族聚落景观历史与发展探究 [D].北京：北京林业大学,2014.

[60] 施鹤芳.黔东南苗族民居建筑形态与建筑文化研究 [D].哈尔滨：哈尔滨师范大学,2014.

[61] 吴一文,吴一方.黔东南苗族迁徙路线考 [J].贵州民族研究,1998（4）.

[62] 陆桂林.黔东南民族文化旅游发展探讨 [J].理论与当代,2014（1）.

[63]　李志英.黔东南南侗地区侗族村寨聚落形态研究 [D].昆明:昆明理工大学,2002.

[64]　周振伦.黔东南山区聚落与建筑文化初探 [J].贵州民族研究,2009(4).

[65]　陆艺.黔东南州城镇体系结构优化研究 [D].贵阳:贵州师范大学,2009.

[66]　杨廷锋.黔东南州旅游地质资源开发的研究 [J].贵州民族研究,2006(1).

[67]　滕兰花.清代都柳江流域的黔桂粤经济交流探析 [J].广州师范大学学报,2014(3).

[68]　杨伟兵.清代前中期云贵地区政治地理与社会环境 [J].复旦学报,2008(4).

[69]　杨春.清代黔东南地区交通地理与民族关系重构 [D].长沙:中南大学,2004.

[70]　罗美芳.清水江流域航道开辟及其社会发展 [J].原生态民族文化学刊,2009(1).

[71]　马奎.试析历史上侗汉人民经济文化交往 [J].中南民族学院学报,1992(4).

[72]　钟铁军.释明代贵州之＿州卫同城 [J].中国历史地理论丛,2004(1).

[73]　夏周青.中国传统村落的价值及可持续发展探析 [J].中国福建省委党校学报,2015(10).

[74]　严赛.中国传统村落分布的特点及其原因分析 [J].大理学院学报,2014(9).

后 记

　　传统村落是我国 2012 年提出的一个新概念，特指形成年代久远，拥有较为丰富的自然人文资源，具有一定历史、文化、经济、社会、科学、艺术价值的古村落。它是我国几千年农耕文明的产物，作为农耕经济和乡村社会生活的载体，传承着中华传统文化，凝聚着中华民族精神，属于特殊珍贵的不可替代的文化遗产。然而，在经济迅速发展和城镇化进程不断加快的过程中，许多地区盲目采取迁村并镇或迁村并城的方式，对传承数百年甚至上千年的乡村聚落进行大规模开发改造，导致大量古村落急剧消失。传统村落和传统民居及其所承载的传统生产生活方式、农耕文化、民俗民风和非物质文化遗产，也随之湮没在历史的尘埃，深深撼动了我国农耕文明的根基。据不完全统计，自 2000 年至 2010 年，我国自然村的数量由 363 万个减至 271 万个，不过 10 年时间，锐减了 90 万个自然村，其中不乏蕴含深厚历史文化底蕴的传统村落。如此严峻的形势引起了党和国家的高度重视。

　　2012 年 4 月，根据国务院的部署，由住房和城乡建设部牵头主抓，会同文化部、国家文物局、财政部，在全国范围内启动了中国传统村落调查和认定，共同制定了《切实加强中国传统村落保护工作的指导意见》。五年来先后公布了四批中国传统村落，共计 4153 个村庄列入了《中国传统村落名录》，有效遏制了传统村落迅速消亡的趋势，为传承中华文明作出了贡献。

　　然而，如何推进传统村落保护发展，在我国毕竟还是第一次，没有成熟的经验，更缺乏理论指导。尽管西方发达国家经过工业化和现代化进程，完成了乡村非农产业人口向城市的转移，一些古老的乡村聚落与其农耕生产的生态环境也完好保护下来，不过由于制度不同、生产力发展阶段不同，历史文化背景不同，不能盲目照搬套用。只有通过实践探索，积累经验和创新理论，这是目前我国在传统村落保护发展中面临的一个普遍的突出问题。黔东南州地处我国大西南的贵州省，是一个多民族共同聚居的相对独立的地理单元。历史的原因和崇山峻岭的自然地理条件使得传统村落保存数量众多，空间布局比较分散，而且交通十分不便，形成了"大杂居、小聚居"的分布特征。在已公布的四批中国传统村落中，黔东南州拥有 309 个，占全国传统村落总量的7.44%。居全国地级市和州盟的首位。传统村落规模如此之大，多为特困村寨和贫困村，短时间内既要解决文化遗产保护，又要促进农村经济发展和民生改善，任务异常繁重，面临压力很大。

　　在完全没有经验，也没有进行可行性研究的情况下，许多县、乡镇和村寨一哄而上，利用传统村落优美的自然生态资源和丰富的民族、地域文化，盲目采取单一旅游开发的方式，招商引资，偏离了中国传统村落保护发展的方向，在一定程度上导致了自然和文化遗产资源的严重破坏。

　　有鉴于此，黔东南州党委、政府高度重视，一方面成立领导组加强组织协调，狠抓传统村落保护发展规划编制，统筹各级财政补贴资金，拓展融资和招商项目渠道，另一方面高屋建瓴，把控传统村落指导方向，组织国内具有影响力的专业技术团队，就如何挖掘梳理资源，评估历史文化价值特色，厘清思路，摆脱困惑，正确处理传统村落文化遗产保护和经济社会发展、产业创新升级、旅游资源开发等关系，确定科学合理的保护发展思路和途径，探寻切实可行的发展模式和机制。这是本课题之所以立项研究的原因。

2015 年 9 月，受黔东南州城乡规划局委托，北京瑞德瀚达城市建筑规划设计有限公司承担了《黔东南州传统村落保护发展战略规划研究》（下称战略规划研究）。前后历时一年许，组织专家和技术人员七下黔东南州调研，并和地方政府座谈，充分交换意见，十易其稿，最终完成 39 万字的战略规划研究综合报告和 36 万字的子课题研究。

该战略规划研究围绕推进黔东南州传统村落保护发展的核心意涵与亟待解决的主要问题，从宏观战略层面进行深入系统的综合研究，引领全州传统村落有效保护和经济社会健康发展。在研究分析和梳理整合黔东南州自然人文资源的基础上，探索出黔东南州传统村落保护发展的思想理念、总体思路、基本原则、运作途径、主要方法、公共政策和方略措施。整个报告具有以下突出特征：一是梳理黔东南州历史文化源头和流变轨迹，深入挖掘其自然与文化特色，打造其独具特色的文化品牌；二是系统分析黔东南州传统村落所面临困惑和症结，做到对症下药；三是从公共政策的新角度建立保障和监管体系，提出不同主体的职责和权力范围，指导地方性法规和相应政策措施的制定和实施；四是创新性地提出了传统村落保护发展的"九大模式"和四种机制举措；五是针对黔东南州传统村落数量多、存续差异大的特征提出了"分级分类"的保护发展思路；六是依据黔东南州传统村落集聚程度高、血缘关系密切、同质化强等特征，提出"集群式"的保护发展路径，此举也为一大创新；七是落地实施，针对目前黔东南州传统村落发展现状，策划出近期保护发展项目，指导性强。该研究成果通过专家评审论证，获得一致好评，得到住建部的高度重视和学术界的认同。

全面系统地深入研究黔东南州传统村落保护发展，还是破天荒的第一次，在国内堪称首开先例，不啻为中国传统村落理论探讨和实践探索的创新，对于其他地区借鉴黔东南研究成果，推进本地区传统村落保护发展，具有普遍意义。为此，将研究成果中的综合报告部分编辑出版，与关心并从事中国传统村落保护发展的政府、组织和同行共同分享，以期抛砖引玉，启发思路，促进学术研究和交流，对实施中华优秀传统文化传承发展作出应有贡献。

该项目得以完成和出版成书，主要归功于课题组各成员的辛勤付出和无私奉献。课题研究由中国城科会历史文化名城委员会副主任、中国传统村落保护发展专家委员会副主任、同济大学博士生导师曹昌智领衔主持。主要成员有黔东南州原副州长姜学东，黔东南州政协副主席吴春，中国城科会历史文化名城委员会副秘书长、副研究员胡燕，黔东南州规划局局长黄超、副局长顾华先，北京瑞德瀚达城市建筑规划设计有限公司副总经理陈晟、副总经理常光宇、研究部主任助理陈华、研究部副主任李丹、助理研究员张艳琼等。由曹昌智、陈华审核统稿。

课题组接受任务后，前后 7 次进入黔东南州进行实地调研和座谈，做了大量的文字、数据和图片采集工作；同时前往国内外多处传统村落进行实地调研考察，有安徽歙县、徽州、泾县、绩溪、黟县，江西安义、赣县、广昌、吉安、金溪，浙江兰溪、武义、台州，贵州石阡、思南，福建永定、长汀，山西临汾，河南登封、巩义、卫辉，河北武安、衡水，吉林敦化，陕西韩城，江苏苏州，山东昌邑等市区县下属传统村落。在国外又前往日本、马来西亚、意大利、印度等国参观调研。在这项战略规划研究过程中，得到了黔东南州人民政府、规划局、住建局和相关兄弟部门的大力支持和配合，使得项目更加顺利地完成，在此对有关领导、专家和个人致以衷心的感谢，特别是时任黔东南州副州长姜学东、住建局局长吴春、副局长顾华先的指导和支持。同时也对负责此书出版的出版社各工作人员表示感谢，感谢大家的辛勤劳作。

2017 年 11 月 15 日于北京